Die Billionen-Dollar-Verschwörung

Jim Marrs

Die Billionen-Dollar-Verschwörung

Auf dem Weg zur Neuen Weltordnung

KOPP VERLAG

1. Auflage April 2011

Copyright © 2010 by Jim Marrs
Copyright © 2011 für die deutschsprachige Ausgabe bei
Kopp Verlag, Pfeiferstraße 52, D-72108 Rottenburg
Titel der amerikanischen Originalausgabe: *The Trillion-Dollar Conspiracy:
How the New World Order, Man-Made Diseases, and Zombie Banks Are
Destroying America*

Alle Rechte vorbehalten

Übersetzung: Bernhard Liesen
Umschlaggestaltung: Angelika Unterreiner
Druck und Bindung: CPI – Clausen & Bosse, Leck

ISBN 978-3-942016-65-0

Gerne senden wir Ihnen unser Verlagsverzeichnis
Kopp Verlag
Pfeiferstraße 52
72108 Rottenburg
E-Mail: info@kopp-verlag.de
Tel.: (0 74 72) 98 06-0
Fax: (0 74 72) 98 06-11

Unser Buchprogramm finden Sie auch im Internet unter:
www.kopp-verlag.de

DANKSAGUNG

Ich möchte mich bei allen bedanken, die mich beim Schreiben dieses Buches ermutigt und unterstützt haben. Mein besonderer Dank geht an Maritha Gan, Thomas Ruffner und Nick Redfern, außerdem an Danny Goldstein und Henry Ferris, meine aufmerksamen Lektoren vom Verlag *HarperCollins,* und natürlich an meine geduldige Frau Carol. Außerdem gilt meine Verehrung und mein Dank all jenen, die dem Aufdecken der Wahrheit so viel Zeit und Energie gewidmet haben.

*In Zeiten allgegenwärtiger Täuschung wird das Aussprechen
der Wahrheit zu einem revolutionären Akt.*

– **GEORGE ORWELL**

INHALT

VIERTER TEIL
WIE MAN ZOMBIES BEFREIT

EINLEITUNG

Ein einzelner tyrannischer Akt kann sich den Zufällen der Tagesmeinung verdanken, aber eine Serie unterdrückerischer Handlungen, begonnen in einer außergewöhnlichen Zeit und unverändert fortgesetzt trotz aller Wechsel an der politischen Spitze, ist ein eindeutiger Beweis für den vorsätzlichen, systematischen Plan, uns zu Sklaven zu machen.

– THOMAS JEFFERSON

Heute könnte man Jeffersons Worte vielleicht so umformulieren:»Einen sporadischen Akt der Tyrannei könnte man als momentanes Versagen der Urteilsfähigkeit von Politikern entschuldigen, aber eine kontinuierliche Serie solcher Akte, durchgeführt unter demokratischen und republikanischen Regierungen, beweist eindeutig die Existenz eines vorsätzlichen und systematischen Plans, ehemals freie Amerikaner zu Sklaven zu erniedrigen.«

Ein Zombie zu sein bedeutet, als ein in schwere Ketten geworfener Sklave zu leben, eine Existenz zu führen, die es nicht erlaubt, die eigenen Handlungen zu reflektieren. Zombies werden geistig und physisch von irgendeiner äußeren Macht beherrscht, z. B. von einem Virus, der sie zu blutrünstigen Wesen macht, oder durch die Magie des Voodoo. Ein Zombie ist weder tot noch lebendig und wird für gewöhnlich von einem anderen beherrscht, wie in den alten Hollywoodfilmen. Zombies stolpern durchs Leben, wobei sie sich größtenteils ihrer Umwelt nicht bewusst sind, und sie verfolgen Ziele, die ihnen andere gesetzt haben, etwa durch den Einfluss von Alchemie oder Elektromagnetismus. In alten Horrorfilmen beherrschten Schauspieler wie Bela Lugosi und John Carradine Zombies, die unter ihrem Einfluss Taten begingen, die wider der menschlichen Natur waren.

Heutzutage begegnen wir den Zombies überall. Sie sind ein hochgradig populäres Thema in Filmen, Büchern, Comics und Computerspielen. Verdankt sich diese Popularität nur einem Zufall, oder ist es denkbar, dass die Sympathie der Amerikaner für Zombies darauf beruht, dass diese uns einen Hinweis darauf geben, wie wir uns selbst wahrnehmen – als kaum lebendige und gedankenlos vor sich hinvegetierende Wesen?

Viele Menschen stolpern heute durch ihr tägliches Leben, ohne zu wissen warum oder sich darum zu kümmern, warum sie so leben. Vielleicht sind diese Menschen durch Medikamente oder die unablässige Berieselung durch die elektronischen Medien eingelullt, aber woran es auch liegen mag, viele Amerikaner wirken in vielfacher Hinsicht wie Zombies.

Im modernen Amerika findet das Wort »Zombie« in immer mehr Lebensbereichen Verwendung. Unter den in Mode gekommenen Medikamenten ist eines der beliebtesten Adderall, mit dem die Aufmerksamkeitsdefizit-/Hyperaktivitätsstörung (ADHS) behandelt wird. Das Medikament besteht zu gleichen Teilen aus den Aufputschmitteln Amphetamin und Dextroamphetamin. Auf der Internetseite ADHDTreatment.org wird als eine Nebenwirkung von Adderall »zombiehaftes« Verhalten angeführt.

Das Wort »Zombie« ist in unserer Gesellschaft so allgegenwärtig, dass es sich mittlerweile sogar in einem wissenschaftlichen Wörterbuch findet. Im Mai 2009 berichteten Forscher der *University of Texas* und des im Osten von Texas beheimateten *A&M AgriLife Extension Service,* sie hätten eine Methode gefunden, um die Ameisenplage in dem Bundesstaat unter Kontrolle zu bekommen. Sie hatten herausgefunden, dass die – wie auch die Feuerameisen – ursprünglich aus Südamerika stammenden Phoriden (Buckelfliegen) »im Tiefflug« die Ameisen mit ihren Eiern bombardieren können. Diese Eier brüten sich im Körper der Feuerameisen aus, um danach deren Gehirn zu zerfressen. Die Wissenschaftler bezeichneten sie als »Zombie-Ameisen«. Nachdem sie etwa zwei Wochen ziellos umhergestreift waren, fielen ihnen die Köpfe ab.

Das Wort beschreibt nicht nur, wie wir unser eigenes Leben wahrnehmen, sondern es wurde und wird auch in Bezug auf die Zersetzung der Grundpfeiler unserer Gesellschaft angewendet, speziell hinsichtlich der Banken. Während der jüngsten Finanzkrise wurden Banken, deren Verbindlichkeiten ihre Aktiva überstiegen, als »Zombie-Banken« bezeichnet. Bill Sardi, der regelmäßig Texte auf der Webseite LewRockwell.com veröffentlicht, lieferte folgende Definition: »Zombie-Banken sind Finanzinstitute mit roten Zahlen, die aber trotzdem weiterarbeiten, weil die Regierung sie offen oder insgeheim unterstützt, damit sie ihre Schulden zurückzahlen können.« Man könnte sagen, auch sie sind lebende Tote.

Amerika befindet sich jetzt in einer wirtschaftlichen Lage, die mit jener zur Zeit der Großen Depression verglichen wird, und die einzige Lösung scheint darin zu bestehen, Schulden anzuhäufen, den Wert des Dollars zu schwächen und Gelder umzuverteilen. Das Ausmaß der wirtschaftlichen Probleme hat sich immens vergrößert. Am 1. Oktober 2008 belief sich unsere Staatsverschuldung auf zehn Billionen Dollar, doch im Laufe des Jahres 2009 wuchs sie auf fast zwölf

Billionen – der stärkste Anstieg, den es je in einem Jahr gegeben hat. Wenn jeder Amerikaner – Männer, Frauen und Kinder – sein gesamtes Vermögen flüssig machen würde, wäre die Summe immer noch niedriger als die Staatsverschuldung. Den Massenmedien kommt das Wort »Billion« leicht über die Lippen. Aber die meisten Menschen haben keine wirkliche Vorstellung von der Bedeutung einer solchen Zahl. Eine Billion Quadratmeilen, das entspräche 3,7 Millionen Territorien von der Größe des Bundesstaates Texas (dessen Größe ungefähr zweihundertsiebzigtausend Quadratmeilen beträgt). Würde man eine Billion Dollar in Eindollarnoten aneinanderreihen, dann würde die Papierschlange bis zur Sonne und wieder zurück zur Erde reichen. Wenn Banken, die statt Eigenkapital nur Schulden haben, als »Zombie-Banken« bezeichnet werden, kann man dann nicht auch ein Land, dessen Verbindlichkeiten seine Aktiva übersteigen, als »Zombie-Nation« definieren? Und könnte man das Wort »Zombie« nicht auch in Beziehung zu seinen Bürgern setzen?

Im Jahr 2008 vollzog das Land den Wechsel vom extremen Nationalismus zu einem marxistisch geprägten Sozialismus, als die totalitäre Bush-Administration durch die Obamas abgelöst wurde – eine Administration, die eine sozialistische Gesundheitspolitik und die Umverteilung des Wohlstands favorisiert. Amerikas Zombies sehen sich von einem weiteren Verlust individueller Freiheiten bedroht, und sie verdanken dies korrupten Politikern, kriminellen Unternehmen und einer Gesetzgebung, die Freiheit immer mehr beschneidet. Die Leser meiner Bücher *Heimliche Herrscher* und *Der Aufstieg des Vierten Reiches* werden mich verstehen: Die global operierenden Finanziers – die Plutokraten der Wall Street, aus London und der Schweiz – haben die westliche Geschichte mindestens ein Jahrhundert lang manipuliert. Zuerst, indem sie in Amerika mittels betrügerischer politischer Machenschaften das *Federal Reserve System* schufen, dann dem Kommunismus in Russland an die Macht verhalfen, weil sie statt der »Weißen« die roten Bolschewiken unterstützten, und schließlich durch die Finanzierung des Nationalsozialismus in Deutschland. Jetzt haben diese weltweit operierenden Finanziers die Vereinigten Staaten unter ihre Kontrolle gebracht und das Land derart verändert, dass wir nun in einer Gesellschaft leben, die sich noch vor zwei Jahrzehnten kein Bürger hätte vorstellen können.

In den Fünfzigerjahren warnte Ronald Reagan öffentlich vor einem sozialistischen Gesundheitssystem. Heutzutage geht es nur noch darum, wie sozialistisch es sein wird. In den Medien und auf der verstopften Datenautobahn dominieren Hype, Fehlinformation, Desinformation, billige Unterhaltung und Propaganda. Jeden Tag wird von neuen Versuchen berichtet, die technologische Entwicklung, das Gesundheits- und Bildungssystem oder das politische System selbst zu ändern.

Mehr und mehr Amerikaner sind gezwungen, sich mit den düsteren Seiten des modernen Lebens zu befassen. Wir leben heute unter der Tyrannei einer Neuen Weltordnung – in einer Welt, die umgestaltet wurde von einer kleinen Gruppe reicher Finanziers und Industrieller, die sich in Geheimgesellschaften wie dem *Council on Foreign Relations*, der *Trilateral Commission* oder der Bilderberg-Gruppe organisiert haben. Außerdem muss man sich vor Augen führen, wie diese moderne Welt immer mehr zu einem Überwachungs- und Polizeistaat geworden ist, zu einem Staat mit einer wackeligen finanziellen Infrastruktur, dessen Bürger von Konzernen ernährt werden, die den Handel mit Nahrungsmitteln, Wasser und Medikamenten monopolisiert haben. Leben wir unter einer faschistischen Regierung? Gut möglich. Das *American Heritage Dictionary of the English Language* definiert »Faschismus« folgendermaßen: »Unter Faschismus versteht man eine Philosophie oder eine diktatorische Regierungsform der extremen Rechten, die typischerweise charakterisiert ist durch die Verquickung politischer und wirtschaftlicher Interessen und die Ideologie eines aggressiven Nationalismus.« Heute haben wir es natürlich mit einer Diktatur der extremen Linken zu tun, für die aber ebenfalls charakteristisch ist, dass die Regierung und mächtige Unternehmen über die öffentlichen Angelegenheiten entscheiden.

Heutzutage denken viele Menschen, dass in den Vereinigten Staaten alles vor die Hunde geht. Sie glauben nicht, dass diese noch ein kraftvoller, demokratischer Rechtsstaat sind, sondern eher ein geistig ausgelaugtes, verfallendes Imperium, in dem eine abgeschottete Finanzelite das Sagen hat, die an der weltweiten Dominanz des Sozialismus interessiert ist. Diese Annahme drängt sich immer mehr jenen Amerikanern auf, die täglich die Schlagzeilen lesen und hören, was die elektronischen Massenmedien verkünden. Die Menschen wollen einen wirklichen Wandel, nicht bloß politische Rhetorik, aber sie sind verwirrt, weil sie nicht genau wissen, wer genau ihr Land unter seine Kontrolle gebracht hat.

Viele Amerikaner reagieren. Bei »Tea Parties« und einer Großdemonstration, die am 12. September 2009 in Washington stattfand, brachten Millionen von Amerikanern zum Ausdruck, dass sie mit dem Weg, den ihr Land eingeschlagen hat, nicht einverstanden sind.

Wie soll man ein Land nennen, das nur so tut, als gäbe es jene kraftvolle Republik noch, die es einst war, ein Land, dessen Bevölkerung verdummt wird durch ein umstrittenes Bildungssystem, sediert durch eine immer stärker wachsende Pharmaindustrie und verängstigt durch die stets präsente Bedrohung durch Terrorismus und wirtschaftlichen Zusammenbruch?

Könnte man es nicht eine Zombie-Nation nennen? Ein Land, in dem sich Wirtschaft und Politik ebenso verändern wie das Gesundheits- und Bildungssystem, aber ohne einen Funken Leben, ohne Elan, ohne Begeisterungsfähigkeit.

Das ist die wahre Horrorstory.

Wie konnte es soweit kommen? Was hat das Land auf diesen Weg gebracht? War es nur eine Unaufmerksamkeit der Wähler, die natürliche Entwicklung einer reich und selbstzufrieden gewordenen Gesellschaft, die Profitgier von Unternehmensbossen, oder könnte es auch eine Verschwörung gewesen sein?

ERSTER TEIL

EINE ZOMBIE-NATION

Ich sehe in naher Zukunft eine Krise heraufziehen, die mich beunruhigt und um die Sicherheit meines Landes bangen lässt. Als Folge des Krieges hat man Unternehmen inthronisiert, und kommen wird eine Epoche der Korruption auf höchster Ebene. Die Geldelite des Landes wird versuchen, ihre Herrschaft zu verlängern, indem sie die Meinung der Menschen manipuliert, bis aller Reichtum in den Händen einiger weniger konzentriert und die Republik zerstört ist.

– ABRAHAM LINCOLN zugeschrieben

Wirtschaftlicher Niedergang

Amerika macht harte Zeiten durch.

Infolge dessen, was Finanzminister Timothy F. Geithner als das Versagen des amerikanischen Finanzsystems bezeichnete, hatten sich bis Anfang 2010 mehr als fünf Billionen Dollar an Privatvermögen amerikanischer Haushalte in Luft aufgelöst. Etwa eine von acht Personen, die eine Hypothek aufgenommen hatten, war zahlungsunfähig oder sah der Zwangsvollstreckung entgegen. Man prognostiziert, dass es bis 2012 bei Eigenheimen zu zehn Millionen Zwangsversteigerungen kommen wird. Einer von acht Erwachsenen und eines von vier Kindern sind mittlerweile auf Lebensmittelgutscheine des Staates angewiesen.

All diese Probleme wurden noch verschärft durch eine hohe Arbeitslosigkeit. Laut einem Bericht von *Associated Press* ist einer von fünf Amerikanern arbeitslos oder unterbeschäftigt, und man rechnet damit, dass die Zahlen im Jahr 2010 weiter ansteigen werden, was zur zweithöchsten Arbeitslosenquote seit dem Zweiten Weltkrieg führen wird.

Meinungsverschiedenheiten und Unzufriedenheit sind weitverbreitet, und das hat mit der schlechten wirtschaftlichen Situation zu tun. Wenn man die Wirtschaft mit den Händen eines Zombies darstellen würde, wären diese Hände durch Schulden gefesselt.

Charles K. Rowley ist Professor der Wirtschaftswissenschaften an der *George Mason University* und Direktor des in Fairfax, Virginia, ansässigen *Locke Institute*. Seine Stimme ist allgemein anerkannt, hat in politischen und wirtschaftlichen Sachfragen Gewicht. In einem Beitrag für den britischen *Daily Telegraph* schrieb Rowley: »Die amerikanische Wirtschaft leidet unter der zunehmenden Tendenz zum Schuldenmachen, eine Tendenz, der die Regierung seit 2001 immer stärker nachgibt, und dieses Finanzgebaren macht sich in dramatischer Weise auch im Bereich der privaten Haushalte bemerkbar.« Dann stellte Rowley die auf der Hand liegende Frage: »Wenn die massive Staatsverschuldung ein Hauptgrund des Problems ist, warum sich dann weiter verschulden? Warum die Privathaushalte ermutigen, sich weiter zu verschulden?« Dann die unheilvolle Prognose: »Es ist durchaus möglich, dass die Vereinigten Staaten einen wirtschaftlichen Zusammenbruch erleiden und auf den Status eines Landes der Dritten Welt zurückfallen, eine Erfahrung, die Argentinien unter der rechtsgerichteten, nationalistischen Regierung Juan Peróns machen musste.« Mit anderen Worten: Wenn die amerikanische Regierung keinen Weg findet, mit den ihr zur Verfügung stehenden Mitteln auszukommen, wie es die meisten Familien gezwungenermaßen auch müssen, könnte die Nation zu einem Drittweltland herabsinken, mit allem, was dazugehört: Nahrungsmittel- und Wasserknappheit, Mangel an Konsumgütern und Kontrolle durch eine sozialistische Regierung.

Einer der kaum wahrgenommenen Aspekte der Finanzkrise ist der massive Rückgang der Steuereinnahmen. Trotzdem geben die Obama-Administration und der Kongress immer mehr Geld aus, um die Wirtschaft zu stimulieren. Laut *CNN* waren von Januar bis August 2009 die Steuereinnahmen des Staates im Vergleich zum selben Zeitraum des Vorjahres um 25 Prozent gefallen. Das *Congressional Budget Office* prognostizierte, die Steuereinnahmen würden auf 14 Prozent des Bruttoinlandsprodukts sinken, ein steiler Fall angesichts eines historischen Durchschnittswerts von 18,3 Prozent. Bei der Einkommensteuer von Privatpersonen betrug der Rückgang 20 Prozent, bei der von Unternehmen gar 56 Prozent. Die Voraussagen für 2010 sind nicht viel besser.

Der Rückgang der Steuereinnahmen macht sich auch auf der Ebene der Bundesstaaten bemerkbar. Die steigende Arbeitslosigkeit hat dazu geführt, dass 32 Arbeitslosenversicherungen auf Bundesstaatenebene nicht mehr über die vorgeschriebenen Reserven verfügen. Um die Arbeitslosen weiter unterstützen zu können, werden diese Bundesstaaten massive Kredite aus Washington benötigen. Beamte des Vigo County in Indiana verkündeten Mitte des Jahres 2009, man könne es sich nicht mehr leisten, Menschen zu bestatten, wenn der Verstorbene oder seine Familie kein Geld für eine Beerdigung zurückgelegt habe. In Atlanta versuchten Bürgerinitiativen, den von der Stadt geplanten Abriss von Sozialwohnungen zu verhindern. Laut Angaben der Straßenbaubehörde von Michigan haben mehr als 20 Counties aus Gründen der Kostenersparnis asphaltierte Straßen in unbefestigte Straßen umgewandelt.

Wie das *Wall Street Journal* berichtete, sind 90 Prozent aller amerikanischen Firmen in Familienbesitz beziehungsweise werden von Familien geführt. Die Finanzkrise hat viele von ihnen gezwungen, ihre Betriebe zu schließen. Staatliche Schätzungen gehen davon aus, dass zwischen dem letzten Quartal des Jahres 2008 und dem des Jahres 2009 vier Millionen Betriebe mit 19 oder weniger Angestellten ihre Tore schließen mussten.

Die Amerikaner haben es 2009 tatsächlich geschafft, ihre Ersparnisse zu erhöhen, aber das sprunghaft angestiegene Staatsdefizit, verursacht durch eine Regierung, die immer neue Schulden macht, unterminiert ihre Anstrengungen.

Peter Schiff schrieb in seinem Buch *Crash Proof:* »Die schlichte Wahrheit ist, dass die Staatsschulden unsere Schulden sind. Wenn eine Familie es schafft, durch Abstriche an ihrem Lebensstandard in diesem Jahr zusätzliche tausend Dollar zu sparen, der Staat aber die Verschuldung pro Haushalt um weitere 20 000 Dollar steigert (der geschätzte Anteil jeder Familie an dem 1,8-Billionen-Staatsdefizit des Jahres 2009), steht diese Familie mit 19 000 Dollar mehr Schulden da als zu Beginn des Jahres!«

Sozialismus und Individualitätsverlust

»Sozialismus« ist ein Schlüsselwort, wenn man begreifen will, was aus Amerika geworden ist. Die meisten Wörterbücher definieren Sozialismus als den kollektiven Besitz der Produktionsmittel und die Verteilung von Gütern und Dienstleistungen. Dies erfordert unweigerlich eine starke, zentralistische Staatsstruktur.

Der kommunistische Führer Wladimir Iljitsch Lenin versprach ein Arbeiterparadies, »wo jeder gemäß seinen Fähigkeiten freiwillig arbeitet und jeder nach freiem Willen gemäß seinen Bedürfnissen nimmt«. Aber bevor jemand sich nach Belieben am Reichtum des Staates bedienen kann, muss er nach Lenin zu einem gehorsamen Untergebenen dieses Staates gemacht werden.

»Unser Leben lang haben wir gegen die Glorifizierung des Individuums gekämpft«, sagte Lenin. Als Befürworter der Agenda jener frühen Globalisierer aus dem Westen, welche die Bolschewiken 1917 während der Russischen Revolution finanzierten, verkündete Lenin: »Das Ziel des Sozialismus besteht nicht nur darin, Kleinstaaten und nationale Isolation, wie wir sie heute vorfinden, unmöglich zu machen. Es geht nicht nur darum, die Nationen enger aneinander heranzuführen, sondern darum, sie zu verschmelzen.« Möglicherweise hatte er vorausgesehen, welche Methoden angewendet werden würden, um die amerikanische Republik zu zerstören, als er schrieb: »Der sicherste Weg, eine Nation zu zerstören, ist die Unterminierung ihrer Währung.« Und: »Wenn ihr mir vier Jahre Zeit gebt, um die Kinder zu unterrichten, wird die Saat meiner Gedanken für alle Zeiten aufgehen.«

Der ehemalige Stellvertretende Finanzminister Paul Craig Roberts schrieb in einer Abhandlung über die Grundprinzipien der Freiheit: »Ein Mensch, der Ende des 19. Jahrhunderts zur Welt kam, war ein selbstbestimmtes, eigenverantwortliches Individuum. Er wurde hineingeboren in eine Welt, in der seine Existenz eigentlich nur durch seine physische Anwesenheit bestätigt wurde. Es war eine Welt ohne Dokumente, Formulare, Genehmigungen, Führerscheine, Wehrpässe, Ausreisevisa, Zollerklärungen, Fragebögen, Steuererklärungsbögen, Sozialversicherungsnummern oder irgendwelche Papiere, die seine Existenz bestätigten, seine Geburt, seine Nationalität, gesellschaftliche Stellung, religiöses Bekenntnis, persönliche Ansichten. Man konnte sich frei bewegen, arbeiten, Handel treiben, Dinge kaufen, leben, wo es einem gefiel […]. Viele Menschen nehmen die Freiheit und Autonomie des selbstbestimmten Individuums als gegeben hin und werden glauben, meine Worte seien weit hergeholt. Aber es gibt keine freien Individuen in Staaten wie der Sowjetunion oder China, wo die Ansprüche des Staates dem Einzelnen keinen Freiraum lassen und wo selbst Kunst und Literatur sich dessen Interessen unterwerfen müssen […].«

Roberts gibt ein Beispiel dafür, wie die Bürokratie die Freiheit der Amerikaner zunehmend unterminiert: »In den Siebzigerjahren wies Wilbur Owens, Richter am Bundesbezirksgericht, die Universitätsverwaltung von Georgia an, Professoren und Dozenten gegen ihren Willen an andere Fakultäten zu versetzen, um eine ethnische Ausgeglichenheit unter den Mitgliedern des Lehrkörpers zu erreichen. Solange die unfreiwilligen Versetzungen nur innerhalb einer Stadt stattfanden und sich auf Lehrer an Grundschulen und Highschools beschränkten, sahen meine liberalen Kollegen das als sozialen Fortschritt. Aber als sie sich der Möglichkeit gegenübersahen, von einer Stadt in eine andere versetzt zu werden, nannten sie es Faschismus. Es ist wahr – bis zur Zeit der liberalen Fortschritte in den Sechzigerjahren gab es eine staatliche Lenkung des Arbeitsmarktes in diesem Jahrhundert nur unter Hitler und Stalin. Häufig werden sich Menschen der Konsequenzen dirigistischer Ideen erst bewusst, wenn ihre persönliche Freiheit berührt wird.«

Doch diese Entwicklung begann nicht erst in den Siebzigerjahren. Sie setzte schon etliche Jahrzehnte früher ein. Man denke an eine Karikatur, die 1934 unter der Überschrift »Planwirtschaft oder geplante Zerstörung« auf der Titelseite der *Chicago Tribune* erschien. Die Zeichnung zeigt als »Schnösel von Columbia und Harvard« bezeichnete junge Männer, die Geld von einem Wagen schaufeln. Unter dem Wagen sitzt ein zerzauster Trotzki, dem folgende Worte in den Mund gelegt werden: »Aktionsplan für die USA – Geld, Geld, Geld herauswerfen! Unter dem Vorwand der wirtschaftlichen Erholung ... Zerschlagt die Regierung ... Macht die Kapitalisten für die Depression verantwortlich ... Werft die Verfassung in den Mülleimer und errichtet eine Diktatur.« Diese Karikatur könnte heute auch von einem konservativen Zeichner angefertigt worden sein.

Ein paar ältere Mitbürger erinnern sich vielleicht noch an die Worte von Norman Mattoon Thomas, der sich als Pazifist und Kandidat der Sozialistischen Partei Amerikas zwischen 1928 und 1948 sechsmal um die Präsidentschaft bewarb: »Die Amerikaner werden den Sozialismus niemals akzeptieren«, sagte er. »Aber unter dem Etikett ›Liberalismus‹ kann man ihnen trotzdem so lange jeden Punkt des sozialistischen Programms verkaufen, bis Amerika eines Tages ein sozialistischer Staat ist, ohne dass jemand weiß, wie es passiert ist.«

In einem Interview, das er 1948 gab, begründete Thomas seinen Rückzug aus der aktiven Politik damit, dass sowohl die Demokraten als auch die Republikaner sich alle Standpunkte der Sozialisten zu eigen gemacht hätten und dass die Sozialistische Partei damit überflüssig geworden sei.

Wahrscheinlich hatte Thomas schon 1948 recht, heute kann kein Zweifel mehr an der Korrektheit seiner Einschätzung bestehen. Während man früher von einer »Einführung des Sozialismus durch die Hintertür« sprach, ist er heute in Washington offene Regierungspolitik. Diese Sichtweise spiegelte eine Schlagzeile, die am 16. Februar 2009 auf der Titelseite von *Newsweek* prangte: »Jetzt sind wir alle

Sozialisten.« Viele Amerikaner zuckten zusammen, als Banken und Teile der Autoindustrie verstaatlicht wurden. Sie befürchteten, dass das erst der Anfang war.

Tea Parties

Die Proteste gegen die außer Kontrolle geratene Staatsverschuldung, die Kriege im Irak und Afghanistan und das Gezänk um die allgemeine Krankenversicherung führten seit April 2009 zu Bürgerversammlungen, die unter dem Namen »Tea Parties« bekannt wurden. Er geht zurück auf die historische Boston Tea Party des Jahres 1773, als amerikanische Kolonisten drei Schiffsladungen Tee in den Hafen von Boston kippten, um gegen die Einstellung der britischen Regierung zu protestieren – »Steuerpflichtigkeit ohne politische Vertretung«. Etliche heutige Spaßvögel haben es sich nicht nehmen lassen, dies auf die aktuellen politischen Verhältnisse zu übertragen: »Wenn die Kolonisten glaubten, Steuerpflichtigkeit ohne politische Vertretung sei eine üble Sache, hätten sie mal sehen sollen, was Steuerpflichtigkeit mit politischer Vertretung bedeutet.«

Im Jahr 2009 machte sich der Protest auch in mehreren Bürgerversammlungen in Rathäusern Luft, wo Kongressabgeordnete, die wegen der Sommerpause nicht in Washington waren, angebrüllt und in einigen Fällen sogar vor die Tür gejagt wurden, weil die Bürger verärgert waren über das, was sie als Präsident Obamas sozialistische Gesundheitspolitik und andere üble Machenschaften der Regierung sahen. Der öffentliche Protest nahm weiter zu bis ins Jahr 2010, als man seiner Wut bei weiteren Tea Parties und Demonstrationen Luft machte. Die Proteste richteten sich gegen die sozialistische Geldverteilungspolitik der Regierung, den allgemeinen Krankenversicherungsschutz, die staatliche Rettung von Unternehmen und die Zerstörung der amerikanischen Wirtschaft. Auf diese Themen werden wir noch zurückkommen.

Die Neue Weltordnung

Viele besorgte Bürger schalteten alternative Radiotalkshows ein oder schauten in Internetblogs, um mehr zu erfahren über einen Weltbeherrschungsplan der Globalisierer, einen Plan, den Präsident George H. W. Bush als die »Neue Weltordnung« bezeichnete. Damit bediente er sich eines Ausdrucks, den einst Adolf Hitler benutzte. Selbsternannte Globalisierer sind jene Menschen, die sich über einen kleinlichen Nationalismus erhaben fühlen. Diese Männer und Frauen sehen die ganze Welt als ihre Einflusssphäre. Vielen erscheinen die Vereinigten Staaten als eine nicht ganz so profitable Filiale ihrer multinationalen Unternehmen. Etliche dieser Globalisierer hängen der alten Illuminaten-Maxime an, nach der der »Zweck die Mittel heiligt«, auch wenn die meisten jede Verbindung zu dem alten Geheimbund ebenso abstreiten würden wie die zu den Nazis, die jene Maxime ins politische Extrem trieben.

In ihrem Buch *Shadow Elite* charakterisierte Janine Wedel die Globalisierer als »Chamäleons«, als wandlungsfähige Mitglieder einer transnationalen Elite. »Dieser Typus des einflussreichen Entscheiders fungiert zugleich als Businessconsultant, Repräsentant von Thinktanks, Fernsehexperte und Regierungsberater, wechselt wendig zwischen verschiedenen Stellen, die seine Dienste in Anspruch nehmen. Und es ist nicht nur seine Zeit, die er zwischen verschiedenen Arbeitgebern aufteilt, auch seine Loyalität ist oft schwankend.«

Trotz spöttischer Bemerkungen dieser Chamäleons in den Massenmedien und den gleichlautenden Kommentaren gekaufter Politiker existiert die Neue Weltordnung tatsächlich, und häufig werden weitreichende Pläne geschmiedet. Präsident T. Woodrow Wilson schrieb, der größte Teil des von den Amerikanern zur Zeit der Russischen Revolution an die Russen gezahlten Geldes sei an die Bolschewiken gegangen, die unmittelbaren Vorfahren der Kommunisten. Es kam von den Rockefellers und anderen Wall-Street-Kapitalisten, darunter Jacob Schiff, Elihu Root, J. P. Morgan und der Harriman-Familie (W. Averell Harriman war während des Zweiten Weltkriegs amerikanischer Botschafter in der Sowjetunion). Diese Männer und andere finanzierten zu Beginn auch das *Council on Foreign Relations*.

Als sie Angst vor einer weltweiten Ausbreitung des Kommunismus bekamen (sie brauchten verschiedene Nationen und Volkswirtschaften, die sie gegeneinander ausspielen konnten, um durch die Spannungen ihren Profit und ihren Einfluss zu vergrößern), unterstützten sie die Nationalsozialisten in Deutschland. Adolf Hitler wurde finanziert, weil er mit der NSDAP ein Bollwerk gegen die ansteigende Flut des Kommunismus errichten sollte. Er bereitete daraufhin den Zweiten Weltkrieg vor. In die Finanzierung der Nazis waren vier prominente Amerikaner involviert: John J. McCloy, Chairman der *National City Bank* (heute *Citicorp*), Allan Dulles und sein Bruder John Foster Dulles als Anwälte der *Schroeder Bank* und Prescott Bush, Direktor der *Union Banking Corporation* und Chef der Hamburg-Amerika-Schifffahrtslinie. Interessant ist, dass McCloy nach dem Zweiten Weltkrieg Hochkommissar im besetzten Deutschland wurde. John Foster Dulles war Präsident Eisenhowers Außenminister, Allen Dulles der am längsten amtierende Direktor der CIA. Bush war als Senator aus Connecticut maßgeblich am Aufbau der CIA beteiligt. Man könnte auch noch darauf hinweisen, dass McCloy und Allen Dulles in der hochgradig diskreditierten *Warren*

Commission saßen, die von Präsident Lyndon B. Johnson eingesetzt worden war, um die Ermordung John F. Kennedys zu untersuchen. Nach dem Zweiten Weltkrieg wurde die Agenda der Globalisierer durch die Errichtung der Vereinten Nationen erweitert. Ein früherer Versuch, mit dem Völkerbund eine übernationale Organisation zu schaffen, scheiterte, weil der amerikanische Senat zu dem Ergebnis kam, dass eine Ratifizierung Amerikas Souveränität ein Ende setzen würde.

Nick Rockefeller, Teilnehmer des Weltwirtschaftsforums und Mitglied des *Council on Foreign Relations,* könnte die Existenz einer Neuen Weltordnung in einer beiläufigen Bemerkung enthüllt haben. Der verstorbene Hollywoodproduzent Aaron Russo gab folgende Äußerung Rockefellers zu Protokoll: »Letztlich geht es darum, alle zu beherrschen, die ganze Gesellschaft, damit Banker und die Elite die Welt kontrollieren können.«

Catherine Austin Fitts, stellvertretende Wohnungsbauministerin während der Präsidentschaft George H. W. Bushs, schrieb Anfang 2009: »Zu Beginn des Jahres 2001 nahm ich an einer Konferenz von Privatinvestoren in London teil, um einen Vortrag zu halten: ›Der Mythos von der Herrschaft des Gesetzes oder Wie das Geld arbeitet. Die Zerschlagung der Hamilton Securities Group.‹ Ich berichtete von der Zusammenarbeit zwischen Washington und der Wall Street, die eine betrügerische Immobilien- und Schuldenblase zum Ergebnis hatte; von den illegal aus den Vereinigten Staaten herausgeschafften riesigen Geldsummen, von der ›Privatisierung‹ als einer Form der Piraterie – ein Vorwand, um Staatsbesitz unter Marktpreis an private Investoren zu vergeben. Und davon, dass private Verbindlichkeiten wieder von der Regierung übernommen wurden, ohne dass den Investoren irgendwelche Kosten entstanden. Unter den anderen Referenten auf der Konferenz waren renommierte Journalisten, die über die Privatisierung in Osteuropa und Russland berichteten. Während die Porträts längst verstorbener Briten auf uns herabblickten, hörten wir unzählige Geschichten, wie sich im Laufe der Neunzigerjahre in Nord- und Südamerika, in Europa und Asien die globale Privatisierung vollzogen hatte.«

Fitts wiederholte Rockefellers Bemerkung über die Neue Weltordnung unter der Herrschaft einer globalen Elite. »Als sich nach und nach die Teile des Puzzles zu einem Gesamtbild zusammenfügten«, fuhr sie fort, »war es für uns alle eine erschreckende Offenbarung – bei den Banken, Unternehmen und Investoren, die überall auf der Welt aktiv waren, handelte es sich immer wieder um dieselben Spieler. Es war eine relativ kleine Gruppe, deren Mitglieder wieder und wieder auftauchten, in Russland, Osteuropa und Asien. Im Schlepptau hatten sie Mitarbeiter der immer gleichen Unternehmensberatungen und Kanzleien. Es war offensichtlich, dass wir es mit einem weltweiten finanziellen *Coup d'Etat* zu tun hatten.«

Walter Cronkite, der legendäre Nachrichtensprecher von *CBS News,* wurde häufig als »der Mann, dem die Amerikaner am meisten vertrauen« bezeichnet. Er vertrat ebenfalls die Meinung, das Land werde von einer kleinen Elite beherrscht. Kurz vor seinem Tod im Juli 2009 wurde Cronkite gefragt, ob es in Amerika eine herrschende Klasse gebe. »Leider ja«, antwortete er. »Ich glaube nicht, dass es der Demokratie guttut, aber es stimmt: Meiner Meinung nach gibt es diese herrschende Klasse. Sie besteht aus den Reichen, die unsere Industrie, das Geschäftsleben und den Finanzsektor voll unter Kontrolle haben. Und diese Leute sind in der Lage, unsere Demokratie so zu manipulieren, dass nur sie diese Demokratie kontrollieren.«

Während der größte Teil der Menschen durch die politischen Parteien und Massenmedien manipuliert und abgelenkt wird, scheint niemand in der Lage zu sein, die Neue Weltordnung zu erkennen oder gar Widerstand zu leisten gegen diese elitäre Clique, deren Mitglieder durch wirtschaftliche, familiäre und gesellschaftliche Beziehungen und gemeinsame Interessen verbunden sind.

Solange die wahren Herrscher Amerikas nicht namhaft gemacht werden und auf Widerstand stoßen, hat es keinen nennenswerten Sinn, die Hände zu ringen, Briefe zu schreiben oder zu demonstrieren.

Kritik aus den eigenen Reihen

Die finanzielle Katastrophe des Jahres 2008 offenbarte, dass es mit der Neuen Weltordnung, bevor sie sich fest etabliert hatte, nicht zum Besten stand. Obwohl es in der Obama-Administration jede Menge Männer und Frauen gibt, die – wie zu zeigen sein wird – über beste Beziehungen zu den Reichen und Mächtigen verfügen, schien ihnen die Kontrolle über die wirtschaftlichen und gesellschaftlichen Gegebenheiten in den Vereinigten Staaten zu entgleiten. Meinungsverschiedenheiten gab es selbst an der *University of Chicago,* die viele für das geistige Zentrum der Globalisierung halten. Der dort lehrende Robert E. Lucas, der 1995 den Nobelpreis für ökonomische Wissenschaften erhielt, nannte Obamas Pläne zur Ankurbelung der Wirtschaft »dilettantisch«, während sein Kollege, der Ökonomieprofessor John H. Cochrane, zu Protokoll gab, Obamas Ideen basierten auf unglaubwürdigen »Märchen«. All das erinnerte entfernt an den Ausdruck »Voodoo-Ökonomie«, den George H. W. Bush 1980 während der Vorwahlen für den Kandidaten der Republikaner gegen Ronald Reagans Pläne für ein freies Unternehmertum ins Feld führte.

Paul Krugman, Kolumnist der *New York Times* und Nobelpreisträger des Jahres 2008 für Wirtschaftswissenschaften, schrieb in einem Beitrag: »Soweit ich sehe, ist die Wirtschaftswissenschaft auf einen Irrweg geraten, weil die Ökonomen der Magie beeindruckender Zahlen erlagen und diese mit der Wahrheit verwechselten. Bis zur Großen Depression hielten die meisten Wirtschaftswissenschaftler an der These fest, der Kapitalismus sei ein perfektes oder fast perfektes System. Angesichts der Massenarbeitslosigkeit war diese Annahme nicht mehr zu halten, doch als die Erinnerung an die Depression schwand, verliebten sich die Ökonomen erneut in die alte idealisierte Vision einer Wirtschaft, in der auf perfekten Märkten rationale Individuen interagieren, und diesmal motzten sie ihre These mit komplizierten Gleichungen auf […]. Der zentrale Grund für das Versagen der Ökonomen war ihre Sehnsucht nach einer allumfassenden, intellektuell eleganten Methode, bei der sie zugleich auch noch ihr mathematisches Können unter Beweis stellen konnten. Unglücklicherweise verführte diese romantische und unrealistische Vision der Wirtschaft die Ökonomen dazu, das aus den Augen zu verlieren, was alles schiefgehen kann. Sie verschlossen die Augen vor den Grenzen menschlicher Rationalität, und hier liegt häufig der Grund für Blasen und Crashs; sie verschlossen sie vor den Problemen von Institutionen, die Amok laufen; vor der Unvollkommenheit von Märkten – besonders Finanzmärkten, die dazu führen kann, dass das Betriebssystem der Wirtschaft unter plötzlichen, unvorhersehbaren Abstürzen leidet; und schließlich verschlossen sie die Augen vor den Gefahren, die dann entstehen, wenn Aufsichtsinstanzen nicht an Regulierung glauben.«

Verschwörungstheoretiker sind oft verspottet worden, wenn sie behaupteten, die Große Depression sei von global agierenden Bankern herbeigeführt worden. Krugmann unterstützte dieses Argument nachhaltig durch eine Erzählung, die auch eine Äußerung von Ben Bernanke enthält, dem gegenwärtigen Vorsitzenden des obersten Leitungsgremiums der *Federal Reserve*. »Bei der Feier anlässlich des neunzigsten Geburtstags von Milton Friedman erklärte Ben Bernanke zum Thema Große Depression: ›Sie haben recht. Wir waren es. Es tut uns sehr leid. Aber dank Ihnen wird es nicht wieder passieren.‹ Die eindeutige Botschaft besagte, es bedürfe zur Vermeidung einer Depression lediglich einer klügeren Fed.«

Wir sehen also, dass es einen Plan gibt, die amerikanische Wirtschaft zu unterminieren und uns ein sozialistisches System aufzuzwingen. Obamas marxistisch geprägter oder Bushs nationalistisch ausgerichteter Sozialismus – das macht augenscheinlich keinen Unterschied für jene, die reich und mächtig genug sind, um die zentrale Bürokratie des Staates zu beherrschen.

Jene Globalisierer, welche die Weltgeschichte seit Jahrzehnten, wenn nicht seit Jahrhunderten manipulieren, arbeiten an einem Plan, die einst freie und prosperierende Republik der Vereinigten Staaten in ein sozialistisches Land zu verwandeln, bevölkert von verdummten und völlig verarmten Zombies, denen man den Geldhahn zugedreht.

Es ist wahrlich eine Billionen-Dollar-Verschwörung.

ZWEITER TEIL
WIE MAN ZOMBIES ERSCHAFFT

Jede Spielart des Sozialismus beinhaltet Sklaverei.

– HERBERT SPENCER, britischer Schriftsteller, Ökonom und Philosoph, 1884

Freie Menschen können sich jederzeit frei bewegen. Sie können ein Geschäft eröffnen, den Beruf wechseln oder auch gar nichts tun, solange es ihnen gefällt. Eine sichere Methode, einen Menschen zu versklaven, besteht darin, ihn in die Verschuldung zu treiben. Jeder, der nichts von dem tun kann, was einem freien Menschen möglich ist, weil er eine Hypothek und alle möglichen Rechnungen bezahlen muss, ist auf ein monatliches Einkommen angewiesen. So einen Menschen sollte man als eine Art Sklaven betrachten – als Schuldensklaven.

Politisches Hickhack

Der Staat steht nicht für Vernunft oder Überzeugungskraft,
sondern für Macht. Wie das Feuer ist auch er ein gefährlicher
Diener und ein furchterregender Herrscher.

– PRÄSIDENT GEORGE WASHINGTON

Wir sollten die politische Klasse als die Volksvertretung einer Zombie-Nation betrachten. Bei jeder großangelegten und in hohen Kreisen initiierten Verschwörung ist die Politik ein unabdingbarer Partner. Im modernen Amerika sind politische und finanzielle Kontrolle nicht voneinander zu trennen. Diese mächtige Komplizenschaft finden wir innerhalb des Zentralbanksystems *(Fed),* in den Korridoren von Washington und der Wall Street und selbst in den Wirtschaftsbeiträgen mächtiger Medien, die sich zugleich mit Politik und dem Finanzsektor befassen.

Die Amerikaner benötigen keinen Universitätsabschluss in Wirtschaftswissenschaften, um zu erkennen, dass das Land längst pleite ist. Selbst die vorsichtigsten Schätzungen gehen von einer Staatsverschuldung von über 70 Billionen Dollar aus, der ein Bruttoinlandsprodukt von ungefähr 13 Billionen gegenübersteht. Dabei ist der Fehlbetrag von mindestens 300 Billionen durch die faulen Kreditausfallversicherungen noch nicht berücksichtigt.

Außenhandel und Staatsanleihen

Das Außenhandelsdefizit verursacht seit zwanzig Jahren einen Mittelabfluss von jährlich zwischen 30 und 150 Milliarden Dollar. Dazu kommt, dass unsere Industrie-, Bergbau- und Landwirtschaftsbetriebe durch die Entwicklung in Richtung

Globalisierung nicht nur geschwächt, sondern auch zahlenmäßig dezimiert worden sind. Seit dem Zweiten Weltkrieg wurde in den Vereinigten Staaten keine einzige Stahlgießerei mehr gebaut.

Das Schuldenthema ist von zentraler Bedeutung, wenn man die Machenschaften verstehen will, der wir die gegenwärtige Wirtschaftskrise verdanken. Im Jahr 2008 steckten die Industrie, die Banken, der Staat und die Privathaushalte bis zum Hals in Schulden. Eine schuldenfreie Gesellschaft würde völlig anders aussehen als die, welche wir seit Jahren kennen. Auf der Titelseite der *New York Times* war am 9. Mai 2009 zu lesen:»Jene Faktoren, welche es den Konsumenten ermöglicht und sie sogar dazu ermuntert haben, weniger zu sparen und mehr auszugeben – leichte Kreditaufnahme und in die Höhe schießende Anlagewerte –, könnten dauerhaft der Vergangenheit angehören wegen der Finanzkrise, durch die die Wirtschaft in die Rezession geraten ist.«

Zu den in der *Times* erwähnten Faktoren gehören sinkende Löhne, eine der wenigen verbliebenen Optionen für Unternehmen, die Kosten zu senken und ihre Bilanz zu verbessern.

Wir sehen hier den Höhepunkt eines Restrukturierungsprozesses, der seit mehr als zwanzig Jahren im Gange ist. Während der Lebensstandard in vielen ehemaligen Diktaturen oder auch in China wuchs, ist er in den Vereinigten Staaten gesunken, und zwar dank jener»Faktoren«, welche die Plutokraten der Neuen Weltordnung bestimmen.

Ist es angesichts der permanenten finanziellen Transaktionen zwischen den Ländern denkbar, dass der wirtschaftliche Zusammenbruch kein Zufall war? Einige Leute behaupten, der sogenannte Bailout oder Sanierungsplan sei nichts als der größte Geldtransfer der westlichen Geschichte, ein verzweifelter Versuch, den Dollar zu stützen. Hinzu kommt, dass nicht nur der Dollar in Gefahr war, sondern auch die Staatsanleihen. Der Nettokapitalzufluss von an den Dollar gekoppelten Grand-Net-Bonds fiel von einer Rekordmarke Anfang 2007 von ungefähr 950 Milliarden im Jahr 2009 auf einen Tiefststand von 200 Milliarden, was von einem Vertrauensverlust in das amerikanische Geld zeugt.»Die ausländischen Gläubiger wenden sich von den Vereinigten Staaten ab, so einfach ist das«, schrieb der Analyst Jim Willie.

Willie fuhr fort:»Die amerikanischen Währungshüter lassen *nichts* erkennen, das mit Kontrolle oder Disziplin zu tun hätte oder auch nur im Entferntesten an Ehrenhaftigkeit oder Integrität erinnerte […]. Würde nicht die Fed die meisten der ausgegebenen Treasury Bonds kaufen, würden die langfristigen Zinsen sprunghaft ansteigen und könnten eine Hyperinflation auslösen […]. Das setzt den Dollar einem großen Risiko aus. Schon bald drohen uns Zustände wie in der Weimarer Republik! Die Entwicklung des amerikanischen Marktes steht unter dem dominierenden Einfluss des chinesischen Finanzmarkts. Es ist traurig und tragisch, aber der Dollar ist in einer bedrohlichen Situation. Es bleibt nicht mehr viel Zeit, die ausländischen Gläubiger wetzen schon die Messer.«

Sowohl China – jenes Land, das die größten Reserven an ausländischen Währungen hält – als auch Russland fordern eine neue globale Leitwährung und damit die Ablösung des Dollars als Devise für Währungsreserven.

Einer der am wenigsten bekannten und zugleich beunruhigendsten Aspekte des finanziellen Tsunami des Jahres 2008 war ein 2009 erschienener Bericht, nach dem Chinas im Staatsbesitz befindliche SASAC großen Unternehmen zusagte, sie eventuell zu unterstützen, ihren aus bedingten Termingeschäften mit internationalen Banken im Jahr 2008 herrührenden Verpflichtungen nicht nachzukommen. Chinesische Firmen waren diese Kontrakte eingegangen, um sich gegen steigende Rohstoffpreise abzusichern. Eine Nichterfüllung der Verträge würde den Investmentbanken und ihren Hoffnungen auf weitere Termingeschäfte in China, der am schnellsten wachsenden großen Volkswirtschaft und dem größten Rohstoffkonsumenten, einen schweren Schlag versetzen.

Ein anderer Aspekt des Problems ist schlicht darin zu sehen, dass China uns jenes Geld, das es auf Staatsanleihen und Derivate verwendet, nicht mehr leihen kann. »Wenn es China wirklich darum ginge, den inländischen Konsum anzuheizen, wäre es am besten, wenn es damit aufhören würde, unsere Schulden zu kaufen. Noch besser wäre es, wenn China jene Staatsanleihen, die es bereits hat, verkaufen und den Erlös an seine Bürger weitergeben würde, damit dieser in den privaten Konsum fließt«, schrieb Peter Schiff, Autor und Chef von *Euro Pacific Capital*. »Aber die Obama-Regierung umgarnt die Chinesen, damit sie Unmengen neuer amerikanischer Staatsanleihen kaufen. Obama kann nicht beides haben. Er kann nicht behaupten, es gehe ihm darum, dass die Chinesen mehr Geld ausgeben, und dann ihre Regierung anbetteln, den chinesischen Konsumenten das Geld wegzunehmen, damit es an die Vereinigten Staaten verliehen werden kann. Letztlich wird Obama genau das bekommen, was er öffentlich vorgibt zu wollen, das er aber insgeheim fürchtet. Die chinesische Regierung wird sich eines Besseren besinnen und keine weiteren Treasury Bonds mehr kaufen. Das wird den Kollaps des Dollar herbeiführen, es den Chinesen aber erlauben, die Früchte ihrer Arbeit voll zu genießen.«

Wenn aber die Chinesen beginnen, verstärkt ihre eigenen Produkte zu kaufen, stehen diese nur noch in geringerem Maße für den Export nach Amerika zur Verfügung. Und wenn sie mehr für Güter und Dienstleistungen ausgeben, gibt es weniger Geld, das an die Vereinigten Staaten verliehen werden könnte. Das kann die Wirtschaftskrise nur verschärfen.

Die heutige Lage der Vereinigten Staaten ist in vielerlei Hinsicht prekärer als in den Dreißigerjahren des 20. Jahrhunderts. Es sind mehr Banken zusammengebrochen als während der Großen Depression, und die Arbeitslosenquote hat den

Stand jener Jahre erreicht. Aber im Gegensatz zu den Menschen der Dreißiger-
jahre, von denen viele einen bäuerlichen Hintergrund hatten und wussten, wie sie
sich durchbringen konnten, können sich moderne Amerikaner hinsichtlich des
Lebensnotwendigsten nur an den Staat wenden. Könnte diese Entwicklung zu
einem zentralistisch von der Regierung gesteuerten Sozialismus nicht der wahre
Plan sein, der hinter dem herbeigeführten wirtschaftlichen Niedergang der letzten Jahre stand?

Der Unterschied zwischen der Gegenwart und der Zeit der Großen Depression
beruht in erster Linie auf dem Problem des Geldwerts. In den Dreißigerjahren
handelte es sich um eine monetäre Depression. Das Geld behielt seinen Wert,
weil es einfach schwer zu beschaffen war, und die niedrigen Preise spiegelten die
Geldknappheit. Heute sieht sich Amerika einer inflationären Depression gegenüber. Die Preise steigen weiter wegen der gestiegenen Geldmenge. Je mehr Geld
im Umlauf ist, desto weniger ist es wert.

Lügenkredite

William K. Black, Professor für Wirtschafts- und Rechtswissenschaften an der
University of Missouri School of Law in Kansas City vertritt die Ansicht, für die
wirtschaftliche Krise des Jahres 2008 seien nicht nur Gier und Inkompetenz aus-
schlaggebend gewesen. In den Achtzigerjahren leitete er die Untersuchung gegen
die in den »Savings and Loan Scandal« (S&L) – eine frühere Immobilien- und
Hypothekenkrise – verwickelten Kriminellen. Laut Black stand im Zentrum der
jüngsten Hypothekenkrise die Schaffung von mit dem Gütesiegel »Triple A«
versehenen Schuldverschreibungen, wobei nachgewiesene Einkommen, Vermögenswerte oder Beschäftigung keine Rolle spielten. Man fand dafür den Ausdruck »Lügenkredite«. Black betonte, solche Lügenkredite seien hinterlistig und
betrügerisch, was den beteiligten Banken klar gewesen sei.

»Betrug ist Täuschung, und Betrug funktioniert so: ›Ich gewinne Ihr Vertrauen,
und dann missbrauche ich dieses Vertrauen und bringe Sie dazu, mir etwas von
Wert zu geben.‹ Nichts zersetzt Vertrauen so sehr wie Betrug, insbesondere Betrug
seitens der Topelite, und genau da stehen wir heute.« Im April 2009 sagte Black
dem PBS-Kommentator Bill Meyers: »Die Bush-Regierung hat praktisch alle Vorschriften abgeschafft. Wenn gerade niemand hinsah, konnte man sich die unver-
schämtesten Betrügereien leisten, und genau das passierte. Wo sollte man hinsehen? Doch wohl bei ganz bestimmten Kreditgebern. Nämlich jenen, die sich fast
ausschließlich mit Subprime-Darlehen und jenen Lügenkrediten abgaben, die unter der Bezeichnung ›Alt-A‹ bekannt sind. Sie wussten, dass das alles Betrug war.«

Black sagte, die Lügenkredite seien möglich geworden, weil niemand die Informationen jener überprüft habe, die um die Kredite nachsuchten. Häufig sei Kreditnehmern sogar gesagt worden, man könne ihnen bessere Konditionen einräumen, wenn sie ihr Einkommen und ihr Vermögen fälschlicherweise höher ansetzten und ihre berufliche Laufbahn aufpolierten. »Wir wissen, dass genau das gegenüber Kreditnehmern gesagt wurde«, gab Black zu Protokoll.

Er wies darauf hin, dass *IndyMac,* jenes staatliche Sparinstitut, das am 11. Juli 2008 zusammenbrach, sich auf Lügenkredite spezialisiert hatte und im Laufe des Jahres 2006 solche im Wert von 80 Milliarden verkaufte. Damit häufte die Bank mehr Verluste an, als in den Achtzigerjahren durch die damalige Immobilien- und Hypothekenkrise, den S&L-Skandal, entstanden waren.

Alles habe nur auf Betrug beruht, erklärte Black. »Es war bekannt, dass Lügenkredite eine außergewöhnlich üble Geschichte sind. Jetzt gab es dafür Triple-A-Ratings. Nun geht man bei einem Triple-A-Rating davon aus, dass keinerlei Kreditrisiko besteht. Also nimmt man etwas Hochriskantes und schafft die Fiktion, das Risiko sei gleich null. Das allein ist schon Betrug. Noch einmal, während der Bush-Jahre sah niemand hin [...]. Und als dann doch jemand hinsah, nämlich nach dem völligen Zusammenbruch der Märkte, stieß man fast überall auf Betrug [...].«

Black und andere haben die üblen Kredite mit einem Schneeballsystem à la Ponzi verglichen, das zur Anklage gegen Bernie Madoff führte, einen Investmentberater von der Wall Street. »Alle Welt kaufte die Katze im Sack – mit einem hübschen rosa Bändchen darum, auf dem ›Triple A‹ stand«, sagte Black.

Auch wenn es kein spezielles Gesetz gegen Lügenkredite gebe, so Black, sei den Bankern bekannt gewesen, dass die Kredite unter falschen Angaben zustande gekommen seien und nie zurückgezahlt werden würden. Die Kredite beruhten auf Täuschung, und das ist ein Kernpunkt der juristischen Definition kriminellen Betrugs. Warum wurde niemand strafrechtlich verfolgt wegen dieser Betrügereien? Laut Black nahmen FBI-Ermittler trotz frühzeitiger Warnungen die größten Kreditgeber erst unter die Lupe, als der Markt bereits zusammengebrochen war.

»Schon im September 2004 hatte das FBI öffentlich gewarnt, es gebe Hypothekenbetrug in einem ungeahnten Ausmaß, und wenn man nicht eingreife, gebe es eine Krise, die mindestens so verheerend sein werde wie der S&L-Skandal«, sagte Black.

Aber Ermittlungen fanden nicht statt. Wegen des Krieges gegen den Terror zog der Justizminister der Bush-Regierung beim FBI 500 Spezialisten ab, die sich jetzt der Terrorbekämpfung widmen sollten. Sie wurden nicht ersetzt. Heute sagt Black: »Mit der Aufklärung der Hypothekenkrise befasst sich nur ein Fünftel der FBI-Beamten, die damals zur Untersuchung des S&L-Skandals abgestellt waren.«

Deregulierung

Eine der Schutzmaßnahmen gegen »Banksters« (eine abwertende Bezeichnung, die Banker und Gangster gleichsetzt) war der Glass-Steagall Act, ein Gesetz, das 1934 verabschiedet wurde, nachdem bei Anhörungen der Regierung offenkundig geworden war, wie große Banken jener Zeit zugunsten des Profits einer kleinen Gruppe von Insidern ihre Kunden geschröpft hatten. Durch das Gesetz wurden normale Bankaktivitäten (Scheckverkehr, Sparkonten und Kreditvergabe an die Wirtschaft) vom spekulativen Investmentbanking (Hedgefonds, Derivate und Wall-Street-Investitionen) getrennt. Letzteres wurde dadurch einer Regulierung unterworfen.

Brooksley Born, ein ehemaliges Vorstandsmitglied der *U. S. Commodity Futures Trading Commission* (CFTC), vertritt die Ansicht, seit den Clinton-Jahren seien praktisch alle regulatorischen Schutzvorschriften weggefallen. In einem Interview mit dem *Washington Lawyer* sagte sie 2003: »Ein Hauptproblem war der enorme Anstieg im Handel mit den sogenannten Over-the-Counter-Derivaten. Diese OTC-Derivate sind erst seit 1993 zugelassen, und zwar durch eine Ausnahmegenehmigung, die Wendy Lee Gramm erließ, kurz bevor sie den Job als Vorsitzende der CFTC quittierte. Dies ermöglichte das Wachstum eines Geschäftsbereichs, dessen Umfang, was den nominellen Wert der weltweiten Kontrakte betrifft, sich mittlerweile jährlich auf hundert Billionen Dollar beläuft. Alan Greenspan hat gesagt, das Wachstum dieses Segments in den Neunzigerjahren sei die bedeutendste Entwicklung auf den Finanzmärkten gewesen. Dieser Markt war praktisch unreguliert und sehr viel größer als der Handel an den Terminbörsen. Formal hatte die Kommission eine gewisse Kontrolle über diesen Markt beibehalten, aber es gab keine Mechanismen zur Durchsetzung der Regeln. Antibetrugsvorschriften bestanden weiter, aber niemand musste Rechenschaft ablegen. Der Markt war völlig undurchsichtig. Weder die Kommission noch eine andere staatliche Aufsichtsinstanz wussten, was auf diesem Markt lief.«

Mrs Gramm war von 1988 bis 1993 Vorsitzende der CFTC, die während dieser Zeit hinsichtlich des Handels mit Energiederivaten eine Ausnahmeregelung für *Enron* erließ, wodurch das Unternehmen jenseits jeder Regulierung freie Hand hatte. Nachdem Gramm ihren Job bei der CFTC quittiert hatte, bekam sie einen Posten im *Enron*-Vorstand, wo sie den Prüfungsausschuss leitete. Der Energieriese *Enron*, dessen Zusammenbruch Ende 2001 bis dahin der größte Bankrott in der Geschichte der Vereinigten Staaten war, brachte seine Aktionäre um mehr als zehn Milliarden Dollar. Als Folge dieses Zusammenbruchs entstanden neue Vorschriften und Gesetze, von denen man sich eine größere Verlässlichkeit jener Quartalsberichte versprach, die für an der Börse notierte Unternehmen verpflichtend sind. Aufgrund schwerwiegenden Betrugs wurden mehrere *Enron*-Führungskräfte zu Gefängnisstrafen verurteilt, darunter der Unternehmensgründer Kenneth Lay und CEO Jeffrey Skilling. Die Wirtschaftsprüfungsgesellschaft Arthur Andersen wurde für schuldig befunden, *Enron*-Unterlagen vernichtet zu haben. Schließlich wurde sie aufgelöst, wodurch 85 000 Menschen ihren Job verloren.

Man sollte darauf hinweisen, dass Wendy Lee Gramm die Frau von Phil Gramm ist, dem ehemaligen republikanischen Senator von Texas, der als oberster Wirtschaftsberater des Präsidentschaftskandidaten John McCain im Wahlkampf 2008 zurücktreten musste, weil er Amerikaner, die gegen finanzielle Verluste infolge strafbarer Handlungen protestierten, als »Heulsusen« bezeichnete. Als Senator war Gramm zur Zeit der Clinton-Regierung Vorsitzender des Senatsausschusses für das Bankgewerbe sowie für Wohnungs- und Städtebau, und er war eine treibende Kraft bei der Verabschiedung von Gesetzen zur Deregulierung im Bankensektor, etwa bei der des grundlegenden Gramm-Leach-Bliley Act im Jahr 1999. Dadurch wurden Gesetze aus der Zeit der Großen Depression aufgehoben, die es Banken untersagten, sich im Versicherungs- oder Maklergeschäft zu engagieren. Der Gramm-Leach-Bliley Act wurde von einer überwältigenden Mehrheit im Kongress und Senat verabschiedet und erlangte durch Präsident Clintons Unterschrift Gesetzeskraft. Die Befürworter des Gesetzes bedienten sich eines alten Tricks, der schon benutzt wurde, um den Federal Reserve Act im Jahr 1913 durchzubringen. Wie in diesem Fall wurde auch der Gramm-Leach-Bliley Act am letzten Tag vor den Weihnachtsfeiertagen eingebracht und weder im Kongress noch im Senat je beraten. Dieses auf Initiative der Republikaner zustande gekommene Gesetz wurde zur Zeit einer demokratischen Administration gemeinsam mit den Demokraten verabschiedet, was nur allzu deutlich zeigt, wie einig sich die beiden Parteien sind, wenn es ums Big Business geht.

Viele Ökonomen behaupten, die Unterminierung des Glass-Steagall Act durch den Gramm-Leach-Bliley Act sei ein entscheidender Grund für die Subprime-Hypothekenkrise des Jahres 2008 und die weltweite Wirtschaftskrise des Jahres 2009 gewesen. Der Wirtschaftswissenschaftler Paul Krugman bezeichnete Phil Gramm als den »Hohepriester der Deregulierung« und sah in Gramm und dem *Fed*-Vorsitzenden Alan Greenspan die Hauptverantwortlichen für die Wirtschaftskrise. Auch *CNN*, *Time* und der britische *Guardian* sahen Gramms Rolle so.

Brooksley Born beschreibt, wie ihre Kommission während der Clinton-Jahre die Unterstützung großer Händler von OTC-Derivaten infrage stellte. Diese Händler waren mit einer Eigenkapitalausstattung von vier Milliarden Dollar Kontrakte im Wert von 1,25 Billionen eingegangen, hatten sich also völlig übernommen. Damit war der Markt anfällig für exakt jenen Zusammenbruch, der in den Jahren 2008/2009 erfolgte.

»Ich war sehr beunruhigt wegen der OTC-Derivate und sah den Markt als einen Albtraum, der bald Realität werden würde«, erinnerte sich Born. »Besonders beunruhigt war ich, weil es keinerlei Transparenz gab. Niemand von einer staatlichen Aufsichtsbehörde wusste, welche Stellung Firmen wie Long-Term Capital Management oder Enron auf dem Markt für Derivate hatten.« Warren Buffett bezeichnete die OTC-Derivate später als finanzielle Massenvernichtungswaffen.

Born sagte, die *Fed* und der Kongress hätten die Bemühungen der CFTC blockiert, um auf dem Finanzsektor wieder gewisse Schutzmechanismen einzuführen. »Es ging uns nicht um Regulierung. Wir haben nur Fragen gestellt! Irgendwelche konkreten Vorschriften haben wir nicht vorgeschlagen. Aber Alan Greenspan, Arthur Levitt und Robert Rubin waren der Auffassung, man solle diese Fragen nicht stellen, und sie drängten den Kongress dazu, ein Gesetz zu verabschieden, das es der Kommission untersagen sollte, bei den OTC-Derivaten irgendwelche regulierenden Vorschriften einzuführen. Es gab keine Anhörungen hinsichtlich dieses Gesetzes, aber während der Zusammenkunft eines Kongressausschusses, bei der es um eine Haushaltsvorlage ging, wurde ein Ergänzungsantrag bewilligt, der es der Kommission verbot, für ein halbes Jahr irgendetwas hinsichtlich der OTC-Derivate zu unternehmen. Das war keinen Monat nach dem Zusammenbruch von Long-Term Capital Management!«

Professor William Black verwies auf die Erfahrungen mit AIG *(American International Group)* als Beispiel dafür, wie fehlende Regulierung zu obszönen Profiten und einer Manipulation des Marktes führe. Die Rettung von AIG gegen Ende des Jahres 2008 kostete den Steuerzahler mehr als 180 Milliarden Dollar, genauso viel wie der gesamte »S&L-Skandal« in den Achtzigerjahren.

Im September 2008 wurde die Kreditwürdigkeit von AIG herabgestuft, und die *Fed* gewährte einen Kredit von 85 Milliarden, damit der internationale Versicherungsriese im Geschäft bleiben konnte. Aber die *Fed* übernahm auch das Aktienbezugsrecht für fast 80 Prozent von AIG. Die Regierung erhöhte schließlich den Kreditrahmen von AIG auf die enorme Summe von 182,5 Milliarden Dollar. Die öffentliche Empörung ging auf Medienberichte zurück, nach denen AIG etliche Millionen Dollar der für die Rettung bereitgestellten Gelder zurückgehalten und einen Teil davon für Boni von Führungskräften und luxuriöse, als Dienstreisen deklarierte Vergnügungstrips ausgegeben hatte. Die Forderungen von AIG-Anleihehaltern und Geschäftspartnern wurden mit dem Geld des Steuerzahlers bis auf den letzten Cent bedient, ohne dass dieser dafür auch nur irgendwelche Ansprüche auf zukünftige Gewinne erwarb. Mit anderen Worten, die Rettungsgelder gingen an die Banken der AIG, während der Steuerzahler die Kosten tragen musste.

»AIG schloss üble Kredite ab, allerdings mit Garantien, und vorab wurden dicke Provisionen vereinnahmt«, erklärte Black. »Also verbuchten sie große Einnahmen, zahlten enorme Boni […]. Und sie wurden sehr, sehr reich. Aber sie hatten Garantien gegeben für diesen toxischen Müll […]. Diese Lügenkredite produzieren riesige Verluste. Und dann muss man die Garantie für diese enormen Verluste bezahlen und geht pleite. Aber natürlich nicht in der modernen Welt und in den Vereinigten Staaten, wo der Steuerzahler den Narren spielt. Unter Finanzminister Timothy Geithner und seinem Vorgänger Henry Paulson haben wir fünf Milliarden Dollar an Steuergeldern (über AIG) an die riesige Schweizer Bank *UBS* überwiesen. *UBS* hat die amerikanischen Steuerzahler betrogen, und wir haben sie verklagt. Schließlich mussten sie eine Geldstrafe von 780 Millionen zahlen – aber halt, wir hatten ihnen fünf Milliarden gegeben. Folglich hat der amerikanische Steuerzahler die Geldstrafe einer Schweizer Bank bezahlt. Und warum helfen wir jemandem aus der Patsche, der uns betrügt?«

Einige haben die Vermutung geäußert, *UBS* habe die fünf Milliarden bekommen, weil AIG der größte Sponsor von Obamas Wahlkampagne war und viele der toxischen Derivate von *Goldman Sachs* hielt, der weltweit größten Investmentbank, deren Boss Paulson einst gewesen war. Obwohl viele Amerikaner den AIG-Deal schlicht und einfach als Diebstahl sahen, der unsere Wirtschaft unterminierte, wurde niemand aus dem oberen Management angeklagt, mit Ausnahme von Bernard L. »Bernie« Madoff, dem ehemaligen Aushängeschild und Chef der Computerbörse *NASDAQ*.

Neil Barofsky vom *Troubled Asset Relief Program* (TARP) sagte, selbst Mitte Oktober des Jahres 2009 hätten die Führungskräfte von AIG von den versprochenen 45 Millionen nicht einmal die Hälfte zurückgezahlt. Aber schon im März 2009 war die Öffentlichkeit aufgebracht, als sie erfuhr, dass AIG von den 180 Milliarden, die der Steuerzahler bereitgestellt hatte, damit das Unternehmen weiterarbeiten konnte, 165 Millionen als Boni für Führungskräfte ausgeschüttet hatte. Edward M. Liddy, der CEO von AIG, sagte bei der Anhörung vor einem Kongressausschuss, er habe seine Führungskräfte gebeten, freiwillig mindestens die Hälfte ihrer Boni zurückzuzahlen, aber er räumte ein, er habe keinerlei Handhabe, sie dazu zu zwingen.

Im Dezember 2008 nahm sich die amerikanische Regierung dann auch noch der finanziellen Nöte eines der größten Unternehmen an, nämlich denen von *General Motors* (GM). William Black und andere haben kritisiert, bei der Übernahme von GM handle es sich um eine Verstaatlichung, und sie fragten, warum der Boss von GM gefeuert worden sei – im Gegensatz zu jenen Bankern, die den wirtschaftlichen Zusammenbruch herbeigeführt hatten. »Es gibt zwei Gründe«, erläuterte Black. »Regierungsmitglieder und -mitarbeiter stehen den Bankern sehr viel näher, weil sie selbst aus dem Finanzsektor kommen. Mit den Finanzjongleuren haben sie sehr viel mehr Mitleid als mit den Autobauern, denen gegenüber sie sich, wie man sieht, offen feindselig verhalten. Am liebsten würden sie alle ihre Verträge zerreißen. Aber bei den Bankern sind ihnen Verträge heilig. Und wir wollen die Banker nicht auswechseln, denn wenn wir das tun, wenn wir sie durch integre Leute ersetzen, die mit der Entstehung des wirtschaftlichen Schlamassels nichts zu tun haben, werden diese sofort das ganze Ausmaß des Problems erkennen. Dann wäre die Vertuschung nicht länger möglich. Auch Geithner vertuschte alles, genau wie Paulson vor ihm. Öffentlich sagt Geithner, dass es zwei Billionen (eine Billion sind tausend Milliarden), kosten wird, um mit dem Problem fertigzuwerden – zwei Billionen an Steuergeldern. Aber sie lassen es zu, dass alle Banken ständig behaupten, sie seien nicht nur solvent, sondern hätten auch eine optimale finanzielle Ausstattung. Beides zugleich kann nicht stimmen. Es kann nicht sein, dass sie aufgrund ihrer riesigen Verluste zwei Billionen brauchen und dass sie andererseits behaupten, alles stehe zum Besten. Diese Leute sind alle gescheitert. Paulson ist gescheitert, genau wie Geithner. Und sie stiegen auf der Karriereleiter auf, weil sie gescheitert waren [...].«

Geithner stritt jedes Versagen ab. Er behauptete, es habe nie zu seinen Aufgaben gehört, den Bankensektor zu regulieren. Während der meisten Zeit des Kreditbooms war Geithner Boss der *New York Fed,* und er gab zu verstehen, er habe wenig Interesse daran, die Aktivitäten anderer Banken genauer unter die Lupe zu nehmen. »Ob gut oder schlecht, die Regulierung war nie mein Ding«, sagte Geithner überraschend offen und fügte dann hinzu: »Und ich denke, Sie haben recht, wenn Sie sagen, dass wir sehr skeptisch gegenüber der Meinung sein müssen, all diese Probleme seien durch Vorschriften zu lösen. Bei uns gibt es Bereiche, die völlig überreguliert sind.«

»Völlig überreguliert!«, wiederholte der Journalist Bill Moyers fassungslos Geithners Bemerkung. »Nicht das Fehlen von Vorschriften war das Problem, sondern die Tatsache, dass trotz angeblicher Regulierung große Risiken entstanden.« Black stimmte dem zu: »Es mag schon stimmen, dass Regulierung nicht sein Ding war, doch genau das war sein Job. Deswegen hatte er ihn. Als Präsident der *Federal Reserve Bank of New York* war er dafür verantwortlich, die meisten der größten Bankholdinggesellschaften in Amerika zu beaufsichtigen. Und er liegt völlig falsch, wenn er behauptet, in einigen dieser Bereiche hätte es zu viel Regulierung gegeben. Natürlich nennt er keine Einzelheiten. Aber er liegt völlig falsch.«

Im Laufe des Jahres 2009 brachen weitere Finanzinstitute zusammen, und zwar ungeachtet der Tatsache, dass die Medien permanent ermutigende Storys über eine ökonomische Erholung und weitere Programme zur Ankurbelung der Wirtschaft brachten. Konfrontiert mit der Aussicht, wegen krimineller Machenschaften angeklagt zu werden, wurde die in Alabama ansässige *Colonial BancGroup Inc.* im August 2009 von der Bankenaufsicht geschlossen. Seit Beginn des Jahres war es die 77 zusammengebrochene Bank und die größte seit dem Kollaps von

Washington Mutual Inc. 2008. Im zweiten Quartal 2009 musste *Colonial* einen Verlust von 606 Millionen Dollar bekannt geben, wofür in erster Linie Kredite an Grundstückserschließer und Hausbauer in Florida verantwortlich waren. Die Bank schaffte es nicht, die nötigen Kapitalanforderungen zu erfüllen, um sich für finanzielle Unterstützung seitens des Troubled Asset Relief Program (TARP) zu bewerben. Sie hatte einfach nicht genug finanzielle Reserven, um Unterstützung durch das TARP zu beantragen.

Für Robert Auerbach, ehemals Ökonom beim *Financial Services Committee* des Repräsentantenhauses, besteht ein Problem darin, dass Repräsentanten des Zentralbanksystems häufig eine zu große Nähe zu jenen Banken haben, auf die sie eigentlich ein Auge haben sollen. »Im Vorstand jeder Bank des Zentralbanksystems, auch bei der *New York Fed,* sitzen neun Direktoren. Sechs von ihnen werden von den Banken in dem Distrikt gewählt«, sagte Auerbach. »Folglich wählen die Banken in New York die Direktoren, die sie eigentlich beaufsichtigen sollten.«

Ein bewährtes Mittel, die wahre Lage einer Bank während einer Umstrukturierung vor der Öffentlichkeit geheim zu halten, besteht darin, das Führungspersonal zu behalten, das ursprünglich für die Probleme verantwortlich war. »Wenn man den alten CEO behält, der der Bank die Probleme eingebrockt hat, wird er sich dann energisch umsehen, um die Probleme und betrügerischen Machenschaften aufzudecken?«, fragte Black in dem Interview, das er Moyers gab. Dann fügte er hinzu: »Nach dem S&L-Skandal gab es ein neues Gesetz, das ›Prompt Corrective Action Law‹, und es verlangt, dass solche Institute geschlossen werden. Aber sie weigern sich, dem Gesetz zu gehorchen.«

Auf die Frage, ob Geithner oder andere Mitglieder der Obama-Regierung sich daran beteiligt hätten, zusammen mit den Banken die wahre Lage zu vertuschen, antwortete Black: »Hundertprozentig, weil ein Zusammenbruch sie zu Tode ängstigt. Sie haben Angst davor zuzugeben, dass viele der großen Banken insolvent sind. Sie halten die Amerikaner für einen Haufen Feiglinge, die schreiend zu den Notausgängen rennen. Und wir werden uns nicht auf die Einlagenversicherung verlassen.«

Die Zerstörung des amerikanischen Finanzsystems

Leute wie Black und Moyers, die sich in einer privilegierten Position befinden, erwähnen nicht die Motive, die hinter den Mätzchen Geithners und denen der Banken stehen. Diese können zurückverfolgt werden zu im Verborgenen agierenden Organisationen mit globaler Agenda, etwa dem *Council on Foreign Relations* (CFR). In der Regel weist Moyers auch nicht darauf hin, dass er selbst

Mitglied des CFR ist, dessen strikte, ideologisch motivierte Aufnahmebedingungen er offensichtlich erfüllt hat. An Beispielen wie diesem sieht man, dass die Globalisierer ihre lenkende Hand sowohl in der Welt der Wirtschaft als auch in der des Journalismus im Spiel haben.

Eine weitere Person, die den Mitgliedern von im Geheimen operierenden Gesellschaften nahesteht, ist Henry »Hank« Paulson, jener Finanzminister der Bush-Regierung, unter dessen Aufsicht die Rettung von AIG durchgezogen wurde. Sowohl zu Bushs Zeiten als auch unter der Obama-Administration wurden über die AIG Steuergelder an Banken wie die *UBS* und *Goldman Sachs* geschleust. Bei Letzterer war Paulson früher CEO.

Als Bush Paulson 2006 zum Finanzminister machte, erläuterte das CFR die Agenda des Präsidenten folgendermaßen: »Bush hat dem neuen Finanzminister fünf Ziele vorgegeben. Halten Sie die Steuern niedrig. Begrenzen Sie die Regierungsausgaben, um das Haushaltsdefizit in Schach zu halten. Kümmern Sie sich um internationale Ungleichgewichte. Halten Sie die Investmentmärkte offen. Unterstützen Sie im Privatsektor Innovationen und Risikofreude, um das Wachstum anzukurbeln [...]. Paulson ist der richtige Mann zur richtigen Zeit, um sich um diese Themen zu kümmern.«

Ungeachtet der Tatsache, dass *IndyMac* nur ein paar Tage zuvor zusammengebrochen war, versicherte Paulson der Öffentlichkeit am 20. Juli 2008: »Wir haben ein sicheres und gesundes Bankensystem. Unsere Aufsichtsinstanzen haben alles im Griff. Diese Lage ist sehr gut zu beherrschen.«

Man hat Paulson als eine der zentralen Figuren namhaft gemacht, die für das 2008 beginnende wirtschaftliche Debakel verantwortlich waren. *Time* konstatierte: »Wenn es ein Gesicht gibt, das man mit dieser Finanzkatastrophe in Verbindung bringt, dann seines.«

William Black wies darauf hin, dass *Goldman Sachs* den Löwenanteil der vom Steuerzahler bereitgestellten Mittel zur Rettung von Banken bekommen habe und erklärte: »In den meisten Epochen der amerikanischen Geschichte hätte man das für einen Skandal unfassbaren Ausmaßes gehalten, der einer zivilisierten Gesellschaft unwürdig ist [...]. Die Tragik dieser Krise ist darin zu sehen, dass sie überhaupt nicht hätte passieren müssen.«

Black und etliche andere Kommentatoren registrierten Verluste bei Einkommen, Versicherungen, Pensionen und Termingeschäften. Für sie war das die Folge eines Fehlverhaltens von »relativ wenigen betuchten Leuten, die in äußerst kostspielig möblierten Büros saßen. Ihre Ideologie war es, jegliche Regulierung abzuschaffen.« Forbes schätzte 2006 Paulsons Privatvermögen auf 700 Millionen Dollar.

Black und andere glaubten, für die Zerstörung des amerikanischen Finanzsystems seien die mangelnde Integrität etlicher hoher Regierungs- und Bankenvertreter verantwortlich, neben moralischen Defiziten und massiven Interessenkonflikten. Doch das ist nur die Sichtweise derjenigen, die dem wahren Thema ausweichen – Verschwörung.

Nachdem er drei verschiedene Regierungsberichte studiert hatte, in denen für den Finanzsektor der »Jüngste Tag« vorausgesagt wurde, fiel Martin D. Weiss, dem Chef der Investmentberatungsfirma *Weiss Group Inc.*, noch ein anderes Wort ein: »Wenn unsere Führungspersönlichkeiten sich der katastrophalen Folgen ihrer Handlungen nicht bewusst sind, können sie sich auf ihre Unwissenheit berufen und nichts tun. Oder wenn sie keine eindeutigen Indizien dafür haben, was in Zukunft passieren könnte, können sie sich zumindest auf ihre Unsicherheit berufen. Aber wenn sie *ganz genau* Bescheid wissen über die bevorstehende Katastrophe, wenn sie *Beweise* dafür haben, dass sie *in jedem Fall* unvermeidbar ist und das selbst in ihren offiziellen Berichten erklären, aber *immer noch* keinen Finger rühren, um den Kurs zu ändern, können sie sich nur noch durch ihren *Wahnsinn* entschuldigen.« Gleichwohl wäre es wirklich Wahnsinn zu glauben, die Herren über unser aller Geld seien geisteskrank. Die einzige Alternative ist es, von einer Verschwörung auszugehen. Die Finanzkatastrophe trat ein, weil sie künstlich herbeigeführt wurde.

Die These, der wirtschaftliche Zusammenbruch könnte wissentlich herbeigeführt worden sein, fand sogar Eingang in die Massenmedien. Anfang 2009 erklärte Dick Morris, ein Insider in Washingtoner Kreisen, gegenüber Sean Hannity von *Fox News,* wie der Internationale Währungsfond (IWF) versuche, die amerikanische Wirtschaft unter dem Vorwand der Koordination von »Regulierungsbemühungen« unter internationale Kontrolle zu bringen. »Jene Verschwörungstheoretiker, die von der Neuen Weltordnung und dem Machtstreben der UNO sprachen, hatten recht […]. Genau das ist jetzt die Lage!«

Gleichgültig, wie klar Morris die Lage sah – im Kongress schienen nur wenige die Botschaft zu begreifen. Unter ihnen war Kay Granger, ein republikanischer Abgeordneter aus Texas. Im August 2009 schrieb er in einem Brief an seine Wähler: »In dieser Woche ist etwas passiert, das für jeden Einzelnen von uns ernsthafte Konsequenzen nach sich ziehen wird, aber wahrscheinlich wissen Sie nicht einmal, dass es überhaupt passiert ist. Am Dienstag, dem 25. August 2009, wurde ein Haushaltsbericht veröffentlicht, nach dem unser Land um zwei Billionen Dollar höher verschuldet ist, als es das Weiße Haus zu Jahresbeginn erklärt hat. Damit sind jeder Mann, jede Frau und jedes Kind in Amerika um fast sechstausendsiebenhundert Dollar höher verschuldet. Das zeigt ja wohl eindeutig, dass die Politik des Ausgebens, Ausgebens, Ausgebens nicht funktioniert.«

Die einzige Antwort, die Washington dazu einfällt, besteht darin, noch mehr Geld für Regierungsprogramme auszugeben. Ist das nur Unfähigkeit oder ein

Beweis für eine verborgene Agenda, deren Ziel es ist, die amerikanische Republik in eine streng kontrollierte sozialistische Gesellschaft zu verwandeln?

Schuldensklaven

Gebt mir die Befugnis, das Geld eines Landes zu drucken und zu kontrollieren, dann schere ich mich nicht mehr darum, wer seine Gesetze macht.

– Eine häufig wiederholte Abänderung eines Ausspruchs von
   AMSCHEL MAYER ROTHSCHILD

Aus dem Jahr 1838: »Mich kümmert nicht, welche Marionette auf dem englischen Thron sitzt, um über das Reich zu herrschen, in dem die Sonne nie untergeht. Jener Mann, der das britische Geldangebot beherrscht, beherrscht das britische Empire, und das britische Geldangebot beherrsche ich.«

Das Lebenselixier jeden Landes ist die Wirtschaft. Viele haben Präsident Barack Obamas 2009 aufgelegtes 787-Milliarden-Programm zur Ankurbelung der Wirtschaft so gedeutet, als würde man einer Leiche eine Bluttransfusion verpassen. Sie befürchteten, dabei werde nur gutes Geld schlechtem hinterhergeworfen.

Während der Niedergang der amerikanischen Wirtschaft weiter anhielt, verstärkte Präsident Obama die Maßnahmen der Bush-Regierung, Banken und andere Finanzinstitutionen zu retten.

Obama erklärte, es möge als eine ansprechendere Idee erscheinen, das Geld dem Steuerzahler direkt zugutekommen zu lassen, doch damit könne die Wirtschaft nicht so wirksam angekurbelt werden. »Aus einem Dollar Kapital für eine Bank können acht oder zehn Dollar werden, die als Kredite an Familien und Firmen vergeben werden, ein Multiplikationseffekt, der das Wirtschaftswachstum definitiv beschleunigen kann.«

Obamas Ankurbelung der Wirtschaft

Obama reagierte nicht auf die Kritik an den vielen Seltsamkeiten im Zusammenhang mit der Wirtschaftskrise, und er schwieg auch, als das Argument vorgebracht wurde, bei seinem »Wirtschaftswachstum« handle es sich tatsächlich um nichts anderes als ein durch Krieg bedingtes Sparbudget. Michel Chossudovsky, Professor der Wirtschaftswissenschaften an der *University of Ottawa* und Direktor des *Centre for Research on Globalization,* sagte dazu: »Von Obamas Sparmaßnahmen waren alle großen Ausgabenprogramme der Regierung betroffen. Nicht betroffen waren dagegen das Verteidigungsministerium und die Ausgaben für die Kriege im Mittleren Osten, sowie die Programme für die Rettung der Wall-Street-Banken. Und dann sind da noch die Zinsen für die atemberaubende Schuldenlast des Staates. Auf den ersten Blick scheint es sich bei dem Haushaltsentwurf um ein Wachstumsprogramm zu handeln, um einen nachfrageorientierten ›Second New Deal‹, durch den Beschäftigung geschaffen, in Trümmern liegende staatliche Sozialprogramme wieder aufgebaut und die Realwirtschaft belebt werden sollen. Die Realität sieht anders aus. Obamas Versprechen beruht auf einem *gigantischen Sparprogramm.* Die gesamte Finanzstruktur ist zerstört.«

Verständlicherweise zog Chossudovsky das Fazit, der Obama-Plan »diene zum großen Teil den Interessen der Wall Street, der Rüstungsindustrie und den Ölkonglomeraten«. Er warnte davor, dass die von der Bush- und Obama-Regierung initiierten Bankenrettungen für Amerika in einer gigantischen Schuldenspirale enden würden. »Die wirtschaftlichen und sozialen Verwerfungen sind potenziell existenzbedrohend«, fügte er hinzu.

Das bedeutet, dass der amerikanische Steuerzahler zum Kreditgeber letzter Instanz wurde für zwei von der Regierung geförderte Privatunternehmen, die Hypotheken- und Immobilienfinanzierer *Fannie Mae* und *Freddie Mac.* Deren gemeinsam aufgetürmter Schuldenberg von 5,4 Billionen Dollar wurde sozusagen direkt an das amerikanische Volk weitergereicht. Zusätzlich zu seinen persönlichen Schulden hat jetzt jeder Amerikaner noch finanzielle Verbindlichkeiten wegen *Fannie Mae, Freddie Mac* und anderen Finanzinstituten.

Noch ärgerlicher ist, dass ein Teil der Rettungsgelder dafür verwendet wurde, jene Führungskräfte, die ihre gescheiterten Unternehmen verlassen mussten, mit einem »goldenen Handschlag« in den Ruhestand zu versetzen oder ihnen eine fette Abfindung zu zahlen. Das hatte Ende 2008 eine schlechte Presse zur Folge, wie auch die Enthüllungen über dunkle Verstrickungen zwischen der Wall Street und ihren Aufsehern.

Da wäre zum Beispiel Charles Millard, ehemaliger Direktor der *Pension Benefit Guaranty Corp.* (PBGC), der unabhängigen staatlichen Pensionsaufsicht, welche die Altersversorgung von fast 44 Millionen amerikanischen Arbeitnehmern und Rentnern schützt. Im Mai 2009 wurde Millard aufgefordert, eine Aussage vor einem Senatsausschuss zu machen, weil man ihm zur Last legte, er habe zu gute und unangemessene Kontakte zu Unternehmen der Wall Street. Millard verweigerte die Aussage und berief sich dabei auf sein ihm von der Verfassung zugesichertes Recht, sich nicht selbst belasten zu müssen. Die Pensionskasse, die

Betriebsrenten versichert, gab Ende Mai 2009 für die erste Hälfte des Geschäfts-
jahres ein Defizit von 33,5 Milliarden Dollar bekannt. Ein beträchtlicher Anstieg, im Jahr 2008 waren es 10,7 Milliarden gewesen.

Laut Aussage der PBGC-Generalinspektorin Rebecca Ann Batts, die ebenfalls
vor den Senatsausschuss geladen war, hatte Millard direkt mit der Gewährung
von PBGC-Verträgen im Wert von über hundert Millionen Dollar an international aktive Investmentbanken zu tun, darunter *Black Rock Inc.*, *JP Morgan* und
Goldman Sachs, und zwar gegen den Rat des oberen Managements. Telefon- und
E-Maillisten beweisen, dass Millard Kontakte zu seinen potenziellen Bietern hatte,
bevor er sie anheuerte, um Investments auf dem Immobilienmarkt und die Anlage von Privatvermögen zu managen. Der Fall Millard illustriert die inzestuöse
Verbindung zwischen der Wall Street und Leuten, die vom Staat bezahlt werden,
damit sie die Öffentlichkeit schützen. Bemerkenswert ist auch, dass Millard sich
auf den 5. Zusatzartikel der Verfassung berief, genau wie früher die Mafiosi.
Wenn er sich nichts hatte zuschulden kommen lassen, warum sollte er dann die
Aussage verweigern?

Vor dem Crash

Schon vor dem Crash des Jahres 2008 herrschte in bestimmten Teilen der amerikanischen Bevölkerung tiefe Verunsicherung. Viele Rentner, die einst geglaubt
hatten, ihr Geld sei sicher investiert, mussten jetzt bei ihren Anlagen Verluste von
80 oder 90 Prozent hinnehmen.

Die Entwicklung wurde ernst, als Investmentbanken überall auf der Welt
unwillig waren, sich gegenseitig Geld zu leihen – eine ungewöhnliche Entwicklung –, und als die Hypothekenbanken *Fannie Mae* und *Freddie Mac* glaubten,
mehr Geld machen zu können, wenn sie Subprime-Hypotheken kauften. All das
war Teil der Politik der Bush-Administration, die den Millenniumszielen der
Vereinten Nationen aus dem Jahr 2000 entsprechen wollte. Dabei ging es um
Themen wie den Kampf gegen extreme Armut und Hunger, weltweiten Grund-
schulunterricht, Gleichberechtigung der Geschlechter, Verbesserung der medizinischen Versorgung und Umweltschutz. Es waren ehrbare Ziele wie diese,
wegen denen die Regierung Druck auf Kreditinstitute ausübte, sich verstärkt im
Subprime-Hypothekengeschäft zu engagieren. Das Ergebnis? Hunderttausende
nicht verkaufter Häuser.

Wenngleich bekannt ist, dass der wirtschaftliche Schlamassel mit den Banken, Hypothekenfinanzierern und Grundstücksverkäufern begann, war das
gegenwärtige Immobilien- und Hypothekendebakel tatsächlich die Folge von

Machenschaften demokratischer und republikanischer Politiker, was wieder einmal das Argument erhärtet, dass die beiden großen Parteien von eben jenen Globalisierern beherrscht werden, die weltweit ein sozialistisches System errichten wollen.

Während der Neunzigerjahre setzte Clintons demokratische Administration *Fannie Mae,* Amerikas größte Hypothekenbank, unter Druck, Kredite für den Hausbau auch an Bezieher bescheidener oder niedriger Einkommen zu vergeben. Auf dem Papier schien es eine gute Idee zu sein, weniger betuchten Familien die Chance zu geben, bald ein Eigenheim zu besitzen.

»Durch die Herabstufung der Kreditanforderungen hat Fannie Mae während der Neunziger Millionen von Familien zu einem Haus verholfen«, sagte Franklin D. Raines, Chairman und CEO von Fannie Mae, 1999 gegenüber der *New York Times.* Die Zeitung wies darauf hin, zumindest eine Analyse scheine darauf hinzudeuten, dass ethnische Vorurteile bei der Kreditvergabe eine Rolle gespielt hätten. Demnach gingen 18 Prozent dieser Subprime-Kredite an schwarze Kreditnehmer und nur fünf Prozent an alle anderen ethnischen Gruppen. Steven A. Holmes bemerkte in der *Times* schon 1999 mit großem Weitblick: »Indem sich Fannie Mae, wenn auch zögerlich, auf dieses neue Feld der Kreditvergabe begab, ging das Unternehmen bedeutsame neue Risiken ein, was möglicherweise kein Problem ist, solange die Wirtschaft gut läuft. Doch dieses der Regierung unterstellte Unternehmen könnte in Zeiten einer Wirtschaftskrise Probleme bekommen. Dann müsste der Staat Rettungsmaßnahmen ergreifen, ähnlich wie beim S&L-Skandal in den Achtzigern.«

Während *Fannie Mae* die Kreditanforderungen senkte, drängten ihre Aktionäre auf eine höhere Rendite. Beides zusammen war die Grundlage für eine finanzielle Katastrophe. Wie üblich waren in die politischen und finanziellen Machenschaften Mitglieder beider großer Parteien verstrickt, was der Agenda der Globalisierer aber nicht schadete.

Larry Summers, unter Clinton Finanzminister, unter Obama Chef des *National Economic Council* (und ein Mitglied des *Council on Foreign Relations*), ist ein Befürworter der Senkung von Steuern auf Unternehmens- und Kapitalgewinne. Er überzeugte Clinton, mehrere von den Republikanern initiierte Gesetzesvorlagen zu unterschreiben, durch welche die Macht der Banken vergrößert wurde. Eines dieser Gesetze hob den Glass-Steagall Act von 1933 auf, der die Fusion von Banken, Versicherungen und Maklerfirmen (wie *Goldman Sachs* und *Merrill Lynch*) untersagte. Außerdem unterstützte Summers direkt vor der Präsidentschaftswahl des Jahres 2000 den Commodity Futures Modernization Act, welcher der staatlichen *Commodity Futures Trading Corporation* die Aufsicht über den Handel mit Derivaten entzog. Im April 2009, als Obamas Programm zur Ankurbelung der Wirtschaft auf den Weg gebracht wurde, sah sich

Summers mit Kritik konfrontiert, weil er 2,7 Millionen Dollar für Vorträge bei Unternehmen der Wall Street einstrich, die zuvor Rettungsgelder des Staates kassiert hatten.

Summers hat den Weg geebnet für den Missbrauch des amerikanischen Finanzsystems. Unterdessen kletterte sein Schützling Timothy Geithner, damals Unterstaatssekretär für internationale Angelegenheiten, auf der politischen Karriereleiter weiter nach oben. Im Jahr 2002, während der ersten Amtszeit von George W. Bush, verließ Geithner das Finanzministerium und wurde leitender Wissenschaftler im *International Economics Department* beim *Council on Foreign Relations*. Geithner, zudem ein Protegé Henry Kissingers, war zuvor Präsident der *New York Federal Reserve Bank* gewesen. 2009 war er dann Obamas Finanzminister. Hier sehen wir erneut zwei Männer (Summers und Geithner), die kein Problem darin sehen, demokratischen wie republikanischen Regierungen zu dienen, und die Verbindungen zum *Council on Foreign Relations* haben, jener im Geheimen agierenden Gesellschaft mit globaler Agenda. Eine Art Geheimgesellschaft ist das CFR deshalb, weil es seine Ziele und Entscheidungen nicht öffentlich bekannt macht. Außerdem kann niemand ohne Einladung dem CFR beitreten, und selbst wenn der Kandidat in Betracht gezogen wird, muss er sich gründlich durchleuchten lassen, ob seine Ansichten mit denen des CFR kompatibel sind.

F. William Engdahl, Absolvent der *Princeton University* und Wirtschaftsanalyst, schrieb über Geithner, das »schmutzige kleine Geheimnis« des Finanzministers sei darin zu sehen, dass er während der Kreditkrise nur versucht habe, die fünf größten Banken zu retten – »Banken, die, was den Nominalwert angeht, 96 Prozent aller Derivatpositionen der US-Banken hielten, und – sollte es zu einem Ausfall kommen – den unglaublichen Anteil von 81 Prozent an Eigenrisiko trugen.« Ein Derivat ist ein Finanzinstrument, dessen Wert sich von einer anderen Ressource ableitet, etwa Grundstücke, Güter oder Dienstleistungen, die man Bezugsobjekt nennt. Derivate werden in komplizierten Finanzgeschäften benutzt, um sich gegen Verluste abzusichern, indem man sie verkauft. Oder man spekuliert auf große Gewinne und kauft Derivate in der Hoffnung, dass die zugrunde liegende Ressource an Wert gewinnt. Jene Banken, welche die meisten Derivate hatten, waren in absteigender Reihenfolge *JP Morgan Chase, Bank of America, Citibank, Goldman Sachs* und die kürzlich fusionierten Institute *Wells Fargo* und *Wachowia*. In den Führungsetagen dieser fünf Banken finden sich jede Menge Mitglieder des *Council on Foreign Relations*.

Stresstest

Anfang Mai 2009, nach monatelangem Hin und Her, veröffentlichte die staatliche Aufsichtsbehörde schließlich Einzelheiten über ihren »Stresstest«, durch den überprüft werden soll, ob eine bestimmte Bank ihre Schulden zurückzahlen und unter schwierigen wirtschaftlichen Bedingungen überleben kann. Von den fünf gerade aufgezählten Banken bestand nur *JP Morgan Chase* den Test. Das bedeutete, dass es in diesem Fall nicht erforderlich war, mehr Kapital zu beschaffen, um künftigen Verlusten vorzubeugen.

Die in Charlotte ansässige *Bank of America* schnitt bei dem Stresstest am schlechtesten ab. Staatliche Aufseher informierten die Bank, sie benötige fast 34 Milliarden zusätzliches Kapital, was ungefähr der Hälfte ihres Gesamtdefizits entsprach. Diese Nachricht verschärfte die Probleme des Bankengiganten, der bereits unter Beschuss stand, weil er mehr als 45 Milliarden Dollar an staatlicher Hilfe bekommen und die Investmentbank *Merrill Lynch* übernommen hatte.

Doch nicht nur die *Bank of America* hatte Probleme. *Wells Fargo* musste sich 13,7 Milliarden frisches Kapital beschaffen, *GMAC Financial Services* (zuvor unter dem Namen *General Motors Acceptance Corporation* bekannt) benötigte 11,5 Milliarden, die *Citigroup* 5,5 Milliarden. Insgesamt brauchten die großen Banken des Landes laut Angaben der Finanzaufsicht 74,6 Milliarden Dollar für ein finanzielles Schutzpolster.

Notenbankchef Bernanke zeigte sich öffentlich optimistisch hinsichtlich der Tests, die er als »fair und gründlich« charakterisierte. »Die Märkte können sicher sein, dass die Banken stark und in der Lage sein werden, Kredite zu vergeben – auch in wirtschaftlich schwierigeren Zeiten, als wir sie momentan erwarten«, sagte der Chef der *Fed CNBC*. Allerdings müssten Banken, die beim Stresstest durch-fielen, schnell einen Plan zur Beschaffung frischen Kapitals präsentieren. Für die Regierung bestand ein denkbarer Plan darin, von der *U.S. Treasury* gekaufte Vorzugs- in Stammaktien umzuwandeln. Douglas Elliott, ein ehemaliger Investmentbanker von *JP Morgan Chase,* jetzt bei der *Brookings Institution,* sagte *Associated Press:* »Im Grunde tauschen wir eine Art Kredit gegen den Anteilbesitz einer Bank. So erhöhen sich die Risiken, aber auch die Chancen des Steuerzahlers.«

Ein erhöhtes Risiko für den Steuerzahler? In finanziell unruhigen Zeiten scheint das keine besonders gute Idee zu sein. »Wenn wir weiter Steuergelder in diese fünf Banken pumpen, ohne dafür zu sorgen, dass sie ihre Arbeitsweise ändern, dann ist das so, als würde man einen Alkoholiker unbegrenzt mit kostenlosem Schnaps versorgen«, sagte F. William Engdahl. »Die staatlichen Rettungsgelder für AIG – bis April 2009 mehr als 189 Milliarden – sind in erster Linie dafür draufgegangen, bei den Geschäftspartnern die Kreditausfallswaps der AIG zu bedienen. Goldman Sachs, Citibank, JP Morgan Chase und Bank of America, jene Banken, die glauben, sie seien ›to big to fail‹ – zu groß, als dass man sie pleitegehen lassen würde. Tatsächlich halten sich diese Banken heute für so mächtig, dass sie glauben, sie könnten der Regierung vorschreiben, was sie zu tun hat. Einige haben das einen Coup d'Etat seitens der Banker genannt. Das ist definitiv keine gute Lage.«

Also stecken die großen Banken das Geld ein, und der arme Steuerzahler übernimmt die Rechnung, ganz zu schweigen von den vom Staat übernommenen Banken, die noch bis ins Jahr 2010 hinein finanzielle Probleme hatten.

In der Mitte des Jahres 2009 fuhren die Amerikaner weniger Auto und gaben weniger Geld aus. Die Wirtschaft schrumpfte weiter. Obwohl die Produkte angesichts der Geldentwertung billiger wurden, weigerten sich die Leute zu kaufen, was sie sich nicht leisten konnten. Der Immobilienmarkt, ein zentraler Indikator wirtschaftlicher Stärke, blieb fortwährend weit hinter den Prognosen zurück. Besonders schlecht sah es bei neu begonnenen Hausbauten aus. Im April 2009 gab das Wohnungsbauministerium bekannt, bei Neubauten, die ohne staatliche Unterstützung finanziert wurden, sei – nach der saisonalen Bereinigung – im Vergleich zum April 2008 ein Rückgang von 54 Prozent zu verzeichnen. Privat finanzierte Bauvorhaben sind solche, bei denen auf stattliche Hilfe verzichtet wird. Insbesondere diese sind seit Langem ein erstrangiger Indikator für den Zustand der nationalen Wirtschaft.

Kritik gab es auch an der ungleichen Verteilung von Geldern. Chuck Collins, Direktor des am *Institute for Policy Studies* angesiedelten Program on Inequality and the Common Good, sagte zu diesem Thema: »Unserer Meinung nach hat die extreme gesellschaftliche Ungleichheit zu dem wirtschaftlichen Zusammenbruch beigetragen […]. Das ist wichtig, weil Reichtum Macht ist – Macht, die Kultur unserer Gesellschaft zu formen, Wahlen zu beeinflussen und die Politik der Regierung mitzubestimmen. In einer Plutokratie herrscht ›die Macht des großen Geldes‹, und was in einer Gesellschaft wichtig ist, wird mehr und mehr von den Interessen der Reichen bestimmt.«

Finanzkrise und Tod

Die in der Finanzkrise auf dem Spiel stehenden gewaltigen Geldsummen gefährden nicht nur den Wohlstand. Der Stress kann auch lebensgefährlich werden. Er könnte ein Faktor beim vorzeitigen Tod von mindestens fünf großkalibrigen Investoren und Bankern gewesen sein, die in den Monaten nach dem finanziellen Zusammenbruch im Oktober 2008 starben.

Im Januar 2009 warf sich der deutsche Milliardär Adolf Merckle vor einen Zug, nachdem er durch den Leerverkauf von Volkswagen-Aktien Geld verloren hatte. Patrick Rocca, ein irischer Grundstücksspekulant, der sowohl Präsident Clinton als auch dem britischen Premierminister Tony Blair nahestand, wurde nach dem Crash des Grundstückmarktes mit einer Schusswunde im Kopf tot aufgefunden. Der Chicagoer Immobilienmogul Steven Good wurde in seinem Wagen entdeckt, ebenfalls mit einer tödlichen Schussverletzung. Der Finanzberater René Thierry Magon de la Villehucher beging kurz vor Weihnachten 2008 Selbstmord in seinem Büro in Manhattan, nachdem er infolge des Bernie-Madoff-Skandals sowohl sein eigenes wie auch das Vermögen seiner Klienten verloren hatte.

Ein besonders beunruhigender Tod war der von David Kellermann, des amtierenden kaufmännischen Geschäftsführers von *Freddie Mac*. Er wurde am 22. April 2009 tot in seinem Haus in Vienna in Virginia aufgefunden, wo er sich anscheinend selbst das Leben genommen hatte. Im Jahr 2008 hatte das Finanzministerium 45 Milliarden Dollar zur Stützung des staatlich geförderten Hypothekenfinanzierers überwiesen, der Verluste von 50 Milliarden angehäuft hatte. Unmittelbar nach dem Todesfall, als Berichte über Kellermanns Rolle bei den massiven Verlusten von *Freddie Mac* erschienen, wurden Fragen über seinen Tod gestellt, ob er nicht vielleicht ermordet worden sei. Ein Polizeisprecher sagte gegenüber *All Headline News*, Kellermann sei durch eine Schussverletzung gestorben. Seltsamerweise hatte ein anderer Polizist ursprünglich behauptet, Kellermann habe sich erhängt.

Weitere Kontroversen gab es, als Journalisten herausfanden, dass es bei den Untersuchungen der *Security and Exchange Commission* und des Justizministeriums, die fragwürdigen Buchhaltungspraktiken bei *Freddie Mac* nachgingen, Hinweise darauf gab, dass Kellermann tief in diese Geschichte verstrickt war. »Kellermann war eine zentrale Figur bei mehreren kürzlich ausgetragenen Meinungsverschiedenheiten bei Freddie Mac«, berichtete die *Washington Post* im April 2009. »Er und eine Gruppe von Firmenanwälten rangelten Anfang März mit Mitarbeitern der Finanzaufsicht, als Freddie Mac sich darauf vorbereitete, ihren Quartalsbericht bei der Security and Exchange Commission einzureichen. Kellermanns Gruppe bestand darauf, man solle Freddie Macs Aktionäre darüber informieren, welche Kosten dem Unternehmen entstünden, weil es die Obama-Regierung bei der Umsetzung ihres Programms zur Wiederankurbelung des Hausbaus unterstützte. Die Aufseher drängten das Unternehmen, dies nicht zu tun.«

»Dies ist nicht die Geschichte eines Mannes, der etwas zu vertuschen versuchte, sondern die eines Mannes, der richtig zu handeln versuchte«, kommentierte ein Veteran der Wohnungsbaubranche, der anonym bleiben wollte. Offensichtlich vermutete er, es könnte gefährlich werden, in solchen Dingen die Wahrheit zu sagen.

Mehr als einer jener Männer, die in diesem Fall Nachforschungen angestellt hatten, neigten diese Menschen zu einer Verschwörungstheorie. Sie stellten infrage, dass Kellermanns Tod ein Selbstmord gewesen war, und vermuteten, es könnte noch andere Todesfälle gegeben haben, um Insider zum Schweigen zu bringen, die von Dingen gewusst haben könnten, von denen andere nicht wollten, dass sie an die Öffentlichkeit drangen.

In einer Erklärung seines *Political Action Committee* erklärte der ewige Postenjäger Lyndon LaRoche, ein Vertreter der Verschwörungstheorie: »In diesem Fall gibt es kein einleuchtendes Motiv für Selbstmord, aber eines dafür, zu verhindern, dass Kellermanns Ansichten publik werden. Wahrscheinlich wurde der Mann ermordet. Er verdient Gerechtigkeit. Das ist am wichtigsten. Die Frage lautet: Was wusste David Kellermann, und warum wollten einflussreiche Kreise nicht, dass er es öffentlich macht?«

Die Reichen werden reicher

Seit Langem heißt es, die Reichen würden immer reicher, die Armen ärmer. Viele setzen den Begriff »Plutokratie« – Herrschaft durch die Reichen – mit der Neuen Weltordnung gleich.

Wenngleich die Annahme, die Welt werde von einer organisierten Plutokratie beherrscht, lange als bloße »Verschwörungstheorie« belächelt wurde, präsentiert doch G. William Domhoff, Professor für Psychologie und Soziologie an der *University of California,* die statistischen Fakten, die die Existenz der Geldherrschaft bestätigen. Domhoffs erstes Buch *Who Rules America?* war in den Sechzigerjahren ein kontrovers diskutierter Bestseller. Dort vertrat der Autor die These, die Vereinigten Staaten würden von einer politischen und wirtschaftlichen Elite beherrscht.

Heute präsentiert Domhoff aktualisierte Zahlen. »In den Vereinigten Staaten konzentriert sich der Reichtum auf relativ wenige Menschen. Im Jahr 2007 entfielen auf das oberste Prozent aller Haushalte (die Oberklasse) 34,3 Prozent allen Privatvermögens, auf die nächsten neunzehn Prozent 50,3 Prozent, was bedeutet, dass nur zwanzig Prozent der Bevölkerung bemerkenswerte 85 Prozent des Vermögens besitzen. Damit bleiben nur 15 Prozent für die anderen achtzig Prozent der Bevölkerung (Lohn- und Gehaltsempfänger). Versteht man unter finanziellem Vermögen das gesamte Nettovermögen abzüglich des Wertes eines Eigenheims, dann hat das oberste Prozent aller Haushalte einen noch höheren Anteil von 42,2 Prozent.«

Domhoff definierte »Gesamtvermögen« als den Bruttowert eines Eigenheims und anderer Immobilien und Grundstücke, zuzüglich folgender Posten: Bargeld,

Spar- und sonstige Konten, Aktien und Bonds, Ersparnisse für die Altersvorsorge und andere finanzielle Sicherheiten. Unter »Gesamtverbindlichkeiten« verstand er Hypotheken- und Konsumschulden, einschließlich Autokrediten und aller sonstigen Verbindlichkeiten.

Laut Domhoff war der Reichtum im Laufe der amerikanischen Geschichte schon immer auf einige wenige konzentriert. Während des 19. Jahrhunderts besaß das oberste Prozent der Bevölkerung in Hafenstädten wie Boston, New York oder Charlestown 40 bis 50 Prozent des Vermögens. Dieses Ungleichgewicht blieb während des gesamten 20. Jahrhunderts konstant, »wenngleich es kleine Verschiebungen nach Roosevelts New Deal und dem Zweiten Weltkrieg gab, als die meisten Leute Arbeit hatten und etwas Geld sparen konnten. Dazu kommt, dass die Einkommenssteuer stieg, wodurch den Vermögenden etwas von ihrem Reichtum genommen wurde.

Eine ähnliche Entwicklung war in den Siebzigerjahren zu beobachten, doch diesmal lag es größtenteils an sinkenden Aktienkursen, sodass die Reichen einige Verluste einstecken mussten«, erläuterte Domhoff. »In den späten Achtzigern war der Reichtum dann aber wieder auf genauso wenige Personen konzentriert wie im Jahr 1929, als das oberste Prozent der Bevölkerung 44,2 Prozent des gesamten Volksvermögens besaß. Seit dieser Zeit setzt sich diese Entwicklung fort, bis auf eine kurze Zeitspanne zwischen 1998 und 2004. Als dann 2008 die Wirtschaft zusammenbrach, traf es erneut die kleinen Leute.«

Im Jahr 2007 war die »Ungleichheit der Einkommen in den Vereinigten Staaten so ausgeprägt wie nie seit fünfundneunzig Jahren – 0,01 Prozent der Vermögenden erhielten sechs Prozent aller Einkommen, doppelt so viel wie im Jahr 2000. Die obersten zehn Prozent der Bevölkerung strichen 49,7 Prozent ein, den höchsten Anteil seit 1917.«

Noch schockierender sind die Zahlen, wenn man sie im weltweiten Vergleich sieht. Anhand von Statistiken des *World Institute for Development Economics Research* schloss Domhoff, die obersten zehn Prozent der Erwachsenen dieser Welt kontrollierten ungefähr 85 Prozent des Vermögens aller Haushalte weltweit. »Dem entspricht eine Zahl von 69,8 Prozent für die obersten zehn Prozent in den Vereinigten Staaten. Die einzige demokratische Industrienation, in der die Konzentration des Reichtums bei den obersten zehn Prozent noch stärker ausgeprägt ist als in den Vereinigten Staaten, ist die Schweiz mit 71,3 Prozent.« Zugleich sinken in Amerika die Staatseinnahmen. Laut Angaben des Weißen Hauses wurden die Einnahmen an Einkommenssteuer für das Jahr 2008 auf 1168 Billionen Dollar geschätzt. Tatsächlich waren es dann 155 Milliarden weniger, nämlich 1043 Billionen.

Domhoffs Buch präsentiert unumstößliche Belege dafür, dass Reichtum tatsächlich gleich Macht ist. Diese Macht verdankt sich der Möglichkeit, für politische

Parteien zu spenden, Lobbyisten zu engagieren und Experten zu alimentieren, damit sie neue politische Maßnahmen ausbrüten, die den Wohlhabenden zugutekommen. Mit Geld kann man PR-Firmen anheuern, um sein Image aufzupolieren, oder große Summen an Universitäten, Museen oder Konzerthäuser spenden. Reichtum in Form von Aktienbesitz kann genutzt werden, um ganze Unternehmen zu kontrollieren, die heute in der Gesellschaft, der Unterhaltungsindustrie und auf Regierungsebene einen unverhältnismäßig großen Einfluss haben.

Und wie Reichtum zu Macht führen kann, so kann auch Macht zu Reichtum führen. Präsidenten wie Lyndon Johnson oder Richard Nixon waren nicht besonders reich, als sie ihr Amt antraten, verließen das Weiße Haus aber als Millionäre. Ein Präsident kann seine Machtposition ausnutzen, um seine Schäfchen ins Trockene zu bringen. Laut Domhoff kann das durch einen vorteilhaftes Grundstücksgeschäft für Verwandte auf lokaler Ebene geschehen oder durch die staatliche Vergabe eines lukrativen Vertrags an ein neues, von Freunden geführtes Unternehmen, das einen Politiker einstellt, wenn dieser aus dem Amt scheidet. »Wenn wir auf die Geschichte und über die Landesgrenzen schauen«, bemerkte Domhoff, »sehen wir deutlich, dass die militärischen Befehlshaber sich bekriegender Armeen oft zu großem Wohlstand gelangt sind, und auch mancher religiöse Führer missbraucht seine Position, um Reichtümer anzuhäufen.«

Profite privatisieren, Verluste sozialisieren

Ob arm oder reich, die meisten Amerikaner wähnen ihr Geld in Sicherheit, und zwar dank einer 1933 – zur Zeit der Großen Depression – von der Regierung gegründeten Institution.

Ungefähr 8400 amerikanische Banken sind beteiligt an der *Federal Deposit Insurance Corporation* (FDIC), einer unabhängigen Einrichtung, die vom Kongress geschaffen wurde, um die Stabilität und das Vertrauen der Öffentlichkeit in das amerikanische Finanzsystem zu gewährleisten.

Die FDIC versichert Einlagen, überwacht die finanzielle Solidität von Banken und managt Konkursverwaltungen. Die beteiligten Banken zahlen einen kleinen Anteil ihres Gewinns ein, um für den Fall des Scheiterns einer Bank die Einlagen zu versichern.

Und Ende 2008 und 2009 scheiterten sie reihenweise. In diesem Zeitraum brachen 111 Banken zusammen, und etliche andere strauchelten am Rande des Abgrunds. Die Rücklagen der FDIC schmolzen von 52,8 Milliarden im Jahr 2008 auf 10,4 Milliarden im ersten Quartal des Jahres 2009, auf den niedrigsten Stand seit dem Höhepunkt des S&L-Skandals im Jahr 1992.

Doch noch beunruhigender ist, dass dieser Einlagensicherungsfond eigentlich eher eine Illusion ist, ähnlich wie die Sozialversicherung.

William M. Isaac, der ehemalige Chef der FDIC, schrieb 2008 einen mit »Der Mythos des FDIC-Fonds« betitelten Artikel, in dem er die Insolvenz der FDIC enthüllte.

»Als ich 1981 mein Amt antrat, stand in den Unterlagen, wir hätten beim Finanzministerium elf Milliarden liegen [...]. Ich dachte mir, es müsste ein Erlebnis sein, dieses ganze Geld auf einem Haufen zu sehen, und rief Don Regan an, den damaligen Finanzminister.«

Der Wortlaut des Gesprächs lautete ungefähr so:

ISAAC: *Don, ich würde gern mal rüberkommen, um mir das Geld anzusehen.*

REGAN: *Welches Geld?*

ISAAC: *Sie wissen schon ... Die elf Milliarden des FDIC, die im Tresorraum des Finanzministeriums schlummern.*

REGAN: *Hmm, da gibt's ein kleines Problem.*

ISAAC: *Ich weiß, dass Sie viel zu tun haben, es muss ja nicht sofort sein.*

REGAN: *Nein, es ist kein Terminproblem ... Ich weiß nicht genau, wie ich es sagen soll, aber wir haben das Geld nicht.*

ISAAC: *Haha, guter Witz.*

REGAN: *Nein, wirklich. Die Banken haben das Geld an die FDIC gezahlt, die hat es an das Finanzministerium weitergeleitet, und das Finanzministerium hat es für Raketen, Schulen, Wasserprojekte und so weiter ausgegeben. Das Geld ist futsch.*

ISAAC: *Aber hier auf diesem Auszug steht, wir hätten über elf Milliarden beim Finanzministerium liegen.*

REGAN: *In gewisser Weise stimmt das auch. Wir schulden der FDIC das Geld, und wir zahlen Zinsen dafür.*

ISAAC: *Vielleicht klingt das jetzt ziemlich weit hergeholt, aber was wäre, wenn wir ein paar Milliarden bräuchten, um mit dem Zusammenbruch einer Bank klarzukommen?*

REGAN: *Kein Problem ... Wir würden sofort losziehen und uns das Geld pumpen. Sie hätten es praktisch sofort zur Verfügung ... Noch am gleichen Tag, allerhöchstens ein paar Tage später.*

ISAAC: *Lassen Sie mich noch mal klarstellen, ob ich das richtig verstanden habe. Das Geld, von dem die Banken annehmen, sie hätten es seit einem halben Jahrhundert angespart – sozusagen für eine Schlechtwetterperiode – ist futsch. Und wenn sich ein Sturm zusammenbraut und wir das Geld brauchen, muss es sich das Finanzministerium leihen. Sehe ich das richtig?*

REGAN: *Genau.*

ISAAC: *Noch eines, wo ich Sie gerade am Apparat habe. Warum tun wir so, als gäbe es einen Fonds?*
REGAN: *Tut mir leid, Bill, aber der Präsident will mich auf der anderen Leitung sprechen. Ich rufe zurück, dann reden wir darüber.*

Es ist nicht bekannt, ob Regan Isaac jemals zurückgerufen hat.

»Warum tun wir so, als gäbe es einen Fonds?«, fragte auch Darryl Robert Schoon, Wirtschaftskolumnist und Autor von *How to Survive the Crisis and Prosper in the Process.* »Die Antwort liegt auf der Hand. Die moderne Ökonomie – das Zentralbanksystem – ist Bauernfängerei, wo Banker mithilfe des Staates der Gesellschaft einen hochgradig lukrativen Schwindel aufgehalst haben. Der Schwindel der FDIC ist unerhört, aber auch nicht empörender als der Schwindel der Zentralbank oder der Wirtschaft selbst.«

Und der Schwindel endet nicht bei der FDIC. Schoon und andere halten das moderne Banking im Grunde für ein Ponzi-System auf globaler Ebene, bei dem Banker nicht vorhandenes Geld verleihen und im Gegenzug das nicht vorhandene Geld zurückerhalten, und zwar mit Zinsen.

»In Wirtschaften, die auf der betrügerischen Ausgabe von Geld als Schulden gründen, gibt es nur Raubtiere und Opfer«, schrieb Schoon. »Die Banker sind die Raubtiere, die Gesellschaft ist das Opfer (Geschäftsleute sind Opfer, die sich häufig für Raubtiere halten), und Regierungen sind die gut bezahlten Schiedsrichter in diesem manipulierten Spiel, das auf den heutigen ›Kapitalmärkten‹ ausgetragen wird.«

Im Mittelpunkt dieses Geschehens zwischen Ponzi-System und Bauernfängerei steht das sich in privatem Besitz befindende Zentralbanksystem. Darauf werden wir später noch eingehen.

Der Geschäftsmann Chris Martenson, der als Mediziner an der *Duke University* promoviert und einen MBA in Wirtschaftswissenschaften an der *Cornell University* erworben hat, schrieb hierzu: »Unser gesamtes Finanzsystem – und unsere Wirtschaft überhaupt – ist in dem Sinne eine Ponzi-Ökonomie, dass sie eigentlich nur gut funktioniert, wenn sie expandiert. Selbst eine leicht rückläufige Entwicklung verursacht massive Panik und Zerrüttungen, die zu einer nur leichten Veränderung überhaupt nicht zu passen scheinen, solange man nicht begreift, dass Expansion mehr oder weniger eine Voraussetzung unseres Finanz- und Wirtschaftssystems ist. Ohne Expansion beginnt das System erst zu ächzen und zerstört dann Werte in einem Umfang, die in keinem Verhältnis zu der moderaten Abwärtsbewegung stehen. Was heizt die Expansion in einem auf Schulden gegründeten Finanzsystem an? Natürlich neue Schulden (oder Kredite)! Also ist eines jener Dinge, die wir sehr genau im Auge behalten – wie sie es auch in der Zentralbank tun –, mit welchem Tempo die Schulden angehäuft werden.«

Angesichts der kürzlich geplatzten Kreditblase halten es Martenson und andere für ein zentrales Thema, in welchem Ausmaß private Kredite nicht mehr zurückgezahlt werden konnten, während die Zentralbank Schulden kaufte und die Regierung die Kreditaufnahme erhöhte. »Grundsätzlich wurde durch *öffentliche* Schuldenkäufe und neue Kreditaufnahmen versucht, jenes Loch zu stopfen, das durch ein Defizit bei privaten Schuldenkäufen und Kreditaufnahmen entstanden war«, erklärte Martenson. »So läuft es im Moment – die Zentralbank druckt einfach frisches Geld, um Schulden zu kaufen, während die Regierung in einem nie dagewesenen Tempo neue Schulden macht. Dahinter steht der Versuch, die Gesamtschulden schnell genug steigen zu lassen, damit das System nicht völlig kollabiert.«

Martenson, der beteuerte, angesichts aktueller Veränderungen seine Thesen immer wieder kritisch auf den Prüfstand zu stellen, erklärte, die *Federal Reserve* habe weitaus mehr Schulden der amerikanischen Regierung übernommen, als öffentlich zugegeben wurde, weil bei ihr die Schulden ausländischer Zentralbanken mit denen des amerikanischen Finanzministeriums verrechnet wurden. »Das ist kein Zeichen von Stärke und offenbart das typische Verhalten, für eine temporäre Erleichterung zukünftige Probleme in Kauf zu nehmen«, schrieb Martenson. »Wird das volle Ausmaß dieses Programms erst einmal auf breiterer Ebene erkannt, wird der Dollar verstärkt unter Druck geraten, weil mehr und mehr private Investoren den Dollar und alle an ihn gekoppelten Finanzinstrumente meiden. Dies wird weltweit die Bemühungen anderer Zentralbanken weiter belasten, die riesigen Kreditwünsche der amerikanischen Regierung zu befriedigen. Ein denkbares Resultat der Aufgabe dieser Bemühungen wäre eine umfassende Flucht aus dem Dollar und ein Ausweichen in andere Vermögenswerte. Amerikanische Bürger werden dies als rapide steigende Importkosten zu spüren bekommen – wie auch als steigende Kosten für alle international gehandelten Rohstoffe, besonders auf dem Lebensmittelsektor. Für den Rest der Welt werden die Folgen unangenehm bis katastrophal sein, je nach dem Ausmaß der Abhängigkeit vom Dollar […]. Die gegenwärtige Bauernfängerei der *Fed* ändert nichts an ihrem grundsätzlichen Vorgehen: Sie druckt einfach frisches Geld, um damit die Schulden des Staates zu kaufen.« Es ist seit Langem bekannt, dass das Drucken größerer Geldmengen zur Inflation führt. Je mehr Geld im Umlauf ist, desto weniger ist es wert.

Nun zu einem simplen Beispiel, das zeigen soll, wie es aussieht, wenn der Staat private Schulden kauft:

Tom hat eine Hypothek auf ein sehr hübsches Haus. Er hat einen guten Job, und auch um seine Kreditwürdigkeit ist es gut bestellt. Dick lebt in einem heruntergekommenen Haus, das unbedingt repariert werden muss. Weil er Gelegenheitsarbeiter ist, ist es um seine Kreditwürdigkeit weniger gut bestellt. Da die Regierung aber Druck auf die Kreditgeber ausübt, jedem das Wohnen im Eigenheim zu ermöglichen, hat auch Dick ungeachtet seiner schlechten Bonität eine Hypothek auf sein Haus. Durch ein System namens »Bündelung« werden die Hypotheken von Leuten wie Tom mit denen von Dick und ähnlichen Fällen zusammengeworfen, und im Handumdrehen bekommt dieses Hypothekenpaket ein A1-Rating und wird als gute Investition an Risikokapitalfirmen verkauft. Mit einer steigenden Anzahl solcher Investmentpakete beginnt die Wirtschaft zu boomen. Doch wenn die Immobilienblase platzt, wenden sich diese Investmentbanken hilfesuchend an die Regierung, und zwar mit dem Argument, die ganze nationale Wirtschaft würde darunter leiden, wenn sie pleitegingen. Dann bezahlt die Regierung diese Firmen für ihre Investitionen in voller Höhe, auch wenn viele der Häuser »subprime« und nicht den vollen Preis wert sind. Der Staat bezahlt mit dem Geld der Steuerzahler und ordnet dann an, dass frisches Geld gedruckt wird, um das Defizit auszugleichen. Die Investmentbanken werden bezahlt unter der Bedingung, dass sie ihr Geld in Form von Staatsanleihen erhalten, was bedeutet, dass noch mehr Papier im Umlauf ist, was zu weiterer Inflation und Abwertung führt. Es ist Diebstahl im großen Stil – der Steuerzahler muss die Schläge einstecken, während die als Makler fungierenden Geldgeber weiter Profite einstreichen. Und um alles noch schlimmer zu machen, kommt dazu, dass viele dieser Geldgeber ausländische Banken und Investmentfirmen sind, was nichts anderes bedeutet, als dass der amerikanische Steuerzahler ausländische Investoren dafür bezahlt, dass sie schlecht investiert haben.

Wie alles begann

Der wirtschaftliche Niedergang unseres Landes hat nicht mit der Obama-Regierung begonnen, nicht einmal mit der von George W. Bush. Er setzte schon zu Beginn des 20. Jahrhunderts ein, mit der Schaffung eines in Privatbesitz befindlichen Bankensyndikats, des *Federal Reserve System*. Dieses von der Regierung sanktionierte Kartell von Privatbanken entstand unter konspirativen Umständen und sieht sich bis heute heftiger Kritik ausgesetzt. Manche machen das Zentralbanksystem für die gegenwärtige Finanzkrise verantwortlich.

Joan Veon, Geschäftsfrau und international agierende Journalistin, die über mehr als hundert Konferenzen zu Finanz- und Handelsfragen berichtet hat, ist der Meinung, die Bankenrettungen seien schlicht die jüngsten Schachzüge der Globalisierer gewesen, um ihre Kontrolle über die Vereinigten Staaten zu konsolidieren. »Die Rettung von Fannie und Freddie waren nur die letzten Schocker in der teuflischen Saga über die Vergewaltigung, Ausraubung und Plünderung Amerikas. Bezeichnenderweise passierte es dreizehn Monate nach Beginn der

Kreditklemme […]. Es war eine geplante Zerstörung, um die endgültige Aufgabe von Amerikas finanzieller Souveränität herbeizuführen.«

Die ehemalige Wohnungsbauministerin Catherine Austin Fitts stimmte dem zu und sagte, bei dem Versuch, ein globales militärisches Empire unter amerikanischer Führung zu errichten, seien legal und illegal Millionen Dollar aus den Vereinigten Staaten herausgeschleust worden – vom Steuerzahler bereitgestellte Rettungsgelder gekoppelt mit *Fed*-Krediten an ausländische Banken –, die in Asien und Schwellenländern reinvestiert werden sollten. Damit, so Fitts, hätten die Vereinigten Staaten ihre wirtschaftliche Souveränität abgetreten. »Schließlich führten die Kosten und die mit der Errichtung des Empire verbundene Korruption zu Bailouts in Höhe von 12 bis 14 Billionen, welche die Kriegskasse jener Leute füllten, die diese Finanztransaktionen steuerten. Nun haben wir eine explodierende Arbeitslosigkeit und explodierende Staatsschulden – und einen Generalinspektor beim Troubled Asset Relief Program, der prognostiziert, die Rettungskosten könnten letztlich auf 23,7 Billionen Dollar steigen […].«

Mit dem Verlust dieses Geldes ging der von Arbeitsplätzen einher. Die Arbeitslosenquote ist in der Regel ein guter Indikator für den Zustand der Wirtschaft des Landes. Mitte 2009 betrug die Quote offiziell 9,4 Prozent. Falls diese Quote jemandem als zu niedrig erscheinen sollte, sollte er in Betracht ziehen, dass sie nicht diejenigen einschließt, »die gern arbeiten würden, aber die Suche aufgegeben haben – die sogenannten entmutigten Beschäftigten –, und jene, die weniger arbeiten, als sie möchten«, sagte Dennis Lockhart, Präsident und CEO der *Federal Reserve* in Atlanta. Würden diese Menschen miteingerechnet, würde die Arbeitslosenquote nicht 9,4, sondern 16 Prozent betragen. Auch zu Beginn des Jahres 2010 stieg die Zahl der Arbeitslosen weiter und näherte sich jener zur Zeit der Großen Depression.

Doch im Gegensatz zu den Dreißigerjahren konnte man noch an Geld herankommen, und Geld ist das Lebenselixier einer Zombie-Nation. Die Insignien des Lebensstils von Reichen und Bankern werden von Outsidern oft mit einer Inbrunst bewundert, die etwas von religiösem Fanatismus an sich hat. Doch nur diejenigen, die sich diesen Lebensstil erlauben können, verstehen die inneren Mechanismen der kultischen Verehrung des Geldes. Und sie tun alles, um dieses Geheimnis für sich zu behalten.

Man denke an den 1966 publizierten Aufsatz »Gold and Economic Freedom« von Alan Greenspan, der von 1987 bis 2006 Chef der *Federal Reserve* war. Er schrieb: »Eine Ausgabenpolitik auf Pump ist schlicht und einfach eine ›verborgene‹ Beschlagnahmung von Vermögen. Das Gold steht dieser heimtückischen Praxis im Weg. Es ist ein Schutz des Eigentumsrechts. Hat man das begriffen, versteht man auch problemlos, warum Befürworter eines staatlichen Dirigismus Gegner des Goldstandards sind.« Mit anderen Worten: Wenn man Geld ausgibt, das man nicht hat, häufen sich Schulden an, die durch die Zinsen bald höher sind als die ursprüngliche Kreditaufnahme, besonders dann, wenn die Rückzahlung nicht pünktlich erfolgt. Das ist die ›verborgene‹ Beschlagnahmung von Vermögen. Papiergeld kann abgewertet werden, aber ein Stück Gold wird immer einen gewissen Wert behalten und ist daher ein guter Schutz gegen Inflation und Abwertung. Und genau deshalb sind die Globalisierer als Anhänger eines zentralistischen Dirigismus gewöhnlich Gegner des Goldstandards, denn dieser beraubt sie der Mittel, sich an der Gesellschaft zu bereichern, zum Beispiel durch hohe Zinsen, Gebühren und Verzugszinsen.

Nach einer Rede, die Greenspan 1993 vor dem *Economic Club of New York* gehalten hatte, wurde er von Dr. Lawrence Parks, dem Vorsitzenden der *Foundation for the Advancement of Monetary Education,* gefragt, ob er noch zu den Thesen stehe, die er 1966 über eine Ausgabenpolitik auf Pump und die Funktion des Goldes gemacht habe. »Hundertprozentig«, antwortete der Notenbankchef. Darauf fragte Parks, warum Greenspan seine diesbezügliche Meinung nicht öffentlich artikuliere, und die Antwort lautete: »Einige meiner Kollegen von der Zentralbank sind anderer Meinung als ich.«

Schwer zu sagen, ob Greenspan flunkerte oder sich hinsichtlich seiner Kollegen von der *Fed* irrte. Tatsächlich teilte man dort seine Einschätzung der Funktion des Goldes – nur wollte man nicht, dass die Öffentlichkeit es erfuhr. Die Nonprofitorganisation *Gold Anti-Trust Action Committee* (GATA) wurde 1999 gegründet, um Widerstand gegen illegale Preis- und Handelsabsprachen bei Gold und ähnlichen Finanzsicherheiten zu leisten. Laut Angaben des GATA informierte die Zentralbank im Jahr 2009 den Kongress über Goldswaps mit ausländischen Banken, ohne Interesse daran zu zeigen, auch die Öffentlichkeit davon zu unterrichten. Diese Meldung an den Kongress widerspricht einer der GATA 2001 gegebenen Auskunft, bei der *Fed* gebe es keine Goldswaps. Eine Pressemitteilung des GATA deutete außerdem an, die *Fed* sei zusammen mit ausländischen Zentralbanken tief verstrickt in die Manipulation des Goldpreises und der Devisenmärkte insgesamt.

Früher im Jahr 2009 hatte das GATA Informationen über aktuelle Goldswaps erbeten, eine Praxis, von der Alan Greenspan 1995 gesagt hatte, es gebe sie bei der amerikanischen Notenbank nicht. Jetzt aber wurde die Auskunft abgelehnt von der *Fed,* die verlauten ließ, eine solche Information falle unter die Ausnahmebestimmungen des Freedom of Information Act. Das GATA beschwerte sich beim Vorstand der Zentralbank. In einem im September 2009 an einen Anwalt des GATA gerichteten Brief verteidigte Kevin M. Warsh, Vorstandsmitglied der *Fed,* die Weigerung, solche Informationen preiszugeben. »Bezüglich Ihrer Beschwerde muss ich leider bestätigen, dass die von uns unter Berufung auf die Ausnahmebestimmung IV zurückgehaltenen Informationen vertrauliche kommerzielle oder finanzielle Operationen der Federal Reserve betreffen. Das schließt auch Informationen über Swapgeschäfte mit ausländischen Banken ein, die ebenfalls nicht für die Öffentlichkeit bestimmt sind. Diese Informationen wurden Ihnen zu Recht vorenthalten.«

Das GATA sagte, in diesem Brief habe die *Fed* nicht zum ersten Mal indirekt die Praxis von Goldswaps eingeräumt, doch gerade jetzt seien »auf den Gold- und Devisenmärkte schwere Zeiten« angebrochen. In der Pressemitteilung hieß es: »Der Dollar ist schwach wie nie zuvor, der Goldpreis hoch wie nie zuvor. Westeuropäische Zentralbanken scheinen sich von Goldverkäufen und aus dem Leihgeschäft zu verabschieden, und der Internationale Währungsfonds steht unter Druck, unter dem Deckmantel der finanziellen Unterstützung armer Länder Goldverkäufe aus den bei ihm vermuteten Beständen vorzunehmen, um den Goldpreis zu senken.«

Man rechnet jetzt damit, dass das GATA unter Berufung auf den Freedom of Information Act vor einem Bundesgericht Widerspruch einlegen wird gegen die Weigerung der *Fed,* Auskünfte über Goldswaps zu erteilen. Jene Leute, die aus Sicherheitserwägungen Gold kaufen, sollten sich daran erinnern, dass Gold und Silber – wie praktisch jeder finanzielle Vermögenswert – in Kriegszeiten oder jedem anderen offiziell erklärten »Ausnahmezustand« vom Staat beschlagnahmt werden können. Wer Gold kauft, um sich im Falle einer Abwertung oder des Zusammenbruchs des Dollar zu schützen, sollte nicht vergessen, dass während der Großen Depression das Horten von Gold und sein Einsatz als Zahlungsmittel gesetzlich verboten waren.

Auf der GATA-Webseite heißt es, die Beschlagnahmung von Gold durch den Staat sei bisher nie eine ernsthafte oder unmittelbar bevorstehende Gefahr gewesen, doch könne sich dies beim Eintreten eines »Ausnahmezustands« schnell ändern. »Während die amerikanische Regierung im Jahr 1933 den Austausch im Umlauf befindlicher Münzen gegen Papiergeld forderte (um das Papiergeld nach der Abkehr vom Goldstandard weiter abzuwerten), war dieses Gold damals ein verbreitetes Zahlungsmittel, und die Regierung konnte angesichts des wirtschaftlichen Zusammenbruchs Maßnahmen gegen das ›Horten‹ von Gold plausibel begründen. Heute liegen die Dinge anders. Gold ist nicht mehr als Währung im Umlauf. Aber in jüngster Zeit haben die Arroganz und das herrische Gebaren der Regierung sogar die Paranoia der Edelmetallinvestoren weit übertroffen. Mit Sicherheit wird man den Vereinigten Staaten in der nächsten Währungskrise Vorschriften auferlegen, und von dort ist es nicht mehr weit bis zu noch drastischeren Eingriffen in die Wirtschaft.«

Solche Sorgen verstärkten sich, als Sean M. Thornton, ein ehemaliger Chefberater des zum Finanzministerium gehörenden *Office of Foreign Assets Control,* in einem Brief an das GATA das Ausmaß staatlicher Beschlagnahmungskompetenzen verdeutlichte. »Das GATA musste sechs Monate warten und ein bisschen nachhaken, um eine Antwort vom Finanzministerium zu bekommen, doch als sie dann kam, war sie bemerkenswert ausführlich und offen. Die Befugnis der Regierung, den Besitz von Gold, Silber und Minenaktien in ihrem Sinn zu regeln, geht auf den Trading with the Enemy Act zurück, der 1917 – während des Ersten Weltkriegs – Gesetzeskraft erlangte, und auf den International Emergency Economic Powers Act von 1977, der auch angewendet werden kann, ohne dass zuvor ein Krieg erklärt wurde. Während es der Trading with the Enemy Act der Regierung in erster Linie gestattet, den Besitz von Gold und Silber zu regeln, ist er doch auch auf alle Arten von Devisen und Wertpapieren anwendbar. Folglich betonte das Finanzministerium offiziell, dass sich das Gesetz nicht nur auf Beteiligungen an Gold- oder Silberminen, sondern auch auf Aktien aller Unternehmen anwenden lässt, die ausländische Teilhaber haben. In dem Gesetz steht überdies nichts davon, dass die Betroffenen der Regierungsmaßnahmen in irgendeiner Beziehung stehen müssen zu den erklärten Feinden der Vereinigten Staaten – oder auch nur zu ausländischen Teilhabern. Unter Bezug auf den Trading with the Enemy Act und den International Emergency Economic Powers Act kann praktisch alles, was die Regierung zum Finanzinstrument erklärt, von dieser beschlagnahmt werden.«

Wucherzinsen

Das Wort »usury« ist praktisch ganz aus der englischen Sprache verschwunden. Einst bezeichnete es allgemein jeden für einen Kredit berechneten Zins, doch moderne Wörterbücher führen nur noch die Bedeutung »Wucherzins« an. In der Verfassung von Texas verstand man unter »usury« einst einen Zins von über sechs Prozent. Diese Zahl stieg im Laufe der Jahre, bis der ganze Passus gestrichen wurde.

Bibelkundige unter meinen Lesern werden sich daran erinnern, dass Jesus von den Mächtigen gekreuzigt wurde, weil er die »Geldwechsler« aus dem Tempel vertrieben hatte. Heute richtet sich der Zorn der Öffentlichkeit gegen die Finanzmoguln von der Wall Street und aus Washington.

»Zinsen für Scheinkredite zu verlangen ist Wucher, und das ist heute gängige Praxis im Zentralbanksystem«, sagte G. Edward Griffin. Dies wurde dadurch möglich, dass die Aktionen der *Fed* heimlich durchgeführt und durch mysteriöse, nur Insidern verständliche Begriffe verschleiert werden. »Die Mechanismen, mittels derer die Fed Schulden in Geld verwandelt, mögen auf den ersten Blick kompliziert wirken, aber es ist alles ganz einfach, wenn man sich daran erinnert, dass dieser Prozess nicht logisch nachvollziehbar, sondern verwirrend und täuschend sein soll«, fügte Griffin hinzu.

William Greider, ein ehemaliger Redakteur der *Washington Post,* schrieb hierzu: »Die Einzelheiten der Vorgehensweise der Zentralbank galten als zu esoterisch, um von normalen Bürgern begriffen werden zu können.« Einige denken, diese Unwissenheit könnte ein Segen sein. Henry Ford soll gesagt haben: »Es ist nur gut, dass die Menschen dieses Landes unser Banken- und Finanzsystem nicht verstehen, denn wenn sie es verstünden, würde es meiner Meinung nach noch vor dem morgigen Frühstück eine Revolution geben.«

»Die meisten Amerikaner verstehen nicht wirklich, wie die internationalen Kreditgeber agieren«, sagte der verstorbene Senator Barry Goldwater. »Und die Banker wollen es so. Uns ist schemenhaft bewusst, dass die Rothschilds und Warburgs aus Europa und die Bankhäuser J. P. Morgan, Kuhn, Loeb and Company, Schiff, Lehman und Rockefeller riesige Reichtümer besitzen und verwalten. Wie sie diese unermessliche finanzielle Macht erlangen und einsetzen konnten, ist für die meisten von uns ein Rätsel. International agierende Banker machen Geld, indem sie ihre Kreditvergabe auf Regierungen ausdehnen. Je größer die Schulden eines Staates, desto höher die Zinsen für den Kreditgeber. Die europäischen Nationalbanken werden von Privatinteressen gesteuert.« Und genau diese »Privatinteressen« besitzen und kontrollieren jetzt auch unser Zentralbanksystem.

Geld als quasi-religiöse Macht

Laut William Greider besitzt die *Fed* mittlerweile eine quasi-religiöse Macht: »Auf moderne Menschen wirkt es bizarr, sich die Zentralbank als eine religiöse Institution vorzustellen […]. Aber die Verschwörungstheoretiker hatten, wenn auch auf ihre verrückte Art, doch etwas sehr Reales und Bedeutsames erkannt […]. Die Fed operierte gleichsam in einem religiösen Reich. Ihre mysteriöse Macht, Geld zu kreieren, ein Erbe priesterlicher Vorfahren, umfasste ein komplexes Bündel gesellschaftlicher und psychologischer Bedeutungen. Mit ihrer eigenen Art geheimer Beschwörung gebot die Fed über ein Ehrfurcht erweckendes gesellschaftliches Ritual, und ihre Transaktionen kündeten von so viel Macht und waren so furchterregend, dass sie für das gewöhnliche Verständnis nicht begreifbar schienen […].

Vor allem hatte Geld eine religiöse Funktion. Es setzte implizit einen universalen gesellschaftlichen Konsens voraus, der tatsächlich mysteriös war. Wenn man Geld kreieren und benutzen will, muss jeder daran glauben. Nur so können aus wertlosen Papierfetzen Banknoten werden.«

Das heutige Geld besteht zunehmend nur noch aus elektronischen Vorgängen in einem Computer, zu dem uns die in einen Geldautomaten geschobene Bankkarte Zugang gewährt. Es ist durch nichts mehr gedeckt. Der Wert des Geldes verfällt, je mehr davon in Umlauf kommt. Das nennt sich Inflation, und die ist in gewisser Weise eine eingebaute Steuer für das Benutzen von Geld. Und die Inflation kann manipulativ nach oben oder unten gesteuert werden von jenen, die den Geldfluss steuern, gleichgültig, ob es um Papiergeld oder elektronische Transaktionen geht.

»Als Folge dieses Systems sehen wir heute eine massive Verschuldung auf jeder gesellschaftlichen Ebene«, schrieb William Bramley. »Die Banken stehen bei ihren Einlegern in der Schuld, und das Geld der Kunden wird verliehen und schafft auf Seiten der Kreditnehmer Schulden. Und das Ganze wird dadurch noch mehr zu einem Albtraum, dass die Banken, wie andere Kreditvergeber, häufig das Recht haben, Eigentum zu beschlagnahmen, wenn ihr Papiergeld nicht zurückgezahlt wird.«

Anomalien des Zentralbanksystems

In den Vereinigten Staaten hat die *Federal Reserve* die größte Kontrolle über das Geld der Nation. Da die *Fed* im Zentrum der amerikanischen Geldpolitik steht, wurde sie zur Zentralbank der Vereinigten Staaten. Durch die Veränderung der im Umlauf befindlichen Geldmenge beeinflusst sie die Zinsen, was sich wiederum auf die Hypothekenzahlungen von Millionen amerikanischer Familien auswirkt. Die *Fed* kann den Boom oder den Zusammenbruch der Finanzmärkte herbeiführen, eine Expansion der Wirtschaft genauso wie ihr Abgleiten in die Rezession.

»Die Fed ist die entscheidende Anomalie im Herzen der repräsentativen Demokratie, ein unbehaglicher Widerspruch zum bürgerlichen Mythos der Selbstverwaltung«, schrieb William Greider, ehemals Redakteur der *Washington Post*. In seinem 1987 erschienenen Buch *Secrets of the Temple: How the Federal Reserve Runs the Country* äußert er sich verächtlich über Verschwörungstheorien, präsentiert aber zugleich sehr eloquent ein eigenes »Verschwörungsargument« hinsichtlich der Kontrolle der *Fed*.

Nehmen wir an, eine Banknote sei bloß ein Stück Papier, das ein Versprechen birgt und das irgendwann gegen etwas von Wert eingetauscht wird. Folglich scheint die Annahme sinnvoll, Papiergeld sei so wertvoll wie echte Waren oder Dienstleistungen. Diese Sicht der Dinge war plausibel bis zur Erfindung der Zinsen. Die Goldschmiede im alten Europa horteten Goldmünzen und nutzten ihren Vorrat als Grundlage für die spätere Ausgabe von Papiergeld. Da es hochgradig unwahrscheinlich war, dass alle gleichzeitig ihr Gold zurückfordern würden, wurden aus den Goldschmieden Bankiers, die einen Teil ihres Vermögens verliehen, um durch Zinsen Profit zu machen. Diese Praxis, den größeren Teil des Kapitals zu verleihen und nur einen Bruchteil für Notfälle zurückzubehalten, wird mit dem Terminus »fractional reserve banking« bezeichnet. Dieses System funktioniert so lange, bis plötzlich alle Welt gleichzeitig ihre Einlagen zurückhaben will und eine Bank »stürmt«. Die Stürmung von Banken war ein Hauptgrund für die finanziellen Verheerungen zur Zeit der Großen Depression, und sie ist kein ausschließlich historisches Phänomen. Anfang 2008 wurde die *Northern Rock Bank,* das fünftgrößte Geldinstitut Großbritanniens, wegen finanzieller Probleme infolge der Subprime-Hypothekenkrise und der Stürmung ihrer Filialen verstaatlicht.

Auf die Erfindung des »fractional reserve banking« folgte die Einführung des Papiergeldes, eines an sich wertlosen Zahlungsmittels ohne Real- oder Materialwert, das diesen Wert erst durch Gesetze oder ein Regierungsdekret bekam. Eine Frühform dieses Systems lernte Marco Polo während seiner Chinareise im Jahr 1275 kennen. Polo hielt fest, dass der Kaiser seine Untertanen zwang, schwarze Papierstücke mit einem offiziellen Siegel darauf als legales Zahlungsmittel zu akzeptieren, wobei Zuwiderhandlungen mit Gefängnis- oder Todesstrafe geahndet wurden. Dann beglich der Kaiser mit diesem Papiergeld all seine Auslandsschulden.

»Man ist versucht, über die Kühnheit des Kaisers und die Unterwürfigkeit seiner Untertanen zu staunen, die das ertragen mussten«, schrieb G. Edward Griffin, der Autor von *The Creature form Jekyll Island.* »Aber unsere Selbstgefälligkeit löst sich schnell in Nichts auf, wenn wir an die Ähnlichkeit der von unserer Zentralbank ausgegebenen Geldscheine denken. Sie sind verziert mit Unterschriften und Siegeln; Fälscher werden hart betraft; die Regierung begleicht ihre Schulden mit ihnen, die Bevölkerung ist gezwungen, sie zu akzeptieren; sie – und das ›unsichtbare Scheckbuchgeld‹, in das sie umgewandelt werden können – werden in so großen Mengen gedruckt, dass sie es vermutlich mit allen Schätzen dieser Welt aufnehmen könnten. Und doch kostet es praktisch nichts, diese Banknoten herzustellen. Tatsächlich ist unser gegenwärtiges Finanzsystem eine fast exakte Replik desjenigen, von dem vor siebenhundert Jahren die Kriegsherren profitierten.«

Nirgends war die Kunst, aus Geld Geld zu machen, so hoch entwickelt wie im alten Chasarenreich, dessen Bevölkerung ursprünglich Räuberbanden waren, die an den von Westen nach Osten führenden Karawanenrouten im Kaukasus aktiv waren, nördlich des Irak und zwischen dem Schwarzen und dem Kaspischen Meer. Im 10. Jahrhundert hatten die Chasaren ein wohlhabendes Reich geschaffen, das sich vom Norden des Schwarzen Meeres zum Uralgebirge und westlich des Kaspischen Meeres bis zum Fluss Dnjepr erstreckte.

Den Kriegsherren der Chasaren kam der Gedanke, der Umtausch und das Verleihen von Geld könnte profitabler sein als das Überfallen von Karawanen. Doch es gab ein Problem. Das Chasarenreich war zu fast gleichen Teilen von Christen, Muslimen und Juden bevölkert. Christen und Muslime glaubten, die Erhebung von Zinsen sei sündhaft. Nur die Juden konnten offen Zinsen für ihre Kredite verlangen. Ob es aus pragmatischen oder wirklich religiösen Beweggründen geschah, wissen wir nicht, aber die Aristokraten des Chasarenreichs konvertierten zum Judentum. In der *Random House Encyclopedia* ist zu lesen: »Einige Wissenschaftler glauben, dass die Chasaren die Vorfahren vieler osteuropäischer Juden sind.« Das würde dann die berühmte Familie Rothschild einschließen, die Europa finanziell mehr als ein Jahrhundert lang beherrschte. Verschwörungstheoretiker behaupten, sie dominiere noch immer die finanzielle Weltordnung und sei der finanzielle Unterstützer der Rockefellers und anderer reicher Familien gewesen. Vielleicht sollte man darauf hinweisen, dass keiner dieser konvertierten Chasaren irgendeine Verbindung zu Palästina hatte, und doch gehörten sie zu den russischen Vorläufern der Zionisten.

In der Balfour-Deklaration von 1917 erklärte der britische Außenminister Arthur James Balfour, das Vereinigte Königreich garantiere den Juden eine nationale Heimstätte in Palästina, das später vom Völkerbund als britisches Mandatsgebiet anerkannt wurde. Diese Deklaration wird als Grundstein der Gründung des Staates Israel gesehen. Ursprünglich war die Deklaration abgefasst als briefliche Antwort an den bekannten Zionisten Baron Walter Rothschild, den ersten nicht konvertierten jüdischen Peer im englischen Oberhaus.

Die Methoden des Geldmanagements der Rothschild-Dynastie werden seit Jahrzehnten von global agierenden Finanziers weiterverfolgt, und zwar nicht nur von Juden. Ein wesentliches Charakteristikum dieser Geschäftsstrategie ist Verschwiegenheit. Man bedient sich gekaufter Politiker, die unter den kritischen Augen der Öffentlichkeit agieren und unter Umständen zu Zielscheiben öffentlicher Empörung werden, und so können die weltweit aktiven Finanziers fast ohne Risiko weiter im Verborgenen agieren. Derek Wilson, der in seinem 1988 publizierten Buch *Rothschild: The Wealth and Power of a Dynasty* die Entwicklung des Bankimperiums verfolgte, schrieb darin: »Selbst wenn in späteren Jahren einige Rothschilds in die Politik gingen, waren sie zahlenmäßig keinesfalls stark vertreten in den Parlamenten in London, Paris oder Berlin. Trotzdem hatten sie jederzeit einen bedeutenden Einfluss auf die wichtigsten aktuellen Entwicklungen, indem sie Gelder gewährten oder zurückhielten, Staatsmänner in offiziellen diplomatischen Missionen unterstützten oder über Nominierungen für hohe Ämter mitentschieden. Fast täglich standen sie in direktem Kontakt zu jenen Mächtigen, die alle wichtigen Entscheidungen trafen.«

Die Erfindung der Druckerpresse, die den Druck von Papiergeld ebenso erlaubte wie der der Bibel, führte letztlich das Zeitalter der Aufklärung und den Niedergang der römisch-katholischen Kirche herbei. Statt der Religion war jetzt

Geld das neue Kontrollinstrument einer reichen Elite. Und entgegen der weitverbreiteten Annahme ging es bei dem Aufstand der amerikanischen Kolonisten gegen England weniger um eine niedrige Steuer auf Tee als vielmehr um die Frage einer eigenen Währung. Benjamin Franklin schrieb: »Die zentrale Ursache des amerikanischen Revolutionskrieges war die Unfähigkeit der Kolonisten, George III. und den internationalen Bankiers die Macht zu entreißen und eine eigene Währung einzuführen.« Wie bereits erwähnt – Reichtum ist Macht. Und den amerikanischen Revolutionären war bewusst, dass sie die Macht der von den Rothschilds beherrschten *Bank of England* brechen mussten, um ihre Freiheit und Währungshoheit zu erringen.

Als die Freiheit der Amerikaner erreicht war, begannen sich die Gründerväter Thomas Jefferson und Alexander Hamilton über die Notwendigkeit einer Zentralbank zu streiten. Hamilton glaubte an eine starke zentralistische Regierung und an eine von einer reichen Elite gesteuerte Zentralbank. »Erfolg haben kann eine Gesellschaft nur, wenn sie die Interessen der Reichen mit denen des Staates koordiniert«, schrieb er. Sympathisanten von Hamiltons elitärer Einstellung gründeten die *Federalists,* die erste politische Partei Amerikas. Hamilton, der einmal als »willfähriges Instrument der internationalen Bankiers« charakterisiert wurde, schrieb: »Staatsverschuldung ist ein nationaler Segen, solange sie nicht übermäßig hoch ist. Sie wird unsere Gesellschaft zusammenkitten. Außerdem besteht durch die Staatsverschuldung die Notwendigkeit, die Steuern so zu erhöhen, das sie zwar nicht erdrückend, aber ein Ansporn für den Arbeitseifer sind.«

Amerikas erste Zentralbank, die *Bank of North America,* wurde 1781 von Robert Morris gegründet, einem Delegierten des Kontinentalkongresses, dem als Vorbild die *Bank of England* vorschwebte. Zur Zeit der Gründung existierte die amerikanische Verfassung noch nicht, und die Bank wurde geplagt durch Betrügereien und eine Inflation, die auf der Einführung einer nicht gedeckten Währung beruhte. Die Bank existierte drei Jahre. Morris' ehemaliger Berater, Alexander Hamilton, wurde 1789 erster Schatzminister der Vereinigten Staaten und war maßgeblich am nächsten Gründungsversuch einer Zentralbank beteiligt, aus dem die *First Bank of the United States* hervorging. Er stieß auf den erbitterten Widerstand Jeffersons und seiner Anhänger. Im Jahr 1811 wurde der Staatsvertrag mit der *First Bank of America* nicht verlängert.

Als einem Kenner der britischen und europäischen Geschichte war Jefferson bekannt, dass eine am Zinsgewinn orientierte Zentralbank schnell zum Herrscher über eine Nation werden kann. An John Taylor schrieb er 1816: »Die anderen europäischen Nationen haben alle nur erdenklichen, teils närrischen Wege eingeschlagen bei der fruchtlosen Suche nach der Lösung dieses Problems, und trotzdem rechnen wir immer noch damit, durch Tricks und Träumereien eine Bank zu schaffen, wo aus dem Nichts Geld geschaffen werden kann. Banken sind gefährlicher als Armeen, denn das Prinzip einer Ausgabenpolitik auf Pump, für das die Nachwelt bluten muss, ist nichts als ein Riesenbetrug an künftigen Generationen.« Jefferson fügte hinzu: »Schon jetzt ist durch die Banken eine Geldaristokratie entstanden [...]. Das Recht, Geld in Umlauf zu bringen, sollte den Banken entzogen und wieder dem Volk zugesprochen werden, dem es eigentlich zusteht.«

Jefferson hielt die Einführung einer Zentralbank für verfassungswidrig. »Für mich ist ein wichtiger Grundpfeiler der Verfassung deren 10. Zusatzartikel ›Die Machtbefugnisse, die von der Verfassung weder den Vereinigten Staaten übertragen noch den Einzelstaaten entzogen werden, bleiben den Einzelstaaten oder dem Volke vorbehalten‹ lautet. Tut man auch nur einen Schritt hinaus über die Grenzen der dem Kongress gesetzten Machtbefugnisse, eignet man sich eine grenzenlose, nicht mehr eindeutig definierte Macht an. Meiner Ansicht nach wird die Gründung von Banken von der Verfassung nicht an die Regierung der Vereinigten Staaten delegiert.«

Trotz Jeffersons Ablehnung veranlasste das finanzielle Chaos nach dem Britisch-Amerikanischen Krieg von 1812 den Kongress dazu, der *Second Bank of the United States* im Jahr 1816 in Form eines Staatsvertrags eine Konzession für zwanzig Jahre zu erteilen. Andrew Jackson, der erste westlich der Appalachen geborene Präsident, sprach der Zentralbank die Verfassungsmäßigkeit ab: »Sie ist ein Fluch für die Republik, weil dahinter der Gedanke steht, um die Regierung herum eine Geldaristokratie entstehen zu lassen, welche die bürgerlichen Freiheiten des Landes bedroht.« Diese Zentralbank war 1836 am Ende, als Präsident Jackson sein Veto gegen eine Entscheidung des Kongresses einlegte, den Staatsvertrag zu verlängern.

Zum großen Missfallen der Bankiers hatte es Jackson nach dem Ende seiner zweiten Amtszeit als Präsident geschafft, die Staatsschulden komplett zu begleichen. Wahrscheinlich war es kein Zufall, dass ausgerechnet Jackson zum Ziel des ersten Mordanschlags auf einen Präsidenten auf amerikanischem Boden wurde, ausgeführt von einem Mann namens Richard Lawrence, der behauptete, in Kontakt zu den »europäischen Mächten« zu stehen, die versprochen hätten, umgehend zu intervenieren, falls er in irgendeiner Weise bestraft werden sollte. Lawrence war Maler, und seinerzeit vermuteten viele, das Blei in seinen Farben sei verantwortlich für seine geistige Verwirrung und die Wahnidee, der rechtmäßige König von England zu sein. Nachdem er Jackson mehrere Wochen lang nachgestellt hatte, trat er am 30. Januar 1835, als der Präsident an einem besonders regnerischen Tag von einer Beerdigung kam, plötzlich hinter einer Säule hervor. Lawrence zog zwei Pistolen, doch beide hatten eine Ladehemmung, wahrscheinlich, weil das Schießpulver feucht geworden war. Er wurde sofort von Passanten überwältigt, unter ihnen der Kongressabgeordnete Davy Crockett. Angeklagt wurde Lawrence bei seinem Prozess von Francis Scott Key, dem Textdichter der Nationalhymne »The Star-Spangled Banner«. Die Jury benötigte nur fünf Minuten, um Lawrence für geisteskrank zu erklären, und er verbrachte den Rest seines Lebens in einem Irrenhaus, in dem er 1861 verstarb. Obwohl viele, darunter der Präsident selbst, der Meinung waren, Lawrence sei nur ein Mitglied einer größeren Verschwörerbande gewesen, ließ sich zu dieser Zeit nicht beweisen, ob er ein verrückter Einzeltäter oder ein gutmütiger Trottel war, den man irgendwie dazu gebracht hatte, einen Mordanschlag auf Jackson zu verüben, den unversöhnlichen Gegner der internationalen Bankiers. Vielleicht sollte man darauf hinweisen, dass sowohl Abraham Lincoln als auch John F. Kennedy, die Opfer zweier erfolgreicher Mordanschläge, als Präsidenten versucht hatten, den internationalen Bankiers einen Strich durch die Rechnung zu machen – Lincoln durch die Emission neuer Dollarnoten (»Greenbacks«) im Amerikanischen Bürgerkrieg und Kennedy, als er 1963 mit den durch Silber gedeckten U. S. Notes die *Fed* umging.

»Zwar verstehen die meisten Leute, was während der Amerikanischen Revolution vor sich ging, doch viele haben keine Ahnung von der permanenten finanziellen Revolution, die wegen des Weltfinanzsystems seit 1694 ausgefochten wurde, als die Bank of England gegründet wurde«, schrieb die Journalistin Joan Veon. »Zu dieser Zeit beschloss eine Gruppe von Privatpersonen, dass sie jede Menge Geld machen könnten, wenn sie durch eine Gesetzesänderung erreichten, dass die Kontrolle über die Finanzen des Landes von der Regierung auf sie übertragen würde. Die Bank of England – die englische ›Zentralbank‹ – ist ein Privatunternehmen, das permanent daran verdient, dass die britische Regierung sich Geld bei ihm leiht, um ihre Geschäfte zu führen. England war jene findige Nation, die zuerst begriff, dass man die Weltfinanzen unter seine Kontrolle bringen kann, wenn man in allen Ländern solche Privatunternehmen errichtet. Aus den zusammenaddierten Schulden aller Länder dieser Welt würde sich durch die Zinsen ein nicht abreißender, unermesslicher Einkommensstrom ergeben. Im Jahr 1913 verabschiedete der Kongress den Federal Reserve Act, wodurch unsere Zentralbank entstand. Die meisten Amerikaner wissen nicht, dass sie ein Privatunternehmen ist, das gegründet wurde, damit die Banken Amerikas Finanzsystem kontrollieren können.«

Zuvor waren noch andere Versuche unternommen worden, in Amerika eine Zentralbank zu etablieren, doch keiner hatte Erfolg bis zur Schaffung des Zentralbanksystems durch eine Verschwörung, deren Geschichte gut dokumentiert ist. »Die Lage, der wir uns gegenübersehen, ist nicht in den letzten Jahren entstanden«, schrieb Veon, »sondern sie geht auf das Jahr 1913 zurück, als eine Gruppe von gerissenen und betrügerischen Abgeordneten am 24. Dezember um Viertel vor zwölf nachts – die Gegner der Gesetzesvorlage waren schon im Weihnachtsurlaub – den Federal Reserve Act verabschiedete.«

Frank A. Vanderlip war einer der Mitbegründer der *Fed.* Er schrieb: »Gegen Ende des Jahres 1910 gab es einen Zeitpunkt, wo ich heimlich und verstohlen wie ein Verschwörer agieren musste […]. Ich glaube nicht, dass ich mich einer Übertreibung schuldig mache, wenn ich unsere Geheimexpedition nach Jekyll Island als die Geburtsstunde des amerikanischen Zentralbanksystems bezeichne.« Vanderlip wurde später Präsident der *New Yorker National City Bank,* einer Vorgängerin der heutigen *Citibank.*

Vanderlip meinte eine am Abend des 22. November 1910 angetretene Reise, unternommen von sieben Männern, deren Besitz zusammen möglicherweise ein Viertel des Weltvermögens ausmachte. Jekyll Island ist eine Insel vor der Küste Georgias, die J. P. Morgan gehörte, der die sieben Männer nicht nur zum Jagen eingeladen hatte. Diese trieben es mit der Geheimnistuerei so weit, dass sie sich nur mit dem Vornamen ansprachen und neue Diener mitnahmen, die ihre Identität nicht kannten.

Während der Woche auf Jekyll Island arbeiteten die Männer einen Plan für eine Bankenreform aus, welche die Regierung nach einer Reihe von Finanzdebakeln mit anschließenden Panikreaktionen in den Jahren 1879, 1893 und 1907 für notwendig erachtete. T. Woodrow Wilson, damals Präsident der *Princeton University* und später Präsident der Vereinigten Staaten, war der Ansicht, hinsichtlich der Vermeidung solcher Panik eine Lösung gefunden zu haben: »Wir brauchen ein Komitee von sechs oder sieben Männern mit so viel Gemeinsinn wie J. P. Morgan, das sich um die Geschicke unseres Landes kümmern sollte.« Die Öffentlichkeit verlangte laut nach einem stabilen nationalen Finanzsystem, das Geldgeschäfte regeln und Krisen und Panikreaktionen verhindern sollte. Heute glauben viele Forscher, dass die Panikausbrüche künstlich herbeigeführt wurden, um einen Vorwand für die »Reformen« zu haben.

Diese sieben Männer waren: Frank A. Vanderlip, der William Rockefellers und Jacob Schiffs Investmentbank *Kuhn, Loeb & Company* vertrat; Abraham Piatt Andrew, Staatssekretär beim Finanzministerium; Henry P. Davison, Seniorpartner der *J. P. Morgan Company;* Charles D. Norton, Präsident der *First National Bank of New York* (eines von Morgan kontrollierten Geldinstituts); Benjamin Strong, Morgans Stellvertreter; Paul Moritz Warburg, ein Teilhaber von *Kuhn, Loeb & Company;* und Nelson W. Aldrich, der republikanische Senator von Rhode Island. Obwohl eigentlich kein Bankier, war Aldrich doch ein Gesellschafter von *J. P. Morgan.* Außerdem war er der Schwiegervater von John D. Rockefeller Jr. – Paul Warburg, einer der Mitbegründer des *Council on Foreign Relations,* war der Bruder von Max Warburg, dem Chef des Warburg Bankenkonsortiums in Deutschland und den Niederlanden. Nur ein paar Jahre später sollte Max Warburg Lenin, dem Begründer des russischen Kommunismus, dabei helfen, im Ersten Weltkrieg durch Deutschland in die Schweiz zu gelangen.

Es sollte auch darauf hingewiesen werden, dass Senator Aldrich Vorsitzender der *National Monetary Commission* und somit für die Stabilität des amerikanischen Finanzsystems verantwortlich war. Aldrich und seine Kommission reisten auf Kosten des Steuerzahlers durch Europa und berieten sich mit den Chefs der englischen, französischen und deutschen Zentralbanken, die alle von den Rothschilds beherrscht wurden. Nachdem sie 300 000 Dollar an Steuergeldern auf den Kopf gehauen hatten, veröffentlichten die Mitglieder der Kommission eine umfangreiche Geschichte des europäischen Bankensystems, wobei sie sich auf die Deutsche Reichsbank konzentrierten, deren Hauptaktionäre die Rothschilds und die Warburgs waren.

Der Abschlussbericht der *National Monetary Commission* wurde von den Männern verfasst, die heimlich nach Jekyll Island gereist waren, wo sie angeblich mit Morgan Enten jagen wollten. Und diese Männer kamen zu dem Schluss, dass eine Zentralbank für die Vereinigten Staaten nicht ausreichend wäre. Ihrer Meinung nach waren mehrere vonnöten, und betrieben werden sollten sie unter der Schirmherrschaft einer Institution, die nach außen wie eine offizielle amerikanische Regierungsbehörde wirken sollte. Außerdem waren sie sich einig, dass niemand das Wort »Zentralbank« in den Mund nehmen sollte. Ein Pakt, der gut gehalten hat. Offiziell wurde die *Fed* nie als »die Zentralbank« bezeichnet. Das bürgerte sich erst Mitte der Achtzigerjahre ein, als das Wort nicht mehr so negativ konnotiert war.

Aldrich sagte in einer Rede vor der *American Banker's Association:* »Bei unserem Vorschlag geht es nicht um eine Bank, sondern um einen zielgerichteten, kooperativen Zusammenschluss aller Banken des Landes.« Paul Warburg hatte sich die Konstruktion einer kooperativen Bankenunion ausgedacht, bei der regulative Vorschriften für Banker auf eine Weise entfallen sollten, von der sowohl die Banker selbst als auch die Öffentlichkeit profitieren sollten.

Aber zu viele Leute sahen den Aldrich-Plan als durchsichtigen Versuch, ein System von Bankern für Banker zu schaffen. »Der Aldrich-Plan ist ein Wall-Street-Plan«, warnte der Kongressabgeordnete Charles A. Lindbergh, der Vater des berühmten Fliegers. Als Aldrich seinen Plan als Gesetzesvorlage einbrachte, blieb diese in den Ausschüssen stecken.

Aldrich benötigte eine neue Strategie. Carter Glass, Abgeordneter aus Virginia und Vorsitzender des Kongressausschusses für Banken- und Währungsfragen, griff den Aldrich-Plan an, weil dieser seiner Meinung nach zu einem Bankenmonopol führen würde, das der erforderlichen Kontrolle durch den Staat entzogen wäre. Glass konzipierte eine Alternative, den Federal Reserve Act. Die Jekyll-Island-Reisenden Vanderlip und Aldrich polemisierten heftig gegen Glass' Gesetzesvorlage, obwohl etliche Passagen darin wortwörtlich aus dem Aldrich-Plan stammten. Indem sie so taten, als seien sie Gegner der Banker, gelang es

Aldrich und Vanderlip dann, in den großen Zeitungen öffentliche Unterstützung für Glass' Gesetzesvorlage zu gewinnen.

Unterdessen spielte sich in der politischen Arena ein anderes Drama ab, die Entthronung des Präsidenten. Präsident William Howard Taft hatte bereits öffentlich geschworen, jedes Gesetz zur Schaffung einer Zentralbank durch sein Veto zu Fall zu bringen. Die Banker brauchten einen gefügigeren Präsidenten und sahen ihn in Woodrow Wilson, einem Akademiker, der als Präsident der *Princeton University* im Amt gehalten worden war von seinen ehemaligen Kommilitonen Cleveland H. Dodge und Cyrus McCormick Jr., die beide Direktoren von Rockefellers *National City Bank of New York* waren.

»Fast zwanzig Jahre vor seiner Nominierung als Präsidentschaftskandidat hatte sich Woodrow Wilson bereits im Schatten der Wall Street bewegt«, schrieb Ferdinand Lundbergh. Wilson, der schon 1907 eine Lobeshymne auf *J. P. Morgan* angestimmt hatte, war Gouverneur von New Jersey geworden. Unter dem Beifall der amerikanischen Banker wurde Wilsons Präsidentschaftsnominierung durch Colonel Edward Mandell House, einen engen Verbündeten Warburgs und Morgans, in trockene Tücher gebracht. House wurde später Wilsons Berater und ständiger Begleiter. »Die Schiffs, die Warburgs, die Kahns, die Rockefellers und die Morgans, sie alle vertrauten House«, sagte Professor Charles Seymour, der Houses Aufzeichnungen herausgegeben hat.

Aber es gab ein Problem. Wählerumfragen deuteten darauf hin, dass es dem Demokraten Wilson nicht gelingen würde, den Republikaner Taft zu besiegen. Mit einem politischen Manöver, das seitdem mehrfach erfolgreich wiederholt wurde, ermutigte man den ehemaligen Präsidenten Theodore »Teddy« Roosevelt – ebenfalls Republikaner –, als Kandidat einer dritten Partei anzutreten. Seine *Progressive Party* erhielt große Summen von zwei Hauptspendern mit engen Beziehungen zu *J. P. Morgan.*

Der Schachzug funktionierte 1912 so gut wie später mit George Wallace, John B. Anderson, Ross Perot, Ralph Nader und Chuck Baldwin. Roosevelt nahm Taft genügend Stimmen weg, und Wilson wurde mit knapper Mehrheit gewählt. Zuvor hatte er angekündigt, den Federal Reserve Act zu unterzeichnen.

Er tat es am 23. Dezember 1913, am Tag vor Heiligabend, als ihm ein gemeinsamer Ausschuss des Repräsentantenhauses und des Senats den Gesetzesentwurf zukommen ließ. Die Kongressabgeordneten waren bereits im Weihnachtsurlaub, und der Durchschnittsbürger war ebenfalls ganz mit den kommenden Feiertagen beschäftigt. »Der Kongress wurde umgangen und überlistet durch ein brillantes politisch-psychologisches Täuschungsmanöver«, kommentierte G. Edward Griffin.

Heute besteht das Landeszentralbanksystem *(Federal Reserve System)* aus zwölf Landeszentralbanken *(Federal Reserve Banks)*, die unter der Aufsicht der *New York Federal Reserve Bank* tätig sind. Jede Bank ist für einen anderen Teil des

Landes zuständig. Die Banken unterstehen einem *Board of Governors,* dem höchsten Leitungsgremium des Zentralbanksystems, und seine Mitglieder werden vom Präsidenten ernannt und vom Senat bestätigt. Diese Bestätigung ist gewöhnlich eine reine Formsache.

Wie bereits erwähnt, hat gegenwärtig Ben Shalom Bernanke den Posten des Zentralbankchefs inne. Er folgte 2006 auf Alan Greenspan, und seine Amtszeit wurde im August 2009 von Präsident Obama verlängert. Im Jahr 2008 wurde Bernanke fotografiert, als er in Chantilly, Virginia, das Jahrestreffen jener Geheimgesellschaft verließ, die als Bilderberg-Gruppe bekannt ist (auf deren Geschichte bin ich in meinem Buch *Rule by Secrecy* eingegangen). Im *Board of Governors* der Federal Reserve sitzt auch Daniel Tarullo, ein Juraprofessor von der Georgetown University, dessen Spezialgebiete internationale Wirtschaftsregulierung, Bankengesetze und internationales Recht sind. Er war früher Senior Fellow beim *Council on Foreign Relations.*

Das jüngste Mitglied in der Geschichte des höchsten Leitungsgremiums der *Fed* ist Kevin Maxwell Warsh, ein Vizepräsident von *Morgan Stanley,* der zum Zeitpunkt seiner Ernennung im Februar 2006 gerade mal 35 Jahre alt war. Warsh ist kein Wirtschaftswissenschaftler, sondern Jurist.

Die meisten Menschen sehen in der *Federal Reserve* heutzutage eine entscheidende Macht innerhalb der Weltwirtschaft, doch nur wenige haben begriffen, wer sie aus welchem Grund kontrolliert. Die *Fed* ist eine private Organisation, die sich im Besitz ihrer Mitgliedsbanken befindet, welche wiederum den Aktionären gehören. Doch wer sind diese Aktionäre?

»Ein genauer Blick auf die Großaktionäre der New Yorker Banken zeigt eindeutig, dass einige wenige durch Blutsbande, Eheschließungen oder Geschäftsinteressen verbundene Familien diese Banken noch immer beherrschen, jene Familien, die auch Mehrheitsaktionäre der Federal Reserve Bank of New York sind«, schrieb Eustace Mullins. In seinem 1983 erschienen Buch *The Secrets of the Federal Reserve* präsentierte er Fakten, durch welche die Verbindungen der *Fed* und ihrer Mitgliedsbanken zu den Familien der Rothschilds, Morgans, Rockefellers, Warburgs etc. aufgezeigt wurden.

Interessant ist, dass sich im Jahr 2009 unter den Direktoren der *Federal Reserve Bank of New York* die höchsten Repräsentanten der Bankenbranche, des Wirtschaftslebens und der Wissenschaft finden. Auf der Liste stehen: James Dimon, Chairman und CEO von *JPMorgan Chase & Co.;* Charles V. Wait, Präsident, Chairman und CEO der *Adirondack Trust Company of Saratoga Springs,* New York; Jeffrey R. Immelt, Chairman und CEO von *General Electric,* Fairfield, Connecticut; Lee C. Bollinger, Präsident der *Columbia University;* Kathryn S. Wylde, Präsident und CEO des *Partnership for New York City* und der Vorsitzende des Leitungsgremiums, Denis M. Hughes, Präsident der *New York State AFL-CIO.*

Einige misstrauische Geister haben Spekulationen darüber angestellt, warum so viele Mitglieder von Geheimgesellschaften – Greenspan, Bernanke, Tarullo (allesamt Mitglieder des *Council on Foreign Relations)* – und Anwälte erforderlich sind, um das amerikanische Finanzsystem zu überwachen. Es könnte sein, dass die Banker ihren juristischen Sachverstand benötigen. Gary Allen, ein früher Verschwörungstheoretiker, schrieb hierzu: »Das Konzept einer Zentralbank, die alternierende Perioden von Inflation und Deflation herbeiführt und Riesengewinne auf Kosten der Öffentlichkeit macht, wurde von den internationalen Bankern (unter dem Beistand juristischer Berater und Public-Relations-Experten) zu einer exakten Wissenschaft verfeinert.«

Schon im Jahr 1913 warnte der Kongressabgeordnete Charles A. Lindbergh: »Durch das Zentralbanksystem wird der gigantischste Trust der Welt errichtet [...]. Wenn der Präsident dieses Gesetz unterschreibt, wird die unsichtbare Regierung durch die Geldmacht legitimiert. Dieses Gesetz wird eine Inflation herbeiführen, wann immer es im Interesse der Trusts ist. Von jetzt an kann eine Depression quasi wissenschaftlich konstruiert werden.«

Und Stephen Zarlenga, der Direktor des *American Monetary Institute* im Bundesstaat New York, schrieb: »Die meisten Amerikaner wissen, dass die Fed unser Finanzsystem kontrolliert, doch sie halten sie für eine staatliche Einrichtung, wie man es tatsächlich annehmen sollte von einer Institution, die so viel Macht über die Geschicke unseres Landes hat. Außerdem glauben die Amerikaner irrtümlicherweise, das Bankgeschäft bestehe darin, Einlagen von Kunden zu einem höheren Zinssatz an Kreditnehmer zu verleihen.

Allmählich begreift es eine wachsende Zahl von Amerikanern, doch die meisten haben immer noch keine Ahnung, dass Geld (genauer: verzinste Bankkredite, die als Zahlungsmittel dienen und die Funktion des Geldes übernehmen) durch das Bankensystem geschaffen wird, wenn Kredite vergeben werden – nach den Prinzipien des »fractional reserve banking«, bei dem nur ein Bruchteil des Kapitals zurückgehalten, der Großteil dagegen verliehen wird. Das verstehen nur wenige, und häufig begreifen selbst Wirtschaftswissenschaftler oder Banker nicht, dass sie Teil eines Gelderschaffungssystems sind, wenn sie Kredite vergeben und sie auf den Konten ihrer Kunden verbuchen oder wenn Darlehen verlängert werden. Folglich wären die meisten Amerikaner überrascht darüber, dass fast das gesamte von uns benutzte Geld nicht vom Staat in Umlauf gebracht wird, sondern von Privatbanken geschaffen wird. Denn diesen hat man ›erlaubt‹, Annahmen über unser Geld und unser Bankensystem in die Welt zu setzen, die wenig mit der Realität zu tun haben und die einen Schutz vor genauerem Hinsehen bilden oder vor der Frage, ob die Fed tatsächlich im öffentlichen Interesse oder im Privatinteresse einiger weniger handelt, sei es absichtlich oder aus Unvermögen.«

Bruce Wiseman, Vorsitzender der *Citizens Commission on Human Rights* und ehemals Leiter des Historischen Instituts an der *John F. Kennedy University*, sieht die Vorgehensweise der Zentralbank so: »Wenn die Leute von der Fed Geld drucken oder auf die Maus klicken, haben sie selbst kein Geld. Sie schaffen es nur aus dem Nichts. Sie lassen es drucken oder transferieren es digital. Und dann erheben sie Zinsen auf das Geld, das sie dem Finanzministerium leihen. Eine Hundertdollarnote zu drucken kostet vier Cent. Aber die Zinsen werden auf die vollen hundert Dollar erhoben. Nur zu, lesen Sie es noch mal – der Wortlaut wird sich nicht ändern. Im Jahr 2008 betrug die Zinslast für die Staatsverschuldung 451 154 049 950,63 Dollar. Das macht 1,23 Milliarden pro Tag. Das sind dieselben Leute, die in den Chefbüros unserer Banken, Versicherungen und Automobilkonzerne sitzen. Es ist zum Heulen. Natürlich habe ich es etwas zu sehr vereinfacht. Die Fed hat nicht nur Schulden, und sie beschäftigt sich auch noch mit ein paar anderen Dingen. Doch dies sind die grundlegenden Mechanismen, wie eine Zentralbank funktioniert.«

Wiseman und viele andere sehen hinter der gegenwärtigen Finanzkrise die Absicht, den amerikanischen Dollar als Leitwährung des weltweiten Geldmarktes zu vernichten und in dem darauffolgenden Chaos eine globale Finanzaufsicht zu etablieren, die dann beteuern wird, dass es so eine Krise nie wieder geben darf.

Das Financial Stability Board

Vielleicht könnte man die von Wiseman erwähnte globale Finanzaufsicht in jenem *Financial Stability Board* (FSB) erblicken, das während des Londoner G-20-Gipfels im April 2009 ins Leben gerufen wurde. Hinter der Abkürzung G-20 verbirgt sich eine Gruppe von zwanzig Finanzministern und Zentralbankchefs, die neunzehn Staaten und die Europäische Union vertreten. Im FSB sitzen Repräsentanten aller G-20-Mitglieder.

Das FSB ging aus dem *Financial Stability Forum* (FSF) hervor, einer 1999 gebildeten Gruppe innerhalb der Bank für Internationalen Zahlungsausgleich, deren Ziel die »Förderung der internationalen finanziellen Stabilität« war. Mittlerweile ist klar, dass dieses Ziel verfehlt wurde. Im Anschluss an den Londoner G-20-Gipfel wurde aus dem Diskussionsforum FSF das mit weiterreichenden Kompetenzen versehene FSB, das Standards setzen und Strategien und Vorschriften ausarbeiten kann, die dann an die beteiligten Staaten weitergeleitet werden. Zum FSB gehören Zentralbankrepräsentanten aus Australien, Kanada, Frankreich, Deutschland, Hongkong, Italien, Japan, den Niederlanden, Singapur, der Schweiz, Großbritannien und den Vereinigten Staaten. Dazu kommen

Vertreter der Weltbank, der Europäischen Union, des Internationalen Währungsfonds sowie der Organisation für wirtschaftliche Zusammenarbeit und Entwicklung (OECD). Mit anderen Worten: Auf Europa entfallen sechs von zwölf Landesvertretern.

Es wurde darauf hingewiesen, dass die G-20 das FSB so erweitern will, dass alle Mitgliedsstaaten vertreten sind. Trotzdem registrieren Beobachter einen überproportionalen europäischen Einfluss. Die Vereinigten Staaten werden eine Stimme haben, genau wie Italien.

Mario Draghi, der früher einen hohen Posten bei der Weltbank innehatte, ist heute der Vorsitzende des FSB. Wie der ehemalige amerikanische Finanzminister Henry Paulson saß auch Draghi früher in der Führungsetage von *Goldman Sachs*. Sowohl Paulson als auch Draghi verließen die weltweit aktive Investmentbank 2006. Paulson trat in Washington sein Amt als Finanzminister an, Draghi ging nach Rom, um über Italiens Finanzsystem zu wachen und die Leitung des FSF zu übernehmen.

Amerika sagte seinen Beitritt zum FSB am 2. April 2009 zu, als Präsident Obama die Abschlusserklärung des G-20-Gipfels in London unterzeichnete und die Zustimmung der Vereinigten Staaten zu der neuen globalen Wirtschaftsunion bekannt gab. »Ab jetzt müssen unsere Securities and Exchange Commission, die Commodities Trading Commission, das Federal Reserve Board und andere Aufsichtsinstitutionen nach der Pfeife des Financial Stability Board tanzen, zu dem Zentralbankrepräsentanten aus allen G-20-Staaten und der Europäischen Union gehören«, warnte Dick Morris, Bestsellerautor und ein ehemaliger Berater von Präsident Clinton. »Schon seit Jahrzehnten versuchen die Europäer, unser Finanzsystem unter ihren Einfluss zu bringen. Für sie ist es wichtig, das freie amerikanische Unternehmertum zurückzudrängen, damit ihr sozialistischer Himmel nicht verdüstert wird durch solche Laster wie das Profitstreben. Jetzt – mit Obamas Zustimmung – sind sie am Ziel.«

Ferner merkte Morris an: »Das FSB wird strenge neue Vorschriften hinsichtlich der Höhe von Gehältern, Boni und der gesellschaftlichen Verantwortung aller Unternehmen implementieren [...]. Will sagen, das FSB wird verordnen, wie viel man Führungskräften zahlen darf.« Bruce Wiseman interpretiert den durch Barack Obamas Unterschrift erfolgten Beitritt der Vereinigten Staaten zum FSB so: »Damit treten wir die Kontrolle über die Angelegenheiten unseres Landes und der Welt ab an eine Handvoll von Zentralbankchefs, die uns von der Altersversorgung bis zu Aktionärsrechten alles vorschreiben und darüber hinaus noch Zugang zu sensiblen persönlichen Daten haben werden.«

Wenngleich die *Fed* formal gesehen im Besitz ihrer zwölf Regionalbanken ist, die ihre Aktien halten, befinden sich diese Banken doch gänzlich im Besitz von privaten Mitgliedsbanken innerhalb der jeweiligen Zentralbankdistrikte. Und wer kontrolliert diese Banken? Ihre Aktionäre, von denen viele wahrscheinlich nicht einmal Amerikaner sind. Stephen Zarlenga sieht darin freilich nicht unbedingt einen Grund zur Sorge.»Behauptungen, die Federal Reserve sei ›im Besitz‹ ausländischer Banker, stimmen nicht, und solche Gerüchte dienten hauptsächlich dazu, um von tiefergehender Kritik an unserem Bankensystem abzulenken [...]. Die Kontrollmechanismen des Federal Reserve System sind nicht so einfach zu durchschauen, und hier geht es nicht nur darum, Aktionärsstimmen zu zählen. Zwar mögen ausländische Banker über amerikanische Geldinstitute indirekt Aktien der Regionalbanken der Federal Reserve halten, doch es müsste der Securities and Exchange Commission gemeldet werden, wenn jemand mehr als fünf Prozent der Aktien des amerikanischen Unternehmens hält.«

Doch es gibt laut Zarlenga ein entscheidendes Problem:»den starken, möglicherweise übermäßig starken ausländischen Einfluss, beispielsweise durch die Bank für Internationalen Zahlungsausgleich (BIZ)«. Und der ist ein Anlass für weitere Befürchtungen.

Die Bank für Internationalen Zahlungsausgleich

Im Jahr 2003 erschien über die Bank für Internationalen Zahlungsausgleich (BIZ) ein Artikel mit dem Titel»Controlling the World's Monetary System«. Darin schrieb Joan Veon:»In der BIZ sind die Zentralbanken der Welt zusammengeschlossen, um die Weltwirtschaft zu analysieren und zu entscheiden, welche Schritte als Nächstes unternommen werden sollen, damit sie sich noch mehr Geld in die Taschen stecken können, denn sie kontrollieren die im Umlauf befindliche Geldmenge und bestimmen, wie hoch die Zinsen für Regierungen und Banken ausfallen sollen, die sich Geld von ihnen leihen [...]. Wenn wir begreifen, dass im Weltfinanzsystem die BIZ die Fäden zieht, dann wird auch klar, dass sie in der Lage ist, in einem Land einen finanziellen Boom oder Zusammenbruch herbeizuführen. Und wenn dieses Land nicht tut, was die Kreditgeber verlangen, müssen die nur dessen Währung verkaufen.«

Es scheint, als hätte die BIZ sogar vage angedeutet, möglicherweise mehr weltweite finanzielle Kontrolle ausüben zu wollen. Im September 2009 hieß es in einem Bericht der BIZ:»Der weltweite Markt für Derivate war im zweiten Quartal dieses Jahres wieder 426 Billionen Dollar wert, weil die Risikobereitschaft der Anleger zurückgekehrt ist, aber das System bleibt instabil und krisenanfällig.« Nur wenige Tage nach der Veröffentlichung des Berichts warnte William White, der ehemalige Chefökonom der BIZ, die Welt habe sich den zentralen Problemen des wirtschaftlichen Zusammenbruchs noch nicht gestellt und werde wahrscheinlich erneut in die Rezession abgleiten. White fügte hinzu: »Mich würde nur eines überraschen, nämlich wenn es vom gegenwärtigen Stand aus zu einer schnellen und nachhaltigen Erholung kommen sollte.«

Angesichts des wachsenden Einflusses der BIZ auf die amerikanische Wirtschaft – und angesichts der Rolle der Bank zur Zeit des Nationalsozialismus – sollte die Handlungsweise der BIZ für alle Amerikaner Anlass zur Sorge geben. Sie verdient es, sehr viel genauer unter die Lupe genommen zu werden, als es die Massenmedien tun. Zunächst sollte sich die Öffentlichkeit der Tatsache bewusst sein, dass die BIZ praktisch einem souveränen Staat gleicht. Ihre Mitarbeiter genießen diplomatische Immunität und müssen keine Steuern bezahlen, wie auch die Bank selbst nicht. Die Grundstücke, auf denen Gebäude der BIZ stehen, sind exterritoriales Gebiet. Keine Regierung hat juristische Kontrolle über die Bank oder eine Kontrolle über ihre Aktivitäten.

Auch sollte man auf die ursprünglichen Eigentümer der BIZ hinweisen: Es waren die *Fed,* die mit Morgan verbundene *First National Bank of New York,* die *Bank of England,* die Deutsche Reichsbank, die Bank von Frankreich, die Bank von Italien und andere große Zentralbanken. Die BIZ gilt als »Bank der Zentralbanken« und wurde 1930 in Basel gegründet, angeblich, um die deutschen Reparationszahlungen infolge des Ersten Weltkriegs sicherzustellen.

Die BIZ wurde auch stark durch Geheimgesellschaften manipuliert. Für Carroll Quigley, Historikerin und Mentorin des ehemaligen Präsidenten Bill Clinton, ist die BIZ Bestandteil eines Plans, »ein in privater Hand befindliches, weltumspannendes System finanzieller Kontrollausübung zu schaffen, das in der Lage ist, das politische System eines jeden Landes und die Weltwirtschaft insgesamt zu beherrschen, und zwar auf feudalistische Weise durch kooperierende Zentralbanken, deren Chefs bei Treffen und Konferenzen geheime Absprachen treffen.«

Die BIZ kontrollierte die finanziellen Angelegenheiten zwischen Deutschen und Alliierten auch während des gesamten Zweiten Weltkriegs. Laut Quigley wurde die BIZ von einer multinationalen Belegschaft verwaltet und galt als »Gipfel des Bankensystems«, wo während des Zweiten Weltkriegs heimlich Informationen und Pläne ausgetauscht wurden. Noch schlimmer war, dass die BIZ bei Kriegsausbruch ganz unter der Kontrolle der Nationalsozialisten stand. Laut der Gründungsurkunde der BIZ, auf die sich die Regierungen der involvierten Länder geeinigt hatten, war die Bank vor Beschlagnahmungen oder einer Schließung selbst dann geschützt, wenn die Eigentümer sich im Krieg gegeneinander befanden. »Die BIZ entwickelte sich bald zu einem Kanal, durch den amerikanisches und britisches Geld ins Deutsche Reich geschleust wurde, mit dem Hitler seine Kriegsmaschine finanzieren konnte«, schrieb Charles Higham.

»Im Laufe der Jahre habe ich beobachtet, wie die BIZ ihren Einfluss immer mehr ausgedehnt hat«, schrieb Joan Veon. »Ihre zunehmende Macht geht direkt zurück auf Regierungen wie die unsere, die ihre Aufsichtskompetenzen über das Bankensystem abgetreten hat an diese Bank der Zentralbanken, die tatsächlich das Finanzsystem dieser Welt kontrolliert.«

Veon, die Gelegenheit hatte, den Sitz der BIZ in Basel in Augenschein zu nehmen, ist der Ansicht, dass die meisten Menschen sich der exorbitanten Macht der Bank im weltweiten Finanzgeschäft nicht bewusst sind. »Innerhalb der BIZ gibt es sehr mächtige Kommissionen, etwa das Basel Committee on Banking Supervision, das an Vorschriften nicht nur für internationale Banken, sondern auch für jede nationale Bank arbeitet. Dann gibt es das Committee on the Global Financial System, das die globalen Finanzmärkte beobachtet, um potenzielle Risiken für die finanzielle Stabilität zu entdecken. Und schließlich wäre da noch das Committee on Payment und Settlement Systems, das die Infrastruktur der Finanzmärkte zu stärken versucht, und zwar im Hinblick auf die Regeln des Geldtransfers und die Zahlung von Geldern zwischen Mitgliedsbanken. Das *Wall Street Journal* berichtete 2003 über ein Treffen, an dem der Wirtschaftswissenschaftler Dr. Jacob Frenkel, der ehemalige amerikanische Zentralbankchef Paul Volcker und der Nobelpreisträger und Ökonom Prof. Dr. Robert Mundell teilnahmen. Das Thema der Veranstaltung: ›Braucht die Weltwirtschaft eine Weltwährung?‹ Die Frage lautete: Wenn der Euro den Franc, die Mark und die Lira ersetzen kann, warum sollte dann eine neue Weltwährung nicht den Dollar, den Euro und den Yen überflüssig machen? Das ist das nächste Ziel dieser Zentralbanker. Und wenn es soweit kommt, da bin ich mir sicher, werden sie diejenigen sein, die an der neuen Weltwährung verdienen. Ob auch wir davon profitieren, wird sich noch zeigen müssen.«

Diese Banker verdienen Geld an jedem Dollar, den sie drucken, denn im Notfall steht der amerikanische Steuerzahler bereit, um für die Verluste geradezustehen.

G. Edward Griffin zitiert Paul Warburg, einen der Gründer und ersten Chef der *Fed:* »Während juristisch und formal gesehen die Regierung der Vereinigten Staaten für das Geld der Federal Reserve zuständig ist, tragen de facto doch nur die Zentralbanken die Verantwortung dafür […]. Der Staat kann nur einspringen und die Verpflichtungen übernehmen, wenn die Federal-Reserve-Banken zusammengebrochen sind.«

Griffins Kommentar: »Der Mann, der die Konzeption des Zentralbanksystems miterdacht hat, erklärt uns, *dass die Banknoten der Federal Reserve privat ausgegebenes Geld sind und dass der Steuerzahler bereitsteht, die potenziellen Verluste dieser Banken zu übernehmen.*« Hier sehen wir wieder eine Variation des Themas »Profite privatisieren, Verluste sozialisieren«. Die Zentralbanken stecken die Gewinne ein, der Steuerzahler übernimmt die Verluste.

Vielleicht hatten Jefferson und Lindbergh recht, als sie vor der privaten Kontrolle einer Zentralbank warnten. Mit der Schaffung der *Fed* hatten die großen

Bankiers ein lange angestrebtes Ziel erreicht – die Haftung des Steuerzahlers für die Verluste von Privatbanken.

Richtig zur Kasse gebeten wurde der Steuerzahler dann im Herbst 2008. Das Geld für die zügellose Ausgabenpolitik der Regierung und die Rettung privater Banken kommt aus der Einkommensteuer, die von denselben Männern erfunden wurde, die hinter der Schaffung der *Fed* standen. Wilson klang schon auf unheimliche Weise wie heutige Politiker, als er verkündete, seine Regierung sei »eher an Menschenrechten als am Eigentumsrecht interessiert«. Das war bloße Rhetorik, und tatsächlich drückte Wilson mehr »progressive« Gesetze durch als alle Präsidenten vor ihm. Er schuf die Steuerbehörde *Internal Revenue Service,* um eine gestaffelte Einkommensteuer durchzusetzen. Der Federal Farm Loan Act führte zur Gründung von zwölf Banken für Farmer, und durch die *Federal Trade Commission* wurde der Handel neu reguliert.

Damals erschienen diese Gesetze vielen Menschen als notwendig. Einige würden wohl immer noch behaupten, es sei besser, wenn erfahrene Banker für das Geld der Nation zuständig seien. In einer Veröffentlichung der *Fed* aus dem Jahr 1963 hieß es: »Die Funktion der Federal Reserve besteht darin, durch ihre Geldpolitik und ein funktionierendes Kreditwesen ein geregeltes Wirtschaftswachstum zu ermöglichen, einen stabilen Dollar zu garantieren und eine langfristige Regelung unserer internationalen Zahlungen zu gewährleisten.«

Ansätze zur Kontrolle der Fed

Falls es die wahre Funktion der *Fed* sein sollte, das Geld dieses Landes zu beschützen, dann hat sie auf erbärmliche Weise versagt. Im Jahr 2009 wurden Forderungen laut, die *Fed* einer eingehenden Kontrolle zu unterziehen und sie möglicherweise ganz abzuschaffen. Weil seit der Gründung der Zentralbank keinerlei Kontrolle seitens der Regierung zulässig ist, bestand keine Möglichkeit, die wahren Aktivitäten der *Fed* unter die Lupe zu nehmen.

Schon 1975 stellte der Verbraucherschützer Ralph Nader die entscheidende Frage: »Wenn sich etwa das Verteidigungs- und Finanzministerium und Finanzaufsichtsbehörden seit Langem einer Revision durch das dem Kongress angegliederte General Accountability Office unterziehen lassen müssen, warum hat man dann die Federal Reserve von dieser Regelung ausgenommen? Die Antwort liegt in dieser undurchdringlichen Mixtur von großer Macht und großem Geld bei den Riesenbanken und ihren Dienern von der Federal Reserve, die es, um weiter ungestört absolute Kontrolle ausüben zu können, seit Jahrzehnten geschafft haben, ihre Angelegenheiten vor der Öffentlichkeit und dem Kongresses geheim zu halten.«

So undurchschaubar die Funktionsweise der *Fed* für den Durchschnittsbürger auch sein mag, für Nader beeinflussen ihre Strategien und Entscheidungen »die Inflationsrate, die Arbeitslosenquote, das Immobiliengeschäft, die Zinsen für Kredite und andere Preise, die Verbraucher und Arbeiter ertragen müssen. Außerdem entscheidet die Fed darüber, wie viele oder wie wenige Geldinstitute unsere Wirtschaft beherrschen.« Obwohl außer Nader auch Sparkassen, Kreditgenossenschaften und einige weniger bekannte Banker ein Gesetz zur jährlichen Überprüfung des riesigen Zentralbanksystems durch den Kongress forderten, blieben solche Bemühungen in den Siebzigerjahren in Ansätzen stecken.

Auch dreißig Jahre später hat sich nicht viel geändert. Die im Internet kursierenden Erklärungen über die Arbeitsweise der *Fed* gehen fast immer auf Quellen der Regierung oder der Zentralbank selbst zurück. Dennoch gibt es weiter Bemühungen, die *Fed* in die Schranken zu weisen. Ron Paul, texanischer Abgeordneter und ein weithin unbekannter ehemaliger Präsidentschaftskandidat, schrieb im Mai 2009 auf der wirtschaftsfreundlichen Webseite *Forbes.com:* »Einer der Irrtümer der heutigen Ökonomen ist die Annahme, es bedürfe einer Zentralbank, um die Inflationsrate niedrig zu halten und das Wirtschaftswachstum zu fördern. Tatsächlich verursacht aber gerade die Geldpolitik der Zentralbank die Inflation und einen Rückgang des Wirtschaftswachstums. Inflation ist ein Anwachsen der Geldmenge, das heutzutage direkt durch die Zentralbanken initiiert wird.«

Nach einigen Bemerkungen zur Rezession folgerte Paul: »Der erforderliche erste Schritt zur Wiederherstellung wirtschaftlicher Stabilität in diesem Land ist eine Revision der Fed. Dabei muss herausgefunden werden, wo die Fed sich überall engagiert, und nach dem Abschluss der Überprüfung müssen die Ergebnisse analysiert und Entscheidungen getroffen werden, wie die Fed in die Schranken gewiesen werden kann. Vorschläge, die Fed weiter im Dunkeln agieren zu lassen oder ihr als einem Garanten der Stabilität noch mehr Macht zu geben, sind so unangebracht wie schädlich.«

Am 26. Februar 2009 brachte Paul die Gesetzesvorlage H.R. 1207 ein. Darin hieß es:

»Eine ernsthafte Diskussion bezüglich der Überwachung der Federal Reserve ist längst überfällig. Ich bin seit Langem ein Befürworter einer wirkungsvolleren Kontrolle und Revision der Fed [...]. Seit ihrer Gründung hat diese immer im Dunkeln operiert, ohne eine ausreichende Kontrolle ihrer Aktivitäten. Die gängige Begründung dafür lautet, dies müsse so sein, damit die Fed weniger anfällig sei für politischen Druck. Wann immer man die Fed nach der Stärke des Dollars fragt, verweisen sie einen ans Finanzministerium und vice versa. Einerseits hat die Federal Reserve viele Privilegien einer Regierungsbehörde, andererseits genießt sie die Vorteile eines privaten Unternehmens. So muss sie etwa bei Anfragen unter Bezug auf den Freedom of Information Act keine Auskunft erteilen.

Die Federal Reserve kann Abkommen mit ausländischen Zentralbanken und Regierungen schließen, und dem General Accountability Office ist es untersagt, diese Abkommen zu überprüfen oder auch nur zu sehen. Warum sollte dies einer einst von der Regierung eingerichteten Institution gestattet sein, ohne dass sie sich einer Kontrolle durch die Regierung unterziehen muss? Insbesondere im Fall der Währungsswaps in Höhe von Hunderten Milliarden Dollar müssen die Verhandlungen der Fed mit der Europäischen Zentralbank, der Bank für Internationalen Zahlungsausgleich und anderen Institutionen genau überprüft werden, speziell wegen ihrer bedeutsamen Auswirkungen auf unsere Außenpolitik. Falls das Außenministerium dazu in der Lage wäre, könnte die Fed zweifelhafter Praktiken überführt und an die Kandare genommen werden. Wenn eine Privatperson sich so verhalten würde, müsste sie damit rechnen, unter dem Logan Act angeklagt zu werden, der es Bürgern verbietet, mit ausländischen Regierungen oder Institutionen zu verhandeln, aber die Fed kann tun und lassen, was sie will.

Noch wichtiger ist, dass die Finanzierungseinrichtungen der Fed und ihre Abkommen mit dem Finanzministerium einer Überprüfung unterzogen werden. Die direkte Finanzierung von Einrichtungen der Fed ermöglicht es dem Finanzministerium, Geld an der Aufsicht des General Accountability Office und des Kongresses vorbei an die Wall Street zu schleusen. Mittels Finanzierungseinrichtungen wie der Primary Dealer Credit Facility und der Term Securities Lending Facility wird dem Markt gegen Sicherheiten Liquidität zugeführt. Damit kann die Fed den Wert von Finanzanlagen künstlich hochhalten und so wenig erfolgreiche Finanzfirmen subventionieren [...]. Der Federal Reserve Transparency Act würde eine Überprüfung der Federal Reserve durch das GAO ermöglichen und ihre Aktivitäten einer größeren Kontrolle aussetzen. Durch eine Revision der Fed und das diesbezügliche Gesetz würde bei der Federal Reserve endlich die unbedingt erforderliche Transparenz möglich werden.«

Landesweite Umfragen zeigten eine große öffentliche Unterstützung für Pauls Vorschläge. Eine Mitte 2009 von Gallup durchgeführte Umfrage ergab, dass nur 30 Prozent der Befragten der Meinung waren, die *Fed* mache ihre Arbeit gut. Bei einer Rasmussen-Umfrage kam heraus, dass 75 Prozent der Befragten für eine Kontrolle der *Fed* durch den Kongress waren. Angesichts dieser Ergebnisse wäre die Verabschiedung eines Gesetzes zur Kontrolle der *Fed* ein Lackmustest dafür, was in den Vereinigten Staaten mehr zählt – die Meinung des Volkes oder die Interessen der Banken.

Bis Februar 2010 hatte Pauls Versuch, ein Gesetz zur Kontrolle der Zentralbank durchzubringen, 317 Befürworter im Repräsentantenhaus und 32 im Senat gefunden, wo der Entwurf unter dem Namen Federal Reserve Sunshine Act of 2009 (S. 604) bekannt war. Anfang 2009 wurde die Gesetzesvorlage H. R. 1207 an den Ausschuss für Finanzdienstleistungen weitergeleitet, dessen Vorsitz Barney

Frank, ein Demokrat aus Massachusetts, innehat. In einem Brief an einen Wähler schrieb Frank: »Ich bin mit der allgemeinen Stoßrichtung von Pauls Gesetzesvorlage einverstanden [...]. Es hat bereits einige Fortschritte gegeben bei dem Versuch, die Aktivitäten der Federal Reserve transparenter zu machen, und ich bin ebenfalls der Meinung, dass wir weitere Schritte einleiten müssen [...]. Ich denke, in jüngster Zeit hat die Fed ihre Macht mit einigen positiven Auswirkungen eingesetzt, doch dürfte in einer demokratischen Gesellschaft eine solche Macht nicht in den Händen einiger weniger liegen, die sämtlich nicht gewählt wurden.«

Am 6. Juli 2009 versuchte Jim DeMint, ein demokratischer Senator aus South Carolina, den Legislative Branch Appropriations Act zu ergänzen, indem er ihm den kompletten Text von Pauls Gesetzesvorlage hinzufügte, aber ihm wurde Einhalt geboten durch Ben Nelson, einen demokratischen Senator aus Nebraska, der in der Ergänzung einen Verstoß gegen Punkt 16 der Geschäftsordnung sah, der verbietet, dass Gesetzesvorhaben an eine Haushaltsvorlage angehängt werden. Als DeMint darauf hinwies, dass andere Revisionen durch das GAO in der Haushaltsvorlage ebenfalls gegen Punkt 16 verstießen, stimmte Vizepräsident Joseph Biden, der auch Präsident des Senats ist, ihm zu, ohne jedoch Schritte einzuleiten, und die Gesetzesvorlage wurde ohne Pauls Ergänzung verabschiedet. Nach zwei Lesungen wurde S. 604 im März 2009 an den Ausschuss für Banken, Wohnungsbau und städtische Angelegenheiten verwiesen.

Pauls Gesetzesvorlage zielte offenbar auf diejenigen ab, die am Status der *Fed* nicht rütteln wollen, wie etwa den *Forbes*-Kolumnisten Thomas F. Cooley, zugleich Professor für Wirtschaftswissenschaften an der *Paganelli-Bull University,* und Richard R. West, Dekan der zur *New York University* gehörenden *Stern School of Business,* der auch eine wöchentliche Kolumne für *Forbes* verfasst.

Im Frühjahr 2009 schrieb Cooley: »Es ist wichtig, dass wir eine unabhängige Zentralbank haben [...]. Sie kann sich auf eine langfristige Geldpolitik konzentrieren, auf Strategien, die sich auf eine niedrige Inflationsrate und die Schaffung eines Klimas richten, das langfristig Wirtschaftswachstum fördert. Politische Zyklen sind bedeutend kürzer. Ohne ihre Unabhängigkeit wäre die Zentralbank politischem Druck ausgeliefert, der nicht ohne Folgen für die finanzielle Strategie bleiben würde. In einer Demokratie denken Politiker kurzfristig, weil hinter ihrem Handeln die Motivation steht, die nächste Wahl zu gewinnen. Das bestätigen empirische Beweise. Eine gegen politischen Druck abgeschirmte Zentralbank ist besser in der Lage, langfristige Ziele zu verfolgen.«

Cooley zitierte Ron Paul, der gesagt hatte, dass »die Kontrolle der Fed nur der erste Schritt sein kann bei dem Vorhaben, diese antiquierte, von Insidern geführte Institution dem Wettbewerb des freien Marktes auszusetzen. Wenn es erst einmal Alternativen gibt zum Monopol dieses Fiat-Dollars, wird die Fed aufrichtiger und offener agieren müssen, wenn sie im Geschäft bleiben will.« Darauf antwortete Cooley: »Na großartig! Offenbar ist Geldpolitik ein so ungeheuer simples Geschäft, dass sich jeder gewählte Abgeordnete mit der Forderung nach Transparenz in Entscheidungen einmischen kann, die äußerst komplizierte Fragen betreffen. Warum beruhigt mich das kein bisschen?«

Und er fügte hinzu: »Alles, was die Unabhängigkeit der Fed bedroht, gefährdet die langfristige Überlebensfähigkeit unserer Geldpolitik. Es ist wirklich wichtig, dass die ausgeweiteten Befugnisse der Fed in der gegenwärtigen Krise diese Überlebensfähigkeit nicht gefährden.« Aber schließt diese Überlebensfähigkeit auch Geheimnistuerei und Arroganz ein?

Die Arroganz der Fed

Die Arroganz der *Fed* sieht heute so aus, dass die Mitglieder des *Board of Governors,* ihres höchsten Leitungsgremiums, sich schlicht weigern zu sagen, was sie mit dem Vermögen des Landes angestellt haben.

Die Zahlen sind atemberaubend, gleichgültig, ob es um Verluste, Bankenrettungen oder Gelder geht, von denen niemand weiß, wo sie geblieben sind. Mitte Mai 2009 verblüffte Elizabeth A. Coleman, die Generalinspektorin der *Federal Reserve,* eine Gruppe von Kongressabgeordneten, als sie bestätigte, ihre Abteilung wisse nichts über in den Bilanzen nicht ausgewiesene Transaktionen im Wert von neun Billionen Dollar, welche die *Fed* zwischen September 2008 und Mai 2009 getätigt habe. »Wir führen gerade eine Untersuchung auf ziemlich hoher Ebene durch, die sich mit verschiedenen Kreditvergabeeinrichtungen befasst.« Sie fügte hinzu, sie könne keine Einzelheiten über diese Untersuchung mitteilen und habe keinen Einblick in die Aktivitäten der *Fed,* da sie nur für die Beaufsichtigung des *Board of Governors* zuständig sei. Ihre Unfähigkeit, Fragen bezüglich der verschwundenen Steuergelder zu beantworten, veranlasste Alan Grayson, einen demokratischen Abgeordneten aus Florida zu der Feststellung: »Ich bin geschockt, dass niemand von der Zentralbank dieser Geschichte nachgeht, auch die Generalinspektorin nicht.«

Das galt offensichtlich auch für den Chef der Notenbank. Am 11. Juli 2009 fragte Grayson Ben Bernanke nach dem Verbleib von mehr als einer halben Billion Dollar, die die *Fed* bei Swapkreditgeschäften mit ausländischen Banken gemacht hatte. Bernankes Antwort: »Ich weiß nicht, wo das Geld geblieben ist.«

Viele Amerikaner sahen in der Rücksichtslosigkeit der *Fed* nichts als den Versuch, die von der Zentralbank anderen vorgeschrieben Regeln für sich selbst und ihre Kumpane zu brechen, um Profite zu privatisieren und Verluste zu sozialisieren. Außerdem sahen sie in dem großen Einfluss der *Fed* auf die amerikanische Finanzpolitik einen Anlass zur Sorge. Trotz dieser Sorge und trotz seines Wunsches, die *Fed* kontrolliert zu sehen, hat Barney Frank, der Vorsitzende des Kongressausschusses für Finanzdienstleistungen, gemeinsam mit anderen Abgeordneten vorgeschlagen, die *Fed* solle das gesamte amerikanische Finanzsystem beaufsichtigen. Eine Reihe von Analysten war anderer Ansicht. »Ich habe große Probleme damit, mir die Fed als Regulator vorzustellen«, sagte der Ökonom William K. Black. »Die Regulatoren der Fed haben keine Macht innerhalb dieser Institution, und die Institution hat einen angeborenen Widerwillen gegen Vorschriften für Großbanken.« Conrad DeQuadros, ehemals Ökonom bei der zusammengebrochenen *Investmentbank Bear Stearns,* stimmte Black zu: »Offensichtlich hat es bei der Fed einige schwerwiegende Fehltritte gegeben [...]. Jetzt ihre Aufsichtskompetenzen zu erweitern, wäre ein falscher Schritt.« In einem im April 2009 veröffentlichten Artikel der Nachrichtenagentur *Reuters* hieß es: »Angesichts der Undurchschaubarkeit dieser Institution und ihrer Unfähigkeit, die gegenwärtige Finanzkrise zu verhindern, sagen Kritiker, es würde dem Land nicht gut bekommen, wenn man die Fed zu einem allmächtigen Überregulator machte.«

»Undurchschaubarkeit« ist eine Untertreibung.

Im November 2008 verklagte der Finanzinformationsdienst *Bloomberg* die *Fed* unter Bezug auf den Freedom of Information Act, nachdem die Zentralbank sich geweigert hatte, Details über elf Kreditvergabeprogramme preiszugeben, bei denen mehr als zwei Billionen an Steuergeldern vergeben worden waren. Hohe Repräsentanten der *Fed* weigerten sich zu sagen, wer diese atemberaubenden Summen bekommen hatte und welche Aktivposten als Sicherheiten akzeptiert worden waren. *Bloomberg LP,* dessen Mehrheitsaktionär der New Yorker Bürgermeister Michael Bloomberg ist, klagte im Namen von *Bloomberg News.*

Die *Fed* reagierte, indem sie Bloomberg gegenüber auf ihren regierungsunabhängigen Status verwies. Sie ließ verlauten, man habe zwar 213 Seiten Unterlagen über die Transaktionen gefunden, sei aber berechtigt, solche Informationen als Geschäftsgeheimnisse zurückzuhalten. Weiter hieß es, die Vereinigten Staaten befänden sich in einer »nie dagewesenen Krise«, in welcher »ein Verlust des Vertrauens in Finanzinstitutionen mit Lichtgeschwindigkeit zu verheerenden Konsequenzen führen könnte.«

Der Kläger Bloomberg hatte argumentiert, das Wissen darum, welche Sicherheiten für die Vergabe der Steuergelder gegeben worden seien, sei »unverzichtbar für das Verständnis und die Einschätzung der Reaktion der Regierung auf die katastrophalste Finanzkrise seit der Großen Depression«. Trotzdem schrieb Jennifer J. Johnson, Sekretärin des höchsten Leitungsgremiums der *Fed,* in einer E-Mail an *Bloomberg News:* »Angesichts der gegenwärtigen Umstände wäre es gefährlich, diese vertraulichen Informationen zu veröffentlichen.«

Mehrere Spaßvögel haben die Taktik der *Fed* im Internet so beschrieben: »Haltet uns nicht mit Fragen auf, sonst bricht die ganze Wirtschaft zusammen.« Und diese Drohung wurde allzu oft eingesetzt, um die öffentliche Beschäftigung mit den Fehlern der *Fed* hinauszuzögern oder zu verhindern. »Wenn sie uns reinen Wein einschenken würden, wüssten wir, welche Verluste die Regierung verkraften muss, und gerade deshalb wollen sie nicht, dass wir es wissen«, sagte Carlos Mendez von der privaten New Yorker *Investmentbank ICP Capital LLC.*

Ende August 2009 wies die Manhattaner Bezirksrichterin Loretta Preska das Beharren der *Fed* auf der Zurückhaltung von Informationen zurück und verlangte von der Zentralbank, Einzelheiten über die vergebenen Kredite mitzuteilen. Scott Garrett, ein republikanischer Abgeordneter aus New Jersey, sah Preskas Entscheidung als »sensationell gute Nachricht [...]. Genau darauf haben die Amerikaner gewartet.« Da aber damit zu rechnen ist, dass die *Fed* Widerspruch gegen die Entscheidung der Richterin einlegt, gibt es jetzt noch einen Grund mehr, warum die Zentralbank streng kontrolliert werden muss.

Bedenkliche Nahrungsmittel und fluoridiertes Wasser

Im nationalsozialistischen Deutschland arbeiteten Chemiker einen einfallsreichen und weitreichenden Plan zur Kontrolle der Massen aus, der dem deutschen Generalstab unterbreitet und von ihm angenommen wurde. Der Plan bestand darin, die Bevölkerung eines bestimmten Gebiets zu kontrollieren, indem dem Trinkwasser Zusatzstoffe hinzugefügt wurden [...]. Der wahre Grund der Fluoridierung ist nicht die Kariesprophylaxe bei Kindern [...]. Hinter der Fluoridierung des Trinkwassers steht die Absicht, die Widerstandskraft der Massen zu schwächen, damit sie sich mit Beherrschung, Kontrolle und dem Verlust von Freiheit abfinden.

– CHARLES ELIOT PERKINS – Amerikanischer Chemiker, nach dem Zweiten Weltkrieg zur Reorganisation der I. G. Farben nach Deutschland entsandt

Es ist paradox, dass den Amerikanern heute ein größeres Angebot an gesunden Nahrungsmitteln zur Verfügung steht als jeder anderen Bevölkerung in der Menschheitsgeschichte (noch lange nach dem Zweiten Weltkrieg galt eine Banane in England als kostspielige Delikatesse), dass sie aber in der Regel trotzdem ungesund, fettleibig und mit Medikamenten vollgepumpt sind.

Viele Ernährungswissenschaftler glauben, dass nicht nur die Menge der konsumierten Lebensmittel problematisch ist, sondern auch deren Qualität.

Schlechte Produkte und kluge Entscheidungen

Im Jahr 2010 wollte die Nahrungsmittelindustrie ihr Image als verantwortungsbewusste Branche aufpolieren, indem sie ein neues Etikettierungsprogramm namens »Smart Choices« einführte. Die Branche beschrieb den Sinn des Programms so: »Es ermöglicht den Verbrauchern, bei Nahrungsmitteln und Getränken klügere, gesundheitsbewusstere Entscheidungen zu treffen, innerhalb jeder Produktkategorie und in jedem Gang eines Supermarkts.« Die Smart-Choices-Webseite verkündet, die Aktion sei »motiviert durch den Wunsch nach einer vertrauenswürdigen und verlässlichen Etikettierung auf der Vorderseite des Produkts. Lebensmittelhersteller und Einzelhändler können freiwillig an dem Programm teilnehmen, damit die Konsumenten bei der Auswahl von Nahrungsmitteln und Getränken gesundheitlich klügere Entscheidungen fällen.«

Weiter heißt es auf der Webseite: »Um in das Smart-Choices-Programm aufgenommen zu werden, muss ein Produkt einer Reihe von ernährungswissenschaftlichen Kriterien genügen, die in den Dietary Guidelines for Americans und anderen ernährungswissenschaftlichen Standardwerken definiert sind. Unser Programm umfasst Nahrungsmittel und Getränke in neunzehn Produktkategorien, darunter Haferflocken und Cornflakes, Fleisch, Früchte, Gemüse, Molkereiprodukte und Snacks. Dadurch wird den Verbrauchern der Vergleich mit ähnlichen Produkten erleichtert.«

Kritiker wie etwa Jim Hightower, Kolumnist und ehemaliger Agrarkommissar von Texas, behaupten dagegen, das Programm sei nichts als ein groß angelegter Betrug, ausgebrütet und finanziert von Großkonzernen wie *Coca-Cola, ConAgra, General Mills, Kellogg's, Kraft* und *PepsiCo*.

»Durch dieses bequeme Verbraucherprogramm werden Hunderte von Nahrungsmitteln in Ihrem Supermarkt für unbedenklich erklärt durch einen fetten grünen Haken und das beruhigende ›Smart Choices‹ auf der Vorderseite der Packung. Damit erübrigt sich dann die mühselige Lektüre der Liste mit den Inhaltsstoffen auf der Rückseite, denn der schlichte grüne Haken ist künftig die ernährungswissenschaftliche Unbedenklichkeitserklärung. Die findet man beispielsweise auch auf Produkten wie Fruit-Loops- und Fudgesicle-Riegeln. Selbst gemessen an den Standards dieser Branche ist das idiotisch. Fruit Loops? Das Zeug enthält 41 Prozent Zucker. Das ist schlimmer, als würden Sie Ihren Kindern zum Frühstück Plätzchen servieren. Ein verdammt niedriger Standard für ernährungswissenschaftlich geprüfte Qualität! Tatsächlich können Lebensmittelhersteller das Smart-Choices-Etikett auf praktisch jedes Produkt knallen, wenn sie nur ein bisschen Vitamin C hinzufügen, und zwar ungeachtet der Tatsache, dass dieses Produkt auch noch Koffein, Sacharin und chemische Zusatzstoffe enthält, von denen bekannt ist, dass sie Krebs und andere Krankheiten verursachen können. Das ist nicht clever, sondern dumm – und ein Täuschungsmanöver.«

Betrug, oder nur eine raffinierte Geschäftsstrategie? Und ernähren sich andere besser oder schlechter? In einer jüngst erschienenen Ausgabe der Fachzeitschrift *Cancer Causes & Control* wurde berichtet, eine zwischen 1996 und 2003 durchgeführte Studie der in Ohio lebenden Volksgruppe der Amish habe eine bedeutend niedrigere Anzahl von Krebserkrankungen festgestellt. Die Amish, bekannt für ihre von Pferden gezogenen Wagen und ihre einfache Ernährung, sind deutlich gesünder als der Rest der amerikanischen Bevölkerung.

Fehlernährung schwächt die Widerstandskräfte des Körpers und führt zu langwierigen Krankheiten und sogar zum Tod. Das passt gut in den Plan der Globalisierer, die menschliche Bevölkerung zu dezimieren, wie noch zu zeigen sein wird. Und diese Leute kontrollieren nicht nur die Massenmedien, sondern auch die Nahrungsmittelindustrie.

Falsche Behauptungen und Rückrufaktionen

Manchmal führt sogar eine gewöhnliche Marketingaktion eines Herstellers zu juristischen Schritten. Anfang 2009 erfuhr *Coca-Cola* von einer Sammelklage, eingereicht vom *Center for Science in the Public Interest* (CSPI). In der Begründung hieß es, der Konzern mache, seine Produktlinie VitaminWater betreffend, täuschende und unbewiesene Behauptungen. »Coke vermarktet VitaminWater als gesunde Alternative zu Limonaden, indem es die Etiketten der verschiedenen Sorten mit allen gängigen Gesundheitschlagwörtern bedruckt«, hieß es in einer Pressemitteilung des CSPI, in der betont wurde, Coca-Cola erhebe übertriebene Behauptungen wie zum Beispiel, die Getränke verringerten das Risiko chronischer Erkrankungen, auch von Augenerkrankungen, sorgten für gesunde Gelenke und unterstützten das optimale Funktionieren des Immunsystems. Ernährungswissenschaftler vom CSPI verweisen dagegen darauf, 33 Gramm Zucker in jeder Flasche VitaminWater förderten eher Übergewicht, Diabetes und andere Krankheiten. Das relativiere entschieden die gesundheitsfördernde Funktion der Vitamine, die auf den Flaschenetiketten hervorgehoben werde.

Das CSPI kritisierte zugleich *MillerCoors* (nach einer außergerichtlichen Einigung mit dem Konkurrenten *Anheuser-Busch*) wegen einer Werbekampagne für neue Getränke, die an die Zielgruppe jugendlicher Konsumenten gerichtet war. Das CSPI charakterisierte *MillerCoors'* Produkt Sparks als »alkoholhaltigen Energydrink, der stimulierende Zusatzstoffe enthält, deren Verwendung in alkoholischen Getränken nicht genehmigt ist, darunter Koffein, Taurin, Ginseng und Guarana«. Häufig als »Alkopop« bezeichnet, enthält Sparks nach Angaben des CSPI mehr Alkohol als Bier. »Es gibt keine Studien, welche die Unbedenklichkeit des Konsums solcher Stimulanzien zusammen mit Alkohol belegen, aber neue Forschungsergebnisse deuten darauf hin, dass bei jungen Konsumenten solcher Getränke eine größere Wahrscheinlichkeit besteht, dass sie – im Gegensatz zu Konsumenten herkömmlicher alkoholischer Getränke – zu exzessivem Alkoholkonsum neigen, sich Verletzungen zuziehen, zu Betrunkenen ins Auto steigen oder sich sexuell ausnutzen lassen.« Nach einer außergerichtlichen Einigung mit den Justizministern von 13 Bundesstaaten erklärte sich *MillerCoors* bereit, bei Sparks auf die Stimulanzien zu verzichten.

Noch immer glauben viele Menschen, dass die Lebensmittel, die sie in einem Supermarkt oder örtlichen Geschäft kaufen, unbedenklich sein müssen. Garantiert das nicht die staatliche Behörde für Lebensmittelaufsicht?

Im Jahr 1993 erkrankten mehr als fünfhundert Menschen im Nordwesten der Vereinigten Staaten aufgrund des Erregers *E.coli0157:H7*. Weil dieser in nicht ausreichend durchgebratenem Rindfleisch entdeckt wurde, sprach man von der »Hamburgerkrankheit«. Dieser spezielle Krankheitserreger wurde dann aber auch in Salamisorten, Kopfsalat, Cidre und sogar Vollmilch entdeckt, und er kann, genau wie andere gefährliche Bakterien, bei den in einem Kühlschrank üblichen Temperaturen nicht nur überleben, sondern sich sogar vermehren. Ein öffentlicher Aufschrei erhob sich, als das Landwirtschaftsministerium 1996 Vorschriften für die Gefahrenanalyse und Kontrolle von Krankheitserregern veröffentlichte. Demnach muss die Nahrungsmittelindustrie die Verantwortung für die gesundheitliche Unbedenklichkeit ihrer Produkte übernehmen. Der Staat musste nur noch bestätigen, dass sie dies getan hatte.

In den Jahren 2008 und 2009 wurden etliche Produkte wegen Salmonellenverdachts aus den Geschäften zurückgerufen. Betroffen waren Snacks, Kuchen, Süßigkeiten, Meeresfrüchte, Saucen, Gemüse, Früchte, Eier, Fleisch, Babynahrung und Mundspülwasser. Eine detaillierte Liste mit zurückgerufenen Produkten kann auf der Webseite *recalls.org* eingesehen werden.

Vielleicht ist die Tatsache, dass so viele Leute auswärts essen, ein Grund für die Besorgnis hinsichtlich unhygienisch zubereiteter und gesundheitsgefährdender Nahrung. In den Vereinigten Staaten nahmen im Jahr 1998 zwei von drei Menschen ihre Hauptmahlzeit mindestens einmal pro Woche nicht zu Hause ein.

Laut einer im Jahr 1997 veröffentlichten Studie über sich verändernde Lebensgewohnheiten aß der über acht Jahre alte Durchschnittsverbraucher insgesamt mindestens viermal pro Woche außer Haus. In dem Bericht stand auch, dass die Hälfte jedes für Nahrungsmittel ausgegebenen Dollars für Mahlzeiten außer Haus ausgegeben wurde.

Diese zunehmende Abhängigkeit der Amerikaner von auswärts zubereiteten Gerichten bedeutet auch, dass die Nahrung zum Zeitpunkt des Verzehrs mehrfach transportiert, erhitzt, gekühlt und von vielen Menschen berührt wurde. Jeder dieser Schritte könnte das Risiko des Auftretens von Krankheitserregern vergrößern.

Früher wurden Nahrungsmittel in Amerika vor Ort produziert und verkauft, aber heutzutage werden sie von Großkonzernen in Riesenfabriken hergestellt und national und international vertrieben. Das bedeutet, dass Pannen bei der Produktion nicht nur auf lokaler, sondern auch auf nationaler und internationaler Ebene Auswirkungen haben. Falsche Kühltemperaturen und Zubereitungsmethoden, unhygienische Arbeitsgeräte, Lebensmittel zweifelhafter Herkunft und mangelnde Sauberkeit bei den Packern können zu Krankheiten führen, deren Ursprünge mit der Nahrung zu tun haben. Laut *Answers.com* rief Sara Lee im Jahr 1998 tonnenweise Hotdogs und Fleisch zurück, weil sie mit Stäbchenbakterien vom Typ *Listeria monozytogenes* verseucht waren. »Eine solche Nahrungsmittelverseuchung wäre noch vor einer Generation undenkbar gewesen«, war auf der Webseite zu lesen. Das sollte selbst für einen Vielfraß ein Anlass sein, lieber zweimal darüber nachzudenken, was er isst.

Wachstumshormone

Gentechnisch veränderte Nahrungsmittel, bei deren Produktion Wachstumshormone eingesetzt wurden, werden in jüngster Zeit zunehmend mit gesundheitlichen Auffälligkeiten in Verbindung gebracht. Unter Einsatz der DNS-Rekombinationstechnik produzierte *Monsanto* seit 1994 solche Hormone in großen Mengen. Rindern werden heute routinemäßig Wachstumshormone verabreicht, damit sie schneller Gewicht zulegen. Dadurch können die Tiere eher geschlachtet und zugleich die Kosten für Futtermittel reduziert werden. Eine Überwachung der Verwendung dieser Hormone ist nicht möglich, weil man nicht unterscheiden kann zwischen den verabreichten und den vom Körper eines Tieres produzierten Hormonen.

Seit der Verwendung künstlicher Wachstumshormone haben mehrere Studien gezeigt, dass Schamhaare bei Jungen und Brüste bei Mädchen in einem früheren Alter wachsen als in der Vergangenheit. Die Zeitschrift der *American Academy of Pediatrics* verweist auf in den Vereinigten Staaten entstandene wissenschaftliche Arbeiten, die für die letzten Jahrzehnte ein früheres Einsetzen der Pubertät diagnostizieren. Wahrscheinlich besteht ein Zusammenhang zu in der Umwelt verbreiteten chemischen Partikeln, welche endokrin wirksam sind und im Körper Östrogene triggern. Der Beginn der Pubertät wird durch hormonelle Signale aus dem Gehirn ausgelöst.

Einige Experten glauben, dieses vorzeitige Einsetzen der Pubertät sei eher eine optische Täuschung, hervorgerufen durch Kosmetik und die Neigung von Jugendlichen, Stars zu imitieren. Damit lässt sich freilich nicht erklären, warum laut einer 2009 veröffentlichten Studie das Phänomen der vorzeitigen Pubertät zwar in Amerika, nicht aber in Europa registriert wurde. Auf diese Veröffentlichung verweist auch die *New York Times,* die schrieb: »Diese Diskrepanz hat zu Spekulationen geführt, dass die in den Vereinigten Staaten beobachteten Veränderungen vielleicht auch auf Unterschiede der Datenerhebungsmethoden bei groß angelegten Studien zurückzuführen sein könnten – und auf die sich ändernde ethnische Bevölkerungsstruktur in unserem Land.« Solche Erklärungen ignorieren das Problem der Wachstumshormone. Ist deren Einsatz bei der Rinder- und Kuhzucht diesen Forschern entgangen? Wenn solche Hormone bei Tieren ein schnelleres Wachstum befördern, wird es bei Menschen mit Sicherheit nicht anders sein.

In einem jüngst erschienenen Bericht über eine 15 Jahre dauernde Langzeitstudie über dänische Mädchen stand, das Durchschnittsalter des Brustwachstums sei im Vergleich zu den frühen Neunzigerjahren um ein volles Jahr gesunken. Das könnte bedeuten, dass mit dem weitverbreiteten Einsatz von Wachstumshormonen ein beschleunigter Reifungsprozess bei Jugendlichen einhergeht.

Und das ist unter Umständen nicht nur eine weitere Verschwörungstheorie. »Studien haben bewiesen«, schrieb die *New York Times,* »dass bestimmte Chemikalien – etwa Biphenol-A, das bei der Herstellung transparenter Plastikbehälter verwendet wird – endokrin wirksame Substanzen sind und Östrogeneffekte herbeiführen könnten.«

Einige groß angelegte epidemiologische Untersuchungen sind mit der Fragestellung begonnen worden, ob das Phänomen der vorzeitig einsetzenden Pubertät etwas mit Lebensmitteln zu tun haben könnte, bei deren Produktion Wachstumshormone zum Einsatz kamen. Einige Studien wurden von Lebensmittelherstellern selbst in Auftrag gegeben, etwa eine über das rekombinant produzierte Rinderwachstumshormon. Demnach gibt es keine eindeutige Verbindung zwischen Östrogeneffekte hervorrufenden Chemikalien und dem Phänomen der vorzeitigen Pubertät. Man fühlt sich an Zeiten erinnert, als Zigarettenhersteller Studien über die Gefahren des Rauchens bekämpften.

Befürchtungen hinsichtlich der gesundheitlichen Unbedenklichkeit von Nahrungsmitteln reichen bis ins Jahr 1902 zurück, als Chemiker herausfanden, dass

Konservierungsmittel schädliche Chemikalien enthielten – eine Entdeckung, die öffentliche Besorgnis auslöste. Im Jahr 1906 wurden der Pure Food and Drug Act sowie der Federal Meat Inspection Act verabschiedet, um der Öffentlichkeit beruhigend zu versichern, der Staat versuche sie vor unreinen Lebensmitteln und Medikamenten zu schützen. Doch dann veröffentlichten Arthur Kaller und F. J. Schlink im Jahr 1933 ihr erfolgreiches Buch *100.000.000 Guinea Pigs: Dangers in Everyday Foods, Drugs and Cosmetics*. Darin griffen die Autoren den Food and Drug Act des Jahres 1906 an und behaupteten, der Staat sei aufgrund von Inkompetenz und ineffektiven Gesetzen nicht in der Lage, die Bevölkerung vor gesundheitlich bedenklichen Lebensmitteln und Medikamenten zu schützen. Die hinter ihrem Buch stehende Absicht definierten die Autoren so: »Wir haben es im Interesse der Verbraucher geschrieben, die noch nicht begriffen haben, dass sie als Versuchskaninchen benutzt werden […].«

Mit dem Hinweis auf die engen Verbindungen zwischen der Regierung und den riesigen Konzernen, die das Land sowohl mit Lebensmitteln als auch mit Medikamenten versorgen, stellten die Autoren eine Prognose: »Wenn die giftige Substanz langsam und heimtückisch wirkt, etwa über etliche Jahre, dann müssen wir armen Verbraucher unser ganzes Leben lang als Versuchskaninchen dienen. Letztlich kostet uns dieses Experiment ein Jahr oder auch zehn Jahre unserer Lebenszeit. Es können keine Schlussfolgerungen gezogen werden, und es stehen schon hundert Millionen weitere Versuchskaninchen für neue Tests bereit.«

Der Aufstieg der FDA

Kellers und Schlinks Buch hatte große Wirkung, und auch von staatlicher Seite gab es an die Öffentlichkeit adressierte Indiskretionen. Bestimmte Massenmedien, die auf der Seite der Konzerne standen, wurden umgangen, und bald erhoben sich Forderungen nach einer wirkungsvollen Kontrolle von Lebensmitteln und Medikamenten. Das Resultat war im Jahr 1938 die Verabschiedung des Food, Drug and Cosmetic Act (FDCA), der heute als Fundament des diesbezüglichen staatlichen Vorschriftenkatalogs gilt. Durchgesetzt werden sollte er von der 1927 aus der Verschmelzung mehrerer staatlicher Stellen hervorgegangenen Food and Drug Administration (FDA). Im FDCA gab es eine Erweiterung der Kriterien für Nahrungsmittelsicherheit, und es wurden auch schädliche Bakterien und Chemikalien einbezogen. Die FDA war autorisiert, Produktions- und Weiterverarbeitungseinrichtungen zu inspizieren und auch Tierfutter sowie veterinärmedizinische Medikamente und Geräte zu kontrollieren. Außerdem verlangte das Gesetz, bei bestimmten Lebensmitteln auf den Verpackungsetiketten die Inhaltsstoffe aufzuführen, und es verbot den Verkauf von unter unhygienischen Bedingungen hergestellter Nahrung. Erstmals wurden verbindliche Standards festgeschrieben, was die Höchstmenge problematischer Reststoffe betraf, etwa von Rattenkot. Einigen erschienen die Gesetze zur Lebensmittelsicherheit als nicht ausreichend. In einer Petition von Bürgern, im Jahr 2001 vom *Physicians Committee for Responsible Medicine* beim Landwirtschaftsministerium eingereicht, hieß es: »In diesem Land ist die Zahl der Fälle, wo der Verzehr von durch Kotrückstände verunreinigtem Fleisch Krankheiten auslöst, noch immer erschreckend hoch – ein eindeutiger Beweis dafür, dass die gegenwärtigen Kontrollmethoden und Vorschriften nicht ausreichen.« In der Petition stand, die Kontrollen richteten sich nur auf Kotrückstände, die mit bloßem Auge zu erkennen seien, und sie schützten die Verbraucher nicht vor unsichtbaren Gefahrenquellen.

Weitere Versprechen im Hinblick auf den Schutz der Öffentlichkeit enthielt der im August 1996 verabschiedete Food Quality Protection Act (FQPA), durch den die *Environmental Protection Agency* (EPA) ermächtigt wurde, Vorschriften für die Menge der zulässigen Pestizide in Lebensmitteln zu erlassen. Allerdings wurde im FQPA die dem Gesetz von 1938 im Jahr 1968 hinzugefügte Delaney-Klausel gestrichen, die selbst geringe Rückstände von krebserregenden Substanzen in Nahrungsmitteln verbot. Diese Klausel, benannt nach James Delaney, einem demokratischen Kongressabgeordneten aus New York, sprach hinsichtlich der Pestizidrückstände von einem »gänzlich auszuschließenden Krebsrisiko«, eine Formulierung, die im FQPA aufgeweicht wurde. Dort ist nur noch von einer »ausreichenden Gewissheit« die Rede, »dass keine Krankheitsgefahr besteht«, auch in Bezug auf Trinkwasser. Einige glaubten, hier hätten Großunternehmen ihre Hand im Spiel gehabt, denen wenig am Schutz der Öffentlichkeit liegt.

Eine Methode, die Interessen von Konzernen zu wahren, ist darin zu sehen, staatliche Posten mit Leuten zu besetzen, die zur Regierung und zur Wirtschaft Beziehungen haben. Ein hervorragendes Beispiel für die Drehtür zwischen staatlichen Kontrollinstanzen und der Lebensmittelindustrie ist Michael Taylor, der Anfang 2010 bei der FDA Barack Obamas Berater für Fragen zur Lebensmittelsicherheit wurde.

Nach dem Abschluss seines Jurastudiums begann Taylor 1976 seine berufliche Laufbahn als Anwalt im Dienst der FDA. Danach trat er in die Kanzlei *King & Spaulding* ein, die *Monsanto* vertrat, als der Konzern an seinem gentechnisch produzierten Rinderwachstumshormon arbeitete. Im Jahr 1991 kehrte Taylor zur FDA zurück, wo er einerseits strengere Richtlinien hinsichtlich der Verunreinigung von Lebensmitteln erließ, andererseits aber auch die Entscheidung der FDA unterstützte, *Monsantos* Rinderwachstumshormon zuzulassen. Zugleich war er teilweise verantwortlich für die umstrittene Entscheidung, wonach bei Milch von Kühen, denen das Wachstumshormon verabreicht wurde, auf der Verpackung nicht darauf hingewiesen werden muss. 1994 wechselte Taylor ins Landwirtschaftsministerium, wo er in leitender Position für ein Programm zur Lebensmittelsicherheit zuständig war, bevor er erneut bei *Monsanto* einstieg, diesmal als zweiter Mann in der Abteilung für Öffentlichkeitsarbeit. Nach einer Zwischenstation an der *George Washington University* wurde Taylor im Juli 2009 Berater des FDA-Agrarkommissars.

Gentechnisch veränderte Lebensmittel

Ein weiterer Grund für öffentliche Besorgnis war die früher unübliche Verwendung gentechnisch veränderter Organismen in Lebensmitteln. Bei solchen Organismen verändern Wissenschaftler durch Gentransfer in ihren Labors deren genetische Struktur, um Nutzpflanzen gegen Unkraut, Insekten oder Krankheiten resistent zu machen. Weitere Ziele sind die Vermehrung von Nährstoffen oder die verlängerte Haltbarkeit eines Produkts.

Seit 2006 wurden mehr als 1200 Schadenersatzklagen gegen die *Bayer CropSccience AG* eingereicht, deren gentechnisch verändertes Saatgut für Reis beträchtliche Schäden verursacht hatte. Obwohl der Reis für den menschlichen Verzehr nicht zugelassen war, hatte Bayer gemeinsam mit der *Louisiana State University* den Reis auf seine Resistenz gegenüber dem ebenfalls von dem Unternehmen hergestellten Herbizids Liberty getestet.

Farmer aus fünf Bundesstaaten behaupteten, das genetisch veränderte Saatgut habe sich weiterverbreitet und den herkömmlichen Anbau in mehr als 30 Prozent der amerikanischen Reisanbaugebiete durch Produktverunreinigung geschädigt. Als das amerikanische Landwirtschaftsministerium bekannt gab, Spuren des gentechnisch veränderten Reises seien in amerikanischem Langkornreis nachgewiesen worden, brach das Termingeschäft mit Reis um 14 Prozent ein, was zur Folge hatte, dass die Preise sanken. Farmer behaupteten, das habe sie 150 Millionen Dollar gekostet.

»Bayer hat sich nicht gewissenhaft um dieses genetisch veränderte Saatgut gekümmert«, argumentierten Anwälte der konventionellen Reisanbauer. »Wir reden hier von lebenden, wachsenden Organismen. Und deshalb muss man so vorsichtig sein.«

Doch die größte Kritik in der Debatte über gentechnisch veränderte Organismen richtet sich an den multinationalen Agrar-/Biotechnologiekonzern *Monsanto*, der seinen Hauptsitz in Creve Coeur in Missouri hat. *Monsanto* ist nicht nur der weltweit führende Produzent von genetisch verändertem Saatgut, sondern auch von Pestiziden. Im Jahr 2005 besetzte *Monsanto* weitere Felder der

Lebensmittelherstellung. Das Unternehmen beantragte bei der in Genf ansässigen *World Intellectual Property Organization* (WIPO) zwei Patente für exklusive Eigentumsrechte an genetisch veränderten Schweinen.

»Falls diese Patente erteilt werden, kann *Monsanto* juristisch gesehen Farmer daran hindern, Schweine zu züchten, deren Eigenschaften in den Patentanträgen definiert sind, oder sie zur Zahlung von Lizenzgebühren zwingen«, warnte Christoph Then von *Greenpeace*. »Das ist ein erster Schritt von Monsanto, bei Tieren die gleiche dominante Marktposition einzunehmen, die es bei Saatgut und Pflanzen durch seine aggressive Strategie schon hat.«

Einige Beobachter glauben, *Monsanto* versuche, den Farmern zu diktieren, was sie anzupflanzen, und den Verbrauchern, was sie zu essen hätten. Der Agrarriese produziert patentiertes »Terminator«-Saatgut, das nicht für die Wiederaussaat verwendet werden kann, sodass Farmer jedes Jahr aufs Neue *Monsanto*-Saatgut kaufen müssen. Firmenanwälte des Konzerns haben in jüngster Zeit mehrfach Bauern verklagt, die ohne ihr Wissen – durch die Verteilung der Samen durch den Wind – auf ihren Feldern durch *Monsantos* Patente geschützte Pflanzen herangezogen hatten. Durch solche Prozesse wurde *Monsanto* zur Hauptzielscheibe von Globalisierungsgegnern und Umweltaktivisten.

Das Interesse an der Debatte über gentechnisch veränderte Lebensmittel nahm zu, als im März 2009 ein Bericht erschien, nach dem Bauern aus Südafrika Millionen Dollar verloren hatten, weil auf einer Fläche von 82 000 Hektar gepflanztes genetisch verändertes Getreide praktisch keine Samen produzierte. Obwohl *Monsanto* Kompensationszahlungen für die Verluste anbot, forderte Mariam Mayet, Direktorin des *Africa Centre for Biosecurity*, das sofortige Verbot aller gentechnisch veränderten Nahrungsmittel und eine staatliche Untersuchung.

Immerhin gingen in diesem Fall nur Pflanzen verloren. Im Jahr 2008 ereignete sich in Indien eine von den Medien wenig beachtete Selbstmordwelle, als Tausende verzweifelte Bauern sich das Leben nahmen, weil sie keine Möglichkeit sahen, sich jemals von ihren Schulden zu befreien. *Monsanto* behauptete, seine gegen Rüsselkäfer resistenten Baumwollpflanzen produzierten bessere Erträge, aber das Unternehmen erwähnte nicht, dass dafür sehr viel mehr Wasser benötigt wurde, in Indien ein rares Gut. Im Jahr 2003 hatten sich bereits mehr als 17 000 indische Bauern das Leben genommen. Seitdem ist die Zahl stetig angestiegen, was zu Spekulationen und Kontroversen geführt hat. Obwohl die Selbstmorde in erster Linie auf den Bankrott von Bauern zurückgingen, glauben viele, die finanziellen Katastrophen seien zum Teil die Folge der Werbung für *Monsantos* genetisch verändertes Saatgut.

Wenngleich die Aufklärung der Selbstmordwelle kompliziert bleibt, richtet sich das Interesse im Zusammenhang mit dem Fall *Monsanto* mehr und mehr auf die Welthandelsorganisation (WTO). Seltsamerweise ereigneten sich die ersten

Selbstmorde 1998, jenem Jahr, als die WTO Riesenkonzernen wie *Monsanto* den Zugang zum indischen Saatgutmarkt ermöglichte. Nicht zur Wiederaussaat geeignetes, gentechnisch verändertes Saatgut verdrängte die nachhaltige, in Indien seit Tausenden von Jahren praktizierte Anbaumethode. Die Bauern mussten nicht nur *Monsantos* Saatgut, sondern auch die dazugehörenden Pestizide kaufen.

Jessica Long von der in Montreal ansässigen Nonprofitorganisation *Centre for Research on Globalization* sagte dazu: »Drei Viertel des kultivierbaren indischen Bodens finden sich in trockenen Landstrichen. Beim herkömmlichen Reisanbau benötigt man 3000 Liter Wasser, um ein Kilo Reis zu produzieren, bei dem nicht zur Wiederaussaat geeigneten Saatgut hingegen 5000 Liter! Im indischen Bundesstaat Andhra Pradesh gab es weiterhin Probleme mit genetisch veränderten Baumwollpflanzen, was zu einem Verbot des Verkaufs von verschiedenen Baumwollsamen von Monsanto führte.«

Wegen der andauernden Kontroversen um die Verwendung von genetisch verändertem Saatgut zwang die indische Regierung *Monsanto* im Jahr 2008, seine Lizenzgebühren für das patentierte Saatgut zu reduzieren.

»Die wirtschaftliche Lage der indischen Bauern verschlimmert sich noch dadurch, dass sie versuchen, mit den niedrigsten Importpreisen mitzuhalten«, sagte Long. »Man schätzt, dass sie jährlich 26 Milliarden Dollar verlieren. 90 Prozent aller Agrarkredite werden von Geldverleihern vergeben, die Zinsen zwischen 36 und 50 Prozent berechnen. Damit sind die Bauern auf immer in der Armutsspirale gefangen. Natürlich kann nicht ausschließlich die Armut für die exorbitante Selbstmordrate verantwortlich gemacht werden! Armut hat es schließlich immer gegeben, doch was an den gegenwärtigen Lebensbedingungen hat zu dieser Selbstmordwelle geführt? Tatsache ist, dass die massenhaften Suizide aus diesen Bauern weltweit Märtyrer für ihre Kollegen gemacht haben.«

Sprecher von *Monsanto* bestritten, dass ihr Unternehmen etwas mit den Selbstmorden zu tun habe. Auf der Webseite des Unternehmens hieß es: »Tatsache ist, dass die tragischen Selbstmorde indischer Bauern schon lange vor der Einführung unseres Herbizids Bollgard im Jahr 2002 zu beobachten waren. Für diese Suizide gibt es unterschiedliche Gründe, doch die meisten Experten sind sich einig, dass einer der Hauptfaktoren die Verschuldung ist. Bauern, die ihre Kredite nicht zurückzahlen können und mit ständig steigenden Zinsen konfrontiert sind, sehen oft keinen anderen Ausweg als den Selbstmord.« Obwohl für die meisten Selbstmorde finanzielle Katastrophen verantwortlich waren, machten viele die genetisch veränderten Pflanzen mit größerem Wasserbedarf und *Monsantos* Herbizide für die Verluste der Bauern verantwortlich.

»Indem Monsanto weltweit monopolistisch Patentrechte für die gesamte Nahrungsmittelkette zu bekommen versucht, will das Unternehmen Bauern, Lebensmittelhersteller und Verbraucher im Hinblick auf ein menschliches Grundbedürfnis vollkommen von sich abhängig machen. Es ist dieselbe Abhängigkeit wie die der russischen Bauern in der Sowjetunion oder die der französischen Landwirte von Königen und Feudalherren im Mittelalter. Aber so eine beherrschende Stellung auf dem weltweiten Lebensmittelmarkt durch ein einziges Unternehmen wäre historisch beispiellos«, warnte Brian Thomas Fitzgerald von *Greenpeace*.

In einer im Januar 2010 im *International Journal of Biological Science* veröffentlichten Studie hieß es, Forscher hätten die Auswirkungen von gentechnisch veränderten Nahrungsmitteln auf Säugetiere analysiert und *Monsantos* Getreide mit Nieren- und Leberschäden bei Laborratten in Verbindung gebracht.

Vertreter von *Monsanto* reagierten prompt: »Die Studie beruht auf falschen Analysemethoden und Argumentationsweisen. Durch sie kann die Unbedenklichkeit dieser Produkte nicht infrage gestellt werden.«

Darauf antwortete der Verfasser der Studie, Gilles-Eric Séralini: »Unsere Analyse widerspricht Monsantos Behauptungen, weil der Konzern die signifikanten gesundheitlichen Auswirkungen auf Säugetiere grundsätzlich vernachlässigt. Diese unterscheiden sich zwischen männlichen und weiblichen Tieren, die gentechnisch veränderte Nahrungsmittel gefressen haben, und stehen nicht immer im selben Verhältnis zu der verabreichten Dosis. Dies ist ein äußerst schwerwiegendes Problem, das dramatische Auswirkungen auf die öffentliche Gesundheit haben könnte. Und dies ist die wichtigste Schlussfolgerung unserer Arbeit, der einzigen wissenschaftlichen Studie, welche Monsantos statistische Daten sorgfältig überprüft hat.«

Die Besorgnis wegen gentechnisch veränderter Organismen in Lebensmitteln lässt sich bis ins Jahr 2002 zurückverfolgen. Auch wenn die Lebensmittelaufsicht FDA, die Umweltbehörde EPA und das Landwirtschaftsministerium einstimmig verlauten ließen, ihre Forschungen hätten keine Befunde hinsichtlich einer langfristigen Gesundheitsschädigung durch gentechnisch veränderte Produkte ergeben, warnte Dr. Stanley Ewen, beratender Histopathologe der *Aberdeen Royal Infirmary* und eine von Schottlands führenden Kapazitäten für Gewebeerkrankungen, in einem Bericht an eine staatliche Gesundheitskommission, der Verzehr von gentechnisch veränderten Nahrungsmitteln könne Krebs verursachen. Ewen äußerte »ernsthafte Bedenken« gegen die Verwendung des Blumenkohlmosaikvirus als »Promoter« bei gentechnisch veränderten Lebensmitteln, weil dadurch das Risiko von Magen- und Darmkrebs zunehmen könne. Außerdem schrieb Ewen, der infektiöse Virus funktioniere wie eine kleine Maschine, welche bei implantierten Genen die Genexpression bewirke und das Wachstum von Polypen im Magen oder im Darm fördern könne. »Je schneller und stärker ein Polyp wächst, desto größer die Wahrscheinlichkeit der Bösartigkeit«, schrieb er. »Es ist denkbar, dass Kuhmilch Derivate von genetisch veränderten Organismen enthält, die auch dann von Menschen aufgenommen werden, wenn sie andere Molkereiprodukte oder Käse verzehren. Selbst ein kurz gebratenes, dickes Filetsteak könnte solche Rückstände enthalten.«

Krebs war nur eine von rund 50 gesundheitsschädlichen Auswirkungen durch gentechnisch veränderte Nahrung oder Wachstumshormone auf der Liste. Diese Liste wurde in einem wissenschaftlichen Aufsatz des Ernährungswissenschaftlers Nathan Batalion veröffentlicht, in dem auch eine Warnung des Medizinnobelpreisträgers Dr. George Wald veröffentlicht wurde, der als Biologieprofessor an der *Harvard University* lehrt:

»Bis jetzt war es unsere Maxime, ohne Einschränkungen alles zu erforschen, was sich über die Natur erfahren lässt. Den Umbau oder Neubau der Natur schloss das nicht ein. Wenn wir jetzt diesen Weg einschlagen, könnte das nicht nur unklug, sondern gefährlich sein. Es wäre denkbar, dass an seinem Ende neue Tier- und Pflanzenkrankheiten stehen, neue Ursachen von Krebs und neue Epidemien«, konstatierte Wald.

In den Vereinigten Staaten und Kanada veröffentlichte Studien haben *Monsantos* Wachstumshormon IGF-I mit einem erhöhten Darm- und Brustkrebsrisiko in Verbindung gebracht. Trotzdem hat die FDA die Bedeutung solcher wissenschaftlicher Arbeiten heruntergespielt.

Die *Food Safety Agency* der Vereinten Nationen vertritt 101 Länder und beschloss 1999 einstimmig, sich einem seit 1993 geltenden europäischen Moratorium anzuschließen, das *Monsantos* genetisch veränderte, mit Hormonen behandelte Milch vorerst verbietet. Über dieses Verbot wurde in amerikanischen Medien nicht berichtet, was ein weiterer Beweis für *Monsantos* Einfluss im Medienbereich sein dürfte.

Die mit Preisen ausgezeichneten Journalisten Steve Wilson und Jane Akre wurden gefeuert, als sie das Unterdrücken solcher Studien und das Verbot von Wachstumshormonen in Europa publik machen wollten. Auf der Goldman-En-vironmental-Prize-Webseite war zu lesen: »Die Enthüllungsjournalisten Wilson und Akre arbeiteten für einen zu Fox Television gehörenden Sender in Tampa, Florida. Sie entdeckten, dass das Hormon in Kanada, Europa und den meisten anderen Ländern verboten ist, dass aber Millionen von Amerikanern unwissentlich Milch von mit Wachstumshormonen gezüchteten Kühen trinken. Das Duo dokumentierte, wie dieses Hormon, das für Kühe gesundheitsschädigend sein kann, von der zuständigen Regierungsbehörde als veterinärmedizinisches Präparat zugelassen wurde, ohne dass zuvor die gesundheitlichen Auswirkungen auf Kinder und Erwachsene getestet worden wären, die diese Milch trinken. Außerdem zitierten sie Studien, die die Hormonmilch mit Krebs in Verbindung brachten. Direkt vor der Ausstrahlung nahm der Sender die aufwändig beworbenen Berichte aus dem Programm, nachdem Monsanto, der Hersteller des Hormons, Fox News mit ›ernsthaften Konsequenzen‹ gedroht hatte, falls die Beiträge ausgestrahlt werden sollten. Unter dem Druck der Anwälte von Fox News schrieben Wilson und Akre, die übrigens ein Ehepaar sind, ihre Story achtmal um. Nachdem man ihnen eine sechsstellige Summe geboten hatte, damit sie ihre ethischen Bedenken unterdrücken und schweigen, wurden sie schließlich im Dezember 1997 gefeuert.«

Dass Lebensmittel und Wasser gesundheitlich bedenkliche und sogar giftige Chemikalien enthalten, könnte man der Nachlässigkeit und Gier der Nahrungsmittelproduzenten zuschreiben, doch sollte man auch nicht die öffentlichen Bekundungen führender Globalisierer vergessen, die ihren Wunsch artikulierten, die menschliche Bevölkerung zu dezimieren. Auf dieses düstere Thema werden wir noch zurückkommen.

Der Codex Alimentarius

Man sollte meinen, eine gesunde Ernährung mit reichlich Vitaminen müsste dazu beitragen, Krankheiten oder Fehlernährung zu vermeiden, doch selbst hier könnte die Neue Weltordnung ihre Finger im Spiel haben.

Die Weltgesundheitsorganisation (WHO) wurde 1948 gegründet mit der Ziel, internationale Standards beim Thema Gesundheit zu setzen und Regierungen dabei zu helfen, nationale Gesundheitsprogramme durchzusetzen. Die WHO und die Ernährungs- und Landwirtschaftsorganisation der Vereinten Nationen (FAO) arbeiten in Komitees und Kommissionen sowie bei Konferenzen zusammen. Eines ihrer bedeutendsten gemeinsamen Projekte ist die *Codex Alimentarius Commission*, die Standards für Nahrungsmittelrohstoffe, Hygiene und Technologie setzt. Darüber hinaus beschäftigt sie sich mit der Analyse von Pestiziden und setzt Begrenzungen für Pestizidrückstände und chemische Zusätze in Lebensmitteln. Außerdem werden Richtlinien für die Lebensmittelreinheit erlassen und veterinärmedizinische Präparate bewertet. Etwa 170 Länder akzeptieren diese Standards und Richtlinien.

In den letzten Jahren hat sich eine Kontroverse erhoben, ob die für Lebensmittel geltenden Standards auch auf Nahrungsergänzungsmittel angewendet werden sollten. Eine Befürchtung von Ernährungswissenschaftlern verbindet sich damit, dass die Codex-Alimentarius-Liste von der Welthandelsorganisation anerkannt wird und dass diese die Standards des Codex Alimentarius bei Streitigkeiten über die Klassifikation von Vitaminen als Lebensmitteln nutzen wird.

Solche Befürchtungen sind nicht unbegründet, denn im Jahr 1996 schlug die deutsche Delegation innerhalb der *Codex Alimentarius Commission* ein Verbot von Kräutern, Vitaminen und Mineralien vor, die aus präventiven und therapeutischen Gründen verkauft werden. Sie vertrat die Ansicht, Nahrungsergänzungsmittel sollten als Medikamente klassifiziert werden, wobei die üblichen Vorschriften und die Rezeptpflicht gelten sollten. Obwohl die Kommission zustimmte, erhob sich danach ein öffentlicher Sturm der Entrüstung, sodass die Annahme der neuen Klassifikationen verschoben wurde. Als die Proteste Mitte des Jahres 2005 nachließen, billigte die Kommission still und heimlich die Richtlinien für Nahrungsergänzungsmittel mit Vitaminen und Mineralien, wodurch es den Mitgliedsstaaten möglich wurde, die Ergänzungsmittel als Medikamente zu deklarieren. Auch wenn die neuen Klassifikationen Nahrungsergänzungsmittel nicht summarisch verbieten, gibt es Vorschriften für die Verpackung und Etikettierung. Außerdem gibt es Kriterien für die empfohlene Dosierung, und bei der Zusammensetzung der Inhaltsstoffe werden die gesundheitliche Unbedenklichkeit und Wirksamkeit in Betracht gezogen.

John Hammell, Gründer der Organisation *International Advocates for Health Freedom*, vertritt die Ansicht, dass der Durchschnittsverbraucher auf die wohltätige Wirkung einfacher Heilmittel – Kräuter, Vitamine, Mineralien, homöopathische Mittel, Aminosäuren – verzichten muss, falls Nahrungsergänzungsmittel genauso schwer zugänglich sein sollten wie verschreibungspflichtige Medikamente. »Hinter dem Codex Alimentarius steht der Plan, alle Heilmittel in die verschreibungspflichtige Kategorie zu verschieben, damit die Pharmakonzerne und ihre Bosse die alleinige Kontrolle darüber haben«, sagte Hammell. Obwohl unsere Regierung dies bestreitet, könnte es so kommen, denn die Richtlinien des Codex Alimentarius sind schon heute Gesetz in Norwegen und Deutschland, wo die gesamte Gesundheitskostindustrie praktisch von den Pharmakonzernen übernommen worden ist. Hammell sagte, in diesen Ländern gebe es für die Dosierung von Vitamin C, B oder E Höchstgrenzen. »Ähnliches gilt für Ginkgo und viele andere Kräuter, und nur eine einzige staatlich kontrollierte Apotheke hat das Recht, Nahrungsergänzungsmittel als Medikamente zu importieren, die sie dann an Reformhäuser, Biosupermärkte oder andere Apotheken weiterverkaufen kann.«

Kritiker sehen die *Codex Alimentarius Commission* »als eine dubiose Geheimorganisation, als eine nur dürftig bemäntelte Propagandaorganisation der internationalen Pharmakonzerne, die im Sinne der Profitsicherung alles tun, um die Ziele der Industrie durchzusetzen und die Wahlfreiheit der Verbraucher einzuschränken.«

Hinter der *Codex Alimentarius Commission* stehen die Vereinten Nationen und die Weltgesundheitsorganisation. Kritiker sehen beide Organisationen im Dienst der internationalen Pharmakonzerne und Banken, deren Eigentümer das Ziel teilen, die menschliche Bevölkerung zu dezimieren, etwa durch die Erschwerung der Erhältlichkeit von Mineralien, die für die menschliche Ernährung unverzichtbar sind. Dies könnte die Zunahme von Krebs und Diabetes zur Folge haben, die in den Vereinigten Staaten bei Erwachsenen die dritthäufigste Todesursache sind.

Dr. Joel D. Wallach, Naturarzt und Buchautor, zitiert zustimmend eine an der *University of Vancouver Medical School* erstellte Studie, die darauf hindeutet, dass Vanadium, ein in bestimmten Mineralien vorkommendes silbrigweißes metallisches Element, bei Erwachsenen mit beginnender Diabetes, die 85 Prozent aller Zuckerkranken ausmachten, Insulin ersetzen könnte.

In einer im Jahr 2005 gehaltenen Rede sagte Wallach: »Ich habe gesehen, dass es bei Hunderten und Aberhunderten von Menschen wirkt. Für mich ist das alles kriminell. Wenn man an die Hills Packing Company schreibt, die das Hundefutter Science Diet herstellt – Hightechnahrung für Tiere –, und sie fragt, wie viele Mineralien Science Diet enthält, bekommt man als Antwort, es enthalte vierzig Mineralien. Schreibt man an Checkerboard Square aus St. Louis, wie viele Mineralien in dem Futter für Laborratten sind, bekommt man die Antwort, es enthalte achtundzwanzig Mineralien. Ich gebe jedem einen druckfrischen Hundertdollarschein, der mir in einem Lebensmittelgeschäft Babynahrung zeigt, die mehr als elf Mineralien enthält [...]. Vierzig Mineralien für die Hunde, achtundzwanzig für die Ratten und elf für Kinder. Ist das fair? Nein! Und es spielt nicht die geringste Rolle, ob wir über SMA, Similac, Isomilk oder ProSoyB reden. Es fehlt überall gleich viel.«

Als in den Vereinigten Staaten die Bemühungen, den Verkauf von Vitaminen und Nahrungsergänzungsmitteln einzuschränken, durch öffentliche Proteste unterbunden wurden, fanden die Befürworter der Restriktionen einen weiteren Verbündeten in der *Federal Trade Commission* (FTC), die den Codex Alimentarius nun zu einer Handelsfrage gemacht hat. Bei Tagungen der Uruguay-Runde des Allgemeinen Zoll- und Handelsabkommens (GATT) stimmten die Vereinigten Staaten zu, ihre Gesetze den internationalen Standards zu unterwerfen, wozu auch die Standards der *Codex Alimentarius Commission* für Nahrungsergänzungsmittel gehörten. Das bedeutet, dass der Codex Alimentarius nun von der Welthandelsorganisation durchgesetzt wird, deren internationale Standards an die Stelle einheimischer Gesetze treten könnten, ohne dass die Amerikaner in dieser Sache zugestimmt oder abgestimmt haben.

Laut Hammell kann die Welthandelsorganisation durch die Entziehung von Handelsprivilegien oder Aufoktroyierung von katastrophalen Handelssanktionen Druck ausüben, wenn ein Land sich weigert, den Richtlinien des Codex Alimentarius zu folgen.

Die Welthandelsorganisation wurde gegründet mit dem Ziel, weltweit eine größere wirtschaftliche Integration zu fördern. Viele sind allerdings der Meinung, sie habe heute den Handel politisiert, indem sie einige sehr üble Maßnahmen offiziell sanktionierte und damit einen weiteren Verlust amerikanischer Souveränität beförderte. Llewellyn H. Rockwell Jr., Präsident und Begründer des *Ludwig von Mise Institute*, schrieb hierzu:»Die WTO hat die Macht, dem amerikanischen Kongress zu befehlen, nationale Gesetze zu ändern, die der WTO als ›Schranke für den freien Handel‹ erscheinen. Gehorcht der Kongress der WTO nicht, sehen sich amerikanische Unternehmen und Verbraucher mit Handelssanktionen konfrontiert. Infolge von Anweisungen der WTO hat der Kongress bereits amerikanische Steuergesetze geändert. Es ist denkbar, dass die WTO die Vereinigten Staaten zwingen wird, die einschränkenden Vorschriften des Codex Alimentarius für Lebensmittel und Nahrungsergänzungsmittel zu übernehmen.«

Trotz einer jahrhundertelangen Erfahrung mit Heilkräutern und Vitaminen versucht der heutige Gesundheitsbetrieb – insbesondere die Pharmaindustrie, deren Riesenkonzerne zum Teil bis zur I. G. Farben im nationalsozialistischen Deutschland zurückverfolgt werden können –, alle traditionellen Heilmittel durch ihre Produkte zu ersetzen. Und durchgesetzt wird diese Unterdrückung natürlicher Heilmittel durch die *Federal Drug Administration* und die *Federal Trade Commission.*

Vorschriften für Nahrungsergänzungsmittel, wie sie der Codex Alimentarius erlässt, bedürfen zur Überprüfung kostspieliger klinischer Studien sowie wissenschaftlicher Forschung und zahlreicher Tests und Analysen, die sich eigentlich nur die allergrößten Unternehmen leisten können. Mit anderen Worten: Öffentlich bekundete persönliche Erfahrungen über die positiven Wirkungen natürlicher Heilmittel können nichts ausrichten gegen ein paar Berichte von gut bezahlten Wissenschaftlern im Dienst der Pharmaindustrie. »Um die Geschäftsinteressen von Impfstoffherstellern zu schützen, haben die FDA und die FTC allen Produkten den Krieg erklärt, die den Verbrauchern Alternativen zu Impfstoffen liefern könnten«, sagte Mike Adams, Herausgeber von *NaturalNews* und selbst ernannter »Gesundheitskrieger«, dessen Artikel und Bücher weltweit ein Publikum von einer Million Leser gefunden haben.

»Die offizielle Position der FDA lautet, dass es keine Kräuter, Pflanzen, Nährstoffe oder Nahrungsergänzungsmittel mit positiven Effekten gibt«, schrieb Adams. »Folglich kann nichts davon *jemals* von der FDA zugelassen werden, beispielsweise als Schutz gegen Grippe. Wie Sie mittlerweile erkannt haben dürften, war das ganze Spiel von Anfang an getürkt. Kräuter mit antiviralen Eigenschaften werden nie als antivirale Medikamente zugelassen werden. Und offen gesagt wäre es absolut sinnlos, wenn Eigentümer von Firmen für natürliche Produkte versuchen würden, das Spiel der FDA zu spielen. Gegen Tyrannei hilft keine Beschwichtigungspolitik. Der Versuch, den Anforderungen der FDA oder FTC zu ›entsprechen‹, kommt etwa dem Versuch jüdischer Häftlinge gleich, den Wünschen Hitlers zu entsprechen. Man hatte von Anfang an verloren!«

Fluoridiertes Wasser

Ist unser Trinkwasser gesundheitlich unbedenklich?

Über die Frage, ob städtischem Trinkwasser Natriumfluorid zugefügt werden sollte, sind schon seit den frühen Fünfzigerjahren heftige Kontroversen entbrannt. Zu dieser Zeit wurde es unter der Schirmherrschaft des *Project Paperclip* alten Nazis ermöglicht, sich in den Vereinigten Staaten niederzulassen.

Im *Reader's Digest Oxford Complete Wordfinder* wird Fluorid knapp als »jede binäre Zusammensetzung von Fluor« definiert. Fluor dagegen wird definiert als »giftiges, blassgelbes, gasförmiges Element aus der Gruppe der Halogene«.

Charles Eliot Perkins, ein bekannter amerikanischer Chemiker, wurde nach dem Ende des Zweiten Weltkriegs von der Regierung der Vereinigten Staaten nach Deutschland entsandt, um beim Wiederaufbau der Chemiefabriken der *I. G. Farben* mitzuhelfen. Im Jahr 1954 schrieb er einen Brief an die *Lee Foundation for National Research,* in dem er die Ansicht vertrat, das nationalsozialistische Regime habe Natriumfluorid als Instrument zur »Kontrolle der Massen« eingesetzt. »Ich möchte mich hier absolut klar und eindeutig ausdrücken«, schrieb er. »Der wahre Grund der Fluoridierung ist nicht die Kariesprophylaxe bei Kindern […]. Hinter der Fluoridierung des Trinkwasser steht die Absicht, die Widerstandskraft der Massen zu schwächen, damit sie sich mit Beherrschung, Kontrolle und dem Verlust von Freiheit abfinden. Die wiederholte Verabreichung minimaler Dosen von Fluor wird im Laufe der Zeit die Widerstandskraft des Individuums gegenüber den Mächtigen schwächen, indem es diesen Bereich des Gehirngewebes langsam narkotisiert und vergiftet. Dadurch wird der Einzelne unterwürfig gegenüber dem Willen derjenigen, die ihn beherrschen wollen […]. Ich sage dies mit der Aufrichtigkeit und dem vollen Ernst eines Wissenschaftlers, der seit fast zwanzig Jahren die chemischen, biochemischen, physiologischen und pathologischen Aspekte des Einsatzes von Fluor erforscht. Jeder, der für ein Jahr oder länger fluoridiertes Wasser trinkt, wird weder geistig noch körperlich jemals wieder derselbe Mensch sein wie zuvor.«

Vielen Menschen ist nicht bekannt, dass Fluorid ein Hauptbestandteil von Prozac und vieler anderer Psychopharmaka ist. Prozac, dessen wissenschaftlicher Name Fluoxetin lautet, besteht zu 94 Prozent aus Fluorid.

Obwohl Fluorid angeblich Karies verhindert, ist das nur bei Kindern unter zwölf Jahren nachgewiesen. Heute enthalten in den Vereinigten Staaten zwei Drittel des städtischen Leitungswassers und auch die meisten Mineralwassersorten Natriumfluorid. Fluorid ist ein giftiges Abfallprodukt der Aluminiumherstellung, das sich im menschlichen Körper ansammelt. Der Gebrauch von Töpfen und Pfannen aus Aluminium ist auf sehr plausible Weise mit Alzheimer in Verbindung gebracht worden, einer fortschreitenden, degenerativen Erkrankung des

Gehirns, die nach und nach das Gedächtnis zerstört – und somit die Fähigkeit eines Menschen, zu lernen, logisch zu denken und Urteile zu fällen. Eine Umfrage des *Christian Science Monitor* aus dem Jahr 1954 ergab, dass 79 von 81 Nobelpreisträgern für Chemie, Medizin und Physiologie gegen die Fluoridierung von Trinkwasser waren. Trotzdem war in den Vereinigten Staaten seit den Fünfzigerjahren jeder Leiter der Bundesgesundheitsbehörde dafür, diesen Bestandteil von Rattengift in das amerikanische Trinkwasser zu mischen.

Die Experten sind uneins, wo in der Debatte über den Einsatz von Fluorid die Wahrheit liegt. Dr. Ted Spencer, ein Kieferchirurg und Ernährungswissenschaftler aus Virginia, schrieb zu der Kontroverse: »Vor ein paar Jahren bat mich der Chef unserer örtlichen Gesundheitsbehörde, anhand von Artikeln in Fachzeitschriften einen Forschungsbericht über die Giftigkeit von Fluorid zu erstellen, wobei es in erster Linie um seine krebserregenden Eigenschaften gehen sollte. Als wir die Artikel sichteten, stießen wir auf Differenzen hinsichtlich der Frage, ob Fluorid das Erbgut verändere […]. Eine Hälfte der Artikel beantwortete sie positiv, die andere negativ […]. Aber beides kann nicht richtig sein. Wir haben uns gefragt, was stimmte.«

Spencer fiel auf, dass Fluorid in etlichen europäischen Ländern verboten ist, etwa in Schweden, Norwegen, Dänemark, Deutschland, Italien, Belgien, Österreich, Frankreich und den Niederlanden. Besonders interessant erscheint, dass Westdeutschland den Einsatz von Fluoriden 1971 verboten hat, zu einer Zeit, als noch jede Menge Soldaten der Siegermächte im Land stationiert waren. »Offenbar konnten sie jenen deutschen Wissenschaftlern nicht mehr den Mund verbieten, die bewiesen hatten, dass die Fluoridierung eine tödliche Bedrohung für die Bevölkerung ist«, schrieb Eustace Mullins, Veteran des Zweiten Weltkriegs und ehemaliger Mitarbeiter der *Library of Congress,* der etliche Bücher über »Verschwörungsthemen« geschrieben hat, die die Bereiche Medizin, Finanzen und Politik behandelten.

Ungeachtet der europäischen Verbote fährt Amerika mit der Fluoridierung des Wassers fort und ignoriert Studien wie die von Dr. Dean Burk, einem emeritierten Chemieprofessor vom *U. S. National Cancer Institute,* der schrieb: »Fluorid verursacht mehr Todesfälle infolge von Krebs als jede andere Chemikalie, und es verursacht sie schneller.« Dr. Perry Cohn vom Gesundheitsministerium New Jersey entdeckte eine Verbindung zwischen der Fluoridierung und dem Osteosarkom, einem bösartigen Knochenkrebs, von dem hauptsächlich Kinder betroffen sind. Bei einer 2005 in sieben Counties von New Jersey durchgeführten Untersuchung fand Cohn heraus, dass Osteosarkome bei Jungen unter zehn Jahren 4,6-mal häufiger vorkamen in Gegenden, in denen das Wasser fluoridiert wurde. Die Anzahl von Krebserkrankungen war 3,5-mal höher in der Altersgruppe zwischen zehn und neunzehn Jahren und über doppelt so hoch bei den 20- bis 49-Jährigen.

Wissenschaftliche Untersuchungen zeigen, dass jede Großstadt mit fluoridier-tem Wasser eine Zunahme von Krebserkrankungen zu verzeichnen hat. »Ein ziemlich hoher Preis für gut aussehende Zähne«, kommentierte Dr. Spencer, der noch hinzufügte: »Alle allopathisch ausgebildeten Zahnärzte sind sehr vertraut mit der American Dental Association und anderen ›maßgeblichen‹ Institutionen, die den Einsatz von Fluorid befürworten. Diese Leute erwähnen nur selten seine toxischen Eigenschaften oder die wenigen Studien, die nach dem Einsatz von Fluorid mehr Kariesfälle registrieren.«

Ferner verwies Spencer auf Studien, die nahelegen, Fluorid sei die Ursache für unplanmäßige DNS-Synthese, Chromatidenaustausch und negative Auswir-kungen auf Zellen. »Diese Termini mögen einigen herzlich egal sein, doch Fakt ist, dass damit die Zunahme von Krebserkrankungen infolge der Fluoridierung zusammenhängt«, schrieb Spencer. Wenngleich jeder für sich entscheiden müs-se, wie er die Gefahren des Fluorids einschätze, verwies Spencer noch auf meh-rere andere Studien, deren mit Fachtermini überladene Titel Bilder von grotes-ken wissenschaftlichen Experimenten heraufbeschwören, die aber trotzdem wichtig seien.

Angesichts der Riesensummen, die die Pharmakonzerne an die Massenmedien bezahlen, ist stark zu bezweifeln, dass viele Amerikaner in nächster Zeit etwas über die Ergebnisse dieser Studien erfahren. Die gesamte Geschichte des Fluo-rideinsatzes in Amerika ist eine verschwörerische Täuschung der Öffentlichkeit. Im Jahr 1946 wurde Oscar Ewing, ein Anwalt von der Wall Street und ehemali-ger Berater der *Aluminum Company of America* (heute unter dem Akronym »Alcoa« bekannt) von Präsident Truman zum Chef der *Federal Security Agency* ernannt. Damit war Ewing nicht nur für den *Public Health Service*, sondern auch für die Sozialversicherung und das *Office of Education* verantwortlich.

Der republikanische Kongressabgeordnete A. L. Miller, ein in die Politik abge-wanderter ehemaliger Arzt, beschuldigte Ewing, den finanziell lukrativen Job durch den Einfluss der *Alcoa* bekommen zu haben – einem Rockefeller-Konsor-tium –, um sich für die Fluoridierung einzusetzen. »Der Hauptunterstützer der Fluoridierung des Wassers ist der Public Health Service, der zu Mr Ewings Fede-ral Security Agency gehört. Und Mr Ewing ist einer der hochbezahlten Anwälte der Aluminium Company of America.«

Andere Kritiker waren weniger zurückhaltend. Auf in New York City verteil-ten Flugblättern war zu lesen: »Rockefellers Leute ordnen die Vergiftung des amerikanischen Wassers mit Fluorid (Rattengift) an. Die Fluoridierung von Wasser ist die wichtigste Strategie des Kalten Krieges, die nun auch gegen uns angewendet wird durch die Rockefeller-Sowjet-Achse. Damit soll die Intelligenz eines Volkes auf eine Weise abgestumpft werden, die durch kein anderes Mittel zu erreichen ist. Darüber hinaus ist das in zweifacher Hinsicht Völkermord, einmal durch die chemische Kastration und die krebserregende Wirkung, die ältere Leute hinweggrafft [...]. Ewings Komitee verzichtete auf die Erforschung der toxischen Wirkungen des Fluorids. Sie hat auf Befehl des Bosses Oscar Ewing die gefälschten Daten von dessen Public Health Service übernommen, und der Boss war von den Produzenten des Abfallprodukts Fluorid von der Aluminum Company of America mit einer Dreiviertelmillion ›belohnt‹ worden.« Seltsam, dass auch berichtet wurde, Ewing habe einflussreichen Politikern empfohlen, kein fluoridiertes Wasser zu trinken.

Ein Trauerspiel

Wenn die Albträume der Befürworter der Naturmedizin wahr werden, wird einem Kranken bald nichts anderes mehr übrig bleiben, als professionellen medizinischen Beistand zu suchen, den es dann aber möglicherweise nicht mehr gibt. Zumindest legen jüngst erschienene Berichte diese Befürchtung nahe.

Das Gesundheitssystem dieses Landes liegt in Trümmern. Die Kosten betragen über 16 Prozent des Bruttoinlandsprodukts, und das amerikanische Gesundheitssystem ist manchmal doppelt so teuer wie das anderer Länder. Und doch ist die Lebenserwartung der Amerikaner niedriger als die der Bürger anderer Nationen. Jeder Bürger dieser anderen Länder ist durch eine Krankenversicherung geschützt, während 15 Prozent der amerikanischen Bevölkerung – ungefähr 47 Millionen Menschen – nicht versichert sind. Bei 50 Prozent aller Insolvenzen spielen Arztrechnungen eine Rolle, und viele Menschen verzichten auf einen Wechsel des Arbeitsplatzes, weil sie Angst haben, ihre Krankenversicherung zu verlieren, besonders dann, wenn diese noch unter günstigeren alten Bedingungen abgeschlossen wurde.

Für den erbärmlichen Zustand des amerikanischen Gesundheitssystems sind viele Faktoren verantwortlich. Dazu gehört zum Beispiel die Angst der Ärzte vor Kunstfehlern, was zu übertriebener Zurückhaltung führt. Ein weiterer Faktor ist die Unwilligkeit vieler Versicherungen, für Präventivmedizin und psychische Erkrankungen zu zahlen, was später zu deutlich höheren Kosten führen könnte. Noch beunruhigender ist die reine Profitorientierung der Pharmakonzerne, denn unser System belohnt Ärzte, die möglichst viele Medikamente verschreiben. Shannon Brownlee erklärt in ihrem Buch *Overtreated: Why Too Much Medicine Is Making Us Sicker and Poorer,* ein wichtiger Aspekt der Debatte sei ein Mangel an klinischer Forschung, der den Ärzten bei der Entscheidungsfindung helfe. Laut Brownlee sind bis zu 80 Prozent aller Diagnosen nicht eindeutig, was zu unnötigen Behandlungen und Kosten führt.

Doch man sollte nicht den Ärzten die Schuld am Versagen des amerikanischen Gesundheitssystems geben.

Im Jahr 2009 berichtete das *Wall Street Journal,* eine wachsende Zahl von Ärzten, darunter viele Fachärzte, würden entweder ganz aus dem staatlichen Gesundheitsprogramm Medicare aussteigen oder sich zunehmend weigern, über Medicare abgesicherte Patienten zu behandeln. Dafür seien die niedrige Kostenerstattung und die Belastung durch den Papierkram verantwortlich, was den Aufwand nicht lohne.

Dr. Michael E. Truman, ein Allgemeinmediziner aus Texas, der seit fast vierzig Jahren praktiziert, sieht den Sachverhalt so: »Während der letzten Jahre ist mir aufgefallen, dass die Kostenerstattung für die von mir geleisteten Dienste zusammengestrichen wird oder gleich bleibt, während meine eigenen Betriebskosten stark gestiegen sind. Gegenwärtig liegt die Kostenerstattung von Medicare um 35 Prozent unter dem, was die meisten anderen Versicherungen zahlen [...] Ich habe keine Ahnung, was dieses Jahr passieren wird, aber wenn die Erstattung auf 25 Prozent gegenüber der anderer Versicherungen sinken sollte, werden die meisten Ärzte beginnen, die Anzahl ihrer Medicare-Patienten zu reduzieren, weil die Erstattung ihre Kosten nicht deckt. Und bei den neuen Vorschlägen für die Reform unseres Gesundheitssystems ist mir nichts aufgefallen, was dieses Problem beheben könnte.«

Truman sagte, die meisten großen Versicherungen weigerten sich, die Kostenerstattung zu erhöhen, weil sie angeblich mit der Inflationsrate klarkommen müssten. »Wir können darauf eigentlich nur so reagieren, dass wir die Medicare-Patienten nicht mehr behandeln, und das bedeutet letztlich, dass wir unsere Praxen schließen müssen.« Aufgrund der sinkenden Kostenerstattung werden Ärzte gezwungen sein, 40 bis 50 Patienten am Tag zu behandeln, und das heißt, dass der Patient dafür büßen muss. »Wir Ärzte werden jedem Patienten etwa fünf Minuten widmen können. Wenn so wenig Zeit bleibt, werden die Ärzte mehr Untersuchungen anordnen, um sich abzusichern, und die weitere Behandlung ihren Praxishilfen überlassen. Als ich 1972 meine Praxis eröffnete, stand niemand vor der Tür und sammelte einen Teil des Honorars schon ein, bevor der Patient das Sprechzimmer überhaupt betreten hatte. Wir müssen jetzt für die Riesengehälter der Versicherungsbonzen geradestehen [...]. Sie verdienen heute an jedem Arzt, und die Versicherungsprämien steigen jedes Jahr und sind so hoch, dass viele meiner Patienten sich keine Krankenversicherung mehr leisten können und bar bezahlen. Die meisten Versicherungsunternehmen sind heutzutage nichts als Parasiten, die das Gesundheitssystem aussaugen.«

Da mehr und mehr Ärzte aussteigen, »wird es bald keine Garantie mehr dafür geben, dass man überhaupt noch einen Arzt aufsuchen kann, und zwar unabhängig davon, was für eine Krankenversicherung man hat«, sagte Marc Siegel,

Internist und Dozent am *Langone Medical Center* der New York University. »Natürlich verspricht uns die Obama-Regierung, dass die Krankenversicherung für alle Amerikaner diese Probleme komplett aus der Welt schaffen wird. Doch wie sollte das möglich sein, wenn man bedenkt, dass die medizinischen Versorgungseinrichtungen dieselben sein werden wie jetzt, abgesehen davon, dass sie mit immer mehr Patienten verstopft sein werden? Die Ärzte werden noch stärker überlastet sein.«

Die Ärzte, die durch das System praktisch zum Aufgeben gezwungen sind, könnten noch das geringste Problem auf dem Gebiet der Gesundheitsversorgung sein, mit dem sich eine Zombie-Nation konfrontiert sieht. Experten schätzen, dass die von der Obama-Administration versprochene Krankenversicherung für alle Amerikaner im Verlauf von zehn Jahren über zwei Billionen Dollar kosten könnte. Dabei ist es schon schwierig, auch nur die bestehenden Gesundheitsprogramme zu finanzieren. Tait Trussell vom *Mackinac Center for Public Policy* warnte in einem 2009 auf der Webseite *FrontPageMag.com* veröffentlichten Artikel: »Wir sind finanziell selbst für den Unterhalt der laufenden Programme absolut unvorbereitet. Weder die Social Security noch Medicare ist vorbereitet auf den Ansturm von 78 Millionen Amerikanern, die nicht mehr in die Altersversicherung einzahlen und stattdessen beginnen werden, staatliche Sozialleistungen in Anspruch zu nehmen, die die Regierung ihnen versprochen hat. Die erste Gruppe der Babyboomer hat sich 2008 für eine Frühpensionierung auf Kosten der Social Security entschieden. Und bald wird der Tsunami von 78 Millionen Senioren kommen, deren Krankenversicherung Medicare heißen wird.«

Aber genau wie beim FDIC und der *Social Security* hat auch die Gesundheitsversorgung keine Rücklagen, um die staatlichen Versprechen einzulösen. Die von den Gehältern abgezogenen Steuern für die Finanzierung dieser Programme reichen schon jetzt nicht mehr aus. Laut Angaben des überparteilichen *Congressional Budget Office* werden durch Obamas Haushaltsplan im Verlauf der nächsten zehn Jahre die Staatsausgaben um 25 Prozent schneller steigen als die Einnahmen.

»Es ist unglaublich, aber von der reinen Summe nimmt sich das noch bescheiden aus im Vergleich zu den ungedeckten Verbindlichkeiten der Social Security und von Medicare«, bemerkte Trussell. »Insgesamt sind das 101,7 Billionen nach dem gegenwärtigen Stand des Dollars. Das ist laut Berechnungen des National Center for Policy Analysis mehr als das Siebenfache des Bruttoinlandsprodukts von 2008, unserer gesamten Wirtschaftsleistung. Diese Wahnsinnssummen, die für die Finanzierung der Social Security und von Medicare erforderlich wären, sind so hoch, dass kein Politiker sie auch nur aussprechen will.«

Im Februar 2009 äußerte sich John C. Goodman, der Vorsitzende des in Dallas ansässigen *National Center for Policy Analysis,* zu den künftigen Kosten von staatlichen Programmen: »Im Jahr 2012 werden die Social Security und Medicare einen von zehn Dollar aus der Einkommensteuer benötigen, um für ihre zusammengerechneten Defizite aufzukommen. Im Jahr 2020 wird die Regierung einen von vier Dollar aus der Einkommensteuer ausgeben, um diese Programme zu bezahlen. Und im Jahr 2030, der Mitte der Pensionsjahre der Babyboomer, wird sie einen von zwei Dollar aus der Einkommensteuer brauchen. Damit ist klar, dass die Regierung gezwungen sein wird, entweder alles, was sie sonst noch tut, drastisch zurückzufahren, oder aber die Steuern drastisch anzuheben.«

Und Goodman fügte hinzu: »Wenn man es den Menschen, die das Gesundheitssystem in Anspruch nehmen, gestatten würde, ihr eigenes Geld auszugeben, und wenn man es den Ärzten gestatten würde, wie Unternehmer zu handeln – wenn wir es dem Markt überlassen –, besteht guter Grund zu der Annahme, dass verhindert werden kann, dass die Gesundheitskosten schneller steigen als unsere Einkommen. Ansonsten können Sie sich schon mal auf den Steuer-Tsunami gefasst machen.«

Ist es denkbar, dass die Globalisierer diesen drohenden Steuer-Tsunami nur zu deutlich sehen und jeden Penny aus der amerikanischen Wirtschaft herauspressen, bevor der Tsunami kommt? Eine solche Katastrophe könnte ihnen genau den Vorwand liefern, den sie brauchen, um nicht nur die amerikanische Wirtschaft völlig unter ihre Kontrolle zu bringen, sondern auch die jener Länder, die vom Dollar abhängig sind.

Doch ganz abgesehen von dem maroden Gesundheitssystem und dem sich anbahnenden Finanzchaos zeichnen sich am Horizont noch ganz andere medizinische Horrorszenarien ab.

Die Mycoplasma-Attacke

Die von der neurodegenerativen/systemischen Degenerationskrankheit Encephalomyelitis/Fibromyalgie betroffenen Menschen leiden an einer sehr realen physischen Krankheit, ausgelöst durch einen subviralen Partikel, der sich aus dem Toxin des Bruccelose-Bakteriums entwickelt hat.

– DONALD W. UND WILLIAM L. C. SCOTT
Verfasser von *The Bruccelosis Triangle*

In Horrorfilmen der letzten Jahre infizieren kleine Mikroorganismen Menschen und verwandeln sie in kannibalistische Zombies. Oft ist das Virus unabsichtlich aus einem geheimen Regierungslabor entwichen. Wenngleich es nicht so aussieht, als gäbe es einen Krankheitserreger, der aus normalen Menschen kannibalistische Zombies macht, gibt es eine Reihe von von Menschen geschaffenen Krankheitserregern und Giften, die schon vor dem Zweiten Weltkrieg in der Entwicklung waren und den menschlichen Körper völlig zerrütten können.

Biologische Kriegsführung durch Nazis und Japaner

In den Jahren nach dem Zweiten Weltkrieg trafen Tausende überzeugter Nazis in den Vereinigten Staaten ein, denen Straffreiheit zugesichert worden war, falls sie ihr Wissen der amerikanischen Forschung zur Verfügung stellten. Vereinbart hatten dieses Arrangement Martin Bormann, der »Sekretär des Führers«, und die Elite von der Wall Street, darunter John McCloy und sein Schützling Allen Dulles.

Dr. Len G. Horowitz schrieb: »Die Weltgesundheitsorganisation wurde neben den Vereinten Nationen und der Weltbank üppig finanziert und beeinflusst durch die Familie Rockefeller und die Tatsache, dass John Foster und Allen Dulles – beide John D. Rockefellers Manager und Anwälte – die Partnerschaft zwischen dem weltgrößten Ölkonglomerat und der I. G. Farben begründet hatten, dem führenden deutschen Industrieunternehmen vor dem Zweiten Weltkrieg […].« Vor dem Krieg hatte McCloy die *I. G. Farben* als Anwalt vertreten. In meinem Buch *The Rise of the Fourth Reich* habe ich detailliert geschildert, wie die Dulles-Brüder, die in der Vorkriegszeit für John McCloy (den Direktor der drei Banken *Schroeder, Rockefeller & Company* und *City National*) und Prescott Bush (Direktor der *Union Banking Corporation*) arbeiteten, als wichtige Vermittler zwischen den Vereinigten Staaten und dem nationalsozialistischen Deutschland fungierten. Vielleicht sollte man noch darauf hinweisen, dass der Hauptsitz der Vereinten Nationen in New York auf einem Grundstück errichtet wurde, das Rockefeller der weltweiten Staatenorganisation als Schenkung vermacht hatte.

McCloy, im Nachkriegsdeutschland als Hochkommissar tätig, war außerdem Chef der *Ford Foundation,* der *Chase Manhattan Bank,* des *Salk Institute,* von *E. R. Squibb & Sons* sowie Vorsitzender des mächtigen *Council on Foreign Relations,* das in der *New York Times* charakterisiert wurde als eine Gruppe, die »weitreichende Ziele definiert und sich als Sammelbecken von Kandidaten für anspruchsvolle Führungsaufgaben sieht«. In einem 1989 ebenfalls in der *Times* erschienen Nachruf auf McCloy wurde dieser als »Vorsitzender des Establishments« bezeichnet.

Obwohl amerikanische Gesetze es Deutschen mit Nazivergangenheit untersagten, Forschungen auf dem Gebiet der chemischen Kriegsführung durchzuführen, wurden diese größtenteils ignoriert. John McCloy heuerte deutsche Fachleute als

»Experten« an und half bei der finanziellen Unterstützung deutscher Industrieunternehmen, die chemische Kampfstoffe für das amerikanische Militär produzierten. Zur selben Zeit wurde Allen Dulles zum Direktor der CIA ernannt. Vor dem Krieg hatte er die deutsche Schroeder Bank juristisch vertreten. Während des Krieges diente er im Rang eines Offiziers beim *Office of Strategic Services* (OSS), wo er der Vorgesetzte von Henry Kissinger war, der als Übersetzer für den militärischen Nachrichtendienst arbeitete und später unter Präsident Richard Nixon Außenminister wurde. Als Chef der CIA war Dulles dafür verantwortlich, dass Unterlagen über die Vorgeschichte vieler Naziwissenschaftler vernichtet wurden.

Zu dieser Zeit kamen auch Wernher von Braun, der lange als der Vater unseres NASA-Weltraumprogramms gesehen wurde, und andere führende Raketenwissenschaftler ins Land, zusammen mit Walter Emil Schreiber, einem bekannten nationalsozialistischen Mediziner, der für die Sterilisation von Männern durch chirurgische Eingriffe, Röntgenstrahlen und Medikamente verantwortlich war und Experimente an Mäusen und Menschen mit dem tödlichen Typhuserreger geleitet hatte. Obwohl er als »Prototyp eines hundertprozentig überzeugten Nazis« charakterisiert wurde, arbeitete Schreiber zehn Jahre für die chemische Abteilung des *U. S. European Command* und eine Zeitlang an der *Air Force School of Aviation Medicine* in Texas.

Kurt Blome, ein weiterer deutscher Einwanderer, erzählte amerikanischen Militärs bei Verhören im Jahr 1945, er habe 1943 bei Insassen von Konzentrationslagern Versuche mit einem Impfstoff gegen Pocken durchgeführt. Blome arbeitete dann für die *U. S. Army Medical Corps*. Zu diesen Nazis gesellte sich in Fort Detrick der japanische General Ishii Shiro, seinerzeit verantwortlich für die für biologische Forschung zuständige berüchtigte Einheit 731, die für den Tod von 3000 Menschen verantwortlich war, unter ihnen auch amerikanische Kriegsgefangene.

Die Arbeit dieser Forscher aus ehemaligen Feindstaaten wurde nach dem Zweiten Weltkrieg in den Vereinigten Staaten fortgesetzt und ausgebaut, und sie könnte für viele katastrophale Krankheiten verantwortlich sein.

Mycoplasmen und Prionen

Zu Beginn der 1940er-Jahre hatten es Mediziner aus dem nationalsozialistischen Deutschland geschafft, das Gift des *Brucella*-Bakteriums (bekannt als Brucellose oder Maltafieber, das meistens bei Säugetieren festgestellt wird, besonders Kühen) zu isolieren und es in eine kristalline Form zu bringen.

Das Brucellose-Bakterium ist schon lange bekannt und wurde von den Wissenschaftlern ausgewählt, weil es heimtückisch, schwer zu entdecken und praktisch in jedem Organ oder System des menschlichen Körpers heimisch ist. Wird es durch das kristalline Agens aktiviert, fördert Brucellose verschiedene Krankheiten mit einer Vielzahl von Symptomen – starke Ermüdungserscheinungen, hohes Fieber, Schüttelfrost, Schweißausbrüche, Kopfschmerzen, Rückenschmerzen, Schwächeanfälle und Depressionen. Organschäden sind möglich und können zu Multipler Sklerose, Arthritis und Herzkrankheiten führen.

Die im Zuge des Project Paperclip nach Amerika gereisten deutschen Wissenschaftler brachten dieses Toxin mit, auch als Mycoplasma bekannt – ein spezieller Bakterientypus ohne Zellwand. Ein amerikanischer Regierungsbericht vom 3. Januar 1946 enthielt einen Abschnitt mit der Überschrift »Erstmalige Erzeugung und Isolierung eines kristallinen Bakteriengifts«. Entstanden war ein künstlicher, virulenter Krankheitserreger, gewonnen aus dem ursprünglichen Bakterium.

Dieser kristalline bakterielle Erreger konnte in die Luft versprüht oder über infizierte Insekten übertragen werden. Er war resistent gegen die meisten Antibiotika, auch gegen Penicillin. Er verhielt sich als Parasit und löste sowohl bakterielle als auch virale Krankheiten aus, weil er sich an bestimmte Zellen heftete, ohne sie abzutöten. Durch herkömmliche medizinische Diagnosemethoden war der Erreger praktisch nicht zu entdecken. Solche Krankheiten gelten als unbehandelbar und oftmals tödlich, weil meistens das Gehirn oder das Nervengewebe betroffen ist.

Diese subviralen Bakterienpartikel haben verschiedene Namen. Der Nobelpreisträger Dr. Stanley B. Prusiner nannte sie »Prionen«, Dr. John Martin vom *Center for Complex Infectious Diseases* »verborgene Viren«, und Dr. Carleton Gajdusek, ebenfalls Nobelpreisträger für seine Forschungen über rätselhafte Epidemien, sprach von »Amyloiden«. Donald Scott und Garth Nicolson entschieden sich für das Begriffspaar »Mycoplasma/Brucellose«.

Stanley Prusiner zufolge sind Prionen beispiellos infektiöse Erreger, die durch den völlig neuen Mechanismus der Proteinänderung im menschlichen Körper tödliche neurodegenerative Erkrankungen auslösen. »Prionenerkrankungen können als genetische, infektiöse oder sporadische Störungen auftreten, doch immer liegt eine Veränderung des Prionproteins (PrP) vor«, schrieb Prusiner.

Die im Zuge des Project Paperclip ins Land geholten Wissenschaftler, die an diesen infektiösen Organismen arbeiteten, waren hauptsächlich in drei Laboratorien tätig: in Fort Detrick, Maryland, in Cold Spring Harbor im Bundesstaat New York und in Edgewood Arsenal, Maryland. In ihrem 2005 erschienenen Buch *Project Day Lily* schrieben die Molekularwissenschaftler Garth und Nancy Nicolson: »Hier und in Hunderten anderer Laboratorien in ganz Amerika arbeiteten Wissenschaftler aus ehemaligen Feindstaaten, die direkt nach dem Zweiten Weltkrieg in die Vereinigten Staaten gekommen waren, weiter an ihren alten Forschungsprojekten und an der Entwicklung einiger der schrecklichsten Massenvernichtungswaffen, welche die Menschheit kennt.«

Das Forscherehepaar sagte, es gebe 200 Arten von Mycoplasmen. Die meisten seien harmlos, nur vier oder fünf pathogen. »*Mycoplasma fermentans* stammt wahrscheinlich aus dem Zellkern des Brucella-Bakteriums. Dieser Krankheitserreger ist weder ein Bakterium noch ein Virus, sondern eine Mutationsform des Brucella-Bakteriums, kombiniert mit einem Visna-Virus, aus dem das Mycoplasma extrahiert ist. Das kleine Mycoplasma hat auch einige seiner genetischen Informationen verloren, etwa die Gene, welche die dicke Zellwand kodieren, daneben andere, welche bestimmte Enzyme in Stoffwechselwegen kodieren. Folglich ist es kleiner als die meisten Bakterien, und ohne deren Zellwände kann es in morphologisch unterschiedlicher Form auftreten. Um zu überleben, muss es sich in einer tierischen oder menschlichen Zelle verstecken, und obwohl es ursprünglich als ziemlich verletzlich galt, hat das kleine Mycoplasma sich als überlebensfähiger als gedacht erwiesen.«

Obwohl es nach bakteriologischen Standards als primitiv gilt, hat sich das Mycoplasma aus Bakterien mit Zellwänden entwickelt, aber die Fähigkeit verloren, eigene Zellwände zu bilden, was wahrscheinlich darauf zurückzuführen ist, dass diese nicht mehr notwendig sind, wenn es sich in Wirtszellen und Geweben versteckt. »Aber es hat den Verlust einiger genetischer Informationen dadurch wettgemacht, dass es andere genetische Sequenzen ausbildete, die es ihm gestatteten, wie Viren in Zellen einzudringen und sie zu besiedeln […]. Aber es war kein Virus, weil es die genetischen und biochemischen Restbestände von Bakterien enthielt. Trotzdem beschädigte das Mycoplasma die Zellen wie ein Virus durch die Störung einiger biochemischer Zyklen der Zelle, und es kodierte schlimme Moleküle, die befallene Zellen dazu veranlassten, sich selbst zu zerstören und schließlich abzusterben«, sagten die Nicolsons, die zugleich darauf hinwiesen, die zentralen Angriffspunkte in den Zellen seien die Mitochondrien, zelluläre »Batterien«, die Energie und die DNS produzieren.

Die Nicolsons sagten, die zwischen 1942 und heute durchgeführten Forschungen zur biologischen Kriegsführung hätten zur Entwicklung weiterer infektiöser und tödlicher Mycoplasmen geführt. In der Nachfolge der Wissenschaftler aus dem nationalsozialistischen Deutschland hätten Forscher aus den Vereinigten Staaten sie zu Waffen gemacht, indem sie den Krankheitserreger in eine synthetische, kristalline Form brachten.

Für das amerikanische Militär ist die Entwicklung solcher biologischer Waffen laut den Nicolsons deshalb so faszinierend, »weil das Produkt ihrer Forschung sich in den Zellen versteckt und unfassbaren Schaden anrichtet. Es zerstört die Mitochondrien und löst einen unaufhaltsamen Prozess aus, an dessen Ende das Absterben der Zellen steht. Im Verlauf dieses Prozesses spielt die Genexpression verrückt, und die Nachbarzellen werden ebenfalls geschädigt. Dann wird das Mycoplasma die absterbende Wirtszelle verlassen, sich anderswo ansiedeln und schließlich jedes Organ befallen. Und weil Teile der Zellmembran entfernt werden, wenn dieses kleine Mycoplasma sein Versteck verlässt, wird sich bei den Betroffenen eine Vielzahl von Autoimmunkrankheitssymptomen zeigen, welche denen anderer Entartungsleiden ähneln. Es kann sogar die Form einiger neurodegenerativer Krankheiten annehmen. Das ist eine wundervolle Sache, denn es verursacht Krankheiten wie Multiple Sklerose und rheumatoide Arthritis, aber niemand wird auch nur vermuten, dass sie durch eine Infektion ausgelöst wurden. Die meisten Ärzte werden nie darauf kommen [...]. Was für eine erfreuliche Waffe!«

Verschiedene Forscher, darunter die Nicolsons, Dr. Joseph S. Pule und Donald W. und William L. C. Scott, die Autoren von *The Brucellosis Triangle,* haben diesen Mycoplasma-Krankheitserreger mit einer Reihe zunehmend verbreiteter neurosystemischer Krankheiten in Verbindung gebracht: Alzheimer, bipolare Störung, Colitis ulcerosa, chronisches Erschöpfungssyndrom, Creutzfeldt-Jakob-Krankheit, Diabetes, Dystonie, Fibromyalgie, Chorea Huntington, verschiedene Typen der Lupus-Erkrankungen, Lyme-Borreliose, Multiple Sklerose, myalgische Enzephalomyelitis, Parkinson und sogar Schizophrenie. Einige Arten des Mycoplasmas werden jetzt mit Krebs und AIDS in Verbindung gebracht. Der verstorbene Dr. Maurice Hilleman, ehemals Chefvirologe des Pharmakonzerns *Merck, Sharp & Dohme,* vertrat die Ansicht, dass alle Nordamerikaner und möglicherweise die meisten Menschen weltweit diesen Krankheitserreger mittlerweile in sich tragen würden.

Mycoplasma-Forscher behaupten, viele heute an neurologischen Erkrankungen leidende Menschen seien tatsächlich an Brucellose erkrankt. Da der Krankheitserreger aber aus dem ursprünglichen Bakterium isoliert und in eine kristalline Form gebracht wurde, gibt es keine Blut- oder Gewebeuntersuchung, die dies bestätigen könnte.

In biologische Waffen verwandelte Mycoplasmen erzeugen Ammoniak, das in den infizierten Zellkernen abgelagert wird. »Diese ekligen ›Biester‹ verflechten sich mit der genetischen Maschinerie und sind eher innerzellulär statt interzellulär. Doch bei den betroffenen Personen sind noch andere infektiöse Krankheitserreger im Spiel. Diese sind gewöhnlich Kombinationen von natürlich vorhandenen Bakterien und Viren, und die Wirkung auf die erkrankte Person hängt von deren genetischer Prädisposition und dem Zustand ihres Immunsystems ab«, so Garth Nicolson. »Diese Infektion wirkt sich bei jedem Menschen anders aus, aber alle Betroffenen weisen vergleichbare Symptome auf.«

»Wir haben eine Studie, die hundertzwanzig Indikatoren und Symptome beschreibt«, fügte Nancy Nicolson hinzu. »Im Fall des krankheitserregenden Mycoplasmas, das wir analysiert haben, fanden wir eine Verbindung zwischen dem HIV-1-Gen mit dem Mycoplasma, und dieses Gen macht das Mycoplasma lebensgefährlich. Ich habe mich schon immer gefragt, wie viele von den Menschen, die positiv auf HIV getestet wurden, tatsächlich an einer Kombination der Infektion durch das Mycoplasma-Bakterium und durch HIV leiden. Angeblich gibt es zehn Arten von HIV. HIV-1 begünstigt AIDS durch die Gefährdung des Immunsystems, bei HIV-2-AIDS ist das nicht so. Die anderen acht HIV-Arten finden sich im Arsenal der biologischen Waffen. Das pathogene Mycoplasma kann ein Nicht-HIV-AIDS fördern, das die Symptome von AIDS vortäuscht. Aber darüber will niemand reden«, sagte Nancy Nicolson. »Die Mycoplasmen wurden gentechnologisch produziert mit Bestandteilen des genetischen Materials anderer Krankheitserreger wie Brucellen. Die Mycoplasmen sind häufig Kofaktoren der Lyme-Borreliose-Mikroorganismen. All diese zunehmend häufiger vorkommenden Krankheiten stehen im Zusammenhang mit während des Kalten Krieges durchgeführten Experimenten mit biologischen Waffen, die massiv fehlschlugen. Vergessen Sie nicht, dass die Vereinigten Staaten bei schätzungsweise 208 Tests eine völlig ahnungslose Bevölkerung vorsätzlich diesen in der Luft freigesetzten Krankheitserregern ausgesetzt haben, und das über einen Zeitraum von dreißig Jahren.«

Es ist möglich, dass das kristalline Toxin aus den Krankheitserregern eine der Mycoplasma-Arten ist – eine Meisterleistung, zustande gebracht von Biochemikern des amerikanischen Militärs in Zusammenarbeit mit Altnazis, die durch das Project Paperclip ins Land gekommen waren. Im Jahr 1946 sprach George W. Merck, der Direktor des *War Research Institute*, gegenüber dem Kriegsminister Robert P. Patterson von der Möglichkeit, kristalline Giftstoffe einzusetzen. Es sollte darauf hingewiesen werden, dass das *War Research Institute* Amerikas Programm für biologische Waffen begründete, und Merck selbst wurde später Chef des Pharmakonzerns *Merck & Company*. Obwohl Merck im Jahr 1957 starb, könnte sein frühes Wissen um den Krankheitserreger bedeuten, dass er dieses Wissen an seine Kollegen in dem Pharmaunternehmen weitergegeben hat. Dass *Merck* solche Forschungen betrieb, zeigt ein Artikel aus dem *New England Journal of Medicine,* der darauf hinwies, dass eine Studie über den Hepatitis-B-Impfstoff, der im Milieu von Homosexuellen und Drogenabhängigen viel genutzt wurde, finanziell unterstützt worden sei »durch eine Spende der Abteilung für Viren- und Zellbiologie der Forschungslaboratorien von *Merck,* Sharp und Dohme in West Point, Virginia.«

Nach ausgiebigen Studien folgerten die Wissenschaftler Donald W. und L. C. Scott, die am chronischen Erschöpfungssyndrom und Fibromyalgie leidenden Personen seien tatsächlich erkrankt »an von Menschen manipulativ verursachten Brucellose-Varianten aus dem ›Dreieck‹. Darunter verstehen wir die Umgebung von Fort Detrick, Washington, D. C., New York Citys East Side und Long Islands Animal Disease Center sowie das Laboratorium in Cold Spring Harbor.« In der Literatur über biologische Kriegsführung werden diese Orte häufig erwähnt.

Insbesondere Fort Detrick und Cold Spring Harbor waren Orte, wo etliche Altnazis forschten, die durch das Project Paperclip nach Amerika gekommen waren. Die Scotts schreiben in ihrem Bericht, dieser Krankheitserreger sei im Sommer des Jahres 1984 an der *Tahoe Trucker High School* in Kalifornien getestet worden, und zwar durch eine Verbreitung über das Lüftungssystem. Einzelne Räume seien mit einem unabhängigen Recyclingluftzufuhrsystem ausgestattet, das Lehrerzimmer als Ziel für die zu infizierenden Personen ausgesucht worden. Innerhalb von Monaten wurden sieben der acht Lehrer in diesem Raum schwer krank.

Die *Tahoe Trucker High School* war nur einer von mehreren Orten, wo diese Krankheitserreger aus dem Designerlaboratorium getestet wurden. Einige dieser Pathogene wurden mittels Aerosolsprays, andere mithilfe infizierter Insekten verbreitet. Die Scotts berichteten, während der Achtzigerjahre seien im *Dominion Parasite Laboratory* in Belleville, Ontario, pro Monat hundert Millionen Moskitos gezüchtet worden, die sowohl vom kanadischen als auch vom amerikanischen Militär zu Testzwecken eingesetzt worden seien, nachdem sie mit Brucellose infiziert worden waren. Einige Experten glauben, das massive Auftreten von Enzephalitisfällen in New York City im Jahr 1999 sei eventuell nicht auf das West-Nile-Virus, sondern vielleicht auf diese infizierten Moskitos zurückzuführen gewesen.

Zudem behaupteten die Scotts, die ahnungslosen Opfer seien sowohl vom Militär als auch von der CIA getestet worden, unter der Aufsicht der *National Institutes of Health* und der *Centers for Disease Control*. Ermuntert durch das, was ihnen als erfolgreiche Tests erschienen, reichten hohe Militärs den Brucellose-Erreger angeblich an Saddam Hussein weiter, der Mitte der Achtzigerjahre in einen lang anhaltenden Krieg mit dem Iran verstrickt war, den er mithilfe der CIA führte. Mit der Zustimmung von Vizepräsident George H. W. Bush erhielt Saddam 1985 »eine verblüffende Kollektion biologischer Krankheitserreger [...], das unabdingbare Rohmaterial für eine schreckliche Waffe«. Die Lieferungen enthielten *Brucella abortus*, Biotyp 3 und 9 sowie *Brucella melitensis*, Biotyp 1 und 3. Diese Gifte wurden bis zum 2. Mai 1986 an Saddam verkauft, und zwar als »Lieferung Nr. 21 und 22 der American Type Culture Collection in Rockville, Maryland«.

In einem 2005 erschienenen Artikel mit dem Titel »Molekularterrorismus« würdigte Gary Tunsky die Scotts und die Nicolsons dafür, dass sie eine wachsende Öffentlichkeit sensibilisiert hätten für die mysteriösen und gesundheitlich verheerenden Auswirkungen einer Mycoplasma-Infektion.

»Wenn Sie sich krank und müde fühlen, und Ihr Arzt nicht in der Lage ist, eine definitive Diagnose zu stellen, weil Blut- und Gewebetests keinen Hinweis auf einen bestimmten Krankheitserreger geben, ist es sehr gut möglich, dass eine Mycoplasma-Infektion vorliegt«, schrieb Tunsky.

»Mycoplasmen können mit der üblichen Kurzeitmedikation von Antibiotika nicht erfolgreich behandelt werden, was an ihrer intrazellulären Position, ihrer langsamen Vermehrung und ihrer Resistenz gegen die meisten Antibiotika liegt. Die wenigen Experten, die sich auf dieses Gebiet spezialisiert haben, empfehlen eine sechs bis zwölf Monate dauernde Nonstopbehandlung mit starken Antibiotika wie Cipro oder Doxycyclin«, fügte er hinzu. »Falls ein Patient allerdings nicht vorhat, seinen Körper und sein Immunsystem mit Cipro oder Doxycyclin zu zerstören, ist eine Totalüberholung jeder Zelle von Kopf bis Fuß notwendig, und zwar durch eine vielfältige, nichttoxische, ganzheitlich medizinisch ausgerichtete Behandlung, die allein eine Chance bietet, eine Mycoplasma-Infektion auf natürlichem Weg zu überwinden. Deshalb sind Vitamine und Nahrungsergänzungsmittel bei dieser Therapie so wichtig.«

Laut Tunsky erleiden viele Amerikaner das Schicksal, von einem Arzt zum nächsten geschickt zu werden, ohne je eine zutreffende Diagnose gestellt zu bekommen, vor allem deshalb, weil normale Allgemeinmediziner nicht dafür ausgebildet sind, schwer zu entdeckende Krankheitserreger zu identifizieren. »Da Mycoplasmen sich innerzellulär verstecken und in verschiedene Organe und Systeme eindringen, gibt es eine große Bandbreite von Symptomen, die eine korrekte Diagnose für einen normalen Arzt praktisch unmöglich machen«, erklärte er. Und dieses Problem stand auch hinter jener rätselhaften Krankheit, die amerikanische Soldaten im Golfkrieg der Jahre 1990/91 befiel.

Golfkriegssyndrom

Saddam hatte einen Vorrat an Brucellen in seinen Besitz gebracht, und es wurde entdeckt, dass dieses direkt übertragbare Designerbakterium mutiert war und sich die Krankheitserreger in der Luft verteilt hatten. Und es war zu spät. Laut den Scotts hat Saddam während des Zweiten Golfkriegs zu Beginn des Jahres 1991 sein Gift gegen amerikanische Soldaten eingesetzt. Diese Mycoplasma-Attacken wurden noch dadurch verschlimmert, dass das Immunsystem der Soldaten geschwächt war durch die Verabreichung ungetesteter Impfstoffe, abgereichertes Uran in panzerbrechenden Geschossen und brennende Ölquellen. Alles zusammen ergab ein hochgiftiges Gemisch, das zu jener Krankheit führte, die als »Golfkriegssyndrom« bekannt ist. »Die Mediziner waren ratlos, als 100 000 Veteranen mit allen Symptomen der Brucellose aus dem Golfkrieg zurückkehrten […]. Und das Pentagon konnte nur auf den bewährten Mythos zurückgreifen, nach dem die Veteranen eigentlich nicht wirklich krank waren. Angeblich bildeten sie es sich nur ein.«

Anfangs wurde den Soldaten erzählt, eine solche Infektion gebe es nicht – das Problem bestehe zum größten Teil nur in ihrem Kopf. Doch im Laufe der Jahre mussten die Behörden zugeben, dass irgendetwas bei vielen Golfkriegsveteranen eine ernsthafte Krankheit ausgelöst hatte. Französischen Soldaten, die im Golf-krieg gedient hatten, war nicht der gleiche Mix von Impfstoffen verabreicht wor-den wie den Briten und Amerikanern, und sie litten seltsamerweise nicht am Golfkriegssyndrom. Offenbar war ihr nicht in Mitleidenschaft gezogenes Im-munsystem durchaus in der Lage, den Mykoplasma-Attacken zu trotzen.

Im Jahr 1993 erhielt Senator Donald W. Riegle Jr. einen Bericht mit dem Titel »Gulf War Syndrome: The Case for Multiple Origin Mixed Chemical/Biotoxin Warfare Related Disorders«. Er untersuchte die Beziehung zwischen der hohen Zahl von Golfkriegskrankheiten unter Soldaten, die direkten biologischen Atta-cken ausgesetzt waren, und ihrer sehr viel geringeren Häufigkeit bei jenen, die nur indirekt vom Kontakt mit gefährlichen Substanzen betroffen waren, als die Koalition chemische, biologische und nukleare Einrichtungen der Iraker bom-bardierte. Da es unwahrscheinlich war, dass die amerikanischen Militärs sich zur Existenz einer ihrer geheimsten biochemischen Waffen bekennen oder gar zuge-ben würden, dass diese an Saddam Hussein verkauft worden war, bilanzierte der Bericht, dass »Impfstoffe für die Erkrankung der Soldaten verantwortlich waren«. Immerhin gab es in dem Report auch andere Hinweise: »Es gibt noch andere denkbare Ursachen für das Golfkriegssyndrom, etwa petrochemische Vergif-tungen, den Kontakt mit abgereichertem Uran oder regional verbreitete Krank-heiten. All das wurde diskutiert, aber keine andere Erklärung erwies sich als so zwingend wie die mit den Impfstoffen.«

Wenngleich dieser Bericht bereits im September 1993 vorlag, wurde er erst im April 1997 zugänglich, als es der *American Gulf War Veterans Association* schließ-lich gelang, ein Exemplar in die Hände zu bekommen. Nicht genug damit, dass Militärangehörige gezwungen worden waren, sich ungetestete Impfstoffe verab-reichen zu lassen – viele Veteranen erhielten auch keine angemessene ärztliche Behandlung, weil die Krankenakten verloren gegangen waren. Ein am 8. Dezem-ber 1994 veröffentlichter Bericht des Senatsausschusses, der sich mit der Vetera-nenproblematik befasste, wies darauf hin, man habe sich mit 150 Golfkriegsvete-ranen beschäftigt. Bei 51 Prozent davon seien die Krankenakten entweder nicht auffindbar oder ungenau. Es scheint klar, dass hier noch etwa anderes im Spiel gewesen sein muss als bloße Nachlässigkeit.

Die im Golfkrieg aufgetretenen Infektionen, ausgelöst durch künstlich produ-ziertes Mycoplasma, waren im Jahr 2009 erneut zu registrieren. Mitte August kamen drei kanadische Soldaten in einem Krankenhaus in Québec nach ihrer Rückkehr aus dem afghanischen Kandahar in Quarantäne. Sie waren infiziert mit einem gegen Medikamente resistenten »Supervirus«, von Medizinern als

Acinetobacter baumannii bezeichnet, von amerikanischen Soldaten hingegen »Iraqibacter« genannt. Zwei zivile Patienten, die Kontakt zu den Soldaten hatten, kamen ebenfalls in Quarantäne, weil man befürchtete, sie könnten sich angesteckt haben. »Dies ist nicht der erste Fall«, sagte ein Sprecher des Krankenhauses. »Seit 2007 haben wir Patienten, die als Soldaten in Afghanistan gedient haben und mit dem Virus infiziert waren.« In einem Bericht von *World Care Canada* aus dem Jahr 2007 hieß es, in amerikanischen Militärkrankenhäusern habe das Auftreten dieses Virus zugenommen. Die *Centers for Disease Control* hatten ebenfalls einen Bericht veröffentlicht, in dem es heißt, ein verstärktes Vorkommen von *Acinetobacter baumannii* sei in Militärkrankenhäusern, wo zurückkehrende Soldaten aus dem Irak, Kuwait und Afghanistan behandelt würden, schon seit 2002 festzustellen.

Nach dem Golfkrieg und der falschen Darstellung der Regierung übertrug sich das Mycoplasma auf die Zivilbevölkerung, und viele Menschen begannen an Schwächezuständen und Müdigkeit zu leiden. Sobald bekannt wurde, dass die Öffentlichkeit der ansteckenden Substanz ausgesetzt war, behaupteten hohe Offizielle der *National Institutes of Health,* den *Centers of Disease Control* sowie vom Verteidigungs- und Gesundheitsministerium, die Krankheit stehe in Verbindung mit dem Epstein-Barr-Virus. Sie nannten sie »chronic mononucleosis«, und sie ist jetzt bekannt als chronisches Erschöpfungssyndrom. Wie vor ihnen den Veteranen erzählte man den an dieser Krankheit leidenden Menschen, all das sei eher ein psychisches Problem.

Im Jahr 2010 hatten die *Centers for Disease Control* dann allerdings eingestanden, das chronische Erschöpfungssyndrom sei eine langwierige, komplizierte gesundheitliche Störung, charakterisiert durch tiefe Erschöpfung, der durch Bettruhe nicht abzuhelfen sei und die sich durch physische oder geistige Aktivität sogar noch verschlimmern könne. Nach Schätzungen der CDC leiden in den Vereinigten Staaten mehr als eine Million Menschen am chronischen Erschöpfungssyndrom. Weiter hieß es: »Außerdem sind Menschen im zweistelligen Millionenbereich von Krankheiten betroffen, bei denen Erschöpfungszustände auftreten, die aber nicht ganz exakt der streng wissenschaftlichen Definition des chronisches Erschöpfungssyndroms entsprechen.«

Ein Betroffener, Dr. Martin Lerner vom *William Beaumont Hospital,* erzählte seinen Kollegen von der *American Society of Microbiology,* die mysteriöse Krankheit habe sein Herz geschädigt, und er vermute, das chronische Erschöpfungssyndrom sei durch eine Virusinfektion verursacht worden. Lerner, Gründer eines Behandlungszentrums für am chronischen Erschöpfungssyndrom leidende Patienten in Beverly Hills in Michigan, hat den Energy Index Point Score entwickelt, in der Hoffnung, er würde zur Standardmethode werden, um zu ermessen, wie stark jemand von dem chronischen Erschöpfungssyndrom betroffen ist. Lerner hat es mit dem Epstein-Barr-Virus, dem menschlichen Herpesvirus 6, dem Cyto-megalovirus und ähnlichen Infektionen in Verbindung gebracht. Dies sind jene extrem schwächenden Krankheiten, die Donald und William Scott untersucht haben. Sie resümierten, die an solchen neurodegenerativen und systemischen Krankheiten Leidenden hätten »eine sehr reale physische Krankheit, herrührend von einem subviralen Partikel, das sich aus dem bakteriellen Toxin der Brucellen entwickelt hat.«

Die Vorstellung, eine von Menschen geschaffene biologische Waffe könnte für die schlechte Gesundheit von Millionen von Amerikanern verantwortlich sein, ist erschreckend genug. Ist es denkbar, dass so etwas das Resultat eines vorsätzlichen Plans der Globalisierer ist?

Bevölkerungsdezimierung

Mittlerweile gehen Forscher davon aus, dass praktisch jeder Nordamerikaner – und vielleicht ein Großteil der Weltbevölkerung – jenen kristallinen Krankheitserreger in sich trägt, der sich erst in späten Stadien ernster Krankheiten durch Symptome verrät. Zu Beginn des Jahres 2009 glaubten viele Verschwörungstheoretiker, irgendetwas in den Impfstoffen gegen die Schweinegrippe könnte das Pathogen triggern.

Die Schweinegrippe, offiziell eine neue Variante des H1N1-Grippevirus, wurde nach einem Ausbruch in Mexiko erstmals im Frühjahr 2009 identifiziert. Obwohl das Virus eine Kombination von Genen der Schweine-, Vogel- und normalen Grippeviren enthält, kann es merkwürdigerweise nicht durch das Essen von Schweinefleischprodukten weiterverbreitet werden, was viele misstrauische Zeitgenossen zu der Annahme verleitete, die Schweinegrippe sei ein von Menschen produziertes Phänomen.

Manche glaubten auch, die Verbreitung des Mycoplasma-Pathogens passe gut in die Pläne jener reichen Elite, die seit Langem ein Befürworter der Eugenik ist und nach Wegen sucht, die Menschheit von »nutzlosen Essern« zu befreien. Viele zitieren eine offiziell der Geheimhaltung unterliegende Studie, die 1974 unter Henry Kissinger vom Nationalen Sicherheitsrat erstellt wurde. Sie trägt den Titel »Die Folgen des weltweiten Bevölkerungswachstums für die Sicherheit Amerikas und seine überseeischen Interessen«. In dieser Studie, auch unter dem Namen »Kissinger-Report« bekannt, wird die Ansicht vertreten, das Bevölkerungswachstum in den sogenannten unterentwickelten Ländern stelle eine ernsthafte Gefahr für die nationale Sicherheit der Vereinigten Staaten dar. Gerald Ford, der einzige amerikanische Präsident, der nicht in sein Amt gewählt wurde, erklärte diese Studie im November 1975 zu einer offiziellen politischen Richtlinie.

In einem Interview, das er 1981 zum Thema Überbevölkerung gab, sprach sich Maxwell Taylor, ehemaliger amerikanischer Botschafter in Südvietnam und Vorsitzender der Vereinten Stabschefs, für eine Verringerung der Weltbevölkerung durch begrenzte Kriege, Krankheiten und Hunger aus. Er resümierte unbekümmert:»Mehr als eine Milliarde Menschen habe ich bereits abgeschrieben. Diese Leute leben in Afrika, Asien und Lateinamerika. Wir können sie nicht retten. Die Überbevölkerung und die Ernährungsfrage zwingen uns dazu, es nicht einmal zu versuchen. Es wäre Zeitverschwendung.«

Prinz Philip von Großbritannien äußerte sich ganz in Taylors Sinne. Im Magazin *People* wurde er mit den Worten zitiert:»Das Bevölkerungswachstum ist langfristig gesehen wahrscheinlich die ernsthafteste Bedrohung für unser Überleben. Wenn das Problem nicht gelöst wird, läuft es auf eine Riesenkatastrophe hinaus, nicht nur für die Natur, sondern auch für die Menschen. Je mehr Menschen auf dieser Welt leben, desto größer der Ressourcenverbrauch, die Umweltverschmutzung und die Anzahl der Kriege. Uns bleibt keine andere Wahl. Wenn wir die Anzahl der Erdbewohner nicht bewusst kontrollieren, wird es unfreiwillig durch eine Zunahme von Krankheiten, Hunger und Kriegen passieren.« Und Jahre später sinnierte Philip:»Im Falle einer Reinkarnation würde ich gern als tödliches Virus zurückkehren, um etwas zur Lösung des Problems der Überbevölkerung beizutragen.«

Zu Beginn der Siebzigerjahre äußerte sich Ruth Bader Ginsburg, eine beisitzende Richtern des *Supreme Court,* ganz im Sinne der Intellektuellen von den Eliteuniversitäten, als sie sagte, das Urteil des Obersten Gerichts zum Thema Abtreibung im Fall »Roe vs. Wade« spiegele die Mehrheitsmeinung der Richter über »Menschen, von denen wir nicht zu viele haben wollen«. Sie fügte hinzu, sie gehe davon aus, dass das Recht auf Abtreibung »zu einer Finanzierung des Schwangerschaftsabbruchs durch Medicaid« führen würde.

Woher hatte Ginsburg die Idee, dass die politische Elite Amerikas daran interessiert ist, die Bevölkerung um unerwünschte Elemente zu dezimieren? Manche äußerten die Vermutung, Ginsburg habe irgendwann Bekanntschaft mit den Schriften John Holdrens oder ähnlich denkender Menschen gemacht, die zum militantesten Flügel der Befürworter der Bevölkerungsdezimierung gehören. Im Jahr 1977 war Holdren ein junger Universitätsabsolvent, der den Antinatalisten Paul Ehrlich und seine Frau Anne beim Schreiben des Buches *Ecoscience: Population, Resources, Environment* unterstützte.

In einer seiner Schriften erklärt Holdren:»Wenn einige Leute zum allgemeinen gesellschaftlichen Verfall beitragen, indem sie zu viele Kinder in die Welt setzen, muss man sie notfalls gesetzlich zwingen, verantwortungsbewusst mit ihrer Reproduktionsfähigkeit umgehen – genauso, wie man von ihnen auch verlangen kann, dass sie beim Ressourcenverbrauch Verantwortungsbewusstsein an den

Tag legen […].« Der Autor sehnt ein »planetarisches Regime« herbei, in dem alle wirtschaftlichen Aktivitäten und der menschliche Umgang mit der Umwelt kontrolliert wären, und ist dafür, dem Bevölkerungswachstum mit allen Mitteln »eine Grenze zu setzen«. Dazu gehören für ihn Abtreibungen und umfassende Zwangssterilisationen, wobei Letztere sogar durch chemische Zusätze im Trinkwasser durchgesetzt werden könnten.

Der Internetblogger und Radiomoderator William Norman Grigg sagte, in einer Zeit, wo Präsident Obama den Amerikanern eine allgemeine Krankenversicherungspflicht aufoktroyieren wolle, fungiere John Holdren als Obamas beratender »Wissenschaftsguru«. »Angesichts von Holdrens Begeisterung für die Eugenik und totalitäre Methoden des ›Bevölkerungsmanagements‹ hat diese Beziehung ihre bedenklichen Seiten«, resümierte Grigg.

Auch G. Edward Griffin, ein sehr produktiver Autor, dessen bekanntestes Werk ein Buch über die *Federal Reserve* ist – *The Creature from Jekyll Island* –, äußerte sich besorgt über Holdrens Ansichten zum Thema Kriegsrecht und Bevölkerungsreduktion. Er meinte, Holdren erwäge die Möglichkeit eines bewusst herbeigeführten Bevölkerungsrückgangs durch heimtückische Maßnahmen. »Der ethische Aspekt dieser Maßnahmen interessierte ihn nicht, nur ihre Durchführbarkeit. Und jetzt ist dieser Mann, ein wissenschaftlicher Experte auf dem Gebiet der Bevölkerungsreduktion, die rechte Hand des Präsidenten der Vereinigten Staaten, ein Mann, der Massenimpfungen gegen die Schweinegrippe befürwortet, und zwar mittels Impfstoffen, welche die Hälfte der Ärzteschaft für bedenklich hält […]. Wir sollten nicht vergessen, dass all jene, die heutzutage weltweit die Macht in Händen halten, Kollektivisten sind, und die leitende Maxime des Kollektivismus besagt, dass wirkliche Individuen und Minderheiten notfalls für die höheren Ziele des Staates oder der Gesellschaft geopfert werden müssen. Und natürlich entscheiden die Herrschenden, was gut für die Gesellschaft ist und wer geopfert werden muss«, sagte Griffin.

Und das ist natürlich das grundlegende Problem bei der Bevölkerungskontrolle. Die Idee, dem weiteren sprunghaften Anwachsen der Erdbevölkerung eine Grenze zu setzen, ist wahrscheinlich schon aus ökologischen Gründen begrüßenswert. Die zentrale Frage ist allerdings: Wer entscheidet, welche Bevölkerungsschichten im Sinne des Wohls der Mehrheit keine Kinder mehr haben dürfen? Bis jetzt ist es die wohlhabende Elite, die sich an die Spitze der Bewegung gesetzt hat, das Bevölkerungswachstum einzuschränken – durch Eugenik, Medikamente und Maßnahmen zur Geburtenkontrolle.

Die ehemalige stellvertretende Wohnungsbauministerin Catherine Austin Fitts war derselben Meinung wie Griffin, dass eines der Ziele der Globalisierer die Bevölkerungsdezimierung ist. »Vielleicht ist das auch das Ziel hinter der Schweinegrippe-Epidemie«, sagte sie. »Ich erinnere mich noch gut an meine Sorgen, als ich 1991 die Bush-Regierung verließ. Wir mussten die Wirtschaft in Schwung bringen und etwas tun, um die Rentenversicherung und das soziale Netz finanziell abzusichern. Andernfalls würden sich die Amerikaner in einer sehr ernsten Lage wiederfinden. Ich glaubte meine Familie und Freunde in Gefahr. Die anderen in der Regierung teilten meine Sorgen nicht. Sie hatten ein tiefes Vertrauen in das System. Doch statt meine Bemühungen, die staatlichen Zuwendungen für Kommunen neu zu organisieren, zu unterstützen, hielten es Washington und die Wall Street lieber weiter mit der Schuldenblase und der Globalisierung, die für die Menschheit entsetzliche Folgen haben mussten. Überwältigt von den Ereignissen versuchte ich, das Endresultat abzuschätzen. Meine einfache Berechnung war, dass wirtschaftliche Nachhaltigkeit auf dieser Erde nur erreichbar sein wird, wenn wir die gegenwärtige Weltbevölkerung von sechs Milliarden Menschen [2009: 7,7 Milliarden] auf 500 Millionen verringern. Für mich musste sich unser Umgang mit Ressourcen radikal ändern, ansonsten blieb nur die Bevölkerungsreduktion. Das war ein reines Rechenexempel.«

Fitts betonte, Finanzexperten der Regierung hätten gesagt, das Land könne sich soziale Netze wie die *Social Security* oder *Medicaid* nicht mehr leisten. »Es sei denn, wir ändern etwas an den gegenwärtigen Voraussetzungen, von denen die finanziellen Berechnungen ausgehen – etwa die Lebenserwartung«, sagte Fitts. »Geschwächte Immunsysteme, hier und da ein paar mehr toxische Substanzen, schlechtes Essen und Trinkwasser sowie Terrorisierung durch Stress, all das könnte dazu beitragen, dass wir das hinbekommen. Eine Seuche kann die Leute so verängstigen (und ihre Kontrolle erleichtern), dass sie das Ende der gegenwärtigen Sozialleistungen (und die daraus resultierenden Folgen für ihre Lebenserwartung) ohne Widerspruch hinnehmen. Und eine Seuche mit vernünftiger Planung kann hochgradig profitabel sein. Ob Impfstoffe ohne angemessene Tests auf den Markt geworfen wurden oder was auch immer überhaupt hinter der Schweinegrippe stecken mag, auch sie ist eine Möglichkeit, in einer Lage die Kontrolle zu behalten, die mit zunehmender Geschwindigkeit außer Kontrolle gerät.«

Der Ursprung von AIDS

Zu den Befürchtungen hinsichtlich bewusster Maßnahmen zur Bevölkerungsreduzierung kommt noch die wachsende Sorge, einige Killerseuchen könnten von Menschen geschaffen worden sein. Bis heute glauben viele, das menschliche Immunschwächevirus (HIV) sei von Wissenschaftlern geschaffen worden, die als Nachfolger der eingewanderten Nazieugeniker in den Vereinigten Staaten arbeiteten. Im Jahr 1983 wurde AIDS offiziell als eine tödliche und sich schnell ausbreitende Krankheit anerkannt. Als die *Centers for Disease Control* AIDS eine »spezielle biologische Kuriosität unter New Yorker Homosexuellen« nannten, verstärkte sich weltweit der Verdacht, das HIV-Virus sei das Produkt von Experimenten mit Krankheitserregern, deren Ziel darin bestehe, unerwünschte Leben zu vernichten. Eine Theorie besagte, das Virus sei zwischen 1969 und 1972 in amerikanischen Laboratorien entwickelt und dann im Jahr 1975 in Afrika durch einen Impfstoff gegen Pocken freigesetzt worden, den nichts ahnende WHO-Mitarbeiter den Menschen verabreichten. Einige glaubten, in die Vereinigten Staaten sei das Virus in einem Impfstoff gegen Hepatitis B gelangt.

»Verwerfen Sie nicht vorschnell die Verschwörungstheorien über den Ursprung von AIDS« lautete eine Überschrift in der kenianischen Zeitung *Daily Nation*. In einem im Dezember 2009 veröffentlichten Artikel war zu lesen, weltweit seien 33 Millionen Menschen an Aids gestorben, davon 13 Millionen Afrikaner. Der Autor Angeyo Kalambuka schrieb: »In dem vom amerikanischen Außenministerium im Jahr 1980 veröffentlichten Global 2000 Report wurde empfohlen, die Weltbevölkerung solle bis zum Jahr 2000 um zwei Milliarden Menschen reduziert werden. Kurz darauf schrieb Thomas Ferguson vom Office of Population Affairs im *Executive International Review:* ›Am schnellsten lässt sich die Bevölkerung durch Hunger, wie in Afrika, oder durch Krankheiten wie die Pest dezimieren […]. Die Bevölkerungsreduzierung ist jetzt unser vorrangiges politisches Ziel.‹«

Die Annahme, AIDS sei in den Vereinigten Staaten künstlich produziert worden, wird unterstützt durch Protokolle von Anhörungen vor einem Kongressausschuss, die im Jahr 1969 stattfanden.

Dr. D. M. MacArthur, stellvertretender Direktor für Forschung und Technologie im Verteidigungsministerium, erläuterte damals in seiner Aussage vor dem Ausschuss: »Innerhalb der nächsten fünf bis zehn Jahre wird es wahrscheinlich möglich sein, einen neuen infektiösen Mikroorganismus zu kreieren, der sich in einigen wichtigen Eigenschaften von jedem bekannten Krankheitserreger unterscheidet. Am wichtigsten ist in diesem Zusammenhang, dass er widerstandsfähig sein könnte gegen den immunologischen Prozess und jene Selbstheilungskräfte, die uns einen relativen Schutz vor Infektionskrankheiten bieten.« Mit anderen Worten: Er sprach von einem Virus, das das menschliche Immunsystem neutralisieren würde. MacArthur sagte gegenüber den Kongressabgeordneten, vorläufige Pläne für die Entwicklung dieses Mikroorganismus seien vom Pentagon und dem zur *National Academy of Sciences* gehörenden *National Research Council* bereits ausgearbeitet worden, und das Projekt werde zehn Millionen Dollar kosten. Interessanterweise räumte MacArthur ein, ein solches Projekt sei »höchst umstritten«: »Viele finden, solche Forschungen sollten nicht durchgeführt werden, weil sie befürchten, dass sie zu einer weiteren Methode führen könnten, große Teile der Bevölkerung zu töten.«

»Im Zentrum des amerikanischen Programms für biologische Kriegsführung werden immer die Mycoplasmen stehen«, sagte Bond Graves, ein Absolvent der amerikanischen Marineakademie und Direktor der im kanadischen Ontario ansässigen *AIDS Concern for the Common Cause Medical Research Foundation.* Graves hatte ein chronologisches Flussdiagramm erstellt, das mehr als 20 000 wissenschaftliche Arbeiten korrelierte, außerdem Fortschrittsberichte aus fünfzehn Jahren über ein geheimes staatliches Virenentwicklungsprogramm. Damit glaubt er beweisen zu können, dass AIDS eine von Menschen gemachte Krankheit ist. »Durch das Flussdiagramm für 1971 ist das völlig klar«, sagte Graves. »Es beweist eindeutig, dass die Vereinigten Staaten vorhaben, ihre eigenen Bürger und andere Menschen zu töten.«

In einem Interview sagte Graves: »Niemand aus dieser amerikanischen Regierung hat sich das Flussdiagramm für 1971 heruntergeladen […]. Es gibt eine substanzielle Basis für die Annahme, dass die Vereinigten Staaten HIV/AIDS vorsätzlich geschaffen haben mit dem Ziel, daraus eine Waffe zur Bevölkerungskontrolle zu machen – ein stiller Holocaust an Farbigen. Es ist ein Schritt in die Richtung der Neuen Weltordnung.«

Die Ansichten zur Dezimierung der Bevölkerung, wie sie Maxwell Taylor, Henry Kissinger und andere vertreten, sind Echos eines Textes, der 1996 als Teil einer ganzseitigen Anzeige von *Negative Population Growth, Inc.* (NPG) erschien. Die Anzeige fand sich in *Foreign Affairs,* der offiziellen Publikation des *Council on Foreign Relations.*

»Wir brauchen eine kleinere Bevölkerung, um der Zerstörung unserer Umwelt Einhalt zu gebieten und um eine langfristig lebensfähige Wirtschaft zu schaffen. Wir versuchen, die immer schlimmer werdenden Umweltprobleme anzugehen, ohne uns über ihre wahre Ursache klar zu sein, die Überbevölkerung. Alle Bemühungen, die Umwelt zu retten, werden vergeblich sein, solange wir das Bevölkerungswachstum in Amerika nicht nur stoppen, sondern den Trend umkehren. Nur wenn unsere Bevölkerungszahl sich auf einem sehr viel niedrigeren Niveau als heute einpendelt, ist unsere Gesellschaft überlebensfähig.«

In der NPG-Anzeige wurde die von den Globalisierern angepeilte Bevölkerungszahl mit »zwischen 125 und 150 Millionen« angegeben, »also etwa wie in den Vierzigerjahren des vergangenen Jahrhunderts«. Laut Angaben des Statistischen Bundesamtes gab es Mitte 2009 307 229 513 Amerikaner. Folglich müsste mehr als die Hälfte der Bevölkerung verschwinden, wenn das von den Globalisierern ins Auge gefasste Ziel erreicht werden soll.

Diese Denkweise zieht sich kontinuierlich bis in die Gegenwart. Am 5. Mai 2009 trafen sich einige von Amerikas reichsten Milliardären in einem Privathaus in Manhattan, nur eine Woche vor dem Jahrestreffen der Bilderberg-Gruppe in Griechenland. Zu den Teilnehmern, die sich selbst als den »Good Club« bezeichneten, gehörten Bill Gates, David Rockefeller Jr., Warren Buffett, George Soros, Michael Bloomberg (der Bürgermeister von New York), Ted Turner und Oprah Winfrey. Laut John Harlow von der *Sunday Times* teilten alle die Meinung von Gates, die Überbevölkerung sei eine seiner größten Sorgen. »Außerdem ergab sich ein Konsens, dass man jede Strategie unterstützen würde, die das Bevölkerungswachstum als eine potenziell katastrophale Gefahr für die Umwelt, die Gesellschaft und die Wirtschaft bekämpfe«, schrieb Harlow.

Wenn das Traumziel von 150 Millionen Amerikanern erreicht werden soll, müsste die augenblickliche Bevölkerungszahl also halbiert werden. Was geschieht mit mehr als 150 Millionen Bürgern?

Augenscheinlich haben die Reichen und Mächtigen beschlossen, das Problem der Überbevölkerung selbst in die Hand zu nehmen. Und diese Personen hatten Verbindungen zu jenen Familien und Unternehmen, die mit ihrem Geld den Kommunismus in Russland und den Nationalsozialismus im Vorkriegsdeutschland unterstützten.

»Heute haben wir AIDS, den Rinderwahnsinn, das chronische Erschöpfungssyndrom und so weiter, und es sieht so aus, als würde sich die Geschichte wiederholen«, bemerkte Dr. Len Horowitz. »Selbst die Botschaft ist dieselbe. Millionen von Holocaustopfern wurde erzählt, sie würden in ›Duschen‹ geführt zu Zwecken der ›Desinfektion‹ und im Sinne der ›allgemeinen Gesundheit‹. Und deshalb erzählt man uns, wir sollten uns impfen lassen. Es hat sich praktisch nichts geändert, nicht einmal die Botschaft.«

Als Indikator dafür, dass sich auch in der Hierarchie der Globalisierer praktisch nichts geändert hat, kann das Faktum gelten, dass General James L. Jones, Präsident Barack Obamas Nationaler Sicherheitsberater, seine auf der 45. Münchener Sicherheitskonferenz am 8. Februar 2009 gehaltene Rede mit dem Eingeständnis begann, er erhalte seine »täglichen Anweisungen von Dr. Kissinger, und zwar auf indirektem Weg über General Brent Scowcroft und Sandy Berger.«

Donald und William Scott vertraten die Meinung, das Ziel einer Dezimierung der Bevölkerung werde auch an anderer Stelle verfolgt. »Zur Washingtoner Spitze des ›Brucellose-Dreiecks‹ gehören das Militär, die National Institutes of Health sowie das Finanz- und Justizministerium, und sie alle hatten Verbindungen zur New Yorker Spitze des Dreiecks, dominiert durch Rockefellers Interessen. Von dort erhielten sie ihre Direktiven. Und Rockefellers Interessen werden auch vertreten durch das Council on Foreign Relations, das Rockefeller Institute, die Rockefeller University, das Cold Spring Harbor Laboratory, die Rockefeller Foundation und die Chase Manhattan Bank. Zusammengenommen ergibt das eine

Konzentration von Macht, die einen unheilvollen Einfluss ausübt, und die Räder dieser Maschine greifen ineinander, um diese Macht zu erhalten.«

Tote Mikrobiologen

Einer der Gründe dafür, warum viele Mediziner sich nicht näher mit der Mycoplasma-Pandemie beschäftigen wollen, könnte darin gesehen werden, dass dieses Forschungsgebiet der Mikrobiologie augenscheinlich sehr gefährlich ist. Bis Mitte 2009 waren weltweit fast hundert Wissenschaftler gestorben, viele davon unter verdächtigen Umständen. Die meisten von ihnen waren Mikrobiologen.

Mark J. Harper stellte eine Liste mit den Namen von Wissenschaftlern zusammen, die auf unterschiedlichste Weise mit Forschungen über Viren und Impfstoffe zu tun hatten. »Während einige dieser Todesfälle keine Verbindung zu der wissenschaftlichen Materie zu haben scheinen, erscheinen andere als hochgradig mysteriös. Bei ihnen scheint es sich nicht um zufällige Gewaltakte, sondern um gezielte Morde zu handeln«, kommentierte Harper.

Also starb zwar nicht jeder auf dieser Liste eines unnatürlichen Todes, aber die schiere Anzahl der Toten verschlägt einem den Atem. Könnte es nicht sein, dass irgendjemand diejenigen loswerden möchte, welche die Verschwörung hinter den dubiosen Pandemien sahen und möglicherweise ein wirksames Gegengift entwickeln könnten?

Die Namen und Todesdaten der Wissenschaftler sind auf mehreren Webseiten zu finden.

Dr. Rifes Entdeckung

Ein bemerkenswerter Wissenschaftler, der diffamiert und ruiniert wurde, weil er behauptete, ein Heilverfahren für gefährliche Krankheiten entwickelt zu haben, war Dr. Royal Raymond Rife. Heute feiert die zu Rifes Lebzeiten unterdrückte Technologie trotz des Widerstands des medizinischen Establishments weltweit ein Comeback.

In den 1930er-Jahren demonstrierte Rife, dass bestimmte Radiowellenfrequenzen Viren- und Bakterienzellen abtöten können. Alle biochemischen Verbindungen, auch einzellige Organismen, schwingen durch eine spezielle Frequenzvibration. Weil Krankheitserreger auf Kohlenstoff basierende Lebensformen sind, sind sie auch anfällig für eine Zerstörung durch Radiowellen. Wenn die Amplitude –

oder Resonanz – einer Frequenz intensiviert wird, kann eine Zelle vernichtet werden. Durch Erhöhung der Intensität einer Frequenz konnte Rife die natürliche Oszillation von einzelligen Bakterien und Viren erhöhen, und zwar bis zu ihrer Verzerrung und zum Zerfall der Zellstruktur. Als behelfsmäßigen Vergleich für diesen Effekt könnte man anführen, das ein Glas zerspringen kann, wenn eine Sopranistin sehr hoch singt.

Rifes Arbeit mit Krankheitserregern folgte seiner Erfindung des »Universal Microscope«, unter dem man lebende Mikroorganismen besser beobachten konnte als mit Elektronenmikroskopen, weil diese Organismen durch ihre Strahlungsenergie abtöten. Durch die Verwendung mehrerer Linsen und Prismen sowie eines Polarisationsfilters erreichte Rife eine sechzigtausendfache Vergrößerung und wurde zum ersten Menschen, der lebende Viren beobachten konnte. Ihm fiel auf, dass sie sich wie andere Organismen entwickelten und ihre Form veränderten.

Im Jahr 1944 schrieb Dr. R. E. Seidel in einem Bericht des *Smithsonian-Institute* mit dem Titel »Das neue Mikroskop«: »Unter dem Unversal Microscope können Krankheitserreger wie die von Krebs beobachtet werden [...]. Man sieht sie absterben, wenn man sie bestimmten tödlichen Frequenzen aussetzt [...].« Das war eine überzeugende Unterstützung für Rifes Behauptung, seine Frequenztherapie könne Krankheitserreger tatsächlich vernichten.

Nach jahrzehntelangen Forschungen ordnete Rife zahlreichen krankhaften Zellen, auch von Krebs, Spektrogramme und Frequenzen zu, denen er die Mikroorganismen dann in intensivierter Form aussetzte, um sie zu vernichten. Gesunde Zellen oder Gewebe werden durch diese Therapie nicht beschädigt. Es ist nicht ein Fall bekannt geworden, wo ein Mensch durch ein Gerät von oder in der Nachfolge von Rife zu Schaden gekommen wäre.

Dagegen sind Berichte über zahlreiche Erfolge überliefert. Eine spezielle Forschungskommission der *University of Southern California* bestätigte, dass Rifes Frequenztherapie viele Krankheiten heilen könne, darunter auch Krebs. Im Jahr 1934 war es Rife gelungen, einen Virus zu isolieren, der Krebszellen triggerte, und es gelang ihm, ihn durch die Bombardierung mit Radiowellen zu vernichten. Bei 400 Tierversuchen schaffte er es, Karzinome und Sarkome abzutöten, und durch seine Frequenztherapie wurden 16 Krebspatienten geheilt, die in der herkömmlichen Medizin als unheilbar galten.

Sehr bald begriff das medizinische Establishment, dass durch Rifes Geräte und Methode nicht nur die Pharmaindustrie, sondern die ganze medizinische Zunft in Schwierigkeiten geraten könnte. Heilung hieß weniger Arztbesuche. Widerstand kam umgehend von Dr. Thomas Rivers vom *Rockefeller Institute,* der kein einziges Mal durch Rifes Mikroskop geschaut hatte. Bald gab es Meinungsverschiedenheiten zwischen denen, die durch Rifes Mikroskop gesehen hatten, dass Viren ihre Gestalt veränderten, und jenen, die das bestritten.

»Da seine Mikroskope sie nicht zeigten, argumentierte Rivers, es gebe ›keine logische Basis, an diese Theorie zu glauben‹«, sagte der Radiokommentator Jeff Rense. »Und genauso wird heute argumentiert, wenn es darum geht, viele andere ›alternative‹ Behandlungsmethoden zu bewerten. Wenn es keinen Präzedenzfall gibt, kann an der Sache nichts dran sein. Gegen ein vernageltes Bewusstsein kommt niemand an. Die meisten waren nie nach San Diego gekommen und hatten nie auch nur einen Blick durch diese Mikroskope geworfen, da das Fliegen in den Dreißigerjahren noch ungemütlich und ziemlich riskant war. Folglich wurde die Debatte über den Lebenszyklus von Viren im Sinne derer entschieden, die nichts gesehen hatten. Selbst moderne Elektronenmikroskope zeigen eingefrorene Bilder und nicht den Prozess des Lebenszyklus von Viren.«

Rife und seine Mitarbeiter, überarbeitet und immer in Geldnot, waren ein geeignetes Ziel für die Attacken ihrer Gegner. Die Gesundheitsbehörden erhoben falsche Anschuldigungen gegen Rife, änderten seine Testverfahren, damit seine Demonstrationen scheiterten, und stellten unmögliche Forderungen an ihn.

Im Jahr 1934 lehnte Rife ein Angebot ab, mit Morris Fishbein zusammenzuarbeiten, dem damaligen Vorsitzenden der *American Medical Association.* »Über die genauen Bedingungen dieser Offerte werden wir womöglich nichts mehr in Erfahrung bringen, aber wir kennen die Bedingungen, die Fishbein Harry Horsey stellte, um dessen Kräuterheilmittel gegen Krebs vermarkten zu können«, sagte Rense. »Fishbeins Partner wollten für neun Jahre alle Profite einstreichen und Horsey nichts geben. Dann, als sie zufrieden waren, weil das Medikament anschlug, gestanden sie Horsey zehn Prozent zu. Der beschloss, lieber weiter selbst und allein zu verdienen. Als er Fishbeins Angebot ablehnte, nutzte dieser seinen gewaltigen politischen Einfluss und ließ Horsey im Verlauf von sechzehn Monaten 125 Mal verhaften. Die Beschuldigung, ohne Zulassung als Arzt tätig zu sein, hatte vor Gericht nie Bestand, aber weil sie ihn ständig terrorisierten, wurde Horsey schließlich geisteskrank.«

Rifes Probleme wurden größer. Sein Labor wurde mehrfach geplündert, ohne dass je einer der Täter gefasst worden wäre. Außerdem wurde er von der Gesundheitsbehörde terrorisiert. Er wurde mit haltlosen Prozessen überhäuft, die ihn finanziell ruinierten. Einige dieser Verfahren wurden von Personen mit Beziehungen zur Pharmaindustrie angestrengt, doch Rife wurde nie verurteilt. Die spezielle Forschungskommission der *University of Southern California* wurde aufgelöst. Rife wurde an den Rand gedrängt, und sein Mikroskop ist heutzutage ein kostspieliges Sammlerstück, das noch von ein paar Ärzten und Privatpersonen genutzt wird. Rife starb 1971 als gebrochener Mann.

Obwohl seine Arbeit von Wissenschaftlern außerhalb der Vereinigten Staaten gewürdigt wurde, ignoriert die konventionell ausgerichtete Medizinbranche weiter die Vorteile seiner Technologie und verklagt deren Befürworter. Zu den

Amerikanern, die verschiedene Aspekte von Rifes Lebenswerk für gültig erklärt haben, gehören unter anderem: Dr. Edward C. Rosenow, der ehemalige Chef der bakteriologischen Abteilung an der *Mayo Clinic;* Dr. Arthur I. Kendall von der *Northwestern Medical School;* Dr. George Dock von der *Los Angeles County Medical Association Library;* Dr. Alvin Foord, Professor für Pathologie an der *University of Southern California;* Rufus Klein-Schmidt, Präsident der *USC;* Dr. Milbank Johnson, Direktor der südkalifornischen Abteilung der *American Medical Association;* Wahlen Morrison, Chefchirurg bei der *Santa Fe Railway;* Dr. George Fischer vom *Children's Hospital* in New York; Karl Meyer von der *Hooper Foundation* und viele andere.

Barry Lynes, ein Enthüllungsjournalist aus Kalifornien, erfuhr von der Rife-Story über John Crane, der eng mit Rife – von 1950 bis zu dessen Tod im Jahr 1971 – zusammengearbeitet hatte. Ursprünglich war Lynes skeptisch gewesen hinsichtlich der Heilerfolge von Rifes Methode, doch nachdem er die Unterlagen studiert hatte, die sich im Besitz von Crane befinden, war er empört über die Ungerechtigkeiten, die Rifes Lebenswerk vernichtet hatten. Im Jahr 1987 publizierte Lynes ein Buch über Rife und seine Arbeit mit dem Titel *The Cancer Cure That Worked! Fifty Years of Suppression.* Es wurde zu einem Geheimtipp und führte zu einer erneuten Beschäftigung mit Rifes Arbeit. Im Jahr 1995, als er Vorsitzender der *Royal Rife Research Society* wurde, begann James Folsom aus San Diego, Geräte in der Tradition von Rife herzustellen und zu vermarkten. Er behauptete, Hunderte von Schriftstücken zu besitzen, in denen bezeugt werde, dass seine Geräte die Symptome von Krebserkrankungen gelindert und in vielen Fällen zu einer Heilung geführt hätten. Folsom versicherte, keine unzufriedenen Kunden zu haben.

Folsom wurde Opfer einer Razzia der FDA, die 2003 im Zuge ihrer Aktion »Operation Cure All« mehrere Firmen aus dem Bereich der Alternativmedizin ins Visier nahm. Obwohl Folsoms Geräte beschlagnahmt wurden, hörte er jahrelang nichts mehr von der FDA. Doch dann, im Oktober 2007, nur einige Tage vor dem Ablauf der Verjährungsfrist, wurde Folsom verhaftet und wegen mehrerer Vergehen angeklagt, unter anderem deshalb, weil er ohne Zulassung ein medizinisches Instrument der Kategorie III verkauft haben soll. Folsom argumentierte, er brauche keine Zulassung, weil es sich um ein Biofeedbackgerät der Kategorie I handle. Solche Geräte seien von der Zulassungspflicht ausgenommen und seit mehr als siebzig Jahren in Gebrauch, ohne dass gesundheitliche Schäden oder Nebenwirkungen bekannt geworden seien. Trotzdem behauptete die FDA, aufgrund eines Gesetzes über medizinische Instrumente aus dem Jahr 1976 für die Zulassung der Biofeedbackgeräte zuständig zu sein. Dieses Gesetz erlaubt es, gegen den Verkauf von Hochspannungsgeräten für medizinische Zwecke vorzugehen. Trotzdem sollte man darauf hinweisen, dass Folsoms Gerät zu jener Zeit mit einer 9-Volt-Batterie betrieben werden konnte.

Man bot Folsom eine Einigung an, nach der er sich eines minderen Delikts für schuldig erklärt hätte, eine Geldstrafe von 250 Dollar bezahlt und zu einer Bewährungsstrafe von einem Jahr verurteilt worden wäre. Aber Folsom entschied sich, es auf einen Prozess ankommen zu lassen.

Laut Angaben der Staatsanwältin Karen Hewitt hatte Folsoms Firma seit ihrer Gründung mehr als acht Millionen Dollar Gewinn gemacht. Ihre Stellvertreterin Melanie Pierson sagte, während ihrer zwanzigjährigen Dienstzeit bei der Staatsanwaltschaft des San Diego County sei dies der größte Fall, bei dem es um unerlaubte medizinische Geräte gehe.

Das Verfahren fand vor einem Bundesbezirksgericht statt, wo eine Erörterung der Wirksamkeit von Rifes Methoden nicht zugelassen wurde. Eigentlich wollte Folsom stapelweise Briefe zufriedener Kunden präsentieren, doch Melanie Pierson ließ sich nicht darauf ein. Dann versicherte Folsom, in mehr als 70 Jahren seien keine schädlichen Begleiterscheinungen dieser Geräte bekannt geworden, doch auch das verfehlte seine Wirkung. Von Offiziellen der staatlichen Gesundheitsbehörde abgesehen, waren die einzigen Zeugen bei dem Verfahren 24 Freunde Folsoms, die zum Teil auch seine Geräte vertrieben. Sie alle bezeugten seinen guten Charakter und seine sauberen Geschäftspraktiken. Es ist unglaublich, aber die Anklage verwendete diese Zeugenaussagen gegen Folsom, indem sie behauptete, er sei ein so erstklassiger Betrüger, dass selbst seinen Freunden und Kunden nicht aufgefallen sei, dass sie betrogen worden waren. Die Anklage behauptete, Folsom habe den falschen Namen »Jim Anderson« benutzt, um nicht von der FDA erwischt zu werden, und er habe Kunden den trügerischen Eindruck vermittelt, die FDA habe seine Geräte zugelassen. Folsom räumte ein, den Namen als Verkäufer einer anderen Firma benutzt, seine geschäftliche Korrespondenz sowie die mit staatlichen Einrichtungen aber immer unter seinem richtigen Namen geführt zu haben.

Im Februar 2009 verurteilte die Jury des Bundesbezirksgerichts in San Diego Folsom in 26 Punkten, weil er Geräte in der Nachfolge Rifes verkauft hatte, und zwar unter den Namen »Nature-tronics«, »Astropulse«, »Biosolutions«, »Energy Wellness« und »Global Wellness«. Im Alter von 68 sah sich Folsom mit einer Haftstrafe von 140 Jahren konfrontiert, was nicht nur in seinem Alter mehr als lebenslänglich bedeutete. Dazu kam noch eine Geldstrafe von einer halben Million Dollar. Er verbüßt seine Strafe in der *Western Region Detention Facility*, einem Gefängnis, das jetzt von dem Privatunternehmen *GEO Group, Inc.* gemanagt wird.

Einige Wochen nach Folsoms Prozess und seiner Verurteilung gab die FDA eine Pressemitteilung heraus, in der stand, die Hersteller von 25 Typen medizinischer Geräte, die vor 1976 auf dem Markt gewesen seien, müssten die Gesundheitsbehörde über deren Sicherheit und Wirksamkeit informieren, damit diese das Risiko für die Kunden einschätzen könne. Freunde von Folsom sagten, die Entscheidung der FDA, ältere Geräte unter die Lupe zu nehmen, sei wahrscheinlich auf das Urteil in dem Verfahren zurückzuführen.

Einer von Folsoms Freunden sagte: »Jim hat seine Unschuld beteuert und ist seinem Prinzip treu geblieben, Rifes Namen von jedem Makel befreien zu wollen. Aber es war unmöglich. Gegen eine mächtige staatliche Behörde wie die FDA und ein ungerechtes System kommt man nicht an. Seit Jims Verurteilung wissen wir, dass unser Justizsystem mit der Pharmaindustrie und dem medizinisch-industriellen Komplex unter einer Decke steckt.«

Viele sahen Folsoms Verurteilung als eine Attacke gegen jene, die für Rifes Methoden eintreten. Außerdem sagten sie, wer sich dafür interessiere, müsse ausländische Webseiten wie **www.rife.de** aufrufen. In Deutschland sei der Verkauf von Geräten in der Nachfolge Rifes erlaubt.

Die FDA versucht, ganz normale Vitamine verschreibungspflichtig zu machen und potenziell hilfreiche medizinische Geräte wie die von Rife vom Markt zu verdrängen. Denkt man dann noch an die geplante, staatlich organisierte allgemeine Krankenversicherung, könnte man den Endruck gewinnen, als gäbe es bewusste Bemühungen, die Öffentlichkeit davon abzuhalten, sich nach gesunden Alternativen zu den Medikamenten der Pharmaindustrie umzusehen.

Doch warum sollte uns der Staat Schaden zufügen, indem er uns ungetestete Impfstoffe verabreicht und möglicherweise erfolgversprechende Therapien unterdrückt? Wäre das nicht auch für die Gesundheit der globalen Elite schädlich? Manche glauben, dass der harte Kern der Globalisierer solche Technologien oder ihre Weiterentwicklungen längst benutzt. Ist es denkbar, dass sie sich von jenen Krankheiten befreien können, während sie tatenlos zusehen, wie andere darunter leiden? Die steinreiche Elite mag nicht beunruhigt sein, dass ihre Eugenikpläne auch ihre Familien betreffen könnten. Sie mögen glauben, dass sie ihre eigene DNS durch rassenspezifische Krankheitserreger schützen können. Falls sie ernsthaft erkranken sollten, könnten sie sich vielleicht heilen durch ein paar Stunden Frequenztherapie oder hochmoderne Gegengifte zur Immunisierung – Mittel, die der normalen Bevölkerung nicht zur Verfügung stehen.

Diese der Öffentlichkeit vorenthaltenen Therapien, durch die vielleicht Krankheiten geheilt oder der Alterungsprozess aufgehalten werden könnten, könnten zugleich auch als höchst effizienter Köder bei der Rekrutierung von willfährigen Lakaien helfen, die sich in den Dienst der Verwirklichung der Neuen Weltordnung stellen wollen.

Medikation der Bevölkerung

In der nächsten Generation etwa wird eine pharmakologische Methode die Menschen dazu bringen, die Knechtschaft zu lieben und ohne Tränen Diktaturen und Konzentrationslager für ganze Gesellschaften hervorzubringen, wo keine Schmerzen gelitten werden. Obwohl ihnen jede Freiheit genommen sein wird, werden sie es eher genießen, denn Propaganda, Gehirnwäsche oder eine durch pharmazeutische Mittel verschärfte Gehirnwäsche werden ihnen jedes Verlangen genommen haben, gegen die Verhältnisse aufzubegehren. Und das scheint die definitive Revolution zu sein.

– ALDOUS HUXLEY, 1961

Pharmariesen

Medikamente sind Big Business. Nur fünf Pharmakonzerne konnten lukrative Verträge mit dem amerikanischen Gesundheitsministerium abschließen, um mehr als 195 Millionen Dosen eines Impfstoffs gegen die Schweinegrippe zu entwickeln und zu produzieren – *Novartis, GlaxoSmithKline, MedImmune,* das australische Unternehmen *CSL* und *Sanofi-Pasteur.*

Dr. Joseph Mercola, Arzt, Chiropraktiker und Autor von sechzehn Büchern über Gesundheit und alternative Medizin, von denen es zwei auf die Bestsellerliste der *New York Times* geschafft haben, sagte hierzu: »CSL hat Verträge über die Lieferung von Antigenen in die Vereinigten Staaten im Wert von 180 Millionen Dollar. MedImmune wird für mehr als 450 Millionen Dollar 40 Millionen Dosen eines Schweinegrippe-Impfstoffs herstellen, der als Nasenspray verabreicht wird. Und Sanofi-Pasteur produziert für 690 Millionen hundert Millionen Dosen eines Schweinegrippe-Impfstoffs.«

Ungefähr die Hälfte der weltweit größten Pharmakonzerne sind keine amerikanischen, sondern eher europäische Unternehmen. Unter den Top Ten finden sich die amerikanischen Unternehmen *Pfizer, Merck, Johnson & Johnson, Bristol-Myers Squibb* und *Wyeth* (ehemals *American Home Products*). Die anderen führenden Pharmakonzerne sind die britischen Unternehmen *GlaxoSmithKline* und *AstraZeneca,* die Schweizer Konzerne *Novartis* und *Roche* sowie das französische Unternehmen *Aventis,* das 2004 mit einem anderen französischen Konzern, *Sanofi Synthelabo,* fusionierte, wodurch es auf Platz drei vorrückte. Diese Konzerne arbeiten im Grunde alle gleich, aber der Preis für ihre Medikamente ist in Amerika sehr viel höher als in anderen Ländern. So kostet etwa eine Flasche mit tausend Aspirintabletten in Mexiko weniger als eine mit 500 Tabletten in den Vereinigten Staaten, und selbstverständlich wird kein Unternehmen ein Produkt verkaufen, ohne damit Gewinn zu machen.

Hier einige Hinweise, wie viel Geld auf dem aktuellen Markt für Medikamente im Spiel ist: Auf dem Pharmamarkt wurden 2007 weltweit 712 Milliarden Dollar umgesetzt, von denen etwa 80 Milliarden auf Psychopharmaka entfielen. Mehrere Autoritäten vermuten, Psychopharmaka könnten für viele Morde, Selbstmorde und Amokläufe in Schulen verantwortlich sein. Diese These wird vertreten von dem Harvard-Psychiater Dr. Peter R. Breggin, von Bruce Wiseman, nationaler Präsident der *Citizens Commission on Human Rights,* dem Genetiker Dr. Thomas Roeder, von Dr. Hyla Cass, ehemals Privatdozentin für Psychiatrie an der *UCLA School of Medicine* und von David Healey und David B. Menkes, beide vom *North Wales Department of Psychological Medicine.*

Noch schlimmer ist, dass die 80 Milliarden den illegalen Medikamentenmarkt nicht miteinschließen.

Dr. Marcia Angell, ehemals Herausgeberin des *New England Journal of Medicine,* schrieb in der *New York Review of Books:* »Der Gesamtgewinn der zehn Pharmakonzerne im Fortune 500 (35,9 Milliarden Dollar) war größer als die Profite aller anderen 490 Unternehmen zusammen (33,7 Milliarden). Während der letzten beiden Jahrzehnte hat sich die Pharmaindustrie sehr weit von ihrem hohen Ideal entfernt, nützliche neue Medikamente zu entwickeln und herzustellen. Jetzt ist sie primär eine Marketingmaschine, um Medikamente zweifelhaften Nutzens zu verkaufen, und diese Industrie setzt ihren Reichtum und ihre Macht ein, um jede Institution gefügig zu machen, die sich ihr in den Weg stellen könnte – sei es der Kongress, die Food and Drug Administration, der akademische medizinische Betrieb oder die Ärzteschaft selbst.«

In ihrem 2004 erschienenen Buch *The Truth About the Drug Companies: How They Deceive Us and What to Do About It,* argumentiert Dr. Angell, die gegenwärtige Macht der Pharmaindustrie lasse sich direkt zurückverfolgen bis zu ihrem phänomenalen Wachstum während der Reagan-Jahre, wo nach dem missglückten Mordanschlag auf Reagan im März 1981 Vizepräsident George H. W. Bush das Kommando übernahm, unterstützt von seinen Freunden aus den Reihen der Globalisierer.

»Die Wende kam im Jahr 1980«, schrieb Angell. »Davor war es ein gutes Geschäft, danach ein phänomenales. Von 1960 bis 1980 war der Verkauf rezeptpflichtiger Medikamente ziemlich gleichbleibend, aber zwischen 1980 und 2000 verdreifachte er sich. Mittlerweile sind das mehr als 200 Milliarden Dollar pro Jahr. Zu den außergewöhnlich lukrativen Geschäften der Pharmaindustrie haben viele Faktoren beigetragen, aber sie haben nichts mit der Qualität der von den Konzernen verkauften Medikamente zu tun.«

Und tatsächlich hat der Erfolg der Pharmariesen mehr mit Marketing als mit der Wirksamkeit der Arzneimittel zu tun. Dr. Michael Wilkes, Medizinprofessor und Vizedekan an der Medizinischen Fakultät der *University of California,* stimmte anderen Kritikern in seiner Analyse des modernen Phänomens des »Krankredens« zu: Um den Verkauf anzuheizen, versuchen große Pharmakonzerne gesunde Menschen davon zu überzeugen, sie seien krank und benötigten bestimmte Medikamente.

»Die meisten Pharmakonzerne investieren Riesensummen in die Prävention sowie in die Beherrschung und Heilung von Krankheiten«, schrieb Dr. Wilkes. »Wenn die Profite nicht mit den Erwartungen übereinstimmen, ›erfinden‹ sie neue Krankheiten, die mit bereits existierenden Medikamenten kuriert werden sollen. Es gibt zahllose Beispiele dafür, dass hinter dem ›Krankreden‹ der Wille der Pharmaindustrie steht, Medikamente zu verkaufen. Die weibliche sexuelle Dysfunktion, die prämenstruelle dysphorische Störung, Fußpilz, Haarausfall und die ›zwischenmenschliche Angststörung‹ (früher Schüchternheit genannt) sind nur einige der Phänomene, wo aus normalen oder relativ unbedenklichen Erscheinungen Krankheiten gemacht wurden, die medikamentös behandelt werden müssen.«

Die Pharmariesen erfinden zwar neue Krankheiten, aber selten neue Medikamente. Überraschenderweise verdankten sich die meisten wichtigen neuen Präparate, die in den letzten Jahren auf den Markt kamen, Forschungen von Universitäten, kleinen Biotechnologieunternehmen oder der *National Institutes of Health,* für die der Steuerzahler aufgekommen war. Tatsächlich sind die meisten »neuen« Medikamente der Pharmaindustrie eher Variationen älterer Arzneien.

»Nehmen wir an, ich bin Hersteller und kann durch den Austausch nur eines Moleküls ein Patent für weitere zwanzig Jahre behalten […]. Und nehmen wir weiter an, ich kann die Ärzte davon überzeugen, etwas zu verschreiben und die Patienten davon, weiter Prilosec oder Prozac zu verlangen in dem Moment, wo mein Patent eigentlich ausläuft […]. Warum sollte ich dann Geld in das sehr viel riskantere Projekt investieren, brandneue Medikamente zu entwickeln?«, fragte Dr. Sharon Levine, eine der stellvertretenden Vorsitzenden der *Kaiser Permanente Medical Group.*

»Was man von einem Riesengorilla sagt, trifft genauso auf jenen Koloss zu, als den ich die Pharmaindustrie sehe – er ist daran gewöhnt, zu tun, was er will«, schrieb Dr. Marcia Angell. »Das wichtigste der Gesetze, durch die die Vorschriften für die Pharmakonzerne entschärft wurden, ist der nach den Senatoren Birch Bayh und Robert Dole benannte Bayh-Dole Act, der es Universitäten und kleineren Unternehmen ermöglicht, Entdeckungen patentieren zu lassen, die aus Forschungen hervorgingen, welche von den National Institutes of Health (NIH) finanziert wurden, also durch Gelder, die der Steuerzahler für medizinische Forschung bereitstellt. Und dann können die Universitäten Exklusivlizenzen an die

Pharmakonzerne vergeben. Bis dahin waren die Ergebnisse von aus Steuergeldern finanzierten Forschungen frei verfügbar, nicht durch Patente geschützt, und jedes interessierte Unternehmen konnte sie verwenden. Doch jetzt können Universitäten, wo ein Großteil der von den NIH finanzierten Forschungsarbeit geleistet wird, ihre Entdeckungen patentieren lassen und Lizenzgebühren verlangen. Ein ähnliches Gesetz gestattet es den NIH, selbst Verträge mit Pharmakonzernen abzuschließen, durch welche NIH-Forschungsergebnisse direkt der Industrie zur Verfügung gestellt werden [...]. Wenn also ein Patent, das von einer Universität oder einem kleinen Biotechunternehmen gehalten wird, durch Erteilung einer Lizenz einem großen Pharmakonzern zur Nutzung überlassen wird, verdienen beide Parteien daran, dass die Öffentlichkeit in die Forschung investiert hat.«

So wurde öffentlich finanzierte Forschung zu einer Ware, die verkauft wird, damit riesige Privatunternehmen Profit machen können. Dr. Angell verweist auch auf die üppigen Beraterhonorare, welche die Pharmakonzerne an Professoren medizinischer Fakultäten oder Wissenschaftler und Direktoren der NIH zahlen. Durch diese Beraterhonorare sind die global agierenden Pharmakonzerne in der Lage, hierzulande noch weiter in die medizinische Ausbildung und Forschung einzudringen.

Die lukrative Beziehung zwischen den Pharmariesen einerseits sowie medizinischen Fakultäten und Lehrkrankenhäusern andererseits hat dazu geführt, dass die Atmosphäre heutzutage definitiv unternehmerfreundlich ist. »In der medizinischen Forschung hat die Stimmung zunehmend zugunsten der Industrie umgeschlagen, also ausgerechnet dort, wo solch eindeutige Sympathien nichts zu suchen haben«, resümierte Dr. Angell.

Sie wies auch darauf hin, schon jetzt habe sich durch die von der Pharmaindustrie gezahlten Riesensummen das Berufsethos an medizinischen Fakultäten und Lehrkrankenhäusern geändert, die sich mittlerweile als Partner der Industrie sähen. Wissenschaftler würden ermuntert, ihre Forschungsresultate patentieren zu lassen, wobei die Patente den Universitäten übertragen würden. Diese verkauften dann die Nutzungsrechte an die Industrie und strichen die Lizenzgebühren ein. Etliche medizinische Fakultäten und Lehrkrankenhäuser richteten sogar eigens »Technologietransferzentren« ein, um wissenschaftliche Entdeckungen zu Geld machen zu können.

Und letztlich verwies Dr. Angell auf die unglaublichen Gehälter der Führungskräfte der Pharmakonzerne. Da ist zum Beispiel Charles Heimbold, ehemals CEO von *Bristol-Myers Squibb,* der im Jahr 2001 unfassbare 74 890 918 Dollar einstrich, nicht eingerechnet die Aktienoptionen im Wert von 76 095 611 Dollar. Im gleichen Jahr verdiente der Vorstandsvorsitzende von Wyeth 40 521 011 Dollar, auch hier ohne die Aktienoptionen im Wert von 40 629 459 Dollar.

Direktwerbung für Medikamente

Und in erster Linie geht es ums Verkaufen. Anzeigen und Werbespots für Medikamente sind heute in allen Medien allgegenwärtig. Obwohl die Pharmaindustrie im dritten Quartal des Jahres 2008 7,1 Prozent weniger für Werbung ausgab, zeigte ein Bericht von *Nielsen Media Research,* dass die Konzerne immer noch 4,8 Milliarden Dollar für Direktwerbung im Fernsehen, im Radio und in den Printmedien investierten.

Hier eine Aufstellung, wie viel der Verkauf der am häufigsten nachgefragten Medikamente für jeden in die Werbung investierten Dollar an Gewinn einspielte:

– Cholesterin-Medikament Lipitor: 34,09 Dollar
– Asthmamittel Advair Diskus: 27,98 Dollar
– Nexium gegen Sodbrennen: 44,92 Dollar
– Singulair gegen Allergie: 45,24 Dollar
– Zyrtec gegen Allergie (jetzt rezeptfrei erhältlich): 33,86 Dollar

Die für Direktwerbung aufgewendeten Mittel haben sich zwischen 1997 und 2005 verdreifacht. Damit stiegen die Investitionen ins Marketing von 1,3 Milliarden auf 4,2 Milliarden, seit die *Food and Drug Administration* die Vorschriften für diese Art der Arzneimittelwerbung gelockert hatte.

Man schätzt, dass acht von den im Jahr 2008 insgesamt für verschreibungspflichtige Medikamente ausgegebenen 235 Milliarden deshalb ausgegeben wurden, weil die Verbraucher von der Werbung beeinflusst worden waren. Und dem Rückgang der Pharmawerbung im Jahr 2008 – einmalig in der neueren amerikanischen Geschichte – stand anderseits die Einführungskampagne von Medikamenten wie Cialis, Abilify, Nasonex und Plavix gegenüber.

Während die TV-Spots glückliche Menschen, idyllische Landschaften, lachende Kinder und niedliche Haustiere zeigen, rasselt eine monotone Stimme in rasendem Tempo die möglichen Nebenwirkungen herunter. Das Schmerzmittel Vioxx wurde von seinem Hersteller mit großem Aufwand beworben, musste aber später vom Markt genommen werden, als klar wurde, dass das Medikament bei einigen Menschen das Herzinfarktrisiko erhöhte. »Die bombastische Werbekampagne hat den durch das Medikament angerichteten Schaden vergrößert«, sagte Michael Russo von der *California Public Interest Research Group* (CalPIRG), die sich schwerpunktmäßig mit Gesundheitsfragen befasst.

Womöglich ist es den Pharmariesen wichtiger, existierende Medikamente zu bewerben statt neue und unbedenklichere Arzneien zu entwickeln. Veröffentlichte Schätzungen besagen, dass die Pharmaindustrie im Jahr 2004 ungefähr 57,5 Milliarden Dollar für Werbung auf dem amerikanischen Markt ausgab, aber nur 31,5 Milliarden für Forschung und Entwicklung. In Prozentzahlen ausgedrückt: Von den 235,4 Milliarden, die 2004 in die Kasse kamen, verschlang die Werbung 24,4 Prozent, während in Forschung und Entwicklung nur 13,4 Prozent investiert wurden.

»Wenngleich einige wissenschaftliche Studien nahelegen, dass Direktwerbung nützlich sein kann für Menschen, die erstmalig Arzneien einnehmen, oder solche, die eine bereits verordnete medikamentöse Behandlung beibehalten müssen, bleibt doch das Problem der Einseitigkeit bei vielen Spots und Anzeigen, die den Nutzen einer Arznei unterstreichen und die Risiken herunterspielen, was es dringend erforderlich macht, dass der Gesetzgeber regulierend eingreift«, hieß es auf der Webseite *BioJobBlog,* einer Jobvermittlung für die Bioindustrie. »Vor ungefähr zehn Jahren erzählte mir eine Freundin, die für ein großes Pharmaunternehmen arbeitet, sie warte immer erst fünf Jahre, bevor sie ein neu zugelassenes Medikament einnehme. Damals fand ich das merkwürdig aus ihrem Munde, da sie schon fünfzehn Jahre in der Branche tätig war. Aber in den letzten fünf Jahren mussten etliche Medikamente wieder vom Markt genommen werden, die zuvor mit aufwändigen Kampagnen beworben worden waren. Diese Art von Marketing mag gut fürs Geschäft sein, aber nicht unbedingt für den amerikanischen Verbraucher.«

Auf der Webseite wurde ebenfalls darauf hingewiesen, dass Direktwerbung für verschreibungspflichtige Medikamente nur in zwei Ländern erlaubt ist – in Neuseeland und den Vereinigten Staaten.

Die ständig wachsende Zahl von Spots in den elektronischen Medien und Anzeigen im Printbereich hat mehrere Kongressabgeordnete dazu veranlasst, Gesetzesvorlagen einzubringen, die der Werbeflut Einhalt gebieten sollen. Sie waren empört darüber, dass Werbungskosten für Pharmakonzerne steuerlich absetzbar sind, die zur besten Sendezeit Spots für Potenzmittel ausstrahlen ließen, die vierstündige Dauererektionen versprachen.

Doch nicht nur die Werbung beunruhigte die Öffentlichkeit, sondern auch das Missverhältnis zwischen den Herstellungskosten und dem Verkaufspreis der Medikamente. Im Jahr 2003 veröffentlichte die Webseite *ThePeoplesVoice.org* die folgende Tabelle bezüglich des tatsächlichen Preises des Wirkstoffs einiger der am meisten nachgefragten Präparate:

Markenname	Verbraucherpreis für 100 Tabletten	Kosten der Wirkstoffe pro 100 Tabletten	Kalkulationsaufschlag in Prozent
Celebrex 100 mg	130,27 $	0,60 $	21,712 %
Claritin 10 mg	215,17 $	0,71 $	30,306 %
Keflex 250 mg	157,39 $	1,88 $	8,372 %
Lipitor 20 mg	272,37 $	5,80 $	4,696 %
Norvasc 10 mg	188,29 $	0,14 $	134,493 %
Paxil 20 mg	220,27 $	7,60 $	2,898 %
Prevacid 30 mg	44,77 $	1,01 $	34,136 %
Prilosec 20 mg	360,97 $	0,52 $	69,417 %
Prozac 20 mg	247,47 $	0,11 $	224,973 %
Tenormin 50 mg	104,47 $	0,13 $	80,362 %
Vasotec 10 mg	102,37 $	0,20 $	51,185 %
Xanax 1 mg	136,79 $	0,024 $	569,958 %
Zestril 20 mg	89,89 $	3,20 $	2,809 %
Zithromax 600 mg	1.482,19 $	18,78 $	7,892 %
Zocor 40 mg	350,27 $	8,63 $	4,059 %
Zoloft 50 mg	206,87 $	1,75 $	11,821 %

Glücklicherweise hat der Staat auf die wachsende Beunruhigung der Öffentlichkeit hinsichtlich der Machenschaften der Pharmariesen reagiert. Im September 2009 musste *Pfizer Inc.*, der weltgrößte Pharmakonzern, nach einer außergerichtlichen Einigung eine Geldstrafe von 2,3 Milliarden Dollar bezahlen, nachdem das Unternehmen für schuldig befunden worden war, auf gesetzwidrige Weise verschreibungspflichtige Medikamente beworben zu haben, unter anderem das Schmerzmittel Bextra, das 2005 vom Markt genommen wurde. Studien hatten ergeben, dass durch die Einnahme des Medikaments ein erhöhtes Herzinfarktrisiko bestand und dass es bei Indikationen eingesetzt worden war, die in der Zulassung durch die staatliche Aufsichtsbehörde nicht eingeschlossen waren.

Ein Sprecher des Justizministeriums sagte, dies sei die höchste Geldstrafe, die jemals in der Geschichte der Vereinigten Staaten verhängt worden sei.

Während des letzten Jahrzehnts war dies der vierte Fall, bei dem es um falsche und irreführende Behauptungen in Direktwerbung für Medikamente ging. Die zuständige Behörde nannte *Pfizer* einen »Wiederholungstäter« und sagte, die Werbestrategie des Konzerns werde für fünf Jahre unter die Lupe genommen.

Schon zuvor war *Pfizer* beschuldigt worden, Ärzte als Berater in luxuriöse Feriendomizile eingeladen zu haben. Mike Loucks, der Justizminister von Massa-

WIE MAN ZOMBIES ERSCHAFFT | 139

chusetts, sagte hierzu: »Golfpartien, Massagen und andere luxuriöse Annehmlichkeiten – sie wurden in jeder Hinsicht gut unterhalten.« Er fügte hinzu, *Pfizer* habe sich bei anderen Medikamenten der gleichen Gesetzesverstöße schuldig gemacht, selbst zu der Zeit, als der Konzern wegen des Schmerzmittels Bextra mit Anwälten des Justizministeriums die außergerichtliche Einigung aushandelte.

Andrew Cuomo, Justizminister von New York, sagte gegenüber den Medien: »Pfizer hat die Einwohner des Bundesstaats New York und Menschen im ganzen Land betrogen, um seine Bilanz zu verbessern. Die korrupten Praktiken gingen so weit, Ärzte auf exotische Vergnügungsreisen zu schicken und üppig zu bewirten, um sie davon zu überzeugen, auf jeden Fall die Medikamente des Konzerns zu verschreiben.«

Bei einem anderen Pharmagiganten gibt es zugleich Beziehungen zu den Globalisierern und zu den Nazis. *GlaxoSmithKline* (GSK), nach *Pfizer* der zweitgrößte Pharmakonzern der Welt, wurde 1880 in London von den beiden amerikanischen Pharmakologen Henry Welcome und Silas Burroughs gegründet. Die Firma hieß *Burroughs Welcome & Company. Glaxo Laboratories* war ursprünglich ein Hersteller von Babynahrung und dehnte seine Geschäfte 1935 über die Landesgrenzen hinaus aus. Nach dem Zweiten Weltkrieg wurden andere Unternehmen übernommen, darunter *Meyer Laboratories*. Im Jahr 1995 fusionierte *Glaxo* mit *Burroughs Welcome*. Der neue Name lautete *GlaxoWelcome*. Im Jahr 2000, nach der Fusion mit *SmithKlineBeckman*, entstand dann *GlaxoSmithKline*.

Die ursprüngliche *Burroughs-Welcome*-Arzneimittelfirma war im Alleinbesitz des *Welcome Trust*, dessen Direktor, der Brite Lord Oliver Franks, als »einer der prägenden Gestalter der Nachkriegswelt« beschrieben wurde. Von 1948 bis 1952 war Franks britischer Botschafter in den Vereinigten Staaten, und er war ebenfalls ein Direktor der *Rockefeller Foundation* und ihr höchster Repräsentant in England. Außerdem war er Direktor der Bank Kurt von Schroeder, bei der früher Hitler sein Privatkonto hatte. Zudem war Franks einer der Direktoren des *Rhodes Trust* des afrikanischen Diamantenmagnaten Cecil Rhodes, der Ende des 19. Jahrhunderts die *Round Table Groups* begründete, einen Vorläufer des *Council on Foreign Relations*. Als Direktor des *Rhodes Trust* war Franks zuständig für die Bewilligung von Rhodes-Stipendien, von denen im Jahr 1968 Bill Clinton eines bekam.

Laut Auskunft des früheren Geheimdienstlers Dr. John Coleman verfügten die Mitglieder von *Rhodes Round Tables* über einen immensen Reichtum aus dem Gold-, Diamanten- und Pharmageschäft, den sie einsetzten, um überall auf der Welt politische Führungen sowie die Steuer- und Finanzpolitik unter ihre Kontrolle zu bringen. Die Existenz dieses Netzwerks wurde bestätigt von Bill Clintons akademischem Mentor Carroll Quigley, einst Historiker an der *Georgetown University*, der schrieb: »Dieses seit einer Generation bestehende internationale

Netzwerk agiert in einem gewissen Ausmaß so, wie sich radikale Rechte die Handlungsweise von Kommunisten vorstellen. Ich weiß von den Operationen dieses Netzwerks, weil ich seine Aktivitäten seit zwanzig Jahren verfolgt habe und in den frühen Sechzigern für zwei Jahre die Genehmigung hatte, seine Papiere und geheimen Unterlagen zu studieren. Ich habe weder eine Aversion gegen diese Gruppe noch gegen die meisten ihrer Ziele. Für einen großen Teil meines Lebens habe ich diesen Leuten nahegestanden und Sympathie für viele ihrer Vorgehensweisen gehegt […]. Grundsätzlich anderer Meinung als die Mitglieder dieses Netzwerks bin ich in einem Punkt […]. Sie wollen dessen Existenz geheim halten, während ich denke, dass seine historische Rolle so bedeutsam ist, dass alle davon erfahren sollten.«

Während bekannt ist, dass Franks Direktor eines Trusts war, der ein großes Pharmaunternehmen besaß, wissen die wenigsten, wie weitreichend Rockefellers Einfluss auf die moderne Medizin und Pharmazie war.

Nach Meinung von Eustace Mullins wird die Pharmaindustrie von einem »Rockefeller-Monopol« beherrscht. Früher waren die Direktoren in den Vorständen der Pharmakonzerne Repräsentanten der *Chase Bank*, von *Standard Oil* und anderen Rockefeller-Unternehmen. »Das American College of Surgeons hatte eine monopolistische Kontrolle über die Krankenhäuser, und zwar durch das mächtige Hospital Survey Committee, dessen Mitglieder Winthrop Aldrich und Dave McAlpine Rockefellers Interessen vertraten.«

Winthrop Aldrich, dessen Schwester John D. Rockefeller Jr. heiratete, war von 1930 bis 1953 Präsident und Vorstandsvorsitzender der *Chase National Bank*. Außerdem saß er im Committee on the *Cost of Medical Care* (CCMC), das von Dr. Alexander Lambert gegründet wurde, der seit 1910 Präsident der *American Medical Association* und der persönliche Arzt Teddy Roosevelts war. Dr. Charles C. Smith, ein Arzt, der die Aktivitäten des CCMC erforschte und 1984 einen Bericht darüber publizierte, schrieb: »Ganz offensichtlich war Dr. Lambert die für die Außendarstellung benötigte Galionsfigur […]. Der Chef der Vollzeitangestellten war Harry H. Moore aus Washington, der 1927 als Mitglied des Public Health Service die Schrift ›American Medicine and Public Health‹ veröffentlichte. Sein Dogma war die Notwendigkeit eines *Systems* der Gesundheitsversorgung und eines Versicherungsplans, um es zu bezahlen.«

Somit wurde über die Zukunft von Amerikas Gesundheitsversorgung schon zu Beginn des 20. Jahrhunderts entschieden. Moore wurde unterstützt von C. Rufus Rorem, der in Wirtschaftswissenschaften promoviert hatte, und zwar an der von Rockefeller gegründeten und finanzierten *University of Chicago*. Laut Smith war Rorem eher an Vorauszahlungen der Krankenhäuser interessiert als an der Gesundheitsfürsorge. Nach seiner Zeit beim CCMC wurde Rorem von 1936 bis 1946 Direktor der *Blue Cross Plan Commission*.

»Meiner Meinung nach entsprach das wichtigste vom CCMC propagierte Prinzip überhaupt nicht dem, was ursprünglich geplant war«, schrieb Dr. Charles C. Smith Jr., der Verfasser einer medizingeschichtlichen Studie über das CCMC. Eine Minderheit innerhalb des Komitees empfahl ohne Erfolg, den Staat aus der medizinischen Praxis herauszuhalten. Außerdem argumentierten sie gegen die Finanzierung der professionellen Medizin durch zwischengeschaltete Behörden wie etwa die *Health Maintenance Organizations* (HMOs). Angeblich beuteten solche Organisationen den Ärztestand und medizinisches Personal aus und seien nicht in der Lage, eine qualitativ gute Gesundheitsversorgung zu garantieren.

»Der Tenor des Berichts über das CCMC war, dass wir überall die Saat dessen finden, was zu unserem heutigen Gesundheitssystem geführt hat – das sich heute, wie eigentlich immer, in einer Krise befindet«, schrieb Dr. Smith 1984. Und in der Tat, die Krise dauert an.

»Rockefellers General Education Board hat mehr als hundert Millionen Dollar investiert, um die Kontrolle über die medizinischen Fakultäten dieses Landes zu erringen und um unsere Ärzte in Mediziner der allopathischen Schule zu verwandeln, die auf die Chirurgie und den intensiven Einsatz von Medikamenten schwört«, schrieb Mullins, der sich mehr als dreißig Jahre mit der Erforschung von Rockefellers »Medizinmonopol« befasst hat.

Laut Mullins hatte John D. Rockefellers Vater, William »Big Bill« Rockefeller, einst versucht, nicht raffiniertes Öl als Heilmittel gegen Krebs zu verkaufen. »Dieser marktschreierische Amateurmediziner hätte sich wohl kaum vorstellen können, dass seine Nachfahren einst das größte, profitabelste und historisch einmalige Medizinmonopol kontrollieren würden.«

Mullins berichtete, dass das deutsche Chemieunternehmen I. G. Farben und seine Tochterfirmen in den Vereinigten Staaten über Rockefellers Beteiligungen (man denke an den Deal zwischen Rockefellers *Standard Oil* und der I. G. Farben, der 1941 aufgedeckt wurde) versuchten, ein Monopol aufzubauen, indem sie eigene Erfindungen neuer Medikamente geheim hielten. Von 1908 bis 1936 verschwieg die I. G. Farben die Existenz von Sulfonamid, eines frühen Sulfonamidpräparats – so lange, bis der Konzern ein Abkommen mit den wichtigen Schweizer Pharmaunternehmen *Sandoz* und *Ciba-Geigy* unterzeichnet hatte. Nach Jahren der Zusammenarbeit entstand durch die Fusion dieser beiden Unternehmen – die größte Fusion der Wirtschaftsgeschichte – im Jahr 1996 der Großkonzern *Novartis*.

Während der ersten Hälfte des 20. Jahrhunderts dominierte das Chemie- und Pharmakartell I. G. Farben gemeinsam mit jenen Pharmaunternehmen, die Rockefeller über seine Beteiligungen kontrollierte, die Entwicklung, Produktion und Distribution von zahllosen Medikamenten, darunter auch solche, die sich als sehr gefährlich erweisen sollten.

Aspartam

Chemikalien in den Medikamenten der Pharmaindustrie sind nicht unser einziges Problem. Eine der vielen umstrittenen Chemikalien, die jetzt von Millionen von Amerikanern konsumiert wird, ist Aspartam, ein synthetischer Zuckeraustauschstoff, der sich heute in den meisten mit der Zusatzbezeichnung »Light« vermarkteten Softdrinks findet, aber auch in mehr als 5000 Lebensmittelprodukten, Medikamenten und den meisten Süßstoffen, etwa NutraSweet, Equal, Metamucil und Canderel.

Erhitzt man Aspartam auf mehr als 30 Grad Celsius, setzt es Methanol frei, das dann im Körper in Ameisensäure und Formaldehyd zerfällt. Wir sollten im Gedächtnis behalten, dass die menschliche Körpertemperatur etwa 37 Grad beträgt und dass Formaldehyd ein tödliches Nervengift ist. Ameisensäure ist das Gift, das bei Ameisenstichen freigesetzt wird.

Dr. Louis J. Elsas, Professor der Pädiatrie und Direktor der *Division of Medical Genetics* an der Emory University, sprach im Jahr 1987 vor einem Senatsausschuss über Phenylalanin, eine der beiden in Aspartam enthaltenen Aminosäuren. »Bei einem heranwachsenden Fötus könnte ein extremer Anstieg von Phenylalanin im Blut der Mutter zum Absterben von Zellen in der Gewebekultur führen und sich bei ihrem Kind später als geistige Zurückgebliebenheit, Mikrozephalie und eventuell in bestimmten angeborenen Defekten äußern.« Als Dr. Elsas 1987 vor den Senatoren über die Gefahren von Phenylalanin sprach, wurde frühkindlicher Autismus bei einem von 1500 Kindern registriert. Heute ist eines von 150 Kindern betroffen, und die Zahl der Erkrankungen steigt. Es sieht so aus, als würden bestimmte Substanzen unseren Neugeborenen schlimme Schäden zufügen.

Dr. Madelon Price, Neurobiologin an der *Washington University,* sagte hierzu: »Was Asparaginsäure (Aspartat) betrifft, so ist sie seit dreißig [mittlerweile vierzig] Jahren als Nervengift bekannt. Nagetiere, die in der Zeit nach der Geburt zu viel Aspartam aufgenommen haben, sind später verkümmert und leiden an Fettleibigkeit sowie an sexuellen und reproduktiven Funktionsstörungen.«

Vor der Zeit der Reagan-Administration hatte sich die *Federal Drug Administration* stets geweigert, den Gebrauch von Aspartam zuzulassen. Dr. Adrian Gross, ein von der Behörde beschäftigter Toxikologe, sagte vor Kongressabgeordneten, Aspartam könne Anfälle, Gehirntumore und Gehirnkrebs fördern oder sogar direkt verursachen. Außerdem sei Aspartam unvereinbar mit der Delaney-Klausel, die krebserregende Substanzen in Lebensmitteln grundsätzlich verbiete. »Und wenn die FDA gegen ihre eigenen Vorschriften verstößt, wer ist dann noch zuständig für den Schutz der Öffentlichkeit?«, fragte er.

Dr. H. J. Roberts vom *Palm Beach Institute for Medical Research* widmete in seinem Buch *Aspartame Disease: An Ignored Epidemic* ein ganzes Kapitel der

Frage, wie Aspartam mit Medikamenten zusammenwirkt, etwa Coumadin, Dilantin, Antidepressiva und anderen Psychopharmaka, Inderal oder Aldomet. Auch Hormone und Insulin bezog er in seine Untersuchung mit ein. Roberts sagte, eine Wechselwirkung bestehe zwischen Aspartam und allen Herzmitteln, und er registrierte sogar noch Reaktionen auf Medikamente, nachdem jemand aufgehört hatte, Produkte mit Aspartam zu konsumieren. »Das Thema, ob es einen Zusammenhang gibt zwischen plötzlichen Todesfällen und Aspartam und seinen Zerfallsprodukten, wurde mehrfach angesprochen, besonders im Hinblick auf zuvor gesunde Menschen, die solche Produkte konsumiert hatten, etwa auch Piloten, Autofahrer und Sportler [...]. Wir brauchen unabhängig von Konzernen erstellte klinische Studien, um die Rolle von Aspartam bei Herzstörungen und plötzlichen Todesfällen beurteilen zu können. Dasselbe gilt für die Wechselwirkungen zwischen Aspartam und Medikamenten. Unterstrichen wird diese Notwendigkeit durch zahlreiche Fälle, wo Menschen unerwartet starben, und zwar an einer ›unbekannten Todesursache‹.«

Dr. Betty Martini, Gründerin von *Mission Possible International* und seit 22 Jahren auf dem medizinischen Sektor tätig, hat sich mit Ärzten aus aller Welt zusammengeschlossen, um ein Verbot von Aspartam in Nahrungsmitteln, Getränken und Medikamenten durchzusetzen. Sie beschrieb, wie das öffentliche Wohl den Interessen der Pharmaindustrie untergeordnet wird:

Donald Rumsfeld war CEO von Searle, jenem Mischkonzern, der Aspartam herstellt. Sechzehn Jahre lang weigerte sich die FDA, Aspartam zuzulassen, und zwar nicht nur wegen seiner möglicherweise gesundheitsschädigenden Wirkung, sondern auch, weil die Regierungsbehörde das Unternehmen wegen Betrugs verklagen wollte. Die beiden staatlichen Ankläger (als Vertreter der FDA) kungelten so lange mit den Anwälten des Unternehmens, bis die Verjährung des Delikts eingetreten war. Die beiden Ankläger waren Sam Skinner und William Conlon. Skinner wurde später Verkehrsminister und ignorierte den Aufschrei jener Piloten, die aufgrund von Aspartam an Anfällen litten. Danach war er Stabschef von Präsident Bushs Vater. Manche dieser Leute bringen es sehr weit. Selbst Clarence Thomas, Richterin am Supreme Court, arbeitete früher als Anwältin für Monsanto (Monsanto übernahm Searle 1985 und verkaufte den Konzern ein paar Jahre danach).

Doch selbst später weigerte sich die FDA noch, NutraSweet für den freien Verkauf zuzulassen. Von Kritikern als tödliches Nervengift gebrandmarkt, das sich als Süßstoff ausgibt, ist Aspartam eine Substanz, bei der es Wechselwirkungen gibt mit allen Antidepressiva, aber auch mit Impfstoffen, toxischen Substanzen und anderen gesundheitlich bedenklichen Süßstoffen wie Splenda. »Sowohl Aspartam als auch Mononatriumglutamat enthalten Asparaginsäure, und es kam heraus, dass die Glutamathersteller bei Tests von Mononatriumglutamat Aspartam zu einem Zeitpunkt als Placebo einsetzten, als es noch gar nicht zugelassen war«, sagte Martini. »Die FDA weiß das seit einem Vierteljahrhundert und hat nichts getan, obwohl das gegen das Gesetz verstößt. Und Searle baute eine neue NutraSweet-Fabrik.« Donald Rumsfeld war ein Mitglied von Präsident Reagans Übergangsteam, und am Tag nach Reagans Amtsantritt wurde Dr. Arthur Hull Hayes, der später Aspartam zulassen sollte, Leiter der FDA.

Patty Wood Allott, eine ehemalige Verkäuferin von Searle, vertrat ebenfalls die Ansicht, Rumsfeld habe hinter der Zulassung von Aspartam gesteckt. Sie gab mit eigenen Worten eine Äußerung Rumsfelds wieder, der 1983 vor Mitarbeitern des Unternehmens gesagt habe, er werde »auf jeden Fall dafür sorgen, das Aspartam noch in diesem Jahr zugelassen wird.« Hayes, der Leiter der FDA, hatte zuvor bei der *U. S. Army Chemical Weapons Division* gedient und Aspartam ursprünglich nur als pulverförmigen Zusatzstoff zugelassen. Aber im Jahr 1983 – direkt bevor er sein Amt aufgab, um einen PR-Job bei *Burson-Marsteller* anzunehmen, der wichtigsten Public-Relations-Firma von *Monsanto* und *Searle* – ließ er auch die Verwendung von Aspartam in allen kohlesäurehaltigen Getränken zu. Seit dieser Zeit hat er nie mehr öffentlich über Aspartam gesprochen (er starb im Februar 2010).

Rumsfeld ist nur ein Beispiel für die guten Beziehungen zwischen der jeweiligen Regierung und den Pharmariesen. Er ist nicht nur ehemaliger CEO von *Searle*, sondern auch Mitglied der *Trilateral Commission*, einer Gruppe mit globaler Agenda, die es sich zum Ziel gesetzt hat, die wirtschaftliche Zusammenarbeit zwischen den Vereinigten Staaten, Europa und Japan zu fördern. Darüber hinaus ist Rumsfeld Großaktionär von *Gilead Sciences,* einem in Kalifornien ansässigen Biotechunternehmen, das die Rechte an Tamiflu besitzt. Als die Bevölkerung sich 2005 der Gefahr durch die Vogelgrippe ausgesetzt sah, berichtete *CNN*, der Wert von Rumsfelds *Gilead*-Aktien liege irgendwo zwischen fünf und fünfundzwanzig Millionen Dollar.

Das inzestuöse Verhältnis zwischen den großen Pharmakonzernen und der Regierung ist ein Hohn auf Amerikas freies Unternehmertum. Diese Konzerne können frei entscheiden, welche Medikamente sie bewerben und verkaufen wollen, aber es steht ihnen auch frei, den Preis so hoch wie irgend möglich anzusetzen. Und doch sind die Pharmariesen abhängig vom Staat, von dem sie im Interesse des Erhalts ihres Monopols den Schutz ihrer Patente und Zulassungen durch die FDA erwarten.

In einer Entscheidung, die nur jene verwundern kann, die sich der Agenda und des Machthungers der Globalisierer nicht bewusst sind, verbot der Kongress *Medicare* ausdrücklich, aufgrund der riesigen Abnahmemengen niedrigere Medikamentenpreise auszuhandeln. Die Exzesse der Pharmakonzerne haben viele Amerikaner dazu veranlasst, ihre Medikamente in Kanada oder Mexiko zu einem sehr viel günstigeren Preis zu kaufen.

Ich zitiere noch einmal Dr. Marcia Angell: »Während der letzten beiden Jahrzehnte hat sich die Pharmaindustrie sehr weit entfernt von ihrem hohen Ideal, nützliche neue Medikamente zu entwickeln und herzustellen. Jetzt ist sie primär eine Marketingmaschine, um Medikamente zweifelhaften Nutzens zu verkaufen, und diese Industrie setzt ihren Reichtum und ihre Macht ein, um jede Institution gefügig zu machen, die sich ihr in den Weg stellen könnte, sei es der Kongress, die *Food and Drug Administration,* der akademisch-medizinische Betrieb oder die Ärzte selbst. Diese sind die wichtigste Zielgruppe des Marketings, denn sie müssen die Rezepte ausstellen.«

Niemand sollte sich hier von Demokraten oder Republikanern irgendeine Besserung versprechen. Im Wahlkampf des Jahres 2008 beteuerten sowohl Barack Obama als auch Hillary Clinton, gegen die riesigen Pharmakonzerne und Versicherungsunternehmen kämpfen zu wollen. Ähnliche Versprechungen hatte Mrs Clinton schon gemacht, als ihr Mann Präsident war. Und doch zeigt ein Blick auf die Wahlkampfspenden, dass Obama und Clinton 2008 am meisten Geld von der Pharmaindustrie eingestrichen haben. Laut Zahlen des *Center for Responsive Politics* erhielt Obama 1 425 501 Dollar, während Clinton mit 575 746 Dollar den zweiten Platz belegte. Hinter Obama und Clinton folgten die Republikaner John McCain mit 427 228 und Mitt Romney mit 186 700 Dollar.

Nur eine aufgerüttelte amerikanische Öffentlichkeit könne die Macht der Pharmamonopole brechen, folgerte Angell: »Die Pharmakonzerne haben die meisten Lobbyisten in Washington, und sie spenden äußerst großzügig für politische Kampagnen. Die Politiker sind der Pharmaindustrie heute so sehr zu Dank verpflichtet, dass es äußerst schwierig sein wird, gegen ihren Einfluss vorzugehen. Doch es gibt etwas, worauf Politiker noch mehr angewiesen sind als auf Spenden, nämlich Wählerstimmen. Und deshalb sollten die Menschen genau wissen, was hier wirklich läuft. Im Gegensatz zu den Behauptungen der Werbeabteilungen der Konzerne bekommen die Leute eben nicht, wofür sie bezahlen. Tatsächlich werden wir von der Pharmaindustrie hereingelegt, und es wird keine wirklichen Veränderungen geben, solange nicht eine aufgerüttelte und entschlossene Öffentlichkeit dafür sorgt, dass sie durchgesetzt werden.«

Psychopharmaka für Kinder

Wenn früher ein Kind aus der Reihe tanzte oder dabei erwischt wurde, dass es geistesabwesend aus dem Fenster starrte, gab es mit dem Lineal einen Schlag auf die Finger, verbunden mit der Aufforderung, sich wie der Rest der Klasse zu verhalten. Heute wird dieses Kind zur Schulärztin geschickt, die den Eltern häufig eröffnet, die Diagnose laute Aufmerksamkeitsdefizit-/Hyperaktivitäts-störung (ADHS), und es sei ratsam, einen Psychiater aufzusuchen, der in der Regel die Einnahme von Prozac (97 Prozent Natriumfluorid), Ritalin oder Zoloft empfiehlt – Psychopharmaka, die bei Laborversuchen mit Ratten Psychosen hervorgerufen haben.

Zumindest ein Bundesstaat hat mit dieser Praxis Schluss gemacht. Im Jahr 2001 verabschiedete das Repräsentantenhaus von Connecticut einstimmig ein Gesetz, dass es dem Personal von Schulen untersagt, Eltern zu empfehlen, dass ihre Kinder Ritalin oder andere stimmungsverändernde Medikamente nehmen sollten. Einer der Hauptbefürworter der Gesetzesvorlage, der republikanische Abgeordnete Lenny Winkler, zitierte Studien, denen zufolge die Anzahl von Kindern, die Ritalin einnehmen, von einer halben Million im Jahr 1987 auf mehr als sechs Millionen im Jahr 2001 angestiegen war. Das Gesetz untersagt es außerdem dem Erziehungs- und Familienministerium des Bundesstaates, Kinder ihren Eltern wegzunehmen, wenn diese sich weigern, ihren Nachwuchs Psychopharmaka einnehmen zu lassen.

Die Tatsache, dass nichtsahnende Eltern dazu gedrängt werden, ihre Kinder stimmungsverändernde Medikamente nehmen zu lassen, ist schlimm genug, doch noch problematischer scheint, dass die Wirksamkeit dieser Medikation zunehmend umstritten ist. Als das an der *University of Wisconsin* angesiedelte *Human Development Center* 1999 eine Studie erstellte, kam dabei heraus, dass dreizehn ADHS-Kinder, die Medikamente einnahmen, im Verlauf von vier Jahren bei standardisierten Klassenarbeiten zunehmend schlechtere Leistungen erbrachten als eine Gruppe von dreizehn normalen Kindern mit ähnlichen IQs und Eigenschaften.

Eine andere Untersuchung von Dr. Gretchen LeFever, die als Dozentin für Pädiatrie und Psychiatrie an der *Eastern Virginia Medical School* lehrt, förderte dieses Resultat zutage: Während Kinder in ihrer Region zwei- oder dreimal häu-figer Ritalin einnahmen als der Landesdurchschnitt, zeigten ihre schulischen Leistungen im Vergleich zu ihren Altersgenossen keine Verbesserung. Dr. LeFevers Beharren auf der Fragwürdigkeit des zunehmenden Medikamentenkonsums bei Kindern führte dazu, dass ihr 2005 gekündigt wurde.

Alan Larson, ehemals Sekretär der *Oregon Federation of Independent Schools,* kritisierte die zunehmend häufigere Diagnose einer Aufmerksamkeitsdefizitstö-rung (ADS): »Wenn man Kindern das Etikett ADS aufklebt, geht es nicht um ein

Problem der Kids, sondern um eines der Lehrer, die keine aktiven Kinder ertragen.« Andere fragwürdige Diagnosen schließen Symptome von Kindern ein, die an Fettleibigkeit, schlechter Ernährung wie Junkfood, Bewegungsmangel und fehlender elterlicher Aufmerksamkeit leiden. Natürlich gibt es einige Kinder mit geistigen oder psychischen Störungen, doch es sind relativ wenige gemessen an der Zahl derer, die Medikamente nehmen.

Außerdem besteht die Möglichkeit, dass es einige der von Ärzten diagnostizierten Krankheiten bei Kindern gar nicht gibt. In seinem 1991 erschienen Buch *Toxic Psychiatry* schrieb der Psychiater Peter Breggin: »Hyperaktivität ist die häufigste Rechtfertigung dafür, Kindern Medikamente zu verabreichen. Ein schwer unter Kontrolle zu bekommender Lausebengel ist bestimmt kein neues Phänomen, aber die Angewohnheit, ihm eine medizinische Diagnose zu stellen, ist das Resultat moderner Psychologie und Psychiatrie. Zuerst nannten Psychiater Hyperaktivität eine Geisteskrankheit. Als eine solche nicht festgestellt werden konnte, sprachen sie von einer ›minimalen Geisteskrankheit‹. Als auch diese nicht nachzuweisen war, entschied sich der Berufsstand für eine ›minimale geistige Fehlfunktion‹. Als sich auch dafür keine sicheren Hinweise finden ließen, stand auf dem Etikett ›Aufmerksamkeitsdefizitstörung‹. Aber man nimmt lediglich an, dass es eine reelle Krankheit ist, unabhängig davon, ob man deren Existenz beweisen kann. ›Biochemische Unausgeglichenheit‹ lautet das Schlagwort, doch auch dafür gibt es nicht mehr Beweise als für die Geisteskrankheit.«

Die Lehrbücher über psychische Störungen wurden dicker, nachdem durch Programme wie das Project Paperclip nach dem Zweiten Weltkrieg deutsche Psychiater ins Land gekommen waren, die beim Militär oder in den Nachrichtendiensten arbeiteten. In dem 1952 erschienenen Werk *Diagnostic and Statistical Manual for Mental Disorders* (DSM) definierte die *American Psychiatric Association* gerade mal 106 Geistesstörungen. Als 1994 *DSM-IV* veröffentlicht wurde, war deren Zahl auf 374 angewachsen. Unterdessen stieg die Zahl von Kinderpsychologen in amerikanischen Schulen von 500 im Jahr 1940 auf mehr als 22 000 im Jahr 1990. 2006 gab es 152 000 Schulpsychologen, und man rechnet bis 2016 mit einem Anstieg auf 176 000.

Die unwissenschaftliche und politische Komponente der Psychiatrie wurde angesprochen in einer an die *American Psychiatric Association* gerichteten brieflichen Rücktrittserklärung von Dr. Loren R. Moser, dem ehemaligen Chef des *Center for Studies of Schizophrenia* an den *National Institutes of Mental Health*: »Warum muss die American Psychiatric Association so tun, als wüsste sie mehr, als sie tatsächlich weiß? Das DSM-IV ist ein Machwerk, durch das sich die Psychiatrie die Anerkennung der gesamten medizinischen Welt verdienen will. Insider wissen, dass es eher ein politisches denn ein wissenschaftliches Dokument ist […]. Dies ist die Methode, an Geld zu kommen.«

Das Wachstum einer riesigen und gut finanzierten Psychiatriebranche ist beunruhigend für alle, die sich daran erinnern, dass sowohl im nationalsozialistischen Deutschland als auch in der Sowjetunion die Vorstufe von Lagern und Massenmord vergleichsweise harmlose medizinische Programme zur geistigen Gesundheit waren. Menschen, die als körperlich oder psychisch minderwertig galten, waren die ersten Opfer der Nazis, schon lange, bevor diese sich gegen die Juden wandten.

»Vielleicht mag die Psychiatrie der Öffentlichkeit auch heute noch suspekt erscheinen, aber sie hat den Staat und die Medien auf ihrer Seite«, schrieb Bruce Wiseman, Vorsitzender der *Citizens Commission on Human Rights* und ehemals Leiter des Historischen Instituts an der *John F. Kennedy University.* »Vertreter des Berufstands verbreiten sich in zahllosen Talkshows, Magazinen und selbst auf den Titelseiten unserer Zeitungen über ihre Therapiemethoden.«

LSD (Lysergsäurediethylamid) wurde ursprünglich erforscht als Mittel gegen Psychosen und Depressionen, aber auch als »Wahrheitsserum« für das Militär. Als LSD 1968 wegen seiner gefährlichen Nebenwirkungen verboten wurde, suchten die Pharmakonzerne nach Ersatz. Sie entwickelten nacheinander das Antidepressivum Prozac (Fluoxetin), dann Zoloft (Sertralin), Effexor (Venlafaxin) und Paxil (Paroxetin).

Dieselben Unternehmen entwickelten auch Ritalin. Lange nach dem Zweiten Weltkrieg schlug Dr. Helmut Remschmidt »eine genetische Antwort« auf Hyperaktivität vor, und er war einer der größten Befürworter von Medikamenten wie Ritalin. Remschmidt war Direktor der *Society for Child and Adolescent Psychiatry* und hatte bei Dr. Hermann Stutte studiert, einem Mann mit Verbindungen zu deutschen Psychiatern, die an den Euthanasieprogrammen der Nazis beteiligt waren. Promoviert hatte Remschmidt bei Robert Sommer, dem Vorsitzenden des Deutschen Verbandes für psychische Hygiene, der in den späten 1920er-Jahren das psychiatrische Fundament für die Vorstellung von »geistiger Hygiene« gelegt hatte. Das Endresultat dieser Vorstellung von Eugenik waren die Sterilisations- und Euthanasieprogramme, die schließlich zum Holocaust führten.

Könnte es sein, dass Ritalin mehr Schaden anrichtet als Gutes bewirkt? In einer 1986 erschienen Ausgabe des *International Journal of the Addictions* wurden 105 Nebenwirkungen nach der Einnahme von Ritalin aufgeführt. Darunter waren ernsthafte Befunde wie extrem hoher Blutdruck, Aggressivität, Ruhelosigkeit, Halluzinationen, auffälliges Verhalten und Suizidneigung. Kelly Patricia O'Meara war sechzehn Jahre lang beim Kongress tätig, bevor sie als Enthüllungsjournalistin für das *Insight Magazine* zu schreiben begann. Ihre Artikel über Impfstoffe für Kinder und stimmungsverändernde Medikamente führten zu Anhörungen im Kongress. Sie schrieb: »Vor dreißig Jahren befand die Weltgesundheitsorganisation, Ritalin sei pharmakologisch gesehen mit Kokain vergleichbar, was das Muster des Missbrauchs betreffe, und sie klassifizierte Ritalin als Droge der Kategorie II – als am stärksten suchtgefährdend unter den medizinisch verwendeten Substanzen. Auch für das Justizministerium galt Ritalin im Hinblick auf den Controlled Substances Act und die Richtlinien der *Drug Enforcement Agency* als Droge der Kategorie II. Das Ministerium warnte: »Hinsichtlich einer Reihe von Verhaltensmustern erinnert der Konsum von Ritalin an den von Kokain und D-Amphetaminen.« O'Meara verwies auf eine 2001 erschienene Studie des *Brookhaven National Laboratory,* welche die Ähnlichkeit zwischen Kokain und Ritalin bestätigte, aber Ritalin für noch gefährlicher befand in seinen Auswirkungen auf das Dopaminsystem, einen Bereich des Gehirns, der nach Ansicht vieler Ärzte am stärksten durch die Verwendung solcher Narkotika betroffen ist.

Obwohl viele Amerikaner sich fragen, warum es in den letzten Jahren so viele Amokläufe an Schulen und Selbstmorde unter Jugendlichen gegeben hat, stellen nur wenige in Rechnung, dass praktisch bei all diesen Vorfällen ein Schüler beteiligt war, der stimmungsverändernde Medikamente nahm oder sie gerade abgesetzt hatte. Bei fünf Amokläufen an Schulen zwischen März 1998 und Mai 1999 – darunter die Tragödie an der *Columbine High School* – nahmen die Täter Psychopharmaka. Auch wenn es von den Medien nicht an die große Glocke gehängt wurde – Seung-Hui Cho, der Amokläufer an der Technischen Hochschule von Virginia im April 2007, war in psychologischer Behandlung gewesen und besaß Rezepte, laut denen er Psychopharmaka verschrieben bekommen hatte.

In seinem Buch *Reclaiming Our Children* argumentierte der Psychiater und Autor Dr. Peter Breggin, der eine kritische Einstellung gegenüber solchen Medikamenten hat, die Gewalttat von Eric Harris an der *Columbine High School* sei durch das verschreibungspflichtige Medikament Luvox ausgelöst worden: »Ich habe davor gewarnt, dass das Absetzen von Antidepressiva genauso gefährlich sein kann wie die Medikation, denn es können unvorhersehbare und schmerzhafte Entzugserscheinungen einsetzen.«

Die Vermutung, für Schießereien an Schulen könnten Psychopharmaka verantwortlich sein, wurde schon 1999 von Dr. Julian Whitaker in einem Artikel geäußert, der in *Health and Healing* erschien: »Fast alle diese Massaker, die während der letzten zehn Jahre Schlagzeilen gemacht haben, hatten eines gemeinsam: Die Täter nahmen Prozac, Zoloft, Luvox, Paxil oder ein vergleichbares Antidepressivum.«

Die Webseite *TeenScreenTruth.com* hat es sich zum Ziel gemacht, Informationen aus dem Internet zu sammeln, die Jugendlichen helfen sollen, die Verbindung zwischen Psychopharmaka und jugendlicher Gewaltbereitschaft zu sehen. Auf der Seite findet sich eine Liste von Gewalttaten, die bis ins Jahr 1985 zurückreicht, als Stephen W. Brownlee – ein Postbeamter aus Atlanta, der Psychopharmaka nahm – zwei Arbeitskollegen tötete. Obwohl die Krankenakten unter Verschluss sind, deutet die erdrückende Anzahl von Indizien darauf hin, dass hinter den meisten Amokläufen an Schulen, Selbstmorden von Jugendlichen und gewalttätigem Verhalten allgemein die Einnahme von Psychopharmaka steht.

Es sieht so aus, als hätten die deutsche Medikamentenforschung und die deutsche Psychiatrie das Fundament für Gepflogenheiten an heutigen Schulen gelegt, wo Kindern zunehmend bei jedem Problem – von wirklich antisozialem Verhalten bis zu bloßer Tagträumerei – die Einnahme von Medikamenten aufgedrängt wird.

Die Bemühungen der Pharmariesen, die schulische Erziehung, ärztliche Behandlungsmethoden und das Gesundheitssystem insgesamt nach ihren Vorstellungen zu formen, erfordern riesige Geldsummen. Solche Summen haben nur die Globalisierer zur Verfügung, deren Wurzeln in der Zeit des Nationalsozialismus liegen. Selbst finanziell gut gestellte Amerikaner können sich solche Summen angesichts des gegenwärtigen wirtschaftlichen Zusammenbruchs kaum vorstellen.

Psychiatrie und Eugenik

Durch die Anwendung der von deutschen Wissenschaftlern entwickelten psychologischen Techniken haben sich die großen Pharmakonzerne, die Massenmedien und selbst das Bildungssystem in Instrumente der Gedankenkontrolle verwandelt. Doch vor der Analyse, wie dies passiert ist, muss man die Geschichte von Psychologie und Psychiatrie verstehen.

Geschichte der Psychiatrie

Vor der zweiten Hälfte des 19. Jahrhunderts wurden psychisch Erkrankte wenig besser behandelt als Folteropfer – man kettete sie in Kellern, Käfigen oder Verliesen fest, schlug sie und unterzog sie »Therapien« wie Aderlässen, »halbem« Ertränken und primitiven Schockbehandlungen. Ein Wandel trat in den Sechzigerjahren ein, als der deutsche Psychologe Wilhelm Max Wundt mit der Idee an die Öffentlichkeit trat, der Mensch sei bloß ein höherstehendes Tier, dessen Gedanken und Gefühle eher wissenschaftlich geändert werden sollten denn durch körperliche Züchtigung.

Wundts Werke unterstrichen die psychologische Relation zwischen Gehirn und Bewusstsein. Er erforschte das Wesen religiöser Überzeugungen, bestritt die Existenz der menschlichen Seele und klassifizierte geistige Störungen und abnormes

Verhalten, wodurch er zu den Begründern der Psychologie zählt. Seine *Vorlesungen über die Menschen- und Tierseele* erschienen 1863, als er an der Heidelberger Universität lehrte. Wundt hatte die Unterstützung deutscher Militaristen und Aristokraten und galt bald als »Vater der experimentellen Psychologie«. Das Studium der menschlichen Seele galt ihm als unvereinbar mit der wissenschaftlich-empirischen Methode. Sie führte das, was zuvor metaphysische Angelegenheiten gewesen waren, auf tierische, chemisch-körperliche Reaktionen zurück.

Einige vertreten die Ansicht, die Studien Wundts und der meisten seiner europäischen Kollegen über das menschliche Bewusstsein hätten einen bedeutsamen Einfluss auf die Eugenikprogramme der Nationalsozialisten gehabt, die schließlich zu den entsetzlichsten Verbrechen des 20. Jahrhunderts führten. Einige von Deutschlands gebildetsten Männern rechtfertigten die Euthanasie- und Vernichtungsprogramme der Nazis. Dr. Thomas Röder und seine Koautoren Volker Kubillus und Anthony Burwell schrieben in ihrem 1995 erschienenen Buch *Psychiatrists – The Men Behind Hitler:* »Hitlers Denken und seine Vorstellung vom Menschen im Allgemeinen wurden in einem entscheidenden Ausmaß durch die Psychiatrie geprägt [...]. Eine einflussreiche Gruppe von Nervenärzten und ihre beängstigenden Theorien und Methoden bilden das fehlende Teil des Puzzles in unserem Verständnis von Hitler und dem Dritten Reich in seiner ganzen Grausamkeit. Dies ist der übersehene, aber absolut zentrale Teil des Puzzles.«

Die Psychologie – das wissenschaftliche Studium des menschlichen Bewusstseins – und die Psychiatrie – das Studium und die Behandlung von geistigen Störungen – gehören eng zusammen und führten zu der Sichtweise, besser gebildete Menschen mit einem vermeintlich besseren Urteilsvermögen seien eher in der Lage, über das Verhalten anderer zu richten.

Mit der Ausweitung des Forschungsgebiets der Psychiatrie wuchs auch die Anzahl der Definitionen, was darunter zu verstehen sei, und das konnte sogar zu Absurditäten führen. Im Jahr 1871 erschien eine Studie mit dem Titel »Die psychische Degeneration des französischen Volkes«, in dem die Ansicht vertreten wurde, die Staatsangehörigkeit allein sei schon Beweis für das Vorliegen einer Geisteskrankheit. »Einer der führenden Psychiater der Zeit, Richard von Krafft-Ebbing, fügte seiner Liste von Geistesstörungen den ›politischen Verbesserungswahn‹ hinzu, womit er von der Massenmeinung abweichende Standpunkte meinte«, schrieben Röder, Kubillus und Burwell.

Zur Zeit des Ersten Weltkriegs führte der Versuch, dem sich herausbildenden psychiatrischen Berufsstand Respektabilität zu verschaffen, zu einem gewissen Bündnis zwischen Psychiatrie und aristokratischen Regierungsmitgliedern. Beim deutschen Militär war man besonders von Fritz Kaufmanns Elektroschocktherapie beeindruckt, weil sie gegen die »Kriegsneurose« und das »Kriegszittern« half, sodass viele verwirrte Soldaten schnell wieder an die Front geschickt werden konnten. Die Elektroschocks waren eher eine disziplinarische Maßnahme als eine echte medizinische Therapie. Danach waren die meisten Soldaten schnell bereit, ihren Dienst wiederaufzunehmen.

Während sich das Forschungsgebiet ausdehnte, wuchs der Einfluss der Psychiatrie kontinuierlich weiter. Der Nervenarzt P. J. Möbius, der ein Buch mit dem Titel *Über den physiologischen Schwachsinn des Weibes* geschrieben hatte, verkündete: »Der Psychiater sollte der Richter darüber sein, was geistige Gesundheit ist, denn nur er weiß, was Krankheit ist.«

Von der rasenden Entwicklung im nationalsozialistischen Deutschland, Geisteskranke zu isolieren und zu ›heilen‹, wurden bald auch Unzufriedene und Dissidenten erfasst, die sich Hitlers Regime widersetzten. Diese Entwicklung führte zum berüchtigten Sterilisationsgesetz, das im Juli 1933 rechtskräftig wurde, gerade mal ein halbes Jahr nach Hitlers Machtergreifung. Es forderte die Zwangssterilisation von Menschen, die dem Staat geistig behindert, zurückgeblieben oder unerwünscht erschienen. Einer der maßgeblichsten und eloquentesten Männer, die für dieses Gesetz verantwortlich waren, war der Nervenarzt Dr. Ernst Rüdin, der 1930 in Washington, D. C. einen Vortrag mit dem Titel »Die Bedeutung von Eugenik und Genetik für die geistige Hygiene« gehalten hatte. Er wurde positiv aufgenommen von vielen Amerikanern, besonders von den Globalisierern, die sich die rassistischen und elitären Gedanken deutscher Philosophen zu eigen gemacht hatten, unter ihnen Georg Wilhelm Hegel, Friedrich Nietzsche, Martin Heidegger und Rudolf Steiner. Ein Jahr nach Hitlers Machtergreifung unterstützte Rüdin, damals Direktor des Kaiser-Wilhelm-Instituts, das »Gesetz zur Verhütung erbkranken Nachwuchses«, ein erster Schritt auf dem Weg zur Sterilisation derer, deren Existenz als »unwertes Leben« galt. Rüdin wurde auch weiter als einer der führenden Psychiater betrachtet. Noch 1992 rühmte die renommierte Max-Planck-Gesellschaft ihn dafür, dass er »seinen eigenen Überzeugungen in Fragen der ›Rassenhygiene‹ treu geblieben« sei.

Prescott Bush, Großvater und Urgroßvater zweier amerikanischer Präsidenten, war nicht nur Mitglied der extrem verschwiegenen *Skull-and-Bones*-Studentenverbindung, sondern auch unter jenen Yale-Absolventen, welche die *Mental Hygiene Society* förderten. Aus dieser Organisation entwickelte sich die *World Federation of Mental Health,* zu der auch Montagu Norman gehörte, ehemaliger Teilhaber von *Brown Brothers,* Direktor der *Bank of England* (1920–1944) und Patenonkel eines Neffen des Nazibankers Hjalmar Schacht. Norman, selbst in psychiatrischer Behandlung, machte Brigadier General John Rawlings Rees, den ehemaligen Chefpsychiater und Experten für psychologische Kriegsführung beim britischen Geheimdienst, zum Chef der *Tavistock Psychiatric Clinic.*

Dr. John Rawlings Rees erklärte als Mitbegründer der *World Federation for Mental Health* deren Programm, und zwar am 18. Juni 1940 auf einem Jahrestreffen des *National Council for Mental Hygiene:* »Wir dürfen deshalb mit Recht unsere spezielle Sichtweise hinsichtlich der Entwicklung der menschlichen Psyche unterstreichen, auch wenn unser Wissen unvollkommen ist. Unser Ziel muss es sein, dass sie jede erzieherische Aktivität in unserem Land durchdringt [...]. Einige Berufsgruppen haben wir schon ins Visier genommen. Am leichtesten zu gewinnen sind natürlich Lehrende der verschiedenen Bildungsinstitutionen und die Kirche, am schwersten Juristen und Mediziner. Das öffentliche Leben, die Politik, die Wirtschaft, sie alle müssen in unserer Einflusssphäre liegen [...]. Wenn wir die professionellen und sozialen Aktivitäten anderer infiltrieren wollen, müssen wir uns meiner Meinung nach an den Vertretern des Totalitarismus orientieren und einer Art Taktik der Fünften Kolonne folgen! Wenn sich bessere Vorstellungen von geistiger Gesundheit verbreiten sollen, müssen wir als ihre Propagandisten unsere Identität verheimlichen [...]. Deshalb sollten wir alle im Verborgenen agieren, als Mitglieder einer Fünften Kolonne.«

Beverly K. Eakman von der *Citizens Commission on Rights* schrieb: »Kollegen von Rees – etwa die Kanadier Dr. Brock Chisholm und Dr. Ewen Cameron, ›progressive‹ amerikanische Pädagogen wie Edward Thorndike, James Earl Russell, John Dewey und Benjamin Bloom sowie ein Sammelsurium von Stiftungen, Vereinen und mit Steuergeldern geförderten ›Forschungszentren‹ – verhalfen Rees zu seinem großen Einfluss. Diese Clique von Gleichgesinnten und selbst ernannten ›Experten‹ stürzte sich erst auf Iwan Pawlows ›klassische Theorie des konditionierten und unkonditionierten Reflexes‹, dann nacheinander auf die ›Gruppendynamik‹ des deutschen Psychologen Kurt Lewin, die ›Desorganisation des Verhaltens‹ des russischen Neuropsychologen Alexander Luria, die ›Massenkonditionierung‹ des amerikanischen Psychologen Burrhus Frederic Skinner und die ›kognitive Dissonanz‹ des amerikanischen Sozialpsychologen Elliot Aronson. Gemeinsam verwirklichten sie Rees' Traum einer ›kontrollierten psychologischen Umwelt‹. Heutzutage hat unser Verteidigungsministerium mit dem ›Wahrnehmungsmanagement‹ ein neues Wort dafür, und die Hersteller von Psychopharmaka haben den Jackpot geknackt.«

Wahrnehmungsmanagement heißt für das Verteidigungsministerium einfach, dass Menschen so reagieren sollen, wie es sich die Offiziellen des Ministeriums wünschen, nämlich ohne dass ihnen ihre vorhersehbaren Reaktionen bewusst werden. Die Vernunft bleibt auf der Strecke, wie bei unterschwelliger Werbung. Ein frühes Beispiel für diese Methode finden wir im Jahr 1947, als aus dem »Kriegsministerium« das »Verteidigungsministerium« wurde. »Dadurch wird das Objekt des Wahrnehmungsmanagements unbewusst in eine verzerrte Realitätssicht hineingezogen«, erklärte Beverly Eakman. »Im heutigen Klima der politischen Korrektheit wird uns diese unorthodoxe Methode als intellektuelle akademische Freiheit verkauft. In Therapiegruppen soll es darum gehen, die emotionale Widerstandskraft zu fördern. Gruppenleiter bringen die Teilnehmer dazu, Meinungen und Verhaltensweisen zu übernehmen, die sie sonst nicht akzeptieren würden. Was hier passiert, ist ›Umerziehung‹, man fühlt sich an die Sowjetunion erinnert. Zentren der Verhaltenswissenschaft, etwa das *Esalen Institute* oder das *Western Training Laboratory for Group Development*, sehen im Konsens – dem Gruppendenken – ihr Ziel. In diesen Therapiegruppen wird absichtlich der Gruppendruck erhöht – jemand, der noch einen individuellen Standpunkt vertritt, wird isoliert, und weniger selbstbewusste Menschen werden eingeschüchtert, indem sie so lange lächerlich gemacht, beschimpft, angebrüllt und geächtet werden, bis sie ›einknicken‹. Einige begehen sogar Selbstmord.

Deshalb muss man beispielsweise beim *National Training Laboratories Institute* (NTL) als Bewerber eine Erklärung folgenden Wortlauts unterschreiben: ›Niemand, der Angst davor hat, in eine Stresssituation zu geraten, sollte an einem NTL-Programm teilnehmen [...]. Ein kleiner Prozentsatz von Teilnehmern hat in unterschiedlichem Ausmaß an Stressreaktionen gelitten. Es gibt keine Möglichkeit, solche Reaktionen vorherzusagen oder diejenigen auszusondern oder irgendwie zu identifizieren, die für solche Reaktionen prädisponiert sind.‹

Bei dieser Lektüre müsste jeder nachdenkliche Zeitgenosse begreifen, dass die ganze Idee einer psychologischen Durchleuchtung ein Schwindel ist. Wenn Psychologen nicht in der Lage sind, vorherzusagen, welche Individuen prädisponiert sind, sensibel auf das Einschüchterungsprogramm des NTL zu reagieren, wie können sie dann glauben, die ganze Bevölkerung auf eventuelle Geisteskrankheiten ›durchleuchten‹ zu können? Und doch wurde genau so eine Initiative vom Kongress im Jahr 2002 finanziert, und in mehreren Bundesstaaten liegen gedankenlose Nachahmungen davon als Gesetzesvorlagen auf den Schreibtischen. Könnte es sein, dass unsere politischen Führer unter dem Vorwand, emotionale ›Krankheiten‹ verhindern zu wollen, abweichende politische Meinungen unterdrücken werden? Es wäre nicht das erste Mal, dass so etwas passiert [...].«

Eugenik

Das Wahrnehmungsmanagement pervertiert die Sprache und propagiert kollektives Denken, und genau das waren die psychologischen Strategien der Nationalsozialisten, die letztlich zum Tod Millionen Unschuldiger führten – zum Holocaust, wie jeder weiß. Den meisten Amerikanern ist bewusst, was Hitlers Nazis den Europäern mit ihrem entsetzlichen Versuch, eine »Herrenrasse« zu schaffen, angetan haben, und viele sehen die Eugenik als eine rassistische Pseudowissenschaft, die jeden zu eliminieren versucht, den eine selbst ernannte Elite als unerwünscht betrachtet. Doch nur wenige wissen, dass die quasi-theologischen und wissenschaftlichen Grundlagen für die Überzeugungen der Nazis – lange bevor diese an die Macht kamen – ihren Ursprung in den Vereinigten Staaten hatten, insbesondere in Kalifornien.

Im späten 19. Jahrhundert hatten die Vereinigten Staaten – wie vierzehn anderen Nationen auch – Eugenikgesetze verabschiedet. In 30 Staaten gab es Gesetze, die die Sterilisation von psychisch Kranken und »Schwachsinnigen« erlaubten. Mindestens 60 000 dieser Menschen wurden auf legale Weise sterilisiert.

Oliver Wendell Holmes, Richter am *Supreme Court*, schrieb im Jahr 1925 stellvertretend für die Mehrheit seiner Kollegen: »Es ist besser für die ganze Welt, wenn wir nicht darauf warten, degenerierte Nachkommen wegen Verbrechen exekutieren oder sie wegen ihres Wahnsinns verhungern lassen zu müssen. Die Gesellschaft kann etwas gegen jene tun, die zur Fortpflanzung ungeeignet sind.«

Sir Francis Galton, ein englischer Psychologe und Vater der Eugenikbewegung, definierte Eugenik folgendermaßen: »Sie ist die Wissenschaft zur Verbesserung der Erbanlagen, der Reinheit des Blutes und der Rasse. Mit ihr haben wir eine bessere Chance, schnell die Oberhand über die Unerwünschten zu gewinnen.« Um zu entscheiden, wer den Genpool verunreinigte, bedurfte es umfangreicher Bevölkerungsstatistiken. Also wurde im Jahr 1910 das *Eugenics Records Office* gegründet, als Zweigstelle des *Galton National Laboratory* in London. Finanziert wurde es durch eine Schenkung von Mrs E. H. Harriman, der Frau des amerikanischen Eisenbahnmagnaten Edward Harriman und Mutter des Diplomaten und frühen Globalisierers Averell Harriman.

Nach 1900 stellten die Harrimans – die Prescott Bushs Familie zu gesellschaftlicher Reputation verhalfen – gemeinsam mit den Rockefellers elf Millionen Dollar zur Verfügung, um in Cold Springs Harbor im Bundesstaat New York das private *Eugenics Records Office* von Charles B. Davenport zu gründen«. Zugleich wurden mit dem Geld eugenische Studien an den Universitäten Harvard, Columbia und Cornell finanziert.

Der erste internationale Kongress für Eugenik fand 1912 in London statt – einer der Vorsitzenden war Winston Churchill. Die »Blutlinien«, der Abstammungsverlauf, war für die britische und amerikanische Elite zweifellos ebenso wichtig wie für Hitler und die Nazis.

Im Jahr 1932 trat der Kongress in New York zusammen, und Dampfer der Hamburg-Amerika-Schifffahrtslinie, die von Harrimans Geschäftspartnern George Walker und Prescott Bush geleitet wurde, brachten prominente Deutsche ins Land, die an der Versammlung teilnahmen. Einer von ihnen war der bereits erwähnte Dr. Ernst Rüdin, eine der wissenschaftlichen Autoritäten hinter dem nationalsozialistischen Sterilisationsgesetz und Mitglied des Kaiser-Wilhelm-Instituts für Genealogie und Demografie in Berlin. Rüdin wurde einstimmig zum Präsidenten der *International Federation of Eugenic Societies* ernannt, und zwar in Anerkennung seiner Gründung der Deutschen Gesellschaft für Rassenhygiene, einem Vorläufer der späteren nationalsozialistischen Einrichtungen. Doch wie gesagt, das Fundament der Eugenik wurde in den Vereinigten Staaten gelegt.

Laut Edwin Black, dem Verfasser des Buches *War Against the Weak: Eugenics and America's Campaign to Create a Master Race,* galt Kalifornien als das Epizentrum der amerikanischen Eugenikbewegung. »Während der ersten Jahrzehnte des 20. Jahrhunderts fanden sich unter den kalifornischen Eugenikern einflussreiche, wenn auch wenig bekannte Rassentheoretiker: Dr. Paul Popenoe, für die Army tätiger Spezialist für Geschlechtskrankheiten, der Großplantagenbesitzer und Wissenschaftsförderer Paul Gosney, Charles M. Goethe, Bankier aus Sacramento und diverse Mitglieder des *California State Board of Charities and Corrections* sowie des *University of California Board of Regents.*«

Black schrieb, innerhalb der ersten fünfundzwanzig Jahre nach der Verabschiedung der Eugenikgesetze seien in Kalifornien 9782 Menschen sterilisiert worden, größtenteils Frauen, von denen viele als »Luder«, »leidenschaftlich«, »sexbesessen« oder »sexuell abartig« charakterisiert worden waren. Einige Frauen wurden wegen einer angeblich abnorm großen Klitoris oder überdimensionierter Schamlippen sterilisiert. Black fand heraus, dass 1933 allein 1278 Zwangssterilisationen durchgeführt worden waren, davon 700 bei Frauen. Kaliforniens größte »Sterilisationsfabriken« seien 1933 das *Sonoma State Home* mit 388 und das *Patton State Hospital* mit 363 Eingriffen gewesen. Weitere Sterilisationen wurden in Agnews, Mendocino, Napa, Norwalk, Stockton und Pacific Colony durchgeführt.

Black schrieb: »Die Eugenik wäre allenfalls Thema bizarren Salongeschwätzes gewesen, hätte es da nicht die üppigen Spenden steinreicher Unternehmer gegeben, die über die Carnegie Institution oder die Rockefeller Foundation weitergeleitet wurden oder direkt aus dem Privatvermögen des Eisenbahnmagnaten Harriman stammten. Sie alle steckten unter einer Decke mit einigen von Amerikas anerkanntesten Wissenschaftlern, die an Eliteuniversitäten wie Stanford, Yale, Harvard oder Princeton lehrten. Diese Akademiker propagierten die Rassentheorie und fälschten oder manipulierten Daten, um die rassistischen Ziele der Eugeniker zu unterstützen.«

Er beschrieb, wie die *Rockefeller Foundation* dabei half, die deutsche Eugenikbewegung ins Leben zu rufen und selbst jenes Programm zu finanzieren, an dem der berüchtigte Nazi Dr. Josef Mengele arbeitete, bevor er zum »Todesengel« von Auschwitz wurde.

»Der Masterplan sah vor, die Zeugungsfähigkeit derer auszuradieren, die als schwach oder minderwertig angesehen wurden, die sogenannten Lebensuntüch-

WIE MAN ZOMBIES ERSCHAFFT | 157

tigen«, schrieb Black. »Die Eugeniker hofften, die Reproduktionsfähigkeit von zehn Prozent der Bevölkerung auf einen Schlag auszulöschen, bis irgendwann niemand außer ihnen selbst mehr übrig geblieben wäre. Ein Vorschlag propagierte offen die Todesstrafe oder Euthanasie, was sich in einer 1911 veröffentlichten, von der *Carnegie Institution* finanzierten Studie nachlesen lässt.« Bezeichnenderweise war die populärste Idee hinsichtlich der Durchführung der Euthanasie in den Vereinigten Staaten damals die Einführung von Gaskammern.

Black schloss: »Hitler hat die amerikanischen Eugenikgesetze genau gekannt. Er versuchte, seinen Antisemitismus zu legitimieren, indem er ihn zu einer medizinischen Angelegenheit machte und durch die Eugenik pseudowissenschaftlich verbrämte. Weil er behauptete, die Wissenschaft stehe auf seiner Seite, konnte er mehr Anhänger in der gebildeten Bevölkerungsschicht rekrutieren. Während Hitlers Rassenhass seinem eigenen Geist entsprang, gingen die intellektuellen Grundzüge der Eugenik, die er sich 1924 zu eigen machte, auf amerikanische Ursprünge zurück.«

Wenngleich die Öffentlichkeit nach den Enthüllungen über die rassistische Vernichtungsstrategie der Nazis im Zuge der Nürnberger Prozesse gegen die Eugenik eingestellt war, geht die Arbeit an der Bevölkerungskontrolle bis heute weiter, wenn auch unter politisch korrekteren Bezeichnungen. Einige Verschwörungstheoretiker glauben Spuren einer quasi-religiös motivierten Eugenik in den heutigen Bemühungen zu finden, die Weltbevölkerung – wie bereits erwähnt – zahlenmäßig zu dezimieren. Viele derselben Familien und Stiftungen, die Organisationen zur Geburtenkontrolle unterstützen, hatten in der Vergangenheit Verbindungen zur Eugenikbewegung. Laut einer im Juni 2008 aufgestellten Bilanz beendete *Planned Parenthood* das Geschäftsjahr mit Einnahmen von 996,7 Millionen Dollar. Davon stammten 349,6 Millionen aus nicht weiter spezifizierten staatlichen Zuschüssen und Verträgen, verglichen mit 374,7 Millionen Einkünften aus den eigenen Gesundheitszentren und 186 Millionen an privaten Spenden und Erbschaften.

Die Psychologie des Konservativismus

Im August 2003 veröffentlichten das *National Institute of Mental Health* (NIMH) und die *National Science Foundation* (NSF) eine Studie, die mit 1,2 Millionen Dollar aus Steuergeldern gefördert worden war. Das Resultat war, dass Menschen mit einem Glauben an traditionelle Werte – monogame Ehe, kluger Umgang mit Geld, wörtliche Interpretation der Verfassung – als geistig verwirrt galten. Nach dem Studium dessen, was sie die »Psychologie des Konservativismus« nannten, schrieben die Forscher, die Grundüberzeugung des politischen Konservativismus seien ein Widerwillen gegen Veränderungen und eine Hinnahme gesellschaftlicher Ungleichheit, welche als Ursache von Angst und Unsicherheit angesehen werde. Dabei kommt eine Aufstellung psychologischer Faktoren heraus, die gewöhnlich mit dem Konservativismus in Verbindung gebracht werden: »Furcht und Aggressivität, Dogmatismus und Intoleranz, Vermeidung von Unsicherheit, das Bedürfnis nach intellektueller Abschottung und Angstmanagement.« In ihrer Studie folgerten die Autoren, der politische Konservativismus leite sich von der Notwendigkeit ab, verschiedene psychologische Bedürfnisse zu befriedigen, aber sie räumten auch ein, es sei unwahrscheinlich, dass die konservative Ideologie »einem einzelnen begründenden Faktor« zugeschrieben werden könne.

Ihre Arbeit beruhe, so die Autoren relativierend, lediglich »auf einer Reihe von Annahmen über die Beziehung von persönlichen Überzeugungen und dem motivierenden Unterbau dieser«. Sie beschrieben Hitler, Mussolini und Ronald Reagan als »Konservative vom rechten Flügel« und folgerten, ihnen sei eine Aversion gegen jede Veränderung und eine Hinnahme gesellschaftlicher Ungleichheit gemeinsam.

Und als reichte es noch nicht aus, dass sie in Unterlagen der FEMA als potenzielle Terroristen gebrandmarkt werden, laufen Konstitutionalisten dank dieses mit Steuergeldern finanzierten Psychogeschwätzes nun auch noch Gefahr, als geistesgestört klassifiziert zu werden.

Und was soll nun geschehen mit den Vertretern eines politischen Konservativismus? Dr. José M. R. Delgado, ein ehemaliger Professor für Neuropsychiatrie an der *Yale University Medical School* und ein Mann, der mit dem MK-Ultra-Experiment der CIA zur Gedankenkontrolle in Verbindung gebracht wurde, empfiehlt Folgendes: »Wir benötigen ein Programm für Psychochirurgie, um unsere Gesellschaft politisch kontrollieren zu können. Das Ziel ist die physische Kontrolle über das Bewusstsein. Jeder, der von der gegebenen Norm abweicht, kann chirurgisch verstümmelt werden. Ein Individuum mag glauben, seine eigene Existenz sei die wichtigste Realität, doch das ist nur eine Privatmeinung [...]. Der Mensch hat kein Recht, sich seine eigene Meinung zu bilden [...]. Wir müssen das Gehirn elektronisch kontrollieren. Eines Tages werden Armeen und Generäle durch die elektronische Stimulation des Gehirns kontrolliert werden.« Dr. Delgado wird sich bestimmt wohlfühlen in der an Orwell gemahnenden digital beherrschten Zukunft der Neuen Weltordnung.

Medikation von Frauen und Kindern

Es ist sehr wahrscheinlich, dass die Globalisierer, die das Bewusstsein der Amerikaner zu kontrollieren versuchen, jetzt verstärkt Forschungseinrichtungen finanzieren und bestimmte Gesetzesvorhaben unterstützen. Die *U. S. Preventative Services Task Force* drängt darauf, alle amerikanischen Teenager routinemäßig auf depressive Erkrankungen zu untersuchen, und die Politiker waren bereit, auf diesen Zug aufzuspringen. Schon nach dem ersten Quartal des Jahres 2009 waren im Kongress acht Gesetzesvorlagen eingebracht worden, bei denen es um groß angelegte Untersuchungen bezüglich der geistigen Gesundheit ging.

Im Jahr 2007 wurde eine Gesetzesvorlage namens Postpartum Mood Disorder Prevention Act eingebracht, in dem eine Untersuchung von Müttern auf Anzeichen einer postpartalen Depression gefordert wurde. Solche Untersuchungen bezüglich der »Wochenbettdepression« könnten im Bundesstaat Illinois bald Gesetz werden. In mehreren anderen Bundesstaaten wurden ähnliche Gesetze erlassen oder Gesetzesvorlagen eingebracht. Im Jahr 2009 wurde dieser Plan von Massenuntersuchungen wieder aktuell mit dem im Volksmund heißenden Mother's Act. Diese Gesetzesvorlage wurde in beiden Kammern des neuen Kongresses im Januar 2009 erneut eingebracht, nachdem die Gesetzesvorlage von 2007 ein Jahr darauf im Senat gescheitert war.

Kritiker sehen hinter dem Mother's Act den heimtückischen Plan, bei Kleinkindern, Müttern und Pflegemüttern eine noch stärkere Medikation als jetzt schon üblich zu erlauben. Außerdem würde es ein solches Gesetz der Kinderfürsorge gestatten, Eltern unter Beachtung einer geringeren Anzahl von Vorschriften die Kinder wegzunehmen. Dieses Vorhaben ähnelt Gesetzesvorlagen, die der Kongress seit acht Jahren nicht verabschiedet.

»Das wahre Ziel der Förderer dieses Gesetzesvorhabens besteht darin, Frauen im gebärfähigen Alter in lebenslange Psychiatriepatientinnen zu verwandeln, indem man sie nicht nur auf postpartale Depression, sondern auf ›Stimmungsschwankungen‹ und eine ganze Reihe von ›Angststörungen‹ untersucht«, schrieb die Enthüllungsjournalistin Evelyn Pringle in *Counterpunch*. »Man fände kein Ende, wenn man erzählen wollte, was sich Leute mit Doktortitel und einem weißen Kittel alles einfallen lassen, um verunsicherte Schwangere und junge Mütter davon zu überzeugen, dass ihre Gedanken und Gefühle nicht normal sein könnten.«

Jede Frau, die eine Schwangerschaft durchgemacht hat, weiß um die damit verbundenen ausgeprägten Stimmungsschwankungen, die aber so alt sind wie die Menschheit selbst. Abgesehen von den wenigen Ausnahmefällen einer echten klinischen Depression erscheint es vielen als überflüssig, ganz normale gesunde Frauen bei den ersten Anzeichen eines schlechten Tages mit Psychopharmaka zu behandeln.

Ein weiterer Anlass zur Sorge für Eltern ist der Autismus. Eine aus der *National Survey of Children's Health* des Jahres 2007 hervorgegangene staatliche Studie verzeichnet zwischen 2001 und 2009 eine Zunahme von Autismusfällen um 200 Prozent. Diese neue Schätzung deutete darauf hin, dass ungefähr 673 000 amerikanische Kinder an Autismus leiden.

»Dies ist ein beunruhigender Anstieg bei einer Krankheit, die viele schlecht informierte Ärzte und Wissenschaftler noch immer für genetisch bedingt halten«, sagte Mike Adams von *NaturalNews.com,* einer viel gelesenen Webseite über natürliche Heilverfahren. »Aber die Gene können einen so rasanten Anstieg der Autismusdiagnosen bei Kindern nicht erklären. Hier ist ganz offensichtlich irgendein anderer Faktor im Spiel, und viele Eltern tippen auf Impfstoffe.«

Im Jahr 1998 reichten die Kanzleien *Dawbarns* aus dem britischen Norfolk und *Freeth Cartwright* aus Nottingham Klagen gegen drei Produzenten von Impfstoffen gegen Masern, Mumps und Röteln ein, nachdem Eltern in mehr als 1500 Fällen von Nebenwirkungen nach der Verabreichung der Impfstoffe berichtet hatten, die in England seit 1988 auf dem Markt sind. Die Anwälte schafften es, Prozesskostenbeihilfe für die Kinder zu bekommen, und die Fälle wurden 1999 der Londoner Kanzlei *Alexander Harris* übertragen. Obwohl Offizielle der britischen Gesundheitsbehörde einen Zusammenhang zwischen den Impfstoffen und den Nebenwirkungen bestritten, sollte vor dem *High Court* zunächst darüber verhandelt werden, ob die Impfstoffe Symptome von Autismus und Magenproblemen hervorgerufen hatten. Die Klagen wurden finanziert durch Prozesskostenbeihilfen des britischen Rechtshilfesystems und unterstützt durch 22 Fachleute, die Berichte zugunsten der Kinder abfassten. Die Eltern hatten ihre Kinder vor der Impfung für gesund gehalten und sahen außer der Impfung nichts, was für die gesundheitlichen Veränderungen bei ihren Kindern verantwortlich sein könnte. Die Fälle sind noch nicht entschieden, weil im August 2003 die Prozesskostenbeihilfe gestrichen wurde.

In der im Juni 2009 erschienenen Ausgabe von *Toxitological & Environmental Chemistry* wurde ein Aufsatz veröffentlicht, in dem zu lesen war, die bei Kindern routinemäßig verabreichten Impfstoffe enthielten eine in Quecksilber enthaltene Substanz namens Thiomersal, die »bei menschlichen Nerven- und Fötuszellen zu ernsthaften toxischen Schädigungen« führen könne.

»Diese jüngste Studie bestätigt, dass das in Quecksilber enthaltene Konservierungsmittel Thiomersal selbst in geringer Konzentration bei menschlichen Nerven- und Fötuszellen zu ernsthaften toxischen Schädigungen führt«, bestätigte Dr. Joseph Merola, Eigentümer des *Illinois Natural Health Center.* »In den Vereinigten Staaten ist die Zahl von Autismusfällen seit den späten Siebzigerjahren um das Sechzigfache angestiegen, und zwar zusammen mit der zunehmenden Anzahl von zusätzlichen Impfungen bei Kindern. Obwohl Autismus schon bald nach der Geburt ersichtlich sein kann, ist bei den meisten autistischen Kindern für mehrere Monate oder sogar ein Jahr und länger eine normale Entwicklung zu registrieren – gefolgt von Regression, charakterisiert durch den Verlust von Fähigkeiten oder der Unfähigkeit, irgendwelche Fortschritte zu machen. Im Alter von drei Jahren, wenn Kinder mindestens vierundzwanzig von den für sie vorgesehenen Impfungen erhalten haben, sind die Autismussymptome dann typischerweise offensichtlich. Die Krankheit beeinträchtigt ihre kommunikative und soziale Kompetenz sowie ihre Fähigkeit zu spielen, zu sprechen und mit der Welt zu interagieren.«

Viele Menschen sind der Ansicht, Medikamente und Impfstoffe für Kinder seien nicht ausreichend getestet und nicht garantiert unbedenklich. Sie glauben, Kinder dienten als Versuchskaninchen für die großen Pharmakonzerne.

Mike Adams sprach sich auch gegen die Ausbeutung von Kleinkindern bei Arzneimitteltests aus und behauptete, so etwas laufe auf nichts anderes als chemischen Kindesmissbrauch heraus. »Die sogenannte Bipolare Störung ist eine reine Erfindung von Psychiatern mit engen Verbindungen zur Pharmaindustrie.« Auf seiner Webseite schrieb Adams: »Es geht nicht darum, Kindern zu helfen – der Zweck dieser Krankheit ist es, auf der ganzen Welt Medikamente zu verkaufen, und unter den Konsumenten sind auch Kleinkinder.«

Er fügte hinzu: »Ich frage mich oft, wann der Rest der Nation aufwacht und merkt, dass die Massenmedikation des Nachwuchses des Landes zu weit geht. Warum berichten die Massenmedien nicht an exponierter Stelle darüber? Warum verlangen Politiker nicht, dass Schluss gemacht wird mit dem chemischen Kindesmissbrauch? Warum lässt die FDA diese Versuche an Kleinkindern nicht einfach aus reinem Anstand einstellen? Wir kennen die Antwort bereits. Weil sie ausnahmslos alle gut verdienen an diesem Anschlag auf unsere Kinder. Ärzte, Krankenhäuser, Pharmakonzerne, Psychiater und die Massenmedien, sie alle profitieren vom Verkauf bewusstseinsverändernder Medikamente für unseren Nachwuchs. Ethische Bedenken werden nie etwas ausrichten gegen die gute alte Gier.«

Adams sagte, statt ihnen Medikamente zu verabreichen, solle man »Kinder in der Sonne spielen und Zeit in der Natur verbringen« lassen. »Dann sind sie ausgeglichen und gesund. Das ist kein Geheimnis, sondern nur gesunder Menschenverstand.«

»Aber die Psychiatrie kennt keinen gesunden Menschenverstand«, fuhr Adams fort. »Niemand in dieser Branche wagt es zu erwähnen, dass die meisten sogenannten geistigen Störungen auf unausgewogener Ernährung beruhen. Würden sie die Wahrheit über die geistige Gesundheit der Kinder eingestehen, würden sie den Ast absägen, auf dem sie sitzen. Und kein Psychiater wird beruflichen Selbstmord begehen, indem er eingesteht, dass die Bipolare Störung nur erfunden wurde oder dass Kleinkinder lediglich gute Nahrung benötigen, keine kostspieligen

Medikamente. Wie andere Ärzte müssen auch Psychiater ihr Ego und ihre Einkommensquelle pflegen, und das bedeutet, dass sie die Eltern von Klein-Johnny davon überzeugen müssen, die chemischen Verhältnisse in seinem Gehirn seien aus dem Gleichgewicht geraten, und er müsse sein Leben lang Psychopharmaka nehmen. Die Eltern, gutgläubig wie sie nun mal sind, fallen in ihrer Naivität auf den Schwindel herein. In der Regel wird ihnen ihr Einverständnis dadurch abgenötigt, dass der Psychiater sie warnt, was Klein-Johnny alles zustoßen könnte, wenn sie der Medikation nicht zustimmen. ›Er könnte später Selbstmord begehen‹, orakelt man ernsthaft.«

Die Bipolare Störung ist ein psychiatrischer Befund, der meistens bei Kindern erhoben wird, die eine große Bandbreite an Emotionen aufweisen und extreme Stimmungshochs und -tiefs erleben. Andere sehen das nicht als Störung, sondern als das normale Auf und Ab des Wachstumsprozesses. Es gibt keine wissenschaftliche Methode, um die Diagnose einer Bipolaren Störung zu bestätigen.

David Healy, ehemals Sekretär der *British Association for Psychopharmacology* und Autor von *Mania,* ein Buch über die Bipolare Störung, vertritt die Meinung, diese Störung sei eher ein Mythos. »Die Probleme, die man gegenwärtig unter dem Terminus ›Bipolare Störung‹ subsumiert, ähneln denen, die man in den Sechziger- und Siebzigerjahren ›Angstzustände‹ genannt und mit Tranquilizern behandelt, oder jenen, die man in den Neunzigern summarisch als ›Depression‹ etikettiert und mit Antidepressiva behandelt hat«, sagte Healy 2009 in einem Interview mit *Psychologie Today.*

Unter dem Verweis auf »pseudowissenschaftliches Geschwätz« fügte er hinzu: »Phänomene wie das vermutete Absinken des Serotoninspiegels oder die Annahme eines gehirnchemischen Ungleichgewichts sind angeblich die Hauptursache von Stimmungsschwankungen […]. Das ist genauso ein Mythos wie die angeblichen Veränderungen der Libido, von denen die Theorie Freuds behauptet, sie seien die Hauptursache psychodynamischer Störungen. Nun sind zwar Libido und Serotonin durchaus reale Dinge, doch die Art und Weise, wie diese Termini früher von Psychoanalytikern und heute von Psychopharmakologen benutzt werden, steht in keiner plausiblen Verbindung zum Serotoninspiegel, einem messbaren chemischen Ungleichgewicht oder einer Störung der Libido. Erstaunlich ist, wie schnell und auf wie breiter Front diese Termini in die Alltagssprache Einzug gehalten haben und wie viele Leute heutzutage, wenn es ihnen mal nicht gut geht, nahezu gewohnheitsmäßig auf Probleme mit ihrem Serotoninspiegel verweisen. Im Fall der Bipolaren Störung haben die Mythen mit der Vorstellung von Stimmungsstabilisierung zu tun, doch es gibt keinerlei Beweise dafür, dass die Medikamente die Stimmung stabilisieren. Tatsächlich ist nicht einmal klar, ob es überhaupt sinnvoll ist, von einem Stimmungszentrum im Gehirn zu reden. Und ein weiterer Mythos, der dazu dient, die Leute weiter Medikamente nehmen zu lassen, besagt, diese seien neuroprotektiv – nur gibt es keinerlei Hinweise darauf, dass das auch stimmt. Tatsache ist hingegen, dass diese Medikamente zu Gehirnschädigungen führen können.«

Einige Medizinhistoriker glauben, Vincent van Gogh habe an einer Bipolaren Störung gelitten. Glücklicherweise gab es zu seiner Zeit noch keine einlullenden synthetischen Psychopharmaka, die ihn daran gehindert hätten, seine Bilder zu malen, die heute als Meisterwerke gelten.

Grippe und andere schweinische Ideen

Ich selbst werde mich gegen die Schweinegrippe impfen lassen, wenn's denn hilft. Aber eines versichere ich Ihnen, meine Frau wird nicht mit unseren Kindern zur Impfung gehen.

– DR. MEHMET OZ, Professor für Chirurgie an der Columbia University
in einem Interview mit CNN

Einst waren die Vereinigten Staaten ein industrielles Zentrum, von dem aus Konsumgüter wie Autos, Fernseher und Kühlschränke auf die internationalen Märkte gelangten. Jetzt ist Amerika eigentlich nur noch eine Nation von Zombies, die in der Dienstleistungsbranche arbeiten.

Heute bestimmen der Gesundheitsbetrieb und die Pharmaindustrie das Geschehen.

Ihnen geht's nicht gut?

»Nehmen Sie einfach eine Pille.« Auch dann, wenn Sie eigentlich nicht finden, dass Sie eine brauchen.

Medikamente lassen die Kasse klingeln

In *Surviving America's Depression Epidemic* erklärt Dr. Bruce Levine, wie die Konzerne das Geschäft mit den Psychopharmaka steuern. »Die Medikation mit Psychopharmaka ist heute in den Vereinigten Staaten ein Milliardengeschäft, bei dem alle Geschäfts- und Marketingstrategien von Großkonzernen zum Einsatz kommen. Nicht genug damit, dass die Pharmaindustrie die Psychiater im Griff hat […]. Nahezu jede mit Psychologie oder Psychiatrie befasste Institution, von denen Ärzte, die Medien und die Öffentlichkeit ihre medizinischen Informationen erhalten, sind finanziell von der Pharmaindustrie abhängig. Die American Psychiatric Association, die Standesvertretung der Psychiater, ist in hohem Maß abhängig von Zuwendungen der Arzneimittelfirmen, und selbiges trifft auch für die National Alliance for the Mentally III und andere sogenannte Interessenverbände zu. Die psychiatrischen Institute von Harvard und anderen renommierten Universitäten nehmen Millionen von den Pharmakonzernen, und das National Institute of Mental Health bezahlt Forscher, die finanzielle Verbindungen zu Arzneimittelfirmen haben.«

Manchmal geht das Geld direkt an Leute mit hohen Posten innerhalb dieser Institutionen. Dr. Charles Nemeroff, Leiter des Instituts für Psychiatrie an der *Emory University,* war einer von mehreren Akademikern, mit denen sich schließlich sogar der Finanzausschuss des Senats beschäftigte, weil sie in ihren Steuererklärungen Millionenbeträge nicht angegeben hatten, die von Pharmakonzernen stammten.

Laut Bericht des Senatsausschusses hatte Nemeroff zwischen 2000 und 2006 mehr als 960 000 Dollar von *GlaxoSmithKline* erhalten, dem Hersteller des Psychopharmakons Paxil. Trotzdem hatte Nemeroff nicht einmal 35 000 Dollar davon angegeben. Offenbar hatte er zwischen 2000 und 2007 an Vortragshonoraren und für Beraterdienste insgesamt 2,8 Millionen Dollar von der Pharmaindustrie bekommen, aber nur einen Bruchteil davon angegeben. Man sollte einmal diesen Betrag mit den 25 000 Dollar vergleichen, die das gesamte Institut für Psychiatrie an der *Emory University* von dem Arzneimittelhersteller *Elf Lilly* bekam (die Zahl stammt aus dem ersten Quartalsbericht der Firma für das Jahr 2008). Nachdem Nemeroffs Finanzgebaren publik geworden war, trat er als Institutsleiter zurück. Ende des Jahres 2009 erhielt er dann den gleichen Posten am gleichen Institut der *University of Miami.*

Nemeroff war nicht der einzige renommierte Psychiater, bei dem kurz zuvor schwere Interessenkonflikte aufgedeckt worden sind, weil er Millionen von der Pharmaindustrie eingestrichen hat. Darüber hinaus gab es Befürchtungen, die Konzerne könnten bestimmte Interessenvertretungen finanzieren.

»Ich weiß nicht, in welchem Ausmaß die Öffentlichkeit mit diesen sogenannten Interessenvertretungen wie etwa der National Alliance on Mental Illnesses (NAMI), dem Verband Children and Adults with Attention Definit Hyperactivity Disorder (CHADD) oder den unzähligen ›Selbsthilfegruppen‹, die mit ihren Internetauftritten Menschen ansprechen, die an einer Bipolaren Störung oder an Aufmerksamkeitsdefizit-/Hyperaktivitätsstörung (ADHS) leiden, vertraut ist. Aber die Leute sollten darüber informiert sein«, riet die *Citizens Commission on Human Rights* (CCHR). »Diese Gruppen agieren unter dem Deckmantel, Fürsprecher der psychisch Kranken zu sein, während sie tatsächlich so etwas wie üppig finanzierte Scheinfirmen der Pharmaindustrie sind, die Lobbyarbeit verrichten und Gesetze beeinflussen, die alle betreffen – von Altenheimbewohnern bis hin zu Armeeangehörigen, Schwangeren, Pflegemüttern und Schulkindern.«

Beunruhigend ist neben der Finanzierung von Akademikern auch die Nähe zwischen staatlichen »Medikamentenexperten« und den Führungskräften der Pharmaindustrie. Im Jahr 2009 wurde Dr. Julie Gerberding, zuvor Leiterin der *Centers for Disease Control and Prevention* (CDC), Chefin der Abteilung für Impfstoffe bei *Merck*. Somit ist nun die ehemalige Leiterin einer staatlichen Institution verantwortlich für die fünf Milliarden Dollar schwere Abteilung von Merck, die Impfstoffe gegen Gebärmutterkrebs, Windpocken und die Schweinegrippe vermarktet.

Mike Adams von *NaturalNews* schrieb: »Die Centers for Disease Control agieren schon seit Jahren im Sinne von Merck, indem sie die Nebenwirkungen von Impfstoffen herunterspielten und darauf beharrten, Mercks Impfstoffe seien gesundheitlich unbedenklich. Dass die jetzige Chefin von Mercks Impfstoffabteilung und die ehemalige Leiterin der CDC ein und dieselbe Person sind, führt natürlich zu der auf der Hand liegenden Frage, ob es geheime Absprachen zwischen den CDC und Merck gegeben hat und wie tief Dr. Gerberding darin verstrickt gewesen sein könnte.«

Adams spricht sich für ein Gesetz aus, das es Mitarbeitern von staatlichen Gesundheitsbehörden auf Lebenszeit untersagt, für die Pharmaindustrie zu arbeiten. »Das Risiko einer zu engen Verbindung ist einfach zu groß, und deshalb haben wir jetzt die Probleme mit den Korruptionsfällen und geheimen Absprachen. Die FDA, FTC und CDC scheinen allesamt als Marketinginstrumente der Pharmakonzerne zu fungieren.«

Adjuvantien und Squalen

Mitte des Jahres 2009 sagten die Weltgesundheitsorganisation (WHO) und die *Centers for Disease Control* (CDC) einen zahllose Todesopfer fordernden Siegeszug der Schweinegrippe voraus, einer seltsamen Kombination älterer menschlicher Influenzaviren mit Elementen der Vogel- und Schweinegrippeviren. Das Virus wurde H1N1 genannt und ist ein Subtyp des Influenzavirus A. Während der Schweinegrippe-Panikmache sprachen sowohl die WHO als auch die CDC in ernstem Tonfall von der Notwendigkeit von Zwangsimpfungen.

Selbst auf dem Höhepunkt der Grippeangst beschuldigten Kritiker die Pharmakonzerne, die WHO zu manipulieren, um ihre Impfstoffe zu verkaufen. Sie wollten angeblich jene Millionen wieder hereinholen, die sie nach der Vogelgrippepanik der Jahre 2006 und 2007 in die Erforschung und Entwicklung von

Pandemie-Impfstoffen gesteckt hatten. Anfang 2010 beschuldigte der deutsche Epidemiologe Dr. Wolfgang Wodarg, Vorsitzender der Gesundheitskommission des Europarats, die Pharmaindustrie und diverse Regierungen, wegen der Schweinegrippe eine »große Panikkampagne« entfesselt zu haben. Wodarg und seine Kollegen von der Kommission des Europarats waren sich hinsichtlich einer »riesigen Desinformationskampagne«, deren Hintergründe aufgeklärt werden müssten, einig.

Andere hegten tiefergehende Vermutungen. Könnte es denkbar sein, dass die Schweinegrippe-Epidemie künstlich herbeigeführt worden war? Es gibt überzeugende Beweise dafür, dass diese von Menschen gemachte Krankheit ihren Ursprung in nach dem Zweiten Weltkrieg durchgeführten Experimenten mit biologischen Waffen hat, was bereits im Kapitel über Mycoplasmen angesprochen wurde.

»Es ist unübersehbar, dass die Impfstoffhersteller an dieser von der WHO und unserer Regierung konstruierten Pandemie Millionen verdienen wollen«, sagte Dr. Russell Blaylock, Neurochirurg, Autor und Universitätsdozent. »Novartis, der Produzent des neuen Impfstoffs, kündigte kürzlich an, es werde keine kostenlosen Impfstoffe für arme Länder geben – jeder wird zur Kasse gebeten. Außerdem sollte man nicht vergessen, dass man nach der Injektion des Impfstoffs wenig tun kann, um sich zu schützen – zumindest mit herkömmlichen Arzneien. Das könnte lebenslange Krankheit und sogar einen frühen Tod bedeuten. Es gibt deutlich unbedenklichere Maßnahmen, um sich vor dem Schweinegrippevirus zu schützen – höhere Dosen an Vitamin D3, Stärkung des Immunsystems durch Nahrungsergänzungsmittel und eine gesunde Ernährung.«

In einem Artikel mit der Überschrift »Der Impfstoff könnte gefährlicher sein als die Schweinegrippe« untersuchte Blaylock die Schweinegrippe-Pandemien der Jahre 1976 und 2009 und unterstrich, es gebe ein Abkommen zwischen Novartis und der WHO bezüglich eines Serums. »Beängstigend an diesen Impfstoffen ist, dass sie bestimmte Ingredienzien enthalten, sogenannte Adjuvantien. Eine Reihe von Studien hat gezeigt, dass diese Zusatzstoffe verheerende Autoimmunkrankheiten verursachen, darunter rheumatoide Arthritis, Multiple Sklerose und Lupus. Tierversuche mit diesen Adjuvantien haben gezeigt, dass sie tödliche Auswirkungen haben. Bei einem Versuch mit vierzehn Meerschweinchen kam heraus, dass nach der Injektion dieses speziellen Adjuvans nur ein Tier überlebte. Bei einer Wiederholung des Versuchs war das Ergebnis dasselbe«, berichtete Blaylock.

Das von Blaylock in seinem Artikel erwähnte »spezielle Adjuvans« heißt Squalen und ist eine organisch-chemische Verbindung, die eventuell mit dem Golfkriegssyndrom zu tun haben könnte, jener mysteriösen Krankheit, unter der viele Veteranen jenes Krieges leiden. Squalen ist eine ungesättigte organische Verbindung, eine Zwischenstufe in der Biosynthese von Cholesterin. Es gibt körpereigenes Squalen, das im Normalfall nur in geringen Mengen im Blutplasma nachzuweisen ist. Bei einer viralen Influenza sind die Spiegel dagegen deutlich erhöht.

Squalen wurde ursprünglich zu kommerziellen Zwecken aus Haileberöl gewonnen. Die heute verwendete synthetische Form ist in einer Reihe von Medikamenten enthalten. Seit Jahren bestreitet das Verteidigungsministerium, dass in dem Anthrax-Impfstoff Squalen enthalten ist. Allerdings kam bei Tests der FDA heraus, dass mehrere Proben des Impfstoffs alle diese Verbindung enthielten, wenn auch in unterschiedlicher Konzentration.

Dr. Anders Bruun Laursen hat viel über Impfstoffe im Allgemeinen und über Squalen im Besonderen geschrieben, und er bemerkte unter Verweis auf die Webseite des *Military Vaccine Resource Directory:* »Die durchschnittliche Menge an Squalen, die amerikanischen Soldaten während und nach dem Golfkrieg mit dem Anthrax-Impfstoff injiziert wurde, betrug 34,2 Mikrogramm pro Milliarde Mikrogramm Wasser. Laut einer Studie war das die Ursache des Golfkriegssyndroms bei 25 Prozent von 679 000 amerikanischen Militärangehörigen im Ausland und zu Hause.«

Laursen sagte, diese Zahlen seien durch Tests von Prof. Robert F. Garry, der 2002 vor dem Kongressausschuss für Nationale Sicherheit, Veteranenangelegenheiten und Internationale Beziehungen aussagte, bestätigt worden. Garry hatte die Verbindung zwischen Squalen und dem Golfkriegssyndrom als Erster entdeckt. Danach wurde Squalen erst vom Pentagon und dann durch das Urteil eines Bundesgerichts im Jahr 2004 verboten.

Die Verfassung der Vereinigten Staaten garantiert die Unverletzlichkeit des Rechts auf körperliche Unversehrtheit. Ausnahmen sind nur nach einem richterlichen Beschluss möglich, dem ein ordentliches Verfahren vorangegangen sein muss.

Zwingt man Menschen, sich gegen ihren Willen eine Injektion verabreichen zu lassen, so ist das eine empörende Form der Einschränkung der individuellen Freiheit. Wie kann man einen Menschen frei nennen, wenn dieser nicht selbst entscheiden kann, was ihm in seinen eigenen Körper injiziert wird? Viele Menschen glauben, dass es möglich ist, sich gegen eine Zwangsimpfung zu wehren. Ihnen sollte man die Lektüre des State Emergency Medical Powers Act und der Patriot Acts I, II und III empfehlen. Diese Gesetze erklären es für gesetzlich zulässig, dass ohne Ausnahmen Zwangsimpfungen und Medikamente verabreicht werden können.

Im Hinblick auf die Gefahren der Impfungen gegen die Schweinegrippe sagte Dr. Laursen, die Angst vieler Menschen habe mit den Adjuvantien in den Impfstoffen zu tun, insbesondere Squalen, das »aller Wahrscheinlichkeit nach für das Golfkriegssyndrom verantwortlich« sei. Weitere ernsthafte Befürchtungen gelten dem Zustand des Antigens des Virus (inaktiviert, abgeschwächt, lebend), und dann gibt es laut Laursen noch »das tief verwurzelte Misstrauen gegenüber unseren Politikern und den Herstellern des Impfstoffs hinsichtlich ihrer Motive und ihrer Moral […].«

Laursen sagte, eine Zuteilung des Impfstoffs enthalte »10,68 Milligramm Squalen pro 0,5 Milliliter Wasser. Dem entsprechen 2 136,0000 Mikrogramm pro Milliarde Mikrogramm Wasser, also eine Million mal mehr Squalen pro Dosis als im Military Vaccine Resource Directory vorgesehen. Es gibt gute Gründe für die Annahme, dass dadurch sehr viel mehr Menschen erkranken werden als in den Jahren 1990/91. Für mich ist das mörderisch.«

Weiter sagte Laursen, er habe die zuständigen Stellen in Dänemark kontaktiert, wo die Regierung eine Massenimpfung angeordnet hatte, nur um zu erfahren, dass niemand etwas wusste von der Zusammensetzung des Impfstoffs Pandremix, der von *GlaxoSmithKline* (GSK) produziert wird. »Dann wandte ich mich an das dänische Gesundheitsministerium. Dort gab man zu, dass Pandremix Squalen und Thiomersal enthält. Man hat mir nicht widersprochen, als ich auf die gefährlich hohe Squalen-Konzentration hinwies. Bei dem von AstraZeneca hergestellten Impfstoff MedImmune, einem Nasalspray, treten die mit Squalen verbundenen Nebenwirkungen nicht auf.«

Obwohl die FDA Squalen verboten hat, könnte dieses Verbot ignoriert worden sein in der Hektik, einen Impfstoff gegen die Schweinegrippe herzustellen, nachdem Präsident Obama Ende Oktober 2009 einen »nationalen Notstand« ausgerufen hatte. »Wenn die Vorschriften der FDA, diese Adjuvantien und die sie enthaltenden Impfstoffe auf ihre gesundheitliche Unbedenklichkeit zu testen, umgangen werden, setzt das die ganze Bevölkerung der Gefahr ernsthafter, möglicherweise lebensgefährlicher Nebenwirkungen aus, insbesondere diejenigen unter den 12 000 bezahlten Testteilnehmern (600 davon Kinder), die das Pech hatten, in jenen Gruppen zu landen, wo Impfstoffe mit Adjuvantien getestet wurden«, warnte Laursen. »Mein Rat: Sollten Sie gezwungen sein, sich gegen die harmlose Schweingrippe (H1N1) impfen zu lassen, verlangen Sie das Nasalspray von AstraZeneca.«

Bekommt man die Impfung gegen die Schweinegrippe tatsächlich, kann das schmerzhafte Folgen haben. Laut Angaben des Impfstoffherstellers *Novartis* können nach der Injektion Schmerzen auftreten, die die Beweglichkeit der Glieder einschränken. Andere Nebenwirkungen sind Hautrötungen und -schwellungen, Wärmegefühle, Blutungen und Sensibilitätsverlust.

Weitere mögliche Nebenwirkungen des Schweinegrippe-Impfstoffs: stechende Schmerzen, Frösteln, Fieber, Unwohlsein, Zittern, Ermüdung, Asthenie (allgemeine Körperschwäche), Gesichtsödeme, Störungen des Immunsystems, Hypersensibilität, Herz-Kreislauf-Störungen, Vaskulitis (entzündliche Reaktionen der

Blutgefäße), temporärer Bewusstseinsverlust kurz nach der Impfung, Verdauungsstörungen, Diarrhö, Übelkeit, Erbrechen, Magenschmerzen, lymphatische Probleme, Stoffwechsel- und Ernährungsstörungen, Appetitlosigkeit, Gelenkschmerzen, Myalgie (Muskelschmerzen), Myasthenie (Muskelschwäche), Nervensystemfunktionsstörungen, Kopfschmerzen, Schwindel, Neuralgien, Kribbeln oder Taubheitsgefühle, Krämpfe mit Fieber, Guillain-Barré-Syndrom, Myelitis (auch Enzephalomyelitis), Entzündungen der Wirbelsäule oder des Knochenmarks, Neuropathie, Lähmungserscheinungen inklusive Gesichtslähmung, Atmungsstörungen (z.B. Kurzatmigkeit), Brustschmerzen, Husten, Hals- und Nasenentzündungen, Stevens-Johnson-Syndrom (Dermatostomatitis), Hautjucken, Urtikaria (Nesselsucht) und Hautausschlag. »In seltenen Fällen haben die Überempfindlichkeitsreaktionen zu Todesfällen infolge eines anaphylaktischen Schocks geführt«, ist in dem Informationsmaterial von *Novartis* über den Impfstoff zu lesen.

Die Ernsthaftigkeit dieser Nebenwirkungen erklärt, warum verschiedene Ärzte öffentlich vor der Impfung gegen die Schweinegrippe gewarnt haben. Einige verwiesen auf unheilvolle Erfahrungen mit Impfstoffen. Diese Warnungen stießen auf offene Ohren bei nachdenklichen Amerikanern, die auch Zweifel an der Wirksamkeit der Impfung hatten.

Bei einer im September 2009 durchgeführten Umfrage des zur *University of Michigan* gehörenden *C. S. Mott Children's Hospital* kam heraus, dass sich von 1678 Eltern 60 Prozent dagegen entschieden hatten, ihre Kinder impfen zu lassen. Ungefähr die Hälfte der Eltern, welche gegen die Injektion waren, äußerten Befürchtungen hinsichtlich möglicher Nebenwirkungen des Serums. Nur 40 Prozent sagten, sie würden der Impfung zustimmen.

Fast die Hälfte der Befragten sagte, sie rechne nicht mit einer Infektion ihrer Kinder, oder sie halte diese Grippeepidemie nicht für eine ernsthafte Bedrohung. Dr. Matthew Davis, Professor für Pädiatrie und innere Medizin an der *University of Michigan,* unter dessen Verantwortung die Umfrage durchgeführt wurde, verwies auf Unterschiede bei den Reaktionen der Eltern, die sich auf ethnische Zugehörigkeit zurückführen ließen. Mehr als die Hälfte aller Latino-Eltern gab an, ihre Kinder impfen lassen zu wollen. Bei den weißen Eltern waren es nur 38 Prozent, bei den Afroamerikanern 30 Prozent.

Auch in einer im September 2009 publizierten kanadischen Studie, erstellt von Forschern des *British Columbia Centre for Diesease Control* und der *Laval University,* wurde die Wirksamkeit des Schweinegrippe-Impfstoffs infrage gestellt. Die Studie behauptete, bei Menschen mit einer normalen Grippeimpfung bestehe ein doppeltes Risiko einer Infektion mit der Schweinegrippe. Den für die Studie verantwortlichen Forschern war es verboten, vor einer Überprüfung und der Publikation ihrer Ergebnisse in der Öffentlichkeit zu sprechen.

Obwohl die Studie nicht unumstritten war (sie widersprach Regierungsbekundungen, die Impfung sei gesundheitlich unbedenklich), erklärten mehrere kanadische Gesundheitsbehörden, die Impfungen gegen saisonale Grippe auszusetzen. »Das hat für eine starke Verunsicherung gesorgt«, sagte Dr. Ethan Rubinstein, Chef des Instituts für Infektionskrankheiten an der *University of Manitoba.* »Aufgrund der widersprüchlichen Empfehlungen dieser Studie hat unsere Glaubwürdigkeit gelitten. Bis letzte Woche wurden die Leute dazu aufgefordert, sich gegen saisonale Grippewellen impfen zu lassen.« Er sagte, der methodologische Ansatz der Studie erscheine ihm fundiert. »Viele ihrer Autoren sind exzellente und glaubwürdige Forscher, und die Studie beruht auf den Aussagen von zwölf oder dreizehn Millionen Menschen aus drei Provinzen. Das ist solide Forschung.«

Viele Menschen waren auch von dem Medienrummel wegen der angeblichen Pandemie abgestoßen. Obwohl kaum darüber berichtet wurde, ergaben die Resultate einer Mitte 2009 bei medizinischem Personal in Hongkong durchgeführten Umfrage, dass mehr als die Hälfte der befragten Ärzte und Krankenschwestern eine Impfung gegen die Schweinegrippe ablehnten. Tatsächlich zeigte eine erste Studie, bei der 2225 Mitarbeiter von öffentlichen Krankenhäusern in Hongkong befragt wurden, dass nur 28,4 Prozent sich »grundsätzlich einverstanden erklärten, sich im Vorfeld der Epidemie den H5N1-Impfstoff verabreichen zu lassen«. Der wichtigste Grund für die Ablehnung der Spritze waren die Angst vor den Nebenwirkungen und Zweifel hinsichtlich der Wirksamkeit des Impfstoffs. Erst nach der Panikmache der Medien und der Entscheidung der WHO, die Alarmstufe bezüglich der Epidemie auf Level 5 zu erhöhen, ergab eine zweite Studie, dass der Prozentsatz auf 47,9 angestiegen war. Die verbreitetste Begründung der Befragten dafür, warum sie sich jetzt doch impfen lassen wollten, waren der »Wunsch nach Schutz« und »Ratschläge der Gesundheitsbehörde«.

Einige amerikanische Angestellte haben aber offenbar gar nicht die Wahl, ob sie sich impfen lassen wollen oder nicht. Gregory McGarry, ein Sprecher des *Albany Medical Center,* bestätigte auf Anfrage, man werde womöglich gegen Angestellte »vorgehen«, die sich weigerten, der Aufforderung Folge zu leisten, sich am 16. Oktober 2009 gegen die Schweinegrippe impfen zu lassen. Unter Hinweis auf die Notfallverordnungen wurden Beschäftigten von Krankenhäusern im Bundesstaat New York (darunter Hausmeister, Kantinenangestellte, Ärzte und Krankenschwestern) im August 2009 Disziplinarmaßnahmen und sogar die Kündigung angedroht, falls sie sich weigern sollten, sich impfen zu lassen. Elmer Streeter, Sprecher des *St. Peter's Hospital* in Albany, sagte gegenüber Journalisten im August: »Es gibt nur sehr wenige Ausnahmen. Die Impfung ist für alle unsere Angestellten eine Bedingung dafür, dass wir sie weiterbeschäftigen.« Lokalzeitungen berichteten, Beschäftigte würden zunächst fünf Tage vom Dienst suspendiert, wenn sie die Impfung verweigerten. Nach weiteren fünf Tagen drohe ihnen die Kündigung.

Obwohl Präsident Obama die Schweinegrippe zu einem nationalen Notstand und die WHO die Krankheit zu einer weltweiten Pandemie erklärt hatte, waren seriöse Forscher und selbst einige kommerzielle Nachrichtensender wie *CBS* der Meinung, die Zahlen der Erkrankten seien maßlos übertrieben und viele angeblich Erkrankte seien gar nicht infiziert.

So sagte die *CBS*-Reporterin Sharyl Attkisson: »Ende Juli 2009 gaben die Centers for Diesease Control den Bundesstaaten abrupt die Anweisung, keine Schweinegrippetests mehr durchzuführen, und die CDC stellten die Zählung ein. Die Begründung der CDC dafür, auf die Tests und die Zählung der Fälle zu verzichten, lautete etwas so: Warum Mittel für Schweinegrippetests verschwenden, wenn die Regierung bereits bestätigt hat, dass es eine Epidemie gibt? [...] CBS News hat erfahren, dass die Entscheidung, die Zählung einzustellen, so schnell getroffen wurde, dass die Bundesstaaten gar keine Möglichkeit mehr hatten, sich zu Wort zu melden.«

CBS forderte Informationen über die Verbreitung der Schweinegrippe in den einzelnen Bundesstaaten an, wurde aber von den CDC hingehalten. Als die Zahlen schließlich veröffentlicht wurden, waren alle geschockt. »Die überwältigende Mehrheit der Tests war negativ, sowohl was die Schweinegrippe als auch die saisonale Grippe anbetrifft, ungeachtet der Tatsache, dass viele Bundesstaaten insbesondere Menschen testeten, die aufgrund von Symptomen oder Risikofaktoren – etwa Reisen nach Mexiko – für besonders anfällig galten«, berichtete *CBS*.

Selbst tatsächliche Fälle wurden von den Medien hemmungslos aufgebauscht. Im September 2009 lautete eine Schlagzeile: »Über 250 Studenten der Georgetown University mit Schweinegrippe infiziert.« Gleichwohl zeigte eine nähere Untersuchung, dass die Zahl nicht auf ärztlichen Untersuchungen, sondern nur auf »Schätzungen« von Studenten beruhte, die mit Grippesymptomen das universitäre Gesundheitszentrum aufgesucht oder auch nur dessen Hotline angerufen hatten.

Zu Beginn des Februars 2010 war dann die ganze schlimme Affäre glimpflich überstanden, und die nicht verkauften Impfstoffe wurden an die Hersteller zurückgeschickt. Die Niederlassung von *Sanofi Pasteur* in Swiftwater in Pennsylvania startete eine landesweite Rückrufaktion für ihren Impfstoff, nachdem dessen unzureichende Wirkung entdeckt worden war. Und diese Entdeckung wurde gemacht, nachdem bereits Zuteilungen in alle fünfzig Bundesstaaten verschickt worden waren.

Die Kansas-City-Pandemie des Jahres 1921

Die Schweinegrippe könnte nur das jüngste Beispiel dafür sein, wie mächtige Organisationen die Gefahren einer Krankheit übertreiben, um von der Angst der Bevölkerung zu profitieren. In den frühen 1920er-Jahren verklagte in Kansas City, Missouri, eine Gruppe namens »The Advertiser's Protective Bureau« erfolgreich die zur *American Medical Society* gehörende, für Missouri zuständige *Jackson Medical Society*, weil diese Panik wegen einer nicht existenten Pockenepidemie verbreitet hatte.

Das Advertiser's Protective Bureau meldete: »Im Herbst des Jahres 1921 war es um die öffentliche Gesundheit in Kansas City ungewöhnlich gut bestellt, und folglich gingen die Geschäfte der Ärzte schlecht. Also trat die Jackson Medical Society zusammen und beschloss, künstlich eine Epidemie in der Stadt zu konstruieren. Laut Protokoll der Zusammenkunft wurde ›der Beschluss gefällt und angenommen, die Gesundheitsbehörde darüber zu informieren, dass in der Stadt eine Pockenepidemie ausgebrochen sei […]. Ferner wurde beschlossen, dass ein Tag zum *Impftag* erklärt werden sollte, an dem Ärzte in allen Schulen, Krankenhäusern und öffentlichen Gebäuden die Bevölkerung *kostenlos* impfen sollen […]. Weiter wird eine breit angelegte öffentliche Kampagne empfohlen, in der die Bevölkerung darüber informiert werden muss, dass die Impfung eine Vorbeugung gegen Pocken und für jeden Mann, jede Frau und jedes Kind absolut notwendig ist.‹«

Dr. A. True Ott, ein Naturheilkundler, Arzt und Talkshowmoderator, befasste sich eingehend mit diesem historischen Fall und sagte, die Propagandaoffensive der *Jackson Medical Society* sei äußerst erfolgreich gewesen. »Über eine Million bis zu diesem Zeitpunkt gesunder und glücklicher Amerikaner war verängstigt und wie hypnotisiert. Sie ließen zu, dass der giftige Impfstoff in ihren Blutkreislauf gelangte. Alle Kinder in den öffentlichen Schulen der Region wurden während der Unterrichtszeit geimpft! Eltern, die es wagten, wegen der Zwangsimpfung ihrer Kinder Fragen zu stellen, wurden öffentlich diffamiert. Die Gerichtsunterlagen dieses Falls sprechen eine deutliche Sprache: In den Wochen und Monaten nach der ›Massenimpfung‹ waren die Krankenhäuser in der Gegend überfüllt mit Patienten, bei denen eine Pockenerkrankung durch die Impfung herbeigeführt worden war. Zehntausende Menschen wurden krank, Hunderte von Unschuldigen starben, und sehr viele mehr blieben ihr Leben lang behindert. Natürlich trompeteten die Zeitungen damals heraus, wie weise es von den medizinischen Autoritäten gewesen sei, für die Impfung zu werben, und wie viel mehr Menschen ohne die Impfkampagne gestorben wären.«

Vor Gericht wurde später zweifelsfrei geklärt, dass es keine Epidemie gab, weder in Kansas City noch in Missouri. Trotzdem hatte die *Jackson Medical*

Society Unmengen von Plakaten, Flugblättern, Zeitungsartikeln und Anzeigen drucken lassen. Sie zeigten gruselige Fotos von Kindern mit Pocken und offenen Wunden. Das Advertiser's Protective Bureau bewies, dass diese Bilder aus britischen Zeitungen stammten.

Noch einmal Dr. Ott: »Während das Advertiser's Protective Bureau vor Gericht gewann, waren die Bürger die Verlierer. Der Fall hätte landesweit Schlagzeilen machen müssen, um den Modus Operandi gewisser korrupter Mediziner öffentlich zu machen. So hätte man zeigen können, wie es der *Jackson Medical Society* durch Lügen und Betrug gelang, Millionen Dollar an Gewinnen einzustreichen, während Tausende von unschuldigen und naiven Amerikanern erkrankten und starben. Aber die ganze traurige Geschichte mit den schlimmen Details wurde aus der amerikanischen Presse herausgehalten. Dafür sorgte schon John D. Rockefellers *American Medical Association,* die Millionen zur Verfügung hatte, um ihren Einfluss geltend zu machen.«

Die in den Fünfzigerjahren obligatorischen Impfungen gegen Kinderlähmung sind ein weiteres Beispiel für einen Fall, in dem ein Impfstoff Amerikanern eher schadete als half. Vor den Impfungen waren Eltern zu Tode verängstigt, dass ihre Nachkommen an Kinderlähmung erkranken könnten, einer durch Viren hervorgerufenen Infektionskrankheit, die oft zur Lähmung und einer dauerhaften Behinderung führt, wie man sie von Präsident Franklin D. Roosevelt kennt. Die Bevölkerung war sehr erleichtert, als Jonas Salk den ersten Impfstoff gegen Kinderlähmung entwickelte, der seit Mitte der Fünfzigerjahre zum Einsatz kam. Aber nachdem Millionen von Amerikanern und Menschen überall auf der Welt mit dem Serum geimpft worden waren, entdeckten Wissenschaftler, dass der Impfstoff einen krebserregenden Affenvirus namens Simianes-Immunschwäche-virus (SV-40) enthielt, das eng mit dem HIV-Virus verwandt und durch die Herstellung des Polioimpfstoffs aus infizierten Affendrüsen entstand. Das Siminanes-Immunschwächevirus wurde mit Gehirntumoren, Knochenkrebs, Lungenkrebs und Leukämie in Verbindung gebracht. Er kann im Mutterleib und durch sexuelle Kontakte übertragen werden.

Es ist umfassend dokumentiert, wie weitverbreitet diese Krankheit in der amerikanischen Bevölkerung ist, und doch hat die Öffentlichkeit durch die im Besitz von Großkonzernen befindlichen Massenmedien nur sehr wenig darüber erfahren. Bei zu Verschwörungstheorien neigenden Forschern erregte es Misstrauen, dass keine Proben des Polioimpfstoffs aus der Zeit vor 1962 gefunden werden konnten. Obwohl mehr als zehn Millionen Menschen mit dem potenziell kontaminierten Serum geimpft wurden, kann jetzt nicht mehr entschieden werden, ob sie mit dem Simianes-Immunschwächevirus infiziert wurden, der jahrelang im menschlichen Körper schlummern kann, bevor er Tumore und Krebs verursacht.

Man sollte auch nicht die Schweinegrippepanik des Jahres 1976 vergessen, als Präsident Gerald Ford und etwa 40 Millionen Amerikaner sich brav eine Spritze setzen ließen.

Und wie viele Menschen starben an dieser Grippe? Exakt einer – jener bedauernswerte Soldat, der die Panik ursprünglich ausgelöst hatte. Er starb während eines Gewaltmarsches im Zuge einer militärischen Übung in Fort Dix in New Jersey, als sein Körper auf einen provisorischen Impfstoff reagierte. Auch anderen im Land war dieser zu erprobende Impfstoff verabreicht worden, und es wurde von mehreren Todesfällen berichtet. Genauso verstörend war, dass Hunderte anderer geimpfter Personen am Guillian-Barré-Syndrom litten, einer Schwächung des Immunsystems, die Lupus sowie Lähmungserscheinungen in den Extremitäten und der Gesichtsmuskeln verursacht. Das Guillian-Barré-Syndrom ist weltweit eine der Hauptursachen von nicht durch Traumata herbeigeführten Lähmungen.

In den Jahren nach 1976 häuften sich Gerichtsprozesse gegen das Gesundheitsministerium und die Hersteller des Impfstoffs. Im Juli 2009 berichteten die Medien, Gesundheitsministerin Kathleen Schelius habe Schritte ergriffen, eine ähnliche Prozesslawine wie seit 1976 zu verhindern, indem sie durch einen ministerialen Erlass den Produzenten von Impfstoffen Straffreiheit zugesichert habe. Dieser Erlass bezog sich auf Bestimmungen eines Gesetzes aus dem Jahr 2006, in dem es um Gefährdungen für die öffentliche Gesundheit geht.

Paul Pennock, ein auf Schadenersatzprozesse im medizinischen Bereich spezialisierter Anwalt aus New York, sah diese Immunitätszusage kritisch. »Wenn man die Leute bittet, sich im Sinne des Gemeinwohls impfen zu lassen, dann sollte im Sinne des Gemeinwohls sichergestellt sein, dass man sich um diese Leute kümmert, wenn etwas schiefgeht.«

Falls jemand argumentieren sollte, Haftbarkeit sei kein Thema bei Impfungen, sollte man auf den Fall von Lance Corporal Josef Lopez aus Missouri hinweisen, um ihn vom Gegenteil zu überzeugen. Als Lopez gerade neun Tage im Irak stationiert war, fiel er gelähmt ins Koma und musste künstlich beatmet werden. Hatte man auf in geschossen? War sein Laster einer am Straßenrand platzierten Bombe zu nahe gekommen? Nein. Lopez litt an einer gefährlichen Reaktion auf einen Impfstoff gegen Pocken, der ihm von den Militärs verabreicht worden war. Drei Jahre später litt Lopez immer noch an Inkontinenz, konnte sich nur hinkend bewegen, wurde von Ausfällen des Kurzzeitgedächtnisses geplagt und musste fünfzehn Tabletten am Tag schlucken, um Wadenkrämpfe zu unterdrücken.

Als er dann eine Unterstützung für GI's beantragte, erteilte ihm der Veteranenverband eine Absage, und zwar mit der Begründung, gezahlt werde »für traumatische Verletzungen, aber weder für Krankheiten noch für Präventivmedizin«. Stephen Wurtz, beim Veteranenverband in leitender Position für Haftbarkeits- und Versicherungsfragen zuständig, sagte hierzu, man versuche einfach, den

Vorgaben des Kongresses zu folgen. »Es hat nichts damit zu tun, dass wir in Abrede stellen würden, dass diese Leute eine Kompensation für ihre Leiden verdienen.« Offizielle des Veteranenverbands sahen sich nicht in der Lage, zu sagen, wie viele Anträge abgelehnt worden seien, weil es um mit Impfstoffen in Zusammenhang stehende gesundheitliche Probleme ging. Die *Military Vaccine Agency,* die für Impfungen von Soldaten zuständig ist, antwortete nicht auf die wiederholten Anfragen eines Journalisten.

Trotz Lance Corporal Josef Lopez' gesundheitlich folgenreicher Reaktion auf den Schweinegrippe-Impfstoff gab das Verteidigungsministerium am 1. September 2009 bekannt, Impfungen gegen die Schweinegrippe seien für alle Militärangehörigen verpflichtend. Ganz oben auf der Liste standen medizinisches Personal, kämpfende Soldaten, Besatzungen von Schiffen und Unterseebooten sowie kürzlich angeworbene Rekruten.

»Überall dort, wo wir eine Menge Leute hinbringen, die auf engem Raum und unter stressigen Bedingungen zusammenleben, wird zuerst geimpft«, sagte Lieutenant Colonel Wayne Hachey, der beim Verteidigungsministerium für Präventivmedizin zuständig ist. Die Impfungen sollten im Oktober 2009 beginnen, und es standen Millionen von Dosen zur Verfügung.

Obwohl bis zum 1. September 2009 nur zwanzig Todesfälle infolge der Schweinegrippe bekannt geworden waren, die sich sämtlich in Mexiko ereignet hatten, setzten die Massenmedien ihre übertriebene Berichterstattung über eine angeblich unmittelbar bevorstehende Pandemie fort. »Das ist keine Epidemie. Dieser Medienrummel weist alle Charakteristika eines Propagandafeldzugs auf, von dem die Pharmariesen profitieren, die die Impfstoffe herstellen. Aber hinter dieser Medienoffensive stehen nicht nur finanzielle Motive. Es scheint so etwas wie das langfristige Ziel zu geben, die Leute völlig abhängig zu machen vom Geld des Staates und dessen Bemühungen, die Gesundheitsvorsorge zu managen«, schrieb Joel Skousen von *World Affairs Brief,* einer seit langem aktiven Nachrichtenseite im Internet.

Auf dem Höhepunkt der Schweinegrippepanik stellten die *Centers for Disease Control* 16 Millionen Dollar für eine Werbekampagne in Großstädten bereit, die die Impfung gegen die Schweinegrippe bei der Bevölkerung populär machen sollte. Zur gleichen Zeit weigerten sich große Fernsehsender wie *ABC* und *NBC,* Spots auszustrahlen, die vor den Gefahren der Impfung warnten oder Präsident Obamas Reformen im Gesundheitswesen kritisierten.

»Die größte Gefahr sind Schulen (falls Sie Kinder haben) und Ihr Arbeitsplatz, wenn dort Gehorsam gegenüber dem Arbeitgeber verlangt wird. Ich bin gegen diese Maßnahmen, weil sie die persönliche Freiheit beeinträchtigen und weil es eine lange Geschichte von Impfstoffen gibt, die mit schädlichen Zusätzen wie Squalen und Quecksilber verunreinigt waren«, warnte Skousen. »Selbstverständlich, im September beginnt in den öffentlichen Schulen wieder der Unterricht, und dort ist die Ansteckungsgefahr immer groß. Nachrichtensprecher jammern, dass ›die Impfstoffe gegen die Schweinegruppe für Schulkinder nicht vor Mitte Oktober zur Verfügung stehen‹, was ein deutlicher Hinweis darauf ist, dass uns hier eine ›allgemeine Impfkampagne für Schulkinder‹ bevorsteht. Dieser ganze Medienrummel dient dazu, alle so in Angst zu versetzen, dass sie um die Impfung betteln werden – was für Ihre Gesundheit äußerst gefährlich werden könnte. Wenn man der geschichtlichen Erfahrung glauben darf, wird die Zahl der Schweinegrippefälle nicht dramatisch steigen, bis die Impfungen beginnen – unter Verwendung von Seren, die häufig ›versehentlich‹ irgendeinen Virus enthalten.«

Als im ganzen Land das neue Schuljahr begann, bereiteten sich die Schulen auf das vor, was *Associated Press* »als die umfassendste Impfkampagne in Schulen seit den Tagen von Polio« bezeichnete. Die *National Schools Boards Association* sagte gegenüber *AP*, eine aktuelle Umfrage habe ergeben, dass 75 Prozent aller Schulbezirke zugesagt hätten, die Impfung in Schulgebäuden zuzustatten. Eine von AP veranstaltete Umfrage unter Eltern ergab, dass fast zwei Drittel der Befragten antworteten, sie würden der Impfung ihres Kindes zustimmen, wenn das Serum kostenlos von der Schule zur Verfügung gestellt werde.

Jim Rex, Schulinspektor in South Carolina, gab bekannt, sein Bundesstaat plane mindestens eine Impfstation in jedem der 85 Schulbezirke. In South Dakota habe man vor, normale Impfungen und solche gegen die Schweinegrippe in vielen Schulen gleichzeitig vornehmen zu lassen, sagte Doneen Hollingsworth, der Gesundheitsminister des Bundesstaates. Mitte September 2009 nahmen mehr als 700 Vertreter der Schulen und der Gesundheitsbehörden an einem Onlineseminar teil, bei dem es darum ging, wie genau die Impfungen in den Schulen durchzuführen seien.

Trotz des Medienrummels, trotz der Sorgenfalten der Offiziellen und trotz der Expertenprognosen, uns stehe eine Wiederholung der Killerpandemie von 1918 bevor, bleibt Folgendes festzuhalten: Bis zum Abschluss dieses Buches schien die Schweinegrippe nur ein weiterer Schwindel zu sein, um die Profite der Pharmakonzerne zu erhöhen, und ein gescheiterter Versuch der Globalisierer, die testen wollten, wie weit sie die Öffentlichkeit unter ihre Kontrolle bringen können.

Grippeängste

Wenn die Geschichte mit den Pocken in Kansas City typisch sein sollte für üble Machenschaften im Gesundheitswesen, sollte man sich genauer ansehen, wer von Pandemien profitiert. Im Fall der Schweinegrippe müsste man *Baxter International* unter die Lupe nehmen, einen riesigen, weltweit aktiven Pharmakonzern, der Millionen eingestrichen hat, um einen Impfstoff zu entwickeln. Im Jahr 2008 machte der Konzern 44 Prozent seines Gesamtgewinns (5,3 Milliarden Dollar) mit dem Verkauf von Medikamenten und Impfstoffen. 2010 wurde auf verschiedenen Webseiten behauptet, Präsident Obama habe 2005 – noch als Senator – Aktien zweier Unternehmen im Wert von 50 000 Dollar gekauft, und eines davon sei *Baxter* gewesen. Offenbar hat Senator Obama im März 2005 dem Foreign Relations Committee Authorization Act (S. 600) einen Zusatz angefügt, wodurch 25 Millionen Dollar für internationale Bemühungen im Kampf gegen die Vogelgrippe zur Verfügung gestellt wurden. Am 28. April 2005 brachte Obama eine umfassende Gesetzesvorlage ein, den AVIAN Act (S. 969), der einer möglichen Bedrohung durch eine Vogelgrippepandemie galt. Interessant ist, dass größere Ausbrüche der Vogelgrippe erst in den Jahren 2006 und 2007 registriert wurden, was einige zu der Frage veranlasste, wie Obama schon 2005 von dem Problem wissen konnte.

Baxter stand schon mehrfach im Mittelpunkt der Kritik. Einmal ging es um die Verunreinigung eines Impfstoffs gegen die Vogelgrippe mit einem Krankheitserreger. Ende Februar 2009 waren einige der üblichen saisonalen Grippeimpfstoffe aus einem *Baxter*-Labor in Österreich mit einem H5N1-Vogelgrippe-Lebendvirus kontaminiert (der bei einer Infektion mit sechzigprozentiger Wahrscheinlichkeit tödlich ist). Die Seren wurden an Subunternehmer in verschiedenen Ländern verschickt. Glücklicherweise beschlossen gewissenhafte Forscher in Tschechien, den Impfstoff im Labor einigen Frettchen zu injizieren, um Nebenwirkungen zu testen. Die Tiere starben ausnahmslos. *Baxter* gab prompt offiziell bekannt, die umstrittenen Impfstoffe seien vernichtet worden und man habe »vorbeugende und korrigierende« Maßnahmen ergriffen.

Baxters Verhalten im Fall des verunreinigten Grippeimpfstoffs war für viele beunruhigend. Für sie zeigte der Vorfall, wie der schludrige Umgang eines Unternehmens mit tödlichen Viren in einer Katastrophe enden könnte. Andere sahen darin sogar den Versuch, eine Pandemie auszulösen, weil das Unternehmen dann in der Lage gewesen wäre, ein Gegenmittel zur Verfügung zu stellen, selbstverständlich zu einem lukrativen Preis.

Christopher Bona, Direktor von *Baxters* Abteilung für Öffentlichkeitsarbeit, bestätigte, das »experimentelle Virusmaterial« habe das Vogelgrippevirus enthalten, und es habe bei dem Herstellungsprozess »technische und menschliche Fehler« gegeben.

Eine der großen Befürchtungen bezüglich der Kombination eines saisonalen Grippevirus mit einem virulenten Vogelgrippevirus – ein Prozess der Neuverteilung genetischer Informationen zwischen zwei ähnlichen Viren – besteht darin, dass bei dieser sogenannten Reassortierung neue, hybride Viren entstehen könnten, mit möglicherweise schwerwiegenden Folgen für die Bevölkerung.

Tschechische Medien fragten, ob es sich bei *Baxters* Weitergabe des tödlichen Virus um eine Verschwörung gehandelt habe, eine multinationale Pandemie auszulösen – ein Vorwurf, der eventuell gar nicht so absurd ist. Angesichts der obligatorischen Arbeitsprozesse in Labors zur Herstellung von Impfstoffen ist es praktisch unmöglich, versehentlich einen tödlichen Virus mit einem Impfstoff zu mischen.

Mike Adams, Herausgeber von *NaturalNews* und früher im Dienst von Pharmaunternehmen für Tests neuer Produkte verantwortlich, schrieb hierzu: »Baxter handelt heutzutage praktisch wie Terroristen mit biologischen Waffen. Das Unternehmen verschickt tödliche Viren rund um die Welt. Wenn Sie Ihrem Senator einen Briefumschlag mit Anthrax schicken, sind Sie ein Terrorist und werden verhaftet. Warum kommt ein Konzern wie *Baxter,* der Proben eines weitaus tödlicheren Virenstrangs an Labors in aller Herren Länder verschickte, damit durch, dass er im Grunde genommen nur ›Tschuldigung‹ sagt?«

Es sieht so aus, als hätten Probleme mit *Baxters* Produkten und Kontroversen um die Geschäftsstrategien des Konzerns eine lange Vorgeschichte. Seit Mitte der Neunzigerjahre hat ein gutes halbes Dutzend Briten versucht, *Baxter,* Bayer und vier andere Pharmakonzerne in den Vereinigten Staaten zu verklagen. Sie behaupteten, all diese Unternehmen hätten mit dem HIV-Virus verseuchte Blutkonserven nach Großbritannien verschickt. Die Prozesse wurden 2007 wiederaufgenommen, nachdem ein amerikanischer Richter verfügt hatte, die Verfahren sollten in Großbritannien weitergeführt werden. Im Jahr 2001 starben mehr als 50 Menschen infolge defekter Filter bei Dialysemaschinen. 2008 wurde *Baxter* wegen des Verkaufs verunreinigten Heparins aus chinesischer Produktion verklagt. Heparin ist ein Blutverdünnungsmittel für nierenkranke Dialysepatienten. *Baxter* bekam das Heparin von den in Wannakee, Wisconsin, ansässigen *Scientific Protein Laboratories,* ursprünglich stammte es aus einer Fabrik im chinesischen Changzhou. Das Unternehmen ist *Baxters* Hauptlieferant für den aktiven pharmazeutischen Wirkstoff in Heparin. Im Jahr 2009 erklärte sich eine Tochterfirma von *Baxter,* die *Baxter Healthcare Corporation,* bei einem Deal zu einer Zahlung von zwei Millionen Dollar bereit. Bei dem Prozess ging es um überzogene *Medicaid*-Rechnungen in Kentucky. Nach einer Untersuchung hatte Jack Conway, der Justizminister des Bundesstaates, *Baxter* beschuldigt, dem Kentucky Medicaid Program völlig übertriebene Großhandelspreise für intravenös zu verabreichende Medikamente in Rechnung gestellt zu haben, die in keinem Verhältnis zu den Preisen standen, die der Konzern von anderen Kunden verlangte. So entstand ein großes künstliches Loch zwischen den offiziellen und den wirklichen Preisen. Manchmal überschritt die Differenz 1300 Prozent, wodurch das, was das Kentucky Medicaid Program für *Baxters* Medikamente bezahlte, deren tatsächliche Kosten um ein Vielfaches überstieg.

Am 15. August 2001 starben zwei ältere spanische Patienten nur Stunden nach einer Dialyse, bei der Produkte von *Baxter* zum Einsatz gekommen waren. Danach sollten noch 51 weitere Patienten sterben. Zwar gab es in dem Fall Unklarheiten, aber Baxter rief weltweit zwei Serien von Filtern zurück, das einzige verbindende Glied bei allen Fällen. Harry Kraemer, der damalige Firmenchef, entschuldigte sich, ließ die Fabriken schließen, wo die Filter produziert wurden, informierte die Konkurrenz und verzichtete auf 40 Prozent seines Gehalts. Andere Führungskräfte bekamen 20 Prozent weniger. Infolge dieser Vorfälle sank der Ertrag des Konzerns um 189 Millionen Dollar. Da Baxter sofort Maßnahmen ergriff, um die Folgen der Panne abzumildern und eine Wiederholung zu vermeiden, blieb der Imageschaden minimal.

Trotz der zurückliegenden Pannen war *Baxter* Ende 2009 einer der aussichtsreichsten Kandidaten für die Produktion des Impfstoffs gegen die Schweinegrippe. Das könnte daran liegen, dass Baxter 2008 als erster Pharmakonzern die Entwicklung eines solchen Serums angekündigt hatte. Verdächtig am Zeitpunkt von Baxters Ankündigung ist, dass der Konzern schon am 28. August 2007 ein Patent für mehrere Viren beantragt hatte, darunter auch eines auf das Schweinegrippevirus, also fast zwei Jahre, bevor es hieß, die Krankheit sei plötzlich in Mexiko ausgebrochen. Das günstige Timing von *Baxters* Patentanträgen war Wasser auf die Mühlen von Verschwörungstheoretikern.

Einer von *Baxters* Konkurrenten war *Novartis Pharmaceuticals.* Im Jahr 2006 übernahm *Novartis* den Impfstoffhersteller *Chiron,* der damals in die Schlagzeilen geraten war, weil die britische Gesundheitsbehörde dem Unternehmen 2004 die Lizenz für die Herstellung des Grippeserums Fluvirin entzogen hatte. Beide Firmen hatten Abkommen mit der Weltgesundheitsorganisation, Impfstoffe für den Fall einer Pandemie zu produzieren.

Der Autor, Dozent und Neurochirurg Dr. Russell Blaylock warnte: »Celvapan, Baxters Impfstoff gegen die Schweinegrippe, wurde sehr schnell zugelassen. Bei ihm kommt das neue Vero-Cell-Verfahren zur Anwendung, bei dem Zellkulturen der afrikanischen grünen Meerkatze genutzt werden. Dasselbe Tiergewebe überträgt eine Reihe von Viren – darunter auch das HIV-Virus –, die Impfstoffe kontaminieren.«

Adjuvantien sind in den Impfstoffen enthaltene, die Wirkung unterstützende Zusätze auf Ölbasis, welche die Produktion von Antikörpern gegen das jeweilige Virus anregen. Diese Adjuvantien können extreme Entzündungen verursachen. Tiere, denen man solche Adjuvantien spritzte, litten später an schmerzhaften, unheilbaren Autoimmunerkrankungen wie Multipler Sklerose, rheumatoider Arthritis oder systemischem Lupus erythematodes. Blaylock sagte, nach der Lektüre einer Reihe von Studien über das Adjuvans MF-59, das Squalen enthält, sei ihm etwas Interessantes aufgefallen: »In mehreren Studien stand, Versuche mit menschlichen Testpersonen hätten ergeben, MF-59 sei ein äußerst unbedenkliches Adjuvans. Als ich aber überprüfte, woher diese Studien kamen, fand ich – ohne sonderlich überrascht zu sein – heraus, dass sie von Novartis und Chiron stammten, zwei Pharmaunternehmen, die fusioniert haben. Sie wurden allesamt in ›renommierten‹ Fachzeitschriften publiziert. Und ebenso wenig überraschte mich, dass eine große Zahl anderer Studien, hinter denen unabhängige Laboratorien und Forschungsinstitute standen, sämtlich einen starken Zusammenhang zwischen MF-59 und Autoimmunkrankheiten konstatierten.«

Es sollte nicht vergessen werden, dass Daniel Vasella, der CEO von *Novartis,* seit 1998 ein regelmäßiger Besucher der geheimen Treffen der Bilderberg-Gruppe ist. Es wäre töricht zu glauben, es ließe sich durch puren Zufall erklären, dass nur zwei Monate nach dem Bilderberg-Treffen des Jahres 2010 in Athen die amerikanische Regierung *Novartis* 690 Millionen Dollar zukommen ließ, um einen Impfstoff gegen die Schweinegrippe zu produzieren. Es dürfte kein Geheimnis mehr sein, wie solche Deals zustande kommen, wenn man an die Globalisierer innerhalb unserer Regierung denkt, die an den Zusammenkünften der Bilderberg-Gruppe teilnehmen, etwa Barack Obama, Hillary Clinton und andere.

Außerdem könnte man noch darauf hinweisen, dass *Novartis* 1996 aus der Fusion von *Ciba-Geigy* und *Sandoz* hervorgegangen ist, beides ursprünglich deutsche Unternehmen und Teil des riesigen I. G. Farben-Chemiekartells. Die Interessengemeinschaft Farbenindustrie Aktiengesellschaft – so der volle Name – war seit ihrer Gründung im Jahr 1925 der weltgrößte Chemie- und Pharmakonzern, der bis zu seiner Zerschlagung durch die Alliierten nach dem Ende des Zweiten Weltkriegs ein Hauptunterstützer des Naziregimes war. Somit ergibt sich einmal mehr eine eindeutige Verbindung zwischen Altnazis, die den menschlichen Genpool durch die Ermordung Unerwünschter reinigen wollten, und den riesigen Pharmakonzernen unserer Tage, an deren Spitze Globalisierer stehen, welche die Bevölkerung ebenfalls dezimieren wollen.

Fragwürdige Drogengesetze

Zu Beginn des Jahres 2009, als die Wirtschaft ins Straucheln geraten war und zugleich etliche Korruptionsfälle auf hoher Ebene publik wurden, hatten die Gesetzeshüter des Landes alle Hände voll zu tun. Die *National Organization to Reform Marijuana Laws* (NORML) gab bekannt, Statistiken des FBI zeigten, dass die Verhaftungen im Zusammenhang mit Marihuana einen neuen Rekordstand erreicht hätten. Während 1965 wegen solcher Vergehen nur zwei Personen pro Stunde verhaftet wurden, waren es 2008 hundert pro Stunde. Im selben Jahr meldete der *Uniform Crime Report* des FBI, die Polizei habe 2007 wegen Marihuanadelikten 872.721 Personen festgenommen, auch das ein historischer Rekord. Festnahmen wegen Cannabisdelikten machten fast 47,5 Prozent aller Verhaftungen aufgrund von Drogendelikten in den Vereinigten Staaten aus, wobei drei von vier verhafteten Personen unter dreißig Jahre alt waren.

Allen St. Pierre von der NORML sagte, von den wegen Cannabisdelikten festgenommenen Personen seien ungefähr 89 Prozent (775 138 Amerikaner) nur aufgrund von Drogenbesitz angeklagt worden. »Diese Zahlen widersprechen dem Mythos, die Polizei nehme keine kleinen Fische mit ein bisschen Haschisch in der Tasche fest«, sagte St. Pierre. »Das alles ist eine gigantische Zeitverschwendung, welche die Strafverfolgungsbehörden davon abhält, sich auf die Verfolgung von schweren Delikten und Gewaltverbrechen zu konzentrieren, und auch der Krieg gegen den Terror leidet darunter […]. Die verbleibenden elf Prozent (97 583 Personen) wurden wegen des Anbaus und/oder Verkaufs von Marihuana angeklagt. Das schließt auch Fälle mit ein, in denen Cannabis nur zum persönlichen Gebrauch oder aus medizinischen Gründen angepflanzt wurde.«

Oft machten sich die Verhafteten nur einer Straftat schuldig, bei der niemand zu Schaden kam. Ein einundzwanzigjähriger Texaner verdiente Geld durch den Verkauf kleiner Mengen von Hasch. Er hatte einen Deal mit örtlichen Polizisten – falls er geschnappt wurde, musste er den Cops einen Teil seines Vorrats abgeben, bevor diese ihn wieder in Ruhe ließen. Aber der Einundzwanzigjährige machte einen Fehler, als er sich in einem angrenzenden County von Texas erwischen ließ. Nachdem man ihn wegen Besitzes einer kleinen Menge von Marihuana festgenommen hatte, bot man ihm Bewährung an, doch er war nicht in der Lage, die Kaution zu bezahlen, und war gezwungen, sich schuldig zu bekennen. Jetzt ist er für den Rest seines Lebens vorbestraft, mit allen Einschränkungen, die das nach sich zieht.

Allen St. Pierre betonte, die mit Marihuana in Verbindung stehenden jährlichen Verhaftungen hätten sich seit den frühen Neunzigerjahren fast verdreifacht, wohingegen die wegen Heroin- oder Kokaindelikten im gleichen Zeitraum gesunken seien. Daraus folgerte er: »Wenn man Hunderttausende von Amerikanern verhaftet, die hin und wieder Gras rauchen, aber verantwortungsbewusst mit der Droge umgehen, dann zerstört das überflüssigerweise das Leben ansonsten gesetzestreuer Bürger, und die verstärkte Anwendung der Cannabisgesetze geht zu Lasten der Verfolgung von Fällen, bei denen der Besitz von und der Handel mit sehr viel gefährlicheren Drogen geahndet werden muss […]. So kostet das Marihuanaverbot den Steuerzahler jährlich zwischen zehn und zwölf Milliarden Dollar, und es hat zur Verhaftung von fast zwanzig Millionen Amerikanern geführt. Trotzdem geben fast hundert Millionen Amerikaner zu, irgendwann in ihrem Leben Marihuana konsumiert zu haben. Es ist sinnlos, weiter nahezu die Hälfte der Bevölkerung als

Verbrecher zu behandeln, weil sie eine Droge konsumieren, die sehr viel weniger gesundheitliche Risiken birgt als Alkohol oder Tabak. Es wäre eine bessere und vernünftigere Lösung, auch Marihuana zu besteuern und ansonsten ähnliche Vorschriften zu erlassen wie bei Alkohol und Tabak.«

Beobachter der modernen Drogenszene sind erstaunt darüber, dass unsere Urgroßväter nur vierzehn Jahre brauchten, um zu begreifen, dass die Prohibition nicht nur ein Fehlschlag war, sondern noch schlimmere Probleme schuf als der Alkohol – man denke an die Korruption im Polizei- und Justizapparat, den Aufstieg von Schwarzbrennern und Verbrechersyndikaten und die große Zahl von ansonsten Unschuldigen, die unter strafrechtlicher Verfolgung zu leiden hatten. Im Jahr 1933 wurden sowohl die Prohibitionsgesetze als auch der diesbezügliche Verfassungszusatz abgeändert, und Alkohol wurde besteuert und der Konsum legalisiert. Es ist interessant, dass die Gesetze gegen den Marihuanakonsum gerade zu der Zeit erlassen wurden, als die Prohibition abgeschafft wurde. Vielleicht ist das dadurch zu erklären, dass Harry Anslinger von der Prohibitionsbehörde kurz davor stand, seinen Job zu verlieren. Was für ein Glück für ihn, dass er Erfolg mit seinen Bemühungen hatte, durch Lobbyarbeit den Kongress zur Verabschiedung der Antimarihuanagesetze zu bewegen, und so wurde er kurz darauf Chef des neuen, beim Finanzministerium angesiedelten *Federal Bureau of Narcotics.*

Verschwörungstheoretiker haben seit Langem darauf hingewiesen, dass die Unverhältnismäßigkeit zwischen den Verhaftungen wegen Marihuanadelikten und solchen wegen harter Drogen wie Kokain und Heroin vielleicht dadurch erklärt werden könnte, dass Kokain und Heroin nicht bequem zu Hause produziert werden können und deshalb von Geheimdienstlern importiert werden könnten, um den Erlös für die Finanzierung schwarzer Operationen zu verwenden. Solche Anschuldigungen reichen bis in die Zeit vor dem Vietnamkrieg zurück, doch das ist eine andere Geschichte, auf die man irgendwann zurückkommen könnte.

Mike Adams von *NaturalNews* hat darauf hingewiesen, dass der gesamte Nutzhanf, den die Amerikaner für Textilien, Nahrungsergänzungsmittel, Seifen oder Seile verwenden, aus China, Kanada, Indien, Chile und etlichen anderen Ländern importiert wird. »Unterdessen leiden amerikanische Farmer unter wachsenden Schulden und sinkenden Einnahmen, weil die Preise für ihre Produkte stagnieren [...]. Die Drugs Enforcement Agency unterscheidet aber nicht zwischen Nutzhanf und Marihuana. Für die DEA ist das ein und dasselbe (ungeachtet der Tatsache, dass das Rauchen von Nutzhanf nur Erbrechen verursacht), und jeder, der sich beim Anpflanzen von Hanf erwischen lässt, wird verhaftet und angeklagt unter den Gesetzen, die eigentlich nur für Hardcore-Dealer vorgesehen waren. Wie jeder, der kein Crack raucht, mittlerweile begriffen haben dürfte (und sogar ein paar von denen, die Crack rauchen), kann Amerikas Drogenpolitik nur als skandalöser Fehlschlag betrachtet werden. Der sogenannte ›Krieg gegen die Drogen‹

vermochte es absolut nicht, den Boom weicher Drogen in Amerika zu stoppen. Er hat um ihre Existenz kämpfende Farmer kriminalisiert, die eine profitable Einkommensquelle im Anpflanzen von Nutzhanf sehen könnten, der von vielen Industrien stark nachgefragt wird. Eines wurde durch den Krieg gegen Drogen allerdings erreicht: Durch ihn füllten sich die Gefängnisse des Landes mit ›Kleinkriminellen‹, die mit ein paar Gramm Haschisch in der Tasche erwischt wurden. Die amerikanische Drogenpolitik, so scheint es, ist ein wahrer Segen für die Gefängnisbetreiber, aber ein Fluch für die Farmer des Landes«, schrieb Adams. Und die Verhaftungen wegen Marihuanadelikten und die damit einhergehenden Geldstrafen sind ein Segen für die global agierenden sozialistischen Faschisten, die am liebsten jeden Bürger mit einer Computernummer versehen würden.

Jeffrey A. Tucker, verantwortlich für die Webseite des *Ludwig von Mises Institute* (einer Forschungseinrichtung mit den Schwerpunkten klassischer Liberalismus und politische Theorie), war gegen Ende des Jahres 2009 ziemlich konsterniert, als er in seiner Lokalzeitung aus Alabama über die Verhaftung von fünfundzwanzig Personen las, die wegen der Produktion und des Besitzes von Meth, einer synthetischen Droge, angeklagt werden sollten. Er fand es erstaunlich, dass all diese Leute in seiner Heimatstadt Labore zur Produktion von Meth unterhielten. Doch seine Aufmerksamkeit galt mehr den in der Zeitung veröffentlichen Fotos der Angeklagten – alte und junge Menschen, lang- oder kurzhaarig, konservativ oder progressiv.»Ein Querschnitt der amerikanischen Landbevölkerung«, dachte Tucker, der dann bemerkte:»Die Verhaftungen waren die Folge dreimonatiger Ermittlungen, in deren Zentrum Personen standen, die laut einer Pressemitteilung des örtlichen Sheriffs mehr als die legal zulässige Menge an Pseudoephedrin (Sudafed) gekauft hatten.«

Nur einer von den Verhafteten wurde letztlich angeklagt wegen gesetzwidriger Herstellung einer Droge mittels Verwendung einer legalen Substanz, deren Verkauf aber reglementiert ist.»Wir dürfen annehmen, dass das der Mann mit dem Meth-Labor war, doch sicher ist das nicht. Vor 2005 konnte jeder so viele Sudafed-Päckchen kaufen wie Big Macs, ohne dass die Polizei sich darum geschert hätte. Jetzt sind innerhalb von dreißig Tagen neun Gramm zugelassen. Das scheint eine ausreichende Menge zu sein, aber was ist, wenn man für zwei Leute oder eine ganze Familie einkaufen will, das Zeug verliert, es einem Freund gibt oder es in die hinterste Ecke des Schranks fällt? Für mich ist das ein gutes Beispiel dafür, wie durch Vorschriften und Rationierung ein Thema vom Prinzipiellen zum Praktischen verschoben wird«, sinnierte Tucker.»Was, wenn es ein Gesetz gäbe, dass man pro Monat und Person nur dreißig Triple Whopper bei Burger King kaufen darf? Würden wir dann sagen: ›Mein Gott, kein Mensch kann mehr davon essen‹? Vielleicht, doch darum geht es nicht. Es geht darum, dass dies eine Verletzung unserer Rechte ist. Rationierungen jeder Art sind eine ungeheuerliche

Einschränkung unseres Rechts auf freie Wahl. So wird das Alltagsleben durch willkürliche Vorschriften belastet, gesellschaftliche Zwänge nehmen zu [...]. Das ist auf jeden Fall wahr, unabhängig davon, ob wir tatsächlich ein Limit überschreiten oder nicht.«

Tucker bemerkte, ein gesetzliches Verbot gewisser Substanzen habe noch nie etwas daran geändert, dass die illegale Produktion von Drogen und deren Verkauf auf dem schwarzen Markt immer bestens funktionierten. »Während früher Hunderttausende von Pillen erforderlich waren, um Meth herzustellen, haben Bushs scharfe Drogengesetze zu neuen Methoden wie etwa der namens ›Shake and Bake‹ geführt, bei denen die legal käufliche Anzahl von Pillen ausreicht und der Käufer in der Lage ist, die Droge während einer Autofahrt herzustellen. Na prima. Dagegen scheint das Schreiben einer SMS am Steuer vergleichsweise ungefährlich. Wir dürfen nicht vergessen, dass dieser ganze Wahnsinn eine Folge der Gesetze selbst ist. Die Droge wird weiter konsumiert, doch jetzt riskiert man sein Leben dadurch. Mit anderen Worten, die Gesetze funktionieren nicht, wenn man davon absieht, dass sie die Produktion und den Gebrauch von Meth noch gefährlicher machen.«

Der wahre Horror ist für Tucker die neue Form der Prohibition: »Das hat zu einem finsteren Despotismus geführt, von dem jeder behauptet, ihn nicht zu spüren. Um es ganz deutlich zu sagen, dies ist eine empörende Geschichte, und noch schlimmer ist, dass Lokalzeitungen sich nur zu gern vor diesen Karren spannen lassen. Hier haben wir ein hübsches Beispiel dafür, wie die Polizei eingesetzt wird in einer Zeit willkürlicher Gesetze und despotischer Konsumkontrolle. Man wird zum Kriminellen, weil man heute kauft, was man gestern noch ganz legal kaufen konnte. Und dann ist man gesellschaftlich isoliert. Man könnte ein Drogenabhängiger sein, und der Verdacht allein reicht aus als Rechtfertigung, einen Menschen seiner Rechte zu berauben und ihn als Mensch zu vernichten.«

Tucker spricht nur aus, was viele Amerikaner denken, aber selbst nicht auszusprechen wagen in den modernen Vereinigten Staaten, die immer mehr einem Polizeistaat gleichen. Aber allmählich und trotz großen Widerstands auf Regierungsebene (der Ebene, die durch die Globalisierer kontrolliert wird, die davon profitieren, dass die Drogengelder durch ihr Bankensystem geschleust werden) ringen die Menschen um eine neue Vision der Zukunft ihres Landes. Bis zum Jahr 2010 hatten 14 Bundesstaaten die Verwendung von Cannabis für medizinische Zwecke legalisiert, und viele andere bewegten sich in diese Richtung. Das führt natürlich zu einer Frage: »Hey, wenn mein Nachbar ungestraft Haschisch rauchen darf, weil er am Grünen Star leidet, warum werde ich dann eingebuchtet, wenn ich dasselbe tue?« Aber die Zeiten ändern sich.

Dafür werden anderswo die Daumenschrauben angezogen. Unterdrückung von Bürgerrechten durch Zwangsimpfungen zweifelhafter Sicherheit, ungerechte Gesetze, ungesundes Essen, Strafverfolgung mithilfe des Militärs, unnötige Kriege auf fremdem Boden, erschreckend hohe Schulden, sowohl auf staatlicher Ebene als auch von Privathaushalten – all das ist nur ein Teil der langfristigen Agenda der faschistischen Globalisierer, um einstmals freie Amerikaner in unterwürfige und vollends kontrollierte Zombies zu verwandeln.

Bildung auf niedrigstem Niveau

Das Ziel totalitärer Erziehung ist nie gewesen, Überzeugungen zu vermitteln, sondern die Fähigkeit zu zerstören, solche zu entwickeln.

– HANNAH ARENDT

Lernen kann grundsätzlich das Bewusstsein jedes Menschen formen, selbst das eines Zombies. Auch wenn öffentlich das Gegenteil behauptet wird, ist nicht zu leugnen, dass das nivellierte amerikanische Bildungssystem in fast jeder Hinsicht dazu geeignet ist, aus jungen Menschen unwissende Zombies zu machen.

Ein nivelliertes Bildungssystem

Im Jahr 2009 gab das *Oklahoma Council of Public Affairs* (OCPA) bei dem landesweit tätigen Forschungsinstitut *Strategic Vision* eine Studie in Auftrag, die das Wissen von Schülern in Staatsbürgerkunde testen und bewerten sollte. In der Prüfung wurden jene zehn Fragen gestellt, die auch die Einwanderungsbehörde Kandidaten stellt, die sich um die amerikanische Staatsbürgerschaft bewerben. Wollen sie dieses Ziel erreichen, müssen sie sechs Fragen richtig beantworten. Laut Angaben der Einwanderungsbehörde bestehen etwa 92 Prozent der Teilnehmer den Test beim ersten Versuch. Die Schüler aus Oklahoma schlugen sich nicht so gut. Die Resultate zeigten, dass nur einer von vier Schülern öffentlicher Highschools in Oklahoma in der Lage ist, den Namen des ersten Präsidenten der Vereinigten Staaten zu nennen. Nur ungefähr drei Prozent der tausend befragten Schüler hätten den Staatsbürgerschaftstest bestanden. Brandon Dutcher, Sprecher des OCPA, sagte dazu, dies sei nicht nur in Oklahoma ein Problem, die Schüler aus Arizona lieferten ähnliche Resultate.

Matthew Ladner von der Forschungsabteilung des *Goldwater Institute* bemerkte:»Die Ergebnisse dieser Tests sind zutiefst beunruhigend. Obwohl der

Steuerzahler Milliarden in das Schulsystem pumpt und es eine Reihe von Vorschriften bezüglich des Unterrichtsniveaus gibt, offenbaren die Antworten der
Schüler aus Oklahoma ein erschreckendes Unwissen über die Grundpfeiler politischer Freiheit.«

Die Befragten waren Schüler von Highschools, die schon zuvor etliche Kurse
in Gesellschaftskunde und Geschichte absolviert hatten. Wären sie dort durchge-
fallen, hätten sie theoretisch gesehen die Highschool nicht besuchen dürfen. Aber
die zeitgenössische Bildungsphilosophie schreibt vor, dass Selbstbewusstsein
wichtiger ist als Wissen, und so werden einfach alle ungeachtet ihrer Fähigkeiten
in die nächste Klasse versetzt.

Hier sind die zehn Fragen, die den Schülern aus Oklahoma gestellt wurden:

Wie nennen wir das höchste Gesetz des Landes?
Wie bezeichnen wir die ersten zehn Zusatzartikel der Verfassung?
Wie heißen die beiden Kammern des Kongresses?
Wie viele Richter hat der *Supreme Court*?
Wer verfasste die Unabhängigkeitserklärung?
Welches Meer liegt vor der Ostküste der Vereinigten Staaten?
Wie heißen die beiden großen Parteien des Landes?
Für wie viele Jahre wird ein Senator gewählt?
Wer war der erste Präsident der Vereinigten Staaten?
In wessen Händen liegt die Exekutive?

Kürzlich haben sechsundzwanzig Bundesstaaten eine strengere Highschoolab-
schlussprüfung eingeführt, um die Schüler zu intensiverem Lernen zu motivieren.
Die *New York Times* bemerkte dazu allerdings: »Als kurz vor der Einführung der
neuen Abschlussprüfung Testklausuren zeigten, dass eine große Zahl von Schülern durchfallen würde, wurden in vielen Bundesstaaten die Qualitätsstandards
wieder aufgeweicht oder alternative Wege zum Abschluss angeboten.«

Die Nivellierung in den Schulen ist für viele irritierend, denn nie zuvor hatten
Schüler Zugang zu so vielen und unterschiedlichen Bildungsquellen. Doch zugleich wussten Schüler nie zuvor weniger über die Welt, wofür zum großen Teil
eine Fixierung auf Eigennutz und Technologie verantwortlich ist. Wer zwischen
den Fünfziger- und Siebzigerjahren aufwuchs, erinnert sich vielleicht noch, was
damals die Quellen des Wissens waren: das Radio und der Fernseher, die Tages-
zeitung, einige wenige Zeitschriften, die Bibliothek und gelegentlich ein Muse-
umsbesuch.

Heute gibt es das Internet, wodurch Schüler Zugriff auf die Bestände von fast
zehntausend öffentlichen Bibliotheken haben. Allerorten TV-Bildschirme (auf
Flughäfen, in Restaurants, Clubs, Wartezimmern) und Buchläden, jene der großen

Ketten und privat geführte. Und doch, als die *National Association of Scholars* einen Test für heutige Studenten kurz vor dem Collegeabschluss mit einer Gallup-Umfrage unter Highschoolschülern aus dem Jahr 1955 verglich, war für die Forscher keine Zunahme des Wissens erkennbar.

»Wie kommt es, dass amerikanische Schüler mit fortschreitendem Alter immer schlechtere Leistungen bringen?«, fragte Mark Bauerlein, Professor für Englisch an der *Emory University* und Direktor der Forschungsabteilung beim *National Endowment for the Arts*. Bauerlein ist Autor des nationalen Bestsellers *The Dumbest Generation: How the Digital Age Stupefies Young Americans and Jeopardizes Our Future.* »Es ist traurig, dass eine so reiche und mächtige Nation wie die Vereinigten Staaten es zulässt, dass ihre jungen Bürger so wenig über die Gegenwart und Vergangenheit ihres Landes wissen, über seine Gesetze und Werte genauso wenig wie über die Höhepunkte seiner Kultur.«

Da Schüler tatsächlich nur einen kleinen Teil ihrer Zeit dem Lernen widmen, wies Bauerlein darauf hin, dass für den Niedergang der Bildung nicht allein den Schulen die Schuld in die Schuhe geschoben werden kann. Verantwortlich sei auch die Kultur des gesellschaftlichen Umfelds – soziale Kontakte, Spiele, selbst Konsumgewohnheiten.

Bauerlein glaubt, ein erfolgreicher Bildungsweg der Jugendlichen werde unterminiert durch eine Kultur des Konformismus, durch übermäßigen Konkurrenzdruck und eine an die technologische Entwicklung gekoppelte Populärkultur: »Sobald Jugendliche in die digitale Welt eintreten, wird allerorten um ihre Aufmerksamkeit gebuhlt, und niemand hat Lust, eine Pause einzulegen, um einen Roman zu lesen oder ein Museum zu besuchen. Digitale Angebote dulden ungern andere neben sich, und Texte über die Gründerväter, uralte Schlachten und gotische Kathedralen können nicht mit einer SMS von einem Freund oder einer Freundin konkurrieren, mit Fotos von einer Party oder einem neuen Feature im Fenster des Apple Store.«

Die Videogeneration

Im Jahr 2005 finanzierte die *Kaiser Family Foundation* eine Studie mit dem Titel »Generation M: Media in the Lives of 8-18 Year-Olds«. Darin wird die These vertreten, diverse Medien lenkten Kinder und Jugendliche von ernsthaftem Lernen ab. Basis der Studie war eine repräsentative Auswahl von über zweitausend Kindern und Jugendlichen der dritten bis zwölften Klasse, die umfangreiche Fragebögen ausfüllten. Dabei kam heraus, dass Schüler mehr Zeit mit »neuen Medien« (Computer, Internet, Videospiele) verbringen, ohne die für die »alten Medien«

(Fernsehen, Druckerzeugnisse, Musik) aufgewendete Zeit zu reduzieren. Häufig bedienten sich die Schüler des »Multitasking«, der Verwendung mehrerer Medien gleichzeitig – Arbeiten am Computer, Fernsehen, SMS versenden.

Einige Leute sind der Ansicht, das Multitasking schärfe den Geist durch die gesteigerte mentale Aktivität. Mark Bauerlein stellte allerdings fest, dass in der umfangreichen Kaiser-Studie eine verstörende statistische Beobachtung zu finden war: »Während sich der Fernsehkonsum von Acht- bis Achtzehnjährigen mit guten und schlechten Noten um nur eine Minute unterschied (186 zu 187 Minuten), betrug die Differenz bei der dem Lesen gewidmeten Zeit siebzehn Minuten (46 zu 29) – eine große Diskrepanz, die nahelegt, dass die Lektüre sehr viel positivere geistige Auswirkungen hat als das Fernsehen.«

Bauerlein meint, dass die vor TV- und Computerbildschirmen verbrachten Jahre jüngere Amerikaner auf einer tiefen Wahrnehmungsebene für Multitasking und Interaktivität vorherbestimmen. »Vielleicht ist dies eine bestimmte Art von Intelligenz, eine neue ›Belesenheit‹ am Bildschirm. Sie schärft ihre visuelle Auffassungsgabe, ihr geistiges Eingestelltsein auf schnell vorbeirauschende Bilder und ständig aktualisierte Informationen. Zugleich verträgt sich diese ›Bildschirmintelligenz‹ aber nicht gut mit ›bildschirmlosen‹ Erfahrungen, besonders solchen, die das Wissen und die sprachlichen Ausdrucksmöglichkeiten erweitern. Sie hält den Geist ab vom ruhigen, konzentrierten Studium, von einer Aktivität der Fantasie, die nicht von bewegten Bildern begleitet wird, von der geduldigen und genauen Interpretation von Texten – oder auch nur davon, einfach mal einen Nachmittag ausschließlich mit einem Kriminalroman zu verbringen.«

Der Trend, dass die Konsumenten statt zu Büchern eher zu audiovisuellen Medien greifen, um sich zu unterhalten, zeigt sich vor allem in den Filialen der großen Buchhandelsketten, wo der ehedem für Bücher reservierte Platz in den Regalen immer häufiger von DVDs und Hörbüchern eingenommen wird. Ein im Jahr 2004 publizierter Bericht des *National Endowment for the Arts* bewies, dass im Vergleich zu früheren Generationen sehr viel weniger Bücher gelesen werden. So erstaunlich es für ältere Mitbürger sein mag, aber es gibt unter jüngeren Leuten einige, die stolz darauf sind, nie in ihrem Leben ein Buch gelesen zu haben.

»Die heute heranwachsende Generation bildet sich einiges ein auf ihre weniger imponierenden Eigenschaften«, schrieb Bauerlein. »Sie trägt demonstrativ ihren Antiintellektualismus zur Schau, hält das Lesen von Büchern für eine altmodische Gepflogenheit und reagiert aggressiv auf Leute, die sie deshalb tadeln.« Nachdem er auf mehrere Studien ähnlichen Inhalts verwiesen hatte, sagte Bauerlein 2004 vor einem jugendlichen Publikum: »Es ist sechsmal wahrscheinlicher, dass ihr das jüngste amerikanische Idol kennt als den Namen des Mehrheitsführers im Senat.« Diese spitze Bemerkung provozierte bei einer Zuhörerin einen Aufschrei. »Das jüngste amerikanische Idol ist wichtiger.«

»Und in gewisser Weise hatte sie recht«, nahm Bauerlein an. »In ihrer Welt sind Stars wichtiger als die mächtigsten Politiker. Deren Namen und Rang zu kennen, hilft ihr nicht weiter in einem sozialen Umfeld, wo die Lektüre eines Buches über das Römische Reich nichts als Spott hervorruft. Lesen ist nicht nur langweilig und eigenbrötlerisch, sondern kontraproduktiv [...]. In den Fluren unserer Schulen kann die Konkurrenz so gnadenlos sein wie auf dem Parkett der Wall Street oder in einer Folge von *Survivor*. Es wird zu einer Frage des Überlebens, ein bisschen mehr über Popmusik und Malls zu wissen, die richtigen Klamotten zu tragen und ein Blog für Teenager zu machen.«

Ein gescheitertes Schulsystem

Das heutige Bildungssystem scheint nicht daran interessiert zu sein, die Fähigkeit des kritischen Denkens zu entwickeln. John Taylor Gatto, der mehr als zwanzig Jahre Schullehrer in New York City war, zog angesichts dieser Tatsache des modernen Lebens ein Resümee in seinem 1992 erschienenen Buch *Dumbing Us Down: The Hidden Curriculum of Compulsory Schooling*. Als er einige Jahre als Lehrer gearbeitet hatte, begriff er allmählich, dass es das Bildungssystem nicht gibt, um das Wissen der Schüler zu vermehren, sondern um es zu verringern. »Stück für Stück begann ich den mir anvertrauten Schülern zu erlauben – soweit das in meiner Macht stand –, sich selbst zu bilden. Dafür bedurfte es schon immer der Zurückgezogenheit, der Eigeninitiative und eigener Interessen, der Freiheit von Überwachung durch Autoritäten [...]. Meine Schüler sollten so viele andersartige Situationen und Menschen kennenlernen, wie ich das mit meinen begrenzten Kräften und Möglichkeiten arrangieren konnte.«

»Heute erleben wir die Psychologisierung des amerikanischen Bildungssystems«, hieß es in einem im April 1993 veröffentlichten Artikel des *Atlantic Monthly*. »Ein zunehmend größerer Teil des den Schulen zur Verfügung stehenden Geldes wird für Beratung und andere psychologische Dienste ausgegeben. Der Stundenplan wirkt immer mehr so, als würden Psychotherapeuten unterrichten. Kinder und Jugendliche absolvieren Kurse, in denen sie über die Entwicklung des Selbstbewusstseins, Problemlösungsstrategien und Aggressionskontrolle unterrichtet werden. Elterngruppen debattieren eingehend Alternativen zur herkömmlichen Schuldisziplin, etwa durch eine Zusatzausbildung von Lehrern in Meditation. Zugleich werden Metalldetektoren installiert und Sicherheitsbeamte verpflichtet. Schulen sind zunehmend zu Notaufnahmen für die Behandlung seelischer Probleme geworden [...].«

Laut Gatto kann echtes Unterrichten gefährlich werden. Das staatliche Schul-
monopol hat sich so entwickelt, dass die Ermunterung der Schüler zu selbststän-
digem Denken, sollte es sich ausbreiten, die ganze Institution gefährden könnte.
Wenn hin und wieder ein Lehrer versucht, seine Schüler zu kritischem Denken
zu motivieren, gilt er eher als störendes Glied in der Befehlskette.

Sollten die von Gatto beschriebenen Defizite des modernen Bildungssystems
behoben werden, könnte das ernsthafte Konsequenzen haben: »Die Stabilität
unserer Wirtschaft könnte gefährdet sein durch ein anderes Schulsystem, das die
Menschen verändert, die es durchlaufen, nämlich dergestalt, dass man ihnen
kritisches Denken beibringt. In diesem Fall würden sie im Sinne der Wirtschaft
nicht mehr richtig funktionieren.«

Gatto fährt fort: »Im Laufe der Jahre habe ich eines begriffen [...]. Was immer
ich als Lehrer auch zu tun glaubte, meistens hielt ich mich nur an das unsichtbare Curriculum, das den Mythos der Institution Schule aufrechterhält – und den
einer Wirtschaft, die auf Kastendenken beruht.«

Ein Blick auf das gegenwärtige Bildungssystem provoziert eine Frage: Wachen
junge Menschen einfach eines Morgens auf und beschließen, dass sie kein Interesse an Geschichte, Politik oder den Weltereignissen haben? Oder werden sie
durch die populäre Kultur der klassischen Bildung und dem kritischen Denken
entfremdet? Und was ist dieses »unsichtbare Curriculum«, von dem Gatto
spricht? Woher stammt es?

Vielleicht liefert ein kurzer Überblick über die amerikanische Bildungsgeschichte die Antwort.

Arbeiter, keine Denker

Ernsthafte Aufmerksamkeit schenkte man Erziehung und Bildung als einem
Instrument gesellschaftlicher Kontrolle zunächst in Europa – in den Werken
jener Philosophen, die später nachhaltigen Einfluss auf den kommunistischen
und nationalsozialistischen Totalitarismus haben sollten.

Im Jahr 1810 schrieb Johann Gottlieb Fichte, Erziehung solle darauf abzielen,
den freien Willen zu brechen. Damit seien Schüler für den Rest ihres Lebens unfähig, anders zu denken oder zu handeln als im Sinne ihrer Schulmeister. Fichte,
Professor für Philosophie an der Berliner Universität, hatte großen Einfluss auf
Georg Wilhelm Hegel und andere Denker der Epoche. Wenn diese Methode erst
einmal perfektioniert sei, schrieb Fichte, sei jede länger als eine Generation für
die Erziehung verantwortliche Regierung in der Lage, ihre Untertanen zu beherrschen, ohne auf die Hilfe der Polizei oder Armee zurückgreifen zu müssen.

Einen bedeutenden Einfluss auf Karl Marx und Adolf Hitler – wie auf die modernen Globalisierer – hatte Georg Wilhelm Hegel, dessen Worte und Werke oft zitiert wurden, um die Maßnahmen der Mächtigen zu legitimieren. Hegel schrieb, der Staat sei das absolut Reale, und das Individuum selbst habe keine objektive Existenz, Wahrheit oder Moral außerhalb seiner Eigenschaft als Mitglied dieses Staates. Am bekanntesten ist dieser Philosoph wegen der hegelianischen Dialektik – These, Antithese, Synthese, oft auch definiert als Problem, Reaktion, Lösung. Die Globalisierer allerdings haben Hegels philosophisches Modell verfälscht. Statt auf ein zu behebendes Problem zu warten, schaffen sie dieses Problem, um dann eine drakonische Lösung anzubieten. Trotz scheinbarer Kompromisse und Verhandlungen setzen sie ihre Agenda durch, ohne dass die Gegenseite den dahinterstehenden Plan begriffen hätte.

Wäre es denkbar, dass Rockefellers großzügige finanzielle Unterstützung des Bildungssystems tatsächlich Teil eines geheimen Plans war, um Lösungen zu schaffen für Probleme, die es gar nicht gab? Bei jeder ernsthaften Studie über das amerikanische Bildungsestablishment würde vermutlich herauskommen, dass dieses für lange Jahre von jener durch Hegel inspirierten Elite von Globalisierern angeführt wurde, die sowohl den russischen Kommunismus als auch den deutschen Nationalsozialismus geschaffen hat (Näheres dazu in meinem Buch *Rule by Secrecy*). Der Ölmagnat John D. Rockefeller, dessen riesiges Imperium anfangs von der von Rothschild kontrollierten *National Bank of Cleveland* finanziert wurde, gründete 1903 das *General Education Bord* (GEB), um seine Spenden in das Bildungssystem fließen zu lassen. Im Jahr 1960 wurde das GEB als separate Einrichtung aufgelöst, aber seine Programme wurden von der Rockefeller-Stiftung weitergeführt. Schon 1917 ließ das GEB der *Columbia University* eine Spende von sechs Millionen Dollar zukommen, vorgesehen für die Gründung der *New Lincoln School,* einer privaten Koedukationsschule in New York City. Laut Selbstdarstellung der heutigen Nachfolgeinstitution wurde »unser Vorgänger im Jahr 1917 durch das von Rockefeller finanzierte *General Education Board* unter dem Namen *Lincoln School* gegründet, und zwar als ›experimentelle Schule für neuere Erziehungsmethoden‹, die unter der Oberaufsicht des *Teachers College* der *Columbia University* stand.«

Der verstorbene Eustace Mullins, autorisierter Biograf des Dichters Ezra Pound, der Mullins 1948 ermunterte, sich mit der globalen Kontrolle im Finanz-, Gesundheits- und Erziehungssystem zu befassen, schrieb über diese Schule: »Aus ihr ging das einflussreiche nationale Netzwerk progressiver Pädagogen und Sozialwissenschaftler hervor, deren gefährliche Ideologie unübersehbare Parallelen zu den Zielen der Kommunistischen Partei aufwies, die ebenfalls etliche von Rockefellers Millionen einstrich. Von Anfang an wurde die *Lincoln School* offen beschrieben als eine revolutionäre Einrichtung, als beispielhaft für die Reform von

Grundschulen und weiterführenden Schulen in den gesamten Vereinigten Staaten. Sofort wurden alle Erziehungsmethoden über Bord geworfen, die auf einer herkömmlichen, bestens etablierten Disziplin basierten. Dieses alte Schulsystem funktionierte, weil in ihm Fächer wie Latein und Algebra unterrichtet wurden, wodurch die Schüler das logische Denken problemlos lernten.«

Lange finanziert von den Rockefellers wurde auch die *University of Chicago,* und eng mit ihr verbunden ist das anerkannteste Nachschlagewerk der englischsprachigen Welt – die *Encyclopaedia Britannica.* Im Jahr 1943 kaufte William Benton, ein Spitzenmanager aus der Werbebranche, die Enzyklopädie und verwandelte sie in eine Stiftung zum Nutzen der *University of Chicago,* die so mehr als 125 Millionen Dollar erhielt. Nachdem er Prescott Bush geschlagen hatte (den Großvater des ehemaligen Präsidenten George W. Bush), wurde Benton Senator von Connecticut, engagierte sich aber auch in internationalen Angelegenheiten. Angesichts von Bentons Macht und Einfluss ist es bestimmt nicht zu weit hergeholt, wenn man vermutet, dass sein global orientiertes Denken auch auf die abfärbte, die in den Genuss seiner Wohltaten kamen.

Heute ist die *William Benton Foundation* auch Besitzer der *Compton's Encyclopedia* und von *Merriam-Webster Inc.,* einem der weltweit führenden Herausgeber von Wörterbüchern und Thesauri. Durch den Aufstieg des Internets und die generelle Abnahme des Interesses am Lesen erklärt sich, dass die Absatzzahlen der *Encyclopaedia Britannica* in den letzten Jahren massiv eingebrochen sind, aber sie gilt weiter als eine der glaubwürdigsten Informationsquellen der westlichen Welt.

Das Rückgrat von Rockefellers Versuch, das amerikanische Bildungssystem nach seinen Vorstellungen zu formen, waren das *General Education Bord* und die Unterstützung der *University of Chicago.* »Diese Gründung und die großzügigen Finanzspritzen für die Universität haben viel dazu beigetragen, Rockefellers Image aufzupolieren, insbesondere bei Baptisten und Pädagogen. Das einzige Problem war, dass sich das Bildungssystem als Ganzes gar nicht in einem schlechten Zustand befand«, erklärte Paolo Lionni, Autor des 1993 erschienenen Buches *The Leipzig Connection,* in dem er die schädlichen Auswirkungen der experimentellen Psychologie auf das Erziehungssystem auf deren Gründer zurückführte, den deutschen Philosophieprofessor Wilhelm Max Wundt. »Das genuin amerikanische Bildungssystem war tief beeinflusst durch Puritaner und Quäker, durch die frühen amerikanischen Patrioten und Philosophen. Jefferson hat betont, um die Freiheit der neuen Nation zu bewahren, sei es unabdingbar, dass ihre Bürger gebildet seien, und zwar unabhängig vom Einkommen. Überall im Land wurden Schulen gebaut, sofort nach der Kolonisierung neuer Gebiete.«

Weiter sagte Lionni: »Die Ergebnisse der Bildungsanstrengungen übertrafen die heutiger Schulen bei Weitem. Man muss nur die alten Debattenbeiträge im

Congressional Record lesen oder die im 19. Jahrhundert veröffentlichten Bücher durchblättern, um zu begreifen, dass die Sprachbeherrschung unserer Vorfahren der heutigen weit überlegen war. Schüler lasen keine Comics, sondern Essays von Burke, Webster und Lincoln, zudem Horaz und Cicero. Schon lange vor dem Schulabschluss hatten sie keinerlei Probleme mehr mit der Grammatik, und jeder Blick in ein typisches, vor 1910 gedrucktes Grundschullehrbuch demonstriert unübersehbar, dass den Schülern beispielsweise mathematische Fähigkeiten beigebracht wurden, von denen unsere heutigen Highschoolabgänger keine Ahnung haben. Der Highschoolabsolvent des Jahres 1900 war ein gebildeter Mensch, der seine Sprache bestens beherrschte und sich mit der Geschichte genauso auskannte wie mit der Kultur. Er besaß die erforderlichen Fähigkeiten, um im Leben Erfolg zu haben.«

William H. Watkins schreibt, John D. Rockefeller senior sei es mehr darum gegangen, eine neue Gesellschaftsordnung für das industrielle Zeitalter zu formen, als darum, eine nützliche Bildung zu fördern. »Die Rockefeller-Clique demonstrierte, wie Spenden das Bildungssystem und die Politik beeinflussen können«, kommentierte Watkins.

Rockefellers Agenda, die Bevölkerung durch Einführung neuer Erziehungsmethoden unter der Federführung seines *General Education Board* zu verdummen, enthüllt sich in einem Brief von Frederick T. Gates, dem von Rockefeller eingesetzten Vorsitzenden des GEB: »In unseren Träumen haben wir unerschöpfliche Ressourcen, und absolut fügsame Menschen lassen sich durch unsere Hände wie Ton formen. Sie vergessen die Traditionen des herkömmlichen Erziehungssystems, und wir – ungehindert durch die Tradition – oktroyieren einer dankbaren und empfänglichen Landbevölkerung unseren Willen auf. Wir sollten nicht versuchen, aus diesen Menschen und ihren Kindern Philosophen, Gelehrte oder Wissenschaftler zu machen. Aus ihren Reihen müssen keine Schriftsteller, Dichter oder Verleger hervorgehen. Und wir werden auch nicht nach potenziellen großen Künstlern suchen, nach Malern oder Musikern, auch nicht nach Anwälten, Ärzten, Geistlichen, oder Politikern, von denen wir ohnehin genug haben. Unsere Aufgabe ist sehr einfach und sehr schön. Wir bringen diesen Leuten einfach nur bei, an ihrem Heimatort ein perfektes, ideales Leben zu führen. Und ihren Kindern werden wir beibringen, jene Aufgaben perfekt zu erfüllen, die ihre Väter und Mütter noch nicht perfekt erfüllen – in den Häusern, Läden und auf Farmen.«

Noch 1973 fanden sich in einer Rede, die der Psychiater Dr. Chester M. Pierce auf einem Pädagogenkongress hielt, Echos von Gates' herablassender Arroganz, und er ging sogar noch weiter: »Jedes Kind, das in Amerika mit fünf Jahren in die Vorschule kommt, ist krank, weil es eine gewisse Loyalität gegenüber unseren Gründervätern, unseren gewählten Politikern, seinen Eltern, seinem Glauben an ein übernatürliches Wesen empfindet, gegenüber seiner Nation als einer separaten Einheit [...]. Ihre Aufgabe als Lehrer ist es, diese kranken Kinder zu heilen, indem Sie aus ihnen die internationalen Kinder der Zukunft machen.«

Zu Gates' Brief meinte Lionni: »Es wäre ein Fehler, wenn man behauptete, John D. Rockefeller sei ein Meister der internationalen Intrige und der Täuschung gewesen, aber es stimmt, wenn man sagt, dass Rockefellers Geld auf unterschiedliche Weise eingesetzt wurde, um die globale gesellschaftliche Kontrolle zu erringen – durch wirtschaftliche Macht, Stiftungen, die Vereinten Nationen, Universitäten, die Banken, die Industrie, die Medizin. Und natürlich über das Bildungssystem, durch Psychologie und Psychiatrie.«

»Das ist ein Übermaß an Engagement und Kontrolle für eine Clique!«, bemerkte Lionni, der dann die Frage stellte: »Doch was ist, wenn sich die Theorien und Praktiken, deren Durchsetzung sie finanziell unterstützten und weiter unterstützen, als fundamental falsch erweisen und nicht zu den bestmöglichen Ergebnissen in den erwähnten Bereichen führen? Nun, ihre Ansichten in den meisten dieser Bereiche sind fundamental falsch und führen *nicht* zu den besten Lösungen auf dem Gebiet der ›geistigen Gesundheit‹, der Erziehung, der Medizin und der menschlichen Glücksfähigkeit. Und trotz allem ›humanitären‹ Getue war das aller Wahrscheinlichkeit auch nie die Absicht.«

Weitere Institutionen mit Rockefeller-Connections, die immer noch Einfluss auf die gesellschaftliche Entwicklung in den Vereinigten Staaten nehmen, sind die *Brooking Institution,* das *National Bureau of Economic Research,* das *Public Administration Clearing House,* das *Council of State Governments* und das *Institute of Pacific Relations.* Paul Volcker, ein ehemaliger enger Mitarbeiter Rockefellers, wurde während der Carter-Ära Chef der amerikanischen Zentralbank und blieb dort bis 1987.

Der mittlerweile verstorbene Norman Dodd, in den Jahren 1953–1954 in führender Position beim Kongressausschuss für Stiftungen und vergleichbare Organisationen tätig, berichtete, 1952 habe der Vorsitzende der *Ford Foundation* – ein Teil des globalen Syndikats, das den Finanz- und Bildungssektor sowie die Politik unter seine Kontrolle bringen will – ihm unverblümt erklärt, seine Stiftung »operiere unter Weisungen des Weißen Hauses« und setze »ihre Spendenmittel ein, um unser Leben in den Vereinigten Staaten so zu ändern, dass wir uns beruhigt mit der Sowjetunion zusammenschließen können«. Nach dem Zusammenbruch des Kommunismus sieht es angesichts der Vereinten Nationen, der NATO und etlichen Wirtschaftsabkommen so aus, als stünden die Globalisierer kurz davor, ihr Ziel zu erreichen.

Dodd sagte auch, die Nachforschungen des Kongresses hätten ergeben, die Guggenheim-, Ford- und Rockefeller-Stiftung sowie das *Carnegie Endowment* »arbeiteten gemeinsam daran, das Erziehungs- und Bildungssystem in den

Vereinigten Staaten zu kontrollieren«. Er fügte hinzu, diese Stiftungen hätten sich von den ursprünglichen Zielen ihrer Gründer durch ihnen nachfolgende Vorsitzende, die entweder direkt für die Globalisierer arbeiteten oder zumindest von ihnen indoktriniert worden seien, verabschiedet. Dies ist ein weiteres Beispiel dafür, wie das große Geld die Kontrolle über bereits existierende Organisationen übernimmt.

Zu den früheren oder noch aktiven Organisationen und Stiftungen, die Einfluss auf das amerikanische Bildungssystem hatten und durch Mitgliedschaft oder Finanzierung in Verbindung zu der globalen Plutokratie stehen, gehören: die *Agency of International Development*, die *American Civil Liberties Union*, das *American Council of Race Relations*, das *American Press Institute*, die *Anti-Defamation League*, das *Arab Bureau*, das *Aspen Institute*, die *Association of Humanistic Psychology*, das *Battelle Memorial Institute*, das *Center for Advanced Studies in the Behavioral Sciences*, das *Center for Constitutional Rights*, das *Center for Cuban Studies*, das *Center for Democratic Institutions*, die *Christian Socialist League*, die *Communist League*, der *Environmental Fund*, die *Fabian Society*, die *Ford Foundation*, die *Foundation for National Progress*, der *German Marshall Fund*, das *Hudson Institute*, das *Institute for Pacific Relations*, das *Institute on Drugs, Crime and Justice*, das *International Institute for Strategic Studies*, das *Mellon Institute*, die *Metaphysical Society*, die *Milner Group*, die *Mont Pelerin Society*, die *National Association for the Advancement of Colored People*, das *National Council of Churches*, die *New World Foundation*, das *Rand Institute*, das *Stanford Research Institute*, das *Tavistock Institute of Human Relations*, die *Union of Concerted Scientists*, das *International Red Cross* und die *Young Men's Christian Association*.

Beverly Eakman, Pädagogin, ehemalige Redenschreiberin für die Regierung und Autorin des Buches *Walking Targets: How Our Psychologized Classrooms Are Producing a Nation of Sitting Ducks* macht eine Kaste von diversen Stiftungen unterstehenden Pädagogen aus. Dazu gehören für sie: G. Stanley Hall, Abraham Flexner, John Gardiner, Theodore Sizer, Ronald Havlock, John Goodlad, Benjamin Bloom und Ralph Tylor. Sie haben für Eakman die psychologischen Prinzipien der *World Federation of Mental Health* in den Schulen eingeführt. »Zunächst stellten sie sicher, dass bei Lehrplänen und Klassenarbeiten die traditionelle Leistungsfixierung zugunsten einer sozialistischen Agenda aufgegeben wurde, welche das ›Glaubenssystem‹ eines Kindes ins Visier nahm. Um die Radikalität dieses Schritts zu ermessen, muss man nur John Dewey zitieren, den ›Vater der modernen Erziehung‹. In seinem oft gepriesenen Buch *School and Society [dt. Schule und öffentliches Leben]* schrieb er: ›Es gibt kein offensichtliches gesellschaftliches Motiv für die Aneignung von Wissen und folglich auch keine klare Garantie für gesellschaftlichem Erfolg.‹ Ein schneller Zeitsprung ins Jahr

1981 zu Benjamin Bloom, dem Vater der ›ergebnisorientierten‹ Erziehung. In *All Our Children Learning* versicherte Bloom: ›Das Ziel der Erziehung besteht darin, die Gedanken, Gefühle und Taten der Schüler zu ändern, indem man ihre festen Überzeugungen infrage stellt.‹«

An einem Beispiel machte Eakman deutlich, wie Wahrnehmungen sich verändern können. »Krasser Individualismus ist ein Ausdruck, den man heute kaum noch hört, der aber früher an der Tagesordnung war«, bemerkte sie. »Krasser Individualismus, das schloss eine Reihe charakteristischer Eigenschaften ein: geistige Unabhängigkeit, selbstständiges Denken, wirtschaftliche Unabhängigkeit. In den Siebzigerjahren gerieten alle drei in Misskredit. Jetzt wurde der Individualist mit negativen Ausdrücken wie ›Einzelgänger‹ oder ›Außenseiter‹ bedacht. ›Unabhängigkeit‹ wurde gegen *gegenseitige Abhängigkeit* eingetauscht, ›wirtschaftliche Unabhängigkeit‹ gegen Umverteilung, und ›selbstständiges Denken‹ wurde mit *Intoleranz* gleichgesetzt. Heute erinnert uns jede Zeitungslektüre daran, dass der Einzelgänger ein Fall für den Psychiater ist und womöglich medikamentös behandelt werden muss […].

Um 1989 war der viel bejubelte ›Paradigmenwechsel‹, so der Ausdruck der herrschenden Behavioristen, in amerikanischen Schulen Realität geworden, und die freie Welt glitt in den ›freien Fall‹ ab: heimliche Zensoren in Studentenwohnheimen, Verhöre in Klassenzimmern, die sich euphemistisch ›Diskussionen‹ nannten, massives Eindringen in die Privatsphäre unter dem Deckmantel ›akademischer Tests‹, ›wertneutrale‹ Kurse in Moralphilosophie und eine Vermittlung der Weltgeschichte, wo noch die abscheulichsten Regime als moralisches Äquivalent einer Demokratie à la Jefferson erschienen. Kein Wunder, dass in den Neunzigerjahren Heerscharen von Psychiatern in alle Schulbezirke entsandt wurden, um die Folgen der Flut neuer Kriegsspiele einzudämmen: eine Lawine von Amokläufen und Massenmorden in Schulen, begangen von Kids, die nichts anderes kannten als die pädagogische Methode der Verhaltensänderung und Psychopharmaka.«

»Verhaltensänderung« meint die manipulative Beeinflussung des Denkens von Schülern. Diese psychologische Methode wird seit Langem erforscht von der CIA und anderen Nachrichtendiensten, die nach Techniken der Gedankenkontrolle suchen. Es liegt auf der Hand, dass man dafür erst einmal herausfinden muss, was Menschen – vorzugsweise Kinder – denken. Erst dann kann man damit beginnen, »missliebige« Einstellungen zu ändern.

In einer Reihe von Büchern und Artikeln ist detailliert aufgezeigt worden, dass unsere Nachrichtendienste das amerikanische Bildungssystem nachhaltig beeinflusst haben mit dem Ziel, ihre Ansichten und Weltanschauung zu propagieren. David N. Gibbs, Dozent für Politologie an der *University of Arizona,* ist davon überzeugt, dass diese Einflussnahme immer von finanzieller Großzügigkeit begleitet wird. Er schrieb: »Während sogenannte Experten nie müde werden, das Klischee zu bemühen, unsere Universitäten würden von Linken dominiert, die den Zielen der amerikanischen Außenpolitik feindlich gegenüberstehen, sieht die Realität ganz anders aus. Laut einem kürzlich im *Wall Street Journal* erschienenen Artikel ist die CIA eine ›erstarkende Macht auf dem Campus.‹ […] Der Auslandsgeheimdienst braucht hoch qualifizierte Akademiker, und die notorisch klammen Colleges sehen es gern, wenn finanziell etwas für sie dabei herausspringt. Alte Vorbehalte, öffentlich mit der CIA in Verbindung gebracht zu werden, gehören zum großen Teil der Vergangenheit an. Im Jahr 2002 wurde der ehemalige CIA-Direktor Robert Gates Präsident der *Texas A & M University*, und auch Michael Crow, der neue Präsident der *Arizona State University*, hatte früher einen Posten in der Führungsetage des Auslandsgeheimdienstes […]. Die CIA hat jetzt ein spezielles Stipendienprogramm für Studierende der höheren Semester, die willens sind, den Sicherheitscheck der CIA über sich ergehen zu lassen. ›Das Hauptziel dieses Stipendienprogramms besteht darin‹, schrieb der Londoner *Guardian,* ›Studiengänge zu fördern, deren Absolventen den Nachrichtendiensten nützlich sein könnten.‹ Und überall im Land forschen Wissenschaftler verschiedener Disziplinen (oft heimlich) im Auftrag der CIA.«

In der Verfassung steht nichts davon, dass Erziehung und Bildung Sache des Staates sein sollten. Und tatsächlich sollten sie die Aufgabe der Eltern und Pädagogen vor Ort sein. Viele Menschen glauben, der Staat wolle Erziehung und Bildung kontrollieren, indem er Lerninhalte festlegt und entscheidet, welche alternativen Ansichten zu unterdrücken sind. Viele Eltern befürchten, ihre Kinder könnten in öffentlichen und privaten Schulen einer Gehirnwäsche unterzogen werden. Sie suchen nach Schulen, in denen ihre Kinder vorurteilslos unterrichtet werden, in denen sie anständig lesen und schreiben lernen und wo man ihnen die Bedeutung der Verfassung beibringt.

Und doch schaffen es Schulen oft nicht, die Ansprüche der Eltern zu erfüllen. Stattdessen scheinen sie sich eher mit John D. Rockefellers Absichten zu identifizieren, dessen Worte häufig zitiert werden: »Ich brauche keine Nation von Denkern, sondern eine von Arbeitern.« Ein 2006 veröffentlichter Bericht der *Federation of American Scientists* scheint Rockefellers Ansicht zu spiegeln, nach der Arbeiter wichtiger sind als Denker. Empfohlen wird der verstärkte Einsatz von Videospielen im Klassenzimmer. »Die Globalisierung des Arbeitsmarkts nimmt ständig zu«, hieß es in der Bericht. »Die Vereinigten Staaten sind hinsichtlich des Lohnniveaus, der Konsumgüterproduktion und standardisierter Dienstleistungen nicht konkurrenzfähig auf diesen hochgradig vernetzten globalen Märkten. Wir müssen die Führungsposition bei der Wissensproduktion der Zukunft übernehmen, bei der Entwicklung von Technologien, Produkten und Dienstleistungen, bei neuen Geschäftsmodellen und dynamischen Managementsystemen […].

Durch moderne Video- und Computerspiele werden Menschen mit Situationen konfrontiert, in denen oft intellektuell anspruchsvolle Probleme gemeistert werden müssen und jene Entscheidungskompetenz vonnöten ist, die Arbeitgeber heute nachfragen.« Beverly Eakman bezweifelt hingegen, dass solche Spiele junge Menschen wirklich auf die Arbeitswelt vorbereiten können.

Angesichts der bestimmenden Personen der amerikanischen Bildungsgeschichte und des von ihnen geschaffenen nivellierten, nun für die Lehrer verbindlichen Curriculums, wird vielleicht verständlich, warum unser Erziehungs- und Bildungssystem meistens junge Leute hervorbringt, die dafür prädestiniert zu sein scheinen, Lohnsklaven oder selbst Lehrer zu werden.

Der verstorbene Autor und Medienkritiker Neil Postman schrieb: »Um zu verstehen, welches Verhalten in unseren Schulen gefördert wird, muss man beobachten, was Schüler in ihren Klassenzimmern tatsächlich *tun*. Sie tun, was sie lernen (wie John Dewey sagen würde), und was sie zu tun lernen, ist die Botschaft (wie Marshall McLuhan es nennt). Was also tun Schüler im Klassenzimmer? Den größten Teil der Zeit sitzen sie da und hören dem Lehrer zu. Man verlangt von ihnen, an Autoritäten zu glauben, oder zumindest so zu tun, als glaubten sie ihnen, wenn Klassenarbeiten geschrieben werden. Meistens wird von ihnen verlangt, sich an das Gesagte zu erinnern. Fast nie erwartet man von ihnen, dass sie beobachten, genaue Erklärungen formulieren oder geistige Leistungen erbringen, die darüber hinausgehen, das zu wiederholen, was ihnen als Wahrheit verkauft wurde. Nur selten ermuntert man sie, selbstständig Fragen zu stellen, obwohl sie das Recht haben, nach bürokratischen und formalen Details zu fragen (Wie lang sollte der Aufsatz sein? Wann muss er fertig sein? Zählt die Rechtschreibung bei der Benotung?). Fast nie hört man davon, dass Schüler ein Mitspracherecht bei der Auswahl lohnenswerter Lerninhalte oder der Form ihrer Vermittlung hätten. Wenn man untersucht, was für Fragen Lehrer einer Klasse stellen, wird man herausfinden, dass es meistens solche sind, bei denen die Schüler bloß mechanisch die Ansicht des Lehrers wiedergeben sollen.«

Postman und sein Koautor Charles Weingartner kamen in ihrem Buch *Teaching as a Subversive Activity* zu dem Ergebnis, aktuelle Curricula würden Schüler nur daran hindern, sich selbst und ihre Umwelt wirklich kennenzulernen.

Und mit diesen Defiziten eines geschwächten Bildungssystems werden es auch künftige Lehrergenerationen noch zu tun haben. »Es geht fast sofort los«, schrieben die beiden Autoren, »denn seit fast sechzehn Jahren sind die Lehrer Opfer des von uns analysierten Schulsystems, das geistig Behinderte hervorbringt. Die Studenten der Colleges – und künftigen Lehrer – sind diejenigen, die schon auf der Schule am ›erfolgreichsten‹ waren. Will sagen, sie waren diejenigen, die am besten begriffen hatten, was von ihnen erwartet wurde. Sie haben es akzeptiert, still dazusitzen und kritiklos hinzunehmen, was man ihnen erzählte, auch wenn es der letzte Unsinn war. Sie haben gelernt, auf Aufforderung alles nachzubeten, und zwar so, dass es äußerst glaubwürdig klang. Und sie haben sich klaglos an alle Verhaltensregeln gehalten und nur den Mund aufgemacht, wenn der Lehrer ihnen das Wort erteilte. Während der vergangenen sechzehn Jahre hat man den Schülern beigebracht, sich das selbstständige Denken abzugewöhnen, keine Fragen zu stellen und sich in die völlige Abhängigkeit von der Autorität des Lehrers zu begeben. Und sie haben es mit Hingabe gelernt.«

»Twixter«

Aber bereitet die mit DVDs, Videospielen oder dem mechanischen Repetieren von Fakten gegenüber einem Lehrer verbrachte Zeit Jugendliche wirklich auf eine einträgliche Anstellung vor? Wahrscheinlich nicht, wenn man an die neuerdings als »Twixter« bezeichnete Gruppe denkt. Darunter versteht man zwanzig- bis dreißigjährige Singles aus der Mittelklasse, die im Niedriglohnsektor arbeiten (meistens in der Dienstleistungsbranche), wechselnde Partner haben, mit alten Schulfreunden herumhängen und in der Regel bei ihren Eltern leben. Oder mit anderen Twixtern in einer Wohngemeinschaft.

Bob Schoeni, Professor für Wirtschaftswissenschaften an der *University of Michigan,* hat herausgefunden, dass sich der Prozentsatz von Sechsundzwanzigjährigen, die noch bei ihren Eltern leben, seit 1970 von elf auf zwanzig Prozent fast verdoppelt hat. Laut Schoeni erhalten junge Menschen zwischen 25 oder 26 Jahren von ihren Eltern jährlich durchschnittlich 2323 Dollar an finanzieller Unterstützung.

Aber für dieses Phänomen können nicht nur Faulheit und mangelnde Initiative verantwortlich gemacht werden. Etwa im Jahr 1980 kam der Großteil an finanzieller Unterstützung für Studenten in Form von Stipendien. Heute sind Studienkredite die Regel. Laut einer 2005 veröffentlichten Studie des *Center for Economic and Policy Research* hatten Collegeabsolventen nach ihrem Abschluss in diesem Jahr um 85 Prozent höhere Schulden als in den Neunzigerjahren. Eine Umfrage des Magazins *Time* ergab, dass 66 Prozent der Befragten mehr als 10 000 und fünf Prozent gar um die 100 000 Dollar Schulden hatten.

Und in diesen Zahlen sind nicht die wachsenden Schulden von Studenten enthalten, die nicht mit den Kreditkarten umgehen können, die ihnen häufig ungefragt ins Haus geschickt werden. Laut einer Untersuchung von Demos haben sich die Kreditkartenschulden von Amerikanern zwischen 18 und 24 Jahren zwischen 1992 und 2001 mehr als verdoppelt. Angesichts solcher Schulden ist es kein Wunder, dass junge Leute – inklusive der Twixter – Probleme haben, finanziell auf eigenen Beinen zu stehen und sich keine eigene Wohnung leisten können. Die weite Verbreitung von Videospielen, die Nutzung »sozialer Netzwerke« *(Facebook, MySpace, Twitter)* und die Berieselung durch die Massenmedien ergeben in Verbindung mit einem überlasteten und ungeeigneten Bildungssystem das Rezept für eine intellektuelle Katastrophe.

Experten sind sich einig, dass ein niveauloses Bildungssystem schlecht qualifizierte Lehrer und verdummte Schüler hervorbringt. Das Resultat sind geistig verarmte Menschen und exakt jene gesellschaftlichen Umstände, die sich der alte Rockefeller genauso herbeigewünscht hat wie heute die Elite von Globalisierern. Die Lage ist unheimlich und provoziert eine Frage: Ist das alles purer Zufall, oder doch eine bewusst herbeigeführte Entwicklung?

DRITTER TEIL

WIE MAN ZOMBIES KONTROLLIERT

Das einzige feste Fundament fortbestehender Freiheit ist eine Regierung, die stark genug ist, die Interessen des Volkes zu schützen, und ein Volk, das stark und gut genug informiert ist, um die souveräne Kontrolle über die Regierung zu behalten.

– FRANKLIN D. ROOSEVELT

Ist eine Zombie-Nation erst einmal geschaffen, muss die Bevölkerung gefügig gemacht und unter Kontrolle gehalten werden. Das kann durch Gesetze und Vorschriften geschehen, aber auch durch größere Machtbefugnisse der Polizei oder Manipulation der Lebensmittel- und Wasserversorgung. Aber etliche Autoren haben darüber geschrieben, dass viele Amerikaner Zombies ähneln, weil sie mehr als acht Stunden am Tag wie hypnotisiert vor ihren Fernsehern hocken. Zwischen September 2007 und September 2008 lief das Gerät in jedem Haushalt über acht Stunden, ein Rekord seit den Fünfzigerjahren, als es erstmals Zuschauerumfragen gab. Im dritten Quartal des Jahres 2008 sahen die Amerikaner mehr als 142 Stunden pro Monat fern, bis zu fünf Stunden mehr als im gleichen Abschnitt des Vorjahres.

Noch wichtiger für die Ausübung von Kontrolle ist, dass Zombies sich der Tatsache nicht bewusst sind, dass sie kontrolliert werden. Dafür ist es natürlich unabdingbar, die Massenmedien zu beherrschen. Kann das geschehen in den Vereinigten Staaten, wo der 1. Zusatzartikel der Verfassung die freie Meinungsäußerung garantiert und wo man stolz ist auf die Tradition einer freien Presse?

Herrschaft der Medien

Das Internet ist ein wunderbarer Zugang zu alternativen Nachrichten und Informationen, doch das gilt nur für diejenigen, die einen Computer besitzen und ihn bedienen können. Alle anderen sind den im Besitz von Großunternehmen befindlichen Massenmedien ausgeliefert, unabhängig davon, ob sie die Programme terrestrisch, über Kabel oder Satellit empfangen. Amerikas Massenmedien sind gegenwärtig in der Hand von sechs multinationalen Konzernen: *AOL Time-Warner, Walt Disney Company, Viacom, Vivendi Universal, News Corporation* und *Bertelsmann AG*.

»Die Medienkonzentration ist zu stark ausgeprägt«, bemerkte einst der Medienmogul Ted Turner. »Zu wenige Leute besitzen zu viel. Eigentlich diktieren fünf Konzerne zu neunzig Prozent, was wir lesen, sehen oder hören. Das ist kein gesunder Zustand.« Turner vergaß die *Bertelsmann AG* zu erwähnen, die im englischsprachigen Printbereich mittlerweile die Nummer eins ist und ihre Wurzeln im nationalsozialistischen Deutschland hat.

Die Medien haben sich seit 1975 beträchtlich verändert, als weniger als fünfzehn Prozent der Fernsehzuschauer einen Kabelanschluss hatten und der Satellitenempfang und das Internet in ihrer heutigen Form noch gar nicht existierten. Mehr als dreißig Jahre später verfügen nur knapp fünfzehn Prozent aller amerikanischen Haushalte nicht über die Möglichkeit, Programme über Kabel oder

Satellit zu empfangen. Ein Drittel der Bevölkerung bezieht seine Nachrichten
über das Internet.

Regierungskonforme Nachrichten

Viel zu häufig bestimmt die Beziehung zwischen der Regierung und den Medienkonzernen, was in den Nachrichten gebracht wird. »In Zeiten, wo durch die Technik die Grenze zwischen Printmedien und elektronischen Medien verschwimmt,
hängt der Erfolg von Medienkonzernen zunehmend von Regierungsentscheidun-
gen ab, die sich in Vorschriften, Gesetzen und Gerichtsurteilen niederschlagen«,
erklärte der 2005 verstorbene Leo Bogart, ehemals Media Studies Fellow und
leitender Mitarbeiter beim *Newspaper Advertising Bureau.* »Das muss die Bosse
der Medienunternehmen für die politischen Auswirkungen ihrer Nachrichtensendungen sensibilisieren. Da politische Spots mittlerweile einen beträchtlichen Teil
der Werbeeinnahmen ausmachen, finden Politiker es zunehmend notwendig und
ratsam, den Medienmoguln den Hof zu machen. So ergibt sich eine neue Möglichkeit, auf Journalisten Druck auszuüben.«

Der Medienreformer Robert McChesney stimmte mit Bogart überein: »Im
professionellen Journalismus geht es heute darum, sich bei den Mächtigen lieb
Kind zu machen und enge Verbindungen zu ihnen zu schmieden, damit man
Zugang zu ihren Nachrichtensendungen hat. Wenn die Mächtigen sich hinsichtlich eines Themas völlig einig sind, zum Beispiel in der Frage, ob die Vereinigten
Staaten das Recht zu einer militärischen Invasion in einem anderen Land haben
(was von vielen Leuten an der Macht als selbstverständlich gesehen wird), dann
werden die Journalisten keine Fragen stellen. Sie reproduzieren einfach, was
innerhalb der Machtelite Konsens ist, sehen es als gegeben an. Würde ein Journalist dagegen das Recht der Vereinigten Staaten zu einer militärischen Invasion im
Ausland infrage stellen, würde er bei seinen Kollegen aus den Nachrichtenredak-
tionen als unprofessionell gelten, als jemand, der ideologisch voreingenommen
ist. Wenn es ein Journalist wagt, die Motive der Machthaber infrage zu stellen,
wird er beschuldigt, seine eigene politische Meinung in den Nachrichtenjournalismus einzubringen. Wenn aber ein Journalist nur wiederholt, was die Mächtigen sagen, und nicht versucht, eigene kritische Beobachtungen einzubringen,
sieht man ihn als echten Profi, der ›fair und ausgewogen‹ berichtet.«

Den Chefredakteuren, besonders jenen, die für börsennotierte Medienkonzerne
arbeiten, deren Führungskräfte die Reaktionen der Wall Street in Betracht ziehen
müssen, muss man nicht eigens sagen, welche Nachrichten in welchem Licht erscheinen sollen. Sie verstehen intuitiv die Ansichten und Interessen ihrer Bosse und

handeln entsprechend. Diese Fähigkeit, die Wünsche der Medienbosse im Voraus zu ahnen, ist die Grundvoraussetzung dafür, zum Chefredakteur ernannt zu werden.

Angstmacherei

Die Medien, die eigentlich die Funktion von »Wachhunden« übernehmen sollten, haben sich in die Schoßhunde der Besitzer ihrer Unternehmen verwandelt, nach deren Pfeife sie tanzen. Die Medienmoguln ihrerseits gestatten es der Regierung, die Öffentlichkeit durch Angstmacherei zu manipulieren.

Eines der besten Beispiele für diese Angstmacherei erlebten wir Anfang 2006, als Präsident Bush wegen der Kriege im Irak und in Afghanistan, der Folter von vermeintlichen Terroristen und der verfassungswidrigen Ausspionierung von Amerikanern unter Beschuss stand. Er erklärte: »Auch wenn Amerika in den viereinhalb Jahren seit dem 11. September nicht mehr angegriffen wurde, dürfen wir uns nicht der Illusion hingeben, dass sich die unserem Land drohenden Gefahren in Luft aufgelöst haben.«

Bush sprach dann über einen Terroranschlag, der 2002 in Los Angeles von einem Mann namens Hambali geplant, aber vereitelt worden sei, einem angeblichen Stellvertreter von Khalid Scheich Mohammed, dem vermeintlichen Drahtzieher der Attacken vom 11. September. Hambali und Mohammed waren angeblich 2003 festgenommen worden.

Laut Bush hatten die al-Qaida-Führer Hambali und Mohammed Asiaten rekrutiert, die mittels Schuhbomben die Cockpittür eines Flugzeugs aufsprengen und dieses dann in den U. S. Bank Tower steuern sollten. Bush bezeichnete dieses Gebäude irrtümlich als »Liberty Tower«, und man korrigierte ihn prompt, dass sein ursprünglicher Name »Library Tower« gelautet hatte. Bush sagte, der Plan sei vereitelt worden, weil ein führendes Mitglied von al-Qaida – ein Asiate – festgenommen worden sei. Der Präsident lehnte es ab, dessen Namen oder Nationalität zu nennen.

Kurz darauf war die Story in den Massenmedien, und einige Sender zeigten – als drastische Illustrierung der Zerstörung des U. S. Bank Tower – Szenen aus dem Hollywoodfilm *Independence Day*. Doch noch bevor die Amerikaner erleichtert aufatmen konnten, weil ihnen ein weiteres Blutbad erspart worden war, provozierten Bushs Worte ernste Fragen. Viele nachdenkliche Zeitgenossen wunderten sich, warum Bush nicht zu Beginn des Jahres 2003 über das Thema gesprochen hatte, direkt nach der Vereitelung des Anschlags und der Festnahme der kriminellen Drahtzieher. Hätte Bush 2003 darüber gesprochen, hätte das vielleicht die zahlreichen großen Antikriegsdemonstrationen verhindert, die kurz vor dem Einmarsch in den Irak stattfanden.

Die öffentliche Skepsis wuchs, als Antonio Villaraigosa, der Bürgermeister von Los Angeles, gegenüber Journalisten sagte, er wisse nichts von einem vereitelten Anschlag und fühle sich von Bush hinters Licht geführt. Es habe zuvor keinerlei Diskussion mit dem Weißen Haus gegeben, obwohl er zweimal um ein Treffen mit Bush gebeten habe, um mit ihm über Sicherheitsfragen zu diskutieren. »Ich bin erstaunt, dass der Präsident darüber im Fernsehen redet, ohne uns zuvor über diese Details informiert zu haben«, sagte Villaraigosa. »Ich erwarte nicht, dass der Präsident mich persönlich anruft, aber irgendein Mitarbeiter hätte es tun sollen.«

Andere waren weniger besonnen bei der Charakterisierung von Bushs Äußerungen. Doug Thompson, Autor von *Capitol Hill Blue,* der ältesten politischen Nachrichtenseite im Internet, sagte, an ihn seien Leute aus Geheimdienstkreisen herangetreten, die Bushs Worte in Zweifel gezogen hätten. Thompson behauptete, er kenne die Namen von mindestens vier dieser Leute, doch sie hätten ihn sämtlich gebeten, ihre Namen nicht zu nennen, weil sie Angst vor Konsequenzen hätten. »Der Präsident hat alle Nachrichtendienstler in Misskredit gebracht, indem er uns in seine Märchenwelt hineingezogen hat«, zitierte Thompson einen altgedienten CIA-Mitarbeiter. »Er bezieht sich bei dieser absurden Behauptung über diesen angeblich geplanten Terroranschlag in Los Angeles auf denselben diskreditierten Informanten, der uns erzählte, al-Qaida würde ausgewählte Finanzinstitute in New York und Washington angreifen.« Während der heißen Phase des Präsidentschaftswahlkampfs im Jahr 2004 versuchten Bush und seine Mannschaft bezeichnenderweise, die Terroralarmstufe zu erhöhen, indem sie von unmittelbar bevorstehenden Angriffen auf Finanzinstitute sprachen. Später mussten sie zugeben, ihre Äußerungen hätten auf alten Informationen einer diskreditierten Quelle beruht.

Es war nicht immer so, dass amerikanische Spitzenpolitiker mit einem Hang zur Paranoia öffentlich vor unmittelbar bevorstehenden Angriffen warnten. Vor dem Militär- und Geheimdienstausschuss des Senats erklärte Colin Powell, der damalige Außenminister, im Frühjahr 2001, warum die Amerikaner sich weigern sollten, auf der Suche nach Sicherheit ihre Freiheit aufzugeben, und seine Worte waren prophetisch: »Wen wir uns eine Bunkermentalität zu eigen machen und uns hinter Betonmauern und Stacheldraht verschanzen, hätten die Terroristen so etwas wie einen Sieg errungen.«

Mit solch besonnenen Worten war es endgültig vorbei, als nach den Anschlägen auf die Twin Towers und das Pentagon später in diesem Jahr Gesetze und Vorschriften erlassen wurden, die im Hinblick auf die Verfassung fragwürdig erscheinen. Nur wenige Tage nach dem 11. September erklärte Bush seinen »Krieg gegen den Terror«.

Der Patriot Act

Seit dem 11. September hat die Regierung den Nationalismus als Vorwand genommen, um Maßnahmen zur Kontrolle der Bevölkerung umzusetzen. Geheim gehaltene Beweise, Verfahren unter Ausschluss der Öffentlichkeit, Einkerkerung von Unschuldigen, Razzien ohne Durchsuchungsbeschluss, unfreiwilliges Verabreichen von Medikamenten, Beschlagnahmen von Privatbesitz, all das erinnert an totalitäre Regime aus den Dreißigerjahren, aber die Angst hat viele Amerikaner dazu verleitet, gegenüber der Staatsmacht in Passivität zu versinken.

Ein Paradebeispiel für auf Angst basierende Gesetzgebung ist ein fürchterliches Gesetz namens »Uniting and Strengthening America by Providing Appropriate Tools Required to Intercept and Obstruct Terrorism«, gemeinhin eher unter dem Namen PATRIOT Act bekannt. Der Name erinnert an das deutsche »Gesetz zur Behebung der Not von Volk und Reich«, Hitlers »Ermächtigungsgesetz«, das 1933 nach dem Reichstagsbrand in aller Eile verabschiedet wurde und der Grundstein des Dritten Reiches war.

Der PATRIOT Act ist 342 Seiten lang und änderte mehr als fünfzehn amerikanische Gesetze, von denen die meisten erlassen worden waren, weil das FBI und die CIA ihre Macht missbraucht hatten. Das Gesetz wurde durch George W. Bushs Unterschrift am 26. Oktober 2001 rechtskräftig, nur anderthalb Monate nach dem 11. September.

Laut Aussage einiger Kongressabgeordneter hatten viele ihrer Kollegen nicht einmal den ganzen Text gelesen, als das Gesetz verabschiedet wurde. Die *American Civil Liberties Union* berichtete ebenfalls, einige Abgeordnete hätten nicht einmal eine Stunde Zeit gehabt, um nachzulesen, was für umfassende Gesetzesänderungen vorgenommen werden sollten. Die Tatsache, dass die Gesetzesvorlage dem Kongress so schnell vorgelegt wurde, ließ einige Beobachter vermuten, dass das Gesetz von langer Hand vorbereitet war und dass es nur noch eines Anlasses bedurfte, um es zu verabschieden. Bürgerrechtler vertraten die Ansicht, allein das sei ein hinreichender Grund, die allzu kooperationsbereiten Kongressmitglieder kollektiv ihres Amtes zu entheben.

Der Abgeordnete Ron Paul, der sich 2008 um die Präsidentschaft bewarb, bestätigte Gerüchte, nach denen die meisten Kongressmitglieder das Gesetz vor der Abstimmung nicht gelesen hatten. »Nach meiner Kenntnis war es vor der Abstimmung noch gar nicht gedruckt, zumindest konnte ich kein Exemplar in die Finger bekommen. Sie spielten allerlei Spielchen, ließen den Kongress die ganze Nacht über beraten, es war ein sehr kompliziertes Gesetz. Vielleicht hatte es der eine oder andere Angestellte tatsächlich gelesen, aber für die Abgeordneten war der Wortlaut des Gesetzes vor der Abstimmung nicht einzusehen.« Paul fügte hinzu, er sei nicht damit einverstanden, dass Andersdenkende schon durch den Namen des Gesetzes stigmatisiert würden. »Es ist eine Unverschämtheit, dieses Gesetz den PATRIOT Act zu nennen und damit zu unterstellen, ich sei nicht patriotisch, weil ich herausfinden wollte, was in dem Text steht, und weil ich mit Nein gestimmt habe. Da ich glaube, dass dadurch die Verfassung untergraben wird, habe ich nicht dafür gestimmt. Folglich bin ich irgendwie kein Patriot. Das ist beleidigend.«

Bestimmungen des PATRIOT Act, die Bürgerrechtler am meisten beunruhigten, seien im Folgenden aufgezählt:

– Die Regierung hat nun das Recht, im Zuge der Terrorbekämpfung religiöse und politische Vereinigungen überwachen zu lassen, ohne dass ein Verdacht auf kriminelle Aktivitäten vorliegt (ein Verstoß gegen den 1. Zusatzartikel der Verfassung, der das Recht auf freie Meinungsäußerung und Versammlungsfreiheit garantiert).

– Die Sicherheitsbehörden können nun Amerikaner von einst öffentlichen Anhörungen von Einwanderern aussperren und ohne Anklage Hunderte von Menschen festnehmen, während zugleich Bürokraten aufgefordert werden, Anfragen unter Bezug auf den Freedom of Information Act abzulehnen (eine Verletzung der Zusatzartikel 5 und 6, in denen ein ordentliches Verfahren, ein schneller Prozess und die Freiheit der Information garantiert werden).

– Die Regierung kann Bibliothekare oder andere Besitzer von Personendaten anklagen, wenn sie jemandem sagen, dass die Strafverfolgungsbehörden im Zuge der Terrorismusbekämpfung Informationen von ihnen verlangt haben (eine Verletzung des 1. Zusatzartikels der Verfassung, in dem das Recht auf freie Meinungsäußerung garantiert ist).

– Die Sicherheitsbehörden dürfen nun Gespräche zwischen Gefängnisinsassen und ihren Anwälten abhören. Sie können Amerikanern, die eines Verbrechens beschuldigt werden, sogar grundsätzlich einen Rechtsbeistand verweigern (ein Verstoß gegen den 6. Zusatzartikel, der das Recht garantiert, vor Gericht von einem Anwalt vertreten zu werden).

– Die Sicherheitsbehörden dürfen nun im Zuge von Antiterrormaßnahmen private und geschäftliche Unterlagen durchsuchen und beschlagnahmen (ein Verstoß gegen den 4. Zusatzartikel, der Schutz vor unbegründeten Durchsuchungen und Beschlagnahmungen verspricht).

– Amerikaner können jetzt ohne Anklage oder Verfahren unbefristet inhaftiert werden (eine Verletzung des 6. Zusatzartikels, der ein schnelles Verfahren und das Recht garantiert, über die Anklage informiert zu werden).

Nachdem er das Gesetz genauer unter die Lupe genommen hatte, bemerkte der Kongressabgeordnete Ron Paul: »Am schlimmsten an diesem sogenannten Antiterrorgesetz ist, dass es den Sicherheitsbehörden zunehmend gestattet, uns alle ohne richterlichen Beschluss auszuspionieren.« Jener Paragraf des PATRIOT Act, der es den Behörden erlaubt, auch ohne Durchsuchungsbeschluss Razzien durchzuführen, wird gemeinhin als »Schnüffelparagraf« bezeichnet.

Ron Paul wies darauf hin, dass die Unterstützer des Gesetzes fehlgingen in der Annahme, die Sicherheitsbehörden würden zurückhaltend und verantwortungsbewusst handeln. »Mir passt dieser Schnüffelparagraf nicht. Man muss sich fragen, was geschehen könnte, wenn jemand nicht weiß, dass die Strafverfolgungsbehörden sein Haus durchsuchen wollen, und keine Ahnung hat, wer da unangemeldet vor seiner Tür steht [...]. Er könnte zur Waffe greifen und abdrücken. Der PATRIOT Act ermöglicht eindeutig gesetzwidrige Durchsuchungen und Beschlagnahmungen, und jeder, der ihn für ein Antiterrorgesetz hält, sollte sich klarmachen, was seine Anwendung für jeden amerikanischen Bürger bedeutet.«

Seit der Ratifizierung des PATRIOT Act haben viele seiner Kritiker argumentiert, die Möglichkeiten der Überwachung widersprächen der Verfassung, wo der 4. Zusatzartikel den Schutz der Privatsphäre und den vor nicht zu rechtfertigenden Durchsuchungen und Beschlagnahmungen ohne richterlichen Beschluss garantiert.

Kelly O'Meara, die an der *University of Maryland* ein Studium der Politologie absolviert hat, war sechzehn Jahre lang Mitarbeiterin von vier Kongressabgeordneten, bevor sie zu einer mit Preisen ausgezeichneten Enthüllungsjournalistin wurde. Sie schrieb: »Durch eine Abstimmung im Kongress und einen Federstrich des Präsidenten wurden die im 4. Zusatzartikel der Verfassung festgeschriebenen Rechte jedes Amerikaners außer Kraft gesetzt.«

Laser und Taser

Was der PATRIOT Act für den Einzelnen bedeuten kann, bekam im Jahr 2005 David Banach zu spüren, der in Parsippany in New Jersey lebt. Man legte ihm zur Last, er habe mittels eines Laserstrahls den Piloten und Kopiloten eines Jets geblendet, der am 29. Dezember 2004 über sein Haus flog. Banach bestritt jede böse Absicht und sagte, er habe den Laser nur benutzt, um seiner siebenjährigen Tochter bestimmte Sterne zu zeigen.

Die Maschine landete sicher, und das FBI konnte Banach keine terroristische Verbindung nachweisen. Obwohl er eigentlich nur »unbedacht und fahrlässig« gehandelt hatte, drohten Banach eine fünfundzwanzigjährige Gefängnis- und eine Geldstrafe von einer halben Million Dollar. Nachdem er 100 000 Dollar Kaution hinterlegt hatte, wurde er aus dem Gefängnis entlassen. Doch dann, zu Beginn des Jahres 2006, wurde er für schuldig befunden, gegen einen Paragrafen des PATRIOT Act verstoßen zu haben, indem es um die Bedrohung der Piloten von Linienmaschinen geht. Banach wurde zu einer zweijährigen Bewährungsstrafe verurteilt.

Für diese Bewährungsstrafe könnte man Verständnis aufbringen, denn es stellte sich heraus, dass die Regierung zum Zeitpunkt von Banachs Verhaftung in der Nähe ein Lasersystem testen ließ. Anfang 2005 gab Verkehrsminister Norman Mineta bekannt, das Militär werde die am Boden stationierten Laser aktivieren, um Piloten zu warnen, wenn ein anderes Flugzeug ohne Genehmigung in den Luftraum über dem Nordosten der Vereinigten Staaten eindringe. Während der Testphase dieses Systems berichteten Piloten, in ihren Cockpits von Laserstrahlen irritiert worden zu sein. Minetas Erklärung kam am 12. Januar 2005, dem Tag, an dem der Test des Laserwarnsystems abgeschlossen wurde. Das bedeutet, dass die Regierung die Öffentlichkeit glauben ließ, Terroristen würden Laser einsetzen, um Maschinen zum Absturz zu bringen, während tatsächlich die Regierung selbst ihr Lasersystem testen ließ.

Ein häufig von den Sicherheitsbehörden eingesetztes Instrument ist der Taser, eine Elektroschockwaffe, deren Opfer die Kontrolle über ihre Muskeln verlieren. Die Polizei setzt diese Taser zu häufig in Situationen ein, wo ihr Gebrauch unangebracht ist. 129 Menschen sind landesweit durch den Einsatz dieser Waffe gestorben. Dr. Nizam Peerwani, ärztlicher Leichenbeschauer im Tarrant County in Texas, sagte Journalisten, er halte den Einsatz des Tasers für vertretbar. Aber nach drei Todesfällen in Forth Worth fügte er hinzu, es müsse mehr wissenschaftliche Untersuchungen geben, wie der Einsatz des Tasers bei Drogensüchtigen, leicht erregbaren Menschen und Herzkranken wirke. In mindestens einem Fall, beim Tod des siebzehnjährigen Kevin Omas, sei der wiederholte Einsatz der Elektroschockwaffe für den Todesfall mitverantwortlich gewesen.

Polizeitaktiken

Die landesweite Panikmache könnte in gewissen Bereichen etwas mit dem Aufkommen eines Polizeistaates zu tun haben. Auf lokaler Ebene tragen die meisten Polizisten nicht mehr die traditionelle Uniform, und auf den Streifenwagen steht größtenteils nicht mehr »Dienen und beschützen«. Heutzutage tragen Polizisten, insbesondere in Großstädten, schwarze Uniformen, kugelsichere Westen und Helme, welche an die deutscher Soldaten im Zweiten Weltkrieg erinnern.

Im Jahr 2008 wuchs die Besorgnis der Öffentlichkeit, als im Internet verbreitet wurde, es seien Depots mit Unmengen billiger Plastiksärge entdeckt worden, was durch Fotos dokumentiert wurde. In einem Depot, in der Nähe von Madison im Herzen Georgias, war angeblich eine halbe Million solcher Särge gelagert. Diese Stadt befindet sich direkt östlich von Atlanta, wo die *Centers for Disease Control* ansässig sind.

Es kursierten Gerüchte über Pläne für Straßensperren, Zwangsimpfungen und Internierungszentren. Einige dieser Gerüchte beruhten offenbar auf Informationen über die sich ändernde Rolle der Strafverfolgungsbehörden.

Greg Evensen, ein ehemaliger Polizist aus Kansas, sagte dazu: »Vor der Nixon-Ära vollzog sich Polizeiarbeit meistens auf lokaler Ebene. Den größten Teil unserer Zeit verbrachten wir damit, Kriminelle zu identifizieren und zu überwachen. Sonst ging es darum, auf ungewöhnliche oder gefährliche Vorfälle zu reagieren, mit denen die Bevölkerung allein nicht klarkam. Im Zuge des widerwärtigen, immer stärkeren Ausbaus der Sicherheitsbehörden wurde die Polizeiarbeit zu einem gemeineren und schmutzigeren Job. Das kam durch zweifelhafte Gestalten mit Dienstmarke, die beim FBI ohne Zögern alles taten, was ihnen ihr Vorgesetzter befahl, der sogenannte Special Agent in Charge, aber nicht nur beim FBI, sondern auch bei der BATF(E), dem U. S. Marshals's Office bis hinab zu bewaffneten Geflügelaufsehern – ja, sie haben tatsächlich Knarren und kennen keinen Spaß bei den kriminellen Hühnchen. Die Mentalität des ›Wir gegen sie‹ rechtfertigte Spezialeinheiten wie die SWAT-Teams, ›entschiedenes‹ Eingreifen und später die Verwendung von Pfefferspray, Tasern, Blendgranaten und – ›routinemäßig‹ – Maschinenpistolen. All das im Namen des Ziels, die Beschuldigten ›niederzumachen‹, unabhängig davon, was ihnen vorgeworfen wurde. Jetzt sind wir Experten im Abhören, im Errichten von Straßensperren und Eintreten von Türen. Wir schlagen den Leuten ins Gesicht und brechen Arme, wir sind zielstrebige Drecskerle, die ihren Arsch an ihre Vorgesetzten verkauft haben, und können es gar nicht abwarten, zur Reinkarnation der SS zu werden. Das ist keine Übertreibung.«

»Es gibt eine beträchtliche Anzahl von Polizisten aller Dienstgrade, die die erzwungene Ausbildung in den FEMA-Zentren einfach nur verabscheuen und es hassen, Menschen anhalten zu müssen, weil sie ›gefährlich aussehen‹ oder durch Aufkleber an ihren Autos für das Recht auf freie Meinungsäußerung eintreten«, fügte Evensen hinzu.

Dann sprach er über Polizisten, die sich an die Medien gewandt hatten, und warnte: »Haben Sie von den Plänen für massive Straßensperren gehört, mit denen

Reisende aufgehalten werden sollen, um ein RFID-Impfarmband mit integriertem Mikrochip zu bekommen, das sie dazu zwingen soll, sich impfen zu lassen? Sie wollen sich weigern? Man wird Sie in einen Gefängnisbus verfrachten und in ein Quarantänezentrum bringen. Was werden Sie tun, wenn Ihre Kinder ohne die Impfung nicht mehr in die Schule gelassen werden? Oder wenn man Sie nicht mehr an Ihren Arbeitsplatz lässt ohne Impfbescheinigung? Was werden Sie tun? Einkaufen gehen? Zur Bank? Woanders shoppen? Ein Flugzeug nehmen, einen Bus oder Zug? In der Mall auf die Toilette gehen? Nichts da, man wird Sie nicht lassen. Polizisten werden zu einer verachteten, gefürchteten und verhassten Spezies werden.«

Die meisten Amerikaner, eingelullt von den elektronischen Massenmedien, werden Evensons Voraussage mit Sicherheit für eine paranoide Wahnvorstellung halten. Und doch sollten sich diese Amerikaner ganz genau in ihrer Umgebung umsehen.

Auch wenn viele behaupten, die Angstmacherei sei eine Spezialität der Bush-Regierung gewesen, muss doch darauf hingewiesen werden, dass Präsident Obama nach seiner Wahl nichts unternommen hat, um der Panikmache ein Ende zu bereiten. Im März verkündete er Amerikas neue Strategie auf dem »Afpak«-Kriegsschauplatz, womit er Afghanistan und Pakistan meinte. In bester Bush-Tradition erklärte Obama: »In etlichen Geheimdienstberichten wird davor gewarnt, dass al-Qaida in den Vereinigten Staaten Anschläge beabsichtigt, die in ihren sicheren Schlupfwinkeln in Pakistan geplant werden.« Er beteuerte, 4000 zusätzliche Soldaten zu entsenden, die Rekruten der afghanischen Armee ausbilden sollten, und fuhr fort: »Die Amerikaner sollen verstehen, dass wir uns auf ein klares Ziel konzentrieren, die Vernichtung von al-Qaida in Pakistan und Afghanistan.« Obama verlieh dieser kriegerischen Rhetorik Ende 2009 Nachdruck, als er weitere 30 000 Soldaten nach Afghanistan entsandte und zugleich versprach, 2011 mit dem Abzug der amerikanischen Streitkräfte zu beginnen. Dagegen nahmen die Medien kaum Notiz von der Tatsache, dass Obama, während die Aufmerksamkeit der Öffentlichkeit auf Afghanistan und den Irak gerichtet war, in aller Stille eine geschätzte Million Soldaten nach Hause holte, und zwar zur Verstärkung des *Northern Command* (USNORTHCOM), das unter Präsident Bush gegründet worden war und dessen Aufgabe er so definierte: »USNORTHCOM soll die Aktivitäten des Verteidigungsministeriums im Inland befehligen und die Verteidigungsanstrengungen ziviler Behörden koordinieren.« Rechnete Obama mit gesellschaftlichen Unruhen?

Identifizierung von Terroristen

Im März 2009 machten sich erneut Befürchtungen hinsichtlich einer Spaltung der Gesellschaft breit, als die zum Heimatschutzministerium gehörenden Abteilungen für Strategische Analyse und für Extremismusforschung ein »Handbuch« veröffentlichten, das nicht der Geheimhaltung unterlag. Dieses Handbuch sollte nicht nur von Mitarbeitern des Ministeriums, sondern »auch von den untergeordneten Einrichtungen für Heimatschutz in den Bundesstaaten und auf lokaler Ebene benutzt werden, darüber hinaus auch von den Strafverfolgungsbehörden«. Offenbar sollte das Handbuch Entscheidungshilfe leisten, indem es Anhaltspunkte dafür gab, wer nach Meinung des Heimatschutzministeriums als Terrorist zu gelten hat. Dieses Dokument, auch als »Extremismuslexikon« bezeichnet, listet neben militanten Tierschützern und Umweltaktivisten rassistische Gefängnisgangs, schwarze Nationalisten und Neonazis auf, außerdem Kubaner, welche »die Legitimität der kommunistischen kubanischen Regierung nicht anerkennen«. Dann folgen als Einzelkämpfer auftretende Terroristen, jüdische Extremisten, die patriotische Bewegung, Steuergegner und selbst die »alternativen Medien«, hier definiert als »diverse Informationsquellen, die eine Bühne für Interpretationen von Ereignissen und Themen bieten, die sich radikal von denen in den Massenmedien unterscheiden«. Nach einem öffentlichen Aufschrei der Empörung wurde das Handbuch angeblich zurückgezogen, doch scheint es fraglich, wie lange es dabei bleibt. Vorerst kann der Text weiter im Internet nachgelesen werden, und einige Mitarbeiter der Strafverfolgungsbehörden werden sich daran erinnern.

»Die Regierung vermittelt den Leuten von den Sicherheitsbehörden, dass diejenigen, die nicht alles glauben, was Fox News, CNN oder die New York Times behaupten, als ›Bedrohung‹ gesehen werden müssen, als potenziell gewalttätige inländische Terroristen«, empörte sich der Autor Paul Joseph Watson, dessen Kommentare im Internet veröffentlicht werden.

Eine zweifelhafte Broschüre des texanischen Ministeriums für Öffentliche Sicherheit trug den Titel: »Terrorismus. Was die Öffentlichkeit wissen muss.« Der Text verleitet zu Paranoia und zur Hexenjagd. Er liefert diese Anhaltspunkte dafür, wie man einen Terroristen erkennen kann.

Der typische Terrorist

– wird mehrere Fahrzeuge benutzen und hauptsächlich via Handy, E-Mail und Text-Messaging-Dienste kommunizieren.

– ist darauf vorbereitet, jahrelang als »Schläfer« darauf zu warten, dass der Zeitpunkt des Anschlags gekommen ist.

– wird versuchen, sich seiner Umgebung anzupassen und keine Aufmerksamkeit auf sich zu ziehen.

– mag, was sein Äußeres und sein Verhalten angeht, »normal« erscheinen. Oft präsentiert er sich als Tourist, Student oder Geschäftsmann.

– reist in gemischten Gruppen von Männern, Frauen und Kindern unterschiedlichen Alters, die nichts von seinen Absichten ahnen.

– vermeidet Auseinandersetzungen mit den Strafverfolgungsbehörden und kann daher wirken wie der »freundliche Nachbar«.

– benutzt Verkleidungen oder unterzieht sich einer Operation, um sein Äußeres zu verändern, insbesondere dann, wenn sein Konterfei schon auf Fahndungsfotos der Polizei zu sehen ist.

Ein weiterer Indikator für die Entwicklung in Richtung Polizeistaat ist die während der letzten Jahre im Stillen vollzogene Anbringung von Stahlkabeln an Metallpfosten auf den Mittelstreifen von Schnellstraßen und Interstates und in der Umgebung von Großstädten. Anfangs hielten die Leute diese betonierten Mittelstreifen für Rad- oder Joggingwege, doch die Stahlkabel offenbarten ihren wahren Zweck – Barrikaden, die Autofahrer daran hindern sollen, um 180 Grad zu wenden. Solche Hindernisse kommen jetzt noch zusätzlich zu den Betonbarrieren, die wir bereits auf den meisten Schnellstraßen und Autobahnen finden.

Doch hat es jemals ein großes Problem damit gegeben, dass die Leute um 180 Grad wenden wollten? Kein Mensch erinnert sich daran. Aber warum wurden dann Millionenbeträge dafür ausgegeben zu einer Zeit, als die Wirtschaftsleistung deutlich zurückging?

Zu Verschwörungstheorien neigende Zeitgenossen sehen in diesen Vorrichtungen Vorbereitungen für künftige Straßensperren, durch die Stadtbewohner daran gehindert werden sollen, die Metropolen zu verlassen. Jeder, der in der Schlange vor einem Checkpoint festsitzt, wie wir sie in Los Angeles und anderen Großstädten bereits finden, ist nicht mehr in der Lage, zu wenden und zurückzufahren. Andere Zwecke dieser Barrieren sind nicht bekannt geworden. Weil örtliche Polizeibehörden nicht genug Personal haben, um solche Polizeistaatsaktionen durchzuführen, müsste sich eventuell das Militär der Sache annehmen, obwohl der Posse Comitatus Act so etwas untersagt.

Die landesweit verbreiteten Medien berichteten kaum über die unangemessene Reaktion der Polizei auf Demonstranten, die Ende 2009 gegen das G-20-Treffen in Pittsburgh protestierten.

Enttäuscht darüber, dass sie sich dem Versammlungsort nicht nähern konnten, gerieten etwa 2000 Demonstranten (in einer Nachrichtensendung als »Antikapitalisten« tituliert) mit schwarz gekleideten Polizisten aneinander, die schwere Helme trugen, Hunde dabeihatten und mit Tränengas, Waffen für Gummigeschosse und Schallkanonen bewaffnet waren. Behauptungen, die Gewalt bei dem G-20-Treffen sei durch Agent provocateurs der Sicherheitsbehörden ausgelöst worden, wurden erhärtet durch YouTube-Videos, die einen schwarz gekleideten, angeblichen »Anarchisten« zeigten, der mit grinsenden Polizisten für Fotos posierte. Offizielle behaupteten später, der Jugendliche in dem Video sei von den Bereitschaftspolizisten in Spezialausrüstung gezwungen worden, mit ihnen zu posieren.

Während dieser Demonstration anlässlich des G-20-Gipfels wurden 200 Menschen festgenommen, und Dutzende von Passanten, darunter Studenten und Journalisten, bekamen Tränengas in der Nähe des *Oakland Thomas Merton Center* ab, in dem mehrere Universitäten, Museen und Krankenhäuser untergebracht sind, außerdem zahlreiche Läden und Restaurants. Viele behaupteten, der Einsatz habe an eine militärische Okkupation erinnert.

»Die Polizei hat Leute geschlagen und Tränengas gegen Menschen eingesetzt, die aus Restaurants oder Studentenwohnheimen kamen«, sagte Nigel Patry, ein Journalist von *Twin Cities Indymedia*. Melissa Hall, eine seiner Kolleginnen, gab zu Protokoll, die Polizei habe ihre Filmaufnahmen gelöscht und ihre Kamera beschädigt.

»Der Einsatz war nicht zu rechtfertigen«, beklagte sich der 23-jährige Nathan Lanzendorfer. »Ich habe friedlich demonstriert und nichts Unrechtes getan.« Lanzendorfer zeigte Journalisten große rötliche Flecken auf seinen Beinen und einem Arm, wo ihn seinen Worten nach die aus nächster Nähe abgefeuerten Gummigeschosse getroffen hatten.

Elizabeth Pittinger vom *Pittsburgher Citizen Police Review Board* sagte, bei ihrer Abteilung seien 50 Beschwerden hinsichtlich des Verhaltens der Polizei eingegangen, und man werde ihre Berechtigung eingehend prüfen. Sie sei »sehr irritiert« wegen der Verhaftung von Journalisten, darunter Sadie Gurman von der *Pittsburgh Post-Gazette*.

Die Polizeistaatsmentalität der Gesetzeshüter macht sich mittlerweile auch bei Sicherheitsbeamten bemerkbar, die gar keine Polizisten sind, und gefährdet zuweilen die grundlegenden, in der Verfassung garantierten Rechte der Öffentlichkeit. So zeigt etwa ein Video, das im August 2009 bei einer Bürgerversammlung in Reston, Virginia, aufgenommen wurde, einen namenlosen Mann, dem von einem Weslex Cheeks Jr., Sicherheitsbeamter einer Schule, befohlen wird, ein Transparent herunterzunehmen, das Präsident Barack Obama mit Clownsgesicht zeigte, wahrscheinlich um ihn wie Joker aussehen zu lassen, eine Figur aus den populären Batman-Comics und -Verfilmungen. Als der Mann dem Sicherheitsbeamten antwortete, er nehme nur sein von der Verfassung verbürgtes Recht auf freie Meinungsäußerung wahr, drohte Cheeks damit, ihn einsperren zu lassen. »Dies war mal ein freies Land«, knurrte der Mann. Typisch auch für die Veränderungen bei der Polizei, die sich einst als Diener des Volkes sah, antwortete der Sicherheitsbeamte: »Nun, die Zeiten sind vorbei!«

Obamas Rede an die amerikanischen Schüler

Als die fünfjährigen Vorschüler der B. *Bernice Young School* im Februar 2009 ein Medley zweier Lieder sangen, in dem der Präsident gepriesen wurde, schrillten die Alarmglocken bei vielen, denen die Kontrolle der Globalisierer über die Massenmedien Unbehagen bereitet. Sie hielten die Vorstellung für die unangemessene Lobpreisung eines Spitzenpolitikers. Dann, im Oktober desselben Jahres, wandte sich Präsident Obama direkt an die Schulkinder des Landes. Viele Schulbezirke lehnten es ab, Obamas Ansprache an die jungen Amerikaner auszustrahlen, weil sie glaubten, der Präsident missbrauche sein Amt, um Schüler durch »Übungsmaterial« politisch zu beeinflussen.

Dieses Unterrichtsmaterial stammte aus dem Erziehungsministerium. Verteilt wurde es in Kindergärten, und bei Schülern bis zur zwölften Klasse. Darin hieß es: »Vor der Rede: Lehrer können ihre Schüler mit Hintergrundwissen über den Präsidenten der Vereinigten Staaten versorgen, indem sie Bücher über Barack Obama und seine Amtsvorgänger behandeln. Um die Schüler zu motivieren, sollten folgende Fragen gestellt werden:

– Wer ist Präsident der Vereinigten Staaten?
– Welche Voraussetzungen braucht man, um Präsident werden zu können?
– An wen richtet sich die Rede des Präsidenten?
– Warum will er sich an dich wenden?
– Was glaubst du, was er dir mitteilen will?«

An anderen Diskussionsthemen fand sich in diesem Unterrichtsmaterial: »Warum ist es wichtig, dass wir dem Präsidenten und anderen gewählten Politikern zuhören, etwa Bürgermeistern, Senatoren, Kongressabgeordneten oder Senatoren? Warum haben ihre Worte Bedeutung?«

Republikaner hielten dieses Unterrichtsmaterial für politische Propaganda. Kritik erregte folgende Aufforderung an die Schüler: »Schreibt auf, wie ihr dem Präsidenten helfen könnt.« Hier wurde die Formulierung geändert: »Schreibt auf, wie ihr die kurz- und langfristigen Lernziele erreichen könnt.«

»Wir haben den Wortlaut geändert, um unsere eigentliche Absicht zu verdeutlichen«, sagte Tommy Vietor, ein Sprecher des Weißen Hauses.

Trotzdem waren etliche Eltern nicht damit einverstanden, dass der Präsident die Möglichkeit haben sollte, sich direkt an alle Schulkinder zu wenden. Regine Gordon aus Tampa in Florida, Mutter einer Erstklässlerin, sagte gegenüber Journalisten: »Es ist eine Art von Indoktrination, und ich glaube wirklich, so etwas ist bezeichnend für die politische Kultur, welche die Obama-Regierung zu etablieren versucht. Das riecht sehr nach Sozialismus [...]. Es ist, als wollten sie über die Kinder auch deren Eltern erreichen. Die Kinder sind wehrlos und sehr aufgeregt. Immerhin spricht der Präsident zu ihnen. Für mich ist das eine hinterlistige Methode und charakteristisch für die Art, wie hier vorgegangen wird.«

Ein Schulbezirk in Texas weigerte sich, die Schüler zu verpflichten, sich Obamas Rede anzuhören. Der Schulinspektor schickte folgendes Memo an alle Lehrer:

»Die Entscheidung, das Anhören der Rede nicht zur Pflicht zu machen, beruhte auf folgenden Bedenken:

1. Das Bewertungssystem und die Ansprüche an die Schulen sind so streng, dass eine Unterbrechung des Unterrichts – aus welchen Gründen auch immer – kaum zu rechtfertigen ist. Die Bewertung von Schulbezirken, Schulen und Lehrern beruht auf den Leistungen der Schüler. Die Veränderung des Schulsystems und die gestiegenen Ansprüche verlangen von jedem, sich jederzeit ganz auf die Lernziele zu konzentrieren.

2. Man kann sich nur schwer eine Rede vorstellen, die sich gleichermaßen an Kleinkinder wie Zwölftklässler richten soll.

3. Es scheint wenig sinnvoll, eine Rede zum Beginn des Schuljahres zu halten, wenn dieses bereits vor zweieinhalb Wochen begonnen hat.

4. Die Tageszeit, zu der die Rede gehalten werden soll, bringt für jede Schule eine Reihe von Problemen mit sich. Deshalb muss man davon ausgehen, dass ein voller Unterrichtstag ausfällt.

5. Bisher ist nie in allen Klassen der Unterricht unterbrochen worden, damit die Schüler eine Rede hören können.

6. Die Kommunikation zwischen dem Weißen Haus und den Schulbezirken war alles andere als optimal.

7. Es ist problematisch, einer Klasse eine Rede vorzuführen, die man vorher nicht gesehen hat. Eine solche Rede unterscheidet sich grundsätzlich von einer repräsentativen Veranstaltung wie etwa der Amtseinführung des Präsidenten.

8. Die Schüler sind nicht verpflichtet, der Rede zu folgen.«

In anderen Schulbezirken war man weniger tolerant. Dr. Arthur Tate Jr., Schulinspektor des Bezirks Nr. 3 in Tempe, Arizona, machte das Anhören von Obamas Rede zur Pflicht, und zwar gegen den Willen einzelner Eltern.»Ich habe alle Direktoren wissen lassen, dass Schüler und Lehrer sich die Rede des Präsidenten am Dienstag gemeinsam ansehen müssen«, sagte Tate.»Wenn es aufgrund fehlender Computer in Einzelfällen nicht möglich ist, die Webseite des Weißen Hauses aufzurufen, werden an den folgenden Tagen DVDs zur Verfügung gestellt. Da dies eine schulische Veranstaltung ist, sind Schüler auch gegen den Willen ihrer Eltern verpflichtet, sich die Rede des Präsidenten anzusehen.«

Die Tatsache, dass ein so umstrittener Präsident zu allen Schulkindern der Nation sprechen sollte, erregte erneut die Besorgnis jener, welche die amerikanischen Werte in Gefahr sahen. Viele hielten Obamas landesweit ausgestrahlte Rede und seinen Ruf nach erzwungenen sozialen Diensten für unheilvolle Anzeichen einer ideologischen Indoktrination der Jugend. Einige fühlten sich gar an die Hitlerjugend erinnert.

Im Zuge der wegen Obamas Rede entfachten Kontroversen flammte auch erneut die Kritik auf, die durch die beiden Lieder über den Präsidenten ausgelöst worden war, die man den Fünfjährigen der *B. Bernice Young School* beigebracht hatte. Als die Nachricht über diese Lieder an die Öffentlichkeit drang, übte das Erziehungsministerium von New Jersey vorsichtige Kritik. Dessen Sprecherin sagte:»Wir möchten, dass die Schüler während des Black History Month die Errungenschaften von Afroamerikanern würdigen können, ohne im Klassenzimmer mit einseitigen politischen Ansichten konfrontiert zu werden.«

Kontrolle der Regierung

Man kann den Armen nicht helfen, indem man die Reichen vernichtet. Man kann die Schwachen nicht stärken, indem man die Starken schwächt. Man kann keinen Wohlstand schaffen, indem man den Leuten vom Sparen abrät. Man verbessert die Stellung des Arbeiters nicht, indem man den Arbeitgeber entmachtet. Man kann die Brüderlichkeit unter den Menschen nicht fördern, indem man den Klassenhass anstachelt. Charakter und Mut entwickeln sich nicht dadurch, dass man den

Menschen die Initiative und Unabhängigkeit nimmt. Man kann Menschen nicht dauerhaft helfen, indem man ihnen abnimmt, was sie selbst tun könnten und sollten.

– Presbyterianerpfarrer WILLIAM J. H. BOETCKER
(oft irrtümlich Abraham Lincoln zugeschrieben)

Zu Beginn seiner Präsidentschaft verhedderte sich Barack Obama in einem Gewirr unrichtiger Darstellungen und zurückgenommener Versprechen. Insbesondere sein Versprechen, in der Politik einen »Wandel« herbeiführen zu wollen, klang hohl, und viele seiner ehemaligen Unterstützer fühlten sich betrogen.

Obama wurde bei einer Lüge nach der anderen ertappt, und er brach sein Wahlkampfversprechen, das amerikanische Raketenabwehrsystem aufzugeben. Ende des Jahres 2009 änderte er seine Meinung und war auf einmal für das System.

Wie bereits erwähnt enthüllt sich der anhaltende Einfluss der Globalisierer in einer Äußerung von Obamas Nationalem Sicherheitsberater General James L. Jones, der vor Teilnehmern der Münchner Sicherheitskonferenz sagte: »Als jetziger Nationaler Sicherheitsberater der Vereinigten Staaten erhalte ich meine täglichen Anweisungen von Dr. Kissinger, und zwar auf indirektem Weg über General Brent Scowcroft und Sandy Berger, der ebenfalls an dieser Konferenz teilnimmt. Das ist heute die Befehlskette im Nationalen Sicherheitsrat.« Kissinger gilt weithin als Architekt jener amerikanischen Außenpolitik, durch die ausländische Extremisten zu unversöhnlichen Feinden wurden.

Seltsamerweise wurde gerade Obama im Oktober 2009 der Friedensnobelpreis zuerkannt. Die Massenmedien, die in wirtschaftlich schlechten Zeiten nach guten Nachrichten dürsteten, schenkten der Ankündigung große Beachtung.

Indessen schrieb Nancy Gibb im Magazin *Time:* »Das Letzte, was Barack Obama in diesem Stadium seiner Präsidentschaft braucht, ist ein Preis für ein Versprechen. Wenn man mit der Realität konfrontiert wird, landet man ganz schnell auf dem Boden der Tatsachen.« Weil ein Jahr nach seiner Wahl keines von Obamas politischen Zielen umgesetzt worden war, kommentierte Gibbs: »Ein für Träume verliehener Preis kann die Illusion nähren, man hätte bereits Ziele erreicht.«

Gibbs verglich Obamas uneingelöste Versprechen mit den Errungenschaften von Greg Mortenson, einem anderen Nobelpreiskandidaten: Mortenson ist Sohn eines Missionars und ehemaliger Gebirgsbewohner aus Montana, der wegen seiner humanitären Arbeit nominiert wurde. Er errichtete 130 Mädchenschulen in muslimischen Ländern, die dem Schulbesuch von Mädchen ablehnend gegenüberstehen. »Manchmal kommen die Worte zuerst«, schrieb Gibbs. »Manchmal ist es aber besser, Taten für sich sprechen zu lassen.«

Über die Zuerkennung des Preises ärgerten sich insbesondere jene, die Obama während des Wahlkampfs als »Friedenskandidaten« gesehen hatten, während er im Amt die Militärausgaben für den Einsatz im Irak nur weiter erhöhte. Ende 2009 gab die Obama-Regierung bekannt, 30 000 zusätzliche Soldaten nach Afghanistan zu entsenden. Tatsächlich sind unter Obama die Militärausgaben stärker gestiegen als unter Bush, der fast aller Welt als »Falke« galt.

Obamas Abkehr von seinem Wahlkampfversprechen, das Raketenabwehrsystem aufzugeben, bedeutete, dass die Vereinigten Staaten weiter Atomraketen auf Moskau richten würden, von polnischen und ukrainischen Stützpunkten aus, vielleicht auch aus Georgien. Man sollte noch einmal darauf hinweisen, dass die Obama-Administration hinsichtlich des kontrovers diskutierten Raketensystems mehrfach verschiedene Standpunkte bezog. Im Wahlkampf betonte Obama seine Ablehnung eines Programms, das vielen nur als Fortsetzung des »Star-Wars«-Programms aus der Reagan-Ära erschien. Doch schon Anfang 2009 sagte Vizepräsident Joe Biden in Europa, die Vereinigten Staaten würden das Raketenprogramm weiterführen – nach Beratungen mit den NATO-Staaten werde man Russland versichern, das strategische Ziel der Raketen sei einzig der Iran. Russland sieht das Programm seit Langem als Bedrohung für seine Sicherheit. Später in jenem Jahr sollte für Außenministerin Clinton und Präsident Obama der Sinn des Raketensystems darin bestehen, den Iran zur Aufgabe seines Atomprogramms zu bewegen. Sie sagten, das Programm könne eingestellt werden, je nachdem, wie der Iran sich verhalte.

Doch im Herbst 2009 schien das Raketenabwehrsystem am Ende. Trotz Nachrichten über die Entdeckung von Atomwaffen im Iran gab das Weiße Haus am 17. September bekannt, man wolle das strategische Raketenabwehrsystem zugunsten kleinerer SM-3-Modelle aufgeben, die iranische Raketen abfangen könnten. Laut *New York Times* war diese Entscheidung »auf sicherheitspolitischem Gebiet eine der größten Kehrtwenden in Obamas junger Präsidentschaft«.

Diese Entscheidung verunsicherte die Osteuropäer und verärgerte die Konservativen, die Obama vorwarfen, vor den Einwänden der Russen eingeknickt zu sein.

Typischerweise versuchte Obama, beide Seiten zu beruhigen: »Präsident Bush hatte recht, als er sagte, Irans Raketenprogramm sei eine ernsthafte Bedrohung. Das neue System wird schneller funktionieren, auf bewährter Technik basieren und einen besseren Schutz gegen Raketenangriffe bieten als das Programm aus dem Jahr 2007.«

Der Wirbel um das Raketenabwehrsystem gewährt uns einen kleinen Einblick in die Machtkämpfe zwischen den Globalisierern, denen es um höhere Verteidigungsetats und somit um höhere Profite geht, und denjenigen, die versuchen, ihre sozialistische Eine-Welt-Agenda durch die Verschmelzung von Nationen durchzusetzen.

Der Einfluss des Council on Foreign Relations

Will man die Wahrheit über die Obama-Administration herausfinden, ist es ratsam, die Rhetorik zu ignorieren und sich mit den Personen und Gruppen zu befassen, die seine Mannschaft bilden oder sie beeinflussen. Viele glauben, dass Obamas Kabinettsmitglieder Verbindungen zu Geheimgesellschaften haben, welche die gegenwärtige Wirtschaftskrise künstlich herbeigeführt haben könnten.

Zu Obamas Leuten, die zugleich Mitglieder des *Council on Foreign Relations* sind, gehören: Verteidigungsminister Robert Gates, Heimatschutzministerin Janet Napolitano, Handelsminister Bill Richardson, UN-Botschafterin Susan Rice, der Nationale Sicherheitsberater General James l. Jones, Finanzminister Timothy Geithner, Wirtschaftsberater Paul Volcker und der Direktor des Nationalen Wirtschaftsrates, L. H. Summers.

Viele dieser Namen erscheinen auch auf der Mitgliederliste der *Trilateral Commission,* die 1973 von Zbigniew Brzezinski und David Rockefeller gegründet wurde. Alan Greenspan und Paul Volcker, beide später Chefs der *Federal Reserve,* waren ebenfalls Gründungsmitglieder. Brzezinski, ein ehemaliger Vorsitzender der *Trilateral Commission,* war während des Wahlkampfs im Jahr 2008 Obamas wichtigster außenpolitischer Berater, und es war allgemein bekannt, dass die Mitglieder der *Trilateral Commission* Obama als Präsident aufgebaut hatten. Die *Trilateral Commission* gilt allgemein als Ableger des *Council on Foreign Relation,* und sie wurde gegründet, um asiatische Länder einzuschließen.

Zur *Trilateral Commission* gehören aus Obamas Mannschaft: Timothy Geithner, Susan Rice, der Stellvertretende Nationale Sicherheitsberater Thomas Donilon, der Direktor der *National Intelligence,* Admiral Dennis C. Blair, Kurt M. Campbell, Staatssekretär im Außenministerium für Asien und den Pazifikraum, der Stellvertretende Außenminister James Steinberg sowie die speziellen Bevollmächtigten des Außenministeriums, Richard Haas, Dennis Ross und Richard Holbrooke.

»Laut der offiziellen Mitgliederliste der Trilateral Commission«, schrieben Mitarbeiter vom Project Censored, »sind nur 87 Mitglieder Amerikaner, die anderen 337 stammen aus den unterschiedlichsten Ländern. Schon zwei Wochen nach seiner Amtseinführung deckten Obamas Stellenbesetzungen mehr als zwölf Prozent der amerikanischen Mitglieder der Trilateral Commission ab.«

Patrick Wood, Autor einer vom Project Censored herausgegebenen Studie namens »Obama: Trilateral Commission Endgame«, schrieb: »Wenn man an die Zahl von Mitgliedern der Trilateral Commission in der Obama-Administration denkt, muss man sofort an das Phänomen ›unangemessener Einflussnahme‹ denken. Diese Leute kontrollieren in unserem Land die wichtigsten Bereiche: Finanzen und Wirtschaft, nationale Sicherheit, Außenpolitik. Der Interessenkonflikt ist unübersehbar. Während 75 Prozent der Mitglieder der Trilateral Commission keine Amerikaner sind, welchen Einfluss hat diese überwältigende Mehrheit dann auf die verbleibenden 25 Prozent? Ein Beispiel: Als Chrysler unter der Obama-Regierung Insolvenz anmelden musste, wurde schnell beschlossen, dass der italienische Automobilhersteller Fiat Chrysler übernehmen sollte. Der entscheidende Mann bei dem Deal, Finanzminister Timothy Geithner, ist Mitglied der Trilateral Commission. Ist es da wirklich noch überraschend, dass der Fiat-Boss Luca di Montezemolo ebenfalls Mitglied ist? Der Kongress hätte diesem Deal sofort Einhalt gebieten müssen.«

In seinem Buch *With No Apologies* hat der verstorbene Senator Barry Goldwater sein Misstrauen gegenüber dieser Organisation zum Ausdruck gebracht: »Meiner Meinung nach steht die Trilateral Commission für die geschickt koordinierte Bemühung, auf dem Gebiet der Politik, des Finanzwesens sowie des intellektuellen und religiösen Lebens die Kontrolle zu übernehmen und ihre Macht zu konsolidieren. All dies geschieht angeblich mit dem Ziel, eine Weltgemeinschaft zu schaffen, die produktiver ist und wo es zugleich friedlicher zugeht. Tatsächlich geht es der Trilateral Commission aber um die Etablierung einer globalen ökonomischen Macht, die den Regierungen der Nationalstaaten überlegen ist. Sie glauben, dass der von ihnen propagierte Materialismus bestehende Differenzen ausmerzen wird. Als Erbauer und Manager dieses Systems werden sie die Zukunft bestimmen.«

Die *Trilateral Commission* und andere global orientierte Organisationen zeigen sehr wenig Interesse an den Vereinigten Staaten als einer souveränen Nation. Ihre Strategien laufen den ureigensten Interessen der Vereinigten Staaten oft zuwider, und scheinen die Annahme zu bestätigen, dass es diesen Leuten um eine Weltregierung geht.

Eine gut bezahlte Truppe

Aber Präsident Obama hat nicht nur zum *Council on Foreign Relations* beste Beziehungen. Man warf ihm vor, er riskiere Interessenkonflikte, als er etwa mit Robert Wolf Golf spielte, dem Präsident der *UBS Investment Bank,* der auch Chairman und CEO der *UBS Group America* ist. Wolf zählte zu den frühen Unterstützern Obamas und brachte schon 2006 eine Viertelmillion Dollar für seinen Wahlkampf auf. Laut Sharona Coutts von ProPublica und Stephen Kohn vom *National Whistleblowers Center* waren zur Zeit der Golfpartie gerade drei Tage vergangen, seit sich die *UBS* mit der Steuerbehörde geeinigt hatte, die Namen von 4500 amerikanischen Kunden der *UBS* preiszugeben, die im Verdacht standen,

Milliarden auf Schweizer Konten zu horten. Dies geschah, um eine strafrechtliche Verfolgung zu verhindern. Die *UBS* hatte bereits zugegeben, Kunden bei der Steuerflucht unterstützt zu haben, und sich mit einer Geldstrafe von 780 Millionen Dollar einverstanden erklärt. Im Februar 2009 machte Obama Wolf zum Mitglied seines *Economy Recovery Advisory Board,* das Wege zur Überwindung der Wirtschaftskrise sucht.

Ironisch und tragisch zugleich erscheint die Tatsache, dass ausgerechnet jener Mann, der die zweifelhaften *UBS*-Praktiken publik gemacht hatte, zu einer Gefängnisstrafe von drei Jahren und vier Monaten verurteilt wurde. Bradley Birkenfeld, ein *UBS*-Banker, der mit den Schweizer Konten zu tun hatte, brachte die Nachforschungen ins Rollen. Durch seine Kooperation und Enthüllungen erhielten die Behörden Insiderinformationen über die Geschäftspraktiken der Bank. Dadurch vereinnahmten die Behörden 780 Milliarden an Geldstrafen, und zugleich gelang ihnen ein entscheidender Schlag gegen die Steuerflucht. Der Lohn für Birkenfelds Mühen war, dass Richter William Zloch aus Fort Lauderdale ihn zu einer höheren Gefängnisstrafe verurteilte, als die Anklage gefordert hatte.

Stephen Kohn wies darauf hin, die Regierungsbehörden hätten angekündigt, die 4500 Personen zu überprüfen, deren Namen die *UBS* preisgegeben habe. Tatsächlich hatte Birkenfeld aber 52 000 Kontonummern mitgeteilt. »Der ganze Fall ist irritierend«, sagte Cohn. »Wenn die Vereinigten Staaten gegen Steuerflucht, Geldwäsche und solche Praktiken von Schweizer Banken vorgehen wollen, warum buchten sie dann ihren Informanten für über drei Jahre ein? Der Milliardär, der sein Vorgesetzter war, erhielt eine Bewährungsstrafe. Wie wollen sie jemals wieder einen Banker dazu bringen, mit ihnen zu kooperieren?«

Doch es waren nicht nur Obamas Kumpels aus der Welt des Big Business, die den Zorn vieler Bürger erregten. Auch seine Frau Michelle geriet unter Beschuss, als Einzelheiten über den generös bezahlten Mitarbeiterstab der First Lady bekannt wurden.

»Nein, Michelle Obama wird in ihrer Funktion als First Lady nicht bezahlt, und sie nimmt keine offiziellen Pflichten wahr«, schrieb Dr. Paul L. Williams in der *Canada Free Press.* »Doch das hat sie nicht daran gehindert, eine bisher nie dagewesene Anzahl von Untergebenen einzustellen, die sich mitten in der großen Rezession um die kleinsten ihrer persönlichen Wünsche und Launen kümmern. Vielleicht sollte man sich daran erinnern, dass Mary Lincoln ins Gebet genommen wurde, weil sie während des Bürgerkriegs Porzellan fürs Weiße Haus gekauft hatte. Und Mamie Eisenhower musste ihre Privatsekretärin selbst bezahlen.«

Williams zitierte Mrs Obamas Äußerung vom Parteitag der Demokraten: »In meinem Leben habe ich auf meine bescheidene Weise versucht, diesem Land, das so viel für mich getan hat, etwas zurückzugeben. Ich habe meinen Job in einer großen Anwaltskanzlei aufgegeben, um eine Laufbahn im öffentlichen Dienst zu beginnen.« Das veranlasste Williams zu folgender Bemerkung: »Falls Sie einer von den Millionen von Armut bedrohten Amerikanern sind und nicht einmal über dem Existenzminimum liegen, wenn Sie bei Wal-Mart die Regale auffüllen oder bei McDonald's Cheeseburger servieren, haben Sie allen Grund, empört aufzuschreien. Und dann machen Sie sich klar, dass die Sozialleistungen dieser Diener der Mrs Obama identisch sind mit jenen von Ministern und dass das Einkommen dieser handverlesenen Lakaien vom Durchschnittsamerikaner bezahlt wird.«

Die im Internet veröffentlichte Liste der für die First Lady abgestellten Mitarbeiter des Weißen Hauses mitsamt ihrer Einkünfte machte Furore. Dort wurden aufgeführt:

- *Susan Cher (Chief of Staff) – 172 200 Dollar*
- *Jocelyn C. Frye (Deputy Assistant to the President and Director of Policy and Projects for the First Lady) – 140 000 Dollar*
- *Desiree G. Rogers (Special Assistant to the President and White House Social Secretary) – 113 000 Dollar*
- *Camille Y. Johnston (Special Assistant to the President and Director of Communications for the First Lady) – 102 000 Dollar*
- *Melissa E. Winter (Special Assistant to the President and Deputy Chief of Staff to the First Lady) – 100 000 Dollar*
- *David S. Medina (Deputy Chief of Staff to the First Lady) – 90 000 Dollar*
- *Catherine M. Lelyveld (Director and Press Secretary to the First Lady) – 84 000 Dollar*
- *Frances M. Starkey (Director of Scheduling and Advance for the First Lady) – 75 000 Dollar*
- *Trooper Sanders (Deputy Director of Policy and Projects for the First Lady) – 70 000 Dollar*
- *Erinn L. Burnough (Deputy Director and Deputy Social Secretary) – 65 000 Dollar*
- *Joseph B. Reinstein (Deputy Director and Deputy Social Secretary) – 64 000 Dollar*
- *Jennifer R. Goodman (Deputy Director of Scheduling and Event Coordinator for the First Lady) – 62 000 Dollar*
- *Alan O. Fitts (Deputy Director of Advance and Trip Director for the First Lady) – 60 000 Dollar*
- *Dana M. Lewis (Special Assistant and Personal Aide to the First Lady) – 57 500 Dollar*
- *Semonti M. Mustaphi (Associate Director and Deputy Press Secretary to the First Lady) – 52 000 Dollar*

- *Kristen E. Jarvis (Special Assistant for Scheduling and Traveling Aide to the First lady) – 50 000 Dollar*
- *Tyler A. Lechtenberg (Associate Director of Correspondence for the First Lady) – 45 000 Dollar*
- *Samantha Tubman (Deputy Associate Director, Social Office) – 43 000 Dollar*
- *Joseph J. Boswell (Executive Assistant to the Chief of Staff to the First Lady) – 40 000 Dollar*
- *Sally M. Armbruster (Staff Assistant to the Social Secretary) – 36 000 Dollar*
- *Natalie Bookey (Staff Assistant) – 35 000 Dollar*
- *Deilia A. Jackson (Deputy Associate Director of Correspondence for the First Lady) – 35 000 Dollar*

Williams wies darauf hin, dass auf dieser Liste zwei Personen fehlen, die 49-jährige Visagistin Ingrid Grimes-Miles und der 31-jährige Johnny Wright, seines Zeichens »First Hairstylist« der First Lady. Beide begleiteten die Obamas an Bord der Air Force One nach Europa.

Während vielen die Mannschaft Michelle Obamas außergewöhnlich groß vorkommt, schreibt die Internetseite *snopes.com:* »Michelle Obamas Team ist nicht übertrieben groß, sondern eher mit dem ihrer Vorgängerin vergleichbar.« Doch während Michelle Obama mehr als zwanzig Mitarbeiter hat, umfasste die Mitarbeiterliste des Weißen Hauses aus dem Jahr 2008 nur sechzehn Personen, die für die First Lady Laura Bush arbeiteten.

Hilfe für Hamas-Terroristen

Viele glauben, dass Obamas Politik der ungehinderten illegalen Einwanderung dazu führen wird, noch die letzten Reste nationalen Zusammenhalts zu zerstören. Solche Befürchtungen regten sich besonders, als der Präsidentenerlass 2009–2015 bekannt wurde, dessen Titel lautete: »Unerwartet dringliche Flüchtlings- und Einwanderungsfragen im Zusammenhang mit dem Gaza-Problem.« Anfang 2009 berichteten alternative Nachrichtenquellen, Obama begünstige die Einwanderung durch die Kooperation mit Organisationen, die früher eine Verbindung zu terroristischen Gruppen gehabt hätten, etwa der Palästinensischen Widerstandsbewegung Hamas.

In dem besagten Präsidentenerlass, der im Januar 2009 Außenministerin Hillary Clinton übermittelt wurde, beruft sich Obama auf den Migration and Refugee Assistance Act aus dem Jahr 1962, um bis zu 20,3 Millionen Dollar aus dem *United States Emergency Refugee and Migration Assistance Fund* zur Verfügung zu stellen.

Mit dem Geld sollte palästinensischen Flüchtlingen und Opfern des Gaza-Konflikts eine Umsiedlung in die Vereinigten Staaten ermöglicht werden. Dieser Schritt wurde von den Massenmedien kaum zur Kenntnis genommen, verärgerte aber zugleich Obama-Gegner und die Pro-Israel-Lobby. Solche Aktionen spielen denen in die Hände, die die Haltung des Präsidenten als pro-muslimisch diffamieren wollen. Sie erinnern sich an die Worte des libyschen Staatschefs Muammar al-Gaddafi, der 2008 sagte:»Im Augenblick finden in Amerika Wahlen statt. Wir sehen einen schwarzen amerikanischen Bürger kenianischer Herkunft, einen Muslim, der in einer islamischen Schule in Indonesien unterrichtet wurde. Sein Name ist Obama. Alle Menschen der arabischen und islamischen Welt haben ihm Beifall gespendet. Sie hießen ihn willkommen und beteten für ihn und dafür, dass er Erfolg haben möge, und vielleicht haben sie sogar für seinen Wahlkampf gespendet, damit er amerikanischer Präsident wird.«

Obamas zivile Armee

Jedes sozialistische Regime ist darauf angewiesen, seine Bürger zu indoktrinieren und vom Staat bezahlte Spitzel einzusetzen, um sie auszuspionieren. In Präsident Obamas Amerika ist das nicht anders. Der Präsident und sein Stabschef Rahm Emmanuel haben versucht, eine »zivile Armee« von sieben Millionen Menschen zu schaffen, die nur Obama verpflichtet sind. Der sagte im Juli 2008:»Wir können uns nicht weiter nur auf das Militär verlassen, um die Ziele bezüglich der nationalen Sicherheit zu erreichen, die wir uns gesetzt haben. Wir benötigen eine zivile Truppe im Dienst der nationalen Sicherheit, die genauso schlagkräftig, stark und ebenso gut finanziert ist.«

Im Jahr 2008 hieß es auf Obamas offizieller Wahlkampfwebseite *Change.gov,* der designierte Präsident wolle nationale Programme wie *AmeriCorps* und *Peace Corps* ausweiten und ein neues *Classroom Corps* schaffen, um Lehrern an Problemschulen zu helfen. Außerdem plane Obama die Gründung eines neuen *Health Corps,* eines *Clean Energy Corps* und eines *Veteran Corps* für seine zivile Armee.

Im Wortlaut hieß es auf *Change.gov:* »Obama wird Bürger jeden Alters dazu aufrufen, Amerika zu dienen. Er entwickelt einen Plan, nach dem fünfzig Stunden Dienst an der Gemeinschaft pro Jahr auf der Middle- und Highschool *verpflichtend sind,* auf dem College hundert Stunden.«

Als sich ein Sturm der Kritik erhob, weil Obama Kinder einziehen wolle für seine neue »Truppe im Dienst der nationalen Sicherheit«, wurde der Text auf der Webseite entschärft:»Obama wird Bürger jeden Alters dazu aufrufen, Amerika zu dienen. Sein Ziel ist es, dass alle Schüler von Middle- und Highschools pro Jahr fünfzig Stunden Dienst an der Gemeinschaft leisten sollen. Außerdem sieht sein Plan vor, dass alle Studierenden an Colleges, die pro Jahr hundert Stunden Dienst an der Gemeinschaft leisten, einen beträchtlichen Zuschuss zu ihren Studiengebühren erhalten.«

Einige Kritiker – etwa von *WorldNetDaily.com* oder vom *Modern Conservative* – erinnerte Obamas »Truppe im Dienst der nationalen Sicherheit« an Hitlers Braunhemden, die Hitlerjugend und an Jugendbrigaden in der Sowjetunion und anderen kommunistischen Ländern.

Beängstigendere Worte fand Rahm Emmanuel, Obamas Stabschef, in seinem 2006 erschienen Buch *The Plan: Big Ideas for America:* »Die Zeit ist reif für einen wirklichen Patriot Act, der den Patrioten in jedem von uns hervorbringt. Wir schlagen vor, dass jeder junge Amerikaner als Zivilist Dienst leisten soll. Alle Amerikaner zwischen 18 und 25 Jahren sollen nach diesem Plan ihrem Land dienen, indem sie sich einer dreimonatigen Grundausbildung unterziehen, wo sie für den Verteidigungsfall und den Dienst an der Gemeinschaft vorbereitet werden.«

ACORN und SEIU

Zombies rotten sich gern unter Führung eines Meisters in Rudeln oder großen Menschenmengen zusammen. In Horrorfilmen sieht man nur selten einen Zombie, der allein herumstreift. Auch die heutigen amerikanischen Zombies folgen der Tendenz zur Gruppenbildung, und auch sie neigen dazu, sich einem Gebiet unterzuordnen, sei es der Boss einer Gang, ein Guru oder ein politischer Häuptling.

Aber politische Führer arbeiten nicht allein. Sie sind umgeben von ihrem Stab, Mentoren, Beratern und anderen Drahtziehern, und sie haben Günstlinge, die in Non-Profit-Organisationen für sie arbeiten. Während des Präsidentschaftswahlkampfs des Jahres 2000 bezichtigten Liberale Bushs republikanische Anhänger einer an Nazis erinnernden Sturmtruppentaktik, als diese im Palm Beach County in Florida ein Gebäude umstellten und besetzten, wo Wahlstimmen nachgezählt wurden.

Ein anderes Beispiel der Sturmtruppentaktik kann man in dem Angriff sehen, den ein Mitglied der *Service Employees International Union* (SEIU) auf Kenneth Gladney verübte, einen jungen Schwarzen, der bei einer »Tea Party« in St. Louis Fähnchen mit einem Spruch aus dem Unabhängigkeitskrieg verteilen wollte. Gladneys Anwalt David B. Brown gab zu Protokoll: »Kenneth wurde von einem Mann von der SEIU angesprochen, als er Fähnchen mit dem Spruch ›Don't Tread on me‹ an andere Konservative verteilte [...]. Der Typ von der SEIU wollte wissen, warum ein Schwarzer diese Fahnen verteile. Dann machte er eine rassistische Bemerkung und schlug Kenneth ins Gesicht. Kenneth ging zu Boden. Ein anderer Mann von der SEIU fiel lautstark ein in die rassistischen Beleidigungen und trat Kenneth gegen den Kopf und in den Rücken. An dem Angriff nahmen dann noch ein weiterer Mann und eine nicht identifizierte Frau teil.«

Doch diejenigen, die Probleme machen, stehen politisch nicht immer rechts. Man denke an die jüngsten Aktivitäten von ACORN *(Association of Community Organisation for Reform Now)*, der SEIU *(Service Employees International Union)* oder der politischen Aktionsgruppe *MoveOn*. 2009 versicherte sich das Statistische Bundesamt der Dienste der ACORN, die für die Volkszählung im Jahr 2010 werben sollte. Diese wurde bereits kritisiert, weil Häuser mittels GPS-Koordinaten erfasst wurden. Robert Groves, der Direktor des Statistischen Bundesamts, schrieb in einem Brief an die ACORN-Chefin Maude Hurd, ihre Organisation sei zu einer Belastung geworden. Brian Kettenring, der Stellvertretende Direktor von ACORN, sagte dazu: »Wir werden weiterhin das tun, was wir zugesagt haben. Wir wollen die Leute motivieren, an der Volkszählung teilzunehmen.« Am 11. September 2009 kündigte das Statistische Bundesamt die Zusammenarbeit mit ACORN auf, nachdem auf einem mit versteckter Kamera aufgenommenen Video vier Mitarbeiter von ACORN zu sehen gewesen waren, die Steuertipps für die Führung eines Bordells gegeben hatten.

Ein Sturm der Entrüstung brach los, nachdem ein junger Aktivist namens James O'Keefe als ehrgeiziger Politiker posiert und ACORN-Mitarbeitern gesagt hatte, er habe vor, das Geld, das seine Freundin durch Prostitution verdiene, zur Finanzierung zukünftiger politischer Kampagnen zu verwenden. Er behauptete, Rat zu brauchen, wie er einen Kredit für ein Haus bekommen könnte, in dem seine Freundin ihrer Profession nachgehen könne. In dem Video empfahlen die ACORN-Mitarbeiter, eine Firma zu gründen, um ein ausreichend hohes Einkommen nachweisen zu können für ein Haus, das als Bordell und Wohnstätte für minderjährige Prostituierte dienen könne.

Nachdem sie heimlich in den ACORN-Büros in Baltimore und später in Washington gefilmt hatten, veröffentlichten die Aktivisten die Videos auf *YouTube*. ACORN-Offizielle sagten, die vier betreffenden Männer seien gefeuert worden. Doch trotz der Kündigungen und Versicherungen seitens der ACORN-Spitze, Mitarbeiter von ACORN-Housing seien zu ethischem und gesetzmäßigem Handeln verpflichtet, verlangte eine wachsende Zahl republikanischer Politiker eine Anhörung vor dem Kongress und eine Überprüfung von ACORN durch die Steuerbehörde.

Nach der Veröffentlichung der Videos auf *YouTube* stimmte der Senat mit großer Mehrheit dafür, es dem Wohnungsbauministerium zu untersagen, weiter Gelder an ACORN zu vergeben, wodurch ein Tätigkeitsbereich der Organisation eingestellt werden musste. ACORN bekam beispielsweise kein Geld mehr für die Beratung von Menschen mit niedrigem Einkommen, die einen Baukredit oder günstigen Wohnraum benötigten.

Nur drei Tage nach dem Senat folgte der Kongress dessen Entscheidung, ebenfalls mit großer Mehrheit, wobei die Nein-Stimmen sämtlich von demokratischer Seite kamen. Damit wurden ACORN alle stattlichen Zuschüsse gestrichen. »ACORN hat sich ernsthafter Gesetzesverletzungen schuldig gemacht, und heute hat der Kongress entschieden, dass der Steuerzahler diese korrupte Organisation nicht mehr finanzieren wird«, sagte der republikanische Abgeordnete Eric Cantor aus Virginia.

Wenngleich die meisten Amerikaner es richtig finden, den ärmeren Mitgliedern unserer Gesellschaft zu helfen, ist es kontraproduktiv, ja sogar empörend, mit dem Geld der Steuerzahler korrupte Gruppen zu finanzieren, die gegen Gesetze verstoßen und den Hass auf die Vereinigten Staaten predigen, was zu einer weiteren Spaltung unseres Landes führt. Diese Spaltung kommt jenen Faschisten mit globaler Agenda zugute, die durch ihre Kontrolle über die Massenmedien und die Parteipolitik Obama ins Amt gebracht und seine Anhänger ausgenutzt haben, um ihre sozialistischen Ziele umzusetzen.

TIPS und andere Schnüffeleien

Obamas Konzept einer zivilen Armee ist nur der jüngste Versuch, Amerikaner zu rekrutieren, damit sie andere Amerikaner ausspionieren. Im Sommer 2002 startete Präsident Bush ein Programm namens TIPS (Terrorism Information and Prevention System). Es war Teil eines größeren Programms namens »Citizen Corps«, das von Bush ursprünglich geschaffen worden war, um die Bevölkerung gegen Bedrohungen der nationalen Sicherheit zu mobilisieren. Auf seiner Webseite charakterisiert sich das TIPS-Programm »als nationale Plattform für Arbeiter, die verdächtige Aktivitäten melden wollen«. In schriftlich veröffentlichten Unterlagen heißt es, für die Verwaltung, Koordinierung und praktische Umsetzung des Programms seien das Justizministerium, die FEMA und das Heimatschutzministerium zuständig. Einschließen solle es »Millionen amerikanischer Arbeiter, die während der Erfüllung ihrer täglichen Pflichten besser als jeder andere die Möglichkeit haben, an öffentlichen Orten ungewöhnliche oder verdächtige Aktivitäten wahrzunehmen.« Gemeint waren damit Briefträger, Zählerableser, Servicepersonal oder jeder, der eine Rechnung mit seinem Nachbarn zu begleichen hatte. Nach einem öffentlichen Aufschrei der Empörung und einer Mitteilung des U. S. *Postal Service,* er werde sich an so etwas nicht beteiligen, wurde das Programm schnell fallengelassen.

Ein Sprecher des *Postal Service* sagte: »Wir wurden wegen der Operation TIPS vom Heimatschutzministerium kontaktiert, haben aber entschieden, dass der Postal Service und seine Briefträger zum gegenwärtigen Zeitpunkt nicht an dem Programm teilnehmen werden.« Nicht erwähnt wurde, ob einzelne Briefträger aus Eigeninitiative trotzdem mitmachen könnten oder ob das »zum gegenwärtigen Zeitpunkt« die Möglichkeit offenließ, sich in der Zukunft doch noch für die Teilnahme an TIPS zu entscheiden. Trotz der öffentlichen Zurückhaltung des *Postal Service* glauben einige Fachleute, dass dessen Angestellte dennoch verdächtige Vorfälle melden. Es passiert nur einfach nicht offiziell.

Andere Kritiker veranlasste der TIPS-Plan sofort zu Vergleichen mit der Gestapo, der Stasi und Fidel Castros Komitee zur Verteidigung der Revolution, das am 28. September 1960 gegründet wurde. Kubaner werden ermutigt, ihre Nachbarn auszuspionieren und »konterrevolutionäres« Verhalten zu melden. Geschätzte acht Millionen Kubaner gehören dieser Organisation an.

Die *American Civil Liberties Union* und andere Bürgerrechtler reagierten ablehnend auf TIPS, weil dadurch ein Klima geschaffen werde, in dem Amerikaner ihre eigenen Landsleute ausspionierten. »Offenbar soll ein Programm umgesetzt werden, durch das Handwerker und Techniker in Spitzel verwandelt werden, deren Verhalten von oben sanktioniert wird«, erklärte Rachel King, eine Rechtsberaterin der ACLU. John Whitehead, Direktor des *Rutherford Institute,* sagte zu TIPS: »Das ist George Orwells *1984.* Es ist eine absolut entsetzliche und gefährliche Idee. Dadurch werden Amerikaner zu Schnüfflern der Regierung gemacht. Präsident Bush will, dass der Durchschnittsamerikaner die Arbeit des FBI macht. Letztlich wird aber nichts Terroristen davon abhalten, Flugzeuge in Gebäude zu steuern.«

Selbst Tom Ridge, ehemals Chef des Heimatschutzministeriums, musste in Sachen TIPS zurückrudern: »Amerikaner, die Amerikaner ausspionieren – das ist das Letzte, was wir wollen.«

Obwohl Ridge weiterhin für das TIPS-Programm votierte, wurde verbal und inhaltlich abgerüstet, nachdem die Pläne landesweit Kritik ausgelöst hatten.

Im Juli 2002 hieß es auf der TIPS-Webseite: »Dieses landesweite Programm wird Millionen amerikanischer Lastwagenfahrer, Briefträger, Zugführer, Schiffskapitäne, Handwerker und anderen die Möglichkeit bieten, verdächtige terroristische Aktivitäten zu melden. Die Operation TIPS, organisiert vom Verteidigungsministerium, wird zunächst als Pilotprojekt in zehn Städten starten […]. In diesem Stadium werden eine Million Arbeiter beteiligt sein. TIPS wird ein nationales Berichterstattungssystem sein, das Arbeitern, deren Alltag sie dafür prädestiniert, ungewöhnliche Vorfälle zu bemerken, eine Plattform bietet, ihre Beobachtungen weiterzuleiten. Jeder besorgte Arbeiter kann landesweit eine gebührenfreie Nummer wählen, die ihn direkt mit einer Hotline verbindet, die seinen Anruf an die entsprechende Strafverfolgungsbehörde oder einen anderen Ansprechpartner durchstellt.«

Dann, Anfang August 2002, wurden Formulierungen abgeändert auf eine Weise, die an Orwell erinnerte. Die Liste der Professionen der anvisierten TIPS-Teilnehmer wurde gestrichen, und aus den »verdächtigen terroristischen Aktivitäten« und »ungewöhnlichen Vorfällen« wurden »möglicherweise terrorismusverdächtige Aktivitäten« und »potenziell ungewöhnliche oder verdächtige Aktivitäten an öffentlichen Orten«.

Das TIPS-Programm war eine offizielle Legitimation für alle Amerikaner, sich gegenseitig auszuspionieren, und das zu fördern, was der Autor Jim Redden als die »Spitzelkultur« der modernen Gesellschaft bezeichnete. Durch verschiedenste Stellen werden immer mehr Amerikaner ermutigt, sich gegenseitig anzuschwärzen. Es ist eine Sache, in der Nachbarschaft lebende Ausländer im Auge zu behalten, eine andere dagegen, seine Nachbarn permanent auszuspionieren.

Viele Menschen glaubten, nach dem Ende der Bush-Ära werde es mit der Angstmacherei und Nachbarschaftsschnüffelei ein Ende haben. Diese Leute sollten allerdings wissen, dass auf einer Tagung der *Major Cities Chiefs Association* in Denver, an der am 3. Oktober dreiundsechzig Polizeichefs aus den USA und Kanada teilnahmen, ein Programm namens iWATCH gebilligt wurde. William Bratton, der Polizeichef von Los Angeles, dessen Leute das Programm entwickelt hatten, nannte iWATCH »die Weiterentwicklung der Neighborhood Watch für das 21. Jahrhundert«. Das Motto des Programms lautet: »If you see something, say something.«

Mike German, ein politischer Berater der ACLU und ehemaliger FBI-Beamter mit Erfahrung in der Terrorismusbekämpfung, war nicht gerade begeistert von iWATCH. Daran änderten auch die Versicherungen nichts, das Programm werde die individuellen Freiheiten nicht verletzen. Gegenüber *Associated Press* sagte German, wenn jemand die Polizei benachrichtige, diktierten ihm wahrscheinlich Stereotype und persönliche Vorurteile, wie ein Terrorist auszusehen habe. »Das verstärkt nur die negativen Tendenzen in unserer Gesellschaft und ist in der Sache nicht wirklich hilfreich.«

Es hat viele Fälle gegeben, wo das Leben unschuldiger Menschen durch ungeheuerliche Schnüffeleien aus den Fugen geraten ist oder ruiniert wurde, und einige hat es sogar das Leben gekostet. Wenngleich es in den Massenmedien gewöhnlich eher verschwiegen wird, muss darauf hingewiesen werden, dass der Kauf von Spitzelinformationen bei den Strafverfolgungsbehörden tägliche Routine ist. Im Jahr 1994 haben die *Drugs Enforcement Agency* 31,7 Millionen Dollar und der Zoll 16,5 Millionen ausgegeben, um Tausende von Informanten zu bezahlen.

Obwohl es schwer ist, an genaue Zahlen heranzukommen, schreibt Dennis G. Fitzgerald, ehemals bei der Polizeiaufsicht von Miami und als Spezialagent der

DEA tätig, in seinem Buch *Informants and Undercover Investigations,* ein interner Bericht aus dem Jahr 2005 habe enthüllt, die DEA verfüge über ungefähr 4000 »vertrauliche Quellen«, die jederzeit angezapft werden könnten. Obwohl ihr Lohn im DEA-Hauptquartier genehmigt werden muss, erhalten diese Informanten bis zu 100 000 Dollar pro Jahr.

Das FBI kann für Informationen über schwerwiegende Verbrechen bis zu 25 000 Dollar an seine Spitzel zahlen. Ein Programm namens »Belohnungen für Gerechtigkeit« erlaubt es dem Außen- und Finanzministerium, Informanten Geld anzubieten für Hinweise, die zur Verhaftung und Verurteilung von Terroristen jeglicher Couleur führen. Bis September 2005 wurden aus diesem Fonds über fünfzig Millionen Dollar ausgezahlt. Man kann sich gut vorstellen, wie ein finanzieller Köder von 100 000 bis zu einer Million Dollar einen Durchschnittsmenschen dazu verführen kann, hinsichtlich vermeintlicher Terrorverdächtiger falsche Behauptungen zu erheben.

Konfiszierung von Eigentum

Ein Großteil des an Informanten gezahlten Geldes stammt aus dem Asset Forfeiture Fund (AFF), einem kontrovers diskutierten Programm, das die Konfiszierung von Grundstücken, Eigenheimen, Autos, Flugzeugen, Booten, Schmuck, Wertpapieren oder sogar ganzen Firmen ermöglicht. Betroffen sind Eigentümer, die wegen einer Straftat verurteilt wurden. Allein im Jahr 2005 flossen Vermögenswerte von 614,5 Millionen Dollar in den Asset Forfeiture Fund.

Es gibt zwei Arten von Konfiszierung – straf- und zivilrechtlich. Im ersten Fall gilt der Angeklagte als unschuldig, bis seine Schuld bewiesen ist, und es ist Sache der Anklage, zu beweisen, warum das Vermögen des Angeklagten beschlagnahmt werden soll. Im zweiten Fall setzt das Gericht die Schuld des Angeklagten voraus, und die Beweislast liegt beim Beschuldigten. Er muss beweisen, dass sein Eigentum nichts mit irgendwelchen Straftaten zu tun hatte. Kritiker haben bemängelt, dass der AFF das Eigentum Unschuldiger selbst dann beschlagnahmen kann, wenn es ein anderer im Zusammenhang mit einer Straftat benutzt, ohne dass der Eigentümer es erlaubt oder davon weiß. Die Gesetze über die Beschlagnahmung von Eigentum werden jetzt auf lokaler Ebene von Strafverfolgungsbehörden angewendet, und zwar im Zusammenhang mit lokalen Themen – einsturzgefährdete Häuser, Prostitution, selbst Fahren unter Alkoholeinfluss.

Die Konfiszierung von Eigentum durch den AFF veranlasste Henry Hyde, den Vorsitzenden des Kongressausschusses für Rechtsfragen, zu folgender Äußerung: »Sie müssen dich nicht verurteilen. Sie müssen dich nicht mal wegen eines

Verbrechens anklagen. Aber sie haben dein Eigentum.« Die Praxis der Beschlagnahmung von Eigentum hat viele Bürgerrechtler und Juristen zu Kritik veranlasst, doch in der heutigen, durch Angst geprägten Gesellschaft blieben die
Proteste folgenlos.

Chemtrails

Im April 2009 gab Präsident Obamas Wissenschaftsberater John P. Holdren
bekannt, die Regierung werde sich verstärkt auf dem Gebiet des Bioengineering
engagieren und möglicherweise umweltschädliche Substanzen in die obere Atmosphäre sprühen, um das Fortschreiten der Erderwärmung zu verlangsamen. Einige
misstrauische Forscher sahen das als die erste öffentliche Ankündigung eines
umstrittenen Projekts namens Chemtrails. Holdren führte nicht weiter aus, was
für umweltschädliche Substanzen er meinte, und er erklärte auch nicht weiter, wie
sie in den Himmel gestreut werden sollten. Einige Wissenschaftler, darunter der
verstorbene Dr. Edward Teller, »Vater der Wasserstoffbombe«, Begründer des
Raketenabwehrsystems »Star Wars« und Vorbild für die Figur des Dr. Strangelove
in Stanley Kubricks gleichnamigem Film aus dem Jahr 1964, haben den Einsatz
von Ballons oder Militärflugzeugen vorgeschlagen, um durch das Versprühen von
Millionen von Tonnen an Schwefel und Schwermetallen künstliche Wolken zu
schaffen, die als Schutzschild Sonnenstrahlen reflektieren und so die weitere Erderwärmung verhindern soll. Einige Wissenschaftler warnten, dadurch würde sich
ein blauer Himmel milchweiß verfärben. Möglicherweise könne ein solches Vorgehen auch Dürren auslösen und den Abbau der Ozonschicht vorantreiben.

Holdren räumte die Möglichkeit »schwerwiegender Nebenwirkungen« ein,
sagte aber: »Irgendwann sind wir in einer so verzweifelten Lage, dass wir es tun.«

Viele Forscher und Blogger glauben, das von Holdren angekündigte Programm
werde insgeheim schon etwa seit 1997 verfolgt. »Berichte über Chemtrails, aus
Flugzeugen emittierte Wolken, die stundenlang in der Luft hängen, ohne sich wie
Kondensstreifen aufzulösen, sehen wir häufig am Himmel, in der Form eines
Netzes sich kreuzender Linien. Während der letzten zehn Jahre hat das Auftreten
dieses Phänomens sprunghaft zugenommen. Viele spekulieren darüber, dass es
mit einem Programm der Regierung zu tun hat, das das Klima ändern, Menschen
gegen bestimmte Krankheitserreger schützen oder sie sogar vergiften soll, um die
Bevölkerung zu verkleinern«, hieß es in einem Artikel namens »Weather Wars
and Chemtrails«. »Das Projekt steht in enger Verbindung zu einer Idee des
Nobelpreisträgers Paul Crutzen, der den Vorschlag machte, aus Flugzeugen große
Mengen von Schwefelpartikeln im weit entfernten Teil der Stratosphäre abzula-

den, um die Erdatmosphäre abkühlen zu lassen. Solche Programme sind wahrscheinlich nur ein winziger Teil eines gigantischen, schwarz finanzierten Geoengineering-Projekts. Dabei kümmert man sich wenig oder gar nicht darum, welche Folgen so etwas für die Umwelt haben könnte.«

Obama vergrößerte diese potenzielle Gefahr für die Öffentlichkeit, indem er Leute ins Landwirtschaftsministerium berief, die sich bestens mit genetischem Engineering, der Verwendung von Fluorid und der Bestrahlung von Nahrungsmitteln auskannten. Wie üblich geschah all dies im Namen der öffentlichen Gesundheit.

Erderwärmung

Die Kontroversen um das Klima werden noch gefördert durch die Tatsache, dass die Wissenschaftler sich nicht einmal einig sind, ob das Phänomen der Erderwärmung überhaupt existiert. Wie es aussieht, kann die Debatte noch ewig weitergehen. Dazu tragen sich ständig widersprechende Analysen bei. Im Frühjahr 2009 verkündeten die Schlagzeilen: »Das Eis in der Antarktis schmilzt schneller als erwartet.« Nur eine Woche später hieß es: »Das Eis in der Antarktis dehnt sich aus.« Für beides wurde eine Zunahme von von Menschen verursachten Gasen verantwortlich gemacht. Ganz offensichtlich ist irgendetwas im Gange, denn die Daten deuten weiter darauf hin, dass die arktischen Regionen sich schnell verändern. Jüngste Satellitenaufnahmen der Arktis zeigen, dass die Eisdecke über dem Meer zu schrumpfen scheint und dass das Eis der Polkappen dünner wird und schmilzt. Das Eis ist während der Sommer stärker zurückgegangen, hat aber während der Winter nicht wieder seine frühere Ausdehnung und Stärke erreicht.

Doch was ist, wenn hinter der endlosen Debatte um die globale Erwärmung nicht seriöse Wissenschaft steht, sondern die Politik? Die Diskussion wurde heftiger, als 2006 *Eine unbequeme Wahrheit* in die Kinos kam, ein Dokumentarfilm des ehemaligen Vizepräsidenten Al Gore. Seitdem hat Gore die Welt bereist und behauptet, die Kohlendioxidemissionen von Autos, Flugzeugen und Fabriken seien der Grund für die globale Erwärmung.

Aber Gores Kritiker haben darauf hingewiesen, dass man Riesensummen einstreichen kann, wenn man als Panikmacher durch die Welt zieht, und dass er Chef einer Firma ist, die von Gores Ökokonservativismus finanziell profitiert. Laut Berichten, die im Internet verbreitet wurden, ist Gore Mitbegründer der Firma *Generation Investment Management,* die in Solar- und Windenergie sowie in andere Projekte investiert, durch die der Energieverbrauch weltweit vermindert werden soll. Kritiker behaupten, dass Gore als Chef der Firma die üppigen Früchte seines weltweiten Umweltkreuzzugs einstreicht.

Das *Tennessee Center for Policy Research* kritisierte Gore, indem es ironisch darauf hinwies, in seinem Haus in Tennessee werde »zwanzigmal so viel Energie verbraucht wie im amerikanischen Durchschnittshaushalt«. Gores Anhänger konterten, in dem Haus mit zwanzig Zimmern seien spezielle Sicherheitsmaßnahmen erforderlich, und die Familie Gore setze ganz auf erneuerbare Energien und beziehe nur Strom, der durch Windräder oder Solarzellen generiert werde. Dennoch berichtete das TCPR, nach seinen Berechnungen verbrauchten die Gores trotzdem jährlich zehn Prozent mehr Energie als zu der Zeit, als ihr Haus noch nicht mit umweltfreundlichen Energiespargeräten ausgestattet war. Obwohl das Haus in den Medien, etwa bei *Fox News* oder in *Business Week* als »Energiefresser« bezeichnet wurde, verteidigte Gores Sprecherin seinen Lebensstil mit dem Hinweis, seine Investitionen in erneuerbare Energien kompensierten seinen Stromverbrauch.

Als der republikanische texanische Abgeordnete Joe Barton Gore vor dem Energieausschuss des Kongresses nach Statistiken zum Ausstoß von Kohlendioxid fragte, verglich der ehemalige Vizepräsident jene Wissenschaftler, welche die globale Erwärmung bezweifeln, mit dem angeklagten Aktienschwindler Bernie Madoff.

»Es ist wichtig, sich die wissenschaftlichen Quellen anzusehen, auf die man sich stützt«, erwiderte Gore auf Bartons Frage. »Bei allem Respekt, ich befürchte, Sie haben sich auf Leute verlassen, denen Sie vertrauen, die Ihnen aber schlechte Informationen geliefert haben. Ich verurteile nicht die Anleger, die Bernie Madoff vertraut haben, aber er hat ihnen schlechte Informationen gegeben.«

Die Verwirrung hinsichtlich des Themas globale Erwärmung nahm zu, als im August 2009 die an der *University of East Anglia* angesiedelte *Climate Research Unit* zugab, aufgrund eines angeblichen Mangels an Speicherplatz die Rohdaten ihrer Untersuchungen zum globalen Temperaturanstieg verloren zu haben. CRU-Daten waren das Fundament mehrerer großer internationaler Studien, in denen behauptet wurde, die globale Erwärmung sei ein reales Problem. Diese Studien wurden benutzt, um Unterstützung für den American Clean Air and Security Act zu gewinnen, ein Gesetz, das Mitte 2009 vom Kongress verabschiedet wurde. »Der Datenverlust der CRU unterminiert ernsthaft die Verlässlichkeit dieser Studien«, hieß es in einer Veröffentlichung des *Washingtoner Competitive Enterprise Institute* (CEI), das sich der Propagierung des freien Unternehmertums verschrieben hat und dafür kämpft, den Einfluss der Regierung zu begrenzen.

Im Oktober 2009 forderte das CEI die staatliche Umweltbehörde *Environmental Protection Agency* (EPA) auf, ihre auf den Resultaten der CRU beruhenden Entscheidungen zu überprüfen. Sam Kazman vom CEI sagte: »Die EPA verlässt sich auf internationale Studien, die auf Daten der CRU basieren. Doch deren verdächtiger Datenverlust, der erst jetzt bekannt wurde, macht diese Informationen völlig unzuverlässig. Wenn die EPA daraus keine Schlussfolgerungen zieht, stolpert sie bei diesem wichtigen Thema blind in die Zukunft.«

Einige Kritiker behaupten, auch Gore arbeite mit unzuverlässigen Informationen. Sie weisen darauf hin, der gegenwärtige Erwärmungstrend könne das gesamte Sonnensystem umfassen – die Polkappen des Mars schrumpfen, auf den Jupitermonden schmilzt das Eis, und die äußeren Planeten scheinen heller zu werden, was darauf hinweist, dass sie sich ebenfalls erwärmen. Spekulationen über die Ursachen, warum sich das ganze Sonnensystem erwärmt, reichen von der These über mangelnde Sonnenfleckeaktivität bis zu der über die Annäherung eines Objekts außerhalb des Planetensystems.

Wenn es aber stimmt, dass sich das gesamte Sonnensystem erwärmt, zieht das die These in Zweifel, die globale Erderwärmung sei nur durch menschliches Handeln ausgelöst worden. Am 19. Mai 2009 wurden in 28 Bundesstaaten so niedrige Temperaturen gemessen wie nie zuvor im Frühling. »Wären in 28 Staaten nie dagewesene Höchsttemperaturen gemessen worden, hätten die Schlagzeilen fast jeder Zeitung im Land verkündet, dass wir für die globale Erwärmung verantwortlich sind, und die Fernsehmoderatoren hätten sich ihnen fröhlich angeschlossen [...]. Aber hat von den extrem niedrigen Temperaturen überhaupt jemand etwas mitbekommen?«, fragte Alfred Lambremont, ein Autor und Jurist, der gemeinsam mit Dr. Carol Rosin, ehemals Managerin bei *Fairchild Industries,* das *Institute for Cooperation in Space* gründete.

Bei Themen wie dem der globalen Erwärmung bezichtigen sich die Verfechter unterschiedlicher Meinungen gegenseitig, Strategien der Panikmache einzusetzen, um der Bevölkerung einen Polizeistaat aufzuzwingen.

Die staatliche EPA hält die Verbrennung fossiler Energieträger in Autos, Gas- und Kohlekraftwerken und der Industrie für den größten Verursacher der Kohlendioxid-(CO_2) oder Treibhausgasemissionen. Diese Annahme bleibt umstritten. Im Dezember 2009 ging die EPA so weit, Kohlendioxid, ein ganz normales Produkt der menschlichen Atmung (wir alle atmen CO_2 aus), zu einer Gefahr für die Gesundheit zu erklären, wodurch der Boden für weitere Emissionsvorschriften bereitet wurde. Zusätzlich zu dem Argument, die Regierung setze auf Angstmacherei, um die Kontrolle über eine in Dummheit gehaltene Bevölkerung zu behalten, wies Richard S. Lindzen, Professor für Klimaforschung am MIT, darauf hin, CO_2 sei keine von Menschen geschaffene umweltschädliche Substanz im eigentlichen Sinn: »CO_2 ist ein Produkt der Atmung jedes menschlichen Geschöpfs, es ist grundlegend für das Leben von Pflanzen und die Photosynthese, es ist ein Produkt der Verbrennung fossiler Energieträger in der Industrie und Fahrzeugen [...]. Ich meine, wenn man je auf ein Argument scharf war, um alles zu kontrollieren, von der Atmung bis zum Autofahren, dann ist dies ein Traumargument. Es ist unwiderstehlich für Bürokraten, die alles durch Vorschriften regeln wollen.«

Die Angst vor der globalen Erwärmung führte 2009 zur Verabschiedung des umstrittenen American Clean Energy and Security Act, der ein Limit dafür vorsieht, wie viel CO_2 ein Unternehmen emittieren darf. Wird der Ausstoß von CO_2 schneller reduziert als bei anderen, kann das Unternehmen am Emissionshandel teilnehmen und seine Emissionsrechte an andere Firmen verkaufen, die zu viel CO_2 ausstoßen. Gegner der Deckelung und des Emissionshandels befürchteten den Verlust von Arbeitsplätzen und eine verstärkte staatliche Kontrolle nicht nur über Unternehmen, sondern auch über Privathaushalte. Obwohl das Gesetz im Kongress nur mit einer knappen Mehrheit verabschiedet wurde (219 zu 212 Stimmen), sagte Nancy Pelosi, die Präsidentin des Kongresses: »Wir haben ein Gesetz verabschiedet, das uns den Weg in die Zukunft weist.« Barack Obama, Al Gore und Harry Read, Fraktionsführer der Mehrheitspartei im Senat, riefen Pelosi an, um ihr zu gratulieren.

Im April 2007 stimmte Obama in das Lied von der globalen Erwärmung ein und schlug einen Plan für umweltfreundliche Treibstoffe vor. Vor Studenten der *University of New Hampshire* verkündete er: »Jetzt ist für unsere Generation der Augenblick gekommen, wo wir künftige Generationen vor einer globalen Katastrophe bewahren müssen, indem wir einen Markt für umweltfreundliche Treibstoffe schaffen und so die gefährliche Klimaänderung stoppen. Bundesstaaten wie New Hampshire und Kalifornien sind Vorreiter bei der Produktion solcher Treibstoffe. Es ist an der Zeit, dass wir es als nationale Aufgabe sehen, unsere Abhängigkeit von ausländischem Öl zu verringern und die Schadstoffbelastung der Atmosphäre um einen Wert zu reduzieren, der dem Kohlendioxidausstoß von 32 Millionen Autos entspricht.«

Seine leidenschaftliche Unterstützung für die Reduktion der Schadstoffemissionen von Autos deutete darauf hin, dass Obama entweder nicht richtig verstanden hat, was die Erwärmung des gesamten Solarsystems verursacht, oder dass er sich auf die Seite jener Globalisierer geschlagen hat, die die Angst vor der globalen Erwärmung ausnutzen, um das Leben freier Individuen zu kontrollieren.

Ein Polizeistaat

Ein Kriegszustand dient nur als Vorwand für Tyrannei im Innern.

– ALEKSANDR SOLSCHENIZYN
  Nobelpreisträger für Literatur und Überlebender des kommunistischen Gulags

Schon immer haben sich Despoten und Tyrannen bevorzugt der Angstmacherei bedient, um die Freiheit der Öffentlichkeit einzuschränken. Nur benommene

Zombies nehmen eine stärker werdende gesellschaftliche Kontrolle hin, die durch drohende Terrorakte legitimiert werden soll.

Ein Gesetz für den Ausnahmezustand

Stellen Sie sich vor, vor Ihrer Tür steht ein pickeliger Achtzehnjähriger im Tarnanzug und mit einem geladenen M-16, der Sie darüber informiert, dass Sie Ihr Haus verlassen müssen, weil die Behörden eine Pandemie in der Stadt befürchten. Falls Sie sich weigern und sagen, Sie würden lieber zu Hause bleiben und das Risiko auf sich nehmen, verstoßen Sie gegen das Gesetz und können festgenommen, zu einer Geldstrafe verurteilt und ins Gefängnis gesteckt werden. Doch als Sie die bewaffneten Kumpane des pickeligen Achtzehnjährigen sehen, beschließen Sie, sich zu Ihren Nachbarn in ein Militärfahrzeug zu setzen, dessen Ziel ein »Umsiedlungslager« ist, das etliche Kilometer von ihrem Haus entfernt liegt. Dort befiehlt man Ihnen, sich anzustellen, um sich gegen Grippe, Pocken, Anthrax oder die gerade aktuelle Bedrohung impfen zu lassen. Sie erinnern sich, wie häufig sich in der Vergangenheit Impfstoffe als schädlich erwiesen haben. Aber wenn Sie die Impfung verweigern, müssen Sie erneut mit einer Geldstrafe und Gefängnis rechnen.

Falls Ihnen das wie eine albtraumhafte Vision vorkommt, die der Fantasie eines George Orwell entsprungen sein könnte, sollte man darauf hinweisen, dass seit 2002 in 38 Bundesstaaten und in der Hauptstadt Washington ein Gesetz verabschiedet wurde, das solche Aktionen rechtfertigen würde. Dieses Gesetz trägt den Namen Model State Emergency Health Powers Act und erlaubt es, das gesamte medizinische Personal – Ärzte und Pflegekräfte – den Behörden zu unterstellen und eine Zwangsquarantäne zu verhängen. Staatliche Stellen hätten das Recht, alle Bürger impfen zu lassen, mit oder ohne Zustimmung, und sie könnten Privateigentum beschlagnahmen und zerstören, ohne dass der Betroffene entschädigt würde. Sollte der Ausnahmezustand erklärt werden, könnten Medikamente, Nahrungsmittel, Wasser und Benzin rationiert werden.

Dieses Gesetz wurde ausgearbeitet mit Blick auf die staatlichen *Centers for Disease Control and Prevention,* und zwar nach den Anthrax-Attacken, die den Ereignissen vom 11. September folgten. Von diesen Anschlägen hat man in den letzten Jahren nicht mehr viel gehört. Viele wissen nicht, dass Untersuchungen ergeben haben, dass die Anthrax-Krankheitserreger aus amerikanischen Militärbeständen stammten und sonst nirgends zu beschaffen waren. Ein Tatverdächtiger wurde nach mehreren Jahren freigesprochen, der andere starb in einem Staatsgefängnis.

Nach der Verabschiedung des Model State Emergency Health Powers Act wurde das Gesetz mit einem Zusatzvermerk an die Justizministerien der Bundesstaaten weitergeleitet. In Washington hieß es, das Gesetz sei notwendig, damit lokale Behörden juristisch abgesichert seien und das Recht hätten, im Falle eines aufgrund ansteckender oder tödlicher Krankheitserreger verhängten Ausnahmezustands schnelle Entscheidungen zu treffen.

Obwohl viele Bundesstaaten dieses Gesetz modifiziert oder sogar gänzlich abgelehnt haben, ist es zu früh, um sich beruhigt zurückzulehnen.

Internierungslager

Dass in Krisenzeiten Internierungs- und Umsiedlungslager eingerichtet werden, ist nichts Neues.

Während des amerikanischen Bürgerkriegs setzte Präsident Abraham Lincoln die gerichtliche Anordnung eines Haftprüfungstermins außer Kraft. Dieses unter dem Namen Habeas corpus bekannte Recht ist ein Grundpfeiler des amerikanischen Rechts und garantiert dem Angeklagten, einem Haftrichter vorgeführt zu werden. Lincolns Entscheidung wurde später vom *U. S. Supreme Court* wieder aufgehoben, weil der Präsident zuvor keine Zustimmung des Kongresses eingeholt hatte.

Doch dann, während des Ersten Weltkriegs, bestätigte der *Supreme Court* das Recht des Präsidenten, ohne Kongressanhörung das Eigentum feindlicher Ausländer beschlagnahmen zu lassen:»Wahrscheinlich können wir uns im Sinne der nationalen Sicherheit den Luxus nicht mehr leisten, ein rechtmäßiges Verfahren durchzuführen, zumal in der Vergangenheit die vorhergehenden Anhörungen für lange Verzögerungen gesorgt haben.« Diese Worte führten zu einer Entscheidung des *Supreme Court,* die es nach dem Angriff auf Pearl Harbor ermöglichte, Amerikaner japanischer Abstammung festzunehmen, einzusperren und ihr Eigentum zu konfiszieren.

Selbst die ehemalige Justizministerin Janet Reno, die das Amt während der Tragödien von Ruby Ridge und Waco innehatte, zeigte sich im Fall des »Krieges gegen den Terror« besorgt angesichts der Verkündung einer Art Kriegszustand: »Ich habe Probleme mit einem Krieg, bei dem kein Ende abzusehen ist und der so viel Besorgnis hinsichtlich unserer individuellen Freiheiten erregt«, sagte sie 2002 in einer Rede, die sie an der *Old Dominion University* hielt.

Reno forderte die Amerikaner auf, sich an die Lektion zu erinnern, die aus der ungerechten Internierung von Amerikanern japanischer Abstammung während des Zweiten Weltkriegs zu lernen sei. Dann fügte sie hinzu, dass es der Regierung schwerfallen würde, eine tragfähige rechtliche Basis für die Anklage vieler der in Guantanamo inhaftierten Mitglieder der Taliban und von al-Qaida zu finden.

Anfangs dachten die meisten Amerikaner nicht groß darüber nach, wenn Terrorverdächtige in Guantanamo auf Kuba inhaftiert wurden. Erst als nach den entsetzlichen Vorfällen im irakischen Gefängnis Abu Ghraib Anklagen erhoben wurden, begann der Durchschnittsbürger die Methoden des amerikanischen Militärs in Zweifel zu ziehen.

Der demokratische Senator Richard J. Durbin, Mitglied des Rechtsausschusses des Senats, versuchte über zwei Jahre lang, Anhörungen wegen der Behandlung der Guantanamo-Häftlinge durchzusetzen. Durbin war sechseinhalb Jahre lang Kriegsgefangener in Nordvietnam gewesen. »Dies ist kein neues Problem«, ließ er andere Kongressabgeordnete im Jahr 2005 wissen. »Aber wir haben hier nicht völlig freie Hand. Im Laufe der Jahre haben wir Abkommen unterzeichnet, in denen wir zusagen, wie wir Kriegsgefangene behandeln. Die Vereinigten Staaten haben diese Abkommen ratifiziert. Sie sind ebenso Gesetze dieses Landes wie jene, die wir selbst verabschiedet haben. In vergangenen Kriegen haben wir gute Erfahrungen damit gemacht. Wir haben uns immer als ein zivilisiertes Land gesehen, das sich an die Regeln hält, selbst in Kriegszeiten. Unglücklicherweise hat die Bush-Regierung, ohne auch nur den Kongress zu Rate zu ziehen, einseitig beschlossen, diese Abkommen zu ignorieren und sich hinsichtlich der Behandlung von Gefangenen ihre eigenen Regeln zu schaffen.«

Durbin wies darauf hin, Bush und seine Leute hätten auf eigene Faust eine neue Inhaftierungspolitik geschaffen, die auf dem Glaubenssatz beruhe, dass Gefangene, die im Krieg gegen den Terror gemacht worden seien, keinerlei Rechte hätten – kein Recht auf einen Anwalt, kein Recht auf Kenntnis der erhobenen Vorwürfe, kein Recht, die Entscheidung der Inhaftierung juristisch anzufechten. Tatsächlich hat die amerikanische Regierung gesagt, Gefangene hätten selbst dann kein Recht, ihre Inhaftierung juristisch anzufechten, wenn sie behaupteten, gefoltert worden zu sein.

»So hat die Bush-Regierung beispielsweise argumentiert«, erklärte er, »eine alte Dame aus der Schweiz unbegrenzt inhaftieren zu können, die glaubt, an eine wohltätige Organisation zu spenden, die Waisenkindern hilft. Tatsächlich handelt es sich dabei um eine Tarnorganisation, die den Terrorismus finanziert.«

Senator Durbin schockierte seine Kollegen und verärgerte Bush-Anhänger, als er einen FBI-Bericht zitierte, in dem geschildert wurde, wie Guantanamo-Häftlinge bei extremen Temperaturen in ihren Zellen festgekettet blieben und wie man ihnen Nahrung und Wasser verweigerte. Wörtlich sagte Durbin: »Wenn ich Ihnen das vorlese und Ihnen nicht gesagt hätte, dass hier ein FBI-Beamter beschreibt, was Amerikaner ihren Häftlingen angetan haben, würden sie wahrscheinlich glauben, dass von den Nazis, sowjetischen Gulags oder einem verrückten Diktator wie

Pol Pot die Rede ist. Leider ist das nicht so. Hier geht es darum, wie Amerikaner ihre Gefangenen behandeln.«

Verstörend ist, dass Durbin einige Tage später gezwungen war, sich für seine Äußerungen zu entschuldigen. »Einige mögen glauben, dass ich mit meinen Bemerkungen eine Grenze überschritten habe«, sagte ein zerknirschter Durbin zu seinen Kollegen. »Bei ihnen möchte ich mich aufrichtig entschuldigen.« So etwas widerfährt also jemandem, der in einer Atmosphäre der Angstmacherei für Vernunft und Mitgefühl plädiert.

Manche Leute glauben, die Existenz von Internierungslagern wie jenem in Guantanamo sei eine Erfindung, die jeglicher Grundlage entbehre. Sie sollten genauer hinsehen.

Eine der Visionen des ehemaligen Justizministers John Ashcroft bestand darin, den amerikanischen Bürgern ihre verfassungsmäßig garantierten Rechte zu nehmen, darunter jenes, vor Gericht gehen zu können. Ashcroft wollte jene Bürger unbegrenzt in Internierungslager sperren können, die er als »feindliche Kämpfer« sah.

»Der Plan mit den Internierungslagern sollte zu sofortigen Anhörungen im Kongress führen und uns noch einmal darüber nachdenken lassen, ob Ashcroft der richtige Mann für diesen wichtigen Job ist«, erklärte Jonathan Turley, Professor für Verfassungsrecht an der juristischen Fakultät der *George Washington University*. Turley, der Ashcroft nach dessen Nominierung bei der von Meinungsverschiedenheiten geprägten Anhörung im Kongress noch aktiv unterstützt hatte, meinte jetzt: »Wenn al-Qaida eine Gefahr für das Leben unserer Bürger ist, dann ist Ashcroft eine eindeutige Gefahr für unsere Freiheit.«

Ashcrofts Pläne zum Bau von Lagern waren keineswegs ad acta gelegt, als er im Februar 2005 sein Amt als Justizminister aufgab. Im Januar 2006 gab das Bauunternehmen *KBR* – eine Tochterfirma von *Halliburton Co.* – bekannt, es habe einen Vertrag mit dem Heimatschutzministerium abgeschlossen, für dessen Immigration and Customs Unit es »Einrichtungen für den Notfall« bauen solle. Der Vertrag beläuft sich auf eine Maximalsumme von 385 Millionen Dollar. Er gilt für mindestens ein Jahr und kann viermal um ein weiteres Jahr verlängert werden. *KBR* arbeitet schon seit 2002 mit ähnlichen Bedingungen.

Die Suche nach Firmen, die Lager bauen sollten, erregte die Besorgnis von Verschwörungstheoretikern. Solche Einrichtungen existieren in den Vereinigten Staaten, entweder in Form von aufgegebenen, aber weiter instand gehaltenen Militärstützpunkten oder als Neubauten. Sie warten nur noch auf Insassen.

Camp FEMA

Die dem Heimatschutzministerium unterstellte *Federal Emergency Management Agency* (FEMA) ist die oberste Behörde, die sich mit dem Thema Internierungslager befasst. Sie hat auch Pläne in der Schublade, Städte zu evakuieren und die Menschen in riesigen Übergangslagern unterzubringen.

Unter dem Vorwand, für den Krieg gegen den Terrorismus vorzusorgen, hat die FEMA alte Notfallpläne abgestaubt und neue ausgebrütet, um den Auswirkungen atomarer, biologischer und chemischer Attacken begegnen zu können. Mitte 2002 fragte die FEMA ihre Berater und mit ihr zusammenarbeitende Bauunternehmen, was zu tun sei, wenn Millionen vom Amerikanern im Fall von Angriffen auf Städte kurzfristig anderweitig untergebracht werden müssten. Die Firmen sollten bis Januar 2003 in der Lage sein, Lager für evakuierte Amerikaner zu bauen. Die FEMA ließ durchblicken, sie habe bereits massenweise Zelte und Trailer geordert, in denen die Menschen wohnen könnten.

Im Internet besteht kein Mangel an Webseiten, auf denen über eine Reihe von über das Land verstreuten Konzentrationslagern berichtet wird, doch das beruht oft auf unglaubwürdigen Gerüchten und reiner Spekulation. Aber einige solcher Lager gibt es wirklich, und sie warten nur darauf, dass Häftlinge oder Dissidenten in ihnen interniert werden. Einige werden das als Paranoia abtun, doch diese Lager existieren. Meistens sind sie auf ehemaligen Militärstützpunkten untergebracht, die angeblich geschlossen worden sind oder nur noch von kleinen Belegschaften instand gehalten werden. Andere werden von der FEMA genutzt. Einige dieser Einrichtungen gibt es seit dem Zweiten Weltkrieg, als dort Soldaten der feindlichen Achsenmächte interniert waren.

Während der Clinton-Jahre gab es ein Programm namens Base Re-Alignment and Closing (BRAC). Etliche Militärstützpunkte wurden geschlossen, aber weiter instand gehalten, um »im Falle eines künftigen nationalen Notstands« – sei es aufgrund einer Pandemie, gesellschaftlicher Unruhen oder einer Naturkatastrophe – weiter genutzt werden zu können. Auf all diesen Stützpunkten gibt es Unterkünfte mit Kantinen, Toiletten und Duschräumen, und man ist darauf vorbereitet, innerhalb kürzester Zeit Tausende von Menschen aufzunehmen.

Zu den ehemaligen militärischen Einrichtungen, die nun für solche Lager vorgesehen sind, gehört Fort Chaffee, ein Ausbildungsstützpunkt der Nationalgarde mit Kasernen, Lagerhäusern, Kantinen, riesigen Garagen, Werkstätten und einem Eisenbahnanschluss. Schon früher wurde diese Einrichtung innerhalb von 72 Stunden in ein Auffanglager umgewandelt, wo nach dem Fall von Saigon vietnamesische Flüchtlinge und 1980 Bootsflüchtlinge aus Kuba aufgenommen wurden. In den Lagerhäusern von Fort Chaffee werden gegenwärtig riesige Mengen an Stacheldraht, Zaunpfosten, Matratzen und Decken gebunkert. Auch auf der Eglin Air

Force Base in Florida wurden in der Vergangenheit schon Flüchtlinge verschiedener Nationalitäten untergebracht, meistens Kubaner. Und es gibt noch andere ehemalige Militärstützpunkte, die als potenzielle Internierungslager ausgewählt worden sind: das McAlester-Munitionsdepot und Fort Still in Oklahoma, Fort Drum in New York, Fort Irwing und die Twentynine Palms Base der Marines in Kalifornien, das Fort Lewis in Washington, Fort Bliss in Texas, Fort McCoy in Wisconsin, das Camp Grayling in Michigan, Fort Riley in Kansas und die Minor Air Force Base in North Dakota.

Craig Roberts, Autor und ehemals Lieutenant Colonel der *U. S. Army,* hat sich mit Gerüchten und Informationen aus dritter Hand über amerikanische Internierungslager befasst und kam zu dem Ergebnis, dass vieles davon unrichtig oder überholt war. Aber er stieß auch auf einige Einrichtungen, die sofort als Internierungslager genutzt werden könnten.

»Man muss hier zwei Arten von Lager unterscheiden«, sagte Roberts. »Zunächst sind da die Einrichtungen des Militärs, das praktisch jeden Stützpunkt nutzen kann, um Menschen unterzubringen […]. Fort Chaffee beispielsweise wurde schon zweimal für diesen Zweck genutzt, zuerst für die vietnamesischen Flüchtlinge, dann für die Kubaner. Dort gibt es weiter Lagerhäuser voller Matratzen, Feldbetten, Stacheldrahtrollen, Zaunpfosten und so weiter. Das ganze Material braucht man, um ein Gelände mit leeren Kasernen notfalls in ein Internierungslager umwandeln zu können. Einige dieser ›geschlossenen‹ Militärstützpunkte sind jetzt sogenannte ›Notstandsauffanglager‹, in denen alles vorbereitet ist. Im Notfall muss nur noch für Wach-, Verwaltungs- und Logistikpersonal gesorgt werden, dann kann's losgehen. All das kann in 72 Stunden umgesetzt werden […]. Es gibt bereits Pläne, wie man mit ›männlichen und weiblichen zivilen Häftlingen in einer militärischen Einrichtung umgeht‹. Die zweite Kategorie sind die Lager der FEMA. Es ist bekannt, dass sie für den Fall koordinierter terroristischer Angriffe auf Großstädte mit biologischen oder chemischen Waffen tausend ›Umsiedlungslager‹ baut. Auch hier kann alles sehr schnell gehen. Der Präsident kann den nationalen Notstand ausrufen, sich auf Durchführungsverordnung 11490 berufen und die Kontrolle über das Land übernehmen, ohne sich weiter um den Kongress oder die Verfassung scheren zu müssen. Bingo! In ein paar Tagen haben wir die Neue Weltordnung.«

Roberts sagte, das schlimmste dieser Lager liege in Alaska. »Es gibt eine riesige ›Einrichtung‹ in der Nähe der Air Force Base Elmendorf in Alaska, die ›Alaska Mental Health Facility‹. Mitte der Neunzigerjahre testete die Airforce bei einer dreitägigen, vierundzwanzig Stunden am Tag dauernden Übung, wie viele Frachtmaschinen aus allen Landesteilen in Elmendorf landen und wieder starten könnten. Für mich gibt es nur eine ›Fracht‹, die sie aus dem ganzen Land nach Alaska bringen würden, direkt in die Nähe der psychiatrischen Einrichtung, nämlich Menschen. Sie können es selbst nachlesen, ich denke, die Einrichtung geht auf den Alaska Mental Health Act von 1955 oder 1956 zurück. Sie existiert immer noch und untersteht jetzt dem Staat. Das ist unsere Variante von Sibirien und des Gulags.« Am 22. Januar 2009 unternahm der demokratische Kongressabgeordnete Alcee Hastings den Versuch, Umsiedlungslager offiziell zu legalisieren, indem er den National Emergency Centers Establishment Act einbrachte. Das Ziel dieser Gesetzesvorlage war es, den Heimatschutzminister anzuweisen, auf Militärgrundstücken nationale Notfallzentren einzurichten. Die Vorlage ging dann an den Kongressausschuss für Transport und Infrastruktur, außerdem an den Streitkräfteausschuss und später an den Unterausschuss für Terrorismus und andere ungewöhnliche Gefahren, bei dem sie Anfang 2010 immer noch lag.

Angesichts der Tatsache, dass heute schon Teile des Militärs für die Bekämpfung des Terrorismus und des Drogenhandels zuständig sind, befürchten viele, dass eine drohende militärische Kontrolle über die Zivilbevölkerung selbst in Zeiten eines »nationalen Notstands« zu drakonischen Maßnahmen führen würde, etwa zur Einrichtung großer Konzentrationslager.

Der ursprüngliche Bau und die Instandhaltung solcher Lager sind undurchsichtig und kaum mehr nachvollziehbar. Es gibt ein verwirrendes Labyrinth von Durchführungsverordnungen, die bis zum Zweiten Weltkrieg zurückreichen, in die Kennedy-Ära, die Epoche des Zweiten Weltkriegs und die Zeit der Kubakrise.

Schon ein paar Blicke auf die Webseite der FEMA zeigen, dass die Regierung auch heute viele Pläne in der Schublade hat, große Städte zu evakuieren – der Grund dafür könnten Tornados, Hurrikans oder Überschwemmungen sein, aber auch ein Angriff mit atomaren oder biologischen Waffen. Wohin wird man diese Menschen bringen? Wie sie ernähren? Wie werden sie leben? Diese Fragen lassen sich nicht beantworten. Aber Dutzende von ehemaligen militärischen Einrichtungen warten auf künftige Insassen.

Neben den vielen ehemaligen Militärstützpunkten, die offiziell geschlossen sind, aber weiter instand gehalten werden, werden noch an einer wachsenden Zahl anderer Orte Einrichtungen für den »Notstand« vorbereitet. Ein solcher Ort ist das neue Gelände der Landwirtschaftsmesse von Virginia im Caroline County, das im Fall einer notwendigen Massenevakuierung als Notunterkunft dienen soll. Das riesige Messegelände mit den vielen Gebäuden wurde im September 2009 eröffnet. Ein 2007 geschlossenes, zwanzig Jahre lang gültiges Abkommen zwischen den Messeveranstaltern und dem *Virginia Department of Emergency Management* sieht vor, dass der Bundesstaat ungefähr 2,4 Millionen Dollar zum Bau der großen Ausstellungshalle beisteuert, in der im Falle eines Notstands 1500 Menschen untergebracht werden könnten.

Der Vertrag sieht eine Garantie vor, dass täglich bis zu 6500 Mahlzeiten ausgegeben werden können, dass es Ruheräume für 2200 Menschen gibt, Generatoren für eventuelle Stromausfälle, zehn Morgen große Parkplätze, auf denen auch Rettungshubschrauber landen können und riesige Flächen für Trailer, Zelte oder andere behelfsmäßige Unterkünfte – auch für Haustiere.

Falls noch jemand Zweifel daran haben sollte, dass die Regierung Internierungslager baut und instand hält, sollte man darauf hinweisen, dass die *U. S. Army* Stellenanzeigen für »Internierungs- und Umsiedlungsspezialisten« veröffentlicht hat.

Die Aufgabe dieser »Spezialisten« ist laut Army so zu definieren: »Sie sind in erster Linie verantwortlich für die Gewährleistung des ordnungsgemäßen täglichen Betriebs in einem Militär- bzw. Jugendgefängnis oder in einem Gefangenen-/Internierungslager. Unsere Spezialisten sind für die Resozialisierung, die Gesundheit, das Wohlergehen und die Sicherheit von Gefangenen in einem Militärgefängnis oder einem militärischen Jugendgefängnis zuständig; darüber hinaus müssen Sie Aufsicht führen, schriftliche Berichte abfassen und die Aktivitäten der Insassen und des Personals koordinieren.«

Wofür werden all diese Spezialisten gebraucht? Mit Sicherheit besteht kein zwingender Bedarf an zusätzlichem Personal, um die paar bis heute festgenommenen al-Qaida-Terroristen umzusiedeln und anderswo einzusperren. Die amerikanischen Bürger sollten sich fragen, für wen diese Internierungslager gedacht sind und was für ein Umsiedlungsprogramm diese Spezialisten überwachen sollen.

Die »American Police Force«

Zu der Sorge um die Errichtung eines Polizeistaats unter Federführung der FEMA oder des Militärs kam noch die Nachricht von der wachsenden Bedeutung privater Sicherheitsdienste in der Art von *Blackwater* (jetzt in *Xe Services LLC* umbenannt) oder *DynCorps*.

Im September 2009 hielten Vertreter der *American Police Force* (APF) eine Pressekonferenz ab, bei der sie Pläne für die Errichtung eines siebenundzwanzig Millionen Dollar teuren Hochsicherheitsgefängnisses und einer Polizeischule in Hardin, Montana, bekanntgaben. Ein Sprecher lehnte es ab, die Muttergesellschaft der APF zu nennen. »Während der letzten Wochen hat die Verwirrung wegen der Heimlichtuerei der American Police Force zugenommen«, resümierten die Reporter Nick Lough und Katie Ussin von KURL8 TV News. »Zwar verriet die APF Einzelheiten über das Baugrundstück, doch andere Fragen blieben unbeantwortet. Wo werden die Insassen des Gefängnisses herkommen? Welche Erfahrung hat die APF mit der Führung eines Gefängnisses und der Ausbildung von Polizisten?«

APF-Sprecherin Becky Shay bestritt jede Heimlichtuerei. »Die APF ist seit zehn Monaten hier, hat aber nie etwas verborgen«, sagte Shay, die den Job als Sprecherin der APF erst Tage zuvor angenommen hatte. Davor hatte sie noch für die *Billings Gazette* über das geplante Gefängnis berichtet. Shay versicherte der Presse, die private Polizeitruppe werde keine Terrorverdächtigen aus Guantanamo Bay beaufsichtigen. Dieses Gerücht hatte in der Gegend die Runde gemacht, nachdem der Stadtrat von Hardin dem Plan zugestimmt hatte.

Matthew Brown von *Associated Press* schrieb: »Als das Two Rivers Detention Center vor zwei Jahren gebaut wurde, galt es in der Kleinstadt Hardin als das wichtigste Projekt zur wirtschaftlichen Entwicklung seit zehn Jahren. Aber seitdem steht das Gefängnis leer.« Brown bemerkte, bei der Finanzierung des Gefängnisses sei etwas schiefgelaufen, und es würden zunehmend Fragen gestellt, wer die APF überhaupt sei.

»In den Datenbanken von Regierungsbehörden taucht der Name nicht auf«, schrieb Brown. »Vertreter der Sicherheitsbranche und Regierungsbeamte sagten, sie hätten nie etwas von der APF gehört. Auf seiner Webseite gibt das Unternehmen als Stammsitz ein in der Nähe des Weißen Hauses stehendes Haus in Washington an. Eine Sprecherin der Gebäudeverwaltung sagte, ein Mietvertrag mit der American Police Force sei nie zustande gekommen, die Firma dürfe die Adresse eigentlich nicht benutzen.«

Auf ihrer Webseite behauptet die APF, Schnellfeuergewehre, andere Waffen und militärische Ausrüstungsgegenstände zu verkaufen. Zugleich werden als Dienstleistungen die üblichen Leistungen der Sicherheitsbranche sowie Nachforschungen angeboten – »in allen fünfzig amerikanischen Bundesstaaten und im Ausland«. In einer Broschüre prahlte die APF: »Schnelle Eingreiftruppen erwarten unsere Befehle in aller Welt.« Man sei innerhalb von 72 Stunden in der Lage, ein Bataillon von Elitesoldaten an den Einsatzort zu bringen.

Maziar Mafi, ein auf Personenschäden und medizinische Kunstfehler spezialisierter Anwalt, der von der APF engagiert worden war, sagte, die APF sei aus einer großen Sicherheitsfirma hervorgegangen, die es bereits seit 1984 gebe. Auch er lehnte es ab, den Namen der Muttergesellschaft zu nennen.

Merkwürdigerweise zeigt das Logo der APF einen doppelköpfigen Adler mit einer Lilie, wie die Flagge der Republik Serbien. Serbien ist heute Mitglied der Vereinten Nationen, der Organisation für Sicherheit und Zusammenarbeit in Europa und des Europarats. Außerdem ist das Land Beitrittskandidat für die Europäische Union. Könnte es eine Verbindung zwischen der APF und den Globalisierern geben?

Ein Einwohner von Hardin, der lieber anonym bleiben wollte, schrieb im Internet: »Wir haben herausgefunden, dass unsere kleine Stadt Hardin jetzt eine ›Teststadt‹ ist für Präsident Obamas neues Gesetz, nach dem auf lokaler Ebene die

Polizeiarbeit privatisiert werden soll. Gestern Abend, am 4. September 2009, hat unser Stadtrat durch Abstimmung beschlossen, die Dienststelle des Sheriffs aufzulösen und die Polizeiarbeit in unserer Stadt einer privaten Sicherheitsfirma zu übertragen. Interessanterweise hatte unser Bürgermeister früher am selben Tag einem Journalisten gegenüber gesagt, er wisse absolut nichts von einer Privatisierung der Polizei, und eine Entscheidung sei unmöglich ohne eine vorherige Sitzung des Stadtrats. Diese fand am folgenden Abend statt, um genau diese Entscheidung herbeizuführen. Zu Beginn des Monats unterschrieb der Direktor unseres örtlichen Gefängnisses ein Abkommen mit der American Police Force, die eine Tochterfirma eines größeren privaten Sicherheitsdiensts ist, den die amerikanische Regierung während des Irakkriegs und des Hurrikans Katrina in Anspruch genommen hat. Gestern rollte ein Konvoi von zwölf Mercedes-Benz-Geländewagen mit dunkel getönten Scheiben durch unsere Stadt. Sie waren bereits in den Stadtfarben von Hardin lackiert, und auf den Türen stand ›Hardin Police Force‹! Ende Oktober wird das Büro des Sheriffs geschlossen. Während dieses letzten Monats sollen die Leute von der Dienststelle des Sheriffs die neue Polizeitruppe mit den Gegebenheiten in Hardin vertraut machen. Wenn Sie die Webseite der APF besuchen, wird Ihnen vielleicht auffallen, dass ihr Logo an die russische [serbische] Flagge erinnert. Mir wurde erzählt, der Mann, der als Captain der neuen Polizeitruppe hier auftauchte, habe einen starken russischen Akzent.«

Die Story von Hardin und der APF schaffte es bis in die Massenmedien und veranlasste Steve Bullock, den Justizminister von Montana, zu einer Überprüfung der Vorgänge. Zuvor war bekannt geworden, Michael Hilton, der »Captain« der APF, sei ein serbischer Einwanderer mit einer langen Liste von Pseudonymen. Augenscheinlich hatte Hilton wegen Betrugs in amerikanischen Gefängnissen gesessen und war gerichtlich zu einer Geldstrafe von einer Million Dollar verurteilt worden.

Während die Massenmedien nur über die Jobs berichteten, die in Hardin entstehen würden, und Spekulationen darüber anstellten, der Captain der APF sei möglicherweise ein ehemaliger Sträfling, berichteten alternative Medien, die APF behaupte, sie betreibe das *U. S. Training Center* in Moyock in North Carolina, jenes Ausbildungszentrum, von dem aus sich eine Verbindung zu *Xe/Blackwater* ergibt, dem umstrittenen privaten Sicherheitsdienst, der mit der amerikanischen Regierung lukrative Verträge für Einsätze im Irak und in Afghanistan abgeschlossen hatte.

Bei *Xe/Blackwater* versuchte man sich von der APF zu distanzieren. Es hieß, die Verwendung des Namens durch die private Polizeitruppe sei illegal. *Xe*-Sprecherin Stacy DeLuke sagte: »Es ist bizarr. Sie haben nichts mit uns zu tun. Wir haben nichts mit ihnen zu tun.« Trotzdem ist die Kontaktadresse des *U. S. Training Center* (das ehemalige *Blackwater Training Center*) mit jener der *American Police Force* identisch.

Paul Joseph Watson, Kolumnist auf *PrisonPlanet.com,* der Webseite des Talk-showmoderators Alex Jones, schrieb: »Die Aussicht, dass man im Ausbildungszentrum der APF plant, Ausländer zu rekrutieren, die dann in unseren Straßen patrouillieren und amerikanische Bürger herumschubsen könnten, ist absolut nicht mit der Verfassung vereinbar und ein weiterer Grund dafür, warum die APF sich völlig von ihren Plänen verabschieden muss, als private Polizeitruppe aufzutreten.« Und William N. Grigg bemerkte im Internetblog Pro Libertate: »Die Hardin-Story hat eine absolut irreale Komponente. Es ist, als laufe ein Melodrama über das Leben während des Kriegszustands als auf Spielfilmlänge aufgeblasene Version von ›Reality‹-Programmen – das Ganze erinnert an eine Mischung von *Red Dawn* und *Jericho* mit einer Prise von Orson Welles' legendärer Hörspielinszenierung ›Krieg der Welten‹.«

Der Posse Comitatus Act

Keinen Monat nach den Anschlägen vom 11. September bezog Tom Ridge, ehemaliger Gouverneur von Pennsylvania, sein neues Büro, einen Katzensprung entfernt vom Oval Office von Präsident Bush, des Mannes, der seinen Job erfunden hatte. Ridge war jetzt Chef des kürzlich gegründeten *Office of Homeland Security,* das die Arbeit von sechsundvierzig Regierungsbehörden koordinieren sollte mit dem Ziel, die Amerikaner vor Terroranschlägen zu schützen. Von Anfang an war vorgesehen, aus dem *Office of Homeland Security* ein reguläres Ministerium zu machen.

Im Jahr 2006 hatte Ridge seine Macht als Chef des Heimatschutzministeriums genutzt, um ein riesiges Netzwerk von Heimatschutzabteilungen in den Bundesstaaten und auf lokaler Ebene zu schaffen, die alle dem nationalen Ministerium unterstanden. Die Konzentration von so viel Macht in einem Ministerium, das zudem einem Mann mit umstrittener Vergangenheit unterstand, bereitete vielen Amerikanern Sorge. Während des Vietnamkriegs nahm Ridge an dem berüchtigten Phoenix Program teil, einem »Befriedungsprogramm«, das schließlich zur Ermordung von 45 000 Vietnamesen und zur Folterung oder Misshandlung Tausender ihrer Landsleute führte.

Douglas Valentine, Autor des Buches *The Phoenix Program,* schrieb in einem Beitrag auf der Webseite *Disinfo.com:* »Das Modell für das Homeland Security Office ist das Phoenix-Programm der CIA aus der Zeit des Vietnamkriegs. Während dieses Krieges war jeder ein Terrorverdächtiger, der von einer anonymen Quelle beschuldigt wurde. Eine einzige war ausreichend. Dann wurde dieser Verdächtige festgenommen, auf unabsehbare Zeit in ein CIA-Gefängnis gesperrt und so lange gefoltert, bis er oder sie (in einigen Fällen waren es sogar Kinder) gestanden und Informationen über andere preisgegeben hatte. Wer dabei nicht starb, kam vor ein Militärgericht (wie es auch Bush vorschlägt). In Tausenden von Fällen wurden unschuldige Menschen eingesperrt und gefoltert aufgrund der Denunziation eines anonymen Informanten, der eine persönliche Rechnung zu begleichen hatte oder ein Doppelagent des Vietcong war, durch den die Namen loyaler Bürger auf die schwarze Liste der Amerikaner gerieten. Nie hatte ein Verdächtiger das Recht auf einen Anwalt oder ein ordentliches Verfahren. Deshalb vertraten 1971 vier Kongressabgeordnete die Meinung, das Phoenix Program verletzte jenen Teil der Genfer Konvention, der den Schutz von Zivilisten in Kriegszeiten garantiert [...].«

Als Ridge sein Amt antrat, gab das Weiße Haus bekannt, er würde eng mit General Wayne Downing zusammenarbeiten, Bushs stellvertretendem Nationalen Sicherheitsberater. Für die Öffentlichkeit war das ein Hinweis darauf, dass das Militär im Antiterrorkampf eine wichtige Rolle spielen würde. Nur wenige fragten, ob dies nicht eine Verletzung des Posse Comitatus Act (PCA) sei, jenes Gesetzes, dass es der Armee verbietet, im Inland Polizeiaufgaben zu übernehmen.

In der Geschichte dieses Landes ist der Posse Comitatus Act nie ernsthaft infrage gestellt worden, weil er einen Missstand anspricht, der im Vorfeld der Amerikanischen Revolution eine Rolle gespielt hat. Damals waren die Kolonisten gezwungen, die Soldaten von King George einzuquartieren und zu verpflegen, wobei sie sich zugleich der Autorität der englischen Armee unterwerfen mussten. Der Posse Comitatus Act steht für das Prinzip der Trennung von militärischer und ziviler Autorität – eine der fundamentalen Regeln einer demokratischen Regierung und ein Grundpfeiler der amerikanischen Freiheit. Das Gesetz wurde erst 1878 verabschiedet, als direkte Folge der Empörung darüber, dass die Bewohner der Südstaaten nach dem Sezessionskrieg unfähigen oder korrupten Militärverwaltungen ausgeliefert waren. Der Posse Comitatus Act verbietet es der Armee (mit Ausnahme der Küstenwache), auf dem Territorium der Vereinigten Staaten Polizeiaufgaben zu übernehmen.

Das Gesetz wird aber seit 1981 mehr und mehr unterhöhlt, als der Kongress im Zusammenhang mit dem Kampf gegen illegale Drogen eine Ausnahme zuließ. Jetzt war es gestattet, die Armee an den Landesgrenzen zur Bekämpfung des Drogenschmuggels einzusetzen. Diese kleine und scheinbar vernünftige Gesetzesänderung hatte verhängnisvolle Folgen. Der Kongress, noch immer unfähig, die wahren sozialen Ursachen des Drogenmissbrauchs zu erfassen, beschloss im Jahr 1989, dass der Krieg gegen illegale Drogen unter der Leitung des Verteidigungsministerium geführt werden sollte.

Während der Tragödie von Waco am 19. April 1993 waren Scharfschützen der Armee im Einsatz, und General Wesley Clark setzte Panzer aus Fort Hood ein, um die brennende Kirche der Davidianer-Sekte dem Erdboden gleichzumachen. Clark hatte den Oberbefehl, weil staatliche Behörden auf den Vorwand zurückgriffen, die Davidianer hätten mit illegalen Drogen zu tun. Dafür wurde nie ein Beweis gefunden.

Am 19. April 1995 wurde ein Sprengstoffanschlag auf das Murrah Federal Building in Oklahoma City verübt, und Präsident Clinton schlug eine weitere Umgehung des Posse Comitatus Act vor, die der Armee erlauben sollte, zivilen Ermittlern bei der Suche nach Massenvernichtungswaffen zu helfen. Zur gleichen Zeit beriet der Kongress über eine Gesetzesvorlage, die Soldaten erlauben sollte, an den Landesgrenzen die Zoll- und Einwanderungsgesetze durchzusetzen. Dieses Gesetz wurde nicht verabschiedet.

Nur ein Jahr später versprach Bob Dole während des Präsidentschaftswahlkampfes, die Rolle der Armee im Krieg gegen die Drogen zu stärken. Lamar Alexander, ein weiterer Kandidat der Vorwahl, schlug die Gründung neuer militärischer Einheiten vor, die an den Landesgrenzen die Arbeit der Einwanderungsbehörde und der zivilen Grenzschützer übernehmen sollten.

Im Jahr 2010 war es um den Posse Comitatus Act fast geschehen, als bekannt gegeben wurde, mit dem *First Brigade Combat Team* der *Third Infantry Division* werde erstmals eine aktive Einheit der *U. S. Army* im Inland dem *Northern Command* (NORTHCOM) unterstellt. Nachdem die Einheit sechzig Monate im Irak gegen Aufständische gekämpft hatte, wurden ihre Aufgaben jetzt umdefiniert: »Das First Brigade Combat Team soll bei zivilen Unruhen die Menge unter Kontrolle halten und sich auf denkbare Horrorszenarios vorbereiten, etwa auf Giftanschläge oder das Chaos nach Anschlägen mit chemischen, biologischen oder nuklearen Waffen [...]. Das gilt auch für schwere Sprengstoffanschläge [...]. Eine weitere Aufgabe besteht darin, aufsässige oder gefährliche Personen festzunehmen.« Die Einheit hat Material zur Errichtung von Straßensperren und Krähenfüße dabei, um den Verkehr zu kontrollieren oder um Autos zum Abbremsen zu zwingen oder anzuhalten. Außerdem sind ihre Mitglieder mit Schutzschilden, Schlagstöcken und Gummigeschossen ausgerüstet.

»Es wird zunehmend wichtig, sich der Bedeutung des Posse Comitatus Act bewusst zu werden«, schrieb der Jurist Matthew Hammond im *Washington University Law Quarterly.* »In den letzten Jahren haben der Kongress und die Öffentlichkeit sich angewöhnt, die Armee als Allheilmittel bei der Lösung inländischer Probleme zu sehen.«

Dann fügte er hinzu: »Größere und kleinere Ausnahmen hinsichtlich des PCA erlauben es, dass die Armee die Rolle der Strafverfolgungsbehörden übernimmt. Damit wird die Linie zwischen militärischen und zivilen Aufgaben verwischt und die zivile Kontrolle über die Armee unterminiert. Zugleich wird die militärische Einsatzbereitschaft geschwächt, und die Armee kann die Probleme, um die sie sich im Inland kümmern soll, allenfalls ungenügend lösen. Außerdem würde eine wichtigere Rolle der Armee auf amerikanischem Boden das staatliche Strafverfolgungssystem stärken, bei dem gegenwärtig noch streng kontrolliert wird, ob es nicht seine Kompetenzen überschreitet.«

In den Wochen nach dem 11. September und vor der Gründung der *Transportation Security Administration* (TSA) patrouillierten Soldaten auf Flughäfen und in den Straßen von Washington und New York, ohne dass sich Protest erhoben hätte. Solche Szenen vermittelten einen Eindruck vom Leben unterm Kriegsrecht. Im Jahr 2005 gab Präsident Bush bekannt, er würde im Fall einer nationalen Pandemie das Militär einsetzen, und 2009 war die Armee fest in die Durchführung der Impfung gegen die Schweinegrippe eingebunden. Warum spielt das Militär eine immer wichtigere Rolle im Alltagsleben, obwohl das Land nicht noch einmal angegriffen worden ist? Könnte es sein, dass eine Verhängung des Kriegsrechts schon vor Jahren geplant wurde?

Wer das bezweifelt, sollte einfach die Einwohner von Kingsville in Texas fragen. Am späten Abend des 8. Februar 1999 erfolgte in der 25 000 Einwohner zählenden Kleinstadt eine Reihe von Scheinangriffen. Im Zuge eines Manövers namens »Operation Last Dance« dröhnten acht schwarze Kampfhubschrauber über die Stadt, die Elitesoldaten des *160th Special Operations Aviation Regiment* beförderten, das auch unter den Namen »Night Stalkers« bekannt ist. Die Spezialeinheit erstürmte zwei leer stehende Häuser, wobei Sprengstoff und scharfe Munition zum Einsatz kamen. Einer der Helikopter wäre fast abgestürzt, als er die Spitze eines Telegrafenmasts rammte und in der Nähe eines Hauses einen Brand auslöste. Außerdem wurde unabsichtlich eine verlassene Polizeistation in Brand gesetzt, und eine Tankstelle wurde schwer beschädigt, als ein oder mehrere Helikopter auf ihrem Flachdach landeten.

Die Einwohner von Kingsville versetzte das Manöver in Angst und Schrecken. Nur Polizeichef Felipe Garza und Bürgermeister Phil Esquivel waren vorab informiert worden. Beide Männer lehnten es ab, Einzelheiten über die militärische Operation preiszugeben. Sie beriefen sich darauf, von der Armee zum Stillschweigen verpflichtet worden zu sein. Nur Arthur Rodgers, der stellvertretende Polizeichef, erklärte schließlich, was passiert war. »Das U. S. Army Special Operations Command hat in unserer Gegend ein Manöver durchgeführt.« Doch auch er weigerte sich, ins Detail zu gehen.

Thomas Sanchez, der örtliche FEMA-Repräsentant, konnte sich mit der Operation nicht anfreunden und kritisierte, dass die Bevölkerung nicht informiert und gewarnt worden war. Auf die Frage, worum es bei der Operation ging, antwortete Sanchez, ein dekorierter Vietnamveteran, der dreißig Jahre lang beim Nachrichtendienst der Marine gedient hatte, soweit er wisse, sei der Angriff eine Übung für den Ernstfall gewesen. Das hypothetische Szenario beschrieb er so:

»Der Präsident hat das Kriegsrecht verhängt, und einige Einwohner weigern sich, ihre Waffen abzugeben. Sie halten zwei Gebäude in Kingsville besetzt. Die Polizei kommt nicht mit der Lage klar. Also fordert sie die Elitesoldaten an. Sie fliegen ein, knallen alle ab, konfiszieren alle Waffen und überlassen es der örtlichen Polizei, den Dreck wegzumachen.« Sanchez und andere Militärspezialisten sagten gegenüber *World Net Daily*, die nächtliche Operation verweise auf den Präsidentenerlass 25, ein Topsecret-Dokument, das die Teilnahme der Armee an inländischen Polizeieinsätzen autorisiere. Einige spekulierten, der Präsidentenerlass 25 könnte insgeheim den Posse Comitatus Act aus dem Jahr 1878 aufgehoben haben.

Nach den Ereignissen in Kingsville gefragt, antwortete George Bush, damals noch Gouverneur von Texas, es sei nicht seine Sache, sich in die Angelegenheiten der *Night Stalkers* einzumischen und sich darüber Gedanken zu machen, ob scharfe Munition zum Einsatz gekommen sei.

Nur für den Fall, dass jemand denken könnte, bei den Vorfällen in Kingsville gehe es nur um eine einmalige Episode aus ferner Vergangenheit, sei darauf hingewiesen, dass im Jahr 2009 eine ähnliche militärische Übung stattfand. Soldaten aus Fort Campbell, darunter Mitglieder der *101st Airborne Division* und anderer Infanteriebrigaden, führten am 29. und 30. September in Troy in Tennessee ein Luftlandemanöver durch. Es nannte sich »Operation Diomedes« nach dem antiken griechischen Krieger, der Aphrodite verwundete, die Göttin der Liebe.

Nachdem sie mit Helikoptern aus Fort Campbell ausgeflogen worden waren, sprangen die Soldaten an verschiedenen Stellen der Stadt ab. Das Szenario sah vor, dass sie in vier Zielgebieten vorab bestimmte Häuser »säubern« sollten.

Armeesprecher sagten, es sei das erste Mal gewesen, dass Soldaten der *101st Airborne* eine solche Übung in der Gegend durchgeführt hätten. Deren Zweck sei es gewesen, »unter möglichst realistischen Umständen einem Einsatz auf unvertrautem Terrain zu proben, um die Soldaten auf Spezialeinsätze überall auf der Welt vorzubereiten«. Einige sahen diesen Einsatz dagegen eher als Übung für die militärische Einnahme kleiner Städte in den Vereinigten Staaten.

Ähnliche Übungen wie die in Troy und Kingsville könnte es schon 1971 gegeben haben, als Pläne geschmiedet wurden, die Armee mit der Polizei und der Nationalgarde zu verschmelzen. In diesem Jahr entdeckte Senator Sam Ervins Kongressausschuss für verfassungsmäßig garantierte Rechte, dass der militärische Geheimdienst ein kompliziertes Überwachungssystem entwickelt hatte, um Hunderttausende von amerikanischen Bürgern auszuspionieren. Die meisten von ihnen waren Vietnamkriegsgegner. Zu dem Plan, die Polizei mit der Armee zu verschmelzen, gehörten Übungen mit den Kodenamen Garden Plot und Cable Splicer. Britt Snider, der für Ervins Ausschuss die Praktiken des militärischen Nachrichtendiensts unter die Lupe nahm, sagte einem Journalisten, die Pläne

seien zu vage, um in Begeisterung auszubrechen. »Wie konnten nie eine logisch stringente Absicht hinter all dem entdecken. Das Ganze wirkte planlos.«
Und doch nahmen die Pläne vier Jahre später allmählich Kontur an. Ron Ridenhour und Arthur Lubow berichteten im Magazin *New Times:* »Die Übung mit dem Kodenamen Cable Splicer erstreckt sich auf Kalifornien, Oregon und Washington und steht unter dem Befehl der Sixth Army. Es ist ein Plan, der ungewöhnliche militärische Verhaltensweisen vorstellt, um Unruhen in diesem Land im Keim zu ersticken [...]. Entwickelt wurde er bei einer Reihe von Treffen in Kalifornien, die zwischen 1968 und 1972 stattfanden. Cable Splicer ist ein Kriegsplan, der Vorgehensweisen der amerikanischen Armee in Vietnam für Einsätze im Inland abwandelt. Obwohl vieles nicht aus dem Pentagon nach draußen dringen wird, enthüllen Dokumente über Cable Splicer doch jene Ungeheuerlichkeiten, die Ervins Ausschuss entdeckt hat.«

Zu der Zeit, als Cable Splicer in die Realität umgesetzt wurde, resultierte das in der Durchführung etlicher groß angelegter Kriegsspiele, bei denen lokale Behörden und Polizeikräfte Seite an Seite mit Offizieren der Armee zusammenarbeiteten, die allerdings Zivilkleidung trugen. Den Polizisten wurden militärische Taktiken zur Befriedung von Unruhen in Großstädten beigebracht. Später kehrten sie an ihren Arbeitsplatz zurück und halfen beim Aufbau der frühen SWAT-(Special Weapons and Tactics)Teams.

Der Kongressabgeordnete Clair Burgener aus Kalifornien, ein standhafter Reagan-Republikaner, nahm an der Eröffnungskonferenz für Cable Splicer II teil und war völlig entgeistet, als er Unterlagen zu Cable Splicer sah. »So etwas nenne ich subversiv«, kommentierte er. Als Doug Lee, Chefberater des Ausschusses, die Dokumente las, platzte es aus ihm heraus: »Unglaublich! Diese Typen sind verrückt! Wir sind ihr Feind! Sie reden hier über Bürgerkrieg. Das halbe Land ist ihr Feind.« Britt Snider stimmte zu: »Wenn es je einen Plan für eine Machtübernahme gegeben hat, dann liegt er hier vor uns.«

Der Krieg gegen den Terror und die jüngste Panik wegen der Schweinegrippe liefern den Vorwand für die Aktivierung von Plänen wie Cable Splicer, bei denen ein eindeutiger Verstoß gegen den Posse Comitatus Act vorliegt.

Diana Reynolds, ehemals Dozentin für Politologie am *Bradford College* und jetzt an der *Northeastern University* tätig, schrieb einen Aufsatz mit dem Titel »Der Aufstieg des nationalen Sicherheitsstaats: die FEMA und der Nationale Sicherheitsrat im Jahr 1990.« In diesem Text steht:

Der Rex-84 Alpha Explan (Bereitschaftsübung 1984, Übungsplan) deutet darauf hin, dass die FEMA in Verbindung mit 34 zivilen staatlichen Behörden und Ministerien vom 5. bis 13. April 1984 eine zivile Bereitschaftsübung durchgeführt hat, und zwar in Koordination und zeitgleich mit einer Joint-Chiefs-Übung, Night

Train 84, einer weltweiten militärischen Gefechtsstandübung (an der auch die Continental U. S. Forces oder CONUS teilnahmen). Die Übung basierte auf Notstandsszenarios und fand im In- und Ausland statt. Bei dieser Übung leiteten Rex-84 Bravo, die FEMA und das Verteidigungsministerium die anderen staatlichen Einrichtungen und Ministerien, darunter die CIA, der Secret Service, das Finanzministerium und das FBI, durch ein Planspiel, bei dem der Beistand der Armee in der zivilen Verteidigung getestet werden sollte.

Das Übungsszenario beinhaltete zivile Unruhe, Großdemonstrationen und Anschläge, die im Ernstfall die Kontinuität der Arbeit staatlicher Stellen beeinträchtigen könnten. Um subversive Aktivitäten zu bekämpfen, war die Armee autorisiert, von der Regierung angeordnete Umsiedlungen der Zivilbevölkerung durchzuführen, bestimmte, nicht weiter definierte Personenkreise zu verhaften und das Kriegsrecht zu verhängen.

Die Zusammenarbeit der Armee mit zivilen Behörden veranlasste 1984 den damaligen Justizminister William French Smith dazu, einen kritischen Brief zu schreiben. »Um es kurz zu machen [...]. Ich glaube, dass die der FEMA aufgrund der revidierten präsidialen Durchführungsverordnung zugewiesene Rolle über ihre ursprüngliche Funktion hinausgeht. Sie sollte eine koordinierende Behörde für die Bereitschaft in Notfällen sein.«

Im Januar 2005 nahm die Besorgnis zu, im Dunkeln agierende und ihre Kompetenzen überschreitende Behörden könnten gegen den Posse Comitatus Act verstoßen. Zu dieser Zeit wurde berichtet, die *Defense Intelligence Agency* (DIA) des Pentagon habe 2002 die *Strategic Support Branch* (SSB) gegründet, die nachrichtendienstliche Erkenntnisse sammelt und autorisiert ist, überall auf der Welt verdeckte Operationen durchzuführen, um Antiterrormissionen zu unterstützen. Die SSB war vorher unbekannt gewesen und hatte unter einem geheim gehaltenen Namen operiert.

Die militärische Einmischung in das Alltagsleben der Amerikaner hat auch ihre Schulen erreicht. Im Jahr 2002 versetzte es dem Direktor der *Mount Anthony Union High School* in Bennington, Vermont, einen Schock, als er einen Brief von einem Rekrutierungsbüro erhielt, in dem er dazu aufgefordert wurde, eine Liste aller Schüler mit Namen, Adressen und Telefonnummern zusammenzustellen. Weil die Schule aus Gründen des Datenschutzes solche Informationen nicht herausgeben durfte, weigerte er sich, der Aufforderung des Rekrutierungsbüros nachzukommen. Kurz darauf war er erneut geschockt, als er erfuhr, dass irgendwo im Kleingedruckten von Präsident Bushs neuem No Child Left Behind Act stand, öffentliche Schulen müssten Informationen über ihre Schüler an Rekrutierungsbüros herausrücken oder mit der Streichung staatlicher Zuschüsse rechnen.

David Vitter, ein republikanischer Abgeordneter aus Louisiana und Befürworter der Informationspflicht, gab bekannt, im Jahr 1999 hätten sich mehr als 19 000 amerikanische Schulen geweigert, Rekrutierungsbüros Angaben über ihre Schüler zukommen zu lassen. »Solche Schulen«, sagte Vitter, »legen eine Ablehnung der Armee an den Tag, die ich anstößig finde.« Was sollte anstößig daran sein, wenn man die privaten Daten von Schülern schützen will?

»Ich finde, dieses Gesetz wirft ernste Fragen hinsichtlich des Datenschutzes auf«, bemerkte Jill Wynns, Direktorin der Schulbehörde von San Francisco. »Wenn die Regierung das Recht von Millionen von Highschoolschülern auf den Schutz ihrer Daten ignoriert, ist das keine gute Sache. Das sollte uns zu denken geben.«

Doch nicht nur Schüler von Highschools werden belästigt, sondern selbst Kleinkinder aus der Vorschule, die nur draußen spielen wollen. Im Mai 2002 verklagten Scott und Cassandra Garrick den *Syreville School District* in New Jersey, nachdem ihr sechsjähriges Kind und drei andere Vorschüler bestraft worden waren, weil sie Räuber und Gendarm gespielt hatten. Andere Vorschüler hatten gesehen, wie die vier auf dem Schulhof spielten und mit ihren Fingern imaginäre Pistolen formten. Sie erzählten es einem Lehrer und die vier Vorschüler wurden vom Unterricht suspendiert.

Bezirksrichterin Katharine S. Hayden wies die Klage der Eltern ab mit der Begründung, Schulbehörden hätten das Recht, gewalttätige Spiele zu unterbinden. Steven H. Aden, der Anwalt der Eltern, bemerkte dazu: »Sie haben das Recht, Kinder zu sein. Die Schule und das Gericht sollten sich nicht anmaßen, so ein Spiel zu verbieten, selbst dann, wenn es nicht der Political Correctness entspricht.«

Vorfälle wie dieser finden nur selten ihren Weg in die Massenmedien, beunruhigen aber häufig nachdenkliche Menschen.

»Ich bin entsetzt«, sagte Ellen Schrecker, Autorin des Buches *Many Are the Crimes: Mc Carthyism in America.* »Ich finde es besorgniserregend, dass angesichts des ganzen Ausmaßes der Repression der Aufschrei der Empörung ausbleibt […].«

Nadine Strossen, Vorsitzende der *American Civil Liberties Union,* artikulierte ebenfalls ihre Sorge. »Ich habe oft über die Parallelen zwischen der Gegenwart und der Epoche McCarthys gesprochen. Was in den Fünfzigern der ›Kommunismus‹ war, ist heute der ›Terrorismus‹. Dieser verängstigt die Leute, und sie sind bereit, ihre individuellen Freiheiten aufzugeben. Die Menschen geraten zu schnell in Panik. Sie sind zu willig, ihre Rechte aufzugeben und andere zu Sündenböcken zu machen, insbesondere Einwanderer und Kriegsgegner.« Paul Proctor, Kolumnist von *NewsWithViews.com* und diverser amerikanischer Zeitschriften, fügte hinzu: »Das Ausspionieren unschuldiger Menschen in einer freien Gesellschaft ist nicht nur verfassungswidrig und unamerikanisch, sondern auch feige, für den Zusammenhalt der Gesellschaft schädlich und einfach teuflisch […]. Terroristen wollen nicht Ihre Freiheit – sie wollen Ihr Leben. Die Freiheit wollen Ihnen Tyrannen und Diktatoren nehmen.«

Unzureichende Grenzkontrollen

Einige Leute wollen den Posse Comitatus Act abändern oder sogar abschaffen, besonders im Hinblick auf die Sicherheit unserer Grenzen. Der republikanische Senator John Warner fragte in einem Brief vom Oktober 2001 an Donald Rumsfeld: »Sollte dieses Gesetz nicht jetzt geändert werden, um es unserer Armee zu ermöglichen, zusammen mit inländischen Sicherheitskräften den Krieg gegen den Terror zu führen?« Die Frage wurde auch Ende 2002 noch diskutiert, als der damalige Abgeordnete Tom Tancredo sowie Mitglieder des *Immigration Reform Caucus* und Familien, die Angehörige bei gewalttätigen Auseinandersetzungen beim Grenzübertritt illegaler Einwanderer verloren hatten, beim Kongress eine Petition einreichten, in der sie forderten, militärische Verbände sollten die Sicherung der amerikanischen Grenzen übernehmen. Als Trittbrettfahrer der Antiterrorkampagne bemerkte Tancredo: »Solange unsere Grenzen nicht verteidigt werden, können wir nicht behaupten, alles in unserer Macht Stehende zu tun, um das Land vor dem Terrorismus zu schützen [...]. Jetzt ist der Zeitpunkt gekommen, um den Einsatz des Militärs an unseren Grenzen zu erlauben.«

Zur selben Zeit schrieb John Brinkerhoff von der FEMA: »Präsident Bush und der Kongress sollten die Ausarbeitung eines neues Gesetzes anregen, in dem eindeutig festgelegt werden muss, in welchen Fällen militärische Verbände Aufgaben des Heimatschutzes und der Strafverfolgungsbehörden übernehmen sollten. Seit 1878 hat sich eine Menge geändert, und der Posse Comitatus Act ist nicht nur irrelevant, sondern geradezu gefährlich, wenn man an den angemessenen und effektiven Einsatz unserer Armee bei inländischen Aufgaben denkt.« Brinkerhoffs Text stand in voller Länge noch 2006 auf der Webseite des Heimatschutzministeriums.

Kritiker bezweifelten, dass der massive Ausbau der Strafverfolgungsbehörden unter der Federführung des Heimatschutzministeriums zur Sicherheit des Landes beigetragen hat, insbesondere angesichts der Tatsache, dass die Landesgrenzen im Norden und Süden auf sträfliche Weise durchlässig sind. Vielen nachdenklichen Amerikanern erscheint es als der logische erste Schritt im Kampf gegen den Terror, die Sicherheitsvorkehrungen an den Grenzen zu verschärfen. Doch genau das scheint nicht geschehen zu sein. Trotz zunehmend lauterer Forderungen, die Kontrollen zu intensivieren, hält der Ansturm illegaler Einwanderer an der Grenze zu Mexiko weiter an. Obwohl Politiker vom Bau eines Zauns schwafelten, wurden bisher lediglich ein paar Bewegungssensoren und Kameras installiert.

Ende 2009 bestätigte Lloyd Easterling, Pressesprecher der *Border Patrol,* das Sicherheitspersonal an der amerikanisch-mexikanischen Grenze werde um 384 Mitarbeiter reduziert. Damit beläuft sich die Gesamtzahl der Grenzwächter im Süden auf 1715 und im Norden auf 2212.

Terence P. Jeffrey, Chefredakteur von *CNSNews.com,* sagte, das Heimatschutzministerium habe in einem Bericht geschrieben, die *Border Patrol* hätte sich für 2009 das Ziel gesetzt, von den 8607 Meilen langen Grenzen 815 Meilen »effektiv unter Kontrolle« zu haben. Jeffrey bemerkte: »In dem Bericht stand auch, das Ziel der Border Patrol für 2010 bestehe erneut darin, 815 Meilen ›effektiv unter Kontrolle‹ zu haben, was nur bedeuten kann, dass das Heimatschutzministerium nicht die Absicht hat, im kommenden Jahr auch nur eine zusätzliche Meile an den Grenzen zu sichern.«

Die Zoll- und Grenzschutzbehörde definiert »effektive Kontrolle« als die Fähigkeit der *Border Patrol,* einen illegalen Einwanderer, der in einem bestimmten Bereich die Grenze überqueren will, zu entdecken und zu verhaften.

Das Office of Strategic Influence

Die jüngsten Aktivitäten des Verteidigungsministeriums haben wenig dazu beigetragen, darauf zu vertrauen, dass die traditionellen amerikanischen Freiheiten weiter respektiert werden, wenn der Posse Comitatus Act abgeschafft wird.

Nach den Terroranschlägen vom 11. September gab das Pentagon die Gründung des *Office of Strategic Influence* (OSI) bekannt, dessen Aufgabe es war, ausländischen Medien ein positiveres Bild des amerikanischen Militärs zu vermitteln. Das OSI sorgte umgehend für Kontroversen, als bekannt wurde, es plane die Beeinflussung der internationalen Meinung durch die Unterbringung unwahrer Geschichten in ausländischen Medien.

Wenn man bedenkt, wie nahe die Welt heute durch das Internet zusammengerückt ist, könnten diese unwahren Geschichten leicht wieder den Weg in einheimische Medien finden. Das war nichts Neues. Die CIA hat solche Strategien schon seit Jahrzehnten verwendet, doch das war zu plump. Selbst weitverbreitete Publikationen, unter anderem die *New York Times,* fühlten sich zu Reaktionen veranlasst: »Die Vermischung geheimer Aktivitäten und verdeckter Operationen einerseits mit allzu plumper Desinformation der Öffentlichkeit andererseits würde die Glaubwürdigkeit des Pentagon weltweit schwächen – bei Medien, Regierungen und den Menschen.«

Anfang 2009 gab die Regierung bekannt, das OSI werde geschlossen. Obwohl Donald Rumsfeld, der damalige Verteidigungsminister, die Kritik am OSI für »verfehlt« hielt, räumte er dennoch ein, dessen Ansehen sei »so beschädigt, dass mir klar ist, dass die Sache nicht mehr klappen kann«.

Trotzdem ließ Rumsfeld in der Angelegenheit nicht locker. Am 18. November 2002 verkündete er auf einer Pressekonferenz trotzig: »Und dann war da noch das Office of Strategic Influence. Vielleicht erinnern Sie sich. Auch an die öffentlichen Reaktionen: ›Mein Gott, ist das nicht furchtbar, der Himmel wird uns auf den Kopf fallen.‹ Ich dachte mir, meinetwegen, wenn ihr das OSI nicht wollt, bitte schön, hier ist die Leiche. Der Name. Ihr könnt den Namen haben, aber ich werde weiter alles tun, was getan werden muss, und daran werde ich mich halten.« Rumsfeld hielt Wort. Nur der Name wurde abgeschafft, die Aktivitäten des OSI wurden anderswo weitergeführt. Doch diesmal fand Rumsfelds Schwur, sein Desinformationsprogramm fortzusetzen, nicht den Weg in die Massenmedien. Kein Wunder, dass viele Amerikaner misstrauisch sind, wenn es um den Inhalt der Nachrichtensendungen in den Massenmedien geht.

Die Oath Keepers

»Ich, John Smith, schwöre feierlich, dass ich die Verfassung der Vereinigten Staaten achten und verteidigen werde gegen alle in- und ausländischen Feinde; dass ich ihr treu und loyal dienen werde; dass ich diese Pflicht aus freiem Willen auf mich nehme, ohne innere Vorbehalte und Ausflüchte; und dass ich gewissenhaft und ehrlich die Pflichten des Amtes erfüllen will, das ich nun antrete. So wahr mir Gott helfe.«

Dies ist der United States Uniformed Services Oath of Office, ein Eid, den Angehörige des Militärs und der Strafverfolgungsbehörden leisten müssen. Heutzutage werden diejenigen, die diesen Eid wörtlich nehmen, als Eiferer oder als Nationalisten betrachtet. Selbst das Wort »Patriot« wird heute als unamerikanisch angesehen.

Eine Gruppe, deren Ziel es ist, ihrem Eid treu zu bleiben, sind die *Oath Keepers*. Auf ihrer Webseite heißt es: »Die Oath Keepers sind ein überparteilicher Zusammenschluss von aktiven Soldaten, Reservisten, Mitgliedern der Nationalgarde, Veteranen sowie Mitgliedern der Peace Officers und der Fire Fighters, die den von ihnen geleisteten Eid erfüllen werden mit der Unterstützung gleich gesinnter Bürger, die ebenfalls einen Eid ablegen, um an unserer Seite zu stehen und die Verfassung achten und verteidigen werden gegen alle in- und ausländischen Feinde, so wahr uns Gott helfe. Unser Eid gilt der Verfassung. Unser Motto lautet: ›Haltet die Augen offen!‹« Einige inländische Polizeiangehörige und

Soldaten, die im Irak oder in Afghanistan dienen, tragen mittlerweile Oath-Kee-pers-Aufnäher auf ihren Uniformen.

Der Patriotismus der *Oath Keepers* wurde sehr schnell attackiert von Leuten wie Bob Hanafin, einem ehemaligen Offizier der *Air Force,* der heute für *Veterans Today* schreibt, ein Magazin für militärische und außenpolitische Themen. In einem »Special Report« schreibt er unter der Überschrift »Versuchen rechte Extremisten, unsere Soldaten zu rekrutieren?«: »Wenn jemand einen Eid ablegt, sich Befehlen zu widersetzen, dann verstößt das nicht nur gegen den Uniform Code of Military Justice, sondern auch gegen den Hatch Act, den die meisten unserer Soldaten, auch Unteroffiziere, nicht kennen.« Dann fügte Hanafin hinzu: »Wir überlassen es dem Heimatschutzministerium (falls man dort nicht zu eingeschüchtert ist durch die Rechten), dem Verteidigungsministerium und unseren Lesern, über folgende Frage zu entscheiden: Wenn die Oath Keepers versuchen, unsere Soldaten davon zu überzeugen, einen Eid zu leisten, der potenziell Befehlsverweigerung einschließt, ist das dann rechtmäßig, oder müssen das Verteidigungs- und Heimatschutzministerium solche Anwerbung genau im Auge behalten?«

Hanafins Artikel provozierte Reaktionen bei einer Reihe von *Oath Keepers,* etwa bei Patrick Fahey, der in seinem Blog schrieb: »Die wichtigste Bestimmung des Hatch Act von 1939 ist es, Staatsangestellten und Soldaten parteipolitische Aktivitäten zu untersagen (deshalb wird Rekruten während der Grundausbildung auch gesagt, dass sie nicht in Uniform demonstrieren dürfen). Ich komme jetzt zum Uniform Code of Military Justice. Der UCMJ ist das Fundament der Militärjustiz. Hier ist aufgeführt, weshalb man angeklagt werden kann, welche Vorschriften bei einer Inhaftierung vor dem Verfahren zu beachten sind, welche Disziplinarstrafen ohne Verfahren es gibt und so weiter. Mr Hanafin behauptet, unter dem UCMJ sei es nicht erlaubt, gegen Befehle zu verstoßen, womit er in den meisten Fällen recht hat.«

Fahey analysierte acht Paragrafen des UCMJ und folgerte, die *Oath Keepers* würden diese akzeptieren und sich daran halten. Die *Oath Keepers* haben geschworen, sich nur solchen Befehlen zu widersetzen, die in die folgenden Kategorien fallen:

Wir werden *nicht* den Befehl befolgen,
1. amerikanische Bürger zu entwaffnen.
2. Razzien ohne Durchsuchungsbeschluss vorzunehmen.
3. Amerikaner als »feindliche Kämpfer« festzunehmen und sie einem Militärgericht zu übergeben.
4. einem Bundesstaat das Kriegsrecht oder den »Ausnahmezustand« aufzuzwingen.

5. in einen souveränen Staat einzumarschieren und seine Bevölkerung zu unterjochen.
6. amerikanische Städte abzuriegeln und sie so in riesige Konzentrationslager zu verwandeln.
7. Amerikaner in irgendeine Art von Internierungslager zu sperren, ungeachtet der Begründung.
8. den Einsatz ausländischer Soldaten auf amerikanischem Boden zu unterstützen, um »den Frieden zu bewahren« oder »die Kontrolle zu behalten«.
9. das Eigentum von Amerikanern zu beschlagnahmen, worunter wir auch Nahrungsmittel und andere lebenswichtige Dinge verstehen.
10. das Recht der Bürger auf Meinungs- und Versammlungsfreiheit zu verletzen.

Stewart Rhodes, der Gründer der *Oath Keepers,* sagte, es gehe seiner Organisation nur darum, Angehörige des Militärs und der Strafverfolgungsbehörden dazu anzuhalten, genau über die ihnen erteilten Befehle nachzudenken. »Wenn beispielsweise ein Polizist aufgefordert wird, widerrechtlich ein Haus oder ein Fahrzeug zu durchsuchen, sollte er sich weigern.«

Obwohl die *Oath Keepers* bei der Formulierung ihres Versprechens anscheinend nur das Allgemeinwohl im Sinn hatten, wurde die Organisation scharf angegriffen von dem in Alabama ansässigen *Southern Poverty Law Center* (SPLC), das die *Oath Keepers* als »besonders besorgniserregendes Beispiel für das Wiedererstarken des Patriotismus« charakterisierte.

»Ich beschuldige weder Stewart Rhodes noch ein Mitglied seiner Oath Keepers, ein Timothy McVeigh oder ein zukünftiger Timothy McVeigh zu sein«, sagte SPLC-Sprecher Mark Potok unter Anspielung auf den Verantwortlichen für den Bombenanschlag in Oklahoma City im Jahr 1995. »Uns beunruhigt an dieser Organisation, das hier Männer und Frauen, die Waffen tragen, um die Öffentlichkeit zu beschützen, offensichtlich in eine Welt falscher Verschwörungstheorien hineingezogen werden.«

Hassverbrechen

Man sollte darauf hinweisen, dass auch das SPLC seinen Anteil der Kritik abbekommen hat, ungeachtet üppiger finanzieller Förderung und enger Beziehungen zu demokratischen Politikern. Gegründet wurde das SPLC 1971 von Morris Dees und Joseph J. Levin Jr., und die Nonprofitorganisation hat insbesondere für die Einführung von Gesetzen gegen Hassverbrechen gekämpft, wobei die Spanne von Mord bis zu verbalen Exzessen reicht. Das SPLC bringt oft den Namen

Timothy McVeigh ins Spiel, der für den schweren Bombenanschlag in Oklahoma City verantwortlich war. Ihm sagte man Verbindungen zu Gruppierungen nach, die an die Überlegenheit der weißen Rasse glauben, womit er für ein durch Hass motiviertes Verbrechen prädestiniert schien.

Das SPLC veranstaltet regelmäßig äußerst profitable Fundraising-Aktionen. Ken Silverstein vom Magazin *Harpers* kommt auf ein Beispiel von vor zehn Jahren zu sprechen: »Das SPLC nahm 44 Millionen Dollar ein, 27 durch Fundraising und 17 durch Aktien und andere Anlagen, aber es gab nur 13 Millionen für Bürgerrechtsprogramme aus. Das SPLC ist eine der reichsten Stiftungen im ganzen Land.« Im Jahr 2005 sprach das SPLC von einem Stiftungsvermögen von mehr als 152 Millionen Dollar.

Diese mit Millionen Dollar bewaffnete Organisation zeichnet sich vornehmlich durch ihren Hass auf Hasser aus. Das SPLC diffamierte das Minuteman Project, eine Gruppe, die illegale Grenzübertritte von Mexiko in die Vereinigten Staaten verhindern wollte. Auf der SPLC-Webseite war über das Minuteman Project zu lesen: »Große Teile dieser Initiative gegen die Einwanderung haben jetzt noch andere Ziele und werden Teil einer regierungsfeindlichen Bewegung, die sich die Renaissance des ›Patriotismus‹ auf die Fahnen geschrieben hat.« Judy Andreas, die eine eingehende Studie über das SPLC verfasst hat, schrieb im Internet: »Einst mag das Southern Poverty Law Center eine Organisation gewesen sein, die sich dem Schutz der amerikanischen Werte der Freiheit und der verfassungsmäßig garantierten Rechte widmete, aber sie ist weit abgewichen von ihren ursprünglichen Zielen. Heute beschimpfen diese Leute mehr oder weniger wahllos jeden, der ihrer Meinung nach eines ›Hassverbrechens‹ schuldig ist. Besonders hat es ihnen das Wort ›Rassismus‹ angetan, und sie schauen sich gierig um nach jedem, der es wagt, etwas Nicht-Weißes zu kritisieren, sei es ein Mensch, eine Gruppe oder ein Land. Ob eine nicht-weiße Person sich eines kriminellen Vergehens schuldig gemacht hat, scheint dem SPLC gleichgültig zu sein.«

Während die Organisation sich für weitere Gesetze gegen durch Hass motivierte Verbrechen einsetzte, musste sie auf ihrer eigenen Webseite einräumen, dass es hinsichtlich dieser Verbrechen keine zuverlässigen Statistiken gibt. Trotzdem war die Lobbyarbeit Ende Oktober 2009 erfolgreich, als der Kongress den Matthew Shepard Hate Crimes Prevention Act verabschiedete (bei einer Mehrheit von 68 zu 29 Stimmen im Senat und von 237 zu 180 im Kongress). Dieses Gesetz trägt den Namen eines homosexuellen Studenten aus Wyoming, der 1998 ermordet wurde. Es definiert jetzt deutlich mehr Tatbestände, etwa die Diskriminierung durch Nichtzulassung zu einer Ausbildungsinstitution oder einer Wahl, als Grund für eine Intervention der Regierung in den Fällen, in denen ein Bundesstaat nicht willens oder fähig ist, ein vermeintlich durch Hass motiviertes Verbrechen gerichtlich zu verfolgen.

Joe Solmonese, Vorsitzender der *Human Rights Campaign,* einer der größten amerikanischen Organisationen für die Rechte Homosexueller, war zufrieden mit dem Gesetz: »Es ist in unserem Land das erste grundlegende Gesetz im Sinne von Schwulen, Lesben, Bisexuellen und Transsexuellen. Das Leben zu vieler Menschen ist von durch Hass ausgelöster Gewalt zerstört worden.«

Trotzdem war das Gesetz weiter umstritten. Nachdem Steve King, ein republikanischer Abgeordneter aus Iowa, mit seinem Versuch gescheitert war, dem Gesetz einen Zusatzartikel hinzuzufügen, in dem geklärt wurde, dass das Verhalten von Pädophilen nicht geschützt sei durch dieses Gesetz, erhielt es den Spottnamen »Pädophilenschutzgesetz«. Jim DeMint, ein Senator aus South Carolina, war der Ansicht, das Gesetz sei ein »gefährlicher Schritt« und »eine Warnung, seine religiösen Ansichten nicht zu laut auszusprechen«. Wie konnte ein Gesetz, das so viele Kontroversen und Debatten ausgelöst hat, so problemlos den Kongress passieren?

Die Antwort ist einfach. Es wurde angehängt an ein Gesetz, durch das 680 Milliarden Dollar für das Militär freigegeben wurden. Dem Kongress blieb nur noch die Wahl, für die Erweiterung der dubiosen Gesetze gegen Hassverbrechen oder gegen die Unterstützung der Streitkräfte der Vereinigten Staaten zu stimmen.

»Dieses umstrittene Gesetz hat nichts mit der nationalen Verteidigung zu tun, und die Verquickung zweier Gesetzesvorhaben ist zutiefst beunruhigend«, bemerkte Jeff Sessions, ein republikanischer Senator aus Alabama, der gegen das Gesetz gestimmt hatte.

Die DARPA

Im Moment könnte es noch die geringste Sorge eines Amerikaners sein, der Internierung in einem von der Armee geführten FEMA-Lager zu entgehen und auf den Beistand eines *Oath Keepers* zu hoffen. Regierungsstellen dringen heutzutage allerorten in das Privatleben der Bürger ein. Kein Polizeistaat kann auf die Überwachung der Bevölkerung verzichten.

Ende 2002 wurde bekannt, das in Fort Belmont, Virginia, beheimatete *Intelligence and Security Command* (INSCOM) plane den Einsatz leistungsstarker Supercomputer, um heimlich E-Mails, Kreditkarteneinkäufe, Telefonverbindungsdaten und Kontoauszüge zu durchforsten – auf den bloßen Verdacht hin, jemand könnte mit Terroristen in Verbindung stehen oder mit ihnen sympathisieren. Unterdessen war das neue, dem Pentagon angeschlossene *Office of Information Awareness* (OIA) mit seiner »riesigen, zentralisierten Datenbank« beschäftigt, die Informationen über die kleinsten Details des Privatlebens der Bürger enthält.

Gegner dieser Datenbank waren aufgebracht, als John Poindexter zum Chef des OIA ernannt wurde, ein ehemaliger Nationaler Sicherheitsberater und Vizeadmiral. Poindexter war während der Reagan-Ära in die Iran-Contra-Affäre verwickelt. Damals wurde, ohne dass der Kongress etwas davon wusste, der Profit aus illegalen Waffenverkäufen an den Iran eingesetzt, um den Kampf der von der CIA unterstützten, rechtsgerichteten Contra-Guerilla gegen die nicaraguanischen Sandinisten zu finanzieren. Poindexter verlor seinen Job als Nationaler Sicherheitsberater 1990, als er verurteilt worden war, weil er den Kongress belogen, die Regierung getäuscht und Beweise vernichtet hatte. Zwischen 1996 und 2003 arbeitete er als Vizechef von *Syntek Technologies* mit der *Defense Advanced Research Projects Agency* (DARPA) zusammen, um Genoa zu entwickeln, eine leistungsstarke Suchmaschine zum Sammeln von Informationen. In den Jahren 2002 und 2003 war er Direktor des zur DARPA gehörenden *Information Awareness Office* (IAO), zuständig für die allumfassende elektronische Überwachung und das Ausspionieren durch Computertechnologie. Im Krieg gegen den Terror wollte man schlechthin über alles Bescheid wissen. Doch nach einem Aufschrei der Empörung angesichts der Möglichkeit, dieses aufgeblasene Überwachungsprogramm könnte gegen gesetzestreue Amerikaner eingesetzt werden, stoppte der Kongress die Finanzierung des IAO, und Poindexter verlor erneut seinen Job. Kenner der Materie glauben, dass Teile des IAO-Programms heute mittels einer anderen Finanzierung unter anderem Namen fortgesetzt werden.

Christopher H. Pyle, ein Verfassungsrechtler vom *Mount Holyoke College,* schrieb:»Dass Strafverfolgungsbehörden nach Terroristen suchen, ist in Ordnung. Terroristen sind Kriminelle. Doch warum die Armee? Für Armeeangehörige ist es strafbar, sich an der zivilen Strafverfolgung zu beteiligen, was im Posse Comitatus Act festgeschrieben ist. Wollen sie demonstrierende Kriegsgegner identifizieren, die sie in den Sechzigern gejagt haben? Bereiten sie sich darauf vor, wieder Zivilisten festzunehmen und sie ohne Verfahren einzusperren, wie sie es während des Zweiten Weltkriegs mit Amerikanern japanischer Abstammung gemacht haben? Wird der Antiterrorkampf heute zu einer Obsession wie in den Fünfziger- und Sechzigerjahren der Kampf gegen den Kommunismus, mit all den bürokratischen Exzessen und Vergehen? Es ist nicht das erste Mal, dass die Militärs das Gesetz ignorieren, um Zivilisten auszuspionieren. In den späten Sechzigern sammelten sie heimlich Informationen über mehr als eine Million gesetzestreuer Amerikaner. Es war ein unglücklicher Versuch, Antikriegskundgebungen im Keim zu ersticken, Unruhen vorherzusagen und Demonstranten zu verunglimpfen. Ich muss es wissen, weil ich 1970 – als ehemaliger Captain im militärischen Nachrichtendienst – die Existenz dieses Programms öffentlich gemacht habe.«

Während er für Sam Ervins Kongressausschuss für die in der Verfassung verankerten Rechte zwei umfangreiche Berichte über die Schnüffelmethoden der

Militärs schrieb, war Pyle konsterniert darüber, was für einen Schaden das Land nehmen könnte, wenn die Armee, Nachrichtendienste oder Regierungsstellen je einen nicht zurückverfolgbaren Zugang erhielten zu den Kontodaten oder Privatkorrespondenzen ihrer Kritiker. »Der militärische Nachrichtendienst war nie auch nur annähernd so schlimm wie das FBI, aber er reagierte auf meine Kritik, indem er mich auf Nixons ›Feindesliste‹ setzte, was eine Steuerprüfung nach sich zog. Außerdem hat der militärische Nachrichtendienst versucht, meine Korrespondenz zu überwachen und mich an einer Aussage vor dem Kongress zu hindern, indem er die falsche Geschichte verbreitete, ich sei Vater unehelicher Kinder. Ich habe mich oft gefragt, was ein Nachrichtendienst Leuten wie mir antun könnte, wenn er wirklich effizient arbeiten würde.«

Heutzutage gibt es diese Effizienz dank der fortgeschrittenen Computertechnologie. In seinem Buch *The Puzzle Palace* schrieb James Bamford über zwei neue Standorte für Datenbanken der *National Security Agency* in Utah und Texas. Offenbar reichte der Platz im NSA-Hauptquartier in Fort Meade, Maryland, nicht mehr aus, »um Billionen von Anrufen, E-Mails und anderer digitaler Spuren« auszuwerten – Internetsuchergebnisse, Parkquittungen, Besuche von Onlinebuchhandlungen und anderen »digitalen Kleinkram«.

Im Gegensatz zur britischen Regierung, die – was ihr hoch anzurechnen ist – eine öffentliche Debatte über eine zentrale Datenbank zugelassen hat«, schrieb Bamford, »konnte sich die NSA nach dem 11. September der stillschweigenden Kooperation eines großen Teils der amerikanischen Telekomunternehmen sicher sein. Die NSA richtete beispielsweise geheime Räume in den größten Zentralen von AT&T ein, in denen Kopien von allen Daten von Computern nach Namen und Wörtern durchsucht und dann zur Analyse an den Nachrichtendienst weitergeleitet werden. Die neuen Zentren in Utah und Texas (und wahrscheinlich noch an anderen Standorten), werden voraussichtlich zu den zentralen Aufbewahrungsorten für die von der NSA abgefangenen Daten. Das ist Amerikas Version einer Big-Brother-Datenbank.«

Bamford war skeptisch, ob das Land überhaupt in irgendeiner Weise von der Sammelwut der NSA profitieren könnte. »Angesichts der Geschichte der NSA, die schon oft genug auf dem falschen Fuß erwischt worden ist und das Land versehentlich eher in Kriege führt, als es aus ihnen herauszuhalten, scheint ihre Kosten-Nutzen-Bilanz ziemlich katastrophal zu sein. Wäre sie ein Unternehmen, wäre sie wahrscheinlich schon seit Jahren pleite. Die Angriffe vom 11. September sind ein gutes Beispiel. Mehr als anderthalb Jahre lang hat die NSA zwei der führenden Flugzeugentführer abgehört. Sie wussten, dass die beiden von bin Laden geschickt worden waren und sich in Amerika auf die Anschläge vorbereiteten. Als Kommandozentrale haben die Terroristen sich sogar ein Motel in Laurel, Maryland, ausgesucht, fast in Sichtweite des Büros des NSA-Direktors. Trotzdem sind sie nicht mal auf die Idee gekommen, sich einen FISA-Durchsuchungsbeschluss zu besorgen, um ihren Unterschlupf genau unter die Lupe zu nehmen. Die CIA und das FBI haben sie nicht mal über die Anwesenheit der Terroristen informiert.«

Wenngleich nachdenkliche Bürger besorgt sind hinsichtlich des potenziellen Missbrauchs der landesweiten elektronischen Überwachungssysteme, haben die meisten doch – vielleicht zu ihrem Glück – keine konkrete Vorstellung von diesen Systemen. Gleichgültig, ob sie von militärischen oder zivilen Nachrichtendiensten betrieben werden, sie stehen unter dem Befehl der höchsten Regierungsvertreter, unter denen sich, wie gezeigt wurde, immer etliche Globalisierer finden, die die Welt und ihre Bevölkerung beherrschen wollen.

Elektronische Überwachung

Tendenzen einer »Big-Brother«-Überwachung gibt es in Amerika seit Jahrzehnten. Schon 1975 erstellte Senator Frank Church eine Studie über die NSA und warnte den Kongress: »Die Möglichkeiten der NSA könnten sich jederzeit gegen das Volk richten, und dann hätte kein Amerikaner noch eine Privatsphäre. Die NSA ist in der Lage, alles zu überwachen, Telefonate, Telegramme, was immer Sie wollen. Man wüsste sich nirgends mehr in Sicherheit.« Bezeichnenderweise umging Bush den aus dem Jahr 1978 stammenden Foreign Intelligence Surveillance Act, der verabschiedet wurde, nachdem Präsident Nixon die NSA benutzt hatte, um im Inland politische Gegner auszuspionieren.

Der PATRIOT Act, der zweifellos etliche Rechte der Amerikaner beschneidet, baut auf dem wenig bekannten FISA-Gesetz auf, dem Türöffner für heimliche Schnüffelei. Verabschiedet wurde es zu Zeiten des Kalten Krieges und kurz nach der Entdeckung von Überwachungsskandalen, für die das FBI und die CIA verantwortlich waren.

Durch das FISA-Gesetz wurde ein geheimes staatliches Gericht geschaffen, der *Foreign Intelligence Surveillance Court* (FISC). Dieses Gericht tritt absolut geheim zusammen, um routinemäßig verdeckte Überwachungen von Ausländern durch die Nachrichtendienste zu genehmigen. Alle Gesuche an das Gericht müssen zuvor vom Justizminister genehmigt werden. Entweder arbeitet der FISC extrem effizient, oder aber die Richter (ehemals sieben, nach dem PATRIOT Act elf an der Zahl) halten sich nicht lange auf mit den Feinheiten der Verfassung, denn von zwölftausend Gesuchen wegen geheimer Überwachungen oder Razzien, die während der ersten dreiundzwanzig Jahre des FISC eingingen, wurde nicht eines abschlägig beschieden. Das geschah erst 2003, dann aber gleich viermal.

Warum werden die Überwachungsanfragen an den FISC neuerdings so genau unter die Lupe genommen? Es liegt an Bestimmungen des PATRIOT Act, die von der Bush-Regierung entworfen wurden, woraufhin die Führung des Kongresses und des Senats den erforderlichen Feinschliff übernahm, denn nach dieser Änderung waren von dem FISA-Gesetz auch Amerikaner betroffen.

Obwohl das FISA-Gesetz ursprünglich Einschränkungen beinhaltet und noch einmal überprüft werden sollte bezüglich Überwachungsaktionen ohne Genehmigung und Razzien ohne Durchsuchungsbeschluss, die im Namen der »nationalen Sicherheit« erforderlich seien, hat die Erweiterung des Gesetzes durch den PATRIOT Act und seine Überarbeitung zu einer Erosion verschiedener verfassungsmäßig garantierter Rechte und grundlegender juristischer Verfahrensweisen geführt, die bis auf die englische Magna Carta zurückgehen.

Churchs Warnung, die Bespitzelungsmöglichkeiten der NSA könnten sich auch gegen die Amerikaner richten, wurde dreißig Jahre später Realität, als Präsident George W. Bush die NSA anwies, Amerikaner zu überwachen, ohne zuvor die Genehmigung des FISC oder eines anderen Gerichts einzuholen. Im Jahr 2006 wurde außerdem bekannt, dass die NSA bereits heimlich Telefonverbindungsdaten von Millionen Amerikanern gesammelt hatte, wobei sie auf die Daten der drei größten amerikanischen Telekomunternehmen zurückgegriffen hatte, *AT&T, Verizon* und *BellSouth*. Dies geschah, als die NSA unter der Leitung von General Michael Hayden stand, der 2006 zum Direktor der CIA ernannt wurde.

Während der Bush-Jahre wurden das Abhören von Telefonaten und andere Bespitzelungsmaßnahmen brisante politische Themen, nachdem die *New York Times* enthüllt hatte, dass ein geheimes elektronisches Überwachungsprogramm seit Jahren ohne gerichtliche Genehmigung Informationen über amerikanische Bürger gesammelt hatte. Die Kontroverse nahm im Jahr 2006 an Schärfe zu, als berichtet wurde, Präsident Bush habe die NSA angewiesen, Amerikaner elektronisch zu überwachen, um Verdachtsmomente zu eruieren, ob Terroristen unter ihnen sein könnten.

Interessant ist, dass Teile des PATRIOT Act bereits existierten, bevor George W. Bush Präsident wurde. Ein Teil des Gesetzes war bereits 1998 im Kongress eingebracht, aber nicht verabschiedet worden. Es wurde dann 2001 rechtskräftig.

Während der Clinton-Ära herrschte für kurze Zeit große Aufregung wegen geplanter neuer Vorschriften für die Banken, die von diesen verlangen sollten, staatliche Stellen über große Einzahlungen, Abhebungen und ungewöhnliche finanzielle Aktivitäten zu informieren. Beschönigend unter dem Motto »Kennen Sie Ihren Kunden« propagiert, waren diese Vorschriften der Schritt in eine neue Zeit, wo gesetzestreue Bürger möglicherweise in die Lage kommen könnten, Gesetzeshütern ihre finanziellen Angelegenheiten erklären zu müssen.

Nach diesen Vorschriften hätten Banken ein Profil jedes Kunden erstellen und Abweichungen davon melden müssen. Wenn beispielsweise jemand sein Auto verkauft und das Geld auf sein Konto eingezahlt hätte, wäre die Bank verpflichtet gewesen, dies einer staatlichen Stelle zu melden. Der Computer der Bank hätte die Transaktion markiert, weil das durch den Autoverkauf eingenommene Geld gemessen an den bisherigen Einzahlungen des Kunden eine ungewöhnlich große Summe gewesen wäre. Nach der Benachrichtigung staatlicher Behörden hätten sich FBI-Beamte auf den Weg gemacht, um bei einer Befragung des Kunden herauszufinden, ob er nicht vielleicht ein Drogendealer oder Terrorist sei.

Im Jahr 1998 hatte der Abgeordnete Ralph Paul vor, eine Gesetzesvorlage einzubringen, die diesem aufdringlichen Vorhaben Einhalt gebieten sollte, doch wegen einer aufgebrachten Öffentlichkeit konnte er sich die Arbeit sparen. Die Drahtzieher hinter dem Plan, die *Federal Deposit Insurance Corp.*, das Bundesfinanzamt und andere Regierungsbehörden machten schnell einen Rückzieher. Pauls Prognose war einigermaßen prophetisch: »Trotzdem glaube ich, dass sie das nicht stoppen, sondern nur bremsen wird.«

Er sollte recht behalten. Fast alle Bestimmungen des Programms »Kennen Sie Ihren Kunden« finden sich jetzt im PATRIOT Act.

Dieses Gesetz kann die Bürger darin beeinträchtigen, ihr gewohntes Leben zu führen. Es kann dafür verantwortlich sein, dass ihr Bankkonto markiert wird, wenn sie einen bestimmten Geldbetrag einzahlen oder abheben und dieser Betrag sich verändert. Einst musste eine staatliche Stelle informiert werden, wenn es um einen Geldbetrag ging, der höher als 10 000 Dollar war. Im Jahr 2010 ist der Betrag auf 5000 gesunken. Zu Beginn des Jahres 2006 wollten Walter Soehnge, ein pensionierter Lehrer aus Rhode Island, und seine Frau eine große Kreditkartenschuld begleichen, die sie mit einer JC Penney MasterCard angehäuft hatten. Sie schickten einen Scheck über 6500 Dollar, um sich ihrer Schulden zu entledigen. Als das Ehepaar herausfand, dass das Geld auf ihrem Konto nicht gutgeschrieben worden war, fragten sie nach. Man sagte ihnen, wenn eine Summe sehr viel größer als gewöhnlich sei, müsse das Heimatschutzministerium informiert werden. Das Geld werde einbehalten, bis eine Gefahreneinschätzung vorgenommen worden sei.

Schließlich wurde das Geld freigegeben, was jedoch nichts daran änderte, dass das Ehepaar nie herausfand, warum eine größere Kreditkartenschuld und ihre Begleichung die nationale Sicherheit gefährden sollten.

»Wenn es mir passiert, kann es auch anderen zustoßen«, sagte Soehnge.

Selbst nachdem der Kongress den PATRIOT Act im Jahr 2006 abgeändert hatte, enthielt er immer noch Passagen, die Bürgerrechtler und einige Kongressabgeordnete beunruhigten, unter ihnen C. L. »Butch« Otter aus Idaho. Er war einer von drei Republikanern, die das ganze Gesetz von Anfang an als potenziell verfassungswidrig einschätzten. Ein Paragraf definierte es als strafbar, wenn ein Bürger einem anderen erzählen sollte, die Behörden hätten sein Eigentum oder seine geschäftlichen Unterlagen durchsucht. »Paragraf 215 ermächtigt das FBI, mit dem Durchsuchungsbeschluss eines geheimen Bundesgerichts beliebige geschäftliche Unterlagen zu beschlagnahmen«, sagte Otter. »Dem Empfänger eines solchen Beschlusses ist es untersagt, irgendjemandem davon zu erzählen. Das verstößt gegen den 1. Zusatzartikel der Verfassung, der das Recht auf freie Meinungsäußerung garantiert, und gegen den 4. Zusatzartikel, der die Unverletzlichkeit des Privateigentums festschreibt. Einige dieser Bestimmungen geben den Strafverfolgungsbehörden mehr Macht, als es sich unsere Gründerväter je hätten träumen lassen. Sie beeinträchtigen ernsthaft die bürgerlichen Freiheiten gesetzestreuer Amerikaner. Dieses Gesetz, mag es auch mit guten Absichten ausgearbeitet worden sein, wimmelt von Verletzungen der Verfassung, denen ich nicht zustimmen kann.«

Das Thema der Strafandrohung gegen Personen, die darüber reden, wie Strafverfolgungsbehörden in die Privatsphäre eindringen, war ein umstrittener Punkt, als der Kongress Ende 2005 den PATRIOT Act erneuerte. Paragraf 215 enthält eine Klausel mit einem »Maulkorberlass«, die der Kongress erst beibehielt, nachdem hinsichtlich der Formulierung ein Kompromiss gefunden worden war. Mit dem Maulkorberlass wird folgendes Szenario Wirklichkeit: Wenn der Kleinbetrieb einer Person vom FBI durchsucht wird, ist es dieser Person untersagt, irgendjemandem vom Besuch der Bundespolizei zu erzählen. Durch den Kompromiss wurde bloß erreicht, dass die Gültigkeit des Maulkorberlasses auf ein Jahr nach der Durchführung der geheimen Razzia beschränkt blieb. Trotzdem ist ein Jahr eine zu lange Wartezeit für jeden Amerikaner, der besser sofort wissen sollte, dass seine Regierung die Bürger ausspionieren lässt.

Es ist nicht weiter überraschend, dass dieser Kompromiss Journalisten als nicht ausreichend erschien. In einem Leitartikel der *New York Times* war dazu zu lesen: »Der Kompromiss ignoriert außerdem ein anderes Problem des Paragrafen 215 – er gestattet es der Regierung, aufs Geratewohl zu ermitteln und Amerikaner ausspionieren zu lassen, die keinerlei Verbindungen zu Terroristen oder ausländischen Mächten haben. Um an einen Gerichtsbeschluss heranzukommen, sollte die Regierung verpflichtet sein, genau offenzulegen, dass es eine Verbindung zwischen den von ihr gesuchten Informationen und einem Terroristen oder Spion gibt.«

Angesichts der Tatsache, dass die Vereinigten Staaten am 11. September angegriffen worden waren und im Irak kämpften, argumentierte Justizminister Alberto Gonzales öffentlich, in Kriegszeiten sei es rechtmäßig, wenn ein Präsident die eigenen Bürger ausspionieren lasse. Als aber Mitglieder des Rechtsausschusses des Senats wissen wollten, warum es für einen Kriegspräsidenten rechtmäßig sei, die Öffentlichkeit auszuspionieren, lehnte es das Weiße Haus ab, der Geheimhaltung unterliegende juristische Dokumente herauszurücken, auf denen Gonzales' Argumentation beruhte.

Kritiker sagten, die Praxis der NSA, ohne richterliche Genehmigung Überwachungsaktionen durchzuführen, sei nicht nur eine Verletzung des verfassungsmäßig garantierten Schutzes der Privatsphäre, sondern auch ineffektiv, weil die Sicherheitsbehörden durch das Verfolgen einer Unmenge schlechter Spuren tendenziell eher paralysiert würden. Außerdem sahen sie in dem Überwachungsprogramm eine verhängnisvolle Stärkung der Exekutive. »Die Geschichte erteilt uns eine Lektion«, sagte Bruce Fein, während der Reagan-Jahre Staatssekretär im Justizministerium. »Wird die Macht nicht kontrolliert, wird sie missbraucht.«

Nadine Strossen, Juraprofessorin an der *New York University* und Vorsitzende der *American Civil Liberties Union,* war nach der Lektüre des PATRIOT Act ebenfalls entsetzt. Ihrer Meinung nach haben viele Bestimmungen des Gesetzes wenig oder gar nichts mit der Bekämpfung des Terrorismus zu tun.

»Zwischen dem 11. September und dem, was in diesem Gesetz steht, gibt es keine Verbindung«, sagte Strossen. »Die meisten Bestimmungen gelten nicht nur für terroristische Verbrechen, sondern für kriminelle Aktivitäten im Allgemeinen. Das war schon so bei dem Antiterrorgesetz aus dem Jahr 1996. Die meisten Möglichkeiten der Überwachung wurden im Kampf gegen Drogen, Glücksspiel und Prostitution genutzt.«

Strossen hatte recht. Im Jahr 2005 wurden die Bestimmungen des PATRIOT Act oft in anderen Fällen als solchen der Terrorbekämpfung angewendet. Mark Mueller schrieb im *New Jersey Star-Ledger:* »Obwohl das Justizministerium behauptet, in solchen Fällen werde nicht routinemäßig auf den PATRIOT Act zurückgegriffen, zeigt die Lektüre von Regierungs- und Kongressunterlagen, dass er hundertfach angewendet wurde gegen Drogendealer, Computerhacker und Entführer, außerdem in Fällen von bewaffnetem Raubüberfall und der Verbreitung von kinderpornografischem Material. Im Bundesstaat Washington beriefen sich Ermittler auf das Gesetz, um heimlich einen unter der amerikanisch-kanadischen Grenze hindurchführenden Tunnel zu verwanzen, der von Drogenkurieren angelegt worden war und genutzt wurde. In Las Vegas wurden unter Berufung auf das Gesetz die Bankunterlagen des Besitzers eines Stripteaselokals beschlagnahmt, der im Verdacht stand, Lokalpolitiker bestochen zu haben.«

Kelly O'Meara, eine Enthüllungsjournalistin, wies darauf hin, dass es ein ähnliches Antiterrorgesetz Ermittlern in England erlaubt, von Internetprovidern Informationen über ihre Kunden zu verlangen. Das britische Gesetz wird jetzt auch bei kleineren Kriminaldelikten und der Steuerfahndung angewendet, sodass es vermutlich nicht lange dauern wird, bis diese heimtückische Umgehung ehemaliger Rechte auch in Amerika stattfindet.

Obamas Position bezüglich der elektronischen Überwachung änderte sich während des Präsidentschaftswahlkampfes des Jahres 2008. Zuerst hisste er noch die Weiße Flagge und war dagegen, Telekomunternehmen Immunität zu gewähren, um sie gegen Prozesse von Amerikanern zu schützen, die durch das Regierungsprogramm zur elektronischen Datensammlung ihre Privatsphäre verletzt sahen. Doch dann, im Juli 2008, stimmte der damalige Senator Obama, sich über alle Einwände von Liberalen hinwegsetzend, für die Erweiterung des Foreign Intelligence Surveillance Act, der den Telekomunternehmen diese Immunität zusichert.

Obamas Schlingerkurs veranlasste Tucker Bounds, einen Sprecher des Wahlkampfteams von John McCain, zu folgender Bemerkung: »Er hat kein Problem damit, seine Meinung zu ändern, Wahlkampfversprechen zu brechen und seinen eigenen Worten untreu zu werden, um in ein höheres Amt zu gelangen.« Vielleicht sollte man darauf hinweisen, dass McCain wegen einer Wahlkampfveranstaltung in Pittsburgh bei der Abstimmung nicht anwesend war.

Viele Liberale im Rechtsausschuss des Kongresses wollten, dass die Überwachungsexzesse der Bush-Regierung korrigiert werden. Trotzdem sagte Todd Hinnen, Stellvertreter des Vizejustizministers, vor dem Ausschuss, auch wenn die Obama-Regierung bereit sei, einen besseren Schutz der Privatsphäre auszuhandeln, bestehe sie doch darauf, hinsichtlich der Verfolgung von Verdächtigen und der Beschlagnahmung von Unterlagen an den bestehenden Möglichkeiten festzuhalten.

John Conyers, Demokrat aus Michigan und Vorsitzender des Ausschusses, sagte zu Hinnen: »Sie klingen wie viele dieser Leute, die früher aus dem Justizministerium zu uns kamen.« Conyers stellte nicht klar, dass die Leute aus dem Justizministerium Angehörige der Bush-Administration waren.

Die *Electronic Frontier Foundation* (EFF), eine in den Vereinigten Staaten ansässige, aber international aktive Nonprofitorganisation zur Verteidigung der bürgerlichen Rechte in der digitalen Welt, wehrte sich Anfang 2009 gegen die elektronische Überwachung, indem sie die *National Security Agency* wegen millionenfachen Abhörens ganz normaler Amerikaner verklagte. Im April desselben Jahres beantragte die Obama-Regierung, die Klage nicht zuzulassen. Obama verteidigte seine Entscheidung, indem er sich das Argument der Bush-Regierung zu eigen machte, Gerichte könnten nicht über die Rechtmäßigkeit des Vorgehens der NSA entscheiden, ohne Genehmigung Telefongespräche abzuhören. Darüber hinaus würden bei einem Verfahren »Staatsgeheimnisse« ans Licht kommen.

»Präsident Obama hat den Amerikanern eine neue Ära der Transparenz, der Verantwortlichkeit und des Respekts vor den bürgerlichen Freiheiten versprochen«, bemerkte Kevin Bankston, ein Anwalt der EEF. »Aber das Justizministerium der Obama-Regierung setzt Bushs Vertuschung der Überwachung von Millionen von Amerikanern durch die NSA fort. Es besteht darauf, das breit diskutierte Programm zum Abhören ohne Genehmigung sei weiterhin ein ›Geheimnis‹, für dessen Beurteilung Gerichte nicht zuständig sind. Es ist ein echtes Déjà-vu-Erlebnis.«

Als er gefragt wurde, was wohl die Gründerväter des Landes dazu gesagt hätten, was der PATRIOT Act in der Praxis bedeute, sagte der Kongressabgeordnete Ron Paul lachend: »Unsere Vorfahren würden denken, dass es an der Zeit ist für eine Revolution. Deshalb haben sie damals revoltiert. Aber sie revoltierten gegen eine sehr viel mildere Form der Unterdrückung.«

Magic Lantern, Fluent, D'tective, Encase

Die Globalisierer haben sich nicht damit begnügt, den Informationsfluss im Internet zu untergraben und zu neutralisieren. Die Strafverfolgungsbehörden besitzen ein Programm namens »Key Logger«, das mittels eines an einen Virus erinnernden Programms heimlich auf Computern installiert werden kann. Dieses Programm mit dem Codenamen »Magic Lantern« erlaubt es, durch die Aufzeichnung jedes Tastendrucks Passwörter abzufangen. Diese Passwörter können dann benutzt werden, um Zugang zu verschlüsselten Dateien zu erhalten. Das FBI hat zugegeben, kürzlich bei einer Ermittlung wegen illegalen Glücksspiels ein solches Programm benutzt zu haben.

Solche Methoden der Strafverfolgungsbehörden könnten im Sinne der Öffentlichkeit sein, wenn sie sich gegen Kriminelle richteten. William Newman, Vorsitzender der ACLU im Westen Massachusetts, befürchtet allerdings, die »Laterna Magica« könne problemlos eingesetzt werden, um jeden Amerikaner auszuspionieren. Er wies darauf hin, Strafverfolgungsbehörden hätten mittlerweile »zum Surfverhalten und zum E-Mail-Postfach des Nutzers denselben Zugang wie früher zu Telefonverbindungsdaten.« Er sagte, hier könnten Kompetenzen leicht überschritten werden. »Und die Geschichte des FBI lehrt uns, dass sie genau das tun werden.«

Im Jahr 2007 erschien im Magazin *Wired* ein Artikel, in dem dessen Herausgeber Kevin Poulsen (ein ehemaliger Hacker) darüber schrieb, wie das FBI ein an »Magic Lantern« erinnerndes Programm benutzte, um einen Teenager zu fassen, der Bombendrohungen verbreitet hatte. Laut Poulsen lieferten Gerichtsunterlagen »den ersten Einblick in die längst vermutete Spywarekollektion des FBI. Hier werden Techniken benutzt, die man eher bei Computerkriminellen erwarten würde.« In einer beeidigten Erklärung an den *U. S. District Court* im westlichen Gerichtsbezirk von Washington beschrieb der FBI-Beamte Norman Sanders die Software als »Identifizierungs- und Verifikationsprogramm für Computer und Internetprotokolladressen«.

Poulsen erklärte, diese Software sei »an den Inhaber eines anonymen MySpace-Profils« geschickt worden, von dem aus sich eine Verbindung »zu Bombendrohungen gegen die *Timberland High School* in der Nähe von Seattle« ergeben habe. »Der Code führte das FBI zu dem fünfzehnjährigen Josh Glazebrook, einem Schüler dieser Schule, der sich als Urheber der Bombendrohungen schuldig bekannte und außerdem Identitätsklau und Mobbing eingestand.«

Im Juli 2007 bestätigte der *Ninth U. S. Circuit Court* das Urteil eines Washingtoner Gerichts, nach dem diese Art von Computerüberwachung ohne spezielle Genehmigung rechtlich zulässig sei, weil Internetnutzer »vernünftigerweise keinen Schutz der Privatsphäre erwarten« könnten, wenn sie online seien.

Strafverfolgungsbehörden und Geheimdienste arbeiten unablässig daran, neue Technologien zu entwickeln, die im Kampf gegen den Terrorismus angeblich unverzichtbar sind. So entwickelt die CIA beispielsweise ein Programm namens »Fluent«, das ausländische Webseiten auf Anhaltspunkte für terroristische Aktivitäten durchsucht und englische Übersetzungen ins Hauptquartier in Langley zurückübermittelt. Fluent könnte in Verbindung mit »Oasis« eingesetzt werden, einem Programm, das internationale Radio- und Fernsehsendungen ins Englische übersetzt. Das FBI und einige Polizeibehörden nutzen jetzt eine Software namens »D'tective«, um finanzielle Transaktionen aufzuzeichnen und mit extrem verbesserten Videoaufzeichnungen von Überwachungskameras in Banken abzugleichen. Das FBI arbeitet sogar an Techniken, um zerstörte Videokassetten und Disketten wiederherzustellen, selbst dann, wenn sie zerschnitten und ins Wasser geworfen wurden. Ein Programm mit dem Namen »Encase« kann gelöschte Dateien wieder sichtbar machen und auf jedem Computer nach belastenden Dokumenten suchen. Diesen Software wurde nach dem 11. September vom FBI benutzt.

Im Jahr 2010 wurde ein Gerät getestet, das einen elektromagnetischen Puls aussendete, durch den der Motor jedes beliebigen Fahrzeugs funktionsuntauglich gemacht werden kann. Die Entwickler hofften, der Polizei in absehbarer Zeit ein tragbares Modell zur Verfügung stellen zu können. Sie sagten, das sei das Ende gefährlicher Verfolgungsjagden.

Diese umfassende Überwachungstechnologie könnte potenziell zu Horrorszenarien führen, wie etwa dem, das Russ Kick entwarf, ein Redakteur von *Village Voice:* »Sie sind gerade angerufen worden, weil Ihre Schwester im Krankenhaus liegt und in Lebensgefahr schwebt. Also springen Sie in Ihr Auto und geben Gas. Das Problem ist, das Tempolimit liegt bei dreißig Meilen pro Stunde, und Ihr Wagen lässt Sie nicht schneller fahren. Aber vielleicht haben Sie ja Glück und besitzen ein Auto, das Sie immer noch mit der von Ihnen gewünschten Geschwindigkeit fahren lässt. Ein Polizist winkt Sie an den Straßenrand und verlangt eine Speichelprobe, damit er sofort Ihre DNS mit den in einer Datenbank abgespeicherten

Genen von Kriminellen abgleichen kann. Sie weigern sich und werden verhaftet. Nachdem die Cops die Personalien aufgenommen haben, zwingen sie Sie, sich den ›Gehirnfingerabdruck‹ abnehmen zu lassen. Das ist eine Technologie, die ermittelt, ob Erinnerungen an gesetzeswidrige Vorfälle in Ihrem Gehirn abgespeichert sind. Jetzt denken Sie, dies sei ein Worst-Case-Szenario, ein Science-Fiction-Albtraum. Vergessen Sie's, wachen Sie auf, riechen Sie den Polizeistaat. Diese Technologien – und etliche mehr – sind bereits im Einsatz.«

Der National ID Act

Seit Jahren haben Experten in den Medien immer wieder die Einführung eines nationalen Personalausweises vorgeschlagen, aber die Kritik von Bürgerrechtlern hat die Empfänglichkeit der Öffentlichkeit für eine solche Idee stets gedämpft – bis jetzt.

Selbst als die Panik nach dem 11. September im Jahr 2002 abzuklingen begann, sprach der Abgeordnete Jim Moran aus Virginia weiter von einer zunehmenden Besorgnis hinsichtlich terroristischer Anschläge und brachte im Kongress eine Gesetzesvorlage ein, die den Namen Driver's License Modernization Act of 2002 trug. Das geplante Gesetz sah einheitliche Standards für Führerscheine in allen fünfzig Bundesstaaten und Washington, D. C. vor. Am verstörendsten war jedoch, dass es Bestimmungen enthielt, nach denen eine nationale Datenbank sowie ein landesweites Identifikationssystem eingeführt werden sollten. Morans Gesetzesvorlage griff einen Plan des Kongresses auf, welcher das Verkehrsministerium aufforderte, »intelligente« Führerscheine zu entwickeln. Sie sollten integrierte, programmierbare Computerchips enthalten, und die auf ihnen gespeicherten Informationen sollten von Strafverfolgungsbehörden im ganzen Land gelesen werden können.

»Das ist eher ein nationales Identifikations*system,* eine Vernetzung der Datenbanken der Straßenverkehrsämter über die Grenzen der Bundesstaaten hinaus und mit ein paar zusätzlichen Sicherheitsfeatures«, schrieb Frank Pellegrini von *Times.com.* »Der Kongress hofft, dass dieser Plan einfacher und kostengünstiger umzusetzen ist als die Einführung eines Personalausweises. Außerdem setzt man darauf, dass er weniger den Zorn von Talkshowrunden, Bürgerrechtlern und jenen Leuten erregen wird, die auf die Eigenständigkeit der Bundesstaaten pochen (die Nörgler, die schon 1908 gegen die Gründung des FBI waren). Aber all das ist Augenwischerei – fünfzig verschiedene Identitätskarten untereinander vernetzter Bundesstaaten sind zusammengenommen so ziemlich dasselbe wie eine nationale ID Card, genauso wie all diese schönen neuen Fünfundzwanzigcentmünzen immer noch fünfundzwanzig Cent wert sind, unabhängig davon, welcher Bundesstaat sie geprägt hat.«

Ein anderes Gesetz – der Rearing and Empowering America for Longevity against Acts of International Destruction Act (REAL ID) – wurde 2005 verabschiedet, um Standards zu setzen, damit alle Führerscheine für »offizielle Zwecke« genutzt werden könnten, die das Heimatschutzministerium definierte. Dazu gehörten das Betreten von Regierungsgebäuden und das Einchecken bei Linienflügen. Aber die Bundesstaaten widersetzten sich dem Plan, und zwar nicht etwa, weil sie sich um Datenschutz oder die Kontrolle der Bürger gesorgt hätten, sondern weil ihnen dessen Umsetzung zu teuer gewesen wäre. Im Jahr 2008 wurde allen Bundesstaaten eine Bedenkzeit eingeräumt, und während die allgemeine Besorgnis wegen des REAL-ID-Projekts wuchs, hatten im Oktober 2009 schon fünfundzwanzig Bundesstaaten beschlossen, nicht daran teilzunehmen.

Ohne die Rebellion der Bundesstaaten zu erwähnen, gab Heimatschutzministerin Janet Napolitano im April 2009 bekannt, sie arbeite gemeinsam mit mehreren Gouverneuren daran, einen neuen Anlauf zu nehmen, um den REAL ID Act durchzusetzen.

Napolitano, ehemals Gouverneurin von Texas, sagte dazu, ihr schwebe »etwas anderes vor als die Sache mit den Führerscheinen«. Doch es gehe darum, »einige der gleichen Ziele zu erreichen«. Abschließend fügte sie hinzu: »Und wir hoffen, ziemlich schnell in der Lage zu sein, einen Plan vorzustellen.«

Ein Chip in der Schulter

Freiheitsliebende Bürger waren hocherfreut darüber, dass aus Morans Initiative kein Gesetz wurde und dass der folgende REAL ID Act von den Parlamenten etlicher Bundesstaaten abgelehnt wurde. Trotzdem geben die meisten von ihnen jetzt Führerscheine mit Magnetstreifen aus, auf denen von Computern lesbare Informationen abgespeichert sind.

Doch nicht nur auf den Magnetstreifen von Führerscheinen sind Informationen abgespeichert. New York City war eine der ersten Großstädte, in denen Pläne bekannt gegeben wurden, bei den 250 000 städtischen Angestellten Identitätskarten mit integrierten Mikrochips auszuprobieren. Etwa 50 000 Mitarbeiter des *New York Police Department* erhielten die auf dem neuesten Stand der Technik befindlichen Plastikkarten mit Mikrochips, Hologrammen und anderen Sicherheitsfeatures gegen Diebstahl. Auf der Vorderseite dieser mit einem Bild des Inhabers versehenen ID Card prangt die Freiheitsstatue, und es gibt zwei Chips. Auf einem sind Finger- und Handabdrücke gespeichert, auf dem anderen persönliche Daten, darunter die Blutgruppe und Notfalltelefonnummern. Polizeivertreter sagten, die Karte solle in Verbindung mit biometrischen Scannern verwendet werden, um sicherzustellen, dass sie auch von dem Karteninhaber benutzt wird. Außerdem hofften sie durch Vermeidung bürokratischen Aufwands Geld zu sparen, weil mittels der auf der Karte abgespeicherten Arbeitsstunden am Computer erstellte Gehaltsschecks versendet werden könnten.

Frank Pellegrini vom Magazin *Time* warnte davor, der Kampf um die Wahrung der Privatsphäre sei verloren, wenn die Bürger gezwungen wären, solche ID Cards zu präsentieren. »Der Durchschnittsamerikaner wird seinen Führerschein bald nicht mehr wiedererkennen«, schrieb er, »und mit den Verkehrsvorschriften hat das alles herzlich wenig zu tun. Aber festgenommen werden kann man nur, wenn man *ohne* Führerschein fährt. Wenn es in den Vereinigten Staaten so ähnlich läuft wie in Zimbabwe, wo im November 2001 ein Gesetz verabschiedet wurde, das jeden Bürger unter Androhung einer Geld- oder Gefängnisstrafe zwingt, einen Identitätsnachweis bei sich zu tragen, ist die Zeit gekommen, sich ernsthafte Sorgen zu machen.«

Im Jahr 2002 warnte Steven Yates vom *Ludwig von Mises Institute:* »Um es auf den Punkt zu bringen – der Driver's License Modernization Act von 2005 würde die Einführung eines umfassenden nationalen ID-Systems mehr als je zuvor begünstigen. Die aktuelle Entschuldigung besagt, extreme Maßnahmen seien unabdingbar, ›um uns vor dem Terrorismus zu schützen‹.

Wie sehr sich dieses Land seit dem 11. September verändert hat, sieht man daran, dass niemand den Driver's License Modernization Act öffentlich als verfassungswidrig und unvereinbar mit den Prinzipien einer freien Gesellschaft kritisiert hat. In den Neunzigern hatten wir die offensichtlich korrupte Clinton-Regierung, aber es gab eine bedeutsame Opposition gegen den Machthunger des Staats. Jetzt haben wir Bush den Jüngeren, der vor allen von den ›Neocons‹ geliebt wird, die in ihm einen der ihren sehen und glauben, dass er nichts falsch machen kann […]. Die langsame Umzingelung gesetzestreuer Bürger durch nationale ID-Technologie würde ein solches Ziel [Globalisierung oder die Errichtung einer Neuen Weltordnung] näher rücken lassen, aber wenig oder nichts zum Schutz vor dem Terrorismus beitragen.«

Yates prognostizierte eine furchterregende Zukunft, in der das FBI einen Dissidenten »kaltstellen« könnte, indem es seine abgespeicherten persönlichen Daten umprogrammiert. Scanner würden den Dissidenten nicht erkennen, und er würde offiziell unsichtbar. Er könnte weder Auto fahren noch legal arbeiten, weder ein Bankkonto haben noch etwas auf Kredit kaufen, ja nicht einmal zum Arzt gehen. »Wollen wir irgendjemandem eine solche Macht anvertrauen?«, fragte er.

In der Privatwirtschaft ist es bereits gängige Praxis, daran zu arbeiten, dass Menschen durch Computersysteme identifiziert werden können. Ende Oktober

2002 rief *Applied Digital Solutions, Inc.*, ein Hightechunternehmen mit Sitz in Palm Beach, Florida, für seinen neuen, subkutan implantierten Mikrochip zur Identifikationsverifikation den Slogan »Get Chipped« aus. Der »VeriChip« ist laut Werbematerial der Firma »zwölf Millimeter mal zwei Millimeter groß und reagiert auf Hochfrequenzen [...]. Auf ihm ist eine individuelle Identifikationsnummer abgespeichert. Ein externer Scanner emittiert Funkfrequenzen, die durch die Haut dringen und den schlummernden VeriChip aktivieren, der daraufhin ein Signal aussendet, das die Verifikationsnummer enthält. Die Nummer erscheint dann auf dem Display des Scanners und wird von autorisierten Personen via Telefon oder Internet an einen sicheren Datenspeicher geschickt.«

Der Chip kann genutzt werden, um sich Zutritt zu für die Öffentlichkeit nicht zugänglichen Orten zu verschaffen, etwa zu Regierungsgebäuden, Atomkraftwerken, Forschungslaboren oder Gefängnissen, entweder autonom oder in Verbindung mit existierenden Sicherheitstechnologien wie Retina- oder Fingerabdruckscannern oder Gesichtserkennungsprogrammen. Mitarbeiter von *Applied Digital Solutions* glauben, dass der Chip schließlich bei einer breiten Palette von Produkten des täglichen Gebrauchs Verwendung finden wird, etwa bei PCs, Laptops, Handys, Autos, Häusern und Wohnungen. Sie sagten, der implantierte Mikrochip werde dem Identitätsklau vorbeugen und im Krieg gegen den Terror hilfreich sein.

Es gibt »VeriChip-Zentren« in Arizona, Texas und Florida, und die Firma schickt außerdem im Rahmen ihrer »Get Chipped«-Werbekampagne ein »Chip-Mobile« auf Reisen. Diese Kampagne begann nur einige Tage nach der Entscheidung der nationalen Gesundheitsbehörde, die entschied, der Chip sei kein speziellen Vorschriften unterliegendes medizinisches Gerät.

Tommy Thompson, ehemals Gouverneur von Wisconsin und Gesundheitsminister der Bush-Regierung, saß kurz darauf im Vorstand von *VeriChip*. Er sagte, er wolle sich den Chip implantieren lassen und forderte die Amerikaner auf, seinem Beispiel zu folgen, damit in einem Notfall ihre elektronische Krankenakte abrufbar sei.

Anfang 2006 gab es zunehmend die berechtigte Befürchtung, die Implantation des Chips könnte Vorschrift werden. Ein in Cincinnati ansässiges Unternehmen für Videoüberwachung namens *CityWatcher* verlangte von Mitarbeitern seines durch hohe Sicherheitsvorkehrungen geschützten Datenzentrums, sie müssten sich den VeriChip implantieren lassen.

Viele befürchteten auch, der Mikrochip könnte bei den Impfungen gegen die Schweinegrippe verwendet worden sein. Im September 2009 gab die *VeriChip Corp.* bekannt, der Wert ihrer Aktien habe sich verdreifacht, nachdem dem Unternehmen eine Exklusivlizenz für Patente für »implantierbare Virenerkennungssysteme« zugesprochen worden war. Das System verwendet Biosensoren, die den

Schweinegrippevirus und andere Viren erkennen, und sollte mit dem Hochfre-
quenzidentifikationssystem der VeriChips kombinierbar sein, um Virenerkennungssysteme zu entwickeln – Mikrochips im Blutkreislauf, die Informationen an
ein Lesegerät senden.

Der Einsatz von GPS-Geräten erinnert an den Film *Running Man* aus dem Jahr
1987, in dem Arnold Schwarzenegger ein Halsband trägt, das explodieren und
seinen Kopf in die Luft jagen würde, wenn er ein bestimmtes Gebiet verließe.
Wen die Massenimplantation von Mikrochips allenfalls an einen Science-Fiction
Film denken lässt, sollte sich an den riesigen Pharmakonzern *Novartis* erinnern,
der bereits einen Mikrochip entwickelt hat, welcher den Patienten daran erinnert,
dass er seine Medikamente einnehmen muss. Dies geschieht durch das Senden
eines Signals an einen in die Schulter des Patienten implantierten Chip. Die Pille
selbst enthält einen kleinen, »harmlosen« Mikrochip, der das Signal gibt. Falls der
Patient es versäumt, das Medikament innerhalb eines festgelegten Zeitraums
einzunehmen, erinnert der in die Schulter implantierte Chip den Patienten oder
einen Pfleger daran, dass die Arznei eingenommen werden muss. Joe Jiminez,
Chef der Arzneimittelabteilung von *Novartis*, sagte, bis Ende 2009 sei das Zusam-
menspiel der beiden Chips an zwanzig Personen getestet worden.

Man sollte nicht darauf zählen, dass Bürgerrechtsorganisationen wie die *American Civil Rights Union* immer zuerst an der Wahrung des Rechts auf Schutz der
Privatsphäre interessiert sind. Ende 2002 gab die ACLU einem elektronischen
System ihren Segen, das mittels GPS-Satelliten Verdächtige und Kriminelle auf-
spürt. Dieses »VeriTracks«-System wurde von dem in Arlington, Virginia, ansässigen Unternehmen *Veridan* entwickelt und kann tatsächlich die Bewegungen
von verurteilten Verbrechern und Verdächtigen im Auge behalten. Es kann sogar
erkennen, ob der Aufenthaltsort einer Person sich in einer Gegend mit hoher Kri-
minalitätsrate oder in der Nähe eines Tatorts befindet, was auf einen Gesetzesver-
stoß hindeuten könnte. Strafverfolgungsbehörden können »elektronische Zäune«
um Gebiete herum errichten, die nicht betreten werden dürfen von Personen, die
ein GPS-Gerät von der Größe eines Mobiltelefons an ihrem Gürtel und eine elektronische Fußfessel tragen, die als elektronischer Haltestrick in Verbindung mit
dem GPS-Receiver fungiert, der exakt den Aufenthaltsort der Person aufzeichnet.
Sollte diese sich außerhalb des vorgeschriebenen Bereichs aufhalten, wird die
Polizei durch ein Signal informiert und ein Streifenwagen losgeschickt. Nachts
muss der Träger das Gerät in eine Ladestation stecken, um die Batterien aufzula-
den und die Daten an ein Polizeiquartier zu übermitteln, wo überprüft wird, ob
der Betreffende sich an irgendwelchen Tatorten aufgehalten hat.

Wie bringt man jemanden dazu, dieser Form der Überwachung zuzustimmen?
Sheriff Don Eslinger aus dem Seminole County in Florida gibt folgende Antwort:
»Entweder man trägt die Fußfessel und das GPS-Gerät, oder man wandert in den

Knast. Viele finden die erste Möglichkeit sehr viel angenehmer, als in einer kalten Gefängniszelle zu sitzen. Außerdem sparen wir dadurch zwischen 45 und 55 Dollar am Tag.« In Eslingers County tragen zehn Verdächtige, deren Verfahren noch aussteht, das GPS-Gerät als Bedingung dafür, auf vergleichsweise freiem Fuß bleiben zu dürfen. Laut Eslinger hofft die Polizei in seinem County, das Programm auf nicht gewalttätige Verurteilte mit Bewährungsstrafe und bedingt Haftentlassene ausdehnen zu können.

Viele halten es für sinnvoll, die Bewegungen von Kriminellen durch den Einsatz von GPS-Geräten zu verfolgen. Beunruhigend ist, dass die Überwachungstechnologie nicht nur bei Verbrechern oder Verurteilten mit Bewährungsstrafe eingesetzt wurde. In Texas gestatteten tausend jugendliche Führerscheinbesitzer einem nicht genannten Versicherungsunternehmen, einen Transponder in ihren Autos anzubringen, um ihre Geschwindigkeit zu überprüfen.

Larry Phillips, ein Abgeordneter aus Texas, brachte im Jahr 2005 eine Gesetzesvorlage ein, in der vorgesehen war, dass in alle Inspektionsaufkleber von Autos ein Transponder integriert werden sollte, der eine Fahrzeugidentifikations-, Versicherungs- und Kennzeichennummer übermitteln sollte. Sollte die Versicherung des Fahrzeugbesitzers abgelaufen sein, hätte man ihm per Post einen Strafbescheid über 250 Dollar zugestellt. Das Gesetz wurde nicht verabschiedet.

Die Firma *Digital Angel* hat ein Armband entwickelt, das Kinder tragen müssen, damit Eltern über das Internet jederzeit deren Aufenthaltsort ermitteln können. Ein anderes Unternehmen namens *eWorldtrack* arbeitet an einem winzigen Gerät mit identischer Funktion, das in einen Turnschuh passt. Die deutsche Firma Siemens hat ein knapp 200 Gramm schweres Gerät entwickelt, das eine permanente Kommunikation zwischen Eltern und ihren Kindern erlaubt.

Der Autor und politische Kommentator Joe Queenan witzelte: »Als Synthese von digitaler Handytechnologie, einem satellitengestützten GPS-System und gutem alten Wahnsinn kann das Gerät innerhalb von Sekunden und mit einer Genauigkeit von ein paar Metern den Aufenthaltsort eines Kindes lokalisieren.«

Unter amerikanischen Juristen hat die Befürwortung des Einsatzes von GPS-Überwachungstechnologie zugenommen. Im Frühling 2002 urteilte der *Nevada Supreme Court,* es sei nichts dagegen einzuwenden, wenn die Polizei beliebig lange ohne Genehmigung versteckte Sender an Autos anbringe. Das Gericht befand, die Außenseite eines Autos könne »nicht als Privatsphäre betrachtet« werden, und das Anbringen eines Senders unter einer Stoßstange habe nichts mit Durchsuchung oder Beschlagnahmung zu tun. Anfang 2004 urteilte ein Gericht in Louisiana, die Polizei könne auch dann ohne richterlichen Beschluss Häuser und Geschäftsräume durchsuchen, wenn kein konkreter Verdacht vorliege.

Im September 2009 befand der *Massachusetts Supreme Judical Court,* die Verfassung des Bundesstaates erlaube es der Polizei, das Auto eines Verdächtigen aufzubrechen, um heimlich einen Sender anzubringen, allerdings nur, wenn das zuvor durch einen Gerichtsbeschluss genehmigt wurde. Die einstimmig gefällte Entscheidung bestätigte die Verurteilung des Drogendealers Everett H. Connolly aus Cape Cod, der im Jahr 2004 von der Polizei aufgespürt worden war, nachdem diese einen Sender in seinem Minivan angebracht hatte. Das Gericht erklärte, der GPS-Signale ausstrahlende Sender sei ein »Ermittlungsinstrument«, und seine Verwendung verstoße nicht gegen das in der Verfassung des Bundesstaates festgeschriebene Verbot nicht zumutbarer Durchsuchungen und Beschlagnahmungen.

»Wir bleiben dabei, dass bei der GPS-Überwachung eines Fahrzeugs eine richterliche Genehmigung vorliegen muss«, sagte Richterin Judith Cowin in der Urteilsbegründung des Gerichts. »Der Bundesstaat muss in Gestalt der Strafvollzugsbehörde vor einem Richter begründen, warum die GPS-Überwachung des Fahrzeugs Beweise dafür erbringen wird, dass ein Verbrechen begangen wurde oder in der näheren Zukunft begangen werden wird.« Durchsuchungsbeschlüsse laufen in der Regel nach sieben Tagen ab, doch hier entschied das Gericht, Sender könnten bis zu 15 Tage installiert bleiben. Danach muss die Polizei beweisen, warum es notwendig ist, den Sender in dem Auto zu belassen.

In der Hoffnung, Menschen vor der um sich greifenden GPS-Überwachung durch die Strafverfolgungsbehörden zu schützen, äußerte William Leahy vom *Committee on Public Counsel Service,* die Entscheidung des Gerichts besage, dass die Polizei einen Richter davon überzeugen müsse, einen plausiblen Grund für die GPS-Überwachung zu haben.

Echelon und TEMPEST

Wenngleich GPS und andere Überwachungssysteme ein ernsthafter Grund zur Besorgnis sind, tragen die beiden größten Bedrohungen der Privatsphäre und der individuellen Freiheit der Amerikaner doch die Namen Echelon und TEMPEST.

»Jetzt ist es raus«, schrieb Jim Wilson in *Popular Mechanics.* »Zwei mächtige Systeme zum Sammeln von Informationen, welche die Vereinigten Staaten ursprünglich entwickelt hatten, um sowjetische Führer abzuhören und KGB-Spione zu finden, werden jetzt zur Überwachung von Amerikanern eingesetzt.« Echelon ist ein globales Satellitennetzwerk und riesiges System von Supercomputern, das vom Hauptquartier der NSA in Maryland aus betrieben wird. Es fängt Telefonanrufe, Faxe und E-Mails ab, mit und ohne Verschlüsselung, und analysiert sie. Verschlüsselte Nachrichten werden zunächst entschlüsselt und dann mit normalen Mails zusammengeführt. Dann überprüft sie die NSA mittels eines Programms namens »Dictionary« auf sogenannte »Trigger«, Wörter wie Atombombe, al-Qaida, Hamas, Anthrax und so weiter. Solche Nachrichten werden dann an die zuständigen Geheimdienste zur Analyse weitergeleitet.

Obwohl im Internet schon seit einigen Jahren Spekulationen über und Warnungen vor Echelon zirkulierten, wurde dessen bloße Existenz von der amerikanischen Regierung erst im Jahr 2001 bestätigt. Dieses Eingeständnis erfolgte, nachdem bei Untersuchungen in Europa herausgekommen war, dass durch Echelon auch zwei europäische Unternehmen ausspioniert worden waren, *Airbus Industries* und *Thomson CSF.*

Die amerikanische Regierung bestätigte Echelons Existenz im Jahr 2001, doch auch frühere Administrationen hatten in den späten Sechzigern und Siebzigern bereits eine frühe Version von Echelon genutzt. Zu dieser Zeit setzten die Präsidenten Lyndon B. Johnson und Richard Nixon NSA-Technologie ein, um Informationen über Tausende von amerikanischen Bürgern und über mehr als tausend Organisationen zu sammeln, die gegen den Vietnamkrieg waren. Im Rahmen eines Programms namens »Operation Shamrock« überprüfte die NSA praktisch jedes Telegramm, das von New York aus ins Ausland geschickt wurde.

Obwohl Echelon in erster Linie vom amerikanischen Steuerzahler finanziert wird, ist es jetzt ein internationales Projekt, an dem Staaten wie Großbritannien, Kanada, Australien und Neuseeland beteiligt sind, selbst Italien und die Türkei. Der Großteil der von Echelon gesammelten Informationen geht an die CIA. Noch einmal Jim Wilson von *Popular Mechanics:* »Nach dem, was über die Standorte von Echelon-Stützpunkten und seine Satelliten bekannt ist, schätzt man, dass es eine neunzigprozentige Wahrscheinlichkeit gibt, dass die NSA mithört, wenn Sie nach Übersee telefonieren oder von dort angerufen werden. Theoretisch, in der Praxis natürlich nicht. Echelons Supercomputer sind so schnell, dass sie in dem Moment, wo er zu telefonieren beginnt, Saddam Hussein allein aufgrund des Klangs seiner Stimme identifizieren.«

So erstaunlich das alles klingen mag – die bloße Tatsache, dass die Regierung die Existenz von Echelon jetzt zugibt, könnte bedeuten, dass die Technologie zugunsten einer moderneren ausgemustert wird. Die nächste von der Regierung eingesetzte Technologie könnte jene sein, die unter dem Namen TEMPEST bekannt ist. Damit Ihr Computer den Fernsehempfang Ihres Nachbarn nicht stört, zertifiziert die *Federal Communications Commission* alle elektrischen und elektronischen Geräte. TEMPEST steht für Telecommunications Electronics Material Protected from Emanating Spurious Transmissions. Der Ursprung dieser Technologie ist schlicht das Abschirmen elektronischer Geräte, um Störungen bei in der Nähe betriebenen Geräten zu vermeiden. Doch während die Forscher daran arbeiteten, ungewollte elektronische Signale zu vermeiden, lernten sie, wie man ferne Signale auffängt. Die Fortschritte in der TEMPEST-Technologie bedeuten in der Praxis, dass irgendwo da draußen jemand in der Lage sein könnte, die Monitore von Computern und Fernsehern oder die Displays von elektronischen Kassen oder Geldautomaten abzulesen, ohne dass der Betreiber der Geräte etwas davon mitbekommt.

Jim Wilson schrieb, die jetzt freigegebenen Dokumente ausländischer Regierungen und ältere Quellen zeigten eindeutig, wie diese Systeme benutzt werden, um unser Recht auf die Privatsphäre zu verletzen: »Wir glauben, dass auch Sie darin zusätzlich eine ernsthafte und realistische Gefahr für unsere Freiheit sehen.«

Im September 2002 gelangte *Associated Press* in den Besitz von Dokumenten der amerikanischen Regierung, aus denen hervorging, dass die Bush-Administration einen Fonds schaffen wollte, in dem mit Steuergeldern und Zuwendungen aus der Hightechindustrie »die Verbesserung der Sicherheit im Internet« finanziert werden sollte. Unter dem Titel »Zusammenfassung einer nationalen Strategie für die Sicherheit im Cyberspace« ging es in diesem Dokument um »einschneidende neue Verpflichtungen für Unternehmen, Universitäten, staatliche Behörden und private Internetnutzer«, durch die der Cyberspace sicherer gemacht werden sollte, vor allem vermutlich im Hinblick auf terroristische Aktivitäten.

Diese neue Internetstrategie wurde entwickelt unter der Leitung von Richard Clarke, einem Antiterrorexperten der Clinton- und Bush-Regierung, und von Howard Schmidt, einem ehemaligen Topmanager von *Microsoft*. Als der Plan 2003 veröffentlicht wurde, enthielt er über 80 Empfehlungen für die Verbesserung der Sicherheit im Internet.

Der Cybersecurity Act von 2009

Die Globalisierer wollen den freien Informationsfluss unter anderem auch deshalb unterbinden, weil er sie bei der Angstmacherei und ihren sozialpolitischen Manipulationen stört.

Nachdem Jay Rockefeller, demokratischer Senator aus West Virginia, im Senat die Gesetzesvorlagen Nr. 773 und 778 eingebracht hatte, setzte sich die Entwicklung fort, der Exekutive die Macht zur Einschränkung der Meinungsfreiheit zu geben. Diese Gesetzesvorlagen gingen in dem Cybersecurity Act von 2009 auf, und sie verleihen dem Präsidenten der Vereinigten Staaten die Macht, Internetseiten abzuschalten, die seiner Meinung nach die nationale Sicherheit gefährden könnten.

In den Gesetzesvorlagen wurde vorgeschlagen, das Amt eines Nationalen Cybersecurityberaters zu schaffen, dessen Aufgabe es sein sollte, die Nation vor Computerkriminalität, Spionage und Anschlägen zu schützen. Dieser neue Berater sollte direkt dem Präsidenten unterstehen. Im Falle einer Cyberattacke, die in den Gesetzesvorlagen nur unzulänglich definiert wird, wäre der Präsident über den Nationalen Cybersecurityberater autorisiert, »wichtige Infrastruktur« vom Rest des Internets abzukoppeln, etwa Bank- und Gesundheitsdaten der Bevölkerung. In einem frühen Entwurf der Gesetzesvorlage war vorgesehen, dass der Handelsminister Zugang haben würde zu allen ihm wichtig erscheinenden, in Privatbesitz befindlichen Informationsnetzwerken, und zwar »unabhängig von allen gesetzlichen Bestimmungen, Vorschriften oder Restriktionen, die einen solchen Zugang begrenzen würden«.

Im Kongress warnte Senator Rockefeller: »Wir müssen unsere wichtige Infrastruktur um jeden Preis schützen.« Olympia Snowe, ein republikanischer Senator aus Maine und für die Gesetzesvorlage mitverantwortlich, sagte zu der Möglichkeit, dass diese nicht als Gesetz verabschiedet werden würde, in diesem Fall drohe ein »Cyber-Katrina«. Trotzdem geriet die Gesetzesvorlage sofort unter Beschuss. So sagte beispielsweise Leslie Harris vom *Center for Democracy & Technology*: »Die Bedrohung der Sicherheit im Netz ist real, aber so ein drastisches staatliches Eingreifen in private Kommunikation und Netzwerke könnte sowohl der Sicherheit als auch dem Schutz der Privatsphäre schaden.«

Larry Seltzer, ein für die Internetseite *eWeek* schreibender Technologieexperte, stimmte Harris zu: »Für mich stinkt die Geschichte zum Himmel. Mir gefällt nicht, dass es Sache der Regierung sein könnte, die Situation zu verbessern, und mir passt mit Sicherheit nicht, dass das Thema Cybersecurity über den neuen Berater direkt Sache des Präsidenten ist.«

Jennifer Granick, bei der *Electronic Frontier Foundation* für das Thema bürgerliche Freiheiten zuständig, vertritt die Ansicht, das Internet werde tatsächlich weniger sicher, falls man die Kontrolle über das Netz in einer Hand bündele. Wenn eine Person Zugang zu allen Informationen eines Netzwerks habe, sei »dieses dadurch weniger sicher vor Eindringlingen«, sagte Granick. »Im Grunde bahnt man den Übeltätern den Weg in das System.« Granick fügte hinzu, die nicht genau definierte Reichweite des Gesetzes widerspreche dem, »was uns die Verfassung verspricht«. Sollte das Handelsministerium entscheiden, Informationen aus der »wichtigen Infrastruktur« des Internets gegen den Nutzer zu verwenden, wäre es um die Wahrung der Privatsphäre im Netz geschehen. Laut Granick wäre das ein eindeutiger Verstoß gegen den 4. Zusatzartikel der Verfassung: »Das Recht des Volkes auf die Sicherheit der Person und der Wohnung, der Urkunden und des Eigentums, vor willkürlicher Durchsuchung, Verhaftung und Beschlagnahme darf nicht verletzt werden […].«

»Wem nutzt all dies?«, fragte Granick. »Den Strafverfolgungsbehörden und Leuten aus der Computerbranche, die sich für die Lösung der Sicherheitsprobleme noch mehr Geld von der Regierung erhoffen.«

Der Mensch als Nummer

Hochmoderne Technik und die passenden Gesetze sind dafür verantwortlich, dass Amerika mehr und mehr jenem totalitären Überwachungsstaat ähnelt, den George Orwell in *1984* beschrieben hat.

Man muss nur daran denken, wie die Amerikaner im Verlauf der letzten fünfzig Jahre immer mehr zu einer bloßen Nummer wurden:

- 1935: Die Social Security wird eingeführt.
- 1936: Das noch heute gültige System der Sozialversicherungsnummer wird etabliert.
- 1962: Das Bundesfinanzamt beginnt damit, eine Sozialversicherungsnummer auf Steuererklärungen zu verlangen, obwohl auf den Karten der Sozialversicherung eindeutig steht, die Nummer dürfe »nicht der Identifizierung« dienen.
- 1970: Alle Banken verlangen eine Sozialversicherungsnummer.
- 1971: Militärische Identifikationsnummern werden gegen Sozialversicherungsnummern ausgetauscht.
- 1982: Jeder Bezieher staatlicher Leistungen muss eine Sozialversicherungsnummer haben.
- 1984: Ausnahmslos jeder zur Steuer veranlagte Bürger braucht eine Sozialversicherungsnummer. Auch Neugeborene benötigen bis zum Ende des zweiten Lebensjahres eine Sozialversicherungsnummer. Zuwiderhandlungen werden mit einer Geldstrafe geahndet.

Freie Menschen sind Individuen. Versklavte Leibeigene sind Nummern. Wenn die Amerikaner ein wahrhaft freies Volk bleiben wollen, muss die Implantation von Mikrochips streng begrenzt werden. Und begrenzt werden muss auch die Anzahl von Situationen, in denen der Staat verlangt, dass eine Nummer zur Identifikation einer Person dienen soll. Angesichts des Tempos, mit dem sich die Dinge verändern, scheint Orwells in *1984* entworfene Vision einer psychologischen und technologischen Tyrannei bald schon Realität zu werden.

Das Heimatschutzministerium

Wenn die Überwachung der Amerikaner zentralisiert wird, dann erscheint es sinnvoll, dass das Land eine zentralisierte Strafvollzugsbehörde haben sollte, mit anderen Worten, eine nationale Polizei.

Während seiner fast 44-jährigen Laufbahn als Direktor des FBI hat J. Edgar Hoover der Notwendigkeit einer nationalen Polizei immer wieder eine Absage erteilt. Vielleicht hatte das mehr mit der Wahrung der Unabhängigkeit des FBI zu tun als mit einem persönlichen Interesse an der Wahrung der bürgerlichen Freiheiten. Trotzdem kam Hoovers Widerspruch bei der Mehrheit der Amerikaner gut an.

Doch mit der eiligen Verabschiedung eines Gesetzes zur Gründung des Heimatschutzministeriums im November 2002 wurde auch eine nationale Polizei Realität. Dieses Gesetz bedeutete die größte Umstrukturierung des Regierungsapparats seit dem National Security Act von 1947, doch ging diesmal alles viel schneller, ohne viel Nachdenken und Prüfung. Nach dem 11. September glaubte Präsident Bush, das Vorhaben hastig durchziehen zu müssen: »Das Gesetz ist dringend notwendig, und wir müssen schnell handeln, noch vor dem Ende der Sitzungsperiode des Kongresses.« Folglich begann die hektische Schaffung des Heimatschutzministeriums, an dessen Spitze Tom Ridge stand. Sein Posten entsprach vom Rang her dem eines Kabinettsmitglieds, und ihm unterstanden 170 000 Staatsangestellte und 22 Regierungsbehörden.

Obwohl es unter den Abgeordneten Vorbehalte gab, wurde der Homeland Security Act eilig durch den Kongress gepeitscht, mit wenigen oder gar keinen Änderungen. Im Senat fiel die Entscheidung mit 98 zu einer Stimme klar für die Schaffung des Heimatschutzministeriums aus (ein Senator enthielt sich der Stimme). (Nur nebenbei: Offenbar waren die Senatoren so sehr davon überzeugt, der Öffentlichkeit einen guten Dienst erwiesen zu haben, dass sie sich im vierten aufeinanderfolgenden Jahr eine Diätenerhöhung genehmigten.) Das Gesetz zur Schaffung des Heimatschutzministeriums wurde am 25. November 2002 durch Präsident Bushs Unterschrift rechtskräftig.

Mit dem neuen Ministerium wollte Bush eine Unzahl von Regierungsbehörden unter eine zentrale Kontrolle bringen. Die für die Grenzsicherung, den Küstenschutz und die Verkehrssicherheit zuständigen Behörden unterstanden nun dem Heimatschutzministerium, und Bush sagte: »Der weiter bestehenden Bedrohung durch den Terrorismus und der Gefahr von Massenmorden auf unserem Territorium werden wir mit einer energischen Reaktion entgegentreten.« Im Jahr 2006 hatte sich das Heimatschutzministerium landesweit etabliert. Die Direktorate – Unterabteilungen des Ministeriums – trugen Namen, die nur zum Teil vertraut waren: *Preparedness, Science & Technology, Management and Policy, FEMA, TSA, Customs, Border Patrol, INS, Federal Law Enforcement Training Center, U. S. Coast Guard, Secret Service.*

Genauso beunruhigend wie die Macht des Heimatschutzministeriums war die Nachricht, dass die staatliche *General Services Administration* in ihrem Antrag für das Haushaltsjahr 2009 um 481,6 Millionen Dollar zur freien Verfügung gebeten hatte. Das waren 103 Prozent mehr als im Haushaltsjahr 2008. Vorgesehen war das zusätzliche Geld für den Bau eines neuen Hauptquartiers für das Heimatschutzministerium.

Kürzlich gab das Ministerium bekannt, man wolle die meisten seiner 60 über Washington verstreuten Abteilungen in einem Neubau zusammenführen, der drei Milliarden Dollar kosten werde. Das riesige neue Hauptquartier wird im Südosten Washingtons gebaut, auf dem Grundstück des geschlossenen *St. Elisabeth Hospital*, einer ehemaligen Irrenanstalt. Der Umzug soll im Jahr 2012 beginnen.

Das Projekt blieb umstritten, und die Kritik kam aus verschiedenen Richtungen, von Stadtteilinitiativen und Thinktanks. »Abgesehen davon, dass man es komisch finden könnte, dass der Neubau der vielleicht chaotischsten aller Regierungsbehörden auf dem Grundstück einer ehemaligen Klapsmühle errichtet wird, ist dieser Umzug auf eine so schockierende Weise idiotisch, dass nur das Heimatschutzministerium dahinterstecken kann«, schrieb James Joyner, ein ehemaliger Offizier und Herausgeber von *Outside the Beltway*, einem Onlinejournal für innen- und außenpolitische Analysen: »Es war schon schlimm genug, dass die herrschenden Mächte dem Druck nachgegeben haben und dass das neue Hauptquartier des Heimatschutzministeriums jetzt in Washington entsteht statt – wie ursprünglich geplant – in Chantilly in Virginia, was nicht nur billiger, sondern auch unter Sicherheitsaspekten angebrachter gewesen wäre. Und jetzt werden die wichtigsten Abteilungen in einem Gebäude untergebracht?! Durch die räumliche Trennung der Abteilungen würde der Steuerzahler Milliarden sparen und die Lebensqualität der meisten Angestellten des Ministeriums deutlich besser werden.« Joyner fügte hinzu, vom Standpunkt der Sicherheit aus gesehen sei die Konzentration aller Abteilungen an einem Ort ebenfalls problematisch.

Im Jahr 2010 erstreckte sich die Macht des Heimatschutzministeriums längst auf die letzte Kleinstadt im Land. Jedes Polizeiquartier bekam Steuergelder für die modernsten – und vernetzten – Computer, kugelsichere Westen, Spezialausrüstung zur Kontrolle großer Menschenmassen, gepanzerte Fahrzeuge und Helikopter. Wagemutigere Kritiker registrierten Ähnlichkeiten zwischen dem Heimatschutzministerium und der Gestapo, die 1935 alle deutschen Strafverfolgungsbehörden unter ihre Kontrolle gebracht hatte und potenziell jeden als verdächtig betrachtete, unabhängig von seiner gesellschaftlichen Stellung.

Könnte die Konsolidierung der Macht im Heimatschutzministerium die Fortführung eines Plans sein, Amerika von einer gefestigten Republik in einen autoritären Staat zu verwandeln, mit einer Polizeimacht, die an die Gestapo des nationalsozialistischen Deutschlands denken lässt? Niemand kann es mit Sicherheit sagen. Präsident Bush war kaum im Amt, da ließ er die Dokumente früherer Präsidenten, darunter die Reagans und seines Vaters, einkassieren, sodass sie der Öffentlichkeit nicht mehr zugänglich sind. Durch Bushs Durchführungsverordnung hat der Präsident das Recht, auch gegen den Willen seiner Vorgänger die Veröffentlichung ihrer Papiere zu verhindern.

Obwohl Obama im April 2009 einige von Reagans Dokumenten aus den *National Archives* freigab, blieben viele Unterlagen der Öffentlichkeit auch weiterhin nicht zugänglich, darunter sogar Obamas Geburtsurkunde und seine Schulzeugnisse. Außerdem kämpfte er darum, eine Gästeliste für das Weiße Haus geheim halten zu dürfen. Weil er es bis Ende 2009 nicht geschafft hatte, die im Wahlkampf versprochene »Transparenz« in die politische Praxis einzuführen, verstärkten sich Befürchtungen, der Polizeistaat könnte schon bald Realität werden.

All das ist eigentlich nichts Neues. Die Pläne, Amerika in einen Polizeistaat umzumodeln, reichen bis ins Jahr 1984 zurück, als der Nationale Sicherheitsrat unter Reagan ein Konzept ausarbeitete, in den Vereinigten Staaten durch die FEMA das Kriegsrecht einführen zu lassen. Oliver North, Oberstleutnant der Marines, war einer der Urheber des Plans, der 1987 an die Medien durchsickerte.

Arthur Liman, seinerzeit einer der Ankläger in der Iran-Contra-Affäre, erklärte in einem Memorandum, North habe im Zentrum einer »geheimen Regierung innerhalb der Regierung« gestanden. Seltsamerweise erinnert das an Bushs Ausdruck »Schattenregierung«. Damals sagten Offizielle, Norths Verwicklung in die Planung, die amerikanische Regierung durch eine präsidiale Durchführungsverordnung radikal zu verändern, sei auch ein Beweis dafür, dass er im In- und Ausland in eine ganze Reihe geheimer Aktivitäten verstrickt gewesen sei, und zwar weit über die Iran-Contra-Affäre hinaus.

Norths Plan einer Schattenregierung sah die Aufhebung der Verfassung und die Übertragung der Macht von der Regierung an die wenig bekannte FEMA vor. Auf lokaler Ebene und an der Spitze der Bundesstaaten sollten militärische Befehlshaber das Sagen haben. Im Falle einer Krise, »etwa eines Atomkrieges, gewalttätiger innerer Unruhen oder Widerstands gegen eine amerikanische Invasion im Ausland«, sollte das Kriegsrecht verhängt werden. Als er diese Pläne ausarbeitete, war North der Verbindungsmann zwischen dem Nationalen Sicherheitsrat und der FEMA. Viele Menschen beunruhigt die Vorstellung, im Fall weitverbreiteter innerer Unruhen könnte das Kriegsrecht eingeführt werden, besonders angesichts der Tatsache, dass Obama die Politik Bushs in vielerlei Hinsicht fortführt.

Norths Plan gehörte zu einer Durchführungsverordnung oder einem Gesetzespaket, das Reagan unterschreiben sollte, das aber beim Nationalen Sicherheitsrat verbleiben sollte, bis ein solcher Krisenfall eintrat. Es wurde nie bekannt, ob Reagan den Plan tatsächlich unterzeichnet hat.

Als Bush nach seinem Amtsantritt Reagans Papiere versiegeln ließ und sich an die Gründung des Heimatschutzministeriums machte, warnte John Dean, ein ehemaliger Berater Nixons, vor einer »konstitutionellen Diktatur« und der Gefahr des Kriegsrechts. Weitere Befürchtungen artikulierte Timothy H. Edgar, ein juristischer Berater der *American Civil Liberties Union*. Bei Anhörungen verschiedener Kongressausschüsse sagte Edgar, das Heimatschutzministerium habe beträchtliche Macht und verfüge über mehr bewaffnete Gesetzeshüter mit Verhaftungsbefugnis als jede andere Strafverfolgungsbehörde. Er bezweifelte, dass die Struktur des Ministeriums für die Öffentlichkeit transparent sei. »Unglücklicherweise hat man bei der Planung des Ministeriums auf den Einbau struktureller und juristischer Sicherungen verzichtet, die sonst im Regierungsapparat üblich sind und dem öffentlichen Interesse immer gut gedient haben«, sagte Edgar.

Dann ging er dazu über, problematische Aspekte des geplanten Ministeriums aufzuzeigen. Er sagte, es unterminiere den Freedom of Information Act (FOIA), indem es den verschiedenen ihm unterstehenden Behörden gestatte, selbst darüber zu entscheiden, welche Dokumente für die Öffentlichkeit einsehbar sein sollten. Außerdem begrenze es den Input der Öffentlichkeit, weil es Beratungskomitees des Heimatschutzministeriums vom Federal Advisory Committee Act (FACA) ausnehme. Dieses 1972 verabschiedete Gesetz sollte Offenheit, Transparenz und die Ausgewogenheit der Standpunkte in staatlichen Beratungsgruppen garantieren. Des Weiteren sagte Edgar, durch die Befugnis des Heimatschutzministers, selbstständig über seine Personalpolitik zu entscheiden, würden unbequeme Mitarbeiter zum Schweigen gebracht, die sich an die Medien wenden und die eigentlich durch den Whistleblower Protection Act geschützt seien. Und letztlich bedrohe das neue Ministerium die Privatsphäre und die verfassungsmäßig garantierten Freiheiten, weil die vagen Formulierungen des Heimatschutzgesetzes keine ausreichenden Garantien für deren Wahrung böten.

Der juristische Berater der ACLU zeigte sich ferner äußerst besorgt hinsichtlich der Pläne, die CIA und das FBI unter dem Dach des Heimatschutzministeriums zu fusionieren. »Die CIA und andere im Ausland operierende Nachrichtendienste bewegen sich in einem weitgehend gesetzesfreien Raum. Durch die Zusammenführung dieser Geheimdienste mit dem FBI riskiert man eine weitere Gefährdung der bürgerlichen Freiheiten der Amerikaner.«

Abschließend fügte Edgar hinzu: »Niemand wünscht sich eine Wiederkehr der Zeiten J. Edgar Hoovers, als das FBI Informationen sammelte über Bürgerrechtler und andere Leute, die Hoover verabscheute. Während der Clinton-Ära hatten wir die ›Filegate‹-Affäre, als auf unkorrekte Weise vom FBI ermittelte sensible Informationen über prominente Republikaner an das Weiße Haus weitergeleitet wurden. Damals erregte es große öffentliche Besorgnis, dass private Details für politische Zwecke missbraucht wurden. Der Kongress sollte eine zukünftige Regierung vor der Versuchung bewahren, Informationen aus den Akten des Heimatschutzministeriums zum Nachteil ihrer politischen Gegner einzusetzen.«

Flugverbotslisten

Informationen über Datenbanken des Heimatschutzministeriums wurden öffentlich, als sich die Nachricht von dessen »Flugverbotslisten« verbreitete. Auf ihnen fanden sich die Namen von Leuten, die im Verdacht standen, Beziehungen zu Terroristen zu haben. Anfang 2006 umfassten sie 325 000 Namen, und diese stammten aus über zwanzig speziellen Datenbanken der Geheimdienste und Strafverfolgungsbehörden.

»Mittlerweile gibt es immer neue Listen, sie bekommen sozusagen Babys«, bemerkte Timothy Sparapani, ehemals Anwalt der *American Civil Liberties Union.* »Wenn wir über 300 000 Terroristen haben, die diesem Land Übles antun wollen, dann haben wir ein größeres Problem als das, welcher Name auf welche Liste wandert. Aber ich bezweifle sehr, dass das so gesehen wird.«

Anfang 2006 versuchte der damalige Justizminister Alberto R. Gonzales die Mitglieder des Rechtsausschusses des Senats zu beruhigen, mit allen Informationen werde so umgegangen, dass »das Recht der Amerikaner auf Datenschutz und die Wahrung der Privatsphäre geschützt« sei.

Doch Gonzales hatte große Probleme, den kürzlich verstorbenen Senator Edward »Ted« Kennedy zu überzeugen – ein Mitglied des Ausschusses, dem im März 2004 fünfmal das Besteigen eines Flugzeugs verweigert worden war –, weil auf der Flugverbotsliste des Heimatschutzministeriums ein »T. Kennedy« stand. In Washington, Boston und anderen Städten weigerten sich Angestellte der Fluglinien, Kennedy eine Bordkarte zu geben. Er wurde mehrfach aufgehalten, bis die Aufsichtsbeamten einen Anruf erhielten und ihn fliegen ließen. Selbst nachdem der Irrtum vermeintlich erkannt worden war, wurde Kennedy im Jahr 2004 noch fünfmal daran gehindert, sein Flugzeug zu besteigen, meistens auf dem *Logan International Airport* in Kennedys Heimatstadt Boston. Die peinliche Episode veranlasste Heimatschutzminister Ridge, sich telefonisch bei Kennedy zu entschuldigen.

»Eine bürokratische Panne, und schon steht einer der mächtigsten Männer in Washington auf der Liste [...]. Man fragt sich, wie viele noch darauf stehen, die nichts mit Terrorismus zu tun haben«, bemerkte Reginald T. Shuford, ein Berater der ACLU. »Jemand wie Senator Kennedy muss nur einen Freund anrufen, damit sein Name von der Liste gestrichen wird, aber ein normaler Amerikaner kann das nicht.«

Alarmierend ist, dass Timothy Edgars Befürchtungen, die Listen könnten für politische Racheakte missbraucht werden, vielleicht schon Realität geworden sind. Dean Martin, Finanzminister von Arizona, sagte dem Journalisten eines lokalen Fernsehsenders, sein Name sei plötzlich auf der Flugverbotsliste aufgetaucht, nachdem Janet Napolitano, die frühere Gouverneurin von Arizona, Heimatschutzministerin geworden sei. Martin behauptete, sein Auftauchen auf der schwarzen Liste könne etwas damit zu tun haben, dass es in der Vergangenheit politische Rivalitäten zwischen ihm und Napolitano gegeben habe. »Meine Leute witzelten nach meinen Meinungsverschiedenheiten mit der früheren Gouverneurin, ich könne kein Flugzeug mehr besteigen, wenn sie erst mal in Washington sei«, sagte Martin. »Ich wollte ihnen nicht glauben, doch genau so ist es gekommen.«

Probleme hatte auch Dr. Robert Johnson, ein Herzchirurg aus dem Bundesstaat New York. Er ist ehemaliger Oberstleutnant der *U. S. Army* und hat im ersten Golfkrieg gedient. Anfang 2006 wurde ihm auf einem Flughafen in Syracuse das Einsteigen in sein Flugzeug verwehrt. Man sagte ihm, er stehe als möglicher Terrorverdächtiger auf der Flugverbotsliste.

»Warum sollte ein früherer Oberstleutnant, der einen Eid darauf geleistet hat, unser Land zu verteidigen und zu beschützen, eine terroristische Gefahr darstellen?«, fragte Johnson den Journalisten einer Lokalzeitung. Johnson glaubte deshalb auf der Liste zu stehen, weil er 2004 als Demokrat den republikanischen Abgeordneten Jon McHugh herausgefordert hatte, der den Kongresssitz für den 32. Bezirk innehatte. Außerdem war der ehemalige Oberstleutnant als offener Kritiker der Invasion und der Besetzung des Iraks hervorgetreten.

Wie viele andere Bürger, die ihren Namen auf der Flugverbotsliste finden, verlangt auch Johnson Auskunft darüber, welcher Name auf der Liste landet, und wie jemand wie er es schafft, dass er wieder gestrichen wird. Im Jahr 2010 enthielt die Datenbank Terrorist Identities Datamart Environment (TIDE), der zentrale Speicherplatz der Nachrichtendienste für Daten bekannter und mutmaßlicher Terroristen, mehr als eine halbe Million Namen. Doch das war noch nicht das Schlimmste.

Am ersten Weihnachtstag des Jahres 2009 hatte ein 23-jähriger Nigerianer namens Umar Farouk Abdulmutallab an Bord des Northwest Flight 253 angeblich versucht, Sprengstoffpuder zur Explosion zu bringen, das in seiner Unterwäsche versteckt war, weshalb er als »Unterwäschebomber« bekannt wurde. Die Story machte Schlagzeilen, doch nachdem mehr Fakten über den Vorfall ans Licht kamen, hatte die ganze Geschichte allmählich einen üblen Beigeschmack.

Andere Passagiere berichteten, Abdulmutallab sei von einem gut gekleideten Mann eskortiert worden, der auf Angestellte der Fluglinie eingeredet hätte, obwohl der Nigerianer nur Handgepäck dabeihatte und das Ticket für den Transatlantikflug nach Detroit bar bezahlt hatte. Außerdem hatte Abdulmutallabs Vater Alhaji Umaru Mutallab, ehemals Vorstandsvorsitzender der *First Bank Nigeria* und ehemaliger nigerianischer Minister, sechs Wochen vor dem Vorfall der amerikanischen Botschaft und nigerianischen Sicherheitsbehörden von den militanten Aktivitäten seines Sohnes erzählt. Dann kam im Januar 2010 während einer Sitzung des Kongressausschusses zum Thema Heimatschutz heraus, dass amerikanische Nachrichtendienste das Außenministerium daran gehindert hatten, Abdulmutallab Visum zu widerrufen. Wäre es widerrufen worden, hätte Abdulmutallab nicht an Bord der Maschine gelangen können. Patrick F. Kennedy, Unterstaatssekretär im Außenministerium, sagte dazu, Geheimdienstler hätten sein Ministerium gebeten, dem mutmaßlichen Terroristen das Visum nicht zu verweigern, weil sie glaubten, das könnte Nachforschungen in Sachen al-Qaida behindern. Andere sahen das als Beweis dafür, dass Elemente innerhalb der Geheimdienste Abdulmutallab den Weg gebahnt hätten.

Ein weiteres Problem dieser Story war, dass Berichte behaupteten, Abdulmutallab habe versucht, PETN explodieren zu lassen, einen Sprengstoff, der von der amerikanischen Armee benutzt wird. Sprengstoffexperten sagten, um PETN zur Explosion zu bringen, reiche ein Streichholz oder ein Feuerzeug nicht aus, man benötige eine Sprengkapsel. Bei Abdulmutallab wurde aber weder eine Sprengkapsel noch ein Zündhütchen gefunden, und die Chemikalien, die er dabeihatte, waren ungeeignet, um eine Explosion herbeizuführen, was Verschwörungstheoretiker zu der Vermutung führte, das Ganze sei ein weiterer inszenierter Vorfall gewesen. Aber warum?

Es ist denkbar, dass der Kongress die neue Terrorangst brauchte, weil gerade eine Debatte über die Aufhebung einiger Bestimmungen des PATRIOT Act anstand, die dann schließlich nicht annulliert wurden. Außerdem fiel die Terrorpanik zeitlich zusammen mit der gewollten Umsetzung bereits existierender Pläne zur Ausrüstung großer Flughäfen mit Ganzkörperscannern. Die Debatte war in vollem Gange, begleitet von einer Werbekampagne für die Scanner durch Michael Chertoff, dem ehemaligen Chef des Heimatschutzministeriums und Mitbegründer der *Chertoff Group,* einem Unternehmen für Security- und Risikomanagement, zu dessen Kunden auch *Rapiscan Systems* gehört, ein Hersteller von Ganzkörperscannern. Bis Anfang 2010 hatte die *Transportation Security Administration* für 25 Millionen Dollar 150 dieser Geräte gekauft.

»Man sollte es Mr Chertoff nicht gestatten, das Vertrauen, das die Öffentlichkeit ihm als ehemaligem Politiker entgegengebracht hat, zu missbrauchen, indem er privat vom Verkauf der Ganzkörperscanner profitiert, die angeblich das PETN entdeckt hätten«, sagte Kate Hanni von *FlyersRights.org,* einer Interessenvertretung von Fluggästen, die gegen die Einführung der Ganzkörperscanner ist. Im Januar 2010 waren bereits 40 von ihnen auf 19 amerikanischen Flughäfen in Gebrauch. Man ging davon aus, dass es Ende des Jahres mehr als 300 sein würden, was zum größten Teil der Aufregung bezüglich des Vorfalls am ersten Weihnachtstag verdankt werden würde. Trotz Chertoffs Behauptung, die Ganzkörperscanner hätten das PETN detektiert, sagte Ben Wallace – ein Mitglied des britischen Parlaments und ehemals beteiligt an der Entwicklung solcher Scanner für den Einsatz auf Flughäfen – gegenüber Journalisten, Versuche hätten bewiesen, dass Substanzen wie PETN von den Scannern nicht entdeckt würden, im Gegensatz zu Granatsplittern, schwerem Wachs oder Metall. Bei Kunststoff, Chemikalien und Flüssigkeiten schlügen die Scanner keinen Alarm.

Scanner und Spanner

Andere Befürchtungen hinsichtlich der Ganzkörperscanner betrafen Fragen der Gesundheit und der Privatsphäre. Die Terahertzstrahlen der Körperscanner durchdringen nichtleitende Materialien wie Stoffe, strahlen aber auch Energie in den menschlichen Körper hinein. Boian Alexandrov, Chef eines Forscherteams des *Los Angeles National Laboratory* in New Mexico, sagte hierzu, er und seine Kollegen hätten herausgefunden, dass die Terahertzstrahlen dieser Geräte die menschliche DNS schädigten. »Auf der Grundlage unserer Forschungsergebnisse kommen wir zu dem Schluss, dass eine spezifische Terahertzstrahlung signifikante Auswirkungen auf die Wirkungsweise der DNS haben könnte, zum Beispiel auf die komplizierten molekularen Prozesse von Genexpression und DNS-Replikation.« Das Forscherteam sagte, die Terahertzstrahlung erzeuge zwar nur geringe Resonanzeffekte, ihre Submillimeterwellen könnten aber die Stränge der DNS-Doppelhelix trennen und in ihr zu einer Blasenbildung führen, die normale Prozesse wie die Genexpression oder DNS-Replikation empfindlich stören könnte. Diese sehr subtilen Veränderungen könnten erklären, warum es so schwierig war, Beweise für genetische Schäden zu finden. Laut Alexandrovs Team sind normale Resonanzeffekte nicht stark genug, um die DNS auf diese Weise zu schädigen – im Gegensatz zu nichtlinearen Resonanzen.

Doch nicht nur gesundheitliche Folgen sind Anlass zur Sorge, sondern auch Probleme des Schutzes der Privatsphäre. Viele Kritiker der Ganzkörperscanner behaupten, Repräsentanten der *Transportation Security Administration* (TSA) hätten gelogen, als sie behaupteten, die Geräte könnten die Genitalien einer Person nicht deutlich zeigen. In allen Fernsehbeiträgen sieht man tatsächlich nur verschwommene Konturen. Trotzdem entlarven alternative Medien wie etwa *PrisonPlanet.com* die Äußerungen der TSA als unwahr. Die Webseite zitierte Cheryl Johnson vom *Melbourne Airport's Office of Transport Security,* der offen zugab: »Es ist möglich, Genitalien und Brüste zu sehen, wenn die Leute durch den Ganzkörperscanner gehen [...]. Er zeigt ihren Intimbereich, aber wir haben uns dagegen entschieden, die Bilder unscharf zu stellen. Das würde die Detektionsfähigkeit empfindlich beeinträchtigen.«

In England, wo der Einsatz der Ganzkörperscanner mittlerweile obligatorisch ist (trotz eines Gesetzes gegen Kinderpornografie, das die Abbildung der Genitalien Minderjähriger verbietet), haben Kritiker erklärt, die Bilder seien so deutlich, dass einem das Ganze so vorkomme, als würde man »nackt gefilzt«. Sie plädierten für einen besseren Schutz der Privatsphäre der Passagiere.

Paul Joseph Watson von *PrisonPlanet.com* sagte, von den Lesern geschickte Demonstrationsbeispiele hätten gezeigt, dass bei den von den Ganzkörperscannern erzeugten Bildern eine schlichte Inversion genügt, um eine nahezu perfekte Darstellung eines nackten Körpers in Farbe zu erhalten. Das ist mit den meisten Bildbearbeitungsprogrammen kein Problem, und so wird aus einem undeutlichen Negativ ein klares Bild. »Die Angestellten der Flughäfen, die die Ganzkörperscanner bedienen, haben Zugang zu Bildern mit sehr hoher Auflösung, die es nach der Umwandlung in ein Positiv erlauben, das kleinste körperliche Detail eines Fluggastes zu studieren«, sagte Watson.

Während TSA-Offizielle der Öffentlichkeit zu versichern versuchten, die Nacktbilder der Passagiere würden nicht gespeichert, gedruckt oder versendet, sagten regierungsamtliche Dokumente, die dem in Washington ansässigen *Electronic Privacy Information Center* (EPIC) in die Hände fielen, etwas anderes. Die Unterlagen bewiesen, dass es der TSA wichtig ist, dass die Ganzkörperscanner im »Testmodus« in der Lage sein müssen, Bilder zu speichern und zu versenden. Marc Rosenberg vom EPIC sagte, dadurch könnten die Ganzkörperscanner von Angestellten der TSA missbraucht und sogar zum Ziel von Hackerattacken von außen werden. »Ich glaube nicht, dass die TSA der amerikanischen Öffentlichkeit reinen Wein eingeschenkt hat hinsichtlich der wahren Möglichkeiten dieser Geräte«, sagte Rosenberg. »Es gab da eine äußerst zweifelhafte Werbekampagne. Sie zeigten Leute, darunter auch Journalisten, die durch die Ganzkörperscanner gehen. Und dann versichern sie den Leuten anhand der Bilder, Befürchtungen hinsichtlich des Schutzes der Privatsphäre seien überflüssig. Doch wenn man sich die tatsächlichen technischen Möglichkeiten und die Kaufverträge ansieht, begreift man schnell, dass diese Geräte sehr viel mehr können, als die TSA zugibt.«

Doch es sind nicht nur die Körperscanner, die an Orwells *1984* erinnernde Bilder heraufbeschwören.

Machtmissbrauch

Obwohl die meisten Leute glauben, ein an eine Herkunft aus dem Mittleren Osten erinnernder Name sei der beste Grund, von einer amerikanischen Sicherheitsbehörde verhaftet zu werden, sah der *Secret Service* doch auch in Robert Lee Lewis eine so große Gefahr, dass man ihn wegen einer hingeworfenen Bemerkung sofort festnahm. Lewis ist überzeugter Christ und hat jahrzehntelang die Hintergründe von Regierungsskandalen recherchiert. Außerdem hat er nach dem Terroranschlag auf den Pan Am Flight 203 über dem schottischen Lockerbie im Zuge der Nachforschungen mit Angestellten der Fluggesellschaft zusammengearbeitet. Im Jahr 1998 saß Lewis in einem Restaurant im texanischen Houston, wo er die Kellner mit Geschichten über die Gaunereien der Regierung und wenig bekannten Anekdoten über den ehemaligen Präsidenten George H. W. Bush unterhielt. Lewis gab zu, etwa folgende Bemerkung gemacht zu haben: »Bald hab ich ihn am Arsch.«

Am Nachbartisch in dem Restaurant saß Tim Reilly, ein Mitarbeiter des *Secret Service,* der Lewis umgehend verhaftete, weil er den ehemaligen Präsidenten bedroht habe. Bei einer kurzen Anhörung am nächsten Tag vermied es die Bundesrichterin Marcia Crane, auf das Recht auf freie Meinungsäußerung zu sprechen zu kommen, das im 1. Zusatzartikel der Verfassung festgeschrieben ist. Stattdessen verließ sie sich ganz auf die Aussage Reillys. Weil Lewis nicht genug Geld hatte, um eine Kaution zu hinterlegen, wanderte er für fast ein Jahr ins Gefängnis. Während dieser Zeit wurde er in die »Besserungsanstalt« *Fort Worth Federal Correctional Facility* geschickt, wo man ihn in die Zelle steckte, in der James McDougal, der in den Whitewater-Skandal verstrickt gewesen war, angeblich Selbstmord begangen hatte. Lewis wusste über McDougal Bescheid und sah seine Einquartierung in der Zelle als eine Form der Einschüchterung. Einige Monate später wurde er in ein staatliches Krankenhaus in Springfield, Missouri, gebracht, wo man ihn gegen seinen Willen medikamentös behandelte, bis Protestbriefe von Journalisten und Wissenschaftlern für seine Freilassung sorgten. Ein Gerichtsverfahren oder auch nur eine Anhörung hat es in diesem Fall nie gegeben.

Sollte jemand der Ansicht sein, der Machtmissbrauch seitens des Heimatschutzministeriums werde im Laufe der Zeit nachlassen, so sollte er über die Geschichte nachdenken, die sich 2006 in Bethesda in Maryland ereignet hat. Zwei uniformierte Männer mit Baseballkappen mit der Aufschrift »Heimatschutz« betraten die *Little Falls Library* und verkündeten, das Betrachten pornografischer Bilder sei verboten. Dann forderten sie einen im Internet surfenden Besucher der Bibliothek auf, mit ihnen nach draußen zu kommen.

Nachdem Beschwerden gegen die beiden »Sicherheitsbeamten« eingegangen waren, sagte Bruce Romer, Verwaltungschef des Montgomery County, die beiden seien Mitarbeiter des *Montgomery County's Homeland Security Department,* einer lokalen Unterabteilung des Heimatschutzministeriums. Sie gehörten zu einer unbewaffneten Einheit, deren Aufgabe es sei, 300 öffentliche Gebäude zu kontrollieren. Er fügte hinzu, dieses Team habe nichts mit dem Thema Pornografie zu tun, und der Zwischenfall sei »unglücklich« und »bedauerlich«. Die beiden Männer hätten »ihre Kompetenzen überschritten« und seien versetzt worden.

Um einmal zu zeigen, wie leicht ein Angestellter der TSA einem anderen das Leben schwer machen kann, sei an die Geschichte von Rebecca Solomon erinnert, einer zweiundzwanzigjährigen Studentin der *University of Michigan.* Am 5. Januar 2010 wurde sie auf einem Flughafen von einem Sicherheitsbeamten der TSA angehalten, der behauptete, in ihrer Laptoptasche eine Tüte mit weißem Puder entdeckt zu haben. Der Mann wollte wissen, woher sie das Puder habe. Die Studentin stand da, starr vor Schreck, und der Mann wedelte weiter mit der Tüte vor ihrem Gesicht herum, bis er schließlich sagte, es sei nur ein kleiner Scherz gewesen. »Sie hätten mal Ihr Gesicht sehen sollten«, sagte der Sicherheitsbeamte grinsend. Als dieser Vorfall öffentlich wurde, sagte die TSA, der Sicherheitsbeamte arbeite nicht mehr für sie. Hätte dieser aber nicht irgendwann zugegeben, dass er sich nur einen Scherz erlaubt hatte, säße Rebecca Solomon bis heute irgendwo hinter Gittern. Dieser ernüchternde kleine Vorfall sollte jeden intelligenten Amerikaner noch einmal über das Thema Machtmissbrauch nachdenken lassen.

Solche Zwischenfälle illustrieren, wie leicht Leute mit Machtbefugnissen von ihrer Macht unangemessenen Gebrauch machen können. Auch stellt sich die Frage, wie viele andere Mitarbeiter des Heimatschutzministeriums ebenfalls »ihre Kompetenzen überschreiten« und wie viele ähnliche Geschichten es nur nicht in die Medien geschafft haben.

Fotografen unter Beschuss

Offenbar entgehen heutzutage selbst traditionelle Hobbys wie das Fotografieren nicht mehr der Aufmerksamkeit der Ermittler des Heimatschutzministeriums. Der Amateurfotograf Mike Maginnis wurde Anfang 2002 angezogen von den Ereignissen am *Adams Mark Hotel* in Denver, das von Polizisten, Rangers der Army und Scharfschützen auf Dächern umstellt war. Maginnis, der in der Branche der Informationstechnologie arbeitet und häufig Fotos von Firmengebäuden und Kommunikationselektronik knipst, machte ein paar Schnappschüsse. Plötzlich stand ihm ein Polizist gegenüber, der die Herausgabe seiner Kamera verlangte. Als Maginnis sich weigerte, ihm die teure Nikon F2 zu geben, wurde er zu Boden geworfen und verhaftet.

Nachdem er zunächst auf einem Polizeirevier festgehalten worden war, wurde er von einem Mitarbeiter des *Secret Service* verhört. Maginnis erfuhr, dass Vizepräsident Cheney sich in der Gegend aufhalte und dass er unter dem PATRIOT Act als Terrorist angeklagt werden würde. Laut Maginnis versuchte der Mann vom *Secret Service* ihm ein Geständnis abzupressen, dass er ein Terrorist sei. Dann beschimpfte er ihn als »Verbündeten der Turbanträger« und als »dreckige linke Schwuchtel«.

Erst einige Stunden später wurde Maginnis ohne Erklärung freigelassen. Als sein Anwalt von der Polizei eine Erklärung verlangte, stritt diese ab, Maginnis verhaftet zu haben.

Auf der Webseite *PhotographerNotaTerrorist.org* hieß es: »Die Fotografie gerät unter Beschuss. In unserem Land erscheint jeder mit einer Kamera, sei er Amateur- oder Berufsfotograf, als potenzieller Terrorist, völlig unabhängig davon, ob er Landschaften, Gebäude oder Straßen fotografiert. Das ist nicht nur eine schleichende Beeinträchtigung der Pressefreiheit. Die Schaffung einer kollektiven visuellen Geschichte unseres Landes wird ausgelöscht durch Antiterrorgesetze, um jenes Erbe zu beschützen, das wir nicht mehr fotografieren dürfen. Unsere Kampagne richtet sich an jeden, der Bilder schätzt, nicht nur Fotografen. Jetzt müssen wir zusammenhalten und dieser Geschichte Einhalt gebieten, bevor die Fotografie selbst zu einem Teil der Geschichte wird, statt sie zu überliefern.«

Anfang 2009 wurde David Proeber, einem Bildredakteur der Zeitung *Pantagraph* aus Illinois, die Speicherkarte seiner Kamera abgenommen, und man drohte ihm mit Verhaftung, nachdem er ein Feuergefecht zwischen der Polizei und einem bewaffneten Mann fotografiert hatte. Proeber bekam die Speicherkarte gut drei Stunden später zurück, nachdem er sich bei einem Vorgesetzten des Sheriffs beschwert hatte, mit dem er bekannt war. Nachdem der Vorgesetzte Kontakt zur Polizei des Bundesstaats aufgenommen hatte, wurde ihm die Speicherkarte mit einer Entschuldigung zurückgegeben. Sein Foto des Feuergefechts wurde im Internet veröffentlicht, und während der ersten zweiunddreißig Stunden von mehr als 1,2 Millionen Menschen gesehen. Später erfuhr Proeber allerdings, dass die Polizei seine Fotos auf eine DVD gebrannt hatte, was seiner Meinung nach rechtlich unzulässig war.

Im Jahr 2007 wurde Carlos Miller verhaftet, ein freiberuflicher Fotograf aus Miami. Er wurde vor Gericht gestellt und verurteilt, weil er Polizisten aus Miami auf einer öffentlichen Straße fotografiert hatte. Miller wurde nicht verurteilt, weil er dem Befehl eines Polizisten nicht gehorcht hatte, auch nicht wegen ordnungswidrigem Verhalten, sondern weil er sich der Verhaftung widersetzt hatte. Die Anklage empfahl eine dreimonatige Bewährungsstrafe, fünfzig Stunden gemeinnütziger Arbeit, psychologische Betreuung und die Übernahme der Gerichtskosten. Aber Jose Fernandez, der Richter des *Miami County Court,* war offensichtlich erbost, weil Miller sein Verfahren in einem Blog dokumentiert hatte, und verurteilte ihn zu einer einjährigen Bewährungsstrafe, hundert Stunden gemeinnütziger Arbeit, psychologischer Betreuung sowie zur Zahlung von fünfhundert Dollar Gerichtskosten.

Die Unverhältnismäßigkeit von Millers Strafe erzürnte die *Society of Professional Journalists* (SPJ), die anfangs Geld gespendet hatte für Millers Anwalt. Der Vorsitzende der SPJ, Clint Brown, sagte in einer Erklärung:»Die Tatsache, dass

Mr Miller verhaftet wurde, weil er an einem öffentlichen Ort Fotos gemacht hatte, war ein Verstoß gegen die im 1. Zusatzartikel unserer Verfassung garantierten Rechte. Diese Rechte, insbesondere das auf freie Meinungsäußerung, wurden erneut verletzt, als Mr Millers Äußerungen in seinem Blog Richter Fernandez' Urteilsfindung beeinflussten. Die *Society of Professional Journalists* verteidigt aus tiefster Überzeugung Mr Millers Recht, in seinem Blog frei zu sprechen.«

Selbst wenn sie den Ort, wo ein Schnappschuss entstanden ist, längst wieder verlassen haben, müssen Fotografen heutzutage weiterhin mir Razzien durch die Sicherheitsbehörden rechnen. Im September 2009 reichte Laura Sennett, eine auf Protestaktionen und Demonstrationen spezialisierte Fotografin, eine Klage vor einem Bundesgericht ein, in der sie geltend machte, sowohl staatliche als auch lokale Strafverfolgungsbehörden hätten die ihr von der Verfassung zugesagten Rechte des 1. und 4. Zusatzartikels verletzt, als sie in ihr Haus eindrangen und Computer, Datenträger, Digitalkameras, Speicherkarten, eine herkömmliche Kamera und einen digitalen Voicerecorder beschlagnahmten, darüber hinaus noch Arbeitsmaterial und persönliche Dinge. Während der Razzia war nur ihr Sohn zu Hause gewesen.

Laut Sennett lag der Grund für die Razzia darin, dass sie Demonstranten fotografiert hatte, die sich am 12. April 2008 anlässlich eines Treffens des Internationalen Währungsfonds versammelt hatten. In ihrer Klage behauptete Sennett, extremem psychischen Stress und emotionaler Demütigung ausgesetzt gewesen zu sein. Sie forderte eine Anweisung an das Justizministerium, ihr ihr Eigentum zurückzugeben und 250 000 Dollar an kompensatorischem und eine Million Dollar an Strafschadenersatz zu zahlen. Es wurde kein strafrechtliches Verfahren gegen sie eingeleitet.

In ihrer Klage erwähnte Sennett Justizminister Eric Holder, die *Joint Terrorism Task Force* des FBI, Prince William, das *Police Department des Arlington County* und das Justizministerium. Sennett sagte, sie sei wegen keines kriminellen Vergehens von polizeilichen Nachforschungen betroffen, und ihre Arbeiten seien von verschiedenen Medien veröffentlicht worden, darunter auch *CNN* und der *History Channel.*

Einer der traditionellen Leitsätze des Journalismus besagt, dass sowohl Kameraleute als auch Fotografen das Recht haben, Bilder aufzunehmen, insbesondere an öffentlichen Orten. Dieses Recht scheint ernsthaft in Gefahr zu sein, da der Nachrichtenjournalismus heute schon auf das Material angewiesen ist, das die Behörden zur Verfügung stellen. Reporter werden hinter Absperrungen und Flatterband vom Ort des Geschehens ferngehalten, und die Beiträge auf den meisten Fernsehkanälen stammen von denselben Kameramännern.

Kamera läuft

Doch nicht nur Fotografen haben Probleme mit Kameras. In jüngster Zeit hat die explosionsartige Vermehrung von Überwachungskameras in Groß- und Kleinstädten die Bürgerrechtler beunruhigt.

Statt durch ein herkömmliches Willkommensschild werden Besucher der Kleinstadt Medina im Bundesstaat Washington heute am Ortsrand mit folgender Mitteilung begrüßt: Sie betreten einen Bereich mit Vierundzwanzigstündiger Videoüberwachung. Polizeichef Jeffrey Chen weigerte sich zu sagen, wie viele Kameras mit »automatischer Nummernschilderkennung« an Kreuzungen installiert wurden. Sollte die Suche in einer Datenbank einen nicht vollstreckten Haftbefehl zutage fördern, werden sofort Polizisten losgeschickt, um die Verfolgung des Wagens aufzunehmen, dessen Kennzeichen registriert wurde. Chen sagte, die von den Kameras gesammelten Informationen würden für sechzig Tage gespeichert, was es der Polizei im Falle eines Verbrechens erlaube, Nachforschungen anzustellen.

»Diese Kameras versorgen uns mit wichtigen Informationen«, erläuterte Chen. »Damit haben wir einen Vorsprung vor den Kriminellen. Bei Verbrechern mag ich keine Chancengleichheit.«

Chen äußerte gegenüber Journalisten, in seiner Stadt mit ihren 3100 Einwohnern, wo das durchschnittliche Jahreseinkommen mehr als 220 000 Dollar beträgt, habe es im Jahr 2008 elf Einbrüche gegeben. »Manche Leute glauben, elf Einbrüche seien hinnehmbar«, sagte Chen. »Für mich ist jedes Verbrechen eines zu viel.«

Doug Honig, ein Sprecher der *American Civil Liberties Union* in Washington, zeigte sich beunruhigt wegen des neuen Überwachungssystems. Für ihn riecht das Ganze nach einer Verletzung der Privatsphäre. »Staatliche Stellen sollten keine Informationen darüber speichern, wer wann wo gewesen ist, wenn sich der Betreffende nichts hat zuschulden kommen lassen«, sagte er. »Durch so etwas kommen wir dem Überwachungsstaat immer näher.«

Im Gegensatz zu Honig glauben viele Menschen heutzutage an die Notwendigkeit solcher Maßnahmen. Zu ihnen gehört Anthony A. Williams, ehemals Bürgermeister von Washington, D. C., der seine Wähler warnte, als er noch im Amt war: »Heutzutage leben wir in einer neuen, wirklich gefährlichen Welt, und deshalb müssen wir mehr Sicherheitsvorkehrungen treffen.«

Williams hatte vor, die Sicherheit in Washington zu erhöhen, indem er sich Städte wie London und Sydney zum Vorbild nahm, wo es Tausende von Videokameras gibt, die mit einer großen Einsatzzentrale vernetzt sind. In England gibt es gegenwärtig mehr als zwei Millionen Überwachungskameras auf Flughäfen, Bahnhöfen, Straßen und in Wohnvierteln.

Auf die Frage, ob diese Art von Überwachung nicht ernsthaft die bürgerlichen Rechte verletzte, antwortete Williams: »Im Sinne der Sicherheit muss man Kompromisse hinnehmen.«

Großbritannien ist ein hervorragendes Beispiel für einen modernen Überwachungsstaat, wo Unternehmen von der voyeuristischen Neigung von Bürgern profitieren können. Eine neue Firma namens *Internet Eyes* zahlt Bürgern bis zu 1000 Pfund, wenn sie zu Hause bleiben und verschiedene Monitore im Auge behalten, die mit einigen von Großbritanniens allgegenwärtigen Überwachungskameras verbunden sind. Im Zuge dieses »sofortigen Benachrichtigungssystems« sind die freiwilligen Zuschauer ausgerufen, jeden »Alarm« zu melden – verdächtige Aktivitäten, zu denen laut Firmenbroschüre gewöhnlich Ladendiebstahl, Einbruch, Vandalismus und »antisoziales Verhalten« gehören. Der Alarm wird an die Kamerabetreiber und die Abonnenten von *Internet Eyes* weitergegeben, welche die Vorfälle auswerten und entscheiden, wer als Belohnung Geld bekommt. Diese Begutachter haben keinen Einfluss auf die Aufnahmen der Kameras und wissen auch nicht, wo diese installiert sind.

Wie lange wird es dauern, bis eine neue terroristische Bedrohung – ob echt, eingebildet oder bewusst konstruiert – wohlmeinende amerikanische Fernsehzuschauer dazu bringt, den Behörden alles mitzuteilen, was ihnen als verdächtiges Verhalten ihrer Nachbarn erscheint? Glauben Sie nicht, dass es nicht so weit kommen wird. Es geschieht bereits in diesem Land, das einst unser »Mutterland« genannt wurde.

VIERTER TEIL

WIE MAN ZOMBIES BEFREIT

Es bedarf keiner Mehrheit, um die Oberhand zu gewinnen, sondern einer zornigen, unermüdlichen Minderheit, die die Flamme der Freiheit in den Köpfen der Menschen entzündet.

– SAMUEL ADAMS

Die im Besitz großer Konzerne konzentrierten Massenmedien spezialisieren sich in ihren Nachrichtensendungen auf Brände, Unfälle, Mord, Krawalle und Skandale. Man stellt sich die Frage: Gibt es irgendwelche guten Nachrichten?

Ja.

Ein paar nachdenkliche Menschen glauben, dass die Vereinigten Staaten einen aufregenden, wenn auch unbequemen Entwicklungsprozess durchmachen. Und obwohl sie einräumen, dass dieser Wandel beunruhigend sein könnte, glauben einige Amerikaner, dass die gegenwärtigen Fortschritte in der technischen Entwicklung und im Umweltschutz uns schließlich in eine hellere und harmonischere Zukunft führen werden, bestimmt durch alternative Treibstoffe, mit Wasser betriebene Motoren und alternative Energiequellen – Sonne, Wind, Geothermie.

Aber die Öffentlichkeit muss wachsam sein. Zu lange schon sind die Menschen betrogen worden von jenen Plutokraten, die den Finanzsektor, das Wirtschaftsleben und die Massenmedien beherrschen. Schon seit vielen Jahren warnen Schriftsteller, Filmemacher, Radio- und Fernsehkommentatoren und selbst einige Straßenredner vor einer kommenden Neuen Weltordnung, jener sozialistischen Globalisierung, herbeigewünscht von einer kleinen Gruppe von Plutokraten und ihren Handlangern, die in Geheimgesellschaften organisiert sind. Und in der Vergangenheit haben ähnlich weitsichtige Menschen zu Recht gewarnt, es gebe, was den Vietnamkrieg betreffe, »kein Licht am Ende des Tunnels«, Nixon sei ein Gauner, der vorzeitig zurücktreten müsse, und George H. W. Bush habe gelogen, als er sagte: »Denkt an meine Worte, keine Steuererhöhungen.« Und dieselben Leute waren der Ansicht, bei den Ereignissen von Ruby Ridge und Waco sei es nicht nur um Angriffe auf Sektenmitglieder, sondern auch um solche auf die Rechte aller Amerikaner gegangen.

Von heute aus betrachtet, hatten diese Vorboten recht.

Jetzt hören die Amerikaner von ungetesteten Impfstoffen, von Pharmariesen, die die Politik der Regierung beeinflussen, von einem totalitären Kriegsrecht und Einschränkungen von Freiheiten, die in der Verfassung festgeschrieben sind.

Vielleicht ist es an der Zeit, dass die Öffentlichkeit den »Verschwörungstheoretikern« und jungen Aktivisten mehr Gehör schenkt. Andrew Gavin Marshall, ein Nachwuchsforscher am kanadischen *Centre for Research on Globalization*, fragte kritisch: »Im Lichte der allgegenwärtigen und penetrant verkündeten frohen Botschaft, die Rezession sei ›vorbei‹, die Krise ›gelöst‹ und die Wirtschaft auf dem Weg der ›Erholung‹, sollte man sich daran erinnern, dass uns das von genau denselben Leuten und Institutionen erzählt wird, die in den letzten Jahren gesagt haben, es gebe ›keinen Grund zur Sorge‹, die ›grundsätzlichen Spielregeln‹ seien bestens und es bestehe ›keine Gefahr einer Wirtschaftskrise‹. Warum schenken wir weiter diesen Leuten Glauben, bei denen nichts stimmte, ihre Worte genauso wenig wie ihre Taten?« Marshalls Frage ließe sich auf viele Probleme im heutigen

Amerika anwenden. Und das führt zu einer noch wichtigeren Frage – warum hören wir überhaupt auf irgendetwas, das aus diesen Institutionen kommt?

Wenn es in Amerika wieder jene individuelle Freiheit und kapitalistische Initiative geben soll, welche das Land einst technologisch und gesellschaftlich an die Spitze geführt haben, müssen sich ganz offensichtlich einige Dinge ändern. Ein bloßes Hin und Her zwischen konservativen und liberalen Regierungen, die in jedem Fall von den Plutokraten hinter den Kulissen kontrolliert werden, reicht hier nicht. Die Amerikaner müssen sich wieder fest zusammenschließen, wie während des Zweiten Weltkriegs.

Aber diesmal nicht gegen einen äußeren Feind wie das nationalsozialistische Deutschland, sondern gegen einen Feind im Inneren. Dieser furchterregende Feind versucht, die Regierung des Landes zu kontrollieren, den Finanzsektor, das Bildungssystem und selbst den Lebensstil der Amerikaner.

Doch zahlenmäßig sind es nur wenige Feinde, und Amerika hat fast 304 Millionen Bürger.

Jetzt ist die Zeit gekommen, wo die Amerikaner aktiv werden müssen.

Meinungsfreiheit

»Wir haben keine Angst, die Amerikaner mit unangenehmen Fakten, ungewohnten Vorstellungen, fremdartigen Gedanken oder anderen Werten zu konfrontieren«, sagte einst John F. Kennedy. »Denn eine Nation, die Angst hat, ihre Bürger auf einem freien Markt der Meinungen selbst entscheiden zu lassen, was wahr und was falsch ist, ist eine Nation, die Angst vor ihren Bürgern hat.«

Heute gerät die Meinungsfreiheit in Gefahr durch politische Korrektheit und sogar durch Gesetze gegen sogenannte Hasspredigten. Um das Recht auf individuelle Äußerungen gegen solche Angriffe zu schützen, müssen wir dafür sorgen, dass es einen freien und investigativen Nachrichtenjournalismus gibt, der wirklich die Funktion eines Frühwarnsystems übernimmt.

Freie Berichterstattung

Korruption und Tyrannei sind in der Menschheitsgeschichte allgegenwärtig.

In den Vereinigten Staaten stand dem Machthunger der Regierung und der Unternehmen traditionell ein freier und nicht manipulierter Enthüllungsjournalismus gegenüber, verbreitet von Medien, die sich früher in Privathand befanden.

Heute werden die Massenmedien von einer Handvoll multimedialer Konzerne kontrolliert. Dazu kommt, dass unsere Regierung den Enthüllungsjournalismus kontinuierlich behindert hat, indem sie Dinge unter Verschluss hielt und den Freedom of Information Acht missachtete, der am 6. September 1966 durch Präsident Lyndon B. Johnsons Unterschrift rechtskräftig wurde.

Das Ziel dieses Gesetzes ist es, der Geheimhaltung unterliegende Regierungsdokumente wieder freizugeben. Dies ist das Thema anhaltender Kontroversen zwischen Regierungsvertretern auf der einen und Journalisten und Bürgern auf der anderen Seite. Unsere Regierungen vertraten unterschiedliche Meinungen hinsichtlich der Interpretation des Gesetzes, das auch einige spezielle Ausnahmeregelungen enthält.

Besonders beunruhigend ist die Konzentration der Medien in wenigen Händen, wenn man bedenkt, dass mehr als 98 Prozent aller Amerikaner einen Fernseher besitzen. Von diesen 98 Prozent sehen 82 Prozent die Prime-Time-Programme der großen überregionalen Sender, 71 Prozent zusätzlich Programme von Kabelsendern. 84 Prozent der Amerikaner hören regelmäßig Radio, 79 Prozent lesen Zeitung. Fast die Hälfte der Bevölkerung hat Zugang zum Internet, in bestimmten Altersgruppen sind es beinahe 70 Prozent. Diese Zahlen besagen, dass die meisten Amerikaner übermäßig viel Zeit damit verbringen, auf einen Bildschirm zu starren, was an sich schon schlimm genug ist. Doch wenn man sich klarmacht, dass alles, was diese Bürger sehen und hören, von nur sechs großen Medienkonzernen produziert wird, scheint die Gefahr von Propaganda und Gedankenkontrolle allzu deutlich.

Die durch die Interessen von Großkonzernen gelenkten Massenmedien verbreiten verwässerte Inhalte. Doch dazu kommt, dass Mitarbeiter des Weißen Hauses und des Pentagon die Medien durch Wahrnehmungsmanagement manipulieren. Wenn die Propagandisten der Regierung dem Publikum auch nicht aufzwingen können, was es denken soll, können sie ihm doch diktieren, worüber es nachdenken soll, denn sie bestimmen die Inhalte und geben Interpretationen vor. Die Wahrnehmung wird geschickt gelenkt. Zu viele Journalisten reproduzieren einfach nur, was in den Pressemitteilungen der Regierung steht. Wayne Madsen, ein Enthüllungsjournalist aus Washington, sagte dazu: »Die Aufgabe von Journalisten besteht nicht darin, sich an der Verbreitung von Propagandanachrichten zu beteiligen. Journalisten verbreiten grundlegende Fakten. Daran, dass die amerikanische Besetzung des Iraks ein komplettes Desaster war, ist nicht der Nachrichtenjournalismus schuld. Die Nachricht ist, dass die Dinge im Irak für die Vereinigten Staaten schiefgegangen sind.«

So wenig wie die Regierung Bush lässt Obama es zu, dass Nachrichten aus dem Irak ungefiltert gesendet werden. Hinzu kommt, dass die Regierung auf dem Einsatz von »embedded journalists« besteht. Diese sind im Irak mit den militärischen

Einheiten unterwegs, wodurch ihr Blick auf die Kampfhandlungen eingeschränkt bleibt. Außerdem werden so persönliche Beziehungen geschmiedet, was auf die Berichterstattung nicht ohne Einfluss bleiben kann. Zudem hat die Regierung beispielsweise die *Lincoln Group* oder die in San Diego ansässige *Science Applications International Corporation* (SAIC) verpflichtet, damit sie in irakischen Zeitungen amerikanische Propaganda unterbringen. Außerdem schloss das Pentagon Verträge mit *SYColeman Inc.*, einem Unternehmen, das Slogans, Anzeigen, Zeitungsartikel, Radiospots und Fernsehprogramme produziert, durch die in Übersee für die amerikanische Politik geworben werden soll. Da kann es nicht überraschen, dass der Chef von *SYColeman* ein General im Ruhestand ist, der im Laufe seiner Karriere einmal einen hohen Posten im Pentagon innehatte, das den Vertrag mit der SAIC abschloss.

»Die Mainstreammedien sollten im Fall des Irakkriegs verstärkt auf eine unabhängige Berichterstattung achten«, schrieb Wayne Mausen in der *San Diego Union-Tribune*. »Die Journalisten sollten die Lügen ignorieren, die ihnen in Bagdad, im Pentagon, im Außenministerium und im Weißen Haus permanent eingeflüstert werden. Und Herausgeber müssen ihre Journalisten ermuntern, unzensierte Interviews mit amerikanischen Militärs zu veröffentlichen. Das verstößt gegen die Medienpolitik des Pentagon, aber das Militär hat nicht das letzte Wort, wenn es um die im 1. Zusatzartikel garantierte Meinungs- und Pressefreiheit geht. Aufgabe des Militärs ist es, diese Rechte zu verteidigen.«

Im Juli 2009 tat sich das amerikanische P. E. N.-Zentrum, eine 87 Jahre alte Organisation zur Verteidigung der Freiheit von Schriftstellern, mit der *American Civil Liberties Union* zusammen, um vor Gericht den FISA Amendment Act (FAA) anzufechten. Die beiden Organisationen argumentierten, durch den FAA wachse in beträchtlichem Ausmaß die Möglichkeit der amerikanischen Regierung, ihre Bürger ohne richterlichen Beschluss auszuspionieren. Außerdem gewähre das Gesetz jenen Telekomunternehmen Straffreiheit, die die Regierung dabei unterstützten.

»Wir führen diesen Prozess in erster Linie deshalb, weil wir Telefonmitschnitte und E-Mails von Schriftstellern besitzen, die in Ländern von Afghanistan bis Zimbabwe verfolgt werden«, schrieb Larry Siems vom Projekt »Freedom to Write« des amerikanischen P. E. N.-Zentrums in der *Huffington Post*. »Wir wissen durch die Erfahrungen unserer Kollegen in Ländern, wo die Regierung unkontrolliert ihre Bürger überwachen darf (dazu gehören seit den Siebzigerjahren auch die Vereinigten Staaten), dass Gesetze, die das Ausspionieren von Bürgern erlauben, häufig gegen Schriftsteller und Intellektuelle angewendet werden. Die Überwachung als solche bedroht ernsthaft die intellektuelle und künstlerische Freiheit aller Bürger.«

Doch nicht nur der P. E. N. und die ACLU wehren sich. Das *World Press Freedom Committee* setzt sich aus Journalisten von 45 internationalen Medienunternehmen zusammen, die seit über dreißig Jahren gegen die Gängelung und Kontrolle von Journalisten kämpfen, gegen ihre zwingende Verpflichtung auf einen vorgeschriebenen Verhaltenskodex. In seiner Charter for a Free Press listet das *World Press Freedom Committee* zehn Prinzipien auf, die den »ungehinderten Informationsfluss innerhalb und außerhalb unserer Grenzen« fordern. Die Verfasser sagten, ihre Charta benötige die Unterstützung »all jener, die sich dem Schutz und der Verbesserung der demokratischen Institutionen« verschrieben hätten. Die Prinzipien lauten wie folgt:

1. Zensur, direkt oder indirekt, ist inakzeptabel; folglich müssen Gesetze aufgehoben und Praktiken untersagt werden, die das Recht der Medien beschneidet, Informationen zu sammeln und mitzuteilen. Regierungsbehörden dürfen keinen Einfluss haben auf den Inhalt von Print-, Radio- oder Fernsehbeiträgen. Der Zugang zu Nachrichtenquellen darf nicht eingeschränkt werden.

2. Die Gründung und der Betrieb unabhängiger Medien muss in allen Ländern uneingeschränkt möglich sein. Dies gilt für den Printbereich ebenso wie für die elektronischen Medien.

3. Es darf keine Diskriminierung der Medien geben seitens einer Regierung, weder im Umgang mit ihnen noch in wirtschaftlicher oder sonstiger Hinsicht. In jenen Ländern, wo Medien in Regierungshand sind, muss den unabhängigen Medien derselbe freie Zugang zu allen Einrichtungen und Unterlagen gewährt werden.

4. Der Zugang zu Druckereien und Vertriebssystemen darf nicht eingeschränkt werden. Der freie Betrieb von Nachrichtenagenturen muss ebenso gewährleistet sein wie die gerechte Vergabe von Frequenzen.

5. Juristische, technische und finanzielle Praktiken seitens der Behörden, welche die Distribution von Nachrichten verhindern und den freien Informationsfluss behindern, werden verurteilt.

6. Auch bei Regierungsmedien muss es redaktionelle Unabhängigkeit und eine Vielzahl der Standpunkte geben, was gesetzlich festgeschrieben und in der Praxis realisiert werden sollte.

7. Print- und elektronische Medien sollten uneingeschränkt Zugang haben zu ausländischen Nachrichten- und Informationsquellen, und auch die Öffent-

lichkeit sollte die Möglichkeit haben, ausländische Publikationen lesen sowie Radio- und Fernsehprogramme ohne Einschränkung empfangen zu können.

8. Nationale Grenzen müssen ausländischen Journalisten offenstehen. Quoten dürfen nicht eingeführt werden, und Visa, Presseausweise und andere für die Arbeit unabdingbare Dokumente sollten umgehend ausgestellt werden. Ausländische Journalisten sollten sich frei in einem Land bewegen dürfen. Ihnen sollte Zugang zu offiziellen und inoffiziellen Nachrichtenquellen gewährt werden. Darüber hinaus muss es ihnen gestattet sein, berufliche Materialien und Ausrüstung ohne Behinderung ein- und auszuführen.

9. Die freie Berufsausübung von Journalisten muss gewährleistet sein und darf durch keinerlei bürokratische Maßnahmen verhindert werden.

10. Wie alle Bürger haben auch Journalisten das Recht auf körperliche Unversehrtheit und genießen den vollen Schutz des Gesetzes. In Kriegsgebieten arbeitende Journalisten gelten als Zivilisten und genießen die gleichen Rechte und denselben Schutz wie andere Zivilisten.

Aber nicht nur das *World Press Freedom Committee* kämpft für freie und nicht manipulierte Medien. Phil Donahue, jener Talkshowmoderator, der seinen Job verlor, nachdem er die offizielle Version der Ereignisse vom 11. September infrage gestellt hatte, rief die Öffentlichkeit auf zur Unterstützung »der Los Angeles Times, der Society of Professional Journalists, des National Press Club und anderer Organisationen (ganz zu schweigen von den Framers of the Constitution)«. Dann fügte er hinzu:»Journalisten müssen die Freiheit haben, aggressiv, unpopulär und unkonventionell zu schreiben, sie müssen schauen, was unter den Teppich gekehrt wurde, um herauszufinden, was nach Meinung der rechtschaffenen hohen Herren am besten für uns ist.« Und zu Recht behauptet Donahue:»Freie und nicht manipulierte Nachrichten sind durch nichts zu ersetzen. Journalisten sind weder Cops noch aus der Public-Relations-Branche. Sie sind Reporter, und dafür gibt es keinen Ersatz.«

Eine der größten Gefahren für die Pressefreiheit ist die Konzentration der Medien in der Hand einiger weniger Konzerne. Hier werden Inhalte popularisiert, um sie für ein größeres Publikum attraktiv zu machen. Aber eine Organisation namens *StopBigMedia.com* versucht, dem Konzentrationsprozess entgegenzuwirken und eine amerikanische Tradition hochzuhalten. Diese Organisation setzt sich aus einer Reihe politisch unterschiedlich orientierter Gruppen zusammen, die sich ohne finanzielle Unterstützung seitens des Staates oder der Wirtschaft zusammengeschlossen haben, »um die Federal Communications Commission davon abzuhalten, es einer Handvoll von Riesenkonzernen zu erlauben, Amerikas Medienlandschaft zu beherrschen«. Auf der Webseite von *StopBigMedia.com* ist zu lesen: »Riesige Medienkonzerne ersticken abweichende Stimmen, geben den Qualitätsjournalismus auf und eliminieren lokale Inhalte (wir können es beweisen). Unsere Demokratie braucht bessere Medien. Wenn in Washington schlechte Politik gemacht wird, kann das große Auswirkungen auf die Nachrichten in Ihrer Stadt haben.« An anderer Stelle heißt es: »Wir glauben daran, dass freie und lebendige Medien – ein Vielklang unterschiedlicher, miteinander konkurrierender Stimmen – das Lebenselixier der amerikanischen Demokratie sind. Wir wollen gemeinsam erreichen, dass unsere Medienlandschaft, um es mit den Worten des Supreme Court zu sagen, ›ein offener Markt von Ideen bleibt, auf dem sich die Wahrheit durchsetzen wird‹.«

Für die jüngste Flut erbärmlicher Medieninhalte ist größtenteils Faulheit verantwortlich. Ich zitiere den britischen Romancier und Kritiker Kingsley Amis, der einst bemerkte: »Anstelle der Inkompetenz ist heute die Faulheit das Hauptcharakteristikum des Journalismus.«

Diese Faulheit lässt sich teilweise darauf zurückführen, dass seit einem halben Jahrhundert tendenziöse Pressemitteilungen eine immer größere Rolle spielen. Es ist immer leichter, die Pressemitteilung einer Regierung oder eines Unternehmens umzuschreiben, als die erforderliche Arbeit auf sich zu nehmen, um einen gut recherchierten Artikel zu verfassen. Dafür braucht es Journalisten, die ihr Büro verlassen und nicht hinter ihrem Schreibtisch hocken. Sitzt aber ein Reporter nicht den ganzen Tag an seinem Schreibtisch, wird das seinen Chef in der Regel verärgern, weil man in diesem Business (und der Journalismus ist Business) eben Angestellte schätzt, die im Haus sind, an ihrem Schreibtisch. Doch das sind keine Voraussetzungen für gute Recherchen und aktuelle Nachrichten.

Robert McChesney, Publizistikprofessor an der *University of Illinois* und Medienreformer, ist wie viele andere der Ansicht, das Thema Journalismus könnte für die Amerikaner eines der wichtigsten überhaupt werden, denn einer nicht über die aktuellen Ereignisse informierten Öffentlichkeit ist es praktisch nicht möglich, eine wohlüberlegte Wahlentscheidung zu treffen. In einer Gesellschaft ohne freien Journalismus kann es also auch keine Demokratie geben.

Vielleicht übernehmen künftig ganz normale Bürger die Rolle von Journalisten, mithilfe ihrer Handykameras und des Internets. Sie könnten es selbst in die Hand nehmen, die Nachrichten aufzuspüren und zu verbreiten. Diese Idee ist nicht neu, auch wenn es früher noch keine Mobiltelefone oder das Internet gab. Vielleicht der größte Vertreter dieser Variante des Journalismus war laut McChesney I. F. Stone, der ikonoklastische und einst auf der schwarzen Liste stehende Kopf hinter *I. F. Stone's Weekly*, eines im Selbstverlag herausgegebenen Blattes, das in den Fünfziger- und Sechzigerjahren großen Einfluss hatte. 1999, zehn

Jahre nach seinem Tod, zählte Stones Publikation offiziell zu den »besten hundert Werken, die der amerikanische Journalismus im 20. Jahrhundert hervorgebracht hat«. Dazu sagte McChesney: »An publizistischen Instituten wird Stone gegenwärtig als großer Held gefeiert, doch die meiste Zeit seines Lebens existierte er für diejenigen nicht, die sich auf offizielle Quellen verließen. Stone lehnte jede Beziehung zu den Mächtigen ab, weil ihm klar war, dass solche Beziehungen seine Fähigkeit beeinträchtigt hätten, ein wirklicher Journalist zu sein. Er wusste, dass es ihn daran gehindert hätte, dem auf den Grund zu gehen, was die Regierung tut, und aufzudecken, wessen Interessen es dient.«

Und McChesney fügte hinzu: »Ich wünsche mir tausend I. F. Stones, die sich mit den Machtverhältnissen in Washington und an der Wall Street beschäftigen sollten. Um gute Arbeit leisten zu können, bräuchten Journalisten ein anständiges Gehalt, eine professionelle Ausbildung und eine Redaktion, wo sie vor den Mächtigen geschützt sind. Außerdem müssten sie sehr viel mehr Zeit haben. Wenn ich den ganzen Tag in einer Fabrik oder einem Büro arbeite, nach Hause fahre, mit meinen Kindern esse, das Essen für den nächsten Tag vorbereite, putze, wasche und mich schließlich um elf Uhr hinsetze, um zu bloggen, wird nichts dabei herauskommen.

Wenn sich aber beispielsweise jemand ein bisschen mit der Wirtschaft beschäftigt und ein echtes Interesse dafür entwickelt, kann er Folgendes tun: Er kann selbstständig journalistische Artikel über Wirtschaftsfragen suchen und lesen, um ihre Sicht mit anderen Standpunkten zu vergleichen, Fakten zu recherchieren und Quellen zu überprüfen. Dann kam man zu diesen Themen auch bloggen, aktiv an der Mediendebatte teilnehmen. Doch damit ist nicht gesagt, dass professionelle Journalisten nicht mehr wichtig sind. Ich sehe diese Teilzeit- und Freizeitjournalisten der Blogs als Musiker, die über eine von Journalisten geschriebene Melodie improvisieren. Vielleicht können Blogger der Melodie ein paar interessante Nuancen hinzufügen. Aber ohne Journalismus ist das alles nur Krach. Journalistische Arbeit sollte die Grundlage dafür sein, dass Bloggen nicht nur ein dissonantes Durcheinander ist, sondern ein wunderbarer Song.«

Erziehung zu kritischem Denken

Möglicherweise sind die Langeweile und der Konformismus, die für die Medien bezeichnend sind, auch schon charakteristisch für unser öffentliches Schulsystem. Mark Taylor, zur Zeit Lehrer an der *Olathe South High School* in Olathe, Kansas, sagte dazu: »Um den Kampf in Amerikas Klassenzimmern zu gewinnen, müssen Lehrer zunächst begreifen, dass das heutige Erziehungssystem der öffentlichen

Schulen von einer mächtigen wirtschaftlichen Elite erdacht wurde, deren wahre Absicht darin bestand, dass die Schüler sich selbst als künftige Angestellte in einem System betrachten sollten, das ihnen eine gute Bildung vorenthielt, damit sie als gute kleine Konsumenten die Ziele akzeptierten, welche die Erfinder des Systems eigenmächtig bestimmt hatten. Dieses System ist Lehrern im ganzen Land so verkauft worden, als spiegelten sich darin die Werte einer demokratischen Republik. Und diese Lehrer, seien es Universitätsprofessoren oder Unterrichtende an Grund- oder weiterführenden Schulen, sollten sich mit dieser Lüge auseinandersetzen und damit beginnen, diese von einer Elite ausgeheckte Lügengeschichte über eine demokratische Republik zu enttarnen und gegen die dem System anhaftende Unterwürfigkeit anzugehen.«

Als Lehrer hat Taylor stets versucht, seinen Schülern die Fähigkeit des kritischen Denkens zu vermitteln. »Wichtig ist nicht, was wir lernen, sondern dass wir infrage stellen, was wir lernen. Und der erste Schritt dabei, infrage zu stellen, was wir lernen, besteht darin, dass wir Folgendes begreifen: Wenn man ohne Scheuklappen denken will, muss man zunächst begreifen, dass man welche hat. Und um von der Existenz der Scheuklappen zu wissen, müssen wir denken lernen, und um denken zu lernen, müssen wir uns in erster Linie mit den Grundpfeilern der intellektuellen Aufklärung befassen – mit der Philosophie, der Ökonomie, der politischen Wissenschaft und der Geschichte. Die Beschäftigung mit der Philosophie muss uns lehren, was wirklich, was wahr und was gut ist. Das Studium der Ökonomie muss uns erkennen lassen, dass das permanente Wachstum eine Illusion ist, die eine mächtige wirtschaftliche Elite ersonnen hat. Die politische Wissenschaft lehrt uns, dass es in der Politik immer um Machtinteressen geht, die mit der Wachstumsideologie im Bereich der Wirtschaft zusammenhängen. Und letztlich müssen wir lernen, dass die heutigen Nachrichten morgen Geschichte sind, und da ein Großteil der heutigen Nachrichten auf Lügen und Täuschung beruht, ist auch ein Großteil der Geschichtsschreibung eine Lüge.«

Überall in Amerika gibt es Lehrer, die ihren Schülern beibringen, das System durch die Beschäftigung mit Philosophie, Ökonomie, politischer Wissenschaft und Geschichte infrage zu stellen. »Jeder Lehrer, der sich an diese Formel hält, wird auf einen Moment hinarbeiten, wo die Geschichte das System derer zum Einsturz bringen wird, die uns alle zu versklaven versuchen«, sagte Taylor.

Um kluge und lebenskluge Mitglieder der Gesellschaft hervorzubringen, muss das Bildungssystem allen Schülern zunächst ausreichende Kenntnisse im Lesen, Schreiben und Rechnen vermitteln. Danach sollten Grundkenntnisse über die Geschichte und Philosophie der amerikanischen Freiheit vermittelt werden. Das darf aber nicht einfach durch das Auswendiglernen von Namen und Daten geschehen. Wichtiger ist es, zu begreifen, warum Revolutionen und Kriege stattfanden und was für Folgen sie nach sich zogen. Doch vor allem muss Schülern das kritische Denken beigebracht werden. Sie müssen lernen, selbstständig Themen zu recherchieren und zu studieren. Und letztlich müssen sie lernen, ihre Stimme im Sinne der Wahrheit und Gerechtigkeit zu erheben.

Nur mit wirklich gebildeten und verantwortungsbewussten Bürgern kann Amerika seinen Platz als führende Weltmacht zurückerobern. Zunehmend häufiger wird Eltern der Wert wirklicher Bildung bewusst, der nicht darin liegen kann, erfolgreich Tests und staatlich verordnete Lehrpläne zu absolvieren. Sie wenden sich einer Alternative zu.

Heimunterricht

Im Sinne einer besseren Bildung ihrer Kinder kehren einige Eltern dem öffentlichen Schulsystem ganz den Rücken. Einst ein äußerst kontrovers diskutiertes Thema, scheint der Ruf des Heimunterrichts in ganz Amerika allmählich besser zu werden. Früher glaubte man, Heimunterricht werde nur von Gegnern einer multikulturellen Gesellschaft und religiösen Fanatikern praktiziert. Jetzt gehen einige Schätzungen davon aus, dass zwei Millionen amerikanischer Kinder und Jugendlicher zu Hause unterrichtet werden. Und immer häufiger nimmt man an – was durch Studien und Statistiken bestätigt wird –, dass zu Hause unterrichtete Kinder ihren Altersgenossen von den öffentlichen Schulen bildungsmäßig voraus sind.

Selbst anerkannte Colleges erkennen den Heimunterricht als eine legitime Erziehungspraxis an. Laut einer Studie der in Virginia ansässigen Initiative *National Center for Home Education* (NCHE) akzeptieren 68 Prozent aller Colleges anstelle staatlicher Schulabschlüsse auch von Eltern zusammengestellte Unterlagen über den Leistungsstand ihrer Kinder. Zu den Universitäten, die zu Hause unterrichtete Kinder zum Studium zulassen, gehören Stanford, Yale und Harvard. Das NCHE sagte, solche Colleges verlangten »in der Regel Sat 1-Noten und/oder Bewertungen des American College Test (ACT), eine detaillierte Auflistung der an der Highschool absolvierten Kurse, Empfehlungsbriefe und Textproben«.

»Zu Hause unterrichtete Schüler verfügen über ein Maß an Motivation, Neugier und Eigenverantwortlichkeit, das an Highschools eher selten ist«, sagte Jon Reider, Chef der Studienberatung an der *San Francisco University High School* und früher an der Universität Stanford in leitender Position für die Vergabe von Studienplätzen zuständig.

Isabel Shaw, eine Autorin, die sich intensiv mit dem Thema auseinandergesetzt hat, schrieb:»Wie standardisierte Tests zeigen, haben zu Hause unterrichtete Kinder im Durchschnitt ein Jahr Vorsprung gegenüber ihren Altersgenossen auf öffentlichen Schulen. Und je länger jemand zu Hause unterrichtet wird, desto größer wird der Abstand. Wenn ein Heimschüler in dem Stadium ist, das der achten Klasse entspricht, zeigen die Tests, dass sich der Vorsprung auf vier Jahre vergrößert hat.« Isabel Shaw und ihr Mann Ray haben ihre beiden Töchter fünfzehn Jahre lang zu Hause unterrichtet. »Natürlich weisen die Resultate der Tests schon auf ein besseres späteres Abschneiden beim American College Test hin. Studien zeigen, dass gute Leistungen beim ACT eindeutig auf eine größere Wahrscheinlichkeit hindeuten, dass das Collegestudium erfolgreich verlaufen wird. Laut offiziellen ACT-Analysen übertreffen Heimschüler häufig ihre Altersgenossen von öffentlichen oder privaten Schulen beim ACT-Bewertungstest.« Kelley Hayden, ein Sprecher der ACT-Kommission, sagte hierzu: »Heimschüler sind gut auf das Collegestudium vorbereitet.«

Gegner des Heimunterrichts behaupten, das Fehlen von Erfahrungen mit der »wirklichen Welt« könnte sich für Heimschüler im späteren Leben als Nachteil erweisen. »Absolventen öffentlicher Schulen lernen, sich mit einem System und dessen Unberechenbarkeiten auseinanderzusetzen«, sagte ein Lehrer von einer öffentlichen Schule in Texas. »Sie lernen, mit den Unfähigen klarzukommen, mit denen sie es im wirklichen Leben auch zu tun haben werden.«

Hal Young, ehemals stellvertretender Vorsitzender des Verbands *North Carolinians for Home Education,* meinte zu diesem Thema: »Eines der am häufigsten angeführten Argumente gegen den Heimunterricht besagt, Heimschülern fehle die Auseinandersetzung mit unterschiedlichen sozialen Milieus. Aber Heimschüler integrieren sich gut an Universitäten und Colleges. Heimunterricht ist Individualunterricht, aber die Schüler sind nicht isoliert. Meistens sind sie ziemlich gut vernetzt und engagieren sich in Bürgerinitiativen oder Kirchen, bei den Pfadfindern oder in Sportvereinen […]. Wenn sie dann aufs College kommen, sehen sie dort andere Gruppen und Initiativen, doch das ist dann etwas ganz Alltägliches. Viele Colleges nehmen gerne Heimschüler. Sie haben gute Erfahrungen mit ihnen gemacht und werben jetzt sogar um sie […].«

Der verstorbene Chris Klicka, einst Anwalt der *Home School Legal Defense Association,* setzte sich ebenfalls mit der Kritik auseinander, Heimschüler seien schlecht sozialisiert:

Jene Kinder, die öffentliche Schulen besuchen, verbringen mindestens 180 Tage im Jahr in ihrem Klassenzimmer, und es kommt selten vor, dass sie einen Ausflug machen oder außerhalb der Schule mit der Arbeitswelt konfrontiert werden. Sie sind eingesperrt mit ihren Altersgenossen und haben nur selten die Möglichkeit, mit Kindern anderer Altersgruppen oder Erwachsenen zu kommunizieren. Sie lernen in einem Vakuum, wo es keine allgemeingültigen Maßstäbe gibt. Man über-

trägt ihnen wenig oder gar keine Verantwortung, stellt alles für sie bereit. Jede Initiative, eigene Interessen zu verfolgen und einzigartige individuelle Fähigkeiten anzuwenden, wird erstickt. Die Handlungen dieser Schüler haben selten Konsequenzen, denn die Disziplin ist lax, und versetzt wird man automatisch. Sie sind nicht wirklich darauf vorbereitet, sich zu Hause oder in die Arbeitswelt einzufügen, wobei Letztere nach dem Schulabschluss einen großen Teil des »wirklichen Lebens« ausmachen wird.

Heimschüler dagegen kennen die angeführten Probleme nicht. Sie sind perfekt vorbereitet auf das »wirkliche Leben«, sei es zu Hause oder in der Arbeitswelt. Sie kommen regelmäßig mit Erwachsenen in Kontakt und folgen eher ihrem Beispiel statt dem ihrer törichten Altersgenossen. Sie lernen durch handfeste praktische Erfahrungen. Die einzigen Erfahrungen der »Sozialisierung« und der »wirklichen Welt«, die sie nicht machen, weil sie keine öffentliche Schule besuchen, sind ungesunde Rivalität mit Altersgenossen, Kriminalität und Unmoral. Der durchschnittliche Heimschüler macht sich mit diesen Dingen klugerweise aus der Ferne vertraut, statt selbst ein Opfer zu werden und Kriminalität und Unmoral direkt kennenzulernen.

Mit den Fortschritten der Informationstechnologie ist auch der Onlineunterricht immer populärer geworden. So schrieb das *Wall Street Journal:* »Von den zwölf Millionen amerikanischer Schüler im Highschoolalter besuchten im Jahr 2009 ungefähr 100 000 den Vollunterricht 438 verschiedener Onlineschulen. Fünf Jahre zuvor waren es nur 30 000. Dies sind Angaben der International Association for K-12 Learning Online, einer Washingtoner Nonprofitorganisation zur Vertretung von Onlineschulen. Noch sehr viel mehr Schüler absolvieren einige Onlinekurse, während sie zugleich eine herkömmliche Schule besuchen. Das zum Erziehungsministerium gehörende National Center for Education Statistics gab bekannt, im Jahr 2007 seien anderthalb Millionen K-12-Schüler Heimschüler gewesen, eine Zahl, die auch einige derer einschloss, die Onlineschulen besuchten. Das sind 36 Prozent mehr als die 1,1 Millionen im Jahr 2003.«

Wie beim herkömmlichen Heimunterricht lautet auch beim Onlineunterricht einer der wichtigsten Einwände, das bloße Hocken vor dem Computer behindere die Entwicklung der sozialen Kompetenz eines Schülers. Raymond Ravaglia, stellvertretender Vorsitzender des *Educational Program for Gifted Youth* an der Universität Stanford, sagte dazu: »Das größte Problem der Onlinehighschools ist das der fehlenden direkten Kommunikation. In dem Alter sehnen sich Menschen nach sozialer Interaktion.«

Andere vertreten die Ansicht, Onlineschüler hätten durch ihren Zugang zu Multimediainhalten im Internet später einen Vorteil in einer zunehmend digitalen Welt. »Was sie während des Besuchs der Onlinehighschool lernen, wird sie zu flexiblerem Denken befähigen«, sagte Ray Spiro, Professor für Erziehungspsychologie an der *Michigan State University*.

Auf der Webseite des *Oklahoma Council of Public Affairs* sah Matthew Ladner vom *Goldwater Institute* eine denkbare Alternative zum herkömmlichen öffentlichen Schulsystem, die landesweit umgesetzt werden könnte: »John Stuart Mills sagte einst, wenn von einem Staat verlangt werde, für die Ausbildung zu sorgen, könne es auch sein, dass er sich nicht die Mühe mache, diese zu ermöglichen (oder, in unserem Fall, erfolglos versucht, sie zu ermöglichen) [...]. Staatliche Gesetze könnten das Bestehen eines Tests in Staatsbürgerkunde zu einer Voraussetzung erklären, um den Führerschein zu machen, und das erforderliche Lehrmaterial online und in öffentlichen Bibliotheken zur Verfügung stellen.«

Die Kosten eines solchen Systems würden nur einen Bruchteil dessen betragen, was der Steuerzahler gegenwärtig ausgibt, und es würde sich wahrscheinlich als sehr viel effektiver erweisen. Die amerikanische Öffentlichkeit muss sicherstellen, dass Kinder Staatsbürgerkunde lernen, und sich an Thomas Jeffersons Worte erinnern: »Wenn eine sich für zivilisiert haltende Nation glaubt, man könne zugleich unwissend und frei sein, dann glaubt sie an etwas, das es nie gab und nie geben wird.«

Gesundheitsvorsorge

Neben der üblichen Verbreitung fader Storys über Prominente, politische Skandale und Verbrechen vermitteln die Massenmedien ihrem Publikum den falschen Eindruck, nur Ärzte und Experten wüssten, was eine gute Gesundheit ausmacht und wie man zu einem gesunden Leben findet. In jeder Talkshow oder Nachrichtensendung tritt ein Experte von einer Regierungsbehörde oder aus einem Unternehmen auf, um Neuigkeiten zum Thema Gesundheit zu präsentieren. Begleitet werden ihre Ratschläge immer von Werbespots für Medikamente, die von ebenjenen Unternehmen produziert werden.

Aber ein Wandel liegt in der Luft. Viele Menschen wollen sich selbst um ihre Gesundheit kümmern und suchen nach alternativen Wegen, ein befriedigendes und produktives Leben zu führen. Selbst einige Mediziner wenden sich ab von den einzig am Profit orientierten Pharmariesen und finden neue Wege, um die öffentliche Gesundheitsvorsorge zu verbessern.

Dr. Len Saputo, ein seit über vierzig Jahren praktizierender Arzt, befürwortet hinsichtlich der medizinischen Methoden einen Paradigmenwechsel. Im Laufe der Jahre sah Saputo, wie die Qualität der ärztlichen Versorgung in den Vereinigten Staaten auf einen neuen Tiefpunkt sank, weil an die Stelle der Sorge um den

Patienten immer mehr die um den Profit trat. Im Jahr 1994 gründete Saputo das *Health Medicine Forum,* durch das sich die Einstellung und die praktischen Methoden vieler Ärzte in der Gegend um San Francisco änderten.

»Als ich Arzt wurde, wollte ich wie die meisten meiner Kollegen ein Heiler sein«, schrieb Saputo in seinem 2009 erschienenen Buch *A Return to Healing.* »Wir wollten uns um die Gesundheit und die medizinischen Bedürfnisse des *ganzen Menschen* kümmern; wir wollten unsere Patienten heilen und sie für eine gesunde Lebensführung gewinnen, auf der Basis von wissenschaftlicher Erkenntnis und gesundem Menschenverstand. Leider ist an die Stelle dieses Ideals die Bilanz der Pharmakonzerne getreten. Jetzt haben wir ein nicht funktionierendes System, das sich fast gänzlich auf das konzentriert, was ich *Krankheitsfürsorge* nennen möchte.

Die Vorstellung, dass ein Arzt sich auf die medizinischen Bedürfnisse eines einzigartigen menschlichen Wesens konzentrieren sollte, das eingebettet ist in einen familiären und gesellschaftlichen Zusammenhang, ist heute ersetzt worden durch eine Denkweise, die jeden Menschen auf seinen Körper reduziert, den Körper auf eine Maschine und seine medizinischen Bedürfnisse auf eine Reihe von Symptomen, die hauptsächlich mit Medikamenten behandelt werden. Dabei werden der Geist, die Gefühle, die Lebenswelt und der Lebensstil des Patienten zu häufig ignoriert.«

Heute wenden sich Dr. Saputo und viele andere Ärzte bei der Behandlung gesundheitlicher Probleme natürlichen biochemischen Lösungen zu. Die fundamentale Prämisse dieser Behandlungsmethode liegt in einer einfachen Erkenntnis – wenn alle Zellen eines Körpers ordnungsgemäß funktionieren, gibt es keinen Grund für eine Krankheit. »Die Wiederherstellung der Gesundheit und Vitalität gelingt dadurch, dass man dem natürlichen Heilungsprozess die Kontrolle überlässt«, erklärte Saputo. Die Vertreter dieser Form der progressiven Medizin »glauben daran, Körper, Geist und Seele zugleich zu behandeln, glauben an die Bedeutung des Grundsatzes, sich um den ganzen Menschen zu kümmern, nicht nur um die Krankheit […]. Sie bevorzugen Prävention, natürliche Lösungen, die Sorge um das Wohlbefinden, die integrative Methode – und sie ebnen den Weg für die Medizin der Zukunft.«

Viele Ärzte sind Dr. Saputos Weg gefolgt. Sie fragen nicht nach der Finanzierung des gegenwärtigen amerikanischen Gesundheitssystems, sondern nach besseren Wegen, wie man einen Patienten kuriert und die Gesundheit bewahrt. Ihre Frage lautet nicht, mit welchen Medikamenten eine Krankheit behandelt werden sollte, sondern sie denken darüber nach, ob überhaupt als erster Schritt eine medikamentöse Behandlung erforderlich ist. Im Jahr 2007 ergab die *National Health Interview Survey,* dass ungefähr vier von zehn Amerikanern in diesem Jahr eine komplementäre oder alternative medizinische Behandlung in Anspruch genommen hatten. Die Kosten dieser alternativen Therapien machen nun angeblich 11,2 Prozent der gesamten aus eigener Tasche bezahlten Gesundheitsausgaben aus – ungefähr 33,9 Milliarden Dollar.

Vor den Präsidentschaftswahlen des Jahres 2008 unterzeichneten mehr als 5000 amerikanische Ärzte einen offenen Brief an den damaligen Kandidaten Barack Hussein Obama, in dem sie ihn und den Kongress aufforderten, »für die Gesundheit der Amerikaner einzutreten und ein nationales Single-Payer-System der Gesundheitsversicherung einzuführen«. Die Ärzte unterstrichen: »Durch ein Single-Payer-System, bei dem alle Vergütungen für die Behandlungen aus einem zentralen Fonds kommen, würden wir jährlich Verwaltungskosten von mehr als 300 Milliarden Dollar sparen – genug, um die Unversicherten zu versichern und Zuzahlungen für alle Amerikaner zu vermeiden.«

Eine nationale Krankenversicherung nach dem Single-Payer-System bedeutet, dass eine einzige öffentliche oder quasi-öffentliche Behörde die Finanzierung der Gesundheitskosten organisiert, während die ärztlichen Leistungen zum großen Teil privat bleiben. Solche Systeme gibt es zurzeit in Kanada, Großbritannien und anderen Ländern.

Die Ärzte schrieben, die von den Demokraten vorgeschlagenen Änderungen in der Gesundheitspolitik würden die Probleme nicht lösen, und das von den Republikanern favorisierte Freier-Markt-Modell würde die gegenwärtige Situation nur verschlimmern. »Wir müssen das System selbst verändern«, resümierten die Mediziner. Einer der Unterzeichner des Briefes, Dr. Oliver Fein, Professor für klinische Medizin am *Weill Cornell Medical College* in New York, beschäftigt sich ebenfalls mit dem öffentlichen Gesundheitswesen. Er schrieb: »Nach dem plötzlichen wirtschaftlichen Absturz fragen sich mehr besorgte Menschen als je zuvor, wie sie für ihre Gesundheitsvorsorge aufkommen sollen. Ein Single-Payer-System – ein verbessertes Medicare-Programm für alle – würde diese Sorgen zerstreuen, die Behandlung aller Bedürftigen sichern und kein zusätzliches Geld erfordern. Sowohl unter moralischen als auch unter finanziellen Aspekten ist das die einzig verantwortbare Alternative.«

Obwohl die Amerikaner im Vergleich zu anderen Industrienationen mehr als doppelt so viel für ihr Gesundheitssystem ausgeben (mehr als 7000 Dollar pro Person), ist dieses nicht nur teuer, sondern auch unzulänglich.

Was die Lebenserwartung betrifft, rangieren die Vereinigten Staaten hinter fünfzig anderen Staaten, darunter Kanada, die Bermudainseln, Norwegen, Jordanien, Südkorea, Bosnien-Herzegowina und Puerto Rico. Bei der Kindersterblichkeit (der Tod eines noch nicht einjährigen Kindes pro tausend Geburten) fielen die Vereinigten Staaten beschämenderweise hinter 180 andere Länder zurück, darunter Serbien, Chile, Russland, Fiji, Botswana, Jamaika, Thailand, China, Mexiko und Libyen.

Auf der Webseite des *Physicians for a National Health Program*, einer Organisation von mehr als 17 000 Ärzten, war zu lesen: »Der Grund dafür, dass wir mehr für unser Gesundheitssystem ausgeben und weniger davon profitieren als der Rest der Welt, liegt darin, dass es ein verschwenderisches Patchworksystem ist. Private Versicherungsunternehmen verschwenden Geld für Dinge, die nichts mit Gesundheitsfürsorge zu tun haben, von den exorbitanten Gehältern für Führungskräfte bis hin zu Marketing und Werbung. Krankenhäuser benötigen kostspielige Verwaltungsangestellte, um mit der Bürokratie klarzukommen. Dieser überflüssige bürokratische Aufwand verschlingt rund ein Drittel (31 Prozent) des Geldes, das die Amerikaner für die Gesundheit aufbringen. Ein Single-Payer-Modell mit dem Staat als einzigem Zahler ist die einzige Möglichkeit, dieser Geldverschwendung Einhalt zu gebieten.«

John C. Goodman, Vorsitzender des in Dallas ansässigen *National Center for Policy Analysis*, sagte: »Wir können uns nicht auf einen Wohlfahrtsstaat verlassen, um die Probleme der Gesundheitsfürsorge zu lösen. Die einzige vernünftige Alternative, sich gegen unvorhersehbare Notfälle zu versichern, ist ein erneuertes Vertrauen in den privaten Sektor, wo die individuelle Wahl und die Spielregeln des freien Marktes wichtig sind. Was Medicare betrifft, unser größtes Problem bei der Gesundheitsversorgung, wären drei Dinge vonnöten: die Befreiung der Patienten, die Befreiung der Ärzte und die Vorfinanzierung des Systems im Laufe der Zeit. Mit der Befreiung der Patienten meine ich, das man ihnen mehr Kontrolle über ihr Geld geben sollte – mindestens über ein Drittel ihrer Medicare-Dollar. Man muss definieren, was der Patient mit diesem Geld bezahlen kann und ihm dann die Kontrolle darüber überlassen. Wir verfügen über Erfahrungen mit Gesundheitskonten, und Menschen, die selbst über die Verwendung ihres Geldes bestimmen können, fällen völlig andere Entscheidungen. Sie finden Wege, bei der Beanspruchung des Gesundheitssystems sehr viel klüger und wirtschaftlicher vorzugehen.«

Dr. John Geyman ist emeritierter Professor für Familienmedizin an der *University of Washington* und Autor des Buches *Do Not Resuscitate: Why the Health Insurance Industry Is Dying and How We Must Replace It*. Er vertritt die Ansicht, das private Gesundheitssystem sei überholt, und die Schuld liege bei der Versicherungsbranche. »Während es einen breiten Konsens gibt, dass unser Gesundheitssystem in Trümmern liegt und dringend reformiert werden muss, hat man zu wenig beachtet, welche Rolle die private Versicherungsbranche dabei spielt, dass unsere Probleme weiterhin nicht gelöst werden. Während der letzten Jahre haben sich die privaten Krankenversicherer von nicht nur am Profit orientierten Unternehmen zu einer in Aktionärshand befindlichen Industrie entwickelt, die in einem Jahr 300 Milliarden Dollar Profit einstreicht. Die sechs größten Versicherer machten im Jahr 2006 zehn Milliarden Profit. Das gelang ihnen, indem sie gesunde

Menschen als Versicherungsnehmer gewannen, Zahlungen an Patienten verweigerten und jene Kranken aussonderten, die jetzt zunehmend unser ohnehin schon überlastetes öffentliches Sicherheitsnetz beanspruchen. Diese nur am Profit orientierten Unternehmen haben unser System belastet durch unglaublich verschwenderische Verwaltungskosten und in die Höhe schießende Gehälter für Führungskräfte, während zugleich Menschen im zweistelligen Millionenbereich unversichert oder unterversichert sind. Die Aufteilung des Marktes unter mehr als 1300 Privatversicherern widerspricht der Idee einer Versicherung, Schutz zu gewähren, indem das Risiko auf eine breite Masse verteilt wird. Die Versicherungsprämien verteuern sich weiter im zweistelligen Prozentbereich, im Gleichschritt mit anderen Gesundheitskosten. Im Jahr 2006 lag die durchschnittliche Familienprämie für den Inhaber eines versicherungspflichtigen Arbeitsplatzes bei 11 500 Dollar, was im Vergleich zum Jahr 2000 einer Steigerung von 87 Prozent entspricht. Bei diesem Tempo der Verteuerung werden die Kosten für die Krankenversicherung im Jahr 2010 fast ein Drittel des durchschnittlichen Haushaltseinkommens verschlingen und im Jahr 2025 das ganze Einkommen. Das ist ein unhaltbarer Zustand.«

Denkt man an die unglaublichen Fortschritte der medizinischen Forschung in den letzten Jahren, dann wird klar, dass die Probleme mit der Gesundheitsfürsorge nichts mit der Technologie zu tun haben. Es läuft alles darauf hinaus, wer die Entscheidung darüber fällt, was nun mit unserem nationalen Gesundheitssystem geschehen soll. Unglücklicherweise wird es der Kongress sein, diese Ansammlung von Nichtstuern, Ehebrechern, Steuerbetrügern und Lügnern, diesen käuflichen und arroganten Windbeuteln. Im Jahr 2010 sieht es so aus, als hätten die multinationalen Konzerne und ihre Lobbyisten das Spiel gewonnen. Die Idee einer aus einer Hand finanzierten Krankenversicherung ist vom Tisch. Was ist zu tun?

Die Wahlurne

Auf dem Parteitag der Demokraten im Jahr 1896 erklärte deren dreimaliger Präsidentschaftskandidat William Jennings Bryan: »Wenn man uns fragt, warum in unserem Wahlkampfprogramm nicht alles steht, woran wir glauben, dann antworten wir, dass alle notwendigen Reformen erst umgesetzt werden können, wenn die Finanzen saniert sind. Solange das nicht geschehen ist, sind Reformen unmöglich.« Mr Bryan würde sich mit Sicherheit im Grab umdrehen, wenn er sehen müsste, was man heutzutage bei uns für Finanzpolitik hält.

In Artikel I, Abschnitt 8 unserer Verfassung heißt es: »Der Kongress hat das Recht, […] Münzen zu prägen und ihren Wert zu bestimmen […].« Es ist wichtig festzuhalten, dass Papiergeld ohne Deckung – die Dollarnoten der Zentralbank, die als legitime Währung unsere Landes betrachtet werden – nicht erwähnt wird. Und in Abschnitt 10 steht: »Kein Einzelstaat darf [...] etwas anderes als Gold- oder Silbermünzen zum gesetzlichen Zahlungsmittel erklären [...].« Wie in diesem Buch bereits erklärt wurde, verliert Papiergeld ohne Deckung – der amerikanische Dollar – rapide an Wert, wofür die Menge zirkulierenden Geldes und die explodierenden Schulden dahinter verantwortlich sind.

In Amerika wird es keine wirklichen Reformen geben, solange das Finanzsystem nicht radikal reformiert wird. Und weil unsere Wirtschaft Teil der Weltwirtschaft ist, muss diese Reform möglicherweise die ganze Welt einschließen.

Obwohl er die Pläne und das Budget der Obama-Administration in Rechnung stellt, prognostiziert Michel Chossudovsky, Professor der Wirtschaftswissenschaften an der *University of Ottawa* und Direktor des *Centre for Research on Globalization:* »Es gibt keine Lösungen, wenn es bei dieser globalen Finanzarchitektur bleibt. Wenn die Funktionsweise des internationalen Bankensystems nicht radikal reformiert wird, ist keine sinnvolle Politik zu machen.«

Chossudovsky empfiehlt eine »Generalüberholung des Währungssystems, inklusive der Funktionen und des Besitzes der Zentralbank, die Festnahme und Anklage von Betrügern aus dem Finanzsektor und Regierungsbehörden, das Einfrieren aller Konten, auf denen durch Betrug erworbene Gelder liegen, und die Streichung von Schulden, die durch betrügerische Handels- und/oder Marktmanipulationen entstanden sind.«

Die Menschen im In- und Ausland müssen mobilmachen. Der Kampf um die Demokratisierung des Finanz- und Steuerapparats muss von einer breiten Masse getragen werden und alle gesellschaftlichen Schichten umfassen, in allen Ländern. Es ist definitiv notwendig, das Finanzestablishment zu entwaffnen und sein Vermögen zu beschlagnahmen, soweit es durch Betrug und finanzielle Manipulationen angehäuft worden ist. Weitere Schritte: Wiederherstellung der Ersparnisse privater Haushalte durch Geldtransfers in umgekehrter Richtung; Rückzahlung der Rettungsgelder an das Finanzministerium; Verbot von Hedgefonds; Verbot spekulativer Transaktionen, inklusive Kurzverkäufen und dem Handel mit Derivaten.

Der Ökonom William K. Black vertritt mit anderen die These, Banken- und Unternehmensrettungen seien für die wirtschaftliche Gesundheit insgesamt schädlich. In einem Interview mit dem PBS-Kommentator Bill Moyers sagte Black: »Wenn wir den Blick nach vorne richten, müssen wir uns der Leute entledigen, die diese Probleme verursacht haben. Und das ist ziemlich einfach. Warum sollten wir es zulassen, dass Unternehmensbosse, ihre Finanzchefs und andere Führungskräfte, die den Schlamassel verursacht haben, ihren Job behalten? Das wäre Wahnsinn [...]. Das gegenwärtige System ist am Ende. Wir verstecken die Verluste, anstatt herauszufinden, wie hoch sie wirklich sind. Das muss aufhören, denn man braucht verlässliche Zahlen, um richtige Entscheidungen treffen zu können. Wir müssen uns an das halten, was funktioniert, nicht an das, was sich als fatal herausgestellt hat. Und wir müssen die Stellen mit Leuten besetzen, die statt Fehlschlägen Erfolge aufzuweisen haben. Es gibt einiges, was wir tun können. Selbst heute noch, obwohl schon viel Zeit vergangen ist. Auch wenn die neue Regierung einen schrecklichen Start hatte. Das alles kann sich ändern, und zwar innerhalb weniger Wochen.«

Dr. Charles K. Rowley ist Professor der Wirtschaftswissenschaft an der *George Mason University* und Direktor des *Locke Institute*. Er äußerte sich folgendermaßen: »Die Prognose ist katastrophal, wenn ins Auge gefasste Maßnahmen der Regierung nicht zurückgenommen werden. Selbst nach den Schätzungen des Weißen Hauses wird sich das Haushaltsdefizit im Jahr 2009 auf 1,6 Billionen Dollar belaufen, was ungefähr 11,2 Prozent der gesamten Wirtschaftsleistung entspricht und die höchste Verschuldung seit dem Ende des Zweiten Weltkriegs ist. Im Jahr 2019 wird die Staatsverschuldung vermutlich 76,5 Prozent der Gesamtwirtschaft ausmachen, der höchste prozentuale Anteil seit der unmittelbaren Nachkriegszeit. Unter diesen Umständen wird der Dollar als internationale Leitwährung nicht überleben. Durch diesen Niedergang werden die Zinsen der staatlichen Wertpapiere steigen, und die Last der Schuldenbedienung wird immer schwerer. Unter solchen Umständen wird die amerikanische Wirtschaft am Rande eines bodenlosen Abgrunds herumtaumeln.«

Für Rowley verhindert der Kapitalismus den völligen wirtschaftlichen Zusammenbruch Amerikas. »Wohlstand und Vollbeschäftigung wird es in Amerika erst wieder geben, wenn wir zu einem Laissez-faire-Kapitalismus zurückkehren [...]. Auf der mikroökonomischen Seite sollten Zölle und andere Handelsschranken unilateral abgebaut werden. Durch ein Gesetz, das man ›Recht auf Arbeit‹ nennen könnte, sollten Mindestlöhne sinken und die Macht der Gewerkschaften beschnitten werden; die Anzahl geschäftlicher Vorschriften sollte reduziert werden. Banken sollten nicht gerettet werden, wenn auch sichergestellt werden muss, dass gescheiterte Institute ordentlich abgewickelt werden – dies ist der einzige Weg, um die Marktdisziplin wiederherzustellen.«

Der Laissez-faire-Kapitalismus wird gemeinhin als ein System definiert, das es den Märkten erlaubt, sich selbst zu regulieren. Seine Befürworter glauben, dass das Gesetz von Angebot und Nachfrage alle Probleme bei der Produktion und Distribution von Gütern abfedern wird. Dieses System funktioniert gut, solange der Markt nicht, wie es im heutigen Amerika geschehen ist, auf eine Handvoll multinationaler Konzerne zusammenschrumpft, die unter der Kontrolle der totalitären Globalisierer stehen.

Rowleys Argumentation für den Laissez-faire-Kapitalismus ist nur dann akzeptabel, wenn man davon ausgeht, dass jeder auf dem wirtschaftlichen Spielfeld die gleiche Chance auf kommerziellen Erfolg hat. Historisch gesehen war Wohlstand jedoch nie für alle in gleicher Reichweite. Die Geschichte der Vereinigten Staaten ist die Geschichte bestimmter Gruppen, die auf Kosten anderer reich wurden, ob im Namen eines Trusts, Syndikats, Kartells oder Unternehmens. Tatsächlich werden innerhalb eines Laissez-faire-Systems die Reichen immer reicher. Ein gutes Beispiel ist die Marktkonsolidierung im Medien-, Banken- und Automobilsektor. Um erneut auf die Medien zurückzukommen – heute gehört die Pressefreiheit nur denen, die die Druckerpressen besitzen. Wenn das aber so ist, wie dringen dann wirklich originelle Ansichten an die Öffentlichkeit? Es herrscht kein Mangel an engagierten und wohlmeinenden Journalisten, die immer noch in den Vereinigten Staaten arbeiten, doch kaum jemand von ihnen kann es sich leisten, eine Zeitung oder einen Sender zu kaufen und zu führen. Folglich ist das Geschäft mit Nachrichten und Informationen in den Händen der großen Medienkonzerne, wo es die Hackordnung erfordert, dass man die Forderungen des Chefs akzeptiert.

Wenn es in den Vereinigten Staaten einen Markt mit freiem Unternehmertum geben soll, muss der Gesetzgeber einen Weg finden, Gesetze und Vorschriften so zu gestalten, dass die Bildung von Monopolen verhindert wird, und den ungezügelten Kapitalismus so domestizieren, dass jeder intelligente und ehrgeizige Mensch auch Erfolg haben kann. Damit das wirklich freie Unternehmertum wieder eine Chance hat, muss ein Weg gefunden werden, die riesigen multinationalen Konzerne zu zerschlagen.

Kontrolle der Fed

Viele der finanziellen Probleme dieses Landes gehen auf das Zentralbanksystem zurück.

In einer Studie mit dem Titel »Ist die Federal Reserve eine staatlich oder privat kontrollierte Organisation?« thematisierte das *American Monetary Institute* (AMI) die für die Öffentlichkeit verwirrende Uneindeutigkeit hinsichtlich der Eigentümerschaft und des Zwecks der *Fed,* die weder gänzlich eine Regierungsbehörde noch ein völlig in Privatbesitz befindliches Unternehmen ist.

»Die nicht eindeutig geklärte Kontrollkompetenz hat zu Machtmissbrauch geführt«, erklärte das AMI. »Und diese Macht wurde ohne die Übernahme von Verantwortung eingesetzt. Da kann man noch so viel in PR investieren, um das Image aufzupolieren. Die Zuständigkeit für die Finanzpolitik, die dem Kongress von der Verfassung zugesprochen wird, wurde fälschlicherweise an private Interessen delegiert, ohne dass das Gemeinwohl ausreichend davon profitiert hätte.

Der Kongress muss diese Zuständigkeit wieder übernehmen. Hätte sich diese Delegierung der finanzpolitischen Macht für die Öffentlichkeit ausgezahlt, wäre man geneigt, das gegenwärtige System beizubehalten oder anzupassen. Aber man muss sich nur ansehen, was durch dieses System angerichtet wurde. Das schreit nach einer grundlegenden Veränderung der Funktionsweise und Kontrolle unseres Finanzsystems. Darunter wird es nicht gehen. Kleinere Maßnahmen, welche die Probleme allenfalls kurzfristig entschärfen, werden nichts daran ändern, dass der destruktive Prozess sich fortsetzt. Die Frage der Zuständigkeit muss eindeutig geklärt werden.«

Stephen Zarlenga, der Direktor des AMI, schrieb, sein Institut habe an einer umfassenden Gesetzesinitiative namens »The American Monetary Act« gearbeitet. Dadurch solle eindeutig geklärt werden, wer die *Fed* kontrolliert. Der Plan des AMI sieht keine Abschaffung der Zentralbank vor, sondern macht den Vorschlag, die Regierung solle die *Fed* integrieren.

»Unsere Reform sieht drei Schritte vor, die zusammen umgesetzt werden müssen, wenn es funktionieren soll. Einer oder zwei dieser Schritte reichen nicht, dadurch könnte sich die finanzielle Lage noch weiter verschlechtern«, erklärte Zarlenga.

»Erstens sollte die Federal Reserve dem Finanzministerium eingegliedert werden, wo das gesamt frische Geld vom Staat als Geld geschaffen wird, nicht als mit Zinsen belastete Schulden. Das Geld wird im Sinne des Gemeinwohls ausgegeben, wobei darauf geachtet werden muss, dass sowohl inflationäre wie auch deflationäre Tendenzen vermieden werden.

Zweitens muss das für das ›fractional reserve banking‹ charakteristische Prinzip der Mindestreserve auf eine behutsame und elegante Weise abgeschafft werden. Damit wäre es um das Privileg der Banken geschehen, Geld zu kreieren. Alle in der Vergangenheit monetisierten Privatkredite werden in Geld des amerikanischen Staates konvertiert. Die Banken würden dann wieder Spareinlagen annehmen und sie an Kreditnehmer weiterverleihen – also das tun, von dem die Leute ohnehin glauben, das sei ihr Job.

Drittens muss frisches Geld für Infrastrukturmaßnahmen ausgegeben werden, wobei wir im weiteren Sinn auch an das Bildungs- und Gesundheitssystem denken. Beginnen sollte man mit jenen 1,6 Billionen Dollar, die nach Schätzungen der American Society of Civil Engineers erforderlich sind, um die Infrastruktur zu modernisieren. Dadurch würde man landesweit gute neue Jobs schaffen und die Wirtschaft ankurbeln, wovon durch höhere Steuereinnahmen auch der Staat profitieren würde.«

Zarlenga betonte, der Plan des AMI würde nur in einer Ausnahmesituation Unterstützung finden. »Wir wollen ihn fertig in der Schublade haben und möglichst viele Menschen über unsere Absichten informieren«, schrieb er. »Zugleich ist es notwendig, nicht untätig zu bleiben und mit einem ›kleinen Schritt‹ namens Monetary Transparency Act zu starten [...]. Damit wird der Prozess in Gang gesetzt, dass die Fed mehr als bisher vor dem Kongress Rechenschaft ablegen muss. Sie muss gezwungen werden, bestimmte Statistiken vorzulegen, an die man sonst nur schwer herankommt. Ich rede hier von Zahlen, die uns fast automatisch den Weg zu besseren Entscheidungen weisen.«

Diese Statistiken sind zugänglich über die wenig bekannten Comprehensive Annual Finance Reports (CAFRs). Mehr als 84 000 dieser umfassenden Finanzberichte werden in den Vereinigten Staaten jährlich von Politikern auf lokaler Ebene erstellt, aber die Öffentlichkeit bekommt nur selten einen davon zu sehen. Walter Burien, ein erfahrener Rohstoffhändler von der Wall Street, sagte hierzu, jeder Bundesstaat, jedes County und jede Großstadt führe zwei Arten von Büchern. Eines davon, das Haushaltsbuch, ist öffentlich zugänglich und verzeichnet Ausgaben und Steuereinnahmen. »Dieses Haushaltsbuch bekommt die Öffentlichkeit zu sehen, und Politiker nutzen es, um neue staatliche Maßnahmen und Steuererhöhungen zu rechtfertigen.«

Demgegenüber ist der CAFR – der umfassende jährliche Finanzbericht – der Öffentlichkeit praktisch unbekannt, aber er enthält die wahren Zahlen des gesamten staatlichen Einkommens. Laut Burien enthält das Haushaltsbuch eine genaue Aufstellung der staatlichen Ausgaben, doch nur der CAFR verzeichnet präzise die staatlichen Einnahmen. »Der CAFR ist die Buchhaltungsbibel für alle Politiker auf allen Ebenen. Er enthält genaue Angaben über das Bruttoeinkommen, über Investitionen und hilft zu erkennen, welche Absichten Politiker mit ihren öffentlichen Haushalten verfolgen. Ich betone, dass diese öffentlichen Haushalte nur ungefähr ein Drittel des Bruttoeinkommens darstellen, aber hundert Prozent des Steueraufkommens ausweisen. Die anderen zwei Drittel des Bruttoeinkommens tauchen nur in dem CAFR-Bericht auf, und diese anderen zwei Drittel stammen aus Kapitalrenditen und Gewinnen aus geschäftlichen Unternehmungen, für die eigene CAFRs erstellt werden müssen, die wiederum separat, getrennt von der Verwaltung, unter deren Ägide sie gemacht werden, Investitionen und das Bruttoeinkommen verzeichnen müssen (und hier werden viele Spielchen getrieben).«

Burien illustrierte Steuersenkungen und in den CAFRs versteckte Vermögenswerte anhand dieses Beispiels: »Die Füchse haben die Gesetze gemacht, in denen steht, wie viele Hühner aus dem Hühnerstall sie fressen dürfen. Zuerst haben wir den Füchsen von unseren dreitausend Hühnern jährlich hundert gegeben. Sie fraßen sie und sagten, sie bräuchten zweihundert. Also haben wir ihnen zweihundert gegeben. Sie fraßen sie und verlangten vierhundert. Also gaben wir ihnen vierhundert, aber allmählich begannen wir uns zu beschweren und sagten: ›Genug ist genug.‹ Also verlangten die Füchse 440, wobei sie die

Zahl mit jeder ihnen zugänglichen Logik rechtfertigten, aber wir jammerten, wir hätten ihnen doch schon erst hundert, dann zweihundert und schließlich vierhundert gegeben. Also begannen die klugen Füchse, 150 Hühner jährlich nicht zu fressen und sie in ihrem eigenen Hühnerstall zu halten, von dem wir nichts wussten. Nun, nach vielen Jahren haben die Füchse in ihrem eigenen Hühnerstall 6500 Hühner (Gesamteinnahmen, nicht direkt enthalten in dem öffentlich einsehbaren operativen Rahmenplan), lassen sich aber weiter die mittlerweile 510 Hühner geben (der veröffentlichte operative Rahmenplan). Die Füchse jammern uns etwas vor und behaupten, sie kämen mit den 510 Hühnern kaum über die Runden, aber da wir uns weiter über die 490 Tiere beschweren, werden sie sich jährlich mit vierhundertneunzig begnügen, angeblich ein großes Opfer für die Füchse […].«

Mit dieser Methode, die Bücher zu frisieren, können Regierungsbehörden auf der Staats-, Bundesstaats- und Countyebene sehr viel mehr Geld anhäufen, als es in den öffentlich zugänglichen Haushaltsbüchern ausgewiesen wird.

»Es ist offensichtlich, dass das Erfolgsrezept der Insider darin bestand, auf jeden Fall zu verhindern, dass die Leute Einblick in ihr Finanzgebaren nehmen und es verstehen könnten«, sagte Burien. »Um das durchziehen zu können, ist der Staat auf die volle Kooperation der Massenmedien und der politischen Parteien angewiesen […]. Es ist offensichtlich, dass sie sie bekommen haben, und zwar wegen des Geldes, das im Spiel war. Wenn man mitspielte, war alles in Ordnung. Wenn nicht, wurde man an den Rand gedrängt. Wenn es nicht noch schlimmer kam.«

Um diesen verdeckten Diebstahl staatlicher Behörden zu verhindern, müssen die Bürger zunächst herausfinden, wie viel Geld ihre Lokalpolitiker verstecken. »Dafür müssen alle den jeweiligen CAFR eingehend studieren und analysieren. Sollten sich Politiker rundweg weigern, Einblick zu gewähren, ist das Finanzbetrug der übelsten Sorte durch absichtliches Vorenthalten von Unterlagen. Wenn alle wissen, wo sie nachsehen müssen, gibt es bestimmt ein paar clevere Geister, die jene korrigierenden Maßnahmen einleiten können, welche erforderlich sind, damit das Spiel wieder im Sinne des Gemeinwohls gespielt wird.«

Bruce Wiseman, Vorsitzender der *Citizens Commission on Human Rights,* verglich den von Präsident Barack Obama 2009 per Unterschrift erklärten Beitritt zum Financial Stability Board auf dem G-20-Gipfel in London mit dem Bretton-Woods-Abkommen, das im Juli 1944 von Vertretern aus 44 Staaten unterzeichnet wurde. Ergebnis der Konferenz war die Regelung des internationalen Zahlungsverkehrs sowie der Finanz- und Handelsbeziehungen. Darüber hinaus war das Abkommen das Fundament für die Schaffung der Weltbank und des Internationalen Währungsfonds.

Wiseman sagte, Präsident Obamas Befürwortung des Financial Stability Board, einer globalen Finanzinstitution mit engen Verbindungen zur Bank für Internationalen Zahlungsausgleich, müsse genau unter die Lupe genommen werden. »Lassen Sie Ihre Abgeordneten und Senatoren wissen, dass die Mitgliedschaft beim Financial Stability Board vom Kongress genehmigt und auch von gewählten Volksvertretern der beteiligten Länder überprüft werden muss. Am wirkungsvollsten sind persönliche Besuche, gefolgt von Anrufen und Faxen nach Washington oder an Lokalpolitiker. Sie sollten nicht überrascht sein, wenn diese keine Ahnung haben, wovon Sie reden. Bestehen Sie höflich darauf, dass sie sich kundig machen und Schritte ergreifen. Und falls Sie es mit ihren Mitarbeitern zu tun haben, seien Sie darauf gefasst, dass diese fast ausschließlich auf Gesetzesvorhaben fixiert sind, die bereits eingebracht wurden – eine Gesetzesvorlage mit einer Nummer darauf. Das ist beim FSB nicht der Fall. Das von Ihnen verfolgte Ziel ist es, die Politiker zur Einbringung einer Gesetzesvorlage zu bewegen, durch welche der Kongress ermächtigt wird, den Beitritt zum FSB und dessen Strukturen zu überprüfen.«

Wiseman wies darauf hin, dass die Etablierung einer internationalen Finanzorganisation nicht notwendigerweise ein Übel sei. »Wir leben im Zeitalter der Globalisierung und brauchen eine Organisation, die den Geldfluss, die Währungsmärkte und Finanzinstrumente überwacht. Aber eine solche Organisation darf nicht kontrolliert werden von internationalen Bankern, die den Bürgern jener Länder, wo sie aktiv werden, keine Rechenschaft schuldig sind. Eine solche Einrichtung sollte beaufsichtigt werden von einem Leitungsgremium, das selbst wie eine liberale Republik organisiert ist, in Anlehnung an das ursprüngliche Modell der Vereinigten Staaten.

Es geht nicht darum, die Zustimmung des Kongresses für einen Schritt zu bekommen, der bereits vollzogen ist. Zunächst geht es darum, dass die Abgeordneten erkennen, dass hier ein Abkommen unterzeichnet wurde, das Auswirkungen auf unser gesamtes Finanzsystem hat, und dass es in die Zuständigkeit des Kongresses fällt, dieses Abkommen so zu modifizieren, dass unsere Republik davon profitiert. Und der Kongress muss dafür sorgen, dass diese internationale Organisation wirksam beaufsichtigt wird. Man sollte Leuten von Zentralbanken keine Entscheidungskompetenz für internationale Finanzfragen geben ohne ein System gegenseitiger Kontrolle, das in einer demokratischen Gesellschaft dem Machtmissbrauch vorbeugt.«

Jene Länder, deren Regierungen durch Missmanagement die Staatsfinanzen ruiniert haben, können aus der Geschichte lernen, wie man eine Wirtschaft wieder in Gang bringt. Die meisten Menschen haben wahrscheinlich nie etwas gehört von Guernsey, einer kleinen englischen Insel im Ärmelkanal. Nach dem Blitzkrieg besetzten die Deutschen die Insel und deportierten nicht auf ihr geborene Bewohner in Konzentrationslager. Laut Toby Birch, dem Hauptgeschäftsführer von *Birch*

Assets Limited auf Guernsey, lässt sich aus der wenig bekannten Geschichte der Insel viel über finanziellen Einfallsreichtum lernen. »Als erschöpfte Soldaten aus den napoleonischen Kriegen zurückkehrten, fanden sie eine Heimat mit Schulden, hohen Preisen und einer zerstörten Infrastruktur vor, dessen Schutzvorrichtungen gegen die Flut überwältigt zu werden drohten. Während 1815 die Kämpfe auf dem Schlachtfeld endeten, herrschte an der Heimatfront schlimme Armut. Die Anwendung des Goldstandards bedeutete, dass über viele Jahre vergebene Kredite plötzlich eingefordert wurden, um das Verhältnis zwischen Geld und Edelmetallen auszutarieren. Dies führte zu völligem wirtschaftlichen Stillstand. Es gab reichlich Arbeit und Material, aber wichtige Projekte konnten aufgrund des Geldmangels nicht finanziert werden [...]. Man hat diese Periode mit der Bezeichnung ›Armut im Überfluss‹ charakterisiert.« Auf Guernsey gründete man ein Komitee, um einen Ausweg zu finden.

»Wie alle großen Ideen war auch diese ziemlich einfach. Wenn Guernsey seine eigene Währung ausgab, um anstehende Projekte zu finanzieren, statt sich das Geld von einer englischen Bank zu leihen, würden keine Zinsen anfallen. Das würde zu substanziellen Einsparungen führen. Wie jeder, der eine Hypothek abzutragen hat, weiß, zahlt der Schuldner auf lange Sicht mindestens doppelt so viel, wie er sich einst geliehen hat. Die unverantwortliche Kreditschöpfung ist ein gefährliches Spiel, das die gegenwärtige Generation zeitweilig entlastet, die folgende jedoch belastet, eine Lektion, die man auch heute wieder vergessen zu haben scheint. Folglich mussten die Bewohner von Guernsey einen Weg finden, um solche Defizite auszugleichen, ohne die Geldmenge zu verringern oder zu vergrößern.

Auf einer rein praktischen Ebene wurde dies dadurch erreicht, dass man die auszugebenden Banknoten mit einem Verfallsdatum versah, ähnlich einem Fälligkeitsdatum bei Bonds, beispielsweise bei einer am 21. November 1827 ausgegebenen Banknote: ›Garantiert dem Besitzer am 1. Oktober 1830 die Zahlung von einem Pfund.‹ Das führt zu der Frage, wie die zukünftige Verpflichtung beglichen werden sollte, doch wieder kam man auf eine einfache Idee. Durch Neubauten erzielte Mieteinkünfte und Einnahmen aus der Alkoholsteuer flossen in einen Tilgungsfonds, um die zinsfreien Kredite abzubezahlen.

Das Resultat des ›Guernsey-Experiments‹ war spektakulär: neue Straßen, Schutzvorrichtungen gegen die Flut, öffentliche Gebäude, blühender Handel und Wohlstand. Es herrschte Vollbeschäftigung, es gab keine Schulden, und die Preise waren stabil. Und das alles, ohne auch nur einen Penny an Zinsen bezahlt zu haben. Was als bloßer Versuch begonnen hatte, führte zu einer Kette von Bauprojekten, und die Gebäude stehen bis heute und werden noch immer genutzt. Geld wurde in seiner sinnvollsten Funktion genutzt, als Mittel, um die Räder des Handels und der wirtschaftlichen Entwicklung zu ölen.«

Doch Birch fand auch ein Haar in der Suppe. »Man sollte meinen, jeder wäre glücklich gewesen angesichts einer solchen Erfolgsgeschichte, doch das war nicht der Fall. Wenn ein erfolgreiches Geschäftsmodell als Wettbewerber auf dem freien Markt auftritt, sind manche Leute gar nicht glücklich, und in dieser Zeit fühlten sich die Privatbanken bedroht, weil sie bei dem Guernsey-Modell außen vor waren. Keine Kredite hieß keine Zinsen und keine Gewinnspanne. Möglicherweise steckten sie hinter einer mysteriösen, an den englischen Kronrat gerichteten Eingabe, und schließlich wurde Guernsey die Ausgabe einer eigenen Währung für die nächsten hundert Jahre untersagt.«

Warum sollte uns die Lage auf einer kleinen britischen Insel von vor fast 200 Jahren interessieren? »Wann immer Pakete zur Ankurbelung der Wirtschaft, Steuernachlässe oder Bankenrettungen als Lösungen für die Kreditklemme angepriesen werden, sollte man bedenken, dass sie tatsächlich ein grundlegender Bestandteil ihres Ursprungs sind«, erklärte Birch. »Die Ursache des Übels ist die Methode, sich im Handumdrehen Geld zu beschaffen, das die nächste Generation dann zurückzahlen darf. In den Vereinigten Staaten läuft das schon seit dem Vietnamkrieg so, als die letzten Überreste finanzieller Zurückhaltung fahren gelassen wurden. Mit der Abkehr vom Gold als einem Regulativ des Geldangebots erlösten die Vereinigten Staaten die Welt von finanzieller Disziplin. Seitdem ist die Schwächung des Dollars unübersehbar.«

Birch sagte, die Banken hätten weiter die Rolle zu spielen, das Verhältnis zwischen Anlegern und Kreditnehmern auszutarieren, aber man dürfe ihnen nicht weiter eine zügellose Kreditschöpfung anvertrauen. »Das Guernsey-Experiment beweist, dass einfache Ideen Wunder bewirken können. Es bedarf nur einer uneigennützigen Philosophie und des Wunsches, im Sinne künftiger Generationen richtig zu handeln, wie es die amerikanischen Gründerväter im Sinn hatten.«

Einige Amerikaner experimentieren mit einer eigenen Währung, um sich aus der nationalen Wirtschaft auszuklinken und lokale Firmen zu fördern. Ein Beispiel dafür ist das BerkShare-System, eine lokale Währung, die seit 2006 in der Berkshire-Gegend in Massachusetts im Umlauf ist. Laut Angaben der offiziellen Webseite akzeptieren fast 400 Geschäfte BerkShares, die auf Spezialpapier mit Sicherheitsfeatures gedruckt sind.

Die *New York Times* sprach von »einem großartigen wirtschaftlichen Experiment« und sah die neue Währung als ein »Instrument für Händler und Verbraucher, um die Samen für eine alternative ökonomische Zukunft in ihrer Gegend zu säen«. Weiter heißt es auf der BerkShare-Webseite: »Fünf verschiedene Banken haben jetzt ein Partnerschaftsabkommen mit BerkShares, und insgesamt 13 Filialen dienen nun als Wechselstuben. Für uns ist das nur ein Anfang. Künftige Neuerungen könnten BerkShare-Girokonten, elektronische Geldüberweisungen, eigene Geldautomaten und sogar ein Kreditprogramm einschließen, das Unternehmensgründungen auf lokaler Ebene erleichtern soll. Wir denken dabei an Firmen, die auch für den lokalen Bedarf produzieren.«

Feuert die Kongressabgeordneten!

Unsere Regierungsform ist teilweise jener der Griechen nachgebildet, und einst war Amerika eine blühende republikanische Demokratie. Doch unter der gegenwärtigen Regierung gibt es sozialistische und kapitalistische Eigenheiten – die Verquickung von öffentlichem und privatem Eigentum. Der Kapitalismus bringt hart arbeitenden Individuen Wohlstand, der Sozialismus dagegen den Herrschenden, die die Leute anlügen, um gewählt zu werden. »Keine Steuererhöhungen«, versprach George H. W. Bush 1988, und Obama verkündete 2008 einen »glaubwürdigen Wandel«. Fast immer generiert der Kapitalismus mehr Wohlstand für ein Individuum, als dieses benötigt. Um die Kluft zu verringern zwischen jenen, die zu viel haben, und jenen, die nichts besitzen, kennt der Kapitalismus die Wohltätigkeit, die auf die christliche Nächstenliebe und somit auf die religiöse Ethik zurückgeht.

Die Globalisierer haben die private Wohltätigkeit schon vor Jahrzehnten entwertet, indem sie die freie Religionsausübung unterdrückten und die private Mildtätigkeit durch staatliche Sozialleistungen ersetzten. Jene, die den Leuten am meisten Sozialleistungen versprachen, wurden in politische Ämter gewählt. Daraus entwickelte sich ein Land, in dem eine Mehrheit von Unproduktiven über die Produktiven herrscht. Und da eine wachsende Anzahl von Menschen begreift, was das Leben leichter macht, streben mehr und mehr von ihnen nach unproduktiven Jobs. Letztlich gibt es immer weniger produktive Menschen. Hierin liegt der Hauptgrund für das Scheitern des Sozialismus und den Zusammenbruch der Sowjetunion.

Amerikas gewählter Kongress hat es mehr und mehr Unproduktiven erlaubt, von der Großzügigkeit der immer weiter sinkenden Zahl von Produktiven zu leben. Pensionen von Staatsdienern, Zuwendungen an Behinderte und Kranke, Zahlungen von Sozialhilfe – heute gibt es mehr Amerikaner, die staatliche Leistungen beziehen als solche, die Sozialabgaben bezahlen.

Wenngleich kein mitfühlender Mensch dafür plädieren wird, Unterstützungsprogramme für wirklich Bedürftige zusammenzustreichen, muss im Staatshaushalt gespart werden, und der Kongress scheint unwillig oder unfähig zu sein, dies zu tun.

In den Jahren 2009 und 2010 wurde ein Plan vorgestellt, um dem Kongress die nachdrückliche Botschaft zu vermitteln, dass die Steuerzahler eine ernsthafte

Veränderung wünschen – feuert die Kongressabgeordneten! Viele sehen darin den einzigen Weg, einen echten Wandel herbeizuführen. Von verschiedenen Organisationen und auf etlichen Webseiten wurde empfohlen, jeden Abgeordneten aus dem Amt zu wählen. Ich zitiere berühmt gewordene Worte, die meistens Mark Twain zugeschrieben werden: »Politiker sind wie Windeln – sie müssen häufig ausgewechselt werden und aus demselben Grund.«

Die Notwendigkeit einer drastischen Veränderung wird seit Jahrzehnten gesehen. Wright Patman, über sechzehn Jahre lang Vorsitzender des Kongressausschusses für Banken- und Währungsfragen, prognostizierte schon 1941, die Öffentlichkeit würde wegen der Finanzpolitik des Kongresses bald einschneidende Veränderungen fordern. »Mir ist bisher niemand begegnet«, sagte Patman, »dem eine logische und rationale Begründung für die Schuldenpolitik unseres Staates eingefallen wäre [...]. Meiner Meinung nach wird eine Zeit kommen, in der die Leute verlangen werden, dass sich das ändert. Und ich glaube, dass es in diesem Land soweit sein wird, wenn die Leute es Ihnen und mir und jedem, der etwas mit dem Kongress zu tun hat, übel nehmen werden, dass wir nur untätig herumsitzen und es zulassen, dass so eine Idiotie weitergeht.«

Im Jahr 2009 berichtete *Rasmussen Reports,* eine Firma, die Meinungsumfragen betreibt, Chefs von Großunternehmen hätten die schlechtesten Beliebtheitswerte innerhalb etlicher untersuchter Berufsgruppen, zu denen auch Banker, Anwälte und Inhaber kleinerer oder mittelständischer Betriebe gehörten. Aber im September wurde dann den Kongressabgeordneten die Ehre zuteil, am unbeliebtesten von allen zu sein. »72 Prozent aller Befragten haben keine hohe Meinung von unseren Abgeordneten«, hieß es in einer Pressemitteilung von Rasmussen Reports. »Und das ist durchaus ernst zu nehmen. Nur vier Prozent haben eine sehr gute Meinung von unseren Kongressabgeordneten, 37 Prozent dagegen eine sehr schlechte. Selbst 56 Prozent der Demokraten haben eine unvorteilhafte Meinung zum Kongress, obwohl ihre Partei sowohl im Repräsentantenhaus als auch im Senat die Mehrheit hat. Natürlich ist ihre Abneigung nicht so ausgeprägt wie bei den Republikanern, wo 86 Prozent eine schlechte Meinung vom Kongress haben, ganz zu schweigen von den 81 Prozent aller erwachsenen Amerikaner, die keiner der beiden großen Parteien angehören. Zustimmende und verneinende Antworten halten sich die Waage bei der Frage, ob eine aufs Geratewohl aus dem Telefonbuch herausgesuchte Gruppe bessere Arbeit leisten würde als unsere gegenwärtigen Kongressabgeordneten.«

Als sich Obamas Wahlkampfversprechen eines »glaubwürdigen Wandels« im Jahr 2009 als Illusion erwies, gewann eine Bewegung an Boden, die den Rauswurf der Kongressabgeordneten forderte. Auf der Webseite einer Initiative namens »Kick Them All Out« war zu lesen: »Für unsere Präsidenten gibt es kein in der

Verfassung verankertes Recht, die meisten jener Dinge zu tun, von denen sie behaupten, sie könnten sie tun. Sie müssen nur den Kongress darum bitten, das zu tun, was sie wollen. Der Kongress hätte alles verhindern können: die Kriege, die Bankenübernahmen, den Billionen-Dollar-Verteidigungshaushalt, der gerade verabschiedet wurde. Unsere sogenannten Abgeordneten haben uns so oft verraten und verkauft, dass mir ganz schwindelig wird. Und was tun wir dagegen? Wir lassen nicht nur zu, dass sie ihren Job behalten, sondern werden höchstwahrscheinlich wieder zusehen müssen, dass sie sich eine Gehaltserhöhung genehmigen, wie sie das immer tun.

Die Kongressabgeordneten sollten für uns da sein, nicht für die Bonzen von der Zentralbank oder die multinationalen Konzerne. Was würden Sie als Firmenchef tun, wenn keiner ihrer Angestellten Ihnen zuhören, Sie anlügen und die ihm zugewiesene Arbeit nicht tun, sondern stattdessen für die Konkurrenz arbeiten und Sie so schnell wie möglich ans Messer liefern würde? Ich glaube kaum, dass Sie ihn weiterbeschäftigen und ihm eine Gehaltserhöhung geben würden! Genau das haben wir getan, nur geht es in diesem Fall nicht um Ihre Firma, sondern um unsere Regierung, und die Angestellten sind die 435 Mitglieder des Repräsentantenhauses und die 100 Mitglieder des Senats. Praktisch alle von ihnen arbeiten für die multinationalen Konzerne (die Konkurrenz), und die feindliche Übernahme unseres Staatsapparats ist denen schon auf allen Ebenen gelungen. Sie setzen die Macht unserer eigenen Politiker gegen uns ein, um das ganze Land zu übernehmen. Was zum Teufel ist aus dem geworden, das man einst ›die Weisheit des amerikanischen Volkes‹ nannte? Man belohnt keine Angestellten, die einen betrügen, *man feuert sie!*«

Auf der Webseite von »Kick Them All Out« konnte man sich umsonst das berühmte Uncle-Sam-Bild von James Montgomery Flagg herunterladen, doch darunter stand jetzt statt »I want you!« ein anderer Slogan: »Ich will, dass wir sie alle rausschmeißen! Tut eure patriotische Pflicht und zeigt dem Kongress, wer das Sagen hat!«

Eine ähnliche, von Tim Cox in Houston gegründete texanische Initiative erhebt dieselbe Forderung. Sie nennt sich GOOOH (Get Out of Our House) und hatte 2009 2000 Mitglieder in Houston und 100 000 außerhalb der Stadtgrenzen. Laut dem zu *ABC* gehörenden, in Houston beheimateten Fernsehsender *KTRK* könnte die Gruppe Erfolg haben. Eine von dem Sender durchgeführte Meinungsumfrage ergab, dass 47 Prozent der Befragten sich keiner der beiden großen Parteien mehr zugehörig fühlten. Einige Beobachter glauben, diese Zahl könnte auch in anderen Landesteilen realistisch sein und deute auf eine Abkehr vom Zweiparteiensystem hin.

Die konservative Washingtoner Webseite *WorldNetDaily.com* bot ihren Lesern die Möglichkeit, bestimmten Kongressabgeordneten »Kündigungen« zu schicken.

Weiter hieß es, die Abgeordneten würden 2010 nicht wiedergewählt, »wenn sie für weitere Ausgabenerhöhungen, eine sozialistische Gesundheitspolitik, den Emissionshandel und Maßnahmen gegen Hassverbrechen stimmten«. *WorldNetDaily. com* behauptete, innerhalb von zwei Wochen seien drei Millionen Kündigungsvordrucke von der Webseite heruntergeladen worden. »Der bisherige Erfolg unserer Aktion hat meine kühnsten Erwartungen übertroffen«, sagte Joseph Farah, der auch für den Inhalt zuständige Betreiber der Webseite. »Diese Kampagne kann eine durchschlagende Wirkung auf Politiker haben, deren höchste Priorität es ist, wiedergewählt zu werden.«

Etwas weniger radikale Gruppen wollen den Status quo durch Gesetzesänderungen erschüttern. Die *Fire Congress Meeting Groups* suchen neue Mitglieder. »Kämpfen Sie mit mehr als 200 000 Amerikanern für eine Amtszeitbegrenzung aller Kongressabgeordneten und Senatoren, unabhängig von ihrer Parteizugehörigkeit oder dem, was immer sie versprechen [...]«, war auf der *Fire-Congress-Webseite* zu lesen. »Schmeißt sie alle raus, damit ihre Nachfolger endlich auf uns hören.« Im Internet bemerkte ein Spaßvogel: »Für keinen unserer Politiker mehr als zwei Legislaturperioden [...] eine im Amt und eine im Knast.«

Schon in der Vergangenheit wurden Amtszeitbegrenzungen empfohlen, um die Macht des Kongresses zu beschneiden. Obwohl glaubwürdige Leute Gesetzesvorlagen ausarbeiteten, fielen diese bei Abstimmungen immer durch, weil die Kongressabgeordneten nicht den Ast absägen wollten, auf dem sie saßen.

U. S. Term Limits (USTL), eine in Fairfax in Virginia beheimatete Organisation, sieht sich als die Vorhut der größten Basisbewegung der amerikanischen Geschichte. Laut der USTL-Webseite hat es die Organisation geschafft, in 15 Bundesstaaten bei Gesetzesvorhaben Vorschläge für Amtszeitbegrenzungen unterzubringen.

»Acht der zehn größten amerikanischen Städte haben jetzt Amtszeitbegrenzungen für ihre Stadträte und/oder den Bürgermeister eingeführt und 37 Bundesstaaten für ihre politischen Beamten«, stellte eine USTL-Broschüre fest. »Politiker und Lobbyisten kämpfen zwar weiter gegen Amtszeitbegrenzungen, weil dadurch Karrierepolitiker ausscheiden müssten, die sich mehr um ihr eigenes Wohl als um die Interessen der Amerikaner kümmern [...]. Man darf eines nicht vergessen [...]. Jedes Stadtratsmitglied will Kongressabgeordneter werden, jeder Kongressabgeordnete Senator, und jeder Senator Präsident.«

Auf der Webseite *WeShouldFireCobgress.com* wird die gleiche Botschaft verbreitet: »Es wird Zeit, dass wir den Kongressabgeordneten eines nachdrücklich sagen – tut eure Arbeit, oder ihr werdet gefeuert!« Auf der Webseite wird Geld für Plakate gesammelt, die landesweit diese Message verbreiten sollen.

Alle diese Organisationen und Initiativen empfehlen den Amerikanern, nicht für eine politische Partei, sondern für ihr Land zu wählen. Viele Menschen sind mit ihren Zielen und Forderungen einverstanden, doch wenn Wahlen anstehen, stimmen viele doch wieder für alte Gesichter und politische Parteien.

Hier stellt sich die Frage, warum sich nicht mehr progressive und unabhängige Kandidaten für ein öffentliches Amt zur Wahl stellen. Es sieht so aus, als könnten sie die Stimmen derer einsammeln, die mit dem Kongress unzufrieden sind.

Und doch kommt es nicht soweit, weil die Progressiven und Unabhängigen damit beschäftigt sind, in einer Gesellschaft zu überleben, in der die Liebe zum Geld wichtiger ist als die zum Mitmenschen. Um es klar zu sagen: Wenn sich jemand in einer Großstadt oder einem Bundesstaat in ein öffentliches Amt wählen lassen will, dann muss der Kandidat in der Lage sein, im Radio und Fernsehen Wahlkampfspots ausstrahlen zu lassen. Doch das ist teuer, und oft verlangen Sender das Geld für politische Spots im Voraus. Außerdem braucht es zusätzliches Geld, um visuell professionelle und wirkungsvolle Spots zu produzieren, und diese Kosten übersteigen bei Weitem die von selbst bemalten Transparente und Schilder in Vorgärten. Sie können sich auf vier-, wenn nicht fünfstellige Summen belaufen.

Will ein Kandidat trotzdem Erfolg haben, bleibt ihm nichts anderes übrig, als sich mit einer der beiden großen politischen Parteien zu verbünden und sich nach Geldspenden von Unternehmen und politischen Aktionsgruppen umzusehen. Die Unumgänglichkeit einer prall gefüllten Wahlkampfkasse hindert die meisten ehrenhaften und aufrichtigen Leute daran, sich in die politische Arena zu wagen. Die meisten Kandidaten, besonders auf lokaler Ebene oder der eines Bundesstaates, haben einfach nicht genügend Geld, um einen aufwändigen Medienwahlkampf zu führen.

George Green hat früher um Wahlkampfspenden für Jimmy Carter geworben und wurde von diesem gebeten, während seines Wahlkampfs als Finanzberater zu fungieren. »Ich erinnere mich, dass ich in einem Privatjet nach Aspen geflogen und gefragt wurde, ob ich diesen Job als Finanzexperte haben wollte«, sagte Green in einem Interview, das er 2006 gab. »Als ich dann sagte, ich sei Republikaner, beugte sich Paul Volcker [der ehemalige Zentralbankchef und nordamerikanische Vorsitzende der Trilateral Commission] zu mir herüber und bemerkte: ›Schon okay, mein Junge. Spielt keine Rolle, wir kontrollieren beide Parteien.‹«

Durch Greens Worte und das, was zuvor in diesem Buch ausführlich beschrieben wurde, sollte mittlerweile hinreichend klargestellt sein, dass die Globalisierer aus den Geheimgesellschaften Demokraten und Republikaner beherrschen. Vielleicht nennen deshalb viele Menschen unsere Kongressmitglieder »die besten Abgeordneten, die man für Geld kaufen kann«.

»Das größte Problem mit unserer Regierung ist der Einfluss der Großunternehmen und – damit zusammenhängend – die Masse an Geld und politischer Macht, die dem Militär zugutekommt«, sagte Harvey Wasserman, Autor, Journalist und engagierter Streiter in der Energiefrage. »Solange wir uns nicht mit diesen Fragen befassen, werden wir in diesem Land keine Fortschritte machen, weder in der Gesundheits- und Umweltpolitik noch auf dem Gebiet der sozialen Gerechtigkeit oder bei irgendeinem anderen wichtigen Thema. Die Leute sollten begreifen, dass es zwar unglaublich wichtig ist, dass wir jetzt einen Afroamerikaner als Präsidenten haben (als Nächstes wird eine Frau folgen), dass es aber noch bedeutsamer wäre, jemanden zu haben, der weder Republikaner noch Demokrat ist, sondern entschlossen, sich um das Wohl der Öffentlichkeit statt um das der Großkonzerne zu kümmern.«

Ein denkbarer Weg, die Ungerechtigkeiten des Wahlprozesses einzudämmen, könnte darin bestehen, allen Kandidaten die Ausstrahlung von TV-Spots zu verbieten, weil so das Geld eine weniger große Rolle spielen würde. Dadurch hätten interessierte Wähler die Möglichkeit, die Kandidaten und ihre politischen Positionen durch Debatten, Zeitungsartikel oder Flugblätter kennenzulernen. Was das Radio oder das Fernsehen angeht, könnten die Kandidaten in Talkshows und Interviews mit Journalisten zu Wort kommen, doch müssten diese Sendungen auch den jeweiligen Konkurrenten offenstehen. So könnte die politische Debatte, heute oft durch persönliche Verleumdungen bestimmt, für neue Ideen geöffnet werden.

Eine weitere gute Methode, gierige und finanziell gemästete Politiker zu vermeiden, besteht darin, den Kandidaten mit dem wenigsten Geld zu wählen. Dieser mag später nicht weniger anfällig für Korruption sein, aber seine finanziell dürftige Ausstattung ist ein sicheres Zeichen dafür, dass er nicht seine Seele für Wahlkampfspenden verkauft hat. Bernard Baruch, Finanz- und Politikberater der Präsidenten Woodrow Wilson und Franklin D. Roosevelt, riet den Amerikanern einst: »Wählen Sie den Kandidaten, der am wenigsten verspricht; er wird Sie am wenigsten enttäuschen.«

Sobald die jetzigen Politiker aus dem Amt entfernt wurden und ihre Nachfolger in Washington eingetroffen sind, muss die Öffentlichkeit ihnen genau auf die Finger schauen. Wir müssen sie zwingen, über Amtszeitbegrenzungen nachzudenken und auf ihre großzügige Altersversorgung zu verzichten. Wenn auch Kongressabgeordnete in die Sozialversicherung einzahlen müssen, werden wir sehen, dass es dort schnell wieder anständig zugeht und dass genügend Geld vorhanden ist. Nur wenn die Abgeordneten der Öffentlichkeit dienen, sollten sie erneut gewählt werden.

Dies ist keine revolutionäre Idee, sondern nur ein Hinweis darauf, wie das System eigentlich funktionieren sollte. Unglücklicherweise beruht dieses System aber auf der Vorstellung, dass es eine wache und gebildete Wählerschaft gibt und dass der Wahlprozess ehrlich und fair ist.

Wahlbeobachter und Stimmzettel

Zombies wählen nicht. Während der letzten Präsidentschaftswahlen gab nur ungefähr die Hälfte der Wahlberechtigten ihre Stimme ab. Im Jahr 2008 gab es eine Trendwende, als 62 Prozent der Wahlberechtigten an dem Urnengang teilnahmen, die höchste Beteiligung seit 1960, als John F. Kennedy gegen Richard Nixon antrat. Wenngleich diese Prozentzahl beeindruckend wirkt, sollte man nicht vergessen, wie hoch die durchschnittliche Wahlbeteiligung in vergleichbaren europäischen Ländern ausfällt – Italien: 93 Prozent; Deutschland: 81 Prozent; Spanien: 77 Prozent; Großbritannien und Irland: 75 Prozent.

Der Komiker W. C. Fields sagte einst:»Teufel, ich wähle nie für, sondern immer nur gegen jemanden.« Auch heute wählen die Leute immer noch nicht für jemanden – sie ziehen einfach einen Hebel oder berühren einen Bildschirm für ihre Partei, ohne viel um politische Themen oder die Kompetenz des Kandidaten zu geben. Diese Wahlmethode könnte darauf zurückzuführen sein, dass viel zu viele Wähler das Gefühl haben, keiner der beiden Kandidaten stehe für ihre Ideale. Anstatt für einen Kandidaten zu stimmen, glauben viele Wähler, für das geringere Übel stimmen zu müssen, was aber immer noch heißt, dass sie ein Übel wählen. »Wenn man nicht mehr für seine Ideale wählt, hat das ernsthafte Auswirkungen. Es unterhöhlt die moralische Basis unserer Demokratie«, sagte der glücklose Präsidentschaftskandidat Ralph Nader.

Denken wir an die Präsidentschaftswahl des Jahres 2004. Die Stimmberechtigten hatten die Wahl zwischen dem republikanischen Kandidaten George W. Bush, dem Spross einer reichen Familie und Mitglied der Geheimgesellschaft *Skull and Bones,* und Bushs Cousin, dem demokratischen Kandidaten John Kerry, Spross einer reichen Familie und Mitglied der Geheimgesellschaft *Skull and Bones.* Für die meisten informierten und nachdenklichen Leute hatte das mit einer Wahl zwischen zwei wirklichen Alternativen nicht viel zu tun.

Was könnte schlimmer sein, als sich zwischen zwei schlechten Möglichkeiten entscheiden zu müssen? Nicht einmal in der Lage zu sein, wirklich zwischen den beiden zu wählen?

Präsident Franklin D. Roosevelt sagte einst:»Niemand wird den Amerikanern das Wahlrecht nehmen können als sie selbst, und das können sie nur erreichen, wenn sie nicht zur Wahl gehen.« Doch Roosevelt konnte noch nichts davon wissen, dass Stimmberechtigten durch Computer- und Wahlmaschinenbetrug das Wahlrecht genommen werden könnte.

Boris Bazhanov überliefert in *Memoirs of Stalin's Former Secretary* folgende Bemerkung des sowjetischen Diktators:»Für mich ist es völlig unwichtig, wer wie wählt, aber außerordentlich wichtig, wer wie die Stimmen zählt.«

Bis vor Kurzem wurde mit Stimmzetteln unter den wachsamen Augen von

Wahlbeobachtern gewählt, die von einem Kandidaten, einer politischen Partei oder Unterstützern/Gegnern einer speziellen Maßnahme benannt worden waren, um den Prozess der Stimmabgabe in einem bestimmten Wahlbezirk zu beobachten und Unregelmäßigkeiten zu melden. Beobachter und Wähler durften in dem Wahllokal nicht miteinander reden, auch war es Ersteren nicht gestattet, den ordentlichen Ablauf der Wahl zu stören oder die Stimmabgabe zu beeinflussen.

Wahlbeobachter sind jetzt größtenteils durch elektronische Wahlmaschinen verdrängt worden, die eigentlich nur Computer sind. Der Help America Vote Act wurde durch Präsident Bushs Unterschrift im Jahr 2002 rechtsgültig. Dadurch sollte die Stimmabgabe vereinheitlicht und verbessert werden. So sollten beispielsweise die Lochkartenstimmzettel abgeschafft werden, mit denen es bei der Wahl in Florida im Jahr 2000 so viel Ärger gegeben hatte. Wahlhelfer sollten eine einheitliche Ausbildung bekommen, die elektronischen Wahlmaschinen modernisiert werden. Doch die Umsetzung dieser Veränderungen wurde den einzelnen Bundesstaaten überlassen, was zu verschiedenen Interpretationen und unterschiedlicher Effektivität führte.

Es hat heftige Debatten über den Einsatz elektronischer Wahlmaschinen gegeben, die auf dem Bildschirm Stimmzettel zeigen und die Stimmen registrieren und tabellarisieren. Befürworter dieser Maschinen behaupten, sie seien schnell, genau und besser für Behinderte und nicht englischsprachige Menschen zu bedienen. Und doch gibt es Komplikationen. Kritiker wenden ein, bei Wahlmaschinen gebe es etliche technische Probleme, was etwa zu Ungenauigkeiten und zu Hackerangriffen führen könne. Ein besonderer Anlass zur Sorge sind die Modelle mit Touchscreen, von denen einige keine Druckausgabe haben, die im Falle einer eventuellen manuellen Nachzählung unbedingt erforderlich wäre.

Bev Harris, Gründerin der landesweit aktiven, überparteilichen Nonprofitorganisation *Black Box Voting Inc.,* schrieb:»Unser Wahlsystem wurde kürzlich privatisiert. Wenn dies geschieht, wird das Auszählen der Stimmen, das ein öffentlicher Prozess sein soll und sich unter dem prüfenden Blick vieler Bürger vollziehen muss, zu einem Geheimnis.«

Im Jahr 2003 wurden Harris interne Memos von *Diebold* zugespielt, einem Unternehmen, das früher einer der wichtigsten Hersteller elektronischer Wahlmaschinen war. Einige dieser Memos zeigten, dass bei den Wahlmaschinen nicht zugelassene Software zum Einsatz gekommen war und dass die Programmierer von *Diebold* die Zertifizierung vorsätzlich vermieden hatten. Harris stellte die Memos ins Internet. Obwohl *Diebold* behauptete, Harris' Onlineveröffentlichung verletzte Bestimmungen des Copyrights, urteilte ein kalifornischer Richter im Oktober 2004, *Diebold* habe seine Copyrightprivilegien missbraucht, als das Unternehmen versuchte, die Veröffentlichung der peinlichen Memos zu verhindern.

Im Jahr 2007 taufte *Diebold* seine Abteilung für die Produktion von Wahlmaschinen auf den Namen Premier Election Systems (PES) um, was zu schlechter Presse führte. Am 3. September 2009 gab die Firma *Election Systems & Software* (ES&S) bekannt, sie würde PES übernehmen. Das bedeutet, dass Wahlmaschinen nun nur noch von drei Unternehmen produziert werden – *ES&S*, *Sequoia Voting Systems* und *Hart InterCivic*. Viele sahen in *ES&S* nach der Übernahme von PES fast einen Monopolisten auf dem Gebiet der Wahlmaschinen, die überall im Land auf breiter Front zum Einsatz kommen. So war auch in einem Leitartikel des *Miami Herald* zu lesen: »Nach dem Kauf von Diebolds Wahlmaschinesparte für fünf Millionen Dollar haben wir es bei ES&S beinahe mit einem Monopolisten zu tun. Unser Bundesstaat Florida musste während der Präsidentschaftswahl des Jahres 2000 die schmerzhafte Erfahrung machen, dass die Stimmabgabe via Touchscreen die Wähler nicht davon überzeugen konnte, dass ihre Stimmen auch tatsächlich gezählt wurden, weil die Maschinen keine unabhängig nachprüfbaren Papierausdrucke lieferten.«

Harry Wasserman kommentierte den Kauf von PES durch *ES&S* so: »Die Übernahme verweist auf ein größeres Problem [...]. Die beiden jetzt fusionierten Hersteller kontrollierten 80 Prozent des Marktes für Wahlmaschinen in den Vereinigten Staaten. Beide waren korrupte, von den Republikanern dominierte Unternehmen. Die Vorstellung, dass nach der Fusion nur noch eine Firma das Sagen hat, ist also an sich nicht so wichtig. Immerhin ist positiv zu vermerken, dass die Fusion ein so großes Medienecho hervorgerufen hat.« Parteipolitik hin oder her, es sollte eindeutig darauf hingewiesen werden, dass die Konsolidierung der Kontrolle des Wahlprozesses in einigen wenigen Händen die Möglichkeit potenzieller Wahlmanipulationen beinhaltet.

Doch nicht ein Monopol auf Seiten der Hersteller ist für Wasserman das größte Problem, sondern jenes, »dass überhaupt Wahlmaschinen zum Einsatz kommen«. »Alle elektronischen Wahlmaschinen sollten verboten werden. Wir brauchen eine automatisierte, elektronische Wählerregistrierung, aber bei der Wahl selbst müssen Stimmzettel verwendet und von Hand gezählt werden. So einfach ist das. Und bis es soweit ist, haben wir keinen Grund zu der Annahme, irgendeine Wahl in diesem Land könne verlässlich den Wählerwillen spiegeln.« Außerdem plädierte Wasserman dafür, den Wahltag zum Feiertag zu erklären, »damit auch arbeitende Menschen die gleiche Möglichkeit haben, an der Wahl teilzunehmen«.

Diebolds Wahlmaschinen waren schon lange umstritten. Nach einer Untersuchung verbot Kalifornien 2004 den Einsatz eines *Diebold*-Modells. Im Jahr 2007 wurde erneut einigen Wahlmaschinenherstellern die Zulassung entzogen. Nachdem durch ein Open-Source-Programm zur Stimmenauszählung herausgekommen war, dass 197 Stimmen von Wahlmaschinen im Humboldt County nicht gezählt worden waren, führten Ermittler eine Überprüfung »auf Herz und Nieren«

durch. Nach dem Abschluss der Untersuchung im Jahr 2009 entzog die zuständige Ministerin Debra Brown der *Diebold*-Software Global Election Management System (GEMS, Version 1.18.10) die Zulassung. Außerdem wurden noch drei andere elektronische Wahlsysteme verboten, die nun wie jenes von *Diebold* in Kalifornien nicht mehr verwendet werden dürfen.

Im März 2009 verschärften sich die Probleme von *Diebold*/PES weiter, als das Unternehmen bei einer Anhörung in Sacramento einräumen musste, dass einem internen Kontrollprogramm seiner Wahlmaschinen Entscheidendes entgehen könne, beispielsweise die Löschung von Stimmen. Die Firma gab zu, das Problem gebe es bei jeder Version dieser Software, selbst bei jenen, die in anderen Bundesstaaten zum Einsatz kämen. GEMS-Software wird in mehr als 1400 Wahlbezirken in 31 Bundesstaaten verwendet, und zwar bei jedem Touchscreenmodell Premier/ *Diebold* und allen optischen Scannern.

»Die heutige Anhörung bestätigte eine meiner größten Befürchtungen«, sagte Kim Alexander, Gründerin und Vorsitzende der *California Voter Foundation:* »Das interne Kontrollprogramm war das beste Verkaufsargument für die papierlose Stimmenauszählung. Der Hersteller und die Wahlbezirke, in denen diese Maschinen zum Einsatz kamen, haben wiederholt unterstrichen, das interne Kontrollprogramm sei der wichtigste Überprüfungsmechanismus und die Absicherung gegen Fehler, die jede Panne vermeiden würde. Durch die Entdeckung, dass die vermeintliche ›Fehlersicherung‹ selbst unzuverlässig ist, entfällt das schlagende Verkaufsargument für diese Systeme.«

Im Mai 2007 stimmte das Parlament von Maryland gegen die Touchscreenmodelle und für die Stimmabgabe auf Papier und die Auszählung mittels optischer Scanner. Doch daraus wurde nichts, als bei einer Abstimmung des Repräsentantenhauses in Washington einem Programm der *Election Assistance Commission* die Zustimmung verweigert wurde. Dieses Programm sah staatliche Finanzhilfen für den Kauf von Stimmzetteln vor. Also wurde die Rückkehr zur traditionellen Wahlmethode auf höchster staatlicher Ebene blockiert. Könnte dies daran liegen, dass es den Propagandisten der Neuen Weltordnung (teils nationalistische Sozialisten, teils solche marxistischen Ursprungs) gelungen ist, unseren Regierungsapparat unter ihre Kontrolle zu bringen? »Wenn es Gottes Absicht war, dass wir wählen«, sagten Witzbolde, »hätte er uns Kandidaten gegeben.« Genauso gut könnte man sagen: Wenn es seine Absicht war, dass fair gewählt wird, würde er uns per Stimmzettel wählen lassen, auf Papier, das im Falle einer erforderlichen Nachzählung noch lange Jahre verfügbar ist.

Souveränität der Bundesstaaten

»Heutzutage kann unsere Regierung Kriege führen ohne die Zustimmung des Kongresses, ausländische Regierungen stürzen, fast die Hälfte des Volkseinkommens besteuern, im Namen des ›Heimatschutzes‹ und des ›Krieges gegen die Drogen‹ die bürgerlichen Freiheiten abschaffen, Kindsmord zulassen (Spätabtreibung in einem fortgeschrittenen Schwangerschaftsstadium) und uns praktisch in jedem Lebensbereich gängeln. Und wir können wenig oder gar nichts dagegen tun. ›Schreibt eurem Kongressabgeordneten‹, lautet der Refrain jener Sklaven dieses Staates, denen nicht einmal bewusst ist, dass sie Sklaven sind (dank einer jahrzehntelangen Gehirnwäsche, die schon in der Schule beginnt).«

Ich habe hier Thomas J. DiLorenza zitiert, Professor für Wirtschaftswissenschaften am *Loyola College* in Maryland und Autor des Buches *How Capitalism Saved America* und *Hamilton's Curse: How Jefferson's Archenemy Betrayed the American Revolution – And What It Means for America Today*. DiLorenza schrieb: »Bis 1865 war die Meinung des Supreme Court einfach nur die Meinung des Supreme Court. Bürger und Bundesstaaten behielten sich das Recht vor, eine eigene Meinung zu Verfassungsfragen zu haben, die sie oft für kein bisschen weniger wichtig erachteten als die des obersten Gerichts.« Präsident T. Woodrow Wilson – der von den Wall-Street-Finanziers an die Macht gebracht wurde, den Vorläufern der heutigen Globalisierer – war dagegen, den Bundesstaaten eine Entscheidungsbefugnis bei Fragen der Verfassungsmäßigkeit einzuräumen. In seinem 1908 erschienenen Buch *Constitutional Government in the United States* schrieb er: »Der Bürgerkrieg als Krieg zwischen Bundesstaaten hat zur Herausbildung des Prinzips geführt, dass die Regierung der Vereinigten Staaten durch ihre Gerichte der letzte Richter hinsichtlich ihrer Macht ist.«

Seit der Wahl Barack Obamas im Jahr 2008 verhielten sich die Parlamente der Bundesstaaten weniger unterwürfig gegenüber der Regierung in Washington, da viele Bürger sich dem Tenth Amendment Movement anschlossen, um gegen zu viel gesamtstaatliche Kontrolle aufzubegehren. Mitglieder verwiesen auf den Verfassungszusatz, der ihrer Protestbewegung den Namen gab: »Jene Machtbefugnisse, die von der Verfassung nicht eindeutig an die Bundesregierung delegiert werden, liegen – sofern nicht von der Verfassung untersagt – bei den Bundesstaaten oder beim Volk.«

Ende September 2009 verabschiedete der Senat von Ohio die Senate Concurrent Resolution 13 (SCR 13): »Unser Ziel ist es, unter Verweis auf den 10. Zusatzartikel der Verfassung die souveräne Beanspruchung bestimmter Machtbefugnisse zu verlangen, den Kongress dazu aufzufordern, bestimmte Mandate zeitlich zu begrenzen oder zu beenden, und darauf zu insistieren, dass von der Bundesregierung beschlossene, landesweit gültige Gesetze aufgehoben oder außer Kraft gesetzt werden.« Der Senat von Ohio war nach dem von Alaska, Idaho, North Dakota, South Dakota, Oklahoma, Louisiana und Tennessee der achte Senat eines Bundesstaates, der eine Resolution bezüglich der Souveränität von Bundesstaaten verabschiedete. Bis Oktober 2009 waren solche Resolutionen in 37 Bundesstaaten eingebracht worden.

Charles Key, ein Abgeordneter aus Oklahoma, verglich die von ihm abgefasste Resolution mit der Mahnung eines Vermieters gegenüber einem säumigen Mieter. »Wenn Sie einen Mieter haben, der nicht zahlt, kommen Sie nicht einfach eines Tages mit einem leeren Möbelwagen vorbei. Zuerst schicken Sie ihm eine Mahnung. Und so sehen wir diese Resolution, als eine mahnende Benachrichtigung der Regierung in Washington. Und es wird definitiv noch etwas nachkommen.« Befürworter der Resolution sind der Ansicht, diese sei ein längst überfälliger erster Schritt auf dem Weg zu einer wirklich verfassungsgemäßen Regierung.

Der 10. Zusatzartikel ähnelt einem Abschnitt aus den Articles of Confederation, die vor der Verfassung niedergeschrieben wurden. Eine Bestimmung lautet: »Die Machtbefugnisse, die von der Verfassung weder den Vereinigten Staaten übertragen noch den Einzelstaaten entzogen werden, bleiben den Einzelstaaten oder dem Volke vorbehalten.«

Obwohl die Bundesstaaten schon lange murren, weil sie Gesetze der Bundesregierung in Washington umsetzen müssen, hat der *Supreme Court* in jüngerer Zeit erst zweimal Urteile ausgesprochen in Fällen, die mit dem 10. Zusatzartikel zusammenhängen. Im Jahr 1992 urteilte das oberste Gericht, der Low-Level Radioactive Waste Policy Amendments Act von 1985 sei verfassungswidrig, weil er die Bundesstaaten zwinge, die Verantwortung für radioaktiven Müll zu übernehmen und diesen auf ihrem Territorium zu lagern. Und 1997 urteilte der *Supreme Court,* der Brady Handgun Violence Prevention Act verstoße gegen die Verfassung, weil er die Strafverfolgungsbehörden der Bundesstaaten und die lokale Polizei zwinge, Hintergrundinformation über potenzielle Käufer von Handfeuerwaffen zu ermitteln. In beiden Fällen ging es nur um eine punktuelle und selektive Interpretation des 10. Zusatzartikels, was darauf hindeutet, dass sich das oberste Gericht bei der Klärung dieser fundamentalen Verfassungsfrage Zeit lassen wird. Dafür spricht auch die Weigerung des Gerichts, einen Fall zur Verhandlung anzunehmen, bei dem es um von der Steuerbehörde verhängte Strafen für diejenigen ging, die sich geweigert hatten, bei ihrer Steuererklärung das Formular Nr. 1040 einzureichen, das bei Steuerdelikten von der Anklage verwendet werden kann. Viele sehen darin einen Verstoß gegen den 5. Zusatzartikel der Verfassung, in dem steht, dass niemand gezwungen werden kann, sich selbst zu belasten. Wie sowohl Professor DiLorenza als auch Präsident Wilson bemerkten, wurde durch den Bürgerkrieg vorübergehend der Streit darüber beigelegt, ob gewählte Abgeordnete von Bundesstaaten oder irgendwelche Bürokraten aus

Washington über das Schicksal der Öffentlichkeit bestimmen. Heutzutage gibt es praktisch kein irgendwo in den Vereinigten Staaten verabschiedetes Gesetz, das nicht von der Bundesregierung in Washington gekippt oder ersetzt werden kann. Wenn jemand das in Zweifel ziehen sollte, braucht er sich nur bei den Geschäften in Kalifornien erkundigen, die zu medizinischen Zwecken verwendetes Marihuana verkauften. Sie mussten Razzien des FBI über sich ergehen lassen, obwohl die Wähler 1996 für den Verkauf der Droge bei medizinischen Indikationen gestimmt hatten.

Statt nur Resolutionen zur Wiedererlangung ihrer vollen Souveränität zu verabschieden, kämpften einige Bundesstaaten für bestimmte Freiheitsrechte. Im Jahr 2009 verabschiedeten Montana und Tennessee einen Firearms Freedom Act: »Wir erklären, dass das dem Kongress von der Verfassung zugesicherte Recht, den zwischenstaatlichen Handel zu regeln, sich nicht auf Feuerwaffen erstreckt, die in unserem Bundesstaat hergestellt oder aufbewahrt werden.« Zehn andere Bundesstaaten erwogen ähnliche Gesetze. Nachdem das Gesetz verabschiedet worden war, verschickten Offizielle des *Bureau of Alcohol, Tobacco, Firearms and Explosives* (BATFE) Briefe an Waffenhändler und die Inhaber gesamtstaatlicher Waffenscheine in Montana und Tennessee. In den Briefen wurden die Händler und Waffenscheinbesitzer dazu aufgefordert, das Gesetz des Bundesstaates zu ignorieren. Der Streit darüber, wer für Waffengesetze zuständig ist, wird mit Sicherheit vor höheren Gerichten weitergehen.

Doch die Meinungsverschiedenheiten zwischen der Regierung in Washington und den Bundesstaaten beschränken sich nicht nur auf die Waffengesetzgebung. Wähler aus Alaska, Kalifornien, Colorado, Hawaii, Maine, Maryland, Michigan, Montana, Nevada, Oregon, Rhode Island, Vermont und Washington haben darüber abgestimmt, den Marihuanakonsum aus medizinischen Gründen zu legalisieren, und ein diesbezügliches Gesetz verabschiedet, doch die Bundesbehörden haben auf diese Gesetze geringschätzig herabgeblickt, obwohl die Mehrheit der Bürger in den betreffenden Bundesstaaten dafür gestimmt hatte.

Im Jahr 1996 wurde in Kalifornien der Konsum von Marihuana zu medizinischen Zwecken zugelassen, nachdem 56 Prozent der Bürger dafür gestimmt hatten. Trotzdem blieb Marihuana auf gesamtstaatlicher Ebene illegal durch den Controlled Substances Act, der zu manchen Kontroversen geführt hat. Eine Frau aus Kalifornien verklagte 2005 die *Drug Enforcement Administration,* nachdem ihre Hanfpflanzen beschlagnahmt und das für medizinische Zwecke benutzte Marihuana durch FBI-Beamte vernichtet worden war. Unter Hinweis auf eine Verfassungsklausel, nach der die Regierung in Washington das Recht hat, den zwischenstaatlichen Handel zu regeln, urteilte der *Supreme Court,* das Kultivieren von Marihuana betreffe den zwischenstaatlichen Markt für die Droge, obwohl die Frau das Marihuana ausschließlich für den Eigenbedarf gepflanzt und nie etwas davon verkauft hatte. Das Gericht warnte davor, dass privat geerntetes Marihuana für medizinische Zwecke niemals, nicht einmal unabsichtlich, in den zwischenstaatlichen Handel gelangen dürfe. Auf der Grundlage dieses Arguments befanden die Richter, die Handlungsweise der gesamtstaatlichen Regierungsbehörde DEA sei rechtmäßig gewesen.

Ungeachtet der Entscheidung des *Supreme Court* hieß es in einem am 21. September 2009 erschienenen Leitartikel des *San Francisco Examiner,* der sich mit dem REAL ID Act, den Waffen- und Marihuanagesetzen und selbst mit der endlosen Debatte über die Gesundheitsreform befasste: »Die Befürworter einer Souveränität der Bundesstaaten stehen historisch gesehen auf festem Boden [...]. James Madisons ›Virginia Plan‹, der dem Kongress ein Vetorecht für auf Bundesstaatenebene erlassene Gesetze eingeräumt und Bundesgerichten das Entscheidungsrecht bei allen Meinungsverschiedenheiten zugestanden hätte, wurde mehrheitlich von den Unterzeichnern unserer Verfassung abgelehnt. Die Bundesregierung in Washington wird von Tag zu Tag mächtiger und überschreitet ihre Kompetenzen. Deshalb muss sie in Schach gehalten werden, und die Wiederherstellung der Souveränität der Bundesstaaten sollte eine positive Entwicklung sein für alle Amerikaner, die sich um den Verlust ihrer Freiheiten sorgen – wie die Gründerväter vor ihnen.«

Am 1. Februar 2010 kündigten fünf demokratische Mitglieder des Senats von Virginia der Parteilinie die Treue auf, indem sie für Gesetzesvorlagen stimmten, die sich gegen eine verpflichtende Krankenversicherung aussprachen. Drei Gesetzesentwürfe, die die Bürger von Virginia davor schützten, sich von der Bundesregierung in Washington in eine vorgeschriebene Krankenversicherung zwingen zu lassen, wurden mit dreiundzwanzig zu siebzehn Stimmen vom Senat gebilligt, in dem die Demokraten eine Mehrheit von zweiundzwanzig zu achtzehn Sitzen haben. Wenn es dabei bleibt, ist Virginia nach Arizona der zweite Bundesstaat, der Maßnahmen gegen landesweit gültige Gesetze der Bundesregierung ergreift. Senator Frederick M. Quayle, der Initiator einer der drei Vorlagen, vertrat die Ansicht, die Bundesregierung habe kein verfassungsmäßiges Recht, einzelne Individuen zu irgendeinem Vertrag zu zwingen. »Hier geht es nicht in erster Linie um einen Gesetzesentwurf zur Krankenversicherung. Es geht darum, die uneingeschränkte Gültigkeit der Verfassung der Vereinigten Staaten wiederherzustellen.«

Es bleibt abzuwarten, wie viel Erfolg den Bemühungen der Bundesstaaten beschieden sein wird bei dem Versuch, ihre volle Souveränität zurückzuerlangen. Aber es gibt ermutigende Anzeichen. Nachdem Maine 2007 den Anfang gemacht hatte, haben 25 Bundesstaaten Gesetze verabschiedet, die sich gegen den REAL ID Act richten, der eine von der Bundesregierung verordnete Pflicht zur Identifizierung vorsieht. Der REAL ID Act wurde 2005 verabschiedet und sollte 2008 in Kraft treten, was aber bis 2010 noch nicht geschehen war. Viele Gouverneure scheuten die Kosten und die Verantwortung dafür, dass alle Inhaber eines Führerscheins Bürger oder rechtmäßige Einwohner der Vereinigten Staaten sein sollten.

Für viele ist klar, dass eine größere Souveränität der Bundesstaaten in naher Zukunft erreichbar ist. Unterstützer des Tenth Amendment Movement verweisen auf erfolgreiche Schritte gegen den REAL ID Act oder die Legalisierung von Marihuana zu medizinischen Zwecken in 13 Bundesstaaten. Das gilt ihnen als Beweis dafür, dass ihnen ein starker Widerstand auf Bundesstaatenebene der Regierung keine andere Wahl lässt, als schließlich nachzugeben – mit oder ohne gerichtliche Zustimmung.

Wenn die Bundesstaaten in der Lage sind, ihre Souveränität frei auszuüben, besteht auch eine realistische Chance, dass wir praktische, profitable und sichere Alternativen zu unserer gegenwärtigen Abhängigkeit von der Petrochemie finden. Mit der Zugänglichkeit neuer Energiequellen werden die Globalisierer, die von ihrer monopolistischen Verfügung über Öl und Benzin profitieren, ihre Produktpalette diversifizieren und Alternativen bieten müssen.

Vor zwanzig Jahren hat man uns erzählt, die Sonnenenergie sei eine solide Alternative, aber die notwendige Technologie werde erst in 20 Jahren verfügbar sein. Jetzt sind wir zwanzig Jahre weiter, und man fragt sich, wo die Sonnenenergie bleibt? Schätzungen besagen, dass die Sonne zehn- bis zwanzigtausendmal mehr Energie zur Verfügung stellt, als wir an jedem beliebigen Tag verbrauchen. Um diese Energie zu nutzen, müssen wir lernen, sie zu gewinnen und richtig einzusetzen.

Für die Tatsache, dass wir bisher nicht richtig gelernt haben, diese Energie zu gewinnen und zu speichern, kann nicht mehr die nicht zur Verfügung stehende Technologie verantwortlich gemacht werden – tatsächlich ist es die Schuld halsstarriger und unzureichend für einen Wandel vorbereiteter Unternehmen und der von ihnen bezahlten Politiker im Kongress. Selbst unter Energiefachleuten gibt es fundamentale Meinungsverschiedenheiten. So meinte zum Beispiel ein Experte für Sonnenenergie, man müsse das gesamte Territorium des Bundesstaats Arizona mit Sonnenkollektoren zupflastern, um genug Energie für eine Großstadt wie Los Angeles zu gewinnen. Das könnte zwar stimmen, doch der Experte zog seine Schlussfolgerung aus der falschen Annahme, eine zentrale Stromgewinnung sei notwendig, um den Energiebedarf der Stadt zu decken. Nur wenige Energieexperten können sich vorstellen, dass die Installation von Sonnenkollektoren auf jedem Dach in Los Angeles genügen würde, um die Stadt hinsichtlich ihres Energiebedarfs fast völlig unabhängig zu machen. Das könnte bedeuten, dass die Stromrechnungen um die Hälfte oder mehr sinken würden. Das einzige wirkliche Problem würde für die Energieversorgermonopole entstehen, die keinem Hausbesitzer mehr das Leben schwer machen könnten, weil dieser seine monatliche Stromrechnung nicht bezahlt hat.

Bei der alternativen Energiegewinnung sind allmählich Fortschritte zu registrieren. Im Oktober 2009 gab Suniva Pläne bekannt, in Michigan auf einem riesigen Areal in der Nähe von Saginaw eine Anlage zur Gewinnung von Sonnenenergie zu errichten. Die öffentliche Ankündigung des Projekts erfolgte durch Jennifer Granholm, die Gouverneurin von Michigan. Sie sagte, das 250-Millionen-Dollar-Projekt könne im Laufe der nächsten Jahre 500 Arbeitsplätze schaffen. Örtliche Geschäftsleute reden von einem dringend benötigten Anschub für die Wirtschaft der gesamten Region.

»Hier gibt es seit Generationen gut ausgebildete Fachleute, die sich mit dem produzierenden Gewerbe auskennen«, sagte JoAnn Crary, Chefin von *Saginaw Future Inc.* Obwohl Suniva gehofft hatte, schon 2010 entscheidende Fortschritte zu machen, gab es Probleme mit der Finanzierung des Projekts.

Selbst einige Riesenkonzerne scheinen jetzt auf den Zug aufzuspringen. Im Oktober 2001 gab *Dow Chemikal* die Markteinführung seiner innovativen Powerhouse-»Solardachpfanne« bekannt, mit der Offizielle des Unternehmens die Hoffnung verbinden, dass Hausbesitzer in den kommenden Jahren verstärkt auf Sonnenenergie setzen. Das Powerhouse-Produkt bringt in einer einzigen Dachpfanne einen fotovoltaischen Sonnenkollektor zur privaten Energiegewinnung unter. Somit können Hausbesitzer ihr ganzes Dach nutzen, um für einen angemessenen Preis Energie zu gewinnen. Unternehmenssprecher von *Dow* sagten, die »Solardachpfanne« werde in begrenzter Stückzahl schon 2010 auf dem Markt sein. Im Jahr 2011 soll die Produktion weiter angekurbelt werden.

Diese neuen Technologien müssen die Amerikaner dazu bringen, auf andere Weise über ihren Energieverbrauch nachzudenken. Das Schlechte kann nur dann triumphieren, wenn die Zombies weiter nichts tun.

Gewaltloser Widerstand

Die Stärkung der Macht der Regierung in Washington wird nichts dazu beitragen, viele der zentralen Probleme des Landes zu lösen, insbesondere das des öffentlichen Gesundheitswesens. Die Regierung hat mit so vielen Programmen wieder und wieder versagt. Wie könnte die Öffentlichkeit Vertrauen in eine Reform des Gesundheitssystems haben, die mitten in einer Finanzkrise zusammengebastelt wird? Ein im Internet kursierender anonymer Text drückt die unverblümte Wahrheit so aus: »Den U. S. Postal Service gibt es seit 1775. Sie hatten 234 Jahre, um es hinzukriegen. Die Post ist pleite, trotz massiver Subventionen, und sie ist nicht konkurrenzfähig gegenüber privaten Unternehmen wie *FedEx* und *UPS*. In diesem Jahr wird die Post einen Verlust von über *sieben Milliarden* Dollar machen und wieder einmal vom Staat gerettet werden müssen.

Die Social Security gibt es seit 1935. Sie hatten 74 Jahre, um es hinzukriegen. Die Sozialversicherung ist pleite. Im Social Security Trust Fund findet sich nichts außer Finanzzuschüssen der Regierung.

Fannie Mae wurde 1938 gegründet. Sie hatten 71 Jahre, um es hinzukriegen. Der Hypothekenfinanzierer ist pleite. Freddie Mac gibt es seit 1970. Sie hatten 39 Jahre, um es hinzukriegen. Ebenfalls pleite. Zusammen haben es Fannie und Freddie geschafft, die ganze Welt in die schwerste Wirtschaftskrise seit achtzig Jahren zu führen.

Der ›Krieg gegen die Armut‹ begann 1964. Man hatte 45 Jahre, um es hinzukriegen. Jedes Jahr wird eine Billion Dollar unseres hart erarbeiteten Geldes konfisziert und an ›die Armen‹ weitergeleitet. Es hat nicht funktioniert.

AMTRAK, die Marke der National Railroad Passenger Corporation, die den Großteil des nationalen Zugverkehrs in den Vereinigten Staaten organisiert, gibt es seit 1970. Sie hatten 39 Jahre, um es hinzukriegen. Im Jahr 2008 musste die Regierung das Unternehmen retten, weil es nach wie vor immer noch Verluste macht.

Medicare und Medicaid existieren seit 1965. Sie hatten 44 Jahre, um es hinzukriegen. Sie sind beide pleite. Und nun wagt es die Obama-Administration, sie als Modelle für die gesamte amerikanische Gesundheitsvorsorge zu betrachten [...]. Das ist unsere Regierung, wie sie leibt und lebt, und jetzt wollen sie das schwierigste wirtschaftliche Problem in Angriff nehmen, das sich ihnen je gestellt hat [...] unser Gesundheitssystem.«

Das Geheimnis dabei ist, dass nicht die Regierung das Problem ist. Auch nicht die Verfassung, auf der die Regierungsgewalt beruht. Das Problem sind die Leute, welche die Regierung kontrollieren, die Globalisierer der Neuen Weltordnung, die unsere Regierung im Würgegriff haben. Das Geld ihrer Konzerne beherrscht Legislative, Exekutive und Judikative, und ihre Verbündeten erhalten Positionen auf Ministerebene. Vergessen Sie nicht, wie viele Mitglieder der *Trilateral Commission,* des *Council on Foreign Relations* und der Bilderberg-Gruppe es in der Obama-Administration gibt.

Die Bundesstaaten müssen den Plänen und Vorschriften dieser global agierenden Plutokraten ebenso wenig folgen wie die Allgemeinheit. Auf dem Weg zur Unabhängigkeit von der Washingtoner Regierung ist keine Gewalt erforderlich. Die Inder haben ihre Unabhängigkeit nicht durch Schlachten gegen die britische Armee errungen. Und die Afroamerikaner verdanken ihre Freiheit keinem brutalen Krieg gegen die Regierung. In beiden Fällen wurde einfach gewaltloser Widerstand praktiziert.

In den von Großkonzernen beherrschten Massenmedien wird nicht oft darüber berichtet, aber die gebildeteren Bürger wollen sich der Kontrolle durch die Neue Weltordnung entziehen. Es gibt eine große Bewegung gegen die Steuergesetzgebung, über die ebenfalls selten berichtet wird. Millionen von Amerikanern weigern sich einfach, »freiwillig« Steuern zu bezahlen für Ziele, die nicht ihre Unterstützung finden. Naturgemäß wird die Zahl dieser Verweigerer in den Massenmedien selten – wenn überhaupt – genannt, aber dafür gibt es ständig Berichte über Aktionen der Steuerbehörde. Verurteilte Steuerbetrüger machen Schlagzeilen, Siege über die Steuerbehörde finden dagegen kaum Erwähnung.

Und doch gibt es ständig kleine Siege über die Neue Weltordnung. Einwohner von Groß- und Kleinstädten pachten zusammen Gärten und ersetzen Fastfood durch biologisch angebautes, gesundes Gemüse und Obst. Die meisten religiösen Institutionen unterhalten heutzutage gut bestückte Vorratskammern, damit Essen an die Armen ausgegeben werden kann, wodurch das System staatlicher Unterstützung entlastet wird. Wer sich um die Umwelt Sorgen macht, dient anderen als Beispiel, wie schädliches menschliches Verhalten verbessert werden kann – durch Abfallrecycling, Fahrradfahren, Benutzung öffentlicher Verkehrsmittel oder das Fahren eines Autos mit Hybridmotor oder rein elektrischem Antrieb. Die steigende Nachfrage nach umweltfreundlichen, energieeffizienten Fahrzeugen wird nun von vielen, um Kunden buhlenden Unternehmen bedient. Jeder kann etwas zum Erfolg beitragen. Wenn jemand stehen bleibt, um auf der Straße Abfall aufzuheben und ihn in einen Papierkorb zu werfen, werden es andere bemerken und dem guten Beispiel folgen.

36 Heilmittel für eine kranke Gesellschaft

Es folgt eine Liste mit Empfehlungen und Vorschlägen, die ich aus verschiedenen Quellen zusammengestellt habe. Ihr Ziel ist es, Denkanstöße zu geben, um eine Zombie-Nation wieder zu einer freien, funktionierenden demokratischen Republik zu machen. Einige dieser Empfehlungen verstehen sich von selbst, andere klingen vielleicht etwas wehmütig. Trotzdem sollte jeder der folgenden Punkte des Nachdenkens wert sein.

1. Das Zentralbanksystem, ein Verbund in Privatbesitz befindlicher Banken, sollte sofort kontrolliert werden. Die Privatisierung amerikanischen Geldes ist verfassungswidrig, denn in der Verfassung steht, dass nur der Kongress Geld ausgeben und seinen Wert bestimmen darf. Jetzt hat diese Privatisierung zur wirtschaftlichen Katastrophe geführt. Das Drucken des Dollars sollte

durch den Kongress bewilligt und das Geld als U. S. Treasury-Banknoten vom Finanzministerium ausgegeben werden. Das Geld sollte nach und nach in Umlauf gebracht werden, um inflationären Tendenzen und einem Wertverlust der Währung vorzubeugen. Die Staatsverschuldung ist durch den Beschluss einer zu lockeren Kreditvergabe im Handumdrehen entstanden – man kann diesen Beschluss auch im Handumdrehen zurücknehmen.

2. Nur diejenigen, die in das Social-Security-System einzahlen, sollten von ihm profitieren dürfen. Wie der Rest der Bevölkerung müssten auch Kongressabgeordnete in dieses System eingebunden werden, was schnell zu erforderlichen Korrekturen führen würde. Die Mitglieder des Kongresses haben hier für sich genauso eine Ausnahme gemacht wie hinsichtlich einer künftigen, wie immer gearteten gesetzlich vorgeschriebenen Krankenversicherung. Die großzügige Altersversorgung für Kongressabgeordnete sollte abgeschafft werden.

3. Der National Security Act aus dem Jahr 1947 sollte überprüft und gegebenenfalls aufgehoben werden. Gegenwärtig gestattet er es dem Präsidenten und seinem Nationalen Sicherheitsrat, die gewählten Volksvertreter im Kongress, die Medien und die Öffentlichkeit zu umgehen, was bei ernsten politischen Entscheidungen über Krieg und Frieden nicht möglich sein dürfte.

4. Die Durchführungsverordnung 13233, die es dem amtierenden Präsidenten gestattet, die Dokumente seiner Vorgänger als der Geheimhaltung unterliegend einzustufen, sollte aufgehoben werden. Die Präsidentenbibliotheken müssen der Öffentlichkeit zugänglich sein.

5. Keinem zivilen oder militärischen Mitarbeiter irgendeines amerikanischen Nachrichtendienstes, der den Rang eines Geheimdienstoffiziers oder Offiziers erreicht hat, sollte es gestattet sein, sich um das Amt des Präsidenten der Vereinigten Staaten zu bewerben oder es auszufüllen. Jahre geheimdienstlicher Tätigkeit setzen einen Menschen einer dunklen Welt der Lüge, des Betrugs und der Desinformation aus. Im Sinne der nationalen Sicherheit mag das alles unumgänglich sein, doch wenn ein Geheimdienstler ein öffentliches Amt bekleidet, ist er für Erpressung anfällig und steht womöglich weiter unter dem Einfluss seiner ehemaligen Vorgesetzten.

6. Im Gegensatz zu den jetzigen Verhältnissen, wo manchmal ein Dutzend oder mehr Lobbyisten den Kontakt zu Politikern suchen können, sollte jedes Unternehmen nur einen Lobbyisten pro Kongressabgeordneten haben dürfen. Außerdem sollte bei einem Treffen mit einem Abgeordneten ein Interessen-

vertreter des Volkes dabei sein, der dessen Belange vertritt. Arbeitstreffen und Unterhaltungsveranstaltungen für Kongressmitglieder sollten nicht von Lobbyisten, sondern aus streng überwachten öffentlichen Mitteln bezahlt werden.

7. Senatoren sollten maximal drei, Abgeordnete nicht länger als sechs Legislaturperioden im Amt bleiben dürfen. Politiker, die zu lange im Amt sind, werden Berufspolitiker, die sich mehr um ihre Wiederwahl und den Machterhalt kümmern als um die Probleme der Öffentlichkeit. Die meisten beginnen ihre Laufbahn mit dem aufrichtigen Wunsch, den Menschen zu dienen. Sie sollten aus dem Amt entfernt werden, wenn sich dieser Wunsch durch die Versuchung von Geld und Macht in Zynismus verwandelt.

8. Die Richter des *Supreme Court* sollten höchstens zwölf Jahre ihre Position bekleiden dürfen. Dadurch würde vermieden, dass Urteile durch nachlassende Geisteskräfte und dreißig Jahre alte Erfahrungen beeinträchtigt werden. Alle Bundesbezirksrichter sollten vom Volk gewählt werden und maximal zweimal fünf Jahre im Amt bleiben dürfen. Dadurch würde ein Übergewicht von aus politischen Gründen eingesetzten Richtern vermieden, die bei ihren Urteilen parteipolitische Aspekte im Blick haben oder den Wünschen derer entsprechen, denen sie ihr Amt verdanken.

9. Der Pledge of Allegiance, unser Treuegelöbnis gegenüber der Nation und der Fahne, sollte jeden Tag in Schulen und im Kongress aufgesagt werden, um Jung und Alt an die fundamentalen Grundsätze der amerikanischen Souveränität zu erinnern, an unsere Freiheit und Demokratie.

10. Es sollte gesetzlich untersagt sein, dass Mitglieder von Geheimgesellschaften – etwa des *Council on Foreign Relations,* der *Trilateral Commission,* der Bilderberg-Gruppe etc. – ein öffentliches Amt bekleiden. Man kann nicht zwei Herren dienen. Es versteht sich von selbst, dass man nicht zugleich die Souveränität unseres Staates und die globale Agenda der anderen Mitglieder dieser Organisationen unterstützen kann.

11. Immer mehr Dokumente unterliegen der Geheimhaltung. Diese Entwicklung ist aus dem Ruder gelaufen. Manchmal mag das auf alte Gewohnheiten aus der Ära des Kalten Krieges zurückzuführen sein, manchmal darauf, dass Stümpereien oder Nachlässigkeit vertuscht werden sollen. Der gegenwärtigen Praxis, jedes Dokument als geheim zu klassifizieren, wenn es nur mit einem bereits der Geheimhaltung unterliegenden verbunden werden kann, muss ein

Ende bereitet werden. Solange ein Dokument nicht eindeutig die nationale Sicherheit gefährdet, sollte es der Öffentlichkeit zugänglich sein. Ein aus Wissenschaftlern, Journalisten und anderen zusammengesetztes Prüfungsgremium (ohne zu viele Berufspolitiker) sollte darüber wachen, dass die nationale Sicherheit und das Recht der Öffentlichkeit auf freien Informationszugang gleichermaßen gewahrt werden.

12. Der PATRIOT Act sollte aufgehoben werden. Das Gesetz wurde in Panikstimmung von Kongressabgeordneten verabschiedet, die nicht einmal die Zeit hatten, es zu lesen. Es verletzt die bürgerlichen Freiheiten.

13. Um Vorfälle wie die im Zusammenhang mit der Warren- und 9/11-Kommission zu verhindern, die von einem Großteil der Öffentlichkeit skeptisch gesehen werden, sollte jede künftige Aufklärung einer nationalen Tragödie von einer Untersuchungskommission geleitet werden, deren Besetzung die regionale, politische, philosophische und professionelle Vielfalt unseres Landes spiegeln muss. Bei einer im Jahr 1991 von *Gallup* durchgeführten Umfrage kam heraus, dass 75 Prozent der Amerikaner nicht an die Theorie der Warren-Kommission glaubten, nach der ein Einzeltäter für den Mord an John F. Kennedy verantwortlich war. Alle gegen den Angeklagten Lee Harvey Oswald sprechenden Beweise – die Fingerabdrücke auf dem Gewehr, die Neutronenaktivierungsanalyse der Kugel, alte Zeugenaussagen – haben sich als unzureichend oder gefälscht erwiesen. Der ganze Kennedy-Mordfall ist eine Geschichte der Fabrikation, Unterdrückung und Manipulation von Beweisen sowie der Einschüchterung von Zeugen (für ausführliche Informationen vgl. mein Buch *Crossfire: The Plot That Killed Kennedy*). Im Jahr 2010 hatten selbst Top-Offizielle der 9/11-Kommission, die klären soll, was am 11. September 2001 wirklich passiert ist, öffentlich die Schlussfolgerungen ihrer eigenen Kommission infrage gestellt. Darunter waren der Kovorsitzende der Kommission, Lee Hamilton, und John Farmer, ehemaliger Justizminister von New Jersey, der in seinem 2009 erschienen Buch *The Ground Truth: The Story Behind America's Defense on 9/11* sogar schrieb: »Im Zuge unserer Untersuchung der nationalen Reaktion auf die Angriffe entdeckten die Mitarbeiter der 9/11-Kommission, dass die offizielle Version der Ereignisse – das, was Regierungsvertreter und Militärs dem Kongress, der Kommission, den Medien und der Öffentlichkeit darüber erzählt haben, wer was wann wusste – fast gänzlich unwahr war […]. In der Regierung muss man sich irgendwann darauf geeinigt haben, der Öffentlichkeit die Wahrheit über die Ereignisse vorzuenthalten.«

14. Es sollte eine zu gleichen Teilen aus Fachleuten und Bürgern aus unterschiedlichen Bundesstaaten zusammengesetzte Kommission gebildet werden, um für Gesundheitsfragen zuständige Regierungsbehörden wie die *Food and Drug Administration,* die *National Institutes of Health* und die *Centers for Disease Control* zu beaufsichtigen. Dadurch könnte die Überparteilichkeit und Objektivität von Entscheidungen gewährleistet werden, welche die Öffentlichkeit betreffen, insbesondere bei denjenigen, die mit der wissenschaftlichen Forschung und damit einhergehenden Interessenkonflikten zu tun haben.

15. Kein auf Bundesstaatenebene durch eine Volksabstimmung verabschiedetes Gesetz sollte durch ein von der Regierung in Washington erlassenes Gesetz aufgehoben werden können, es sei denn, es verstößt gegen die Verfassung. Kein Politiker aus der Hauptstadt sollte den Leuten raten, die Gesetze ihres Bundesstaats zu ignorieren, wie dies im Fall der neuen Waffengesetzgebung in Tennessee geschehen ist. Wenn ein Gesetz schlecht ist, sollte man einfach daran arbeiten, es zu revidieren oder aufzuheben.

16. Bürger sollten regelmäßig von Ausbildungsinstitutionen sowie von lokalen, bundesstaatlichen und gesamtstaatlichen Behörden Comprehensive Annual Financial Reports (CAFRs) anfordern. Diese umfassenden jährlichen Finanzberichte sind durch das Einreichen offizieller Anträge möglich, der sogenannten Public Information Requests (PIRs). So können Bürger genau sehen, wie viel Geld vorhanden ist und wie es ausgegeben wird.

17. Alle regionalen und globalen Handelsabkommen und Verträge – etwa die mit der Welthandelsorganisation (WTO), das Nordamerikanische Freihandelsabkommen (NAFTA) oder das Zentralamerikanische Freihandelsabkommen (CAFTA) – sollten dahingehend überprüft werden, ob sie gegen die Verfassung oder das Recht des Kongresses verstoßen, Handelsfragen zu regeln. Mittlerweile sind schon amerikanische Gesetze durch Bestimmungen mancher Handelsabkommen aufgehoben worden. Als unterzeichnende Nation haben sich die Vereinigten Staaten verpflichtet, ihre Gesetze dem Diktat der WTO anzupassen, und da die WTO eine mächtige Organisation ist, führt schon eine bloße Drohung ihrerseits dazu, dass nationale Gesetze oder Maßnahmen abgeändert werden. So entschied beispielsweise 2002 eine Berufungsstelle der WTO, amerikanische Gesetze, durch die in Übersee verdiente Unternehmenseinkünfte teilweise nicht besteuert werden, stellten eine »illegale Subvention« dar. Die Steuergesetze wurden geändert. Der Abgeordnete Ron Paul, der sich 2008 um die Präsidentschaft beworben hat, schrieb hierzu: »So unglaublich es freiheitsliebenden Amerikanern erscheinen mag, aber die

WTO und die Europäer erzählen uns mittlerweile, dass unsere Gesetze illegal sind und geändert werden müssen. Man kann sich schwerlich ein krasseres Beispiel für unseren nationalen Souveränitätsverlust vorstellen. Trotzdem gibt es keinen Aufschrei im Kongress, und man ist nicht mal indigniert darüber, dass wir unsere Gesetze ändern sollen, damit der Rest der Welt zufrieden ist. Bis jetzt ist mir kein Politiker oder Journalist begegnet, der das Offensichtliche ausgesprochen hätte, dass nämlich unsere nationalen Gesetze den Rest der Welt schlicht nichts angehen [...]. Vielleicht hat der Kongress nichts dagegen, sich von der WTO herumschubsen zu lassen, bei der Mehrheit der Amerikaner ist das mit Sicherheit anders.«

18. Der Posse Comitatus Act, der dem Militär die Übernahme von Polizeiaufgaben im Inland verbietet, sollte unter allen Umständen beibehalten werden.

19. Die gegenwärtige Praxis, die Produktion von Rüstungsgütern ins Ausland zu verlagern, muss beendet werden. Waffen und Ausrüstung jeder Art, insbesondere auch für Hackerattacken anfällige Computertechnik, sollten in den Vereinigten Staaten produziert werden, von amerikanischen Firmen mit amerikanischen Mitarbeitern. Durch das gegenwärtige Outsourcing könnte ein Feind der Vereinigten Staaten an Informationen herankommen oder sogar die Kontrolle über unser Verteidigungssystem übernehmen, besonders über Dritte. Ein befreundetes Land produziert unsere Waffen, verkauft die Technologie dann aber an einen Feindstaat. Der Nutzen eines solchen Schritts sollte sich von selbst verstehen, besonders im Hinblick auf die Anzahl früherer Freunde, die sich später in Feinde verwandelten. Man denke nur an Saddam Hussein. Das gegenwärtige System ist aber selbstredend kompatibel mit den Eine-Welt-Plänen der Globalisierer.

20. Visa für ausländische Arbeitskräfte sollten weitaus zurückhaltender erteilt werden. Zeitarbeitskräfte aus dem Ausland, die für weniger Geld schuften, vernichten Jobs auf dem amerikanischen Arbeitsmarkt, auf dem sowieso schon das Problem einer steigenden Massenarbeitslosigkeit existiert.

21. Die Regierung sollte alle Gesetze gegen sogenannte Hassverbrechen aufheben. Sie werden niemanden wirklich daran hindern, hasserfüllte Reden zu führen. Außerdem widersprechen diese Gesetze der Bill of Rights und können missbraucht werden, um politische Dissidenten zum Schweigen zu bringen. Die Medien waren in der Vergangenheit ziemlich erfolgreich mit ihrem Versuch, Vorurteile zu bekämpfen. Wir brauchen keine Gesetze, die zum Missbrauch einladen.

22. Amerikas Gefängnissystem sollte dahingehend verändert werden, dass Straftäter, die sich keines Gewaltverbrechens schuldig gemacht haben, unter Umständen nicht hinter Gitter müssen und mit milderen Strafen davonkommen (Geldstrafen, gemeinnützige Arbeit etc.). Berufsverbrecher und Mitglieder von Gangs sollten isoliert und in überwachten, dem Blick der Öffentlichkeit entzogenen Arbeitsprogrammen untergebracht werden.

23. Die Regierung muss den gescheiterten Krieg gegen die Drogen beenden und Marihuana legalisieren, das sich als weniger schädlich erwiesen hat als Zigaretten und Alkohol. Auf der Webseite von *DrugWarFacts.org* ist zu lesen:»Es gibt keine glaubwürdigen medizinischen Studien, die nahelegen, dass der Konsum von Marihuana auch nur zu einem einzigen Todesfall geführt hat.« Auch die *National Commission on Marihuana* kam schon 1972 zu der Schlussfolgerung:»Keine signifikanten physischen, biochemischen oder mentalen Abnormitäten konnten ausschließlich dem Konsum von Marihuana zugeschrieben werden [...]. Weder von den Konsumenten noch von der Droge selbst kann gesagt werden, dass sie eine Gefahr für die öffentliche Sicherheit darstellen [...]. Die tatsächlichen Auswirkungen der Droge auf die Gesellschaft rechtfertigen keine sozialpolitischen Maßnahmen, die darauf aus sind, Marihuanaraucher zu verfolgen und streng zu bestrafen.« Präsident Richard Nixon, auf dessen Initiative die Kommission gegründet worden war, wollte von den Ergebnissen ihrer Studie nichts wissen und eröffnete den Krieg gegen die Drogen. Wie früher das Alkoholverbot hat auch das gegenwärtige Verbot vieler Drogen nur zu einer Zunahme des organisierten Verbrechens und Ungerechtigkeiten seitens der Sicherheits- und Justizbehörden geführt. Studien haben gezeigt, dass ein großer Prozentsatz der Gefängnisinsassen wegen Drogendelikten sitzt. Würde man das Verbot bestimmter Drogen aufheben, wäre das Problem der Überfüllung amerikanischer Gefängnisse schlagartig gelöst. Durch diese Maßnahme und eine Besteuerung von Marihuana würden die Staatseinnahmen steigen, ohne dass neue Steuern erhoben werden müssen, um zusätzliche Polizisten und Gefängnisse zu bezahlen.

24. Zumindest sollte Marihuana landesweit entkriminalisiert werden. Es sollten allenfalls Geldstrafen für ein minderes Delikt verhängt werden. Drogenmissbrauch sollte als das gesehen werden, was er ist – ein Gesundheitsproblem. Die Kriminalisierung von Drogen hat nur zu Korruption und Gewalt geführt, wie schon zu Zeiten der Prohibition. Der Anbau von Nutzhanf ohne psychoaktive Eigenschaften sollte legalisiert werden, damit die amerikanischen Farmer endlich wieder diese profitable und außergewöhnliche Pflanze anbauen können. Nutzhanf kann für Kleidung, Seile, biologisch abbaubare

Kunststoffe und in der Papierherstellung verwendet werden. Bis nach dem Zweiten Weltkrieg wurde in den Vereinigten Staaten viel Hanf angebaut, heute muss er importiert werden. Die Regierung der Vereinigten Staaten kann offenbar nicht unterscheiden zwischen Nutzhanf ohne psychoaktive Wirkung und Marihuana.

25. Die Vereinigten Staaten sollten ihre Waffenausfuhr deutlich einschränken. Als größter Waffenexporteur weltweit müssen sie einiges an Verantwortung für die verheerenden bewaffneten Konflikte auf diesem Planeten übernehmen.

26. Farmer, die heute Geld bekommen, damit sie bestimmte Produkte nicht anbauen – eine Maßnahme, um Produktionsüberschüsse zu vermeiden und die Preise hochzuhalten, wodurch die Landwirte geschützt werden sollen –, sollten anpflanzen dürfen, was immer ihnen gefällt. Überschüsse sollten vom Staat aufgekauft und exportiert werden gemäß dem Grundsatz, dass nur wenige Länder die Hand beißen werden, die sie ernährt.

27. Es sollte dem Staat nicht gestattet sein, Privatvermögen zu konfiszieren, es sei denn in Fällen, wo von einem Gericht hinsichtlich eines rechtskräftig Verurteilten so entschieden wurde. Die gegenwärtige Praxis der Beschlagnahmung von Vermögen, die in diesem Buch bereits erörtert wurde, variiert stark je nach Gerichtsbezirk, der Regierungsbehörde oder der lokalen Polizei, die sogar Privateigentum konfiszieren kann, ohne jemanden eines Verbrechens zu beschuldigen. Diese Methoden sind zunehmend ungerecht, Missbrauch ist an der Tagesordnung. Sollte bei der Razzia eines Hauses eine auch noch so geringe Menge Drogen gefunden werden, kann das Haus gegen den Willen des Eigentümers, der vielleicht abwesend war oder das Haus sogar vermietet hatte, beschlagnahmt werden. Werden dagegen Drogen beispielsweise in einem zu einer Kette gehörenden großen Hotel gefunden, geschieht nichts dergleichen. Eine Nonprofitorganisation namens *Forfeiture Endangers American Rights* (FEAR) behauptet, dass die Regierung seit 1985 Vermögen im Wert von sieben Milliarden Dollar beschlagnahmt habe und dass 80 Prozent des während der letzten zehn Jahre konfiszierten Privateigentums Menschen gehörten, die nie wegen eines Verbrechens angeklagt wurden. Obwohl diese Praxis ursprünglich von der Öffentlichkeit geduldet wurde, weil sie mit der Drogengesetzgebung zusammenhängt, gibt es heute mehr als 200 Beschlagnahmungsgesetze für Verbrechen, die nichts mit Drogen zu tun haben.

28. Schüler öffentlicher Schulden sollten die Freiheit haben, außerhalb des Klassenzimmers Erfahrungen machen zu können. Erfahrung ist der beste Lehrer

in diesem Leben. Wie die meisten Menschen reagieren auch Schüler aufmerksamer, wenn man sie nicht wie Kinder oder Internierte behandelt, sondern wie reife Menschen. Jene öffentlichen Mittel, die jetzt für den Bau riesiger Footballarenen draufgehen, wären besser angelegt, wenn man damit jungen Menschen Besuche von Bibliotheken und Museen ermöglichen würde.

29. Die meisten Schüler sollten sich nicht unbedingt aufs Studium vorbereiten, sondern sich eher auf eine berufsbezogene Ausbildung konzentrieren, die sie darauf vorbereitet, im wirklichen Leben ihren Unterhalt zu verdienen. Damit könnte eine große Anzahl von Schulabgängern einer einträglichen und sinnvollen Arbeit nachgehen, etwa als Automechaniker, Installateur, Schreiner, Steinmetz oder Schweißer.

30. Jedem Schüler sollte klargemacht werden, dass in Amerika Englisch die offizielle Landessprache ist, ohne dass damit eine Herabsetzung anderer Sprachen und ethnischer Kulturen verbunden wäre, denen ebenfalls gebührende Aufmerksamkeit geschenkt werden sollte. Amerikaner können dieselbe Sprache sprechen, und doch kann ihr Land der »Schmelztiegel« dieser Welt bleiben. In einem Land, wo vom Verkehrsschild bis zu den Medien dieselbe Sprache verwendet wird, sind des Englischen nicht mächtige Menschen deutlich benachteiligt. Aber es ist ihre Sache, das zu ändern.

31. Statt sie Namen und Jahreszahlen auswendig lernen zu lassen, die in ihrem Leben nie wichtig sein werden, sollten Schüler und Studenten zu kritischem Denken ermutigt werden. Außerdem sollten sie lernen, Autoritäten infrage zu stellen, statt ihnen blind zu gehorchen. Das könnte ein Wiederaufleben katastrophaler geschichtlicher Erfahrungen wie in Hitlers Deutschland oder Stalins Russland verhindern.

32. Nach einer soliden Grundausbildung im Lesen, Schreiben und Rechnen sollten Schüler nicht in die Zwangsjacke staatlicher Lehrpläne gesteckt, sondern dazu angeregt werden, ihren eigenen Interessen zu folgen. Man kann niemandem etwas beibringen, der nicht bereit ist, etwas zu lernen. Menschen lernen, wenn man sie dazu motiviert. Schulen sollten die Lernmaterialien bereitstellen und abgesehen von den grundlegenden Pflichtstoffen die freie Entfaltung ihrer Schüler zulassen. Ach übrigens, wird überhaupt noch irgendwo Philosophie unterrichtet?

33. Pharmakonzernen sollte es nicht gestattet sein, Patente an wissenschaftlichen Entdeckungen zu halten, die an öffentlich finanzierten Universitäten oder

Forschungseinrichtungen gemacht wurden. Wird heute an einem Institut ein neues Medikament entwickelt, wird häufig eine Lizenz an einen Arzneimittelhersteller vergeben, der große Profite einstreicht, während dem Institut nur die Lizenzgebühr bleibt.

34. Direktwerbung für Medikamente sollte wieder verboten werden. Nur der Patient und sein Arzt sollten über eine bestimmte Medikation entscheiden dürfen. Pharmaunternehmen sollten Ärzte für jedes Medikament mit ausführlichen Informationen versorgen müssen. Außerdem sollten an Bestechung grenzende Praktiken von Lobbyisten verboten werden, etwa von der Pharmaindustrie bezahlte Seminare in Luxushotels oder kostspielige Geschenke.

35. Der Codex Alimentarius, der Einschränkungen oder Verbote des Verkaufs von Vitaminen, Mineralien und homöopathischen Mittel festschreibt, sollte einfach deshalb abgeschafft werden, weil er die persönliche Freiheit einschränkt. Statt homöopathische Behandlungen (alternative Medizin) einfach abzulehnen, weil sie der Pharmaindustrie nicht gefallen, sollten Regierungsbehörden wie die FDA durch Tests festzustellen versuchen, ob homöopathische Behandlungen positive gesundheitliche Resultate zeitigen. Um die Macht der gigantischen Pharmakonzerne zu schwächen, sollten Ärzte verstärkt zu natürlichen und homöopathischen Heilmitteln zurückkehren.

36. Bei jeder Reform des Gesundheitssystems muss Verschwendung vermieden werden. Nur Ärzte, die wirklich Patienten behandeln, und die sie unterstützenden Labors sollten bezahlt werden. Die Verantwortung und Verpflichtung des Arztes gegenüber seinem Patienten ist das Wichtigste überhaupt.

Den Faschismus besiegen

Auf der Webseite *FreePeopleontheLand.Wordpress.com* findet sich ein Schwur, »den Faschismus zu besiegen« und dem Machtmissbrauch durch die Regierung und Großkonzerne ein Ende zu bereiten. Im nationalsozialistischen Deutschland hat der Staat die Macht über die Unternehmen gewonnen, im heutigen Amerika dagegen haben die Konzerne die Macht über den Staat gewonnen. Das Resultat ist dasselbe.

Für all jene durch die Medien eingelullten Zombies, die überhaupt noch wachzurütteln sind, könnten sich auf der Webseite motivierende Parolen finden:

- *Ich werde* alle Mainstreammedien *sofort abschalten* und *alles* infrage stellen, was ich sehe oder höre! Fragen Sie sich, welche Informationen aus welchem Grund verbreitet werden.
- *Ich werde* die Geschichte unserer Gründerväter studieren, die Unabhängigkeitserklärung und unsere Verfassung.
- *Ich werde* die Fed – ein verfassungswidriges Bankensystem – ihre Rechnungen selbst bezahlen lassen! Ich schwöre, *sofort* aus diesem Finanzsystem auszusteigen und für den Austausch von Gütern und Dienstleistungen eine lokale Währung einzuführen.
- *Ich werde* zehn Dollar an das lokale Währungssystem spenden, und in einem halben Jahr haben wir ein neues, zinsfreies, verfassungskonformes Wirtschaftssystem für freie Menschen.
- *Ich werde* den Oath-Keeper-Eid leisten und schwören, die Verfassung zu verteidigen.
- *Ich werde* der verfassungstreuen örtlichen Miliz beitreten, die unsere beste Abschreckung gegen eine tyrannische Regierung ist. Ich werde die örtliche Miliz nicht mehr verachten, sondern ihr in jeder Funktion dienen, selbst dann, wenn ich keine Waffe habe. Unser Schlachtruf sollte sein: »Denkt an Katrina!«
- *Ich werde* meine Kinder über ihre in der Verfassung garantierten Rechte belehren und sie dazu anhalten, diese Rechte jederzeit zu verteidigen.
- *Ich werde* unseren Kindern und künftigen Generationen überliefern, was Freiheit bedeutet.
- *Ich werde* meine eigenen Lebensmittel anbauen und *aussteigen!*
- *Ich schwöre* gemeinsam mit *allen* verfassungstreuen, freien Menschen, mein Leben, mein Vermögen und meine heilige Ehre für diese Verfassung einzusetzen, und jedes »Braunhemd« oder sonstigen Verbrecher anzugreifen, der mitten in der Nacht vor meiner Tür aufkreuzt.

Auch ohne Schwur wachen einige Zombies aus ihrem apathischen Zustand auf und ändern ihr Leben. Der ehemalige Manager Chris Martenson hat das persönliche Erweckungserlebnis eines Mannes beschrieben, der keine Lust mehr hatte, in Abhängigkeit von materiellem Überfluss und vom Medienkonsum zu leben.

»Vorher: Ich bin ein 40-jähriger Manager, der sich zum zweiten Mann eines großen, international tätigen Fortune-300-Unternehmens hochgearbeitet hat, und ich lebe in Mystic, Connecticut, in einem Haus, das direkt am Wasser steht und fünf Badezimmer hat. Es ist fast abbezahlt. Meine drei Kinder kommen oder sind bereits in der öffentlichen Schule, und meine Geldanlagen werden von einem Broker in einer großen Investmentbank gemanagt. Eigentlich kenne ich keinen meiner Nachbarn, und viele der menschlichen Beziehungen an meinem Wohnsitz sind bestenfalls oberflächlich.

Danach: Ich bin ein 45-jähriger Mann, der seine bestens bezahlte, mit hohem sozialen Prestige verbundene Position freiwillig aufgegeben hat, weil sie nur eine unnötige Ablenkung von den wirklich wichtigen Dingen war. Meine Kinder werden jetzt zu Hause unterrichtet, und das große Haus in Mystic wurde im Juli 2003 verkauft. Jetzt lebe ich im ländlichen Massachusetts, zur Miete, und das Haus hat ein Badezimmer und ein Gästeklo. Im Jahr 2002 bemerkte ich, dass mein Broker unfähig war, mit fallenden Kursen klarzukommen, und seitdem kümmere ich mich selbst um meine Geldanlagen. Mein Portfolio hat um 166 Prozent zugelegt […]. Ich habe einen Garten, mache Obst ein, weiß, wie man Bier braut oder Wein keltert, und ich halte Hühner. Ich bemühe mich um Autonomie, auch was die Energieversorgung betrifft. Doch am wichtigsten ist, dass ich nun weiß, dass der wahre Reichtum sich nicht nach Dollar bemisst, sondern nach der Tiefe der Beziehungen zu den Menschen in meiner Nähe.«

Es ist nicht jedem möglich, die Stadt zu verlassen und von den Erträgen des eigenen Bodens zu leben. Aber einfache Änderungen des Lebensstils können ohne größere Brüche umgesetzt werden.

Eines von Newtons physikalischen Gesetzen besagt, dass es zu jeder auf einen Körper ausgeübten Kraft eine gleich große und entgegengesetzt gerichtete Kraft gibt. Auch wenn die Analogie nicht ganz stimmt, sollten wir uns vorstellen, wie es in einer gerechten Welt funktionieren würde: Was für bösartige Pläne sich die Tyrannen auch ausdenken mögen, um die Bürger ihrer Zombie-Nation zu knechten, es wird eine gleich mächtige und gute Gegenbewegung entstehen, um diese Bemühungen zu vereiteln.

Was müssen die Bürger der Zombie-Nation tun, um ihre persönliche Freiheit zu erlangen und zufrieden zu leben? Wir müssen der Versuchung widerstehen, uns der Angst hinzugeben oder in Depressionen zu versinken, wenn wir mit der Verkommenheit derer konfrontiert sind, welche die Menschen versklaven wollen. Jeder muss wissen, dass er nicht allein ist mit seiner Unzufriedenheit. Millionen guter und nachdenklicher Menschen gehen jeden Tag gewissenhaft ihrer Arbeit nach, um das Leben auf dieser Erde besser und friedlicher zu machen. Doch diese Menschen müssen, wenn sie immer nur von Not und Leiden hören, auch erkennen, dass die Massenmedien nicht die volle Wahrheit berichten. Tatsächlich gelangen positive Nachrichten nur selten in die Zeitungen oder ins Fernsehen. Diese müssen zu einem direkt erfahrbaren Erlebnis in unserer nächsten Umgebung werden.

Was ein Mensch geschaffen hat, kann von einem anderen zerstört werden, doch was zerstört ist, kann auch wieder repariert werden. Das sollten wir im Gedächtnis behalten.

Amerika braucht keine blutige Revolution. Seine Menschen sind gutherzig, und die Verfassung gilt noch. Wenn genügend Leute aufwachen und sich der

Heimtücke der Neuen Weltordnung bewusst werden, wird sich die Lage ändern. Schließlich will fast niemand wirklich in Knechtschaft oder in einem despotischen Polizeistaat leben. Und um zukünftige Tyrannei zu verhindern, bedarf es einer geeinten Bürgerschaft, die sich den Werten von Wahrheit, Gerechtigkeit, Toleranz und Chancengleichheit verschrieben hat. Für diese Zusammenarbeit brauchen wir keine sozialistische Regierung, die sich leicht zu einer vollends totalitären entwickeln könnte.

Noch beängstigender ist, was geschehen könnte, wenn die gegenwärtige Regierung ihre Politik unverändert fortsetzt. Die amerikanischen Steuerzahler werden so desillusioniert und angewidert sein von den Bemühungen der Regierung, Amerika in ein sozialistisches Land zu verwandeln, dass sie den dann unvermeidlichen Rechtsruck akzeptieren werden. Dann soll wieder eine nationalistisch ausgerichtete sozialistische Administration die Probleme des Landes beheben. Während der wirtschaftliche Niedergang weitergeht und der Polizeistaat die Daumenschrauben anzieht, werden die Massenmedien der Öffentlichkeit einen neuen Führer als den Retter der Nation präsentieren. Er oder sie wird sich an Hitler erinnern und im Grunde sagen:»Gebt mir die Macht, und ich werde euch retten und beschützen.« Die Amerikaner müssen auf der Hut sein angesichts des Versuchs, das Land wieder in Richtung eines rechtsgerichteten Sozialismus zu steuern. Wenn die Probleme der außer Kontrolle geratenen Staatsausgaben, der Beschneidung der bürgerlichen Rechte und des Umbaus des Finanzsystems in ein paar Jahren nicht gelöst sind, ist die Alternative unvorstellbar.

Das Jahr 2010 ist schon einige Monate alt, und eine bemerkenswerte Anzahl von Amerikanern fragt sich noch immer, ob Präsident Obama zu Recht sein Amt bekleidet. Obamas offizielle Geburtsurkunde hat die Öffentlichkeit noch immer nicht zu Gesicht bekommen, und die Kontroversen hinsichtlich seiner Geburt gehen weiter, obwohl die Massenmedien wenig darüber berichten. Selbst einige Militärangehörige bezweifeln, ob ihr Oberbefehlshaber zu Recht im Amt ist.

First Lieutenant Scott Easterling, ein im Irak stationierter Soldat, schrieb in einem offenen Brief:»Als aktiver Offizier der U.S. Army mache ich mir große Sorgen, ob Barack Hussein Obama verfassungsmäßig das Recht hat, das Amt des Präsidenten der Vereinigten Staaten zu bekleiden. Solange Mr Obama der Öffentlichkeit nicht eine beglaubigte Kopie seiner Geburtsurkunde zur Prüfung vorgelegt hat, sehe ich ihn weder als meinen Oberbefehlshaber noch als meinen Präsidenten, sondern als jemanden, der sein Amt widerrechtlich an sich gerissen hat – als einen Betrüger.« Außerdem verwies Easterling auf den Eid, den er als Offizier leisten musste:»Ich werde die Verfassung der Vereinigten Staaten ehren und verteidigen gegen alle Feinde im In- oder Ausland.« Zu jenen, die sich Easterlings Meinung angeschlossen haben, gehören unter anderem: Major General Carroll Childers, Lieutenant Colonel Dr. David Earl-Graif, Clinton Grimes, ehemals bei der *U. S. Navy,* und zwei Politiker, Timothy Comerford, ein Abgeordneter im Parlament von New Hampshire, und Frank Nicely, Abgeordneter im Parlament von Tennessee.

Sollte herauskommen, dass Obama tatsächlich kein gebürtiger Amerikaner ist, hätte das eine Verfassungskrise zur Folge, weil jeder militärische Befehl und jedes von der Obama-Administration erlassene Gesetz als unrechtmäßig infrage gestellt werden würde. Die Rechtsanwälte könnten sich freuen.

Bei der Sache mit der Geburtsurkunde geht es im Grunde nicht um Präsident Obama, geschweige denn um eine politische Angelegenheit oder eine Frage der Hautfarbe. Sie berührt das Fundament der Vereinigten Staaten, in dem sie eine Frage aufwirft – sind wir ein gesetzestreues oder ein gesetzloses Land? Müssen wir uns alle nach der Verfassung richten, oder finden unsere Gesetze nur Anwendung, wenn es uns gefällt, sie zu befolgen? Wenn ein hoher Repräsentant des Staates das Gesetz missachten kann, was sollte dann noch den Kriminellen in Schach halten, der gegen das Gesetz verstößt? Sollte sich jeder aussuchen können, welche Gesetze er befolgt, wäre das Ergebnis Chaos. Und vielleicht gehört dieses Chaos zum Plan jener Globalisierer, die die Vereinigten Staaten zerstören wollen.

Das Recht auf Waffenbesitz

In Amerika gibt es eine große Tradition der individuellen Freiheiten, die in der Verfassung garantiert sind. Doch noch wichtiger ist vielleicht, dass Amerikaner auch Waffen haben, mit denen sie ihre individuelle Freiheit verteidigen können. Die Vorschläge der frühen amerikanischen Kolonisten für sinnvolle Veränderungen stießen in England auf taube Ohren. Ihre Unabhängigkeit konnten sie erst nach bewaffneten Auseinandersetzungen erringen. Thomas Jefferson hat die Bedeutung des Rechts auf Waffenbesitzes klar erkannt: »Diejenigen, die Schwerter zu Pflugscharen machen, werden für diejenigen pflügen, die ihre Waffen behalten haben.«

Während des Zweiten Weltkrieges verwarfen japanische Generäle ihre Invasionspläne, nachdem sie begriffen hatten, wie viele Amerikaner Waffen besaßen. »Man kann nicht in die Vereinigten Staaten einmarschieren«, warnte Admiral Isoroku Yamamoto. »Hinter jedem Baum würde jemand mit einem Gewehr auf uns warten.« Laut Angaben des *Injury Prevention Journal* besitzen die Amerikaner 308 Millionen Waffen, womit etwa eine auf jeden Erwachsenen kommt. Angesichts der Abschreckung durch Atomwaffen und der Millionen von Waffen in den Händen der Amerikaner ist es heute hochgradig unwahrscheinlich, dass es

WIE MAN ZOMBIES BEFREIT | 357

einem Feind gelingen könnte, in die Vereinigten Staaten einzumarschieren. Und wenn die Gefahr nicht von außen droht, kann sie nur von innen kommen. Eine der über der Nation hängenden Bedrohungen ist das Gespenst des Kriegsrechts. Heutzutage rüstet der Staat auch außerhalb des Militärs auf. Selbst die Steuerbehörde bewaffnet sich. Im Februar 2010 holte der IRS Angebote über den Kauf von 60 Remington-Gewehren des Modells 870 ein, um damit ihre Ermittler von der Abteilung für strafrechtliche Untersuchungen auszustatten.

Vielleicht werden ganz normale Bürger darüber nachdenken, einer bewaffneten Regierungsintervention schon ein Ende zu bereiten, bevor sie begonnen hat. Der Nobelpreisträger Aleksandr Solschenizyn beschrieb in seinem Buch *Der Archipel Gulag*, wie sehr es die in den Internierungslagern eingesperrten Russen beklagten, das nichts geschehen war, um den staatlichen Terrorismus zu verhindern – bis es zu spät war. »Und wie wir uns später in den Lagern erregt haben. Wir dachten: Wie hätten sich die Dinge entwickelt, wenn jeder Mitarbeiter des Sicherheitsapparats, der nachts loszog, um jemanden zu verhaften, nicht gewusst hätte, ob er lebend zurückkehrt und ob er sich nicht besser schon von seiner Familie verabschiedet hätte? Oder wenn während der Massenverhaftungen, beispielsweise in Leningrad, wo sie ein Viertel der Einwohner festgenommen haben, die Leute nicht nur in ihren Höhlen gehockt hätten, bleich vor Angst angesichts jeden Klopfens an der Haustür oder jeden Schritts auf der Treppe, wenn diese Leute begriffen hätten, dass sie nichts zu verlieren hatten. Sie hätten unten im Haus einen Hinterhalt legen können, mit einem halben Dutzend Menschen, bewaffnet mit Äxten, Hämmern, Schürhaken oder sonst etwas, das gerade zur Hand war [...]. Die Sicherheitsorgane hätten schnell personelle Verluste hinnehmen müssen, und trotz Stalins Blutdurst hätte die ganze verfluchte Maschinerie zum Stillstand gebracht werden können!«

Bleibt nur zu hoffen, dass der im Entstehen begriffene amerikanische Polizeistaat seine Bürger nicht zwingen wird, in der von Solschenizyn beschriebenen Weise zu reagieren. Aber wir sollten an die Worte von John F. Kennedy denken: »Diejenigen, die eine friedliche Revolution unmöglich machen, machen eine blutige unvermeidbar.«

Jeder intelligente Mensch wünscht sich inbrünstig, dass in Amerika ernsthafte Veränderungen herbeigeführt werden sollten durch die friedliche Inanspruchnahme grundlegender Rechte, die in der Verfassung und der Bill of Rights festgeschrieben sind. Doch nachdem die letzten demokratischen und republikanischen Regierungen die individuellen Rechte beschnitten und die Wirtschaft ruiniert hatten, stiegen die Verkäufe von Waffen und Munition sprunghaft an. Nach Angaben einer staatlichen Statistik kauften die Amerikaner zwischen Januar und März 2009 3 818 056 Feuerwaffen. Damit könnte man zugleich die chinesische und die indische Armee ausrüsten. Und tatsächlich erscheint diese Zahl noch als ziemlich klein, denn in ihr sind keine privaten Waffenverkäufe enthalten, über die es keine schriftlichen Unterlagen gibt.

Ist es denkbar, dass die Nation sich noch aus einem anderen Grund bewaffnet als dem der Selbstverteidigung? Ist eine blutige Revolution unvermeidbar?

Boom von Waffen- und Munitionsverkäufen

Um Waffenbesitzer zu besänftigen, sagte der damalige Präsidentschaftskandidat Barack Obama im Jahr 2008 bei einer Wahlkampfveranstaltung in Lebanon, Virginia: »Ich möchte, dass keine Missverständnisse entstehen, wenn Sie alle nach Hause gehen, mit Ihren Freunden reden, und diese sagen: ›Oh, er will mir meine Waffe wegnehmen.‹ Sie haben gehört, was ich gesagt habe. Mein Auftritt wird im Fernsehen übertragen, also wissen alle Bescheid. Ich glaube an den 2. Zusatzartikel der Verfassung und an das Recht der Amerikaner, Waffen zu tragen. Ich werde Ihnen weder Ihre Schrotflinte noch Ihr Gewehr oder Ihre Pistole wegnehmen. Es gibt einige auf dem gesunden Menschenverstand fußende Waffengesetze, deren Sinn mir einleuchtet. Aber ich werde Ihnen nicht Ihre Waffen wegnehmen. Wenn Sie also einen Vorwand suchen, mich nicht zu wählen, müssen Sie sich etwas anderes einfallen lassen [...]. Dass ich gegen das Recht auf Waffenbesitz bin, stimmt einfach nicht.« Trotz Obamas Versicherungen – auf Versprechen von Präsidentschaftskandidaten war selten Verlass. Viele Amerikaner erinnern sich an George H. W. Bushs im Wahlkampf geäußerte Beteuerung, es werde keine Steuererhöhungen geben – ein Versprechen, das nach seiner Wahl umgehend gebrochen wurde. Viele wollen es nicht darauf ankommen lassen, erst abzuwarten, ob Obama sein Versprechen brechen wird oder nicht – bei Waffen- und Munitionsverkäufen war während der Wirtschaftskrise ein wahrer Boom zu verzeichnen.

»Etwas Besseres als die Wahl Barack Obamas zum Präsidenten hätte den amerikanischen Waffen- und Munitionsherstellern (seit der Gründung des Verteidigungsministeriums) gar nicht passieren können«, schrieb Eric Sharp am 9. April 2009 in der *Detroit Free Press*. Niemand hätte sich in diesen wirtschaftlich schlechten Zeiten vorstellen können, dass die Verkäufe in einer Branche um 60 Prozent ansteigen könnten. Aber es scheint so zu sein bei Waffengeschäften, Onlinemunitionsverkäufern und regionalen Waffenmessen, wo die Verkaufszahlen seit Ende 2008 explodierten.

Joe DeSaye eröffnete 1946 in Montana ein Sportartikelgeschäft. Im Jahr 1977 zog er nach Prescott in Arizona und begann dort unter dem Namen *J&G Sales* Waffen und Munition zu verkaufen. Sein Sohn Brad DeSaye sagte, die Verkäufe hätten sich seit 2008 verdreifacht. »So etwas hat es noch nie gegeben.«

Roy Eicher, Eigentümer von *Hunter's Den* in Cincinnati sagte gegenüber Journalisten: »Bei der Munition geht es im Moment ganz einfach um Angebot und Nachfrage. Es geht auch gar nicht darum, dass die Leute sie unbedingt verfeuern wollen, sie kaufen sie einfach nur. Sie können sich auf Schießplätzen hier in der Stadt oder auf dem Land erkundigen, die Munition wird nicht verfeuert. Die Leute kaufen sie, weil sie befürchten, dass es bald nicht mehr möglich sein wird.« John Woniewski, Geschäftsführer von *Cabela's* in Dundee, Michigan, dem größten Sport- und Jagdartikelgeschäft Amerikas, sagte, Munition verkaufe sich »wie verrückt«. Er fügte hinzu: »Alles, was halbwegs nach einer Patrone aussieht, geht sofort über die Theke.«

Obwohl viele glaubten, der Anstieg bei Waffen- und Munitionsverkäufen sei größtenteils auf Erwartungen zurückzuführen, Obama werde sein Wahlkampfversprechen brechen und restriktive Waffengesetze einführen, gab es noch ein dunkleres Motiv für den Verkaufsboom – die Amerikaner rüsten in einem alarmierenden Tempo auf, und zwar mit Waffen, die man auf der Jagd nicht braucht.

Die Regale vieler Geschäfte, insbesondere die von Läden mit Überschüssen aus Militärbeständen, waren leergefegt von Munition für militärische Sturm- und Schnellfeuergewehre wie das AK-47 oder das M-16 (nebst seiner zivilen Variante), die weltweit benutzt werden. Die Vorräte an 9mm- und 8mm-Munition für Mauser-Pistolen schrumpften rapide.

Dieser Trend bereitet auch den Strafverfolgungsbehörden Probleme. Darren White, ein Sheriff aus Arizona, äußerte Befürchtungen, der durch die Kaufwut ausgelöste Munitionsengpass könnte die Schießübungen der Polizei beeinträchtigen. Er beklagte sich, die Munition für seine Handfeuerwaffe sei seit fast drei Monaten nicht lieferbar. »So etwas habe ich in meinen zwanzig Jahren bei der Polizei noch nicht erlebt«, sagte White.

Einer Anordnung der Obama-Regierung folgend, ließ das Pentagon die Munitionshändler des Landes in brieflichen Mitteilungen wissen, es würde kein Messing leerer Patronenhülsen mehr verkaufen, sondern aus allen Munitionsresten Altmetall herstellen, womit ein Nachlader von Patronenhülsen praktisch nichts anfangen kann. Wahrscheinlich ging es darum, dass nicht zu viel Munition in die Hände der Bevölkerung gelangte. Normalerweise wird das Messing der benutzten Patronenhülsen umgegossen, nachgefüllt und dann an Strafverfolgungsbehörden, Waffengeschäfte und andere Einzelhändler verkauft. Curtis Shipley, Besitzer der Munitionsfabrik *Georgia Arms,* sagte hierzu: »Der Staat hätte dabei nur Geld verloren, nämlich zwei Dollar pro Pfund, es war eine sinnlose Aktion. Meiner Meinung nach ging es nur darum, statt des Waffenverkaufs den von Munition zu kontrollieren.«

Die Direktive des Verteidigungsministeriums wurde schon nach zehn Tagen für nichtig erklärt, nachdem im Pentagon eine Flut empörter Anrufe, Briefe und

E-Mails eingegangen war. »Nach einer Überprüfung der Angelegenheit sind wir zu der Ansicht gelangt, dass es rechtlich unproblematisch ist, die Patronenhülsen für den Verkauf freizugeben«, ließ das Pentagon im März 2009 verlauten.

»Das gibt mir den Glauben daran zurück, dass das System funktioniert«, sagte ein erleichterter Shipley. »Wenn genügend Menschen sagen: ›Halt, so geht das nicht‹, sieht man, dass es noch funktioniert.«

Und das System kann funktionieren, wenn sich die Zombies des heutigen Amerika entschließen, nicht mehr tranceartig und übermedikamentiert dahinzuvegetieren. Sie können dafür sorgen, dass das System funktioniert, indem sie sich an alternativen Nachrichten- und Informationsquellen orientieren und entsprechend handeln. Noch wichtiger aber ist, dass sie ihre Freiheit und Autonomie zurückgewinnen können, indem sie eine Regierung wählen, die es nicht bei Lippenbekenntnissen belässt und für wahrhaft demokratische Zustände sorgt. Ansonsten könnte die Nation im Chaos versinken, selbst eine Revolution wäre denkbar.

Um so eine Zukunft zu verhindern, müssen die Amerikaner die Kontrolle über ihr Land zurückgewinnen. Unsere Spitzenpolitiker sprechen nicht mehr von der »Republik«, weil das moderne Amerika keine mehr ist. Heute haben wir ein amerikanisches Empire, das wie Rom und Hitlers Drittes Reich überall auf der Welt militärisch und wirtschaftlich präsent ist. Das Führungspersonal aus Politik und Wirtschaft tauscht ständig die Rollen, wodurch Staat und Industrie praktisch eins werden – ein klassisches Phänomen faschistischer Systeme. Diese Veränderung in Richtung eines sozialistischen Faschismus – gleichgültig ob von rechts oder links – wurde inszeniert von einer global agierenden Elite, die monopolistisch Rohstoffe, die Energieversorgung, das Pharmageschäft, das Verkehrswesen, die Telekommunikation und die neuen Medien kontrolliert.

Es sieht so aus, als wäre die »Neue Weltordnung« eigentlich nur die alte, als sei das Ganze ein nicht endendes Spiel, bei dem eine reiche Minderheit die arbeitende Mehrheit dominiert, die verwirrt ist durch Schulden, kontrollierte Massenmedien und politisches Geschwätz. Heute, dank erstaunlicher neuer Medientechnologie, wird die wahre Natur des Spiels durch clevere moderne Werbestrategien kaschiert – neue Namen, Logos und Slogans. Doch das ändert alles nichts daran, dass die Reichen über die Habenichtse herrschen.

Jetzt versuchen diese selbst ernannten Globalisierer, die amerikanische Bevölkerung durch Regierungsstrategien, Medikamente, ein nivelliertes Bildungssystem und kontrollierte Massenmedien zu unterwerfen. Durch Fusionen und gesteuerte Übernahmen hat sich die unternehmerische Macht in immer weniger Händen konzentriert. Die Schwächung der nationalen Wirtschaft und der Stellenabbau haben die Arbeiter unter großen Druck gesetzt, was zur schleichenden Zerstörung der Kleinfamilie führt. Selbst Religion, Bildung und Unterhaltung werden instrumentalisiert, um ganze Generationen ehemals freier Amerikaner zu eingeschüchterten und unterwürfigen Zombies zu machen in einem System, das zunehmend von der global orientierten Elite beherrscht wird.

Den gegenwärtigen sozialistischen Faschismus amerikanischer Spielart scheint es zu geben, weil es einfach irgendwo jemand so will. Wenn nicht jemand die Probleme wollte, die die Nation bedrängen, gäbe es sie nicht. Diese Probleme wurden absichtlich geschaffen von den Globalisierern, von denen viele nicht einmal Amerikaner sind, und von ihren Geheimgesellschaften, deren Ziel es ist, die ganze Welt in ein paar miteinander konkurrierende sozialistische Blöcke aufzuteilen. Die Vereinigten Staaten erscheinen ihnen auf dem Weg zur Verwirklichung ihrer Pläne als der größte Stolperstein. Der Grund dafür ist die amerikanische Tradition der individuellen Freiheit, die von der Verfassung garantiert wird, und die Tatsache, dass so viele Amerikaner Waffen besitzen, um ihre Freiheit zu schützen. Doch wahre Freiheit kann nie als gegeben angesehen werden. Sie muss kontinuierlich bewahrt werden von einem Volk, das geeint sein muss in seiner Freiheitsliebe. Die Amerikaner müssen eine gemeinsame Basis finden, wenn das Land blühen und gedeihen soll. Noch immer hat Amerika Millionen fachkundiger Arbeiter und ein Übermaß natürlicher Ressourcen. Wenn man beides angemessen nutzt, könnte ein geeintes Amerika erneut zum leuchtenden Vorbild einer freien, gerechten und produktiven Gesellschaft werden. Und die Formel für unsere Einheit ist ziemlich einfach – Männer und Frauen mit guten Absichten und gutem Glauben sollten sich einfach einig sein, dass sie unterschiedlicher Meinung sein und doch zivilisiert miteinander umgehen können. Meinungsverschiedenheiten müssen auf eine intelligente und bedachte Weise beigelegt werden. Die Rückkehr zu einer zivilisierten Gesellschaft ist längst überfällig.

Um eine solche Einheit zu verhindern, haben die global operierenden Faschisten versucht, das Volk zu spalten, nach Gesichtspunkten der Rasse, des Geschlechts, des Alters und der Kultur. Sie spielen Bürokraten, Politiker, Akademiker, Unternehmensbosse und die Öffentlichkeit gegeneinander aus nach der Devise »divide et impera«. Sie erhalten mittels des Einsatzes der Massenmedien ihre Kontrolle über eine Gesellschaft, die zersplittert ist durch miteinander konkurrierende Ideologien und Weltanschauungen. Die Medien senken das Niveau der populären Kultur und des Bildungsauftrags, tolerieren die Flut illegaler Einwanderer und spalten die Gesellschaft in ihrer Meinung über periphere Themen wie Parteipolitik, Abtreibung, sexuelle Beziehungen, Stammzellenforschung, die sogenannten Hassverbrechen und so weiter.

Diese global orientierten Faschisten verspotten die Idee wahrer individueller Freiheit und eines multikulturellen Egalitarismus, weil sie weder an das Gute im Menschen noch an seine Fähigkeit zur Selbstbestimmung glauben. Sie besitzen keinen echten Glauben an einen Gott und nutzen religiöse Ideale und Vorstellungen als ein weiteres Instrument gesellschaftlicher Kontrolle. Diese Leute glauben nur durch ihre Agenda eines weltweit einzuführenden Sozialismus ihre Macht erhalten zu können. Nur so glauben sie das bewahren zu können, was sie für die Reinheit ihrer Rasse und Klasse halten. Und sie denken langfristig. Die Eigentümer der multinationalen Konzerne, häufig auch Mitglieder von Geheimgesellschaften, und ihre gut bezahlten Handlanger wissen, dass sich ihre Ziele nicht über Nacht verwirklichen lassen, obwohl sie nach den Angriffen vom 11. September ihre Bemühungen verdoppelt zu haben scheinen.

Der Kampf gegen einen so hartnäckigen Machtwillen wird nicht einfach sein. Alle gesellschaftlichen Schichten müssen Opfer bringen, Lebensgewohnheiten müssen sich ändern. Aber wir können es schaffen – hoffentlich, bevor die Vereinigten Staaten in Depression, Anarchie und schließlich in einen Polizeistaat abgleiten. Am Horizont zeichnen sich neue Energiequellen und Technologien ab. Aber technologische Durchbrüche bedürfen eines Einstellungswandels in der Politik, im Handel und im Finanzsystem. Eine wachgerüttelte Öffentlichkeit kann diesen Wandel der Einstellungen herbeiführen.

Obwohl in den von Großkonzernen gesteuerten Massenmedien selten darüber berichtet wird, vollzieht sich im Denken der Menschen zunehmend ein Bewusstseinswandel. Aufgeklärte Verbraucher beginnen zu begreifen, dass es um ihre Gesundheit besser bestellt sein wird, wenn sie ihre Ernährungsgewohnheiten ändern und alternative Heilmethoden bevorzugen. Menschen hören verstärkt auf Stimmen außerhalb der Mainstreammedien, schreiben ihren Abgeordneten und Lokalzeitungen oder -sendern, nehmen an friedlichen Demonstrationen teil oder organisieren zu Hause Treffen, bei denen allgemein diskutiert und über neue Bücher gesprochen wird. Und man kann auch abstimmen, indem man seine Konsumgewohnheiten ändert. Wenn sich genügend Leute weigern, ein bestimmtes Produkt zu kaufen – etwa eine Automarke oder eine bestimmte Sorte Benzin –, werden die Hersteller sich umorientieren, denn schließlich müssen sie ihre Unternehmensbilanz im Auge behalten.

Viele Amerikaner haben Hoffnung. Sie glauben aufrichtig daran, dass das System friedlich geändert werden kann und werden damit beginnen, zum Wohl aller zu arbeiten. Aber für den Fall der Fälle beharren sie auf dem Recht, ihre Waffen zu behalten. Es ist ja nicht so, als hätte es auf amerikanischem Boden noch nie eine Revolution gegeben.

Wenn jemand den Reichtum mehr liebt als seine Freiheit, den Frieden der Unterwürfigkeit mehr als den belebenden Kampf um die Freiheit, dann soll er um seines Friedens willen nach Hause gehen. Wir werden seinen Rat nicht suchen. Er soll sich nur niederkauern und die Hand dessen küssen, der ihn ernährt. Und möge die Nachwelt vergessen, dass er einer unserer Landsleute war.

– SAMUEL ADAMS, Gründervater und Revolutionär

QUELLENVERZEICHNIS

EINLEITUNG

Auftreten von »Zombies« als Folge der Einnahme von Psychopharmaka:
http://www.adhdtreatment.org:10500/adhd/adderall_stimulant_treatment_for_adhd.html

»Zombie-Ameisen«: http://www.kxan.com/dpp/news/local/Fire_ants_turn_into_zombies

»Zombie-Banken«: http://lewrockwell.com/sardi/sardi116.html

Größter Anstieg der Staatsverschuldung innerhalb eines Haushaltsjahres:
http://www.cbsnews.com/blogs/2009/10/01/politics/politicalhotsheet/entry5355738.shtml

Eine Billion Dollar in Eindollarnoten aneinandergereiht – eine Papierschlange bis zur Sonne und wieder zurück: http://thewisdomjournal.com/Blog/how_much_is_a_trillion/

Die Regierung Obama rechnet bis 2019 mit höherem Defizit: http://www.reuters.com/article/wtMostRead/idUSTRE57K4Xe20090821?feedType=RSS&feedName=wtMostRead

Verhältnis zwischen Wirtschaftswerten und Verschuldung:
http://answers.yahoo.com/question/index?qid=20080818114023AAQ5bHU

ERSTER TEIL
EINE ZOMBIE-NATION

Wirtschaftlicher Niedergang

Fünf Millionen Dollar an Vermögen einfach in Luft aufgelöst:
http://www.ustreas.gov/press/releases/tg296.htm

Jede achte Hypothek kann nicht zurückgezahlt werden:
http://npr.org/blogs/money/2009/11/mortgage_defaults_hitting_reco.html

Zehn Millionen Zwangsversteigerungen bis 2012:
http://realtytrac.com/contentmanagement/realtytraclibrary.aspx?channelid=8&ItemID=6675

Erwachsene und Kinder, die auf Lebensmittelgutscheine angewiesen sind:
http://nytimes.com/2009/11/29/us/29foodstamps.html?r=2

Zweithöchste Arbeitslosenzahlen seit dem Zweiten Weltkrieg:
http://finance.yahoo.com/news/What-recovery-Unemployment-apf-563122944.html?x=0

Wirtschaftszusammenbruch wie in Argentinien: http://www.telegraph.co.uk/finance/
comment/6146873/Adam-Smith-would-not-be-optimistic-in-todays-economic-world.html

Rückgang der Einnahmen aus der Einkommensteuer: http://money.cnn.com/2009/10/07/
news/economy/tax_revenue_falling/?postversion=2009100711

Arbeitslosenhilfe muss massiv über Bundeskredite finanziert werden:
http://www.usatoday.com/money/economy/employment/2008-09-08-unemployment_N.htm

Indiana kann Beisetzungen mittelloser Verstorbener nicht mehr bezahlen:
http://www.tribstar.com/news/local_story_138231725.html

Abriss von Sozialwohnungen in Atlanta:
http://www.atlantaprogressivenews.com/news/0l4l.html

Rückbau asphaltierter Straßen in unbefestigte Straßen in Michigan:
http://www.wwmt.com/articles/roads-1363526-mich-counties.html

Viele Familienbetriebe müssen schließen:
http://online.wsj.com/article/SB125478399429765967.html

Peter Schiff zum Anstieg der Haushaltsverschuldung trotz Sparen:
http://www.lewrockwell.com/schiff/schiff49.1.html

Sozialismus und Individualitätsverlust

Lenin über Gehorsam gegenüber dem Staat: http://www.fFf.org/freedom/0197d.asp
und www.time.com/time/magazine/article/0,9171,729546,00.html

Lenins globalistische Weltsicht anhand einiger Zitate:
http://quotes.liberty-tree.ca/quotes_by/vladimir+ilyich+lenin

Paul Craig Robertson zum gewandelten Verhältnis eines selbstbestimmten Individuums gegenüber dem »bürokratischen Imperialismus« des Staates: http://www.firstprinciplesjournal.com/articles.aspx?article=465&theme=home&loc=b

Norman Thomas über »Liberalismus«: http://quotes.liberty-tree.ca/quote/norman_thomas_quote_ffbl1

»We Are All Socialists Now« (»Wir sind jetzt alle Sozialisten«), Titelblatt des Magazins *Newsweek* vom 16. Februar 2009

Die Neue Weltordnung

Adolf Hitler über »die Neue Weltordnung«: http://hitlersdiaries.com/HitlersDiaries Philosophy2.html

Globalisierer als »extrem wandlungsfähige Menschen«: http://www.huffingtonpost.com/arianna-huffington/thefirst-huffpost-book-c_b_412999.html

Amerikanische Kapitalisten finanzierten Bolschewisten: Jim Marrs, *Rule by Secrecy*, New York 2000, S. 192–193. (deutsche Ausgabe: Jim Marrs, *Heimliche Herrscher: Wie verborgene Mächte das Schicksal der Menschheit bestimmen*, Rottenburg, 2007)

Amerikanische Kapitalisten finanzierten die Nationalsozialisten: Jim Marrs, *The Rise of the Fourth Reich*, New York 2008, S. 25–32; (deutsche Ausgabe: Jim Marrs, *Der Aufstieg des Vierten Reiches: Geheime Gesellschaften übernehmen die Macht in den USA*, Rottenburg, 2009)

Zitat von Nick Rockefeller: http://www.jonesreport.com/articles/210207_rockefeller_friendship.html

Catherin Austin Fitts über den finanziellen »Coup d'Etat«: http://solari.com/blog/?p=2058

Walter Cronkite über die »herrschende Klasse« der Vereinigten Staaten: http://www.newswatch.org/ (28. August 2009)

Kritik aus den eigenen Reihen

Meinungsverschiedenheiten an der Universität Chicago: http://www.nytimes.com/2009/09/06/magazine/06Economic-t.html?pagewanted=1&_r=2&th&emc=th

Paul Krugman über das Versagen der Wirtschaftswissenschaftler und ein Zitat von Ben Bernanke: http://www.nytimes.com/2009/09/06/magazine/06Economic-t.html?pagewanted=1&_r=2&th&emc=th

ZWEITER TEIL
WIE MAN ZOMBIES ERSCHAFFT

Politisches Hickhack

Außenhandel und Staatsanleihen

Ständige Veränderung der Faktoren, die eine leichte Kreditaufnahme begünstigten:
http://www.nytimes.com/2009/05/10/business/economy/10saving.html?_r=1

Nettokapitalzufluss bei Grand-Net-Bonds nimmt ab:
http://www.financialsense.com/fsu/editorials/willie/2009/0820.html

Zustände wie in der Weimarer Republik: a. a. O.

Dollar verliert Status als Weltreservewährung:
http://www.bloomberg.com/apps/news?pid=20601087&sid=aeD0JMxdEA_c

China könnte eventuell Verpflichtungen aus Derivatkontrakten nicht nachkommen:
http://www.economist.com/businessfinance/displaystory.cfm?story_id=14365060

Peter Schiff: China wird keine weitere US-Staatsanleihen mehr kaufen:
http://www.lewrockwell.com/schiff/schiff49.1.html

Lügenkredite

William K. Black über »Lügenkredite«: http://www.pbs.org/moyers/journal/04032009/watch.html

William K. Black über »die Katze im Sack«: ebenda

Regierung Bush zieht 500 FBI-Agenten von Ermittlungen ab: ebenda

Deregulierung

Brooksley Born über den Wegfall aller regulatorischen Schutzvorschriften und das Entstehen des unregulierten OTC-Marktes:
http://www.dcbar.org/for_lawyers/resources/legends_in_the_law/born.cfm

Phil Gramm und sein Gramm-Leach-Bliley-Gesetz werden für die Subprime-Hypothekenkrise verantwortlich gemacht:
http://www.guardian.co.uk/business/2009/jan/26/road-ruin-recession-individuals-economy;
http://ac360.blogs.cnn.com/2008/10/14/culprits-of-the-collapse-7-phil-gramm/;
http://www.time.com/time/specials/packages/article/0,28804,1877351_1877350,00.html

Regulierungsbemühungen der CFTC blockiert: Born, a. a. O.

Black zur Rolle der Schweizer Großbank *UBS:* Black, a. a. O.

Mitarbeiter von AIG geben weniger als die Hälfte der Boni zurück, die aus Steuermitteln bezahlt worden waren:
http://washingtontimes.com/news/2009/oct/15/less-than-half-of-aig-bonuses-returned/

Weitere Verantwortliche für das Scheitern: Black, a. a. O.

Fassungslosigkeit von Bill Moyers' und William K. Blacks angesichts Geithners Behauptung, viele Finanzbereiche seien überreguliert:
http://www.pbs.org/moyers/journal/04032009/watch.html

Colonial BancGroup wird von Bankenaufsicht geschlossen:
http://www.bloomberg.com/apps/news?pid=newsarchive&sid=aOTAckySeznw

Robert Auerbach und das *Federal Reserve System*:
http://www.reuters.com/article/companyNewsAndPR/idUSN0756271320090407

Geithner und andere Mitglieder der Regierung Obama halten Amerikaner für einen Haufen Feiglinge: http://www.pbs.org/moyers/journal/04032009/watch.html

Die Zerstörung des amerikanischen Finanzsystems

Council on Foreign Relations (CFR) erläutert Paulson die Zielvorgaben Präsident Obamas:
http://www.cfr.org/publication/11165/what_the_boss_wants_from_hank_paulson.html

Henry Paulson über »sicheres Bankensystem«:
http://cbs5.com/national/henry.paulson.economy.2.775329.html

Profil von Henry Paulson: http://www.time.com/time/specials/2008/personoftheyear/article/0,31682,1861543_1865103,00.html

Black: Dieser »Skandal unfassbaren Ausmaßes« sei von relativ wenigen betuchten Leuten ausgelöst worden: Black, a. a. O.

Martin D. Weiss zu drei Regierungsberichten und Wahnsinn:
http://www.marketoracle.co.uk/Article13977.html

Verschwörungstheoretiker haben recht behalten: http://www.youtube.com/watch?v=70G7hQov6dI

Kommentar der Abgeordneten Kay Granger:
http://granger.houseenews.net/mail/util.cfm?gpiv=2100045681.12317.38&gen=1

Schuldensklaven

Obama über Multiplikatoreffekt:
http://abcnews.go.com/Politics/Business/WireStory?id=7330274&page=3

Obamas Ankurbelung der Wirtschaft

Eine gigantische Schuldenspirale:
http://www.globalresearch.ca/index.php?context=va&aid=12517

Charles Millard und die unabhängige staatliche Pensionsaufsicht:
http://money.cnn.com/2009/05/20/news/economy/pbgc_refuses_testify.reut/index.htm

Vor dem Crash

Franklin Raines: Hypothekenbank *Fannie Mae* verhalf Millionen Familien zu einem Eigenheim:
http://www.nytimes.com/1999/09/30/business/fannie-mae-eases-credit-to-aid-mortgage-lendig.html?sec=&spon=&partner=permalink&exprod=permalink

Steven Holmes zu Risiken im Zusammenhang mit *Fannie Mae:*
http://www.nytimes.com/1999/09/30/business/fannie-mae-eases-credit-to-aid-mortgage-lendig.html?sec=1&sq=fannie+mae+eases+credit+to+aid+mortgage+landing&st=cse

Larry Summers überzeugt Bill Clinton:
http://www.financialsense.com/editorials/engdahl/2009/0330.html

F. William Engdahl über Geithners »kleines schmutziges Geheimnis: a. a. O.

Stresstests

Federal-Reserve-Präsident Ben Bernanke über »umfassende Bemühungen«:
http://www.cnbc.com/id/30619915

Douglas Elliott über Tausch von Krediten gegen Firmenanteile:
http://www.npr.org/templates/story/story.php?storyId=103842153&ft=l&f=1001&sc=YahooNews

Engdahl über den »Coup d'Etat« der Banker:
http://www.financialsense.com/editorials/engdahl/2009/0330.html

Chuck Collins über »Plutokratie«: http://blog.buzzflash.com/interviews/154

Finanzkrise und Tod

Der Tod David Kellermanns, kaufmännischer Vorstand bei *Freddie Mac:*
http://www.housingwire.com/2009/04/23/kellerman-the-scapegoat-of-a-self-fulfilling-prophecy/

Lyndon LaRouche über Kellermanns Anspruch auf Gerechtigkeit:
http://www.larouchepac.com/node/10172

Die Reichen werden reicher

G. William Domhoff über das wechselseitige Verhältnis zwischen Macht und Reichtum:
http://sociology.ucsc.edu/whorulesamerica/power/wealth.html

Steuereinnahmen sinken:
http://www.whitehouse.gov/omb/budget/fy2008/pdf/apers/receipts.pdf

Profite privatisieren, Verluste sozialisieren

Bankeninsolvenzen und ein Einlagenversicherungsfonds ohne ausreichende Rücklagen:
http://news.yahoo.com/s/ap/20090829/ap_on_bi_ge/us_meltdown101_bank_failures

William M. Isaacs Gespräch mit Finanzminister Don Regan:
http://www.kitco.com/ind/schoon/aug172009.html

Darryl Robert Schoon: ebenda (http://www.kitco.com/ind/schoon/aug172009.html)

US-Zentralbank kauft Staatsschulden auf:
http://seekingalpha.com/article/158330-how-the-federal-reserve-is-monetizing-debt

Wie alles begann

Joan Veon und die Abtretung der wirtschaftlichen Souveränität der USA:
http://www.newswithviews.com/Veon/joan156.htm

Die Kosten diverser Rettungspakte könnten bis auf 23,7 Billionen Dollar steigen:
http://www.scoop.co.nz/stories/HL0907/S00250.htm

Atlantas *Fed*-Chef Dennis Lockhart zu Arbeitsplatzverlusten: http://www.breitbart.com/article.php?id=CNG.4452bed82adf3124e5884678e236d7fb.36l&show_article=l

Greenspan zu Gold und zum Goldstandard:
http://www.restore-government-accountability.com/greenspanon-gold.html

Greenspan hält an seiner Einschätzung zu Gold fest: ebenda

GATA zu heimlichen Goldswaps: http://finance.yahoo.com/news/Federal-Reserve-Admits-Hiding-bw-2550373789.html?x=0&v=l

Alle Finanzinstrumente können auf gesetzlicher Grundlage beschlagnahmt werden:
http://www.gata.org/node/5606

Wucherzinsen

Wie man Schulden in Geld umwandelt: G. Edward Griffin, *Die Kreatur von Jekyll Island,* Rottenburg, 2009, S. 224ff.

Greider und Henry Ford: William Greider, *Secrets of the Temple: How the Federal Reserve Runs the Country,* New York 1987, S. 12, 55.

Barry Goldwater glaubt, die meisten Amerikaner verstehen nichts von internationaler Kreditvergabe: Barry M. Goldwater: *With No Apologies,* New York 1979, S. 281

Geld als quasi-religiöse Macht

Die religiöse Funktion des Geldes: Greider, a. a. O., S. 53

Massive Verschuldung auf jeder gesellschaftlichen Ebene: William Bramley, *The Gods of Eden,* San Jose 1990, S. 432

Anomalien des Zentralbanksystems

Federal Reserve kontrolliert das Geld Amerikas: Greider, a. a. O., S. 12

Marco Polo und »Fiatgeld«: Griffin, a. a. O., S. 184f.

Das Chasaren-Reich: http://www.khazaria.com/

Chasaren als Vorfahren osteuropäischer Juden: James Mitchell (Hrg.), *The Random House Encyclopedia,* New York 1977, S. 2318

Benjamin Franklin zum eigentlichen Konflikt, der zum Aufstand der amerikanischen Kolonisten führte: http://quoty.org/tag/currency

Hamilton sieht Staatsverschuldung als »nationalen Segen«: Griffin, a. a. O., S. 373

Thomas Jefferson über die Übel und die Verfassungswidrigkeit von Bankengründungen durch die Regierung: Martin A. Larson, *The Essence of Jefferson,* New York 1977, S. 185f, 192, 196

Joan Veon über die britischen Ursprünge der »privaten« Zentralbank: http://www.newswithviews.com/Veon/joan2.htm

Joan Veon über »gerissene und betrügerische Abgeordnete«: http://www.newswithviews.com/Veon/joan156.htm

Frank Vanderlip sieht sich als »heimlichen Verschwörer«: Eustace Mullins, *The Secrets of the Federal Reserve,* 1983, S. 8.

Woodrow Wilson über die Notwendigkeit eines »Komitees von sechs oder sieben Männern wie J. P. Morgan«: http://www.atimes.com/atimes/Global_Economy/JA30Dj02.html

Aldrich ist ein »Wall-Street-Plan«: Mullins, a. a. O., S. 11.

Globalisierer vertrauen Oberst House: W. Cleon Skousen, *The Naked Capitalist*, Salt Lake City (im Selbstverlag) 1979, S. 21

Kongress übergangen und überlistet: Griffin, a. a. O., S. 524.

Direktoren der *Federal Reserve Bank* von New York:
http://www.newyorkfed.org/aboutthefed/org_nydirectors.html

Gary Allen über Inflation und Deflation als »exakte Wissenschaft«: Gary Allen, *None Dare Call It Conspiracy*, Seal Beach 1971, S. 53

Carles A. Lindbergh über die *Federal Reserve* als »gigantischster Trust der Welt«: Mullins, a. a. O., S. 28

Verständnis der Öffentlichkeit beruht auf falschen Annahmen:
http://www.monetary.org/federalreserveprivate.htm

Bruce Wiseman über die Vorgehensweise einer Zentralbank:
http://canadafreepress.com/index.php/article/10954

Das Financial Stability Board

Dick Morris über den europäischen Einfluss auf die amerikanischen Finanzen:
http://www.dickmorris.com/blog/2009/04/06/the-declaration-of-independence-has-been-repealed/

Durch Abschlusserklärung der G20 wird Kontrolle über Finanzen übertragen:
http://canadafreepress.com/index.php/article/10954

Übermäßiger ausländischer Einfluss durch BIZ:
http://www.monetary.org/federalreserveprivate.htm

Die Bank für Internationalen Zahlungsausgleich

Joan Veon über die Kontrolle des Weltwährungssystems:
http://www.newswithviews.com/Veon/joan2.htm

BIZ-Bericht über instabiles System: http://www.telegraph.co.uk/finance/newsbysector/banksandfinance/6184496/Derivatives-still-pose-huge-risk-says-BIS.html

William White wäre von »schneller und nachhaltiger Erholung überrascht«:
http://www.ft.com/cms/s/0/e6dd31f0-al33-11de-a88d-00144feabdc0.html?nclick_check=1

Die BIZ als Nazi-Bank: Jim Marrs, *The Rise of the Fourth Reich*, New York 2008, S. 24–28; (deutsche Ausgabe: Jim Marrs, *Der Aufstieg des Vierten Reiches: Geheime Gesellschaften übernehmen die Macht in den USA*, Rottenburg, 2009)

Weltumspannendes System finanzieller Kontrolle: Carroll Quigley, *Tragedy and Hope: A History of the World in Our Time*, New York 1966, S. 50

BIZ als »Geldkanal«: Charles Higham, *Trading with the Enemy: An Expose of the Nazi-American Money Plot 1933–1949*, New York 1983

Der Einfluss der BIZ und ihre Kommissionen: http://www.newswithviews.com/Veon/joan2.htm

Paul Warburg über die tatsächliche Kontrolle des Geldes: Griffin, a. a. O., S. 521

Ansätze zur Kontrolle der Fed

Ralph Nader fordert Kontrolle der *Fed*:
http://www.nader.org/index.php?/archives/1038-Fed-Needs-Auditing.html

Notwendigkeit einer Zentralbank ist eine irrige Annahme:
www.forbes.com/2009/05/15/audit-the-fed-opinions-contributors-ron-paul.html

Abgeordneter Ron Paul bringt Gesetzesvorschlag zur Überprüfung der *Fed* ein:
http://www.house.gov/list/speech/tx14_paul/AudittheFedBill.shtml

Gallup-Umfrage zur *Federal Reserve*:
http://current.com/items/90551867_gallup-poll-americans-turning-against-federal-reserve.htm

Rasmussen-Umfrage: http://www.washingtonexaminer.com/
opinion/blogs/beltway-confidential/Poll-Public-wants-to-rein-in-the-Fed-52084492.html

Brief von Barney Frank: http://www.campaignforliberty.com/profile.php?member=GroverWasGreat

Haushaltsgesetz ohne Pauls Zusatz verabschiedet: http://tekgnosis.typepad.com/tekgnosis/
2009/07/breaking-news-on-audit-the-fed-hr-2918-as-senate-amendment-1367.html

Thomas F. Cooley: http://www.forbes.com/2009/05/12/federal-reserve-bernie-sanders-ron-paul-opinions-columnists-talf.html

Die Arroganz der Fed

Abgeordneter Alan Greyson über fehlende Untersuchungen der *Fed* »schockiert«:
http://www.youtube.com/watch?v=cJqM2tFOxLQ

Auch Ben Bernanke weiß nicht, wo das Geld geblieben ist: http://www.prisonplanet.com/
bernanke-i-dont-know-which-foreign-banks-were-given-half-a-trillion.html

William K. Black über ohnmächtige Regulatoren:
http://www.reuters.com/article/companyNewsAndPR/idUSN0756271320090407

Conrad DeQuadros über Fehler der *Fed*:
http://www.reuters.com/article/companyNewsAndPR/idUSN0756271320090407

Undurchschaubarkeit der *Federal Reserve*:
http://www.reuters.com/article/companyNewsAndPR/idUSN0756271320090407

Die Bloomberg-Klage und die Entscheidung der Richterin Loretta Preska:
http://www.bloomberg.com/apps/news?pid=20601087&sid=a7CC61ZsieV4

Bedenkliche Nahrungsmittel und fluoridiertes Wasser

Schlechte Produkte und kluge Entscheidungen

Nahrungsmittelindustrie führt Programm »Klügere Entscheidungen« durch:
http://www.smartchoicesprogram.com/

Jim Hightower zum Programm »Klügere Entscheidungen«:
http://www.jimhightower.com/node/6932

Amish-Gemeinde ist gesünder: http://www.healthnewsdigest.com/news/Cancer_Issues_660/
Amish_Have_Lower_Rates_of_Cancer.shtml

Falsche Behauptungen und Rückrufaktionen

CSPI-Sammelklage gegen *Coca-Cola:* http://www.cspinet.org/new/200901151.html

Energiegetränk *Sparks* enthält mehr Alkohol als Bier: http://www.cspinet.org/litigation/

Industrielle Nahrungsmittelproduktion birgt Risiken: http://www.answers.com/topic/food-safety

Beispiellose bakterielle Verseuchung durch Produktionspannen:
http://www.answers.com/topic/food-safety

Wachstumshormone

Durch Östrogene ausgelöste körperliche Veränderungen:
http://blogs.nytimes.com/2009/05/05/earlier-puberty-in-european-girls/

Keine umfassenden und aussagekräftigen Untersuchungen zu Wachstumshormonen:
http://envirocancer.cornell.edu/Factsheet/Diet/fs37.hormones.cfm

Versuchsobjekt das ganze Leben lang: http://historymatters.gmu.edu/d/5090

Der Aufstieg der FDA

Bürgerbegehren an die amerikanische FDA 2001:
http://www.dfwnetmall.com/veg/pcrmpetition.htm

Michael Taylor als Beispiel für die »Drehtür zwischen staatlichen Kontrollinstanzen und der
Lebensmittelindustrie«: http://www.washingtonpost.com/wp-dyn/content/article/2010/01/13/
AR2010011304402.html?wprss_politics

Gentechnisch veränderte Lebensmittel

Reisbauern klagen gegen Saatgut von Bayer:
http://www.bloomberg.com/apps/news?pid=newsarchive&sid=aT1kD1GOt0N0

Monsanto will Schweine patentieren lassen – und ein Kommentar von Christoph Then:
http://greenpeace.org/international/news/monsanto-pig-patent-111

Von *Monsanto* gentechnisch veränderte Organismen verboten: http://psrast.org/bghcodex.htm

Jessica Long über indische Bauern in der Armutsspirale und massenhafte Selbstmorde:
http://www.globalresearch.ca/index.php?context=va&aid=6522

Monsanto weist Vorwürfe zurück:
http://www.monsanto.com/monsanto_today/for_the_record/india_farmer_suicides.asp

Brian Fitzgerald warnt vor »historisch beispielloser beherrschender Stellung auf dem Lebensmittelmarkt«: http://greenpeace.org/international/news/monsanto-pig-patent-111

Monsanto stellt Ergebnisse von Untersuchung an Laborratten in Frage:
http://www.huffingtonpost.com/2010/01/12/monsantons-gmo-corn-linked_n_420365.html

Dr. Stanley Ewen: Gentechnisch veränderte Lebensmittel können Krebs verursachen:
www.biotech-info.net/cancer_risk.html

50 gesundheitsschädliche Auswirkungen von gentechnisch veränderten Lebensmitteln;
Nobelpreisträger Dr. George Wald: http://groups.yahoo.com/group/bdresearchers/message/3835

Steve Wilson und Jane Akre wegen kritischer Berichterstattung über gentechnisch veränderte
Organismen entlassen: http://www.goldmanprize.org/node/65

Der Codex Alimentarius

170 Nationen haben sich der Codex-Alimentarius-Kommission angeschlossen:
http://www.fsis.usda.gov/Codex_Alimentarius/index.asp

Die Codex-Alimentarius-Kommission: http://en/wikipedia.org/wiki/Codex_Alimentarius

John Hammell über Naturheilmittel, die möglicherweise bald verschwunden sein könnten:
http://www.genesisradio.co.uk/index.php?option=com_content&task=view&iod=157&Itemid=102

Kritiker sehen Codex-Alimentarius-Kommission als »dubiose Geheimorganisation«:
http://natural-health-information-centre.com/codex-alimentarius.html

Dr. Joel Wallach über Mineralmangel in Kindernahrung:
http://www.kingmaker.net/DEADDOCTORStxt.html#28.%20Diabetes

Welthandelsorganisation will Handelssanktionen bei Nichteinhaltung aussprechen:
http://www.genesisradio.co.uk/index.php?optin=com_content&task=view&id=157&Itemid=102

Llewellyn H. Rockwell zum Druck, den die WTO für Gesetzesänderungen in den USA ausübt: http://vaclib.org/news/wto.htm

Mike Adams über die Taktik der FDA:
http://www.naturalnews.com/027303_the_FTC_America_vaccines.html

Fluoridiertes Wasser

Charles Perkins über Natriumfluorid: Eustace Mullins, *Murder by Injection: The Story of the Medical Conspiracy Against America*, Staunton 1988, S. 353–354

Erhebung des *Christian Science Monitor:*
http://www.battery-rechargeable-charger.com/water-filter-flouride-poisoning-info.html

Dr. Ted Spencer zu unterschiedlichen Beurteilungen der Giftigkeit von Fluoriden:
http://articles.mercola.com/sites/articles/archive/2008/01/02/fluoride-controversy.aspx

Deutsche Wissenschaftler ließen sich nicht den Mund verbieten: Mullins, a. a. O., S. 158

Dr. Perry Cohn und Dr. Dean Burk über Zusammenhang zwischen Fluoriden und Krebs:
http://homepage.eircom.net/~fluoridefree/campaign_update/bonecancer.htm

Dr. Ted Spencer zu Fluoridstudien:
http://articles.mercola.com/sites/articles/archive/2008/01/02/fluoride-controversy.aspx

Oscar Ewing: http://www.trumanlibrary.org/oralhist/ewing3.htm

Zitat des Abgeordneten A. L. Miller: Mullins, a. a. O., S. 153f.

Flugblatt aus New York: http://www.trumanlibrary.org/oralhist/ewing3.htm

Ein Trauerspiel

Der texanische Arzt Dr. Michael E. Truman über das parasitäre Vorgehen der Krankenversicherungen: E-Mail an den Verfasser vom 14. Oktober 2009

Ausstieg von Ärzten aus *Medicare* könnte Versorgung erschweren:
http://online.wsj.com/article/SB123993462778328019.html

Staatliche Einrichtungen auf Ansturm nicht vorbereitet:
http://www.frontpagemag.com/readArticle.aspx?ARTID=32515

Drastische Reduzierung der Ausgaben in anderen Bereichen oder Steuer-Tsunami:
http://www.hillsdale.edu/news/impimis/archive/issue.asp?year=2009&month=03

Die Mycoplasma-Attacke

Biologische Kriegsführung durch Nazis und Japaner

Dulles-Brüder schmieden Partnerschaft: Dr. Leonard G. Horowitz und Dr. Joseph S. Puelo, *Healing Codes für the Biological Apocalypse,* Sandpoint 2000, S. 209

Council on Foreign Relations als Rekrutierungspool und zugleich Führungsgruppe des Establishments: http://nytimes.com/1989/03/12/obituaries/john-j-mccloy-lawyer-and-diplomat-is-dead-at-93.html?scp=1&sq=john+mccloy&st=cse

Walter Emil Schreiber: Dr. Leonard Horowitz, *Emerging Viruses: AIDS and Ebola,* Rockport 1998, S. 331

Kurt Blome: http://www.conspiracyarchive.com/NWO/project_paperclip.htm

General Ishii Shiro: http://en.wikipedia.org/wiki/Shiro_Ishii

Mycoplasmen und Prionen

Stanley B. Prusiner: http://www.pnas.org/content/95/23/13363

Schreckliche Massenvernichtungswaffen: Garth L. Nicolson und Nancy L. Nicolson, *Project Day Lily: An American Biological Warfare Tragedy,* Bloomington, 2005, S. 25

Eine »erfreuliche« Waffe: Nicolsons, a.a.O., S. 29

Dr. Maurice Hilleman: http://hubpages.com/hub/degenerativedisease

Der HI-Virus und chimäre Zellen oder Zellverbände: E-Mail-Korrespondenz mit Dr. Nancy Nicolson (18. August 2009)

Was wusste George W. Merck über biologische Waffen?: Randy Shilts, *And the Band Played on: Politics, People and the AIDS Epidemic,* New York 1987, S. 201f.

Von Menschen manipulierte Brucellose-Varianten: Donald W. Scott und William L.C. Scott, *The Brucellosis Triangle,* Sudbury 1998, S. iii

»Unabdingbares Rohmaterial« für Biowaffen: Scott und Scott, a.a.O., S. 11, 99

Gary Tunsky zu Behandlungsmöglichkeiten: http://www.rense.com/general62/molecularterrorism.htm

Golfkriegssyndrom

Kriegsteilnehmer mit Brucellose-Symptomen: ebenda

Keine andere überzeugende Erklärung: http://www.gulfwarvets.com/ijom.htm

Krankenakten des Militärs fehlen: ebenda

Das »Irak-Bakterium«: http://www.google.com/hostednews/canadianpress/article/
ALeqM5g2JiaLu7ynGJqfhyCobPUavfdYQ

Center for Disease Control (CDC) erkennt »chronisches Erschöpfungssyndrom« an:
http://www.cdc.gov/cfs/cfsbasicfacts.htm

Dr. Martin Lerner: http://cfsviraltreatment.com/

»Eine sehr reale physische Krankheit«: Sott und Scott, a. a. O., S. 115

Bevölkerungsdezimierung

National Security Study Memorandum 200: http://pdf.usaid.gov/pdf_docs/PCAAB500.pdf

Zitat von Maxwell Taylor: »*Maxwell Taylor: ›Write Off a Billion‹*«, in: *Executive Intelligence Review,* 22. September 1981, S. 56

Prinz Philip über das Bevölkerungswachstum als »ernsthafteste Bedrohung für unser Überleben«: http://www.people.com/people/archive/article/0,,20080998,00.html

Richterin (am Obersten Gerichtshof der USA) Ruth Bader Ginsburg über Bevölkerungs-wachstum und den Fall *Roe vs. Wade:*
http://www.cnsnews.com/public/content/article.aspx?RscrID=50819

William Norman Grigg: http://lewrockwell.com/grigg/grigg-w102.html

G. Edward Griffin über John Holdrens Konzepte für Bevölkerungsreduzierung:
http://www.heartcom.org/choice4health.htm

Catherine Austin Fitts über »Schweinegrippe« als Methode der Bevölkerungsreduzierung:
http://www.scoop.co.nz/stories/HL0907/S00250.htm

Der Ursprung von AIDS

Verwerfen Sie nicht vorschnell Verschwörungstheorien über AIDS:
http://www.nation.co.ke/oped/Opinion/-/440808/815898/-/5ohsob/-/

Stellungnahme von Dr. D. M. MacArthur: *Department of Defense Appropriations* for 1970, Hearings before the Subcommittee of the Committee on Appropriations, House of Representatives, 91st Congress, 9. Juni 1969, S. 129

Biographie von Boyd Graves und sein Flussdiagramm:
http://www.boydgraves.com/flowchart/download.html; http://boydgraves.com

Eine »Waffe zur Bevölkerungskontrolle«:
www.agoracosmopolitan.com/home/Frontpage/2007/10/19/01898.html

Anzeige zur Überbevölkerung: Anzeige in der Zeitschrift *Foreign Affairs,* Jhrg. 75, Nr. 2 (März–April 1996), hrgb. vom *Council on Foreign Relations*

Überbevölkerung – eine dringliche Sorge:
http://www.timesonline.co.uk/tol/news/world/us_and_americas/article6350303.ece

Geschichte wiederholt sich: Horowitz und Puleo, a. a. O., S. 226

Anweisungen von Henry Kissinger: http://www.cfr.org/publication/18515/remarks_
by_national_security_adviser_jones_at_45th_munich_conference_on_security_policy.html

Rockefeller-Interessen: Scott und Scott, a. a. O., S. 12

Dr. Rifes Entdeckung

Einen unzugänglichen, verbohrten Verstand kann man nicht überzeugen:
http://www.rense.com/health/rife.htm

Harry Hoxsey wurde in den Wahnsinn getrieben: ebenda

Der Prozess gegen James Folsom und seine Verurteilung:
http://www.rifewiki.org/wiki/Jim_Folsom_Trail; http://www3.signonsandiego.com/
stories/2009/feb/18/bn18convict-medical-scam/?zIndex=55119

Das Urteil gegen James Folsom: http://www.usdoj.gov/usao/cas/press/cas90219-Folsom.pdf

FDA – Überprüfung medizinischer Geräte:
http://www.fda.gov/NewsEvents/Newsroom/PressAnnouncements/ucm149560.htm

Kommentare von Unterstützern: http://www.rifewiki.org/wiki/Jim_Folsom_Trail

Medikation der Bevölkerung

Pharmariesen

Fünf Pharmakonzerne entwickeln und produzieren 159 Millionen Dosen eines Impfstoffs
gegen Schweinegrippe: http://articles.mercola.com/sites/articles/archive/2009/10/13/
Dr-Oz-Helps-Shill-the-Flu-Vaccine.aspx

Dr. Marcia Angell zum Aufstieg der Pharmagroßkonzerne: http://nybooks.com/articles/17244

Angell sieht eine Wende 1980: ebenda

Krankreden und Erfinden von Krankheiten: Dr. Michael Wilkes, »Inside Medicine:
Some ›diseases‹ invented for profit«, in: *Sacramento Bee,* 26. Mai 2007

Dr. Sharon Levine über »neue Medikamente«, die durch den »Austausch nur eines Moleküls«
entstehen: Peter Jennings Special, »Bitter Medicine: Pills, Profit, and the Public Health«, in:
ABS Television, 29. Mai 2002

Angell über vom Steuerzahler finanzierte Forschung für Privatunternehmen:
http://nybooks.com/articles/17244

Direktwerbung für Medikamente

Verkaufte Medikamente pro für Werbung investierten Dollar:
www.consumerreports.org/health/prescription-drugs/adwatch/overview/adwatch-hub.htm

Verbraucher-Direktwerbung 2008: http://www.biojobblog.com/tags/ddmac/

Schmerzmittel *Vioxx* als Beispiel für schädliche Folgen von Verbraucher-Direktwerbung:
http://www.piribo.com/publications/general_industry/world_pharmaceutical_market_2007.
html; http://www.piribo.com/publications/general_industry/pharmaceutical_market_
trends_2008_2012.html

Verbraucher-Direktwerbung einseitig: http://www.biojobblog.com/2009/07/articles/
biobusiness/several-us-legislators-begin-to-seriously-scrutinize-directtoconsumer-advertising/

Vergleich: Preis von Markenmedikamenten mit den Kosten für die Wirkstoffe: http://liberty.
hypermart.net/voices/2003/Actual_Costs_Of_Making_These_Popular_Prescription_Drugs.htm

Pfizer muss höchste Geldstrafe der amerikanischen Geschichte zahlen:
http://www.newsday.com/business/pfizer-to-pay-record-2-3bn-penalty-over-promotion-
1.1416017?localLinksEnabled=false

Lord Oliver Franks und Wellcome Trust: Mullins, a. a. O., S. 345

Mitglieder des Round Table über die ganze Welt verbreitet: Dr. John Coleman,
Conspirators' Hierarchy: The Story of the Committee of 300, Carson City 1992, S. 153

Carroll Quigley über ein internationales anglophiles Netzwerk: Carroll Quigley,
The World Since 1939: A History, New York 1968, S. 290

Rockefellers Medizinmonopol: Mullins, a. a. O., S. 321

Standard Oil und I. G. Farben: Charles Higham, *Trading with the Enemy:
An Expose of the Nazi-American Money Plot 1933–1949,* New York 1983, S. 46ff.

Aspartam

Dr. Louis J. Elsas über Phenylalanin: http://www.dorway.com/dr-elsas.txt

Dr. Madelon Price über die Folgen der Aufnahme von Aspartam auf Nagetiere:
http://www.myaspartameexperiment.com/index.php?page=7

Dr. Adrian Gross über »Schutz der Öffentlichkeit«:
http://newswithviews.com/NWVexclusive/exclusive15.htm

Dr. H. J. Roberts und die Wechselwirkung zwischen Aspartam und Medikamenten:
http://wnho.net/aspartame_interacts.htm

Dr. Betty Martini über die Zulassung von Aspartam:
http://newswithviews.com/NWVexclusive/exclusive15.htm

FDA-Chef Arthur Hull Hayes: http://americanfraud.com/arthurhayes.aspx

Searle-Verkäuferin Patty Wood Allott: http://www.soundandfury.tv/pages/rumsfeld.html

Donald Rumsfeld und das Unternehmen *Gilead Science:*
http://money.cnn.com/2005/10/31/news/newsmakers/fortune_rumsfeld/?cnn=yes

Pharmakonzerne machen sich »Institutionen gefügig«: http://nybooks.com/articles/17244

Spenden der Pharmakonzerne an Politiker und Parteien:
http://www.opensecrets.org/pres08/select.php?Ind=H04

Eine »aufgerüttelte und entschlossene Öffentlichkeit«: ebenda

Psychopharmaka für Kinder

Abstimmung im Repräsentantenhaus von Connecticut:
http://www.namiscc.org/newsletters/Sept01/Alternative.htm#connecticut

Untersuchung der Universität von Wisconsin: http://omnihealthcaregroup.com/ADD.htm

Alan Larson über Lehrer, die mit aktiven Kindern nicht zurechtkommen: Brice Wiseman,
Psychiatry: The Ultimate Betrayal, Los Angeles 1995, S. 287

Krankheit nicht nachzuweisen: P. R. Breggin, *Toxic Psychiatry,* New York 1991,
Kapitel 12 und 13

Zahl klinischer, beratender Kinder- und Schulpsychologen wächst ständig:
http://stats.bls.gov/oco/ocos056.htm#projections_data

Dr. Loren R. Mosher über DSM-IV als »Methode, an Geld zu kommen«:
http://usa.mediamonitors.net/content/view/full/24876

Psychiatrie auch heute möglicherweise der Öffentlichkeit noch suspekt: Wiseman, a. a. O., S. 31

Dr. Helmut Remschmidt: Dr. Thomas Röder, Volker Kubillus und Anthony Burwell,
Psychiatrists – The Men Behind Hitler, Los Angeles 1995, S. 136f, 142f.

105 Nebenwirkungen von Ritalin: Wiseman, a. a. O., S. 285

Weltgesundheitsorganisation vergleicht Ritalin mit Kokain: Kelly Patricia O'Meara,
»New Research Indicts Ritalin«, in: *Insight on the News,* 1. Oktober 2001

Dr. Breggin zu Luvox und dem Amoklauf in Columbine:
http://www.wnd.com/news/article.asp?ARTICLE-ID055310

Statistiken, die nur äußerst selten in den Nachrichten erwähnt werden:
http://www.teenscreentruth.com/index.html

Schulmassaker in der Regel im Zusammenhang mit Einnahme von Psychopharmaka:
Dr. Julian Whitaker, MD, »Prescription Drugs – The Reason Behind the Madness«, in:
Health and Healing, November 1999

Psychiatrie und Eugenik

Geschichte der Psychiatrie

Einfluss der Psychiatrie auf Hitler: Röder, Kubillus und Burwell, a. a. O., S. 8

Fritz Kaufmanns »Elektroschocktherapie« und die Rolle des Psychiaters als »Richter über die geistige Gesundheit«: Ebenda, S. 26ff.

Dr. Ernst Rüdin wird noch 1992 dafür gelobt, dass er »seinen eigenen Überzeugungen in Fragen der ›Rassenhygiene‹ treu geblieben« sei: Ebenda, S. 95

Montagu Norman ernennt John Rawling Rees zum Chef der *Tavistock Psychiatric Clinic*: Webster Griffin Tarpley und Anton Chaitkin, *George Bush: The Unauthorized Biography*, Washington 1992, S. 69

Eine geheime »Fünfte Kolonne«: Dr. John Rawling Rees, »*Strategic Planning for Mental Health*«, in: *Mental Health 1*, Nr. 4, 18. Juni 1940, S. 103f.

Beverly Eakman über Rees und seine Gesinnungsgenossen:
http://www.thenewamerican.com/index.php/culture/family/2074-the-new-face-of-psychiatry

Beverly Eakman sieht die Gefahr, dass »unter dem Vorwand, emotionale ›Krankheiten‹ verhindern zu wollen, abweichende politische Meinungen unterdrückt werden« könnten: a. a. O.

Eugenik

Zitat von Oliver Wendell Holmes: Robert N. Proctor, *The Nazi War on Cancer*, Princeton 1999, S. 21.

Edwin Black über Eugenik: http://hnn.us/articles/1796.html

Bilanz der Lobbyorganisation *Planned Parenthood* sowie Liste der Direktoren:
http://www.plannedparenthood.org/files/AR08_vFinal.pdf

Die Psychologie des Konservatismus

Die »Psychologie des Konservatismus«:
http://www.berkeley.edu/news/media/releases/2003/07/22_politics.html

Politischer Konservativismus als »Befriedigung psychologischer Bedürfnisse«:
http://terpconnect.umd.edu/~hannahk/bulletin.pdf

Dr. José M. R. Delgado über »elektronische Stimulierung des Gehirns«: http://psychquotes.com/

Medikation von Frauen und Kindern

Evelyn Pringle über die wahren Ziele des »Mother's Act«:
http://counterpunch.com/pringle04072009.html

Mike Adams über die Zunahme von Autismus und einen möglichen Zusammenhang mit
Impfstoffen: http://www.naturalnews.com/027179_John_Travolta_vaccines_autism.html

Bericht der Rechtsanwaltskanzlei Dawbarns über Impfstoffe: http://hans.org/magazine/164/

Dr. Joseph Mercola über die Quecksilberverbindung Thiomersal und Autismus:
http://articles.mercola.com/sites/articles/archive/2009/08/06/Proof-That-Thimerosal-Induces-
AutismLike-Neurotoxicity.aspx

Mike Adams über »bipolare affektive Störung« und die immensen Gewinne der
Pharmakonzerne: http://www.naturalnews.com/019390.html

David Healy über »pseudowissenschaftliches Geschwätz« und gefährliche Psychopharmaka:
http://www.psychologytoday.com/blog/side-effects/200904/
bipolar-disorder-and-its-biomythology-interview-david-healy?page=2

Grippe und andere schweinische Ideen

Medikamente lassen die Kasse klingeln

Dr. Bruce Levine über die Pharmaindustrie:
http://onlinejournal.com/artman/publish/article_4638.shtml

Das Institut für Psychiatrie an der Emory Universität:
http://brodyhooked.blogspot.com/search?q=emory+university+justify

Zahlungen an Dr. Charles Nemeroff:
http://s.wsj.net/public/resources/documents/SenateLetter081003.pdf

Pharmakonzerne finanzieren Interessengruppen:
http://cchrint.org/psycho-pharmaceutical-front-groups/

Frühere CDC-Chefin Dr. Julie Gerberding zur Leiterin der Abteilung Impfstoffe bei Merck
ernannt: http://topnews.us/content/29115-dr-julie-gerberding-named-president-mercks-
vaccine-division

Mike Adams will Gesetz, das es Mitarbeitern von Gesundheitsbehörden lebenslang verbietet,
für die Pharmaindustrie zu arbeiten:
http://www.naturalnews,com/027789_Dr_Julie_Gerberding_Merck.html

Adjuvantien und Squalen

Dr. Wolfgang Wodarg über »Panikkampagne« im Zusammenhang mit Schweinegrippe:
http://www.nspm.rs/nspm-in-english/swine-flu-they-organized-the-panic.html

Dr. Russell Blaylock über *Novartis* und Adjuvantien: http://socioecohistory.wordpress.com/
2009/07/15/dr-russell-blaylock-vaccine-may-be-more-dangerous-than-swine-flu/

Amerikanische Soldaten wurde Squalen zusammen mit Impfstoff injiziert:
http://groups.google.la/group/misc.health.alternative/browse_thread/thread/fd4bce97971da453

Das *Military Vaccine Ressource Directory*: http://www.mvrd.org/showpage.cfm?ID=69

Aussage von Prof. Robert F. Garry vor dem Kongressausschuss für Nationale Sicherheit,
Veteranenangelegenheiten und Internationale Beziehungen (2002):
http://autoimmune.com/SubcommitteeRFGarry24Jan02.html

Squalen in Impfstoffen und dänische Gesundheitsbehörden:
http://groups.google.la/group/misc.health.alternative/browse_thread/thread/fd4bce97971da453

Schädliche Nebenwirkungen bei Impfungen gegen Schweinegrippe:
http://www.fluscam.com/Vaccine_Package_Inserts_files/Novartis_A-H1N1_2009_Monvalent_
VaccinePackageInsert_BasedOn1980Approvalfor%20Fluvirin_UCM182242.pdf

Elternbefragung zu Schweinegrippe:
http://latimes.com/news/nationworld/nation/la-sci-parents-flu25-2009sep25,0,579663.story

Dr. Ethan Rubinstein und kanadische Studie zeigen, dass Impfungen das Risiko,
an Schweinegrippe zu erkranken, erhöhen: http://www.theglobeandmail.com/news/
technology/science/studie-prompts-provinces-to-rethink-flu-plan/article1303330/

Medizinisches Personal steht Schweinegrippe-Impfung skeptisch gegenüber:
http://www.bmj.com/cgi/content/abstract/393/aug25_2/b3391

Disziplinarmaßnahmen und Kündigungsdrohung bei Impfweigerung:
http://www.timesunion.com/AspStories/story.aps?storyID=836256&category=BUSINESS

Zahl der Erkrankten maßlos übertrieben; Georgetown-Universität:
http://www.cbsnews.com/stories/2009/10/21/cbsnews_investigates/main5404829.shtml

Sanofi Pasteur startet Rückrufaktion von H1N1-Impfstoff: http://www.boston.com/news/local/
connecticut/articles/2010/02/02/conn-says_h1n1_manufacturer_recalling_doses/

Die Kansas-City-Pandemie des Jahres 1921

Dr. A. True Ott und der Betrug mit der angeblichen Pockenepidemie in Kansas City:
http://www.open.salon.com/blog/gordon_wagner/2009/08/24/vaccine-induced_disease_
epidemic_outbreaks

Polioimpfstoff enthält SV-40: http://www.thinktwice.com/Polio.pdf, siehe auch: Ed Haslam,
Dr. Mary's Monkey, Walterville 2007

Gesundheitsministerin Kathleen Sebelius beschließt Straffreiheit für Pharmakonzerne: http://www.ktraditionetwork.com/2009/07/24/makers-of-swine-flu-vaccinecant-be-sued/

Obergefreiter Josef Lopez und der Veteranenverband: http://www.kansascity.com/105/story/1415095.html

Impfungen gegen Schweinegrippe für Militärangehörige verpflichtend: http://hamptonroads.com/2009/09/dod-service-members-must-get-swine-flu-vaccine

Impfungen für Schulkinder: http://www.kxan.com/dpp/health/health_centers/ wwlp_ap_health_widespreadvaccinationsforschoolkids_200908171013_2772121

Grippeängste

Obama ergänzt als Senator 2005 Gesetz mit Zusatz für Bemühungen im Kampf gegen Vogelgrippe: http://www.democrats.senate.gov/newsroom/record.cfm?id=248082&

Christopher Bona über »technische und menschliche Fehler« bei *Baxter International*: http://www.torontosun.com/news/canada/2009/02/27/8560781.html

Eine tödliche Mischung: http://preventdisease.com/news/09/031109_baxter.shtml

Baxters Vorgehen entspricht biologischem Terrorismus: http://preventdisease.com/news/09/031109_baxter.shtml

Klagen gegen *Baxter International* wegen HIV-kontaminierter Blutkonserven: http://www.guardian.co.uk/society/2007/sep03/health

Fehlfunktionen bei Dialysegeräten: http://www.berkeleydailyplanet.com/issue/2001-10-19/article/7605

Baxter verkauft chinesisches verunreinigtes Heparin: http://www.washingtonpost.com/wp-dyn/content/article/2008/03/14/AR2008031403050.html

Kentucky regelt Vorwürfe gegen *Baxter* wegen überteuerter Medikamente außergerichtlich: http://www.kypost.com/content/news/commonwealth/story/ Conway-Announces-Multi-Million-Dollar-Settlement/srxPJ5GaiU2gqFfhozY9-g.cspx

Baxters Patentzulassung: http://www.theoneclickgroup.co.uk/documents/vaccines/ Baxter%20Vaccine%20Patent%20Application.pdf

Impfstoffe können durch Viren – auch HIV – kontaminiert werden: http://socioecohistory.wordpress.com/2009/07/15/ dr-russell-blaylock-vaccine-may-be-more-dangerous-than-swine-flu/

Novartis und I. G. Farben: http://www.britannica.com/EBchecked/topic/282192/IG-Farben

Fragwürdige Drogengesetze

Verhaftungen erreichen Rekordstand: http://www.norml.org/index.cfm?Group_ID=7698

Mike Adams zum Scheitern des »Krieges gegen die Drogen«:
www.naturalnews.com/027257_hemp_America_farmers.html

Jeffrey A. Tucker über die wahren Schrecken der neuen Prohibition: http://mises.org/story/3772

Bildung auf niedrigstem Niveau

Ein nivelliertes Bildungssystem

Brandon Dutcher zu Schulleistungstest: http://www.newson6.com/global/story.asp?s=11141949

Matthew Ladner und die High-School-Untersuchung: Die vollständige Studie findet man unter
http://www.ocpathink.org/publications/perspective-archives/
september-2009-volume-16-number-9/?module=perspective&id=2321

Highschool-Abschlussprüfungen vereinfacht:
http://www.nytimes.com/2010/01/12/education/12exit.html

Ein trauriger und unheilverkündender Zustand: Mark Bauerlein, *The Dumbest Generation: How the Digital Age Stupefies Young Americans and Jeopardizes Our Future*, New York 2009

Gotische Kathedralen können nicht mit SMS konkurrieren: Bauerlein, a.a.O., S. xii

Die Videogeneration

Untersuchung Generation M[edien]: http://www.kff.org/entmedia030905nr.cfm

Lesen hat positivere Auswirkungen als Fernsehkonsum: Bauerlein, a.a.O., S. 89

»Bildschirmintelligenz« fördert weniger Transferleistungen: Bauerlein: a.a.O., S. 95

Lesen ist »kontraproduktiv«: Bauerlein, a.a.O., S. 41ff.

Ein gescheitertes Schulsystem

Wirtschaft will keine kritischen Denker, die das System gefährden: John Taylor Gatto, *Dumbing US Down: The Hidden Curriculum of Compulsory Schooling*, Philadelphia 1992, S. xiii

Arbeiter, keine Denker

Erziehung und Bildung soll den freien Willen brechen:
http://newcitizenship.blogspot.com/2008/03/fichte.html

Die *Lincoln-School* in New York City:
http://www.britannica.com/eb/article-9001067/Nwe-Lincoln-School

Eustace Mullins über die »gefährliche Ideologie« dieser Schule:
http://www.mega.nu:8080/ampp/rockroth.html

Die *Encyclopaedia Britannica* und William Benton:
http://www.nytimes.com/1995/05/16/business/slow-to-adapt-encyclopaedia-britannica-is-for-sale.html; http://en.wikipedia.org/wiki/William_Burnett_Benton

Paolo Lionni über die Highschool-Absolventen des Jahres 1900:
http://www.sntp.net/education/leipzig_connection_6.htm

Rockefellers Vision »einer neuen Gesellschaftsordnung für das industrielle Zeitalter«:
William H. Watkins, *The White Architects of Black Education: Ideology and Power in America, 1865–1965*, New York 2001, S. 133f.

Der GEB-Vorsitzende Frederick T. Gates und sein Traum von »unerschöpflichen Ressourcen«:
http://www.sntp.net/education/leipzig_connection_6.htm

Dr. Chester M. Pierce über »kranke Kinder«: http://psychquotes.com

Lionni über »Übermaß an Engagement und Kontrolle für eine Clique«:
http://www.sntp.net/education/leipzig_connection_6.htm

Weitere von Rockefeller unterstützte Institutionen:
http://archive.rockefeller.edu/publications/resrep/rosel.pdf

Norman Dodd über das Bestreben, den Finanz- und Bildungssektor unter Kontrolle zu bringen: A. Ralph Epperson, *The Unseen Hand: An Introduction to the Conspiratorial View of History,* Tucson 1985) S. 209

Beverly Eakman über Bildung als ein Mittel, die festen Wertstrukturen und Überzeugungen der Kinder zu verändern:
http://www.thenewamerican.com/index.php/culture/family/2074-the-new-face-of-psychiatry

Eine Lawine von Amokläufen und Massenmorden an Schulen: Eakman, a.a.O.

CIA an der Universität: http://www.counterpunch.org/gibbs04072003.html

Computerspiele sollen Kompetenzen fördern, die Arbeitgeber benötigen:
http://fas.org/gamesummit/Resources/Summit%20on%20Educational%20Games.pdf

Was tun Schüler in den Klassenräumen: Neil Postman und Charles Weingartner, *Teaching als a Subversive Activity,* New York 1969, S. 19f.

Völlige Abhängigkeit von der Autorität des Lehrers: a.a.O., S. 143

»Twixter«

Zahl der 26-Jährigen, die noch bei ihren Eltern leben, verdoppelte sich seit 1970:
http://www.time.com/time/magazine/article/0,9171,1018089-2.00.html

Hohe Verschuldung dieser »Twixter« genannten Personengruppe:
http://www.time.com/time/magazine/article/0,9171,1018089-3.00.html

DRITTER TEIL
WIE MAN ZOMBIES KONTROLLIERT

Herrschaft der Medien

Ted Turner über die fünf Medienkonzerne, die die Massenmedien kontrollieren:
http://www.brainyquote.com/quotes/keywords/control_2.html

Regierungskonforme Nachrichten

Leo Bogart über den Druck, dem Journalisten ausgesetzt sind:
http://www.freedomforum.org/publications/msj/courage.summer2000/t09.html

Robert McChesney über Journalisten, die keine Fragen mehr stellen:
http://www.socialistproject.ca/bullet/246.php

Angstmacherei

George W. Bush über Bedrohungen der USA:
http://seattletimes.nwsource.com/html/nationworld/2002795922_bush10.html

Bush und der angeblich vereitelte Anschlag in Los Angeles: Deb Riechmann,
»Bush Says Cooperation Thwarted 2002 Attack«, in: Associated Press, 9. Februar 2006

Der Bürgermeister von Los Angeles, Antonio Villaraigosa, sieht sich »hinters Licht geführt«:
Michael R. Blood, »L. A. Mayor Blindsided by Bush Announcement«, in Associated Press,
9. Februar 2006; http://www.sfgate.com/cgi-bin/article.cgi?f=/n/a/2006/02/10/national/
a023740S10.DTL&type=printable

Doug Thompsons Internetblog:
http://www.capitolhillblue.com/artman/publish/article_8124.shtml

US-Außenminister Colin Powells Äußerungen zur Aufgabe von Freiheitsrechten: Frank Bruni,
»Bush Taps Cheney to Study Antiterrorism Steps«, in: New York Times, 8. Mai 2001

Der Patriot Act

Abgeordneter Ron Paul: http://www.federalobserver.com/archive.php?aid=847

Paul über fehlende Möglichkeiten der Parlamentarier, sich angemessen über das Gesetz zu informieren: ebenda

Kelly O'Meara: Vierter Zusatzartikel der Verfassung außer Kraft gesetzt: Kelly Patricia O'Meara, »Police State«, in: *Insight Magazine*, 9. November 2001

Glenn Greenwald über den »Enemy Belligerent Interrogation, Detention and Prosecution Act of 2010«: http://www.alternet.org/rights/146081/mccain_and_lieberman%27s

Laser und Taser

David Banach: Wayne Perry, »*Man Charged Under PATRIOT Act-Feds Admit Not a Terrorist*«, in: *Associated Press*, 5. Januar 2005; http://wcbstv.com/topstories/David.Banach.Laser.2.233378.htm

Von der Regierung eingesetzte Laser: http://www.cnn.com/2005/TECH/04/15/laser.warn/

Kevin Omas Tod durch Taser-Einwirkung: http://www.amnestyusa.org/document.php?lang=e&id=ENGAMR510302006

Polizeitaktiken

Früherer Landespolizist Greg Evensen aus Kansas über Straßensperren: http://www.newswithviews.com/Evensen/greg142.htm

Obama zu Geheimdienstberichten und Truppenverstärkungen: http://www.globalresearch.ca/index.php?context=viewArticle&code=BUR20090329&articleId=12943

Identifizierung von Terroristen

Paul Joseph Watson über unabhängige Medien als »potenzielle Terrorgefahr«: http://republicbroadcasting.org/?p=1719

Terrorbroschüre des texanischen Ministeriums für öffentliche Sicherheit: »Terrorism: What the Public Needs to Know«, prepared and distributed by the *Texas Department of Public Safety's Counterterrorism Intelligence Unit*, Juli 2004. Exemplar im Besitz des Verfassers

Unangemessener Polizei-Einsatz bei G-20-Treffen Ende 2009 in Oakland: http://www.post-gazette.com/pg/09271/1001494-100.stm?cmpid=latest.xml

Nicht mehr Amerika, wie wir es schätzen: http://www.wnd.com/index.php?fa=PAGE.view&pageId=108307

Obamas Rede an die amerikanischen Schüler

Tommy Wietor, Sprecher des Weißen Hauses, über Änderungen des Wortlautes:
http://blogs.abcnews.com/politicalpunch/2009/09/
obamas-back-to-school-message-scribbled-with-some-controversy.htm

Schulinspektor Arthur Tate aus Tempe im US-Bundesstaat Arizona erklärt Rede des
Präsidenten gegen den Widerstand einiger Eltern als verbindlich:
http://www.foxnews.com/politics/2009/09/03/parents-object-obamas-national-address-students/

Vorsichtige Kritik an Obama-Lobliedern:
http://www.msnbc.msn.com/id/33031485/ns/us_news-education/

Kontrolle der Regierung

Nationaler Sicherheitsberater General Jones erhält Anordnungen von Henry Kissinger:
http://www.cfr.org/publication/18515/remarks_by_national_security_adviser_jones_at_45th_
munich_conference_on_security_policy.html

Nancy Gibbs zur Verleihung des Friedensnobelpreises an Obama:
http://www.time.com/time/politics/article/0,8599,1929395,00.html

Hillary Clinton nutzt Raketenabwehrsystem als Verhandlungsanreiz: http://www.nepalnews.net/
story/465015; http://www.usatoday.com/news/world/2009-03-03-missile_N.htm

Raketenabwehrsystem vom Tisch:
http://www.nytimes.com/2009/09/18/world/europe/18shield.html?_r=2&hp

Der Einfluss des Council on Foreign Relations

Mitglieder des *Council on Foreign Relations*, die zugleich dem Kabinett Obama angehören:
Robert Gaylon Ross Sr., *Who's Who of the Elite*, Spicewood 1995, S. 15–89

Mitglieder der Trilateralen Kommission im Kabinett Obama und Patrick Wood:
http://www.projectcensored.org/top-stories/articles/22-obamas-trilateral-commission-team/

Barry Goldwater zur Trilateralen Kommission:
http://buchanan.org/blog/a-chronological-history-of-the-new-world-order-604

Eine gutbezahlte Truppe

Obama spielt Golf mit *UBS*-Vorstandschef Robert Wolf und Bradley Birkenfeld wird bestraft:
http://www.indybay.org/newsitems/2009/08/27/18619904.php

Dr. Paul L. Williams beklagt zu großen und zu teuren Mitarbeiterstab der First Lady:
http://canadafreepress.com/index.php/article/12652

Zitat Michelle Obama: http://www.afro.com/DesktopModules/EngagePublish/
printerfriendly.aspx?itemId=1457&PortalId=1&TabId=456

Stabsmitarbeiter des Weißen Hauses und ihre Gehälter:
http://www.whitehouse.gov/assets/documents/July1Report-Draft12.pdf

Liste der Stabsmitarbeiter des Weißen Hauses (2008):
http://www.snopes.com/politics/obama/firstlady.asp;
http://www.washingtonpost.com/wp-srv/opinions/graphics/2008stafflistsalary_title.html

Hilfe für Hamas-Terroristen

Obama stellt Gelder für Umsiedlung palästinensischer Flüchtlinge zur Verfügung:
http://edocket.access.gpo.gov/2009/E9-2488.htm

Muammar al-Gaddafi: http://www.politicsforum.org/forum/viewtopic.php?t=96914

Obamas zivile Armee

Zivile Sicherheitskräfte und entschärfte Formulierungen:
http://www.wnd.com/index.php?fa=PAGE.view&pageId=80539

ACORN und SEIU

David Brown beschreibt tätlichen Angriff auf Kenneth Gladney:
http://www.americanthinker.com/blog/2009/08/will_obama_condemn_racist_unio.html

ACORN-Videos und heftige Gegenreaktionen:
http://online.wsj.com/article/SB125271412822705239.html?mod=googlenews_wsj

ACORN werden staatliche Zuschüsse gestrichen:
http://www.breitbart.com/article.php?id=D9ANCH580&show_article=1

»Korrupte Organisation«:
http://news.yahoo.com/s/ap/20090917/ap_on_go_co/us_congress_acorn

TIPS und andere Schnüffeleien

Fidel Castros Komitee zur Verteidigung der Revolution: Isabel Garcia-Zarza, »*Big Brother at 40: Cuba's revolutionary neighborhood watch System*«, in: *Reuters*, 12. Oktober 2000

Widerstand der Bürgerrechtsunion ACLU gegen TIPS: Randolph E. Schmidt, »*Postal Service Won't Join TIPS Program*«, in: *Associated Press*, 17. Juli 2002

John Whitehead über »Schnüffler« der Regierung:
http://www.issues-views.com/index.php?print=1&article=23040

Tom Ridge (Heimatschutzministerium) will nicht, dass Amerikaner ihre Landsleute
ausspionieren: http://www.foxnews.com/story/0,2933,57874,00.html

TIPS verändert seine Internetseite: http://www.thememoryhole.org/policestate/tips-changes.htm

Polizeichefs unterstützen iWATCH-Programm:
http://www.usatoday.com/news/topstories/2009-10-03-197785316_x.htm

Konfiszierung von Eigentum

Bezahlung von Informanten, Beschlagnahmungen und der AFF: Dennis G. Fitzgerald,
Informants and Undercover Investigations: A Practical Guide to Law, Policy, and Procedure,
Boca Raton 2007, S. 64

Die Abgeordneten Henry Hyde und Bob Barr über die Beschlagnahmung von Eigentum:
http://www.law.cornell.edu/background/forfeiture/

Chemtrails

John Holdren über Pläne, umweltschädliche Substanzen in den oberen Schichten der
Atmosphäre zu versprühen: http://www.nypost.com/p/news/politics/
bam_man_cool_idea_block_sun_2Opipflho393Yi7gYoJLXP

Paul Crutzens Vorschlag, Flugzeuge sollten Schwefelpartikel in der Stratosphäre abladen:
http://www.prisonplanet.com/secret-geo-engineering-projects-threaten-unknown-
environmental-dangers.html; dazu auch: http://www.omega432.com/scalar.html

Erderwärmung

Al Gores Investitionen in Energieunternehmen:
http://www.capitalresearch.org/pubs/pdf/v1185475433.pdf

TCPR über Al Gores privaten Stromverbrauch:
http://www.chattanoogan.com/articles/article_11979.asp

Al Gore vergleicht Erderwärmungskritiker mit Finanzbetrüger Bernie Madoff:
http://congress.blogs.foxnews.com/tag/al-gore/

Sam Kazman und der Verlust von Rohdaten zum globalen Temperaturanstieg: http://cei.org/
news-release/2009/10/05/govt-funded-research-unit-destroyed-original-climate-data

Alfred Lambremont Webre über einseitige Medienberichterstattung:
http://www.examiner.com/examiner/x-2912-Seattle-Exopolitics-Examiner~y2009m5d23-
Solar-cycle-24-solar-flares-social-collapse-or-crushing-cold-temperatures-and-global-famine

Menschliches Atemprodukt zur Gefahr für die Gesundheit erklärt:
http://www.cleveland.com/business/index.ssf/2009/12/epa_declares_carbon_dioxide_a.html

Richard S. Lindzen erklärt: CO_2 ist keine umweltschädliche Substanz:
http://www.populartechnology.net/2008/11/carbon-dioxide-co2-is-not-pollution.html

Nancy Pelosi über »Gesetz, das in die Zukunft weist«:
http://www.politico.com/news/stories/0609/24232.html

Obama vor Studenten der Universität von New Hampshire:
http://www.barackobama.com/2007/04/20/barack_obama_unveils_initiativ.php

Ein Polizeistaat

Ein Gesetz für den Ausnahmezustand

Der »Model State Emergency Health Powers Act«:
http://www.usatoday.com/news/healthscience/2002-07-22-states-healthlaw_x.htm

Anthrax-Erreger aus amerikanischen Militärbeständen:
http://www.nytimes.com/2001/12/03/national/03POWD.html

Internierungslager

Geschichte der Unterdrückung in Krisenzeiten: Pamela Sebastian Ridge und Milo Geyelin,
»*Civil Liberties of Ordinary Americans May Erode – Legally – Because of Attacks*«, in:
New York Times, 17. September 2001

Janet Renos Kommentar: Jim Burns, »*William Bennett Hopes to Shape Public Opinion of
War on Terrorism*«, in: *Cybercast News Service*, 12. März 2002

Senator Richard J. Durbin fordert Anhörungen zu Folter:
http://www.freerepublic.com/focus/f-news/1425102/posts

Durbin entschuldigt sich für Äußerungen:
http://www.washingtonpost.com/wp-dyn/content/article/2005/06/21/AR2005062101654.html

Ashcroft eine Bedrohung für Freiheitsrechte:
http://articles.latimes.com/2002/aug/l4/opinion/oe-turley14

Bauunternehmen KBR schließt Vertrag mit Heimatschutzministerium über den Bau von
»Einrichtungen für den Notfall«: http://www.marketwatch.com/story/kbr-awarded-homeland-
security-contract-worth-up-to-385m?dateid=38741.5136277662-858254656

Camp FEMA

FEMA plant riesige Übergangslager:
http://archive.newsmax.com/archives/articles/2002/7/14/214727.shtml

Internierungslager: Interview des Autors mit Oberstleutnant Craig Roberts (a. D.),
22. September 2009

Notstandsauffanglager in militärischen Einrichtungen:
http://www.opencongress.org/bill/111-h645/show

Gelände der Landwirtschaftsmesse in Virginia als Notstandslager:
http://www2.timesdispatch.com/rtd/news/local/article/MEAD15_20090914-215004/292878/

Militär sucht per Stellenanzeige »Internierungs- und Umsiedlungsspezialisten«:
http://www.goarmy.com/JobDetail.do?id=292

Die »American Police Force«

AFP-Hochsicherheitsgefängnis und Polizeischule in Hardin im US-Bundesstaat Montana:
http://www.kulr8.com/news/local/62465902.html;
dazu auch: http://www.youtube.com/watch?v=8Y5qL3Vi9H0

Die *American Police Force* und ihr »virtuelles Büro« in Washington:
http://www.guardian.co.uk/world/feedarticle/8705379

Die *American Police Force* und ihr serbisches Emblem:
http://www.americanpolicegroup.com/index.html

Einwohner aus Harding erklärt anonym:
http//disc.yourwebapps.com/discussion.cgi?id=149495;article=126560

Paul Joseph Watson über Verbindungen von AFP zu Blackwater:
http://www.prisonplanet.com/exposed-american-police-force-is-a-blackwater-front-group.html;
http://www.prisonplanet.com/investigation-could-sink-american-police-force.html

Blogger William N. Grigg über paramilitärische Organisationen:
http://freedominourtime.blogspot.com/2009/09/martial-law-is-their-business-and.html

Der Posse Comitatus Act

Das »Phoenix-Program«: Douglas Valentine, »*US Terrorist Attacks: Homeland Insecurity,* in:
Disinformation, 9. Oktober 2001;
http://old.disinfo.com/archive/pages/article/id1631/pg1/index.htm

Kampfverband der Ersten Brigade der Dritten Infanteriedivision in den USA eingesetzt:
http://www.armytimes.com/news/2008/09/army_homeland_090708w/

Militär als Allheilmittel bei der Lösung innenpolitischer Probleme:
Matthew Carlton Hammond, »*The Posse Comitatus Act: A Principle in Need of Renewal*«,
in: Washington University Law Quarterly, Sommer 1997

»Manöver« in Kingsville im US-Bundesstaat Texas:
http://www.wnd.com/news/article.asp?ARTICLE_ID=16957

»Manöver der 101. Luftlandedivision in Troy im US-Bundcesstaat Tennessee:
http://www.clarksvilleonline.com/2009/09/23/
101st-airborne-soldiers-to-conduct-air-assault-training-into-troy-tn/

Britt Snider und die Übung »Garden Plot«: Ron Ridenhour und Arthur Lubow, »*Bringing the War Home*«, in: *New Times,* 28. November 1975; http://www.namebase.org/ppostl4.html

Übung »Cable Splicer« und Reaktionen: http://www.namebase.org/ppostl4.html

Die Bereitschaftsübung »Rex-84« erprobt den Einsatz des Militärs gegen die Zivilbevölkerung:
http://www.publiceye.org/liberty/fema/Fema_3.html

Diana Reynolds and William French Smith: ebenda

»Strategic Support Branch«: http://www.cnn.com/2005/ALLPOLITICS/01/23/pentagon.intel/

Schuldirektor verweigert Zusammenarbeit mit Rekrutierungsbüro: Stellungnahme des
Abgeordneten David Vitter und der Leiterin der Schulbehörde von San Francisco:
David Goodman, »*No Child Unrecruited*«, in: *Motherjones,* November–Dezember 2002

Kindergartenkinder bestraft: »›*Gun-Toting*‹ *Tot Loses Suspension Suit*«,
in: *Associated Press,* 1. Mai 2002

Ellen Schrecker und Nadine Strossen: http://www.progressive.org/0901/roth0102.html

Paul Proctor: »Ausspionieren ist unamerikanisch«:
http://www.newswithviews.com/war_on_terror/war_on_terrorism1.html

Unzureichende Grenzkontrollen

Senator John Warner: http://jurist.law.pitt.edu/forum/forumnew62.php

Der Abgeordnete Tom Tancredo und die »Irrelevanz« des Posse Comitatus Act: James P.
Tucker Jr., »*Defend US Borders with US Army Troops*«, in *American Free Press,* 21. Oktober 2002

John Brinkerhoff (FEMA) über die »Irrelevanz« des Posse Comitatus Act:
http://www.homelandsecurity.org/journal/Articles/brinkerhoffpossecomitatus.htm

Nur 1300 Kilometer der insgesamt 13 851,6 Kilometer langen Grenzen der USA werden
wirksam kontrolliert: http://www.cnsnews.com/com/news/article/54514

Das Office of Strategic Influence

Die *New York Times* über die Glaubwürdigkeit des Pentagon:
http://www.nytimes.com/2002/02/19/international/19PENT.html?pagewanted=all

»Office of Strategic Influence« geschlossen: »*US Closes ›Disinformation‹ Unit*«,
BBC News, 26. Februar 2002

Donald Rumsfeld hält nach Scheitern des OSI an Konzept fest:
http://www.fair.org/index.php?page=1859&printer_friendly=1

Die Oath Keeper

»Oath Keeper«: http://www.oathkeepers.org/oath/

Bob Hanafin betont, es sei ungesetzlich, Befehle zu verweigern:
http://www.veteranstoday.com/modules.php?name=News&file=article&sid=8752&mode=thread&order=0&thold=0

Patrick M. Fahey und der UCMJ, der die Grundlage des amerikanischen Militärrechts bildet:
http://republicdefenders.blogspot.com/2009/10/veterans-today-piece-on-oath-keepers.html

Befehle, deren Befolgung die »Oath Keepers« verweigern würden:
http://oathkeepers.org/oath/2009/10/06/veterans-today-hit-piece-and-an-unofficial-response

Mark Potok und das *Southern Poverty Law Center* (SPLC): http://www.lvrj.com/news/oath-keepers-pledges-to-prevent-dictatorship-in-united-states-64690232.html

Hassverbrechen

SPLC, eine der reichsten Stiftungen des Landes:
http://www.americanpatrol.com/SPLC/ChurchofMorrisDees00100.html

SPLC kritisiert »Minuteman Project « als »regierungsfeindliche Bewegung«:
http://www.splcenter.org/blog/index.php?s=minutemen&submit=

Judy Andreas über »wahllos angreifendes« SPLC: http://www.borderguardians.org/03.html

Joe Solmonese und Jim DeMint zum Gesetz zur Verhinderung von Hassverbrechen:
http://www.southbendtribune.com/article/20091023/News01/910230351/-1/XML

Senator Jeff Sessions über »umstrittenes Gesetz«: ebenda

Die DARPA

Christopher H. Pyle über Pläne der Armee, Amerikaner auszuspionieren:
http://www.mtholyoke.edu/offices/comm/oped/spying2.shtml

James Bamford über den Aufbau einer riesigen »Big Brother«-Datenbank der NSA:
http://www.nybooks.com/articles/23231

Elektronische Überwachung

Senator Frank Church: James Bamford, »*The Agency That Could Be Big Brother*«, in:
New York Times, 25. Dezember 2005

Der Abgeordnete Paul über die Bankvorschriften »Kennen Sie Ihren Kunden«:
Ron Paul, »*Privacy Busters: Big Bank Is Watching*«, in: *Ron Paul Newsletter*, Dezember 1998

Walter Soehnge: Bob Kerr, »*Pay Too Much and You Could Raise the Alarm*«, in:
Providence Journal, 28. Februar 2006

Abgeordneter Butch Otter: http://www.federalobserver.com/archive.php?aid=847

»Another Cave-In on the Patriot Act«, Leitartikel, in: *New York Times*, 11. Februar 2006

Bruce Fein über »Machtmissbrauch«: Liz Halloran, »*Everyone's Spinning the Spying*«, in:
US News & World Report, 13. Februar 2006

Nadine Strossen von der Bürgerrechtsbewegung ACLU:
http://www.ratical.org/ratville/CAH/policeState.html

Gesetz schon viele hundert Mal angewendet:
Mark Mueller, »*To Catch a Monster, Using Anti-Terror Law*«, in: *Star-Ledger*, 14. August 2005

Kommentar von Tucker Bounds:
http://www.sfgate.com/cgi-bin/article.cgi?file=/c/a/2008/07/10/MN3H11ME7C.DTL

Regierung Obama unterstützt PATRIOT Act:
http://www.huffingtonpost.com/2009/09/22/obama-patriot-act-surveil_n_295194.html

Kevin Bankston über »Déjà vu« bei Regierung Obama in Bezug auf PATRIOT Act:
http://www.eff.org/press/archives/2009/04/05

Ron Paul Quote: http://www.federalobserver.com/archive.php?aid=847

Magic Lantern, Fluent, D'tective, Encase

FBIO setzt »Keylogger« ein: http://www.nytimes.com/2001/12/31/technology/ebusiness/
31TECH.9.html; Ted Bridis, »*Anti-Terror Tools Include High-Tech*«, in: *Associated Press*,
28. Oktober 2001; http://multimedia.belointeractive.com/attack/response/1028tech.html

William Newman: Nat Hentoff, »*The Sons and Daughters of Liberty*«, in:
Village Voke, 21. Juni 2002

Berufungsgericht bestätigt, Computerüberwachung ohne Genehmigung zulässig:
http://www.wired.com/politics/law/news/2007/07/fbi_spyware?currentPage=all

Computerprogramme »Fluent« und »Oasis«:
http://www.theregister.co.uk/2001/03/06/cia_patching_echelon_shortcomings/

Wiederherstellung von Videomaterial mit dem Programm »d'tective«:
http://www.oceansystems.com/dtective/

Computerprogramm »Encase« kann gelöschte Daten wieder sichtbar machen:
http://www.encaseenterprise.com/support/articles/restore.aspx

Russ Kicks schlimmste Befürchtungen: http://www.villagevoice.com/2001-02-20/news/gotcha/

Der National ID Act

Ein landesweites Identifikationssystem: http://www.federalobserver.com/archive.php?aid=4309

Janet Napolitano will neuen Anlauf für REAL ID Act nehmen:
http://www.cnn.com/2009/POLITICS/04/22/real.ID.debate/

Ein Chip in der Schulter

Mitarbeiter des NYPD erhielten Identitätskarten mit integriertem Mikrochip:
http://policechiefmagazine.org/magazine/
index.cfm?fuseactions=display_arch&article_id=127&issue_id=102003

Landesweites Identifikationssystem:
http://www.time.com/time/nation/article/0,8599,191857,00.html

Führerschein als Grundlage eines umfassenden landesweiten Identifikationssystems:
http://www.lewrockwell.com/yates/yates64.html

Der »Familienchip«: http://www.hoise.com/vmw/02/articles/vmw/LV-VM-06-02-6.html

Das Video-Überwachungsunternehmen *CityWatcher.com* und Tommy Thompson:
http://www.wnd.com/news/article.asp?ARTICLE_ID=48760

VeriChip-Aktien verdreifachen Wert, nachdem das Unternehmen »implantierbare
Virenerkennungssysteme« gegen Schweinegrippe entwickelt haben soll:
http://www.reuters.com/article/hotStocksNews/idUSTRE58K4BZ20090921

Novartis und Mikrochips, die an Medikamenteneinnahme erinnern sollen:
http://www.dailymail.co.uk/health/article-1215200/
Forgetful-patients-fitted-microchips-remind-pills.html#ixzzOV3lb7dOd

Sheriff Don Eslinger und die GPD-gestützte Überwachung von Personen:
http://www.wired.com/politics/security/news/2002/10/55740

Der texanische Abgeordnete Larry Phillips: http://www.engadget.com/2005/04/07/
texas-state-representative-wants-transponders-in-all-cars/

Siemens entwickelt Gerät, das den Aufenthaltsort von Kindern ermittelt:
http://www.nytimes.com/2001/05/24/living/24QUEE.html?pagewanted=1; dazu auch:
http://www.digitalangel.com/

Gericht erklärt GPS-Überwachung unter bestimmten Bedingungen für rechtmäßig:
http://www.boston.com/news/local/massachusetts/articles/2009/09/18/
sjc_oks_secret_use_of_gps_devices/

Echelon und TEMPEST

Jim Wilson über Echelon und TEMPEST:
http://www.popularmechanics.com/science/defense/1281281.html

Pläne zur »Verbesserung der Sicherheit im Internet«: Ted Bridis, »*US Considers Cybersecurity
Plan*«, in: *Associated Press*, 7. September 2002

Der Cybersecurity Act von 2009

Leslie Harris über Bedrohung der Sicherheit im Internet und den Schutz der Privatsphäre:
http://www.cdt.org/headlines/1196

Larry Selzer kritisiert, dass »das Thema direkte Sache des Präsidenten« sei:
http://www.wnd.com/index.php?fa=PAGE.view&pageId=93966

Jennifer Granick über den Verlust der Privatsphäre:
http://www.motherjones.com/politics/2009/04/should-obama-control-internet

Das Heimatschutzministerium

George W. Bush hielt National Security Act für »dringend notwendig«:
http://news.bbc.co.Uk/2/hi/americas/2031255.stm

Bush zum Heimatschutzministerium: »Bush Signs Homeland Security Bill«, *CNN News*,
25. November 2002

James Joyner über Konzentration aller Abteilungen des neuen Ministeriums an einem Ort:
http://www.outsidethebeltway.com/archives/dhs_new_hq_in_lunatic_asylum/

Obama gibt einige Unterlagen Reagans frei: http://www.allgov.com/
ViewNews/Obama_Opens_Some_Reagan_Records_Kept_Secret_by_Bush_90413

Obama verhindert Veröffentlichung von Gästeliste des Weißen Hauses:
http://www.msnbc.msn.com/id/31373407/ns/politics-white_house/

Oliver Norths Plan für Kriegsrecht in den USA: Alfonso Chardy,
»Plan Called for Martial Law in US«, in: Knight-Ridder News Service, 5. Juli 1987;
dazu auch: http://www.bcrevolution.ca/fema_secrets.htm

John Deans Befürchtungen einer »konstitutionellen Diktatur«:
http://www.bcrevolution.ca/fema_secrets.htm

Timothy H. Edgar und ACLU zeigen Gefahren des Ministeriums auf:
http://www.aclu.org/natsec/emergpowers/144181eg20020625.html

Flugverbotslisten

Timothy Sparapani und Alberto Gonzales: Walter Pincus und Dan Eggen, »325,000 Names
on Terrorism List«, in: Washington Post, 15. Februar 2006

Senator Kennedy und ACLU-Berater Reginald T. Shuford:
http://www.washingtonpost.com/ac2/wp-dyn/A17073-2004Aug19?language=printer

Arizonas Finanzminister Dean Martin:
http://www.theregister.co.uk/2009/07/17/arizona_treasurer_dean_martin_nofly_list/

Dr. Robert Johnson: www.thenation.com/blogs/thebeat?pid=63406

Früherer Heimatschutzminister Michael Chertoff arbeitet für Hersteller von Körperscannern:
http://www.pbs.org/ombudsman/2010/01/scanning_the_source_l.html

Kate Hanni kritisiert Chertoff: http://www.boston.com/news/nation/washington/articles/
2010/01/02/group_slams_chertoff_on_scanner_promotion/

Britischer Abgeordneter Ben Wallace erklärt, Scanner seien nicht in der Lage, Kunststoff,
Chemikalien und Flüssigkeiten zu erkennen: http://www.independent.co.uk/news/uk/
home-news/are-planned-airport-scanners-just-a-scam-1856175.html

Scanner und Spanner

Boian Alexandrov und sein Forschungsteam über Schädigung der DNS durch Körperscanner:
http://arxiv.org/abs/0910.5294

Beweise für Schädigung zu finden, ist schwierig: http://republicbroadcasting.org/?p=6086

Cheryl Johnson von der Abteilung für Verkehrssicherheit am Flughafen von Melbourne:
http://www.prisonplanet.com/admitted-airport-body-scanners-provide-crisp-image-of-your-
genitals.html

Körperscanner verletzten Intimsphäre massiv:
http://www.guardian.co.uk/uk/2010/jan/07/full-body-scan-uk-airport

Paul Joseph Watson über hochaufgelöste Bilder und die Umwandlung in ein Positiv: http://www.infowars.com/inverted-body-scanner-image-shows-naked-body-in-full-living-color/

Marc Rotenberg über das Missbrauchspotenzial der Scanner: http://cnn.org/2010/TRAVEL/01/11/body.scanners/index.html

Machtmissbrauch

Robert Lee Lewis: Interview mit dem Verfasser, Sommer 1999

Zwischenfall in der Bibliothek in Bethesda im US-Bundesstaat Maryland: http://www.washingtonpost.com/wp-dyn/content/article/2006/02/16/AR2006021602066.html

Rebecca Soloman und eine Tüte mit weißem Puder: »Student Falls Victim to TSA Worker's Prank«, in: *Austin American-Statesman,* 24. Januar 2010

Fotografen unter Beschuss

Mike Maginnis verhaftet: http://vigilant.tv/article/2528/photographer-arrested-camera-confiscated-for-taking-snaps-of-hotel

»Fotografie gerät unter Beschuss«: http://photographernotaterrorist.org/events/

David Proeber und seine Speicherkarte: http://carlosmiller.com/2009/02/26/illinois-police-had-confiscated-dramatic-photos-of-gun-wielding-man/

Carlos Miller: http://carlosmiller.com/

SPJ-Vorsitzender Clint Brewer: http://www.spj.org/news.asp?REF=812#812

Laura Sennett und die Hausdurchsuchung: http://www.courthousenews.com/2009/09/25/Photog_Sues_Feds_for_Heavy-Handed_Raid.htm

Kamera läuft

Automobil-Videoüberwachung in Medina im US-Bundesstaat Washington: http://seattletimes.nwsource.com/html/localnews/2009873854_medina16m.html

Der frühere Bürgermeister von Washington, Anthony A. Williams: http://goliath.ecnext.com/coms2/gi_0199-1508565/Mayor-cites-need-for-surveillance.html

Sicherheitsunternehmen *Internet Eyes* setzt auf »sofortiges Benachrichtigungssystem«: http://interneteyes.co.uk/

VIERTER TEIL
WIE MAN ZOMBIES BEFREIT

Andrew Gavin Marshall stellt die Frage: Warum schenkt man diesen Leuten Glauben, deren Worte und Taten sich als falsch erwiesen haben?:
http://www.globalresearch.ca/index.php?context=va&aid=15501

Meinungsfreiheit

Freie Berichterstattung

Forschung zu Massenmedien einschließlich des Internets: http://usa.usembassy.de/media.htm

Irakkrieg eine komplette Katastrophe:
http://legacy.signonsandiego.com/uniontrib/20060303/news_lzle3madsen.html

Pentagon schließt Verträge mit Medienunternehmen:
http://www.usatoday.com/news/washington/2005-12-13-propaganda-inside-usat_x.htm

Wayne Madsen über unabhängige Berichterstattung:
http://www.signonsandiego.com/uniontrib/20060303/news_lzle3madsen.html

Larry Siems und PEN klagen gegen FISA Amendment Act:
http://www.huffingtonpost.com/larry-siems/why-were-challenging-the_b_242843.html

Prinzipien für eine uneingeschränkte und freie Presse:
http://www.newswatch.in/newspaedia/395

Talkshowmoderator Phil Donahue ruft zur Unterstützung der Journalisten auf:
http://mediachannel.org/wordpress/2007/01/26/
no-substitute-for-free-and-unfettered-news-gathering/

Koalition »StopBigMedia.com« gegen Medienkonzentration:
http://www.stopbigmedia.com/=about

Robert McChesney über I. F. Stone und die neuen Internetjournalisten:
http://www.socialistproject.ca/bullet/246.php

Erziehung zu kritischem Denken

Mark Taylor über das Wesen von Bildung: Mark Taylor, e-mail to author, 7. October 2009

404 | DIE BILLIONEN-DOLLAR-VERSCHWÖRUNG

Heimunterricht

Jon Reider und das *National Center for Home Education:*
http://www.hslda.org/docs/nche/000002/00000234.asp

lsabel Shaw and Kelley Hayden:
http://school.familyeducation.com/home-schooling/college-prep/4l108.html

Hai Youngon: Colleges nehmen gerne Heimschüler:
http://davidnbass.eom/2007/04/0.colleges-courting-homeschoolers-self-discipline-work-
ethic-and-morals-catching-eye-of-recruiters/

Chris Klicka: Heimkinder gehen Kriminalität aus dem Weg:
http://www.hslda.org/docs/nche/000000/00000068.asp

Onlineschulen und Heimunterricht wachsen parallel:
http://online.wsj.com/article/SB125374569191035579.html

Matthew Ladner zu Alternativen zum herkömmlichen Schulsystem:
http://www.ocpathink.org/publications/perspective-archives/september-2009-volume-
16-number-9/?module=perspective&id=2321

Gesundheitsvorsorge

Dr. Len Saputo fordert Paradigmenwandel bei der Behandlung von Krankheiten:
Dr. med. Len Saputo mit Byron Belitsos, *A Return to Healing: Radical Health Care Reform
and the Future of Medicine,* San Rafael 2009, S. xxv

Saputo bevorzugt natürliche Lösungen: ebenda

Dr. Saputo über die integrative Methode der Medizin der Zukunft: ebenda, S. 242

Befragung der amerikanischen Bevölkerung zur Gesundheit:
http://www.naturalnews.com/027291_health_medicine_biofeedback.html

Dr. Oliver Fein und mehr als 5000 andere Ärzte richten Offenen Brief an Obama:
http://www.pnhp.org/news/2008/october/doctors_to_candidate.php

Lebenserwartung in den USA:
https://www.cia.gov/library/publications/the-world-factbook/rankorder/2102rank.html

Kindersterblichkeit in den USA:
https://www.cia.gov/library/publications/the-world-factbook/rankorder/2091rank.html

Ein Single-Payer-Modell gegen Geldverschwendung:
http://www.pnhp.org/facts/single_payer_resources.php

John C. Goodman: Patienten sollen Kontrolle über Ausgaben erhalten:
http://www.hillsdale.edu/news/imprimis/archive/issue.asp?year=2009&month=03

Dr. John Geyman über steigende Krankenversicherungskosten:
http://www.pnhp.org/news/2008/june/doctors_to_join_nati.php

Die Wahlurne

Michel Chossudovsky über »Generalüberholung des Währungssystems«:
http://www.globalresearch.ca/index.php?context=va&aid=12517

William K. Black sieht System am Ende:
http://www.pbs.org/moyers/journal/04032009/watch.html

Dr. Charles K. Rowley über Wohlstand und Vollbeschäftigung:
http://www.telegraph.co.uk/finance/comment/6146873/
Adam-Smith-would-not-be-optimistic-in-todays-economic-world.html

Kontrolle der Fed

Die Uneindeutigkeit der *Federal Reserve* (Kontrollkompetenz und Eigentümerschaft)
muss aufhören: http://www.monetary.org/federalreserveprivate.htm

Drei Schritte zu einer grundlegenden Reform des Geldwesens:
http://www.monetary.org/need_for_monetary_reform.html

Walter Burien über die wenig bekannten umfassenden jährlichen Finanzberichte CAFR:
http://cafr1.com/

»Hühner, Füchse« und die Forderung nach Transparenz im Finanzgebaren:
http://www.newsmakingnews.com/contents7,5,00.htm

Korrigierende Maßnahmen im Sinne des Gemeinwohls: http://cafr1.com/Revolution.html

Bruce Wiseman zur parlamentarischen Kontrolle des *Financial Stability Boards:*
http://canadafreepress.com/index.php/article/10954

Toby Birch und die Erfahrungen auf Guernsey: http://goldnews.bullionvault.com/
guersney_experiment_credit_creation_gold_standard_051920083

Das »BerkShare«-System als lokale Währung:
http://www.berkshares.org/whatareberkshares.htm

Feuert die Kongressabgeordneten

Der Abgeordnete Wright Patman (1941) über das Versagen des Kongresses:
http://newswithviews.com/Devvy/kidd122.htm

Meinungsumfrage-Institut *Rasmussen Reports* über geringes Ansehen des Kongresses in der
Öffentlichkeit: http://www.rasmussenreports.com/public_content/business/general_business/
september_2009/americans_now_view_congress_as_least_respected_job

Massive Enttäuschung über Abgeordnete: http://www.kickthemallout.com/

»Uncle Sam«-Poster: http://www.kickthemallout.com/article.php/Story-Free_Uncle_Sam_Poster

»Get Out of Our House« (GOOOH): http://abclocal.go.com/ktrk/video?id=7147953

Drei Millionen »Kündigungen« an die Abgeordneten:
http://www.wnd.com/index.php?fa=PAGE.view&pageId=112847

Internetseite »Feuert den Kongress«: http://www.firecongress.org/

Forderung nach Amtszeitbegrenzung für den Kongress: http://firecongress.meetup.com/

Organisation »U. S. Term Limits«: http://www.termlimits.org/content.asp?pl=2&contentid=2

Frustration und Sorge: http://www.weshouldfirecongress.com/#/about-us/4534589659

Paul Volcker über die Kontrolle beider großer Parteien in den USA:
http://www.government-propaganda.com/george-green.html

Harvey Wasserman über die Notwendigkeit einer Abkehr vom Zwei-Parteien-System: http://www.opednews.com/articles/Part-Two-Talking-with-Har-by-Joan-Brunwasser-091006-494.html

Wahlbeobachter und Stimmzettel

Durchschnittliche Wahlbeteiligung in anderen Ländern:
http://www.nonprofitvote.org/voterturnout2008

Ralph Nader über ernsthafte Auswirkungen der Wahlmethoden:
http://archives.cnn.com/2000/ALLPOLITICS/stories/10/31/lkl.nader/index.html

Bev Harris über die »Privatisierung des Wahlsystems« und Öffentlichkeit beim Auszählen der Stimmen: http://www.scoop.co.nz/stories/HL0309/S00150.htm

Wahlmaschinenhersteller *Diebold* missbrauchte Urheberrechtsbestimmungen:
http://www.usatoday.com/tech/techinvestor/earnings/2004-10-11-diebold_x.htm

Leitartikel im *Miami Herald* über Monopolisten bei Wahlmaschinen:
http://www.miamiherald.com/opinion/editorials/story/1258667.html

Harvey Wasserman zur Forderung nach überprüfbaren Papierausdrucken:
http://www.opednews.com/articles/
Part-Two-Talking-with-Har-by-Joan-Brunwasser-091006-494.html

Diebold Software verliert 2009 Zulassung: http://www.sos.ca.gov/elections/voting_systems/
premier/premier-11819-withdrawal-approval033009.pdf;
dazu auch: http://www.sos.ca.gov/elections/elections_vsr.htm

Kim Alexander sieht schlimmste Befürchtungen bestätigt: http://www.cfvi.us/?q=node/65

Repräsentantenhaus lehnt Pläne zur Rückkehr zu traditioneller Wahlmethode mit Stimmzetteln ab: http://fcw.com/articles/2008/07/21/house-defeats-paper-ballot-funding.aspx

Souveränität der Bundesstaaten

Thomas J. DiLorenzo über das Verhältnis zwischen Bundesstaaten und der Bundesregierung in Washington: http://www.perspectives.com/forums/view_topic.php?id=214002&forum_id=4&jump_to=4403721

Charles Key und der 10. Zusatzartikel der Verfassung: http://www.tenthamendmentcenter.com/2009/09/29/ohio-senate-affirms-state-sovereignty/

Leitartikel des *San Francisco Examiner:* http://www.sfexaminer.com/opinion/Examiner-Editorial-States-reassert-sovereignty-with-legislation-59954857.html

Senat von Virginia lehnt vorgeschriebene Krankenversicherung ab; Senator Frederick M. Quayle: http://www.businessweek.com/ap/financialnews/D9DJJV500.htm

Sonnenenergieanlage in Michigan: http://www.connectmidmichigan.com/news/story.aspx?id=359746

Dow Chemical entwickelt Solardachpfannen: http://news.dow.com/dow_news/corporate/2009/20091005b.htm

36 Heilmittel für eine kranke Gesellschaft

Ron Paul über die Welthandelsorganisation WTO: http://www.house.gov/paul/tst/tst2002/tst012102.htm

Stellungnahme der *National Commission on Marihuana* (1972): http://proxy.baremetal.com/csdp.org/research/shafernixon.pdf

Organisation FEAR über Beschlagnahmung von Milliardenwerten durch die Regierung seit 1985: http://www.fear.org/

Den Faschismus besiegen

Den Faschismus besiegen: http://freepeopleontheland.wordpress.com/about-fascism/how-to-defeat-fascism/

Chris Martenson über die grundsätzliche Änderung seines Lebensstils: http://www.chrismartenson.com/about

Armeeoffizier bezweifelt, ob Obama verfassungsmäßig das Amt des Präsidenten bekleidet: http://www.military-money-matters.com/soldier-challenges-barack-obama.html

Auch andere schließen sich dieser Auffassung an: http://www.wnd.com/index.php?fa=PAGE.view&pageId=90574

Das Recht auf Waffenbesitz

Statistisch eine Waffe auf jeden Erwachsenen:
http://injuryprevention.bmj.com/cgi/content/full/13/1/15

Bundessteuerbehörde IRS kauft 60 Remington-Gewehre:
https://www.fbo.gov/index?s=opportunity&mode=form&id=8d3b076bd4del4bbda5aba699e80
621d&tab=core&_cview=l&cck=l&au=&ck=

Alexander Solschenizyn über die Möglichkeit, die Maschinerie staatlicher Unterdrückung zum
Stillstand zu bringen: http://www.lewrockwell.com/gaddy/gaddy53.html

Verkäufe von Waffen und Munition in den USA so angestiegen, dass man damit die
chinesische und indische Armee ausstatten könnte: http://www.ammoland.com/2009/04/27/
update-usa-buys-enough-guns-in-3-months-to-outfit-the-entire-chinese-and-indian-army/

Boom von Waffen- und Munitionsverkäufen

Obama für das Recht auf Waffenbesitz: http://www.youtube.com/watch?v=kBHkMADXnOw

Brad DeSaye über einen beispiellosen Verkaufsboom:
http://www.amconmag.com/article/2009/may/18/00024/

Roy Eicher befürchtet, Nachfrage nach Munition kann bald nicht mehr befriedigt werden:
http://www.local12.com/news/local/story/Gun-Ammo-Sales-remain-Strong-Despite-Economy/
LpuDiNz5XUi-njCfQpZn1Q.cspx?rss=30

John Woniewski zur Frage, ob die Nachfrage nach Waffen und Munition anhalten werde:
http://www.appeal-democrat.com/articles/ammo-76288-detroit-gun.html

Sheriff Darren White über Munitionsengpässe:
http://www.newwest.net/topic/article/please_save_some_bullets_for_the_cops/C530/L37/

Curtis Shipley und die aufgehobene Anweisung des Pentagon:
http://www.cnsnews.com/public/content/article.aspx?RsrcID=47112